Hochschule Worms
Bibliothek
Ausgesondert | Abgeschrieben

D1692389

Handelscontrolling

Jörg Becker
Axel Winkelmann

Handelscontrolling

Optimale Informationsversorgung
mit Kennzahlen

Mit 159 Abbildungen
und 118 Tabellen

Springer

Professor Dr. Jörg Becker
Axel Winkelmann

Westfälische Wilhelms-Universität Münster
European Research Center for Information Systems (ERCIS)
Leonardo-Campus 3
48149 Münster
E-mail: becker@ercis.de
E-mail: axel.winkelmann@ercis.de

Bibliografische Information Der Deutschen Bibliothek
Die Deutsche Bibliothek verzeichnet diese Publikation in der Deutschen Nationalbibliografie; detaillierte bibliografische Daten sind im Internet über *http://dnb.ddb.de* abrufbar.

ISBN-10 3-540-29611-5 Springer Berlin Heidelberg New York
ISBN-13 978-3-540-29611-9 Springer Berlin Heidelberg New York

Dieses Werk ist urheberrechtlich geschützt. Die dadurch begründeten Rechte, insbesondere die der Übersetzung, des Nachdrucks, des Vortrags, der Entnahme von Abbildungen und Tabellen, der Funksendung, der Mikroverfilmung oder der Vervielfältigung auf anderen Wegen und der Speicherung in Datenverarbeitungsanlagen, bleiben, auch bei nur auszugsweiser Verwertung, vorbehalten. Eine Vervielfältigung dieses Werkes oder von Teilen dieses Werkes ist auch im Einzelfall nur in den Grenzen der gesetzlichen Bestimmungen des Urheberrechtsgesetzes der Bundesrepublik Deutschland vom 9. September 1965 in der jeweils geltenden Fassung zulässig. Sie ist grundsätzlich vergütungspflichtig. Zuwiderhandlungen unterliegen den Strafbestimmungen des Urheberrechtsgesetzes.

Springer ist ein Unternehmen von Springer Science+Business Media
springer.de

© Springer-Verlag Berlin Heidelberg 2006
Printed in Germany

Die Wiedergabe von Gebrauchsnamen, Handelsnamen, Warenbezeichnungen usw. in diesem Werk berechtigt auch ohne besondere Kennzeichnung nicht zu der Annahme, dass solche Namen im Sinne der Warenzeichen- und Markenschutz-Gesetzgebung als frei zu betrachten wären und daher von jedermann benutzt werden dürften.

Einbandgestaltung: design & production GmbH
Herstellung: Helmut Petri
Druck: Strauss Offsetdruck

SPIN 11574057   Gedruckt auf säurefreiem Papier – 42/3153 – 5 4 3 2 1 0

Vorwort zur 1. Auflage

Liberté, Egalité, Portemonnaie. Während wir diese Zeilen schreiben, hält der Konsumverzicht und Discounterboom in Deutschland an. An vielen Handelsunternehmen wird die derzeitige Lage des deutschen Handels sicherlich nicht spurlos vorüber gehen, erste Opfer sind bereits zu beklagen. Merkur, der alte Gott des Handels, scheint sich zumindest vom deutschen Handel abgewandt zu haben. Andreas Wenninger, Mitglied im Vorstand von PC-Spezialist bzw. Synaxon, zeichnet die Entwicklung im Handel folgendermaßen: In den Nachkriegsjahren galten die Economies of Needs. Gekauft wurde, was vorhanden und erschwinglich war. Rasch wandelte sich der Verkäufermarkt jedoch zum Käufermarkt, es folgten die Economies of Wants mit zunehmender Diversifikation des Produktangebots. Im Zeitalter des multimedialen Konsums wurden daraus die Economies of Access. Grenzenlose Beschaffungskanäle sorgen für eine Austauschbarkeit der Kanäle und ein Verschwimmen und Ausreizen von On- und Offline. Doch spätestens seit „Geiz ist geil" und „Ich bin doch nicht blöd" die Runde machen, gesellen sich hierzu die Economies of Discount. Jeden Tag den niedrigsten Preis. Garantiert.

Ein großer Teil der heutigen Marktkommunikation erfolgt über den Preis. Das Marketinginstrument erscheint einfach beherrschbar und effektiv. Doch das Ergebnis sind verwässernde Handelskonzepte, die unter hohem Margendruck und Austauschbarkeit leiden. Viele Vertriebsschienen weisen eine mangelhafte Differenzierung auf. All zu oft wird versucht, gleichzeitig die Kosten- und die Qualitätsführerschaft zu übernehmen. Die Folgen sind fatale „stuck-in-the-middle" Konzepte. Erwin Conradi, der Architekt der Metro-Gruppe, äußerte einmal: „Ich glaube, dass die Kunden solchen Unternehmen und Vertriebswegen gewogen sein werden, die sich zu einer klaren Mission bekennen, die ein erkennbares Profil und glaubwürdige Kompetenz ausstrahlen." Handelsunternehmen, die auch in Zukunft in Deutschland erfolgreich sein wollen, brauchen eine eindeutige Profilierung weit über den Preis hinaus, um nicht in rauer See unterzugehen. Grund genug, das Augenmerk auf das Controlling zu richten, das mit neuen Konzepten und Informationen wesentlich zur Gestaltung des Unternehmens beiträgt.

Mit diesem Buch wollen wir einen ganzheitlichen Blick auf die Aufgaben des Controllings im Handel bieten. Nach einer Positionsbestimmung im ersten Kapitel widmen wir uns in Kapitel 2 der Fragestellung, wie die richtigen Informationen zur richtigen Zeit am richtigen Ort zur Verfügung stehen. Hierzu stellen wir ein Vorgehensmodell vor, mit dem sich das Berichtswesen erfassen und optimieren lässt. In Kapitel 3 diskutieren wir die im Handel primär eingesetzten IT-Systeme und geben darüber hinaus einen kurzen Überblick über ausgewählte Systeme und Hersteller auf dem deutschen Markt. Mit Hilfe der Strukturierung des Handels-H-Modells stellen wir in den Kapiteln 4 bis 7 die funktionalen Bereiche eines Handelsunternehmens vor. Dabei gehen wir insbesondere auf die Controlling-Spezifika ein und bieten Vorschläge für strategische und operative Kennzahlen in den einzelnen Bereichen.

Die in diesem Buch vorgeschlagene Vorgehensweise zur Berichtswesenoptimierung und die zusammengetragenen Kennzahlen sind Resultat der bei zahlreichen Berichtswesenoptimierungen im Handel gemachten Erfahrungen. Darüber hinaus haben wir uns intensiv mit der Handelscontrollingliteratur der letzten 20 Jahre auseinander gesetzt. Theoretisch ließe sich ein Handelsunternehmen nur mit wenigen Kennzahlen wie Kosten, Gewinn und Umsatz sowie Dimensionen wie Zeit, Ware, Personal und Raum steuern, aber natürlich hat jedes Unternehmen zusätzliche Anforderungen an sein Berichtswesen. Daher stellen wir Ihnen mit über 500 Kennzahlen eine große Referenzbibliothek zur Verfügung. Im Regelfall ist dabei die Kennzahl ohne Dimensionen bzw. konkrete Bezugsobjekte angegeben, um den Blick auf die eigentliche Kennzahl zu richten. Zwar ist die Kennzahl wesentliches Konstrukt des Berichtswesens, sie hat aber ohne Bezug zu Zeit, Ort, Ware usw. keine Aussagekraft. In einigen Fällen haben wir daher entsprechende Bezugsobjekte in eckige Klammern hinter die Kennzahl gesetzt, um Ihnen eine Hilfestellung zu geben. Im Regelfall ergeben sich die Bezugsobjekte aber aus Ihrer individuellen Anforderung.

Mit den Ausführungen zum IT-Controlling reagieren wir in Kapitel 8 auf zahlreiche Anfragen von CIOs und Controllern im Handel, die uns häufig mit Fragen nach Kennzahlen und Daten in Bezug auf die IT kontaktierten. Wie auch in anderen Branchen steht die IT-Abteilung in großem Rechtfertigungsdruck, doch in vielen Bereichen des Handels sind die Margen sehr gering, so dass eine Einsparung in der IT nur allzu verführerisch erscheint. Kapitel 9 befasst sich auf der einen Seite mit den interorganisationalen Aspekten des Handelscontrollings und auf der anderen Seite mit den Möglichkeiten des Benchmarkings. Mit den Fragen nach der Organisation und der Effizienzmessung des Controllings setzen wir uns zu guter Letzt in Kapitel 10 auseinander.

Unser Dank gilt allen, die uns mit konstruktiver Kritik und Anregungen bei der Erstellung dieses Buchs unterstützt haben. Neben den Mitarbeitern des European Research Center for Information Systems (ERCIS) möchten wir uns vor allem bei unseren Partnerinnen Christina Daniel und Marion Becker für die verständnisvolle Unterstützung eines solchen Großprojektes bedanken. Ohne ihren Beistand würden Sie diese Zeilen heute nicht lesen. Ein ganz besonderer Dank gilt auch Herrn Eckart Hüttemann vom Deutschen Zentrum für Luft- und Raumfahrt e.V. (DLR), ohne dessen großzügige Unterstützung während des BMBF-geförderten Forschungsprojekts „Management des Wissens über Kunden in Dienstleistungsunternehmen" (MW-KiD)[1] die Vorarbeiten für dieses und die Arbeiten an diesem Buch in dieser Form nicht möglich gewesen wären. Für die technische Umsetzung des Projektes möchten wir uns insbesondere bei Herrn cand. rer. pol. Burkhard Weiß bedanken, der sich um viele technische Stolperfallen gekümmert hat. Frau Christia-

---

[1] BMBF-Fördermaßnahme „Wissensintensive Dienstleistungen" (AZ: ATHW 01121900, Förderkennzeichen 01HW0196).

ne Beisel und Herrn Dr. Werner Müller vom Springer-Verlag danken wir für die unkomplizierte und kooperative Zusammenarbeit.

Zu guter Letzt wünschen wir Ihnen viel Vergnügen bei der Lektüre unserer Erkenntnisse. Wir wünschen Ihnen und Ihrem Handelsunternehmen, dass Sie die derzeitigen stürmischen Zeiten und hohen Wellen im deutschen Handel gut überstehen. Denken Sie daran: Ein Seefahrer wird jeden Tag aufwachen und nach draußen sehen. Und jeden Tag wird das Meer aussehen wie am Vortag. Nach einer Weile wird er denken, dass es doch jeden Tag unverändert bleiben wird. Und mit jedem Tag, der vorbeigeht, wird er immer mehr dazu tendieren, dass doch gar keine Notwendigkeit besteht, nach Riffen Ausschau zu halten. Und dennoch muss er seine Augen auf die Sterne richten, um zu sehen, wo er sich befindet und wann Land in Nähe kommt. Sonst wird er eines Tages auf Grund laufen.

Münster, im Januar 2006   Jörg Becker
                                                         Axel Winkelmann

Inhaltsverzeichnis

Vorwort zur 1. Auflage...V
Inhaltsverzeichnis..IX
Abbildungsverzeichnis XIII
Tabellenverzeichnis..XIX
Abkürzungsverzeichnis XXIII

1 Controlling – eine Bestandsaufnahme 1

    1.1   Historische Entwicklung des Controllings 1
    1.2   Kontroverse Diskussion des Controllingbegriffs..................................4
    1.3   Aufgabenfeld des Controllers 5
    1.4   Zukünftige Herausforderungen des Controllings...................................9
    1.5   Besonderheiten des Handels und des Handelscontrollings.................13
    1.6   Stand des Handelscontrollings...32
    1.7   Instrumente im Handelscontrolling 36
    1.8   Corporate Governance im Handel 40

2 Entwicklung einer Controlling-Konzeption 48

    2.1   Informationsbedarfsanalyse als Ausgangspunkt der
           Berichtswesengestaltung 48
           2.1.1   Informationsbegriff 48
           2.1.2   Informationsstrategie..50
           2.1.3   Methodische Ableitung des Informationsbedarfs....................52
    2.2   Konstrukte des Berichtswesens 63
           2.2.1   Kennzahlen...63
           2.2.2   Kennzahlensysteme..69
           2.2.3   Kennzahlenbibliotheken...86
           2.2.4   Dimensionen und Bezugsobjekte 87
           2.2.5   Fakt und Informationsobjekt / Bericht 89
    2.3   Handels-H-Modell als Struktur für eine Berichtswesenkonzeption......90

3 IT-Systeme als Grundlage eines erfolgreichen Handelscontrollings 96

    3.1   Interne Datenquellen 97
           3.1.1   Operative Systeme (OLTP) 97
           3.1.2   Analyse- und Auswertungssysteme (OLAP) 113
    3.2   Externe Datenquellen 130
    3.3   Standardisierung des elektronischen Datenaustauschs 134
    3.4   Datenschutz und Datensicherheit 140

4 Handelscontrolling in der Beschaffung 145

    4.1   Handelscontrolling im Einkauf 146
    4.2   Handelscontrolling in der Disposition 168
    4.3   Handelscontrolling im Wareneingang 187
    4.4   Handelscontrolling in der Rechnungsprüfung 200
    4.5   Handelscontrolling in der Kreditorenbuchhaltung 207

5 Handelscontrolling in der Distribution 213

    5.1   Handelscontrolling im Marketing 214
    5.2   Handelscontrolling im Verkauf 262
    5.3   Handelscontrolling im Warenausgang 285
    5.4   Handelscontrolling in der Fakturierung 297
    5.5   Handelscontrolling in der Debitorenbuchhaltung 301

6 Handelscontrolling im Lager 307

7 Handelscontrolling bei betriebswirtschaftlich-administrativen Aufgaben 321

    7.1   Handelscontrolling in Haupt- und Anlagenbuchhaltung und Treasury 322
           7.1.1   Haupt- und Anlagenbuchhaltung 322
           7.1.2   Treasury Management 329
    7.2   Handelscontrolling und Kostenrechnung 334
    7.3   Handelscontrolling in der Personalwirtschaft 354

8 IT-Controlling im Handel 387

9 Interorganisationales Handelscontrolling und Benchmarking 407

9.1 Interorganisationales Handelscontrolling 407
9.2 Betriebsvergleiche und Benchmarking 418
     9.2.1 Innerbetriebliches Benchmarking 420
     9.2.2 Zwischenbetriebliches Benchmarking 421

10 Organisation des Controllings 426

10.1 Effizienzkriterien für ein erfolgreiches Controlling 426
10.2 Organisatorischer Rahmen für das Controlling 432
     10.2.1 Internes Controlling 432
     10.2.2 Externes Controlling 439
10.3 Projektcontrolling 441

Literaturverzeichnis 444
Stichwortverzeichnis 479
Autorenverzeichnis 489

Abbildungsverzeichnis

Abb. 1.1:	Funktionale Rolle des Controllers	7
Abb. 1.2:	Entwicklung des Ressourceneinsatzes im Controlling	11
Abb. 1.3:	Grundlegende Bausteine des Handelscontrollings	16
Abb. 1.4:	Ziele im Handelscontrolling	17
Abb. 1.5:	Vergleich von Volkswirtschafts- und Handelsgesetzmäßigkeiten	18
Abb. 1.6:	Vergleich von Kosten unterschiedlicher Vertriebskanäle in Prozent vom Umsatz	22
Abb. 1.7:	Reichweite der großen E-Commerce-Portale	23
Abb. 1.8:	Stationen des Preiskampfes im LEH 1999	24
Abb. 1.9:	Cluster-Charakterisierung (Stichprobe 1200 Kunden)	26
Abb. 1.10:	Ursachen, Indikatoren und Erfassbarkeit des Innovationsbedarfs	30
Abb. 1.11:	Verwendung ausgewählter Informationen in Handelsunternehmen	33
Abb. 1.12:	Ungenügende Abgrenzung deutscher Lebensmittelhandelsunternehmen aus Kundensicht	34
Abb. 1.13:	Controllinginstrumente	37
Abb. 1.14:	Einsatz von ausgewählten Controllinginstrumenten in der Handelspraxis	38
Abb. 1.15:	Anwendungsgrad von Controlling-Instrumenten in 2003	39
Abb. 1.16:	Einordnung von Controlling-Instrumenten	40
Abb. 1.17:	Entwicklung zum Sarbanes-Oxley Act	43
Abb. 1.18:	Rechtsnormen zum Risikomanagement in Deutschland	45
Abb. 1.19:	Übersicht möglicher Risikofelder	47
Abb. 2.1:	Beziehung von Zeichen, Daten, Information und Wissen	49
Abb. 2.2:	Modell der Informationsmengen und -teilmengen	53
Abb. 2.3:	Methoden der Informationsbedarfsermittlung	54
Abb. 2.4:	Vorgehensmodell zur Berichtswesenoptimierung	57
Abb. 2.5:	Berichtswesenmodellierung mit dem H2-Toolset	61
Abb. 2.6:	Beispielbericht in H2-Notation – Umsatzstatistik lfd. Jahr / Vorjahr	62
Abb. 2.7:	Erstellung eines H2-Modells	62
Abb. 2.8:	Funktionen von Kennzahlen	64
Abb. 2.9:	Systematisierung betriebswirtschaftlicher Kennzahlen	66
Abb. 2.10:	Beispiele für Kennzahlen und deren Synonyme	68
Abb. 2.11:	Beziehungsarten zwischen Kennzahlen	70

Abb. 2.12:	Zeitliche Einordnung ausgewählter Kennzahlensystemansätze	73
Abb. 2.13:	Bekanntheitsgrad und Status der Einführung und Nutzung von Kennzahlensystemen	74
Abb. 2.14:	Beispiel eines Tableau de Bord	77
Abb. 2.15:	Balanced Scorecard	78
Abb. 2.16:	Zusammenhang von Vision und Perspektiven	80
Abb. 2.17:	Operationalisierung einer Handels-BSC	81
Abb. 2.18:	Ursache-Wirkungskette: Muster für Baumärkte	82
Abb. 2.19:	Performance-Dimensionen	83
Abb. 2.20:	Beispiel einer Performance-Pyramide	84
Abb. 2.21:	Performance-Card SCM	84
Abb. 2.22:	Analyse von Veränderungen	85
Abb. 2.23:	Ablauf der agentenbasierten Simulation	86
Abb. 2.24:	Exemplarische Dimensions-Bezugsobjekte eines Kassenbons	87
Abb. 2.25:	Hierarchisierung von Bezugsobjekten bzw. Dimensionen am Beispiel der Retourenentwicklung	88
Abb. 2.26:	Bericht in H2-Notation	90
Abb. 2.27:	Handels-H-Modell	91
Abb. 2.28:	Inhaltlich-funktionale Aspekte des Handels-H-Modells	93
Abb. 2.29:	Adaptionen des Handels-H-Modells für unterschiedliche Geschäftsarten	94
Abb. 2.30:	Typisierung der Unternehmensstandorte	95
Abb. 3.1:	Geplante mittelfristige IT-Investitionen im Handel	99
Abb. 3.2:	Verhältnis von Warenwirtschafts- und Handelsinformationssystem	101
Abb. 3.3:	Verhältnis von zentralem HIS und dezentralem System	104
Abb. 3.4:	Scannerinstallationen – Entwicklung von 1977 bis 1996	106
Abb. 3.5:	Analysearten und Tools im Handel	115
Abb. 3.6:	Data Warehouse-Architektur	117
Abb. 3.7:	Beispiel für OnLine Analytical Processing	119
Abb. 3.8:	DWH-Datenauswertung am Handels-H-Beispiel	120
Abb. 3.9:	Aktueller Entwicklungsstand von DWH-Projekten im Handel	121
Abb. 3.10:	Daten für das DWH	122
Abb. 3.11:	Prozessobjekte zwischen Handelsunternehmen und Marktpartnern	135
Abb. 3.12:	Datenaustauschformate bei Katalogdaten	137
Abb. 3.13:	Optimierung der Supply Chain durch elektronischen Datenaustausch	138
Abb. 3.14:	Bedeutung von Enabling Technologies im Handel	139
Abb. 3.15:	Einsparpotenziale durch SINFOS-Nutzung	140
Abb. 4.1:	Objekthierarchie der Beschaffungsprozess-prägenden Objekte	145
Abb. 4.2:	Aufgaben des Einkaufs	146
Abb. 4.3:	Machtkonstellation zwischen Käufer und Verkäufer	148
Abb. 4.4:	Umsatzsteigerung bei QVC	156
Abb. 4.5:	Beispiel für Schwankungen bei Abverkäufen eines Artikels	157
Abb. 4.6:	Herunterbrechen der Fehler in Stammdaten	158

Abb. 4.7:	Gründe für schlechte Datenqualität	159
Abb. 4.8:	Verbundbeziehungen auf Artikelebene	161
Abb. 4.9:	EK-Preiskalkulation	165
Abb. 4.10:	Aufgaben der Disposition	170
Abb. 4.11:	Beispiel für Warenlimitrechnung	171
Abb. 4.12:	Verbrauchsgesteuerte Prognosemodelle	173
Abb. 4.13:	Beispielhafte Abverkaufsarten	176
Abb. 4.14:	Erhöhung der Umschlaghäufigkeit einer gesamten Warengruppe am Beispiel dreier C+C-Märkte durch Auto-Disposition	178
Abb. 4.15:	Reduzierung der Kunden-Umsatzverluste in Mio. Euro	178
Abb. 4.16:	Konsumentenverhalten bei Out-of-Stock	182
Abb. 4.17:	Gründe für Regallücken	183
Abb. 4.18:	Beispiel für Bestands- und Bedarfssimulation	184
Abb. 4.19:	Aufgaben des Wareneingangs	188
Abb. 4.20:	Die interne und externe Logistikkette	189
Abb. 4.21:	Gantt-Diagramm zur Rampenbelegungsplanung	193
Abb. 4.22:	Aufgaben der Rechnungsprüfung	201
Abb. 4.23:	Aufgaben der Kreditorenbuchhaltung	209
Abb. 5.1:	Objekthierarchie der distributionsprozessprägenden Objekte	214
Abb. 5.2:	Funktionen des Marketings	215
Abb. 5.3:	ABC-Analyse: Anteil des Rohertrags im Verhältnis zum Anteil der Untergruppen	219
Abb. 5.4:	Sortimentspolitische Alternativen	221
Abb. 5.5:	Die wichtigsten Vorteile des Einkaufs im Geschäft	231
Abb. 5.6:	Das Lebenszyklusmodell bezogen auf Store-Konzepte	241
Abb. 5.7:	Einsatz kundenorientierter Kennzahlen im Kundencontrolling	255
Abb. 5.8:	Typisierung des Kundenportfolios	256
Abb. 5.9:	Verfahren zur Ermittlung der Kundenzufriedenheit	259
Abb. 5.10:	Ermittlung des Marktschadens ohne Beschwerdemanagement	260
Abb. 5.11:	Aufgaben des Verkaufs	262
Abb. 5.12:	Auftragsartenspezifische Belegflüsse	265
Abb. 5.13:	Entwicklung der Bezahlverfahren, Stand Mai 2004	269
Abb. 5.14:	Zusammensetzung der POS-Durchlaufzeit	272
Abb. 5.15:	Problemfelder der RFID-Einführung	274
Abb. 5.16:	Probleme beim Austausch von POS-Daten aus Hersteller- und Händlersicht	276
Abb. 5.17:	Aufgaben des Warenausgangs	285
Abb. 5.18:	Aufgaben der Fakturierung	297
Abb. 5.19:	Aufgaben der Debitorenbuchhaltung	302
Abb. 6.1:	Aufgaben des Lagers	307
Abb. 6.2:	Exemplarische Struktur eines Lagers	310
Abb. 6.3:	Inventurdifferenzen von Warengruppen	319
Abb. 7.1:	Entwicklung des Unternehmenswerts	321
Abb. 7.2:	Aufgaben der Haupt- und Anlagenbuchhaltung	323
Abb. 7.3:	Aufgaben des Treasury Managements	329
Abb. 7.4:	Aufgaben der Kostenrechnung	336

Abb. 7.5:	Beispiel für Bezugsobjekthierarchien im Handel	338
Abb. 7.6:	Verrechnungspreisgestaltung	340
Abb. 7.7:	Komponenten des DHI-DPR-Modells	344
Abb. 7.8:	Verhältnis Prozess- und Kostenstellensicht	346
Abb. 7.9:	Prinzip von Kostenverteilung und -ableitung	347
Abb. 7.10:	Kostenhierarchie von Kaplan und Cooper	348
Abb. 7.11:	Ermittlung der Prozesskostensätze und Umlagen	350
Abb. 7.12:	Analyse von Abweichungen	353
Abb. 7.13:	Grundsystematik der Abweichungsanalyse	353
Abb. 7.14:	Verteilung der Umsätze und Beschäftigten im deutschen Binnenhandel	354
Abb. 7.15:	Beschäftigungsentwicklung im Einzelhandel 1994 bis 2001 (Beschäftigte in Tsd.)	356
Abb. 7.16:	Funktionen der Personalwirtschaft	357
Abb. 7.17:	Zeithorizont des Personal-Controllings	359
Abb. 7.18:	Kommunikationspartner der Personalabteilung über Internet/Intranet	360
Abb. 7.19:	Optionen und deren Kosten bei Auftragsrückgang	367
Abb. 7.20:	Differenzierung unterschiedlicher Anreize	370
Abb. 7.21:	Personal-Portfolio	376
Abb. 7.22:	Personal-Portfolio mit Bezug zu Bindungsmöglich- und Entwicklungsfähigkeit	377
Abb. 7.23:	Flow-Kanal	378
Abb. 8.1:	Allgemeine IT-Controlling-Kennzahlen im Handel	388
Abb. 8.2:	Messung der Abdeckung von Geschäftsanforderungen durch IT	392
Abb. 8.3:	Entwicklung der IT von der Technik- zur Geschäftsprozessorientierung	393
Abb. 8.4:	IT-Prozessmodell	395
Abb. 8.5:	Risikoverteilung und Problemidentifikation bei der Softwareauswahl	397
Abb. 8.6:	IT-Projektprognose aus Sicht von CEOs und CIOs	398
Abb. 8.7:	Projektablauf Softwareauswahl bei der Star Distribution	399
Abb. 8.8:	Organisatorische Einbindung des IT-Controllings	403
Abb. 9.1:	Zugriff der Lieferanten auf das Handels-DWH	407
Abb. 9.2:	Supply-Chain-Operations im Internethandel	408
Abb. 9.3:	Top-Kooperationsfelder zwischen Industrie und Handel der nächsten 3-5 Jahre	410
Abb. 9.4:	ECR-Basisstrategien im Überblick	412
Abb. 9.5:	Ziele von CPFR	414
Abb. 9.6:	Ordnungsrahmen der ECR-Scorecard	415
Abb. 9.7:	Verfeinerung und Gewichtung des Teilbereichs Demand Side	416
Abb. 9.8:	Externes Benchmarking	423
Abb. 9.9:	Benchmark-Kennzahlen in der Bekleidungsindustrie	424
Abb. 10.1:	Anspruchsgruppen des Controllings	427
Abb. 10.2:	Berichtshäufigkeit an die Unternehmensleitung	429

Abb. 10.3:	Anwendungsintensität strategischer und operativer Controllingaufgaben	430
Abb. 10.4:	Kriterien zur Messung der Controlling-Effizienz	431
Abb. 10.5:	Anwendungsgrad von Controlling-Objekten	433
Abb. 10.6:	Begriffliche Zusammenhänge des Controllings	434
Abb. 10.7:	Vergleich der Aufgabenverteilung bei zentralen und dezentralen Handelsunternehmen	436
Abb. 10.8:	Organisationsstruktur der Metro Group	437
Abb. 10.9:	Grundformen des externen Controllings	440
Abb. 10.10:	Projekttypen im Handel	442

Tabellenverzeichnis

Tab. 1.1: Historische Entwicklung des Controllings 3
Tab. 1.2: Ausgesuchte Controllingdefinitionen 5
Tab. 1.3: Studien zur Darstellung des Accountants in den Medien 6
Tab. 1.4: Vertriebslinien und ausgewählte Beispiele 21
Tab. 1.5: Slogans deutscher Handelsunternehmen 25
Tab. 1.6: Umsätze und Internationalisierung des Lebensmittelhandels 27
Tab. 2.1: Vor- und Nachteile induktiver Analysemethoden 56
Tab. 3.1: Anwendungsbeispiele des Scannings 107
Tab. 3.2: Ausgewählte Finanzbuchhaltungssysteme 109
Tab. 3.3: Ausgewählte Personalabrechnungs- und -planungssysteme 110
Tab. 3.4: Ausgewählte CRM-Systeme 111
Tab. 3.5: Ausgewählte Dispositionssysteme 112
Tab. 3.6: Ausgewählte Lagersteuerungssysteme 112
Tab. 3.7: Ausgewählte Regaloptimierungssysteme 113
Tab. 3.8: Unterschied zwischen OLTP- und OLAP-Systemen 114
Tab. 3.9: Ausgewählte IT-Systeme für das DWH 124
Tab. 3.10: Ausgewählte IT-Systeme für das Berichtswesen 129
Tab. 3.11: Bewertungsübersichten HGB, EStR, IFRS, US-GAAP 130
Tab. 3.12: Vor- und Nachteile der internen Durchführung von Marktforschungsaufgaben 132
Tab. 3.13: Ausgewählte Handelstagungen und -messen 134
Tab. 4.1: Ausgewählte Kennzahlen im Bereich Lieferantenprüfung 152
Tab. 4.2: Ausgewählte Kennzahlen im Bereich Lieferantenverhandlung 154
Tab. 4.3: Ausgewählte Kennzahlen im Bereich Artikelverwaltung 162
Tab. 4.4: Übersicht über Konditionenarten 163
Tab. 4.5: Abrechnungsschema 166
Tab. 4.6: Ausgewählte Kennzahlen im Bereich Konditionenverwaltung 167
Tab. 4.7: Ausgewählte Kennzahlen im Bereich Kontraktverwaltung 168
Tab. 4.8: Ausgewählte Kennzahlen im Bereich Limitrechnung 171
Tab. 4.9: Marktsituation und Problemfelder 172
Tab. 4.10: Ausgewählte Kennzahlen im Bereich Limitrechnung 179
Tab. 4.11: Bestellparameter für wiederbeschaffbare Ware 181
Tab. 4.12: Ausgewählte Kennzahlen im Bereich Bestell- und Liefermengenrechnung 185
Tab. 4.13: Ausgewählte Kennzahlen im Bereich Aufteilung 186
Tab. 4.14: Ausgewählte Kennzahlen im Bereich Bestellübermittlung und -überwachung 187

Tab. 4.15:	Ausgewählte Kennzahlen im Bereich Wareneingangsplanung	194
Tab. 4.16:	Ausgewählte Kennzahlen im Bereich Warenannahme und -kontrolle	197
Tab. 4.17:	Ausgewählte Kennzahlen im Bereich Lieferantenrückgabe	198
Tab. 4.18:	Ausgewählte Kennzahlen im Bereich Wareneingangserfassung und -lagerung	199
Tab. 4.19:	Ausgewählte Kennzahlen im Bereich Lieferscheinbewertung	200
Tab. 4.20:	Ausgewählte Kennzahlen im Bereich Rechnungserfassung	202
Tab. 4.21:	Ausgewählte Kennzahlen im Bereich Rechnungskontrolle und -freigabe	205
Tab. 4.22:	Ausgewählte Kennzahlen im Bereich Rechnungsnachbearbeitung	206
Tab. 4.23:	Ausgewählte Kennzahlen im Bereich der Bearbeitung der nachträglichen Vergütungen	207
Tab. 4.24:	Ausgewählte Kennzahlen im Bereich Kreditorenstammdatenpflege	210
Tab. 4.25:	Ausgewählte Kennzahlen im Bereich Rechnungsbuchung	210
Tab. 4.26:	Ausgewählte Kennzahlen im Bereich Regulierung	212
Tab. 4.27:	Ausgewählte Kennzahlen im Bereich Mahnung und Verzinsung	212
Tab. 5.1:	Ausgewählte Kennzahlen im Bereich Sortimentsgestaltung	220
Tab. 5.2:	Ausgewählte Kennzahlen im Bereich der nachhaltigen Sortimentspolitik	222
Tab. 5.3:	Ausgewählte Kennzahlen im Bereich Artikellistung	223
Tab. 5.4:	Ausgewählte Kennzahlen im Bereich Absatzplanung	229
Tab. 5.5:	Begriffliche Basis für das preisbezogene Kaufverhalten	233
Tab. 5.6:	Ausgewählte Kennzahlen im Bereich Kontrahierungspolitik	237
Tab. 5.7:	Ausgewählte Kennzahlen im Bereich Absatzwegepolitik	239
Tab. 5.8:	Ausgewählte Kennzahlen im Bereich Standortpolitik	244
Tab. 5.9:	Verkaufsgebietsanalyse	246
Tab. 5.10:	Maßnahmen der Marktkommunikation	249
Tab. 5.11:	Fragen der Werbeplanung	250
Tab.e 5.12:	Kennzahlen der Werbeplanung und -erfolgsmessung	251
Tab. 5.13:	Ausgewählte Kennzahlen zur Analyse der Kundenstruktur	253
Tab. 5.14:	Ausgewählte Kennzahlen zur Analyse der Auftragsstruktur	254
Tab. 5.15:	Auswahl an Kundenkartenprogrammen in Deutschland	257
Tab. 5.16:	Struktur der erhobenen Kundendaten	258
Tab. 5.17:	Ausgewählte Kennzahlen im Bereich Beschwerdecontrolling	261
Tab. 5.18:	Ausgewählte Kennzahlen im Bereich der Produktivitätsmessung in der Filiale	263
Tab. 5.19:	Ausgewählte Kennzahlen im Bereich Angebotscontrolling	264
Tab. 5.20:	Ausgewählte Kennzahlen im Bereich Verfügbarkeitsprüfung	266
Tab. 5.21:	Ausgewählte Kennzahlen im Bereich Bonitätsprüfung	267
Tab. 5.22:	Ausgewählte Dienstleister und Dienstleistungen zur Bonitätsüberprüfung	268
Tab. 5.23:	Ausgewählte Kennzahlen im Bereich Store- und Regalplanung	273

Tab. 5.24:	Ausgewählte Kennzahlen im Bereich POS-Datenaustausch	277
Tab. 5.25:	Ausgewählte Kennzahlen im Bereich Warenkorbanalyse	278
Tab. 5.26:	Ausgewählte Kennzahlen im Bereich Diebstahlprävention	281
Tab. 5.27:	Ausgewählte Kennzahlen im Bereich Kundenreklamation	283
Tab. 5.28:	Ausgewählte Kennzahlen im Bereich Außendienstcontrolling	284
Tab. 5.29:	Ausgewählte Kennzahlen im Bereich Tourenplanung	287
Tab. 5.30:	Sortimentsbereiche und Logistiklösungen bei Karstadt	289
Tab. 5.31:	Ausgewählte Kennzahlen im Bereich Kommissionierung	290
Tab. 5.32:	Ausgewählte Kennzahlen im Bereich Warenausgangserfassung und Bestandsbuchung	293
Tab. 5.33:	Ausgewählte Kennzahlen im Bereich Versandabwicklung	295
Tab. 5.34:	Ausgewählte Kennzahlen im Bereich Abnehmerrückgabenbearbeitung	296
Tab. 5.35:	Ausgewählte Kennzahlen im Bereich Tracking und Tracing	296
Tab. 5.36:	Ausgewählte Kennzahlen im Bereich Lieferscheinbewertung	298
Tab. 5.37:	Ausgewählte Kennzahlen im Bereich Rechnungserstellung	299
Tab. 5.38:	Ausgewählte Kennzahlen im Bereich Gut- / Lastschriftenerstellung	300
Tab. 5.39:	Ausgewählte Kennzahlen im Bereich nachträgliche Vergütungen	301
Tab. 5.40:	Ausgewählte Kennzahlen im Bereich Debitorenstammdatenpflege	303
Tab. 5.41:	Ausgewählte Kennzahlen im Bereich Einzug und Abbuchung	305
Tab. 5.42:	Ausgewählte Kennzahlen im Bereich Kreditmanagement	306
Tab. 6.1:	Übersicht über indirekte Lagerkosten	311
Tab. 6.2:	Ausgewählte Kennzahlen im Bereich Lagermanagement und -steuerung	313
Tab. 6.3:	Ausgewählte Kennzahlen im Bereich Umlagerung und Umbuchungen	317
Tab. 6.4:	Ausgewählte Kennzahlen im Bereich Inventur	320
Tab. 7.1:	Ausgewählte Kennzahlen im Bereich Sachkontenstammdatenpflege	324
Tab. 7.2:	Ausgewählte Kennzahlen im Bereich Buchungen	325
Tab. 7.3:	Ausgewählte Kennzahlen im Bereich Jahresabschluss	327
Tab. 7.4:	Ausgewählte Kennzahlen im Bereich Anlagenbuchhaltung	328
Tab. 7.5:	Ausgewählte Kennzahlen im Bereich Liquiditätsmanagement	331
Tab. 7.6:	Ausgewählte Kennzahlen im Bereich Marktrisikomanagement	332
Tab. 7.7:	Ausgewählte Kennzahlen im Bereich Finanzanlagemanagement	333
Tab. 7.8:	Trad. vs. prozessorientierte Kostenrechnung	349
Tab. 7.9:	Ausgewählte Kennzahlen im Bereich Personalbedarfsplanung	363
Tab. 7.10:	Ausgewählte Kennzahlen im Bereich Personalbeschaffungsplanung	365
Tab. 7.11:	Ausgewählte Kennzahlen im Bereich Personalfreistellungsplanung	368
Tab. 7.12:	Beispiel eines Prämienlohnsystems	372

Tab. 7.13:	Ausgewählte Kennzahlen im Bereich Personalentlohnung	373
Tab. 7.14:	Ausgewählte Kennzahlen im Bereich mitarbeiterbezogene Produktivitätsbeurteilung	375
Tab. 7.15:	Ausgewählte Kennzahlen im Bereich Personalentwicklungscontrolling	380
Tab. 7.16:	Ausgewählte Kennzahlen im Bereich Personaleinsatzplanung	382
Tab. 7.17:	Ausgewählte Kennzahlen im Bereich Personalkontrolle	384
Tab. 7.18:	Ausgewählte Kennzahlen im Bereich Personalkostenplanung	386
Tab. 8.1:	Ansätze zur Klassifikation von Objekten des IT-Controllings	394
Tab. 8.2:	Ausgewählte Kennzahlen im Bereich IT-Controlling	406
Tab. 9.1:	Potenzielle Zielkonflikte zwischen Handel und Industrie	409
Tab. 9.2:	Ausgewählte Kennzahlen zur Aufdeckung von Kooperationspotenzialen	411
Tab. 9.3:	Ausgewählte Key Performance Indicators in der Supply Chain	417
Tab. 9.4:	Unterschiedliche Anforderung an Total-Tankstellen	421
Tab. 10.1:	Ineffizienzen beim Reporting	428

Abkürzungsverzeichnis

ARIS	Architektur integrierter Informationssysteme
ARTS	Association for Retail Technology Standards
BAB	Betriebsabrechnungsbogen
B2B	Business-to-Business
B2C	Business-to-Consumer
BDSG	Bundesdatenschutzgesetz
BPR	Business Process Reengineering
C&C	Cash and Carry
c. p.	ceteris paribus
CEO	Chief Executive Officer
CIO	Chief Information Officer
CMS	Content Management System
COBIT	Control Objectives for Information and related Technology
COSO	Committee of Sponsoring Organizations
CPFR	Collaborative Planning, Forecasting and Replenishment
CRM	Customer Relationship Management
CTI	Computer Telephony Integration
CTO	Chief Technology Officer
DB	Deckungsbeitrag
DesAdv	Despatch Advice
DFÜ	Datenfernübertragung
DHI	Deutsches Handelsinstitut (Vorgänger zu EHI)
DIY	Do It Yourself
DM	Data Mining
DPP	Direct Product Profitability
DPR	Direkte Produkt Rentabilität
DWH	Data Warehouse
EAN	Europäische Artikelnummer
EANCOM	European Article Numbering Communications
EAS	Electronic Article Surveillance
ECR	Efficient Consumer Response

EDI	Electronic Data Interchange
EDIFACT	EDI for Administration, Commerce and Transport
EHI	Europäisches Handelsinstitut
EK	Einkaufspreis
ELV	Elektronisches Lastschriftverfahren
EPK	Ereignisgesteuerte Prozesskette
ERM	Entity-Relationship-Modell
ESL	Electronic Supplier Link
FCFS	First come – First served
FIS	Führungsinformationssystem
FWWS	Filial-Warenwirtschaft
GDPdU	Grundsätze zum Datenzugriff und zur Prüfbarkeit digitaler Unterlagen
GDSN	Global Data Synchronisation Network
GfK	Gesellschaft für Konsumforschung
GLD	Gleitender Durchschnitt
GuV	Gewinn- und Verlust(rechnung)
HDE	Hauptverband des Deutschen Einzelhandels
HIS	Handelsinformationssystem
HR	Human Resource
Hrsg.	Herausgeber
Ident-Nr.	Identifikationsnummer
IdW	Institut der Wirtschaftsprüfer in Deutschland e. V.
IFRS	International Financial Reporting Standard
ILN	International Location Number
ISBN	Internationale Standard-Buchnummer
ISO	International Organization for Standardization
IT	Informationstechnologie
ITIL	IT Infrastructure Library
JIT	Just-in-Time
KonTraG	Gesetz zur Kontrolle und Transparenz im Unternehmensbereich
LAN	Local Area Network
LEH	Lebensmitteleinzelhandel
LiFo	Last in – First out
LTS	Lieferanteilsortiment
LZ	Lebensmittel Zeitung
MADAKOM	Marktdatenkommunikation
MDE	Mobile Datenerfassung
ME	Mengeneinheit
MHD	Mindesthaltbarkeitsdatum
MoPro	Molkerei-Produkte

MTV	Mehrwegtransportverpackung
NVE	Nummern-Versand-Einheit
OCC	Office of the Comptroller of the Currency
ODBC	Open Database Connectivity
OLAP	Online Analytical Processing
OLTP	Online Transaction Processing
OoS	Out-of-Stock
OTC	Over the Counter
PC	Personal Computer
PIN	Personal Identification Number
POS	Point-of-Sale
POP	Point-of-Purchase
PPS	Produktionsplanung und -steuerung
RecAdv	Received Advice
RFID	Radio Frequency Identification
ROI	Return on Investment
ROLAP	Relationales OLAP
RPM	Retail Performance Management
SB	Selbstbedienung
SCM	Supply Chain Management
SEDAS	Standardsregelungen einheitlicher Datenaustauschssysteme
SINFOS	Stammdateninformationssätze
SKU	Stock Keeping Unit
SOAP	Simple Object Access Protocol
SOX	Sarbanes-Oxley-Act
SQL	Structured Query Language
TCO	Total Cost of Ownership
TDCC	Transportation Data Coordinating Committee
THM	Transporthilfsmittel
TKP	Tausender-Kontakt-Preis
TQM	Total Quality Management
u-Commerce	ubiquitous Commerce
UGR	Untergruppe
UPC	Universal Product Code
USP	Unique Selling Proposition
VK	Verkaufspreis
VMI	Vendor Managed Inventory
VOFI	Vollständiger Finanzplan
VoIP	Voice over IP
VPE	Verpackungseinheit
WA	Warenausgang
WE	Wareneingang
WFMS	Workflow Management System
WGR	Warengruppe
WKZ	Werbekostenzuschuss

WLAN	Wireless Local Area Network
WOG	Warenobergruppe
WWS	Warenwirtschaftssystem
WWW	World Wide Web
XML	Extensible Markup Language
ZAS	Zentraler Artikelstamm
ZGV	Zentralverband Gewerblicher Verbundgruppen e. V.
ZR	Zentralregulierung
ZuO	Zuordnung

1 Controlling – eine Bestandsaufnahme

1.1 Historische Entwicklung des Controllings

Historisch lässt sich die Funktion des Controllers bis in das 15. Jahrhundert an den englischen Königshof nachvollziehen. Dort waren Bedienstete mit der Aufzeichnung ein- und ausgehender Gelder und Güter betraut.[2] Weitere Erwähnungen des Controllers fanden in den USA im 19 Jhd. statt. Bis zum Krieg zwischen den Nord- und den Südstaaten konnte bzw. musste jeder US-Bürger selbst entscheiden, welche Banknoten er zu akzeptieren bereit war. Britische Münzen zirkulierten in Amerika ebenso frei wie Münzen anderer Länder und konnten von jedem benutzt werden. Zu diesem Zeitpunkt gab es noch keine ausdrücklich autorisierte Zentralbank. Das einzige rechtlich anerkannte Hartgeld waren Gold- und Silbermünzen. Die Währung der amerikanischen Wirtschaft bestand aus Banknoten, die bei Bedarf in Hartgeld einlösbar waren. Die Zirkulation von Papiergeld wurde so durch die Regeln des freien Wettbewerbs gesteuert. Durch die hohe Kriegsbelastung ließ sich das 1:1-Verhältnis von Hartgeld und Papierwährung nicht mehr aufrechterhalten. Mit dem Legal Tender Act von 1862 wurden daher in den USA erstmals zinslose Schuldverschreibungen, so genannte Greenbacks ausgegeben, die ein Garantieversprechen der Regierung zur Bezahlung der Soldaten im Bürgerkrieg darstellten. 1863 wurde das Office of the Comptroller of the Currency (OCC) errichtet, das als Staatliche Bankaufsicht für ein funktionierendes Bankensystem in den USA sorgt.

Erste Begriffserwähnung

Die erste privatwirtschaftliche Erwähnung eines Controllers erfolgt einige Jahre später: 1880 richteten Atchison, Topeka & Santa Fe Railway System als erstes Unternehmen eine Comptrollerstelle mit primär finanzwirtschaftlichen Aufgaben ein.[3] Insbesondere im vergangenen Jahrhundert entwickelte sich das Controlling in den Unternehmen stetig weiter. In den 20er- bis 40er-Jahren war das Controlling sehr stark an die Buchhaltung angelehnt. Vor allem die Realisierung eines ordnungsmäßigen retrospektiven Rechnungswesens sowie die Weiterverarbeitung von Daten aus Finanzbuch-

Entwicklung der Controllingaufgaben

---

[2] Vgl. Witt (2002), S. 140.
[3] Vgl. Feldbauer-Durstmüller (2001), S. 7.

haltung und Kostenrechnung standen im Vordergrund der Controllingaufgaben.[4] Das Controlling war zu dieser Zeit vor allem rückwärtsgewandt. Die Sammlung, Verarbeitung und Verdichtung benutzeradäquater Informationen stand im Vordergrund.[5] Seit den 60er-Jahren gewinnt die betriebswirtschaftliche entscheidungsvorbereitende Beratungsfunktion neben den Aufgaben des operativen Geschäfts im Bereich Rechnungswesen an Bedeutung.[6] Mit Zunahme der Datenvolumina bedingt durch leistungsfähige IT-Systeme wandelte sich der Aufgabenbereich des Controllers zum Informationsversorger und Unterstützer bei Planung und Kontrolle mit Schwerpunkt auf Analyse und Erarbeitung von Maßnahmen.[7] Die Aufgaben des aktionsorientierten Controllings beinhalten Schwachstellenanalysen, Kostenüberwachungen, Budgetierungen, Betriebsablaufsuntersuchungen und Soll-Ist-Abweichungsanalysen.[8] Eine Übersicht über die historische Entwicklung des Controllings gibt Tab. 1.1.

Die Geschwindigkeit von unternehmensinternen und -externen Veränderungen setzt eine flexible und anspruchsvolle Plangestaltung voraus, die mit quantitativen Werten untermauert werden muss.[9] Mit zunehmender Bedeutung der indirekten Leistungsbereiche wie Forschung und Entwicklung, Logistik oder Informationsversorgung nehmen auch die Anzahl und die Verschiedenartigkeit der Aufgaben des Controllers zu. Ein zukunftsorientiertes Controlling sollte daher die wachsende Bedeutung für die strategische Planung und die Gestaltung der Unternehmensziele und der Unternehmenspolitik erkennen und das Managementsystem aktiv mitgestalten.

---

[4] Vgl. Lachnit (1992), S. 3.
[5] Vgl. Weber (2002c), S. 6.
[6] Vgl. Graßhoff et al. (2000), S. 4.
[7] Vgl. Lachnit (1992), S. 3.
[8] Vgl. Lachnit (1992), S. 3; Weber (2002c), S. 10.
[9] Vgl. Horváth (2003), S. 3; Schröder (1991), S. 985.

Zeit	Aufgaben
15. Jhd., englischer Hof	Aufzeichnung und Überwachung ein- und ausgehender Güter.
ab 1778, USA	Erstmalige Erwähnung des „Comptroller", Überwachung der Staatsausgaben und des Staatsbudgets.
seit 1863, USA	Gründung des Office of the Comptroller of the Currence (OCC) als Staatliche Bankaufsicht.
1880, USA	Atchison, Topeka & Santa Fe Railway System schreiben erste Comptrollerstelle mit primär finanzwirtschaftlichen Aufgaben aus.
20er-Jahre, USA	Wandel des Rechnungswesens vom reinen Registrierungs- und Kontrollinstrument zur Sammlung und Verarbeitung benutzergerechter Informationen.
1931, USA	Gründung des „Controllers Institute of America" (heute: Financial Executive Institute).
40er-Jahre, USA	Weiterentwicklung des Controllings über das Rechnungswesen hinaus: Rechnungsfunktion (Buchführung, Kostenrechnung usw.), Revisionsfunktion (Systementwurf), Zusammenarbeit mit externer Revision, Steuerrechtsfunktion (Informationssammlung, Steuererklärung usw.), Interpretationsfunktion.
60er-Jahre, Deutschland	Einführung des Controllings durch amerikanische Tochterunternehmen. Schnelle Verbreitung, Erweiterung des Aufgabespektrums zum betriebswirtschaftlichen Berater der Unternehmensführung.
1974, Deutschland	Nahezu alle deutschen Unternehmen mit mehr als 1 Mrd. DM Umsatz haben laut McKinsey-Studie (n=30) einen Controller.
Seit den 80er-Jahren	Wachsende Bedeutung des Controllings im Handel.

Tab. 1.1: Historische Entwicklung des Controllings[10]

---

[10] Vgl. Weber (2002c), S. 5 ff.; Klingebiel (2000), S. 28 f.; Graßhoff et al. (2000), S. 4.

1.2 Kontroverse Diskussion des Controllingbegriffs

Kein einheitliches Controllingverständnis

Im deutschen Sprachraum existiert bislang kein einheitliches Verständnis und keine einheitliche Definition des Begriffs Controlling (vgl. Tab. 1.2). In der Literatur finden sich zahlreiche Definitionsansätze.[11] Eine Ursache hierfür kann in dem Versuch, Controlling etymologisch abzuleiten, gesehen werden. Das Verb „to control" bietet in der Umgangssprache rund 50 Bedeutungen, die von „to check" bis zu „to manage" reichen.[12] Daher ist die Definition „controlling is what controllers do" wenig hilfreich, zumal die Aufgabenstellungen in den Unternehmen unterschiedlich sind und Unternehmen ohne existierende Controller-Institution daraus nicht die Aufgabenstellung ableiten können.[13]

Controlling Definition

Trotz der kontroversen Diskussion hat sich in den letzten Jahren in großen Teilen der Wissenschaft eine dominante, koordinationsorientierte Auffassung herausgebildet.[14] Im Folgenden sei unter Controlling die „Beschaffung, Aufbereitung und Analyse von Daten zur Vorbereitung zielsetzungsgerechter Entscheidungen"[15] verstanden. Als Subsystem der Unternehmensführung nimmt das Controlling innerhalb des Führungssystems Koordinationsaufgaben wahr.[16] Es umfasst sowohl systemgestaltende als auch systemnutzende Aufgaben.

---

[11] Vgl. Becker, Winkelmann (2004a), S. 473; Erner, Röder (2004), S. 132 f.; Schneider (1991), S. 765 ff.; Weber (2002c), S. 18 ff.
[12] Vgl. Rathé (1963), S. 32.
[13] Vgl. Ahlert (1997), S. 48; sowie Ahlert (1999), S. 6.
[14] Berens, Hoffjan (2003), S. 208.
[15] Vgl. Berens, Bertelsmann (2002), S. 280.
[16] Vgl. Berens, Bertelsmann (2002), S. 281; Horváth (2003), S. 153; Küpper (2001), S. 12 ff.; Küpper, Weber, Zünd (1990), S. 283; Schmidt (1996), S. 14.

Autor	Controllingdefinition
Ahlert (2004), S. 245.	„Controlling ist Managementunterstützung durch Information und Koordination."
Feldbauer-Durstmüller (2001), S. 26.	„Informations- und Koordinationsaufgaben, die der optimalen Erreichung aller Unternehmensziele dienen. Die Koordinationsfunktion [...] bezieht sich in der Hauptfunktion auf das Informationsversorgungssystem und das Planungs- und Kontrollsystem. Die Koordinationsfunktion beinhaltet jedoch auch Beziehungen zum Organisations- und Personalführungssystem. Die Nebenfunktion [...] schließt daher Gestaltungsvorschläge zur konfliktarmen und effizienten Umsetzung von Informationsversorgung, Planung und Kontrolle mit ein."
Grob, Bensberg (2005), S. 26.	„Controlling [dient ...] der Rationalitätssicherung der Unternehmensführung durch eine methodisch gestützte Planung und Kontrolle [...] Zur Rationalitätssicherung sind sowohl systemgestaltende als auch systemnutzende Aufgaben wahrzunehmen. Die Funktion der Systemgestaltung wird systematisch und methodisch durch Instrumente der Wirtschaftsinformatik unterstützt."
Horváth (2003), S. 5.	„Ein Subsystem der Führung, das Planung und Kontrolle, sowie Informationsversorgung systembildend und systemkoppelnd koordiniert."
Reichmann (2001), S. 13.	„Zielbezogene Unterstützung von Führungsaufgaben, die der systemgestützten Informationsbeschaffung und Informationsverarbeitung zur Planerstellung, Koordination und Kontrolle dient; es ist eine rechnungswesen- und vorsystemgestützte Systematik zur Verbesserung der Entscheidungsqualität auf allen Führungsstufen der Unternehmung."
Schneider (1997), S. 458.	„...eine durch Rechnungswesen gestützte Koordinations- und Kontrollhilfe"
Weber (2002d), S. 5.	„Tätigkeit [...] zur Sicherstellung ,vernünftiger' Unternehmensführung"

Tab. 1.2: Ausgesuchte Controllingdefinitionen

1.3 Aufgabenfeld des Controllers

Zur Konkretisierung der Zielsetzung und inhaltlichen Arbeit des Controllers werden in der Literatur gewöhnlich spezifische Aufgaben bzw. Aufgabencluster festgelegt, die eine Abgrenzung zum

Aufgaben des Controllings

Aufgabenbereich des Managements gewährleisten sollen.[17] Controlling soll der Rationalitätssicherung der Managementaufgaben dienen, so dass eine Entscheidungsfindung und -durchsetzung dem Management überlassen bleibt.[18] Es wird teilweise eine Neuausrichtung des Aufgabenverständnisses von Controllern in der Praxis gefordert.[19] Dabei sind eine verstärkte zukunftsorientierte Vorgehensweise und eine stärkere Fokussierung auf interne Kunden unter Mitwirkung in bereichsübergreifenden Teams zu fordern.[20]

Nationale Unterschiede

Empirische Studien zeigen deutliche Unterschiede bei den Controlling-Praktiken verschiedener Länder. Nationale Eigenheiten sind insbesondere für Mitarbeiter im Controlling von Relevanz, die für ein Unternehmen mit ausländischer Muttergesellschaft tätig sind.[21] Dabei dürften sich jedoch mit Vereinheitlichung der weltweiten Rechnungslegungen und standardisierter Kennzahlen die Gepflogenheiten anpassen.

Studie	Untersuchungsmethodik
Robert (1957)	Deskriptiv: Rollenbeschreibung
Stacey (1958)	Deskriptiv: Rollenbeschreibung
Cory (1992)	Deskriptiv-strukturierend
Friedman, Lyne (2001)	Inhaltsanalyse in der Wirtschaftspresse zu Nuancen des „Erbsenzähler"-Stereotyps
Ewing, Pitt, Murgolo-Poore (2001)	Analyse der Fotos führender Accountants in der Wirtschaftspresse
Hoffjan (2002)	Rollenbild des Controllers in Werbeanzeigen

Quelle: in Anlehnung an Hoffjan (2002), S. 1027 ff.

Tab. 1.3: Studien zur Darstellung des Accountants in den Medien[22]

---

[17] Zur Ermittlung von Controlling-Aufgaben vgl. Reichmann (2001), S. 3 f. Zu den Aufgabenbereichen vgl. Grob (2001); Hoffmann (1996), S. 177 ff.
[18] Vgl. Schneider (1997), S. 458; Holten (2003b), S. 219.
[19] Vgl. Russell, Siegel, Kulesza (1999); Russell, Siegel, Kulesza (1999), S. 40; Schäffer, Weber (1999), S. 21.
[20] Vgl. Hoffjan (2002), S. 1026.
[21] Vgl. Berens, Hoffjan (2003), S. 237 f., die auch einen Einblick in Studien zu nationalen Unterschieden von Controlling-Systemen geben.
[22] Eine Übersicht über die Studien bietet Hoffjan (2002), S. 1027 ff.

Zum Verständnis der Controllingaufgaben ist es sinnvoll, das Rollenbild des Controllers in der Öffentlichkeit zu untersuchen, da es die Wirksamkeit der Querschnittsfunktion Controlling determiniert, Konsequenzen für die Zusammensetzung des Berufsstandes aufzeigt und die Persönlichkeitsentwicklung des einzelnen Stelleninhabers beeinflusst.[23] Zahlreiche Autoren haben in den letzten Jahrzehnten vor allem das Bild des Accountants in den Medien analysiert (vgl. Tab. 1.3).

Image des Controllers

Bei der Untersuchung von Werbeanzeigen auf die funktionale Rolle des Controllers in der öffentlichen Wahrnehmung zeigt HOFFJAN, dass die Rolle und das Verständnis des Controllers als „Sparkommissar" deutlich überwiegen. Mit großem Abstand wird der Controller in Anzeigen als Sparkommissar, Informationslieferant oder als Aufpasser und Kontrolleur dargestellt (vgl. Abb. 1.1).

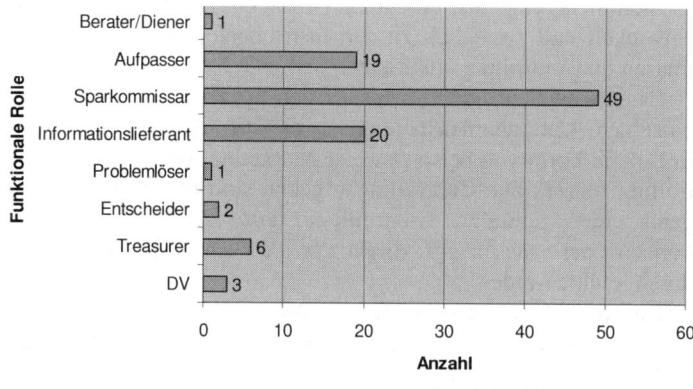

Quelle: Hoffjan (2002), S. 1037.

Abb. 1.1: Funktionale Rolle des Controllers

Das Aufgabenfeld des Controllers hat sich im letzten Jahrhundert in mehreren Phasen, ausgehend von den Bedürfnissen des Marktes, gewandelt. Die Betriebswirtschaftslehre in Deutschland hat das Tätigkeitsfeld des Controllers erst relativ spät angenommen, so dass zwischen Praxis und Theorie in den Hochschulen nicht zuletzt durch die Spezifika jedes Unternehmens eine Lücke herrscht. Bisherige Aufgabenfelder lassen sich anhand dreier Phasen ableiten.[24] In den 50er- und frühen 60er-Jahren war die Nachfrage nach Produkten deutlich größer als das Angebot. Dies führte nicht nur zu einem Arbeitskräftemangel, der zunächst durch Flüchtlinge aus den ehemaligen Ostgebieten und später durch europäische Gastar-

Veränderung der Aufgaben

Phase 1: Kostenrechnerische Problemstellungen

---

[23] Vgl. Hoffjan (2002), S. 1026.
[24] Vgl. Lehner (2000), S. 101.

beiter begrenzt werden konnte, sondern auch zu Produktionsengpässen durch Ausweitung der Produktion auf neue Produkte. Hauptsächliche Controllingaufgaben bestanden darin, kostenrechnerische Probleme zu lösen und auf diese Weise die Produktion zu optimieren.

Phase 2: Ergebnisorientierte Problemstellungen

Mit zunehmender Marktsättigung musste zusätzlicher Bedarf geweckt werden. 1968 entstand an der Universität Münster das erste Institut für Marketing in Deutschland. Einhergehend mit dem Produktmanagement im Unternehmen veränderten sich die Anforderungen an den Controller. Die Ergebnisrechnung mit Bezug zu Budgets, Kunden, Sortimenten und Produkten erhielt zunehmend Einzug in die Unternehmen.

Phase 3: Strategische Problemstellungen

In der dritten Phase stellte sich – in vielen Bereichen war eine Marktsättigung erreicht – mit nachlassender Nachfrage und verstärktem Wettbewerb für die Unternehmen das Problem der Existenzsicherung. Instrumente zur strategischen Planung wurden entwickelt und zusätzlich zu den Instrumenten der ersten beiden Phasen im Controlling eingesetzt.

Entwicklung von Spezialanforderungen führt zu Bereichscontrolling

Es entwickelten und entwickeln sich Spezialanforderungen aus einzelnen Unternehmensbereichen, die zu einem Bereichscontrolling in Form von beispielsweise Marketing- oder Vertriebscontrolling führen. Die Controllingaufgaben sind hierbei nicht zwingend einer zentralen Controllinginstanz zugeordnet, sondern können oder müssen ggf. direkt von den einzelnen Abteilungen durchgeführt werden.

Ganzheitliche Betrachtung

Der vor allem seit der Computerisierung der Unternehmen an Bedeutung gewinnende Produktions- und Wettbewerbsfaktor „Information" verlangt eine ganzheitliche Betrachtung der Informations- und Kommunikationssysteme. Das Informationsmanagement als Gestaltungs- und Führungsaufgabe spielt bei der Beschaffung und Analyse von Informationen auch in kleineren Betrieben eine wichtige Rolle. Die Hauptaufgabe besteht in der Beschaffung und Verteilung von Informationen und der Bereitstellung der entsprechenden Infrastruktur. Das Informationsmanagement ist darüber hinaus für die Weiterentwicklung der entsprechenden Strukturen verantwortlich. Bei der Bewältigung dieser Führungsaufgaben kommt dem Controlling der Informationsverarbeitung, dem IV- oder IT-Controlling, eine zentrale Stellung zu, da es die immer komplexer und umfangreicher werdenden Aufgaben des Informationsmanagements unterstützt.[25]

IV-Controllingaufgaben

Aufgaben, die im Rahmen des IV-Controllings anfallen können, sind:

---

[25] Vgl. Lehner (2000), S. 95.

- „Planungsaufgaben wie z. B. Kostenplanung oder Mitwirkung bei der Auswahl, Abwicklung und Überwachung von IV-Projekten,
- Konzeption und Umsetzung des Berichtswesens,
- Überwachungsaufgaben wie z. B. Soll-Ist-Vergleich wichtiger Kennzahlen (Nutzeneffekte und Wirtschaftlichkeit wichtiger IV-Prozesse, Informationsinfrastruktur, Nutzung bestimmter Produkte, Überwachung des laufenden Betriebs),
- Innovationsaufgaben wie z. B. Erkennung von Reorganisations- oder Rationalisierungspotenzialen,
- Beratungsaufgaben, z. B. bei der Gestaltung der Kosten-/Leistungsrechnung, Entwicklung eines Leistungsverrechnungssystems, Beratung der Unternehmensleitung bei Technologieinvestitionen oder bei der Festlegung der Informatik-Strategie,
- Beurteilung von Outsourcing-Projekten,
- Mitwirkung bei der Zieldefinition für die betriebliche Informationsverarbeitung und Ausrichtung an den Unternehmenszielen,
- Mitwirkung an der Erstellung des IV-Budgets und
- Analyse der Organisation des Informationswesens."[26]

Es wird deutlich, dass Controller Kenntnisse über viele verschiedene Fachgebiete des Unternehmens haben müssen, um die Controllingaufgaben von heute und morgen effizient und effektiv bewältigen zu können.

1.4 Zukünftige Herausforderungen des Controllings

Eine Prognose in die Zukunft des Controllings wagt GROTHEER 1996 im Hinblick auf das jetzige Jahrzehnt.[27] Darin sieht er bereits die Elektronifizierung und Datenintegration entlang der Wertschöpfungskette voraus. Durch auditierbare Electronic Data Interchange (EDI)-Datenaustausche (häufig werden heute XML-Formate verwandt) können und sind spezielle Aufgaben in der Kreditoren- und Debitorenbuchhaltung bis dato entfallen. So führt beispielsweise die bereits bei Ford erprobte Ausgestaltung der Rechnungslegung[28] auch im Handel zum Wunsch, auf Lieferantenrechnungen zu verzichten, und stattdessen Gutschriften in Höhe des bewerteten Wareneingangs an den Lieferanten (automatisch) zu senden.[29] Das Rechnungswesen als Nicht-Kernkompetenz von Un-

---

[26] Lehner (2000), S. 103.
[27] Vgl. Grotheer (1996), S. 237.
[28] Vgl. Mertens (2000), S. 277.
[29] Vgl. Becker, Schütte (2004), S. 364.

Internationalisierung der Rechnungslegung

Veränderung der Controllingaufgaben

ternehmen kann und wird vermutlich mittelfristig in Teilen oder als Ganzes von einigen Unternehmen an Finanzdienstleister outgesourced.

Der Dollar als de facto weltweite Leitwährung schafft bei der Rechnungslegung Fakten. Die Kapitalbeschaffung im Dollarraum und der internationale Kapitalmarkt zwingen zu einer Abkehr von Rechnungslegungspraktiken aus dem deutschsprachigen Raum hin zu IFRS und GAAP. Die Geschäftssprache ist nicht nur in internationalen Großkonzernen englisch.

Es darf mit Durchdringung der Unternehmen mit integrierten IT-Systemen – auch im dispositiven Bereich – davon ausgegangen werden, dass der zentrale Controller die Funktion des Zusammenrechnens und Erstellens von Informationen verliert. Diese werden standardisiert von Softwaresystemen übernommen, was es wiederum den Managern ermöglicht, einen Teil der derzeitigen Controllingaufgaben selbst zu übernehmen und somit die Abteilungskompetenzen in Bezug auf Planung, Steuerung und Entscheidung zu stärken. Es kommt zu einem intensivierten Selbstcontrolling im Sinne des funktionalisierten statt institutionalisierten Controllings. Der Controller konzentriert sich eher auf die Datenanalyse und -interpretation abseits des „Standards" und somit auf die Controlling-Etablierung und das „Marketing" der entsprechenden Zahlen. Obwohl die Anspruchsgruppen der Controlling-Leistung primär auf Inhalte und sekundär auf Zugriffsmöglichkeiten abzielen, liegt für den Controller die Herausforderung in der Datensammlung und -aufbereitung.[30] Ein Indiz für die Veränderung ist, dass heutige Warenwirtschafts- und Data Warehouse-Systeme bereits einen großen Teil der benötigten Standardreports und -kennzahlen voreingestellt bereithalten und diese nur noch entsprechend den unternehmensindividuellen Anforderungen zu aktivieren sind. So bietet beispielsweise das Business Warehouse der SAP die Möglichkeit, Berichte und die dahinter liegenden Datenstrukturen entsprechend der jeweiligen Organisationsanforderung anhand vordefinierter Schemata „zusammenzuklicken". Damit dürfte sich das Controllerbild vom Zahlenersteller und -versteher zum Analysator und Ratgeber verschieben. Der Controller wird in die Entscheidungsfindung einbezogen, kennt die strategische Perspektive und berücksichtigt ergebnisabhängige Honorierungen (vgl. Abb. 1.2).

---

[30] Vgl. Waniczek (2002), S. 39.

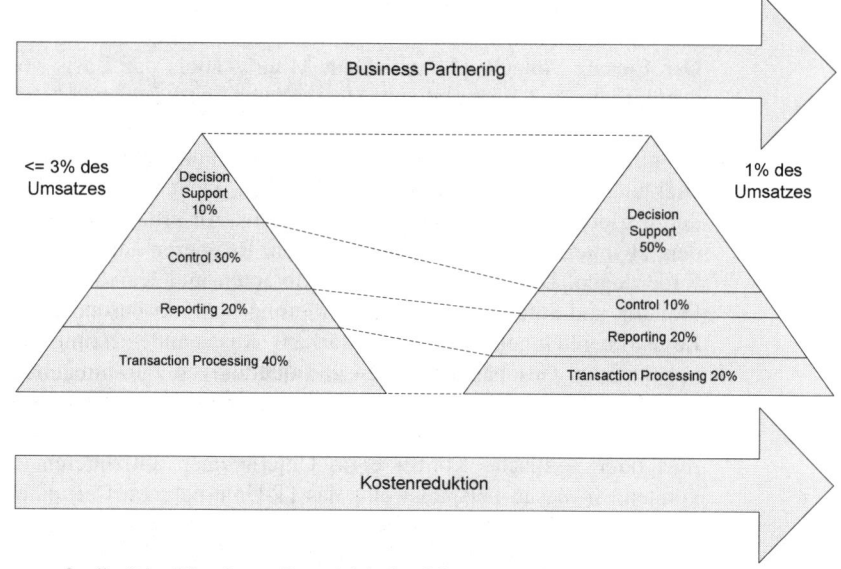

Quelle: Price Waterhouse Financial & Cost Management Team (1997), S. 3.

Abb. 1.2: Entwicklung des Ressourceneinsatzes im Controlling

Methodenkompetenz und Erfahrungen in der Systemgestaltung zur Verbesserung der Informationsversorgung im Unternehmen gewinnen an Bedeutung. Es kommt zu einer Diversifikation des Controllings. Spezialistentum in Bezug auf Branchen- und Funktionscontrolling nehmen auch vor dem Hintergrund des Selfcontrollings zu. Der Controller übernimmt möglicherweise strategische und taktische Aufgaben des Informationsmanagements. Hinzu kommen projektspezifische Controllingnotwendigkeiten, die sich auf Grund der Komplexität von Projekten neben dem Controlling von Standardaufgaben und -geschäftsabläufen ergeben.

Diversifikation des Controllings

Auf Excel basierende, selbst erstellte Controllingtools werden vermehrt – nicht zuletzt durch gesetzliche Anforderungen – durch Standardtools ersetzt, die in gewissen Grenzen auch den Abteilungen und dem Management zur Datenauswertung in Echtzeit zur Verfügung stehen werden und bereits stehen. Gleichzeitig könnten externe Revisoren zur Transparenz und Sicherheit des Finanzmarktes – und angestoßen durch den Finanzmarkt – die Aufgabe erhalten, per Direktzugriff auf die Unternehmensdaten die Ordnungsmäßigkeit und Richtigkeit der Abschlüsse und Kennzahlen in fest vereinbarten unterjährigen Abständen zu überprüfen. Es gilt für den Controller daher, Konzepte zu entwerfen, wer wann wie auf welche Daten zugreifen darf. Der Controller wird zum Busi-

Controller als Business Analyst

ness Analyst mit Consultant-Status, der sich vermehrt strukturiert mit Führungsthemen und Managementaufgaben auseinandersetzt. Der Einsatz von OLAP- und Data Mining-Tools auf Basis von qualitativen und quantitativen Massendaten wird selbstverständlich.

Vorsorge-Denken

Höhere Vorlaufkosten, beispielsweise für Forschung und Entwicklung, und kürzere Amortisationsdauern, nicht zuletzt bedingt durch globalen Wettbewerb und gestiegene Ansprüche der Kunden, zwingen zu schnellem und flexiblem Reagieren auf neue Anforderungen. Die Integration von Lieferanten und Kunden in die Planung und Steuerung der Wertschöpfungskette, insbesondere im Logistikbereich, erfordert eine stärkere Auseinandersetzung mit unbekannten Geschäftsprozessen und qualitativen Zusammenhängen. Darüber hinaus werden Controller vermutlich stärker in ein „Vorsorge-Denken" integriert, um z. B. Gefahren durch Terrorismus oder politische Konflikte im Unternehmen antizipieren zu können. So besaß beispielsweise das IT-Unternehmen Dell einen Notfallplan, als durch die Anschläge vom 11. September 2001 die amerikanischen Häfen geschlossen wurden. Während andere Unternehmen durch die unterbrochenen Versorgungslinien Verluste erleiden mussten, ließ Dell die ausländischen Hardwarekomponenten kurzerhand einfliegen. Die Wertschöpfungskettenanalyse in Bezug auf Verwundbarkeiten wird auch Aufgabe der Controller werden.[31]

Controller als Projektpartner

Der Controller wird darüber hinaus stärker in Projekte wie etwa Softwareauswahl, Gestaltung von Informationssystemen oder Entwicklung neuer Geschäftsmodelle eingebunden werden. Auch mit Datenrichtlinien und den rechtlichen Möglichkeiten und Anforderungen, die sich beispielsweise im Zuge rechtlicher Anforderungen ergeben, muss er sich auf Grund seines kaufmännischen Weitblicks auseinandersetzen. Er ist mit seiner Methodenkompetenz ein geschätzter Projektbeteiligter. Zukünftige Controllergenerationen werden sich neben der kaufmännischen vermehrt auch eine wirtschaftsinformatische Fachkompetenz erarbeiten müssen, um mit wachsender Bedeutung der IT für den Produktionsfaktor „Information" den an sie gestellten Anforderungen gerecht zu werden. Hierzu zählen etwa das (zumindest ansatzweise zu fordernde) methodische Wissen über Daten- und Prozessmodelle sowie über die Funktionsweise und Architekturen eingesetzter Anwendungssysteme. Erst hierdurch wird ein vollständiges Verständnis der Implikation von Veränderungen jeglicher Art (z. B. neue rechtliche Anforderungen an Datenhaltung und -auswertung, Integration von Lieferanten und sich daraus ergebende Einsparungsmöglichkeiten durch Geschäftsprozessverbesserungen) auf das Unternehmen möglich.

---

[31] Vgl. Gadiesh (2004), S. 74.

1.5 Besonderheiten des Handels und des Handelscontrollings

In einer arbeitsteiligen Volkswirtschaft hat der Handel die Aufgabe, die Differenzen zwischen der Produktion und Konsumption in räumlicher, zeitlicher, qualitativer und quantitativer Hinsicht auszugleichen.[32] Die Bedeutung des Handels für Deutschland ermisst sich bereits bei der Betrachtung der Unternehmenszahlen. Ca. 400.000 Unternehmen beschäftigen insgesamt etwa 4,3 Millionen Arbeitnehmer im Bereich Handel.[33] Hinzuzurechnen sind die in Industriebetrieben arbeitenden Personen, die überwiegend Handelsfunktionen ausüben, wobei der Anteil an Handels- und Dienstleistungsaktivitäten in Industrieunternehmen zunimmt. Die erhöhte Handelsintensität resultiert u. a. aus einer reduzierten Fertigungstiefe, der Verlagerung der Produktion ins Ausland und der Internationalisierung der Unternehmen.[34] Die Differenzierung in Unternehmen, die Handelsfunktionen ausüben, und in Handelsunternehmen zeigt zwei Aspekte des Begriffs Handel, den funktionalen und den institutionellen. Im funktionalen Sinn wird der Handel Aufgaben bezogen definiert als der Austausch von Waren und Dienstleistungen zwischen Wirtschaftssubjekten.[35] Die Funktionen haben hierbei die Aufgabe der Überbrückung räumlicher, zeitlicher, quantitativer und qualitativer Differenzen, die zwischen Produktion und Konsumtion bestehen.[36] Somit sind Handelsunternehmen Dienstleistungsbetriebe, die für Industriebetriebe absatzwirtschaftliche Aufgaben übernehmen. Dem Kunden erbringen sie u. a. die Dienstleistung der Sortimentsbildung sowie der Bereitstellung von Waren und Dienstleistungen in geeigneter Menge und Qualität.

Bedeutung des Handels

Da bei der funktionalen Definition die Ausgestaltung der Handel treibenden Institutionen unberücksichtigt bleibt, wird beim Handel in *institutioneller* Abgrenzung auf die Institutionen fokussiert, deren Tätigkeiten überwiegend dem Handel im funktionalen Sinne zuzurechnen sind. Diese Institutionen werden als Handelsbetriebe, auch Handelsunternehmen, bezeichnet.[37]

Definition Handel

In der abendländischen Kultur gilt der Beruf des Händlers seit jeher als wenig erstrebenswert. Das Image des selten beliebten und häufig umkämpften Zeitgenossen lag nicht zuletzt an den für Au-

Image des Händlers

---

[32] Vgl. Barth (1999), S. 1; Barth, Hartmann, Schröder (2002); Schröder, Schettgen (2002), S. 1.
[33] Vgl. o.V. (EHI) (2001), S. 36.
[34] Vgl. Becker, Schütte (2004), S. 1.
[35] Vgl. Tietz (1993), S. 4.
[36] Vgl. Barth (1999), S. 1.
[37] Zur Differenzierung in funktionalen und institutionellen Handel vgl. auch Becker, Schütte (2004), S. 1 f.

ßenstehende kaum begründbaren Gewinnen sowie dem Rechtfertigungszwang für seine Tätigkeit. Die bereits von Platon geforderte Diskussion über ein Reglement der Händleranzahl setzt sich bis heute in der Diskussion einer Beschränkung der Handelsflächen innerhalb einer Kommune fort. Das Imageproblem des Handels spiegelt sich nicht zuletzt darin wider, dass der Handel in Deutschland einer der am stärksten gesetzlichen Restriktionen unterworfenen Domänen darstellt. Von der in der Bundesrepublik bis 1967 erhobenen Sonderbesteuerung von Filialbetrieben durch höhere Gewerbesteuer-Hebesätze über Restriktionen der Baunutzungsverordnung lässt sich die Diskussion um den Handel bis zur Ansiedelung (oder Verhinderung der Ansiedelung) von Factory Outlets, dem Dualen System Deutschlands und den Diskussionen um das aufoktroyierte Dosenpfand verfolgen.[38] Der Handel „badet" letztendlich die von der Industrie sukzessiv weitergegebenen Mautkosten aus, er leidet unter jeder neuen Marktverordnung der Politik wie etwa der EU-Mindestpreise für Import-Lachs, regelmäßigen Textil-Importbeschränkungen oder die in mehrjährigem Abstand erneut anstehenden Mehrwertsteuererhöhungen. Eine von außen forcierte Preiserhöhung von Tabak, Alkopops usw. bedeutet innerhalb weniger Wochen einen deutlichen Umsatzrückgang in Teilsortimenten, die Pfandpflicht tut ihr übriges und wirkt sich auch auf die Industrie aus. So reduzierte sich bei der Einführung des Pfands bei Coca-Cola der Umsatz erheblich, da das Unternehmen zunächst Probleme hatte, seine als Teil der Marke verstandene einheitliche Dosenform zu Gunsten einer Vertriebslinien-individuellen Verpackung aufzugeben. Damit jedoch erschwerte Coca-Cola die Rücknahmeprozesse im Handel, so dass es vorübergehend zu zahlreichen Auslistungen bei den Handelsunternehmen kam.[39]

Nutzen des Handels

Dass das teilweise negativ geprägte Image des Handels durchaus nicht immer gerechtfertigt ist, gibt SCHENK am Beispiel kalifornischer Erdnüsse zu bedenken.[40] Während diese in einem deutschen Supermarkt deutlich unter einem Euro angeboten werden, wäre es dem Verbraucher auf sich gestellt nicht möglich, die Erdnüsse für diesen Preis unter Ausschaltung des Handels in Kalifornien zu erwerben. Erst die Einschaltung des kollektierenden Großhandels in Kalifornien, des „distributierenden" Großhandels in Kansas, eines Exporteurs in Washington D.C., eines Importeurs in Hamburg, einer Einkaufsgemeinschaft in Minden sowie des regionalen Supermarktes ermöglicht einen günstigen Preis für die geringe Produktmenge.

---

[38] Mattmüller (2001), S. 278 ff. setzt sich mit dem Image des Händlers ausführlich auseinander.
[39] o. V. (Coca-Cola) (2005).
[40] Schenk (1995), S. 858; Ribbert (2005), S. 106.

Die Konsequenzen aus einer falsch verstandenen Imagekommunikation erwachsen dem Handel in Form des Mangels an akademischen Nachwuchskräften und als Konsequenz einer Vielzahl an vor sich hergeschobenen Managementproblemen, zu deren Lösung entsprechendes Führungspersonal erforderlich wäre.[41] Auch die Rahmenbedingungen, zu denen der Handel letztlich auch selbst beigetragen hat, sind denkbar schlecht. In 2004 hat die Branche ein Umsatzminus von 1,5 Prozent erlitten. Neben der Konsumunlust der Verbraucher ist auch die Zunahme der Verbrauchsflächen Auslöser hierfür. Experten schätzen derzeit einen Überhang an Verkaufsflächen von 30 bis 40 Prozent. Trotzdem befindet sich in Deutschland noch eine weitere Million Quadratmeter im Genehmigungsverfahren oder in der Planung.

Konsequenzen des Imageproblems

Die in vielen Handelsunternehmen im Gegensatz zur Industrie vorliegende Berater-Aversion tut ihr übriges, obwohl sich durch Zusammenarbeit von Berater, Forschungsinstitutionen und Handelsunternehmen oftmals bessere Ergebnisse erzielen ließen als im Handels-Alleingang.[42]

Berateraversion

Auch im Handelscontrolling unterscheidet sich der Handel deutlich von anderen Domänen, insbesondere der Industrie. Diese resultieren aus den Bedingungen, unter denen ein Handelsunternehmen geplant, geführt, kontrolliert und organisiert wird. Zahlreiche Instrumente aus dem traditionellen, von der Industrie abgeleiteten Controlling sind im Handel modifiziert anwendbar (vgl. Abb. 1.3).

Besonderheiten gegenüber Industrie

---

[41] Vgl. Mattmüller (2001), S. 280.
[42] Vgl. Becker, Schütte (2004), S. 209.

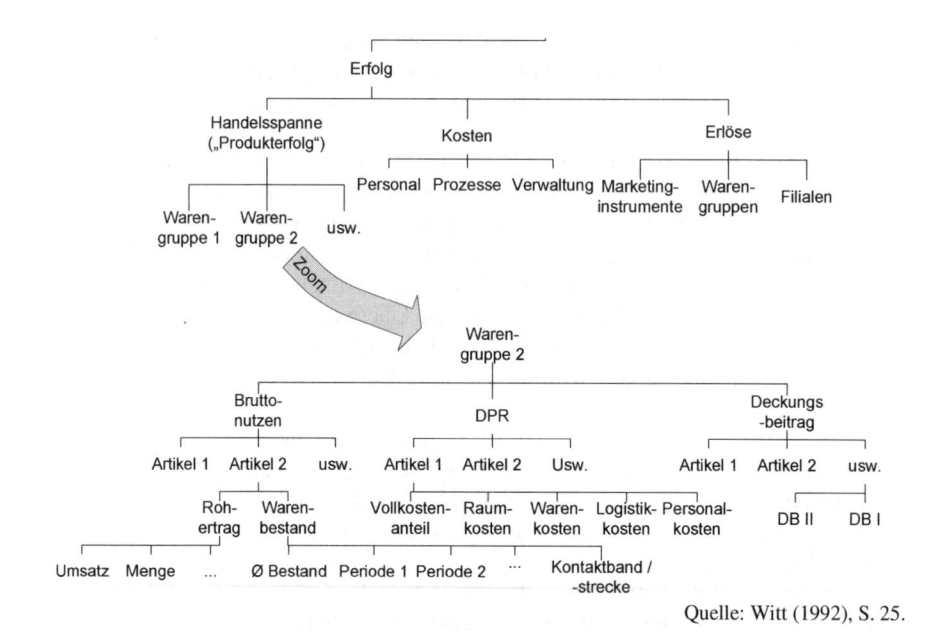

Abb. 1.3: Grundlegende Bausteine des Handelscontrollings

Quelle: Witt (1992), S. 25.

Ziele des Handelscontrollings

Dennoch gibt es in Handelsunternehmen einige Aspekte, die eine gesonderte Beschäftigung mit einem Controlling im Handel erforderlich machen. Hierbei ist insbesondere das Zielcontrolling von besonderem Interesse, da Handelsmanager traditionell mit nur wenigen Zielen auskommen, die sich mittels Kennzahlen quantifizieren lassen. Erlöse pro Mitarbeiter, Mitarbeiterstunde oder Quadratmeter Verkaufsfläche sowie je Filiale oder Aktion oder Umschlagsgeschwindigkeiten von Artikeln sind ebenso Gegenstand des Handelscontrollings wie Image-, Qualitäts- und Preisniveau-Messungen. Zu den Zielen im Handelscontrolling vgl. auch Abb. 1.4.

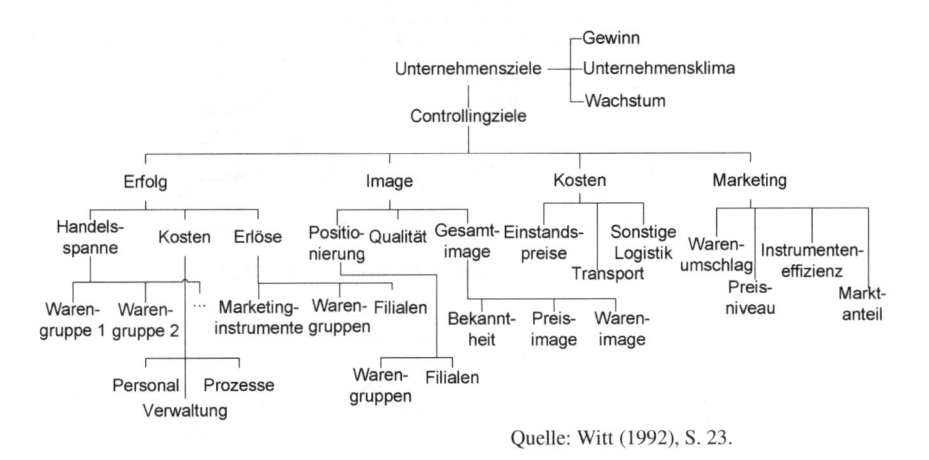

```
                              ┌─ Gewinn
        Unternehmensziele ────┼─ Unternehmensklima
                              └─ Wachstum
           Controllingziele
```

| Erfolg | Image | Kosten | Marketing |

Handelsspanne · Kosten · Erlöse · Positionierung · Qualität · Gesamtimage · Einstandspreise · Sonstige Logistik Transport · Warenumschlag · Instrumenteneffizienz

Warengruppe 1 · Warengruppe 2 · ··· · Marketinginstrumente · Warengruppen · Filialen · Bekanntheit · Preisimage · Warenimage · Preisniveau · Marktanteil

Personal · Prozesse · Verwaltung · Warengruppen · Filialen

Quelle: Witt (1992), S. 23.

Abb. 1.4: Ziele im Handelscontrolling

Der deutsche Handel und die Anforderungen an den Handel haben sich in den letzten 200 Jahren gewandelt. Der seit 1800 etwa alle 25 Jahre auftretende Innovationsschub im Handel, der durch politische, technologische oder Veränderungen der Betriebsformen induziert wird, ergänzt die langfristigen volkswirtschaftlichen Beobachtungen von Kondratjew und Nefiodow (vgl. Abb. 1.5).[42] Ende des 18. Jahrhunderts dominierte vor allem die Seeschifffahrt mit den drei bedeutenden Handelsstädten Amsterdam, London und Hamburg. Etwa ab 1825, nachdem zahlreiche monopolistische Handelsschranken in Europa weggefallen waren, kam es in Deutschland zu einer Fokussierung auf den Binnenhandel. Als Folge des Wiener Kongresses schuf Preußen für das eigene Gebiet eine Zollgesetzgebung, der sich 1834 weitere 18 deutsche Kleinstaaten anschlossen.

Etwa ab 1850 gründeten sich erste Arbeiterselbsthilfevereine und Konsumgenossenschaften. Gegen 1875 wurden die ersten Warenhausketten gegründet. Hier wurden die Grundlagen für heutige Großkonzerne wie Kaufhof (Metro-Gruppe), Woolworth oder Karstadt gelegt. Um die Jahrhundertwende organisierten sich die Einkaufsgenossenschaften bereits auf nationaler Ebene. 1896 wurde die Coop Dänemark, 1907 die Edeka als „Verband deutscher kaufmännischer Genossenschaften" gegründet. 25 Jahre später brach das Zeitalter des Versands an. 1924 startete Eduscho in Bremen einen Kaffeeversand, 1925 wurden die Versandhäuser Klingel und Baur gegründet, 1926 Wenz und 1927 Gustav Schickedanz.

Ab 1825 Fokussierung auf Binnenhandel

Handel im Wandel

Dominanz bis 1825 im Außenhandel

Ab 1850: Erste Zusammenschlüsse

Ab 1875: Erste Kauf- und Warenhäuser

Um 1900: Erste nationale Einkaufsgenossenschaften

---

[42] Vgl. Hallier (2001), S. 26.

Die langen Wellen und ihre wichtigsten Innovationsfelder				
England	England Deutschland USA	USA Deutschland England	USA Japan Deutschland	
Dampfmaschine	Stahl	Elektrotechnik	Petrochemie	Psychosoziale Gesundheit
Baumwolle	Eisenbahn	Chemie	Automobil	Informationstechnologie
Bekleidung	Transport	Massenkonsum	Individuelle Mobilität	Gesundheit
1800　1825	1850　1875	1900　1925	1950	1975　2000
Letzte Blüte des maritimen imperialen Groß- und Außenhandels	Arbeiterselbsthilfe-Vereine	Erste nationale Einkaufsgenossenschaften	Einführung der Selbstbedienung	SB-Warenhäuser
				Internet
				B2B
	Deutscher Zollverein	Lokale Konsumgenossenschaften	Start der Kauf- und Warenhäuser	Start der Versandhandelsunternehmen	Supermärkte	Shopping-Center	B2C
		Entdeckung des Binnenhandels				Fachmärkte	

Quelle: in Anlehnung an Hallier (2001), S. 64.

Abb. 1.5: Vergleich von Volkswirtschafts- und Handelsgesetzmäßigkeiten

Um 1950: Einführung der Selbstbedienung

Mit dem Ausbruch des Zweiten Weltkrieges war die Expansion und Innovationskraft des Handels zunächst gestoppt, doch bereits kurz nach Kriegsende setzte sich die Strukturveränderung im Handel fort. Bereits 1946 legten die Albrechts den Grundstein zum Aldi-Imperium, das 1961 in Aldi Nord und Aldi Süd aufgeteilt wurde. Die Struktur des europäischen Handels hat sich seitdem, vor allem aber in den letzten zehn bis fünfzehn Jahren, erheblich verändert.[43] In der Nachkriegszeit fußte die Distribution der Waren in Deutschland auf vielen kleinen Läden der Genossenschaften und Handelsketten. Zu Beginn der 50er Jahre kam es durch die Erstarkung der Großfilialsysteme zu erhöhtem Wettbewerb zu Lasten der kleineren Handelsunternehmen resp. Einzelhändler. Der Trend zu Selbstbedienungsgeschäften (1949) und die erste Gründungswelle von Supermärkten und Discountern sowie zwischen 1965 und 1980 eine regelrechte Explosion der Verkaufsflächen folgten. Dieses Phänomen der Flächenexpansion ließ sich vor allem auf ge-

Explosion der Verkaufsfläche

---

[43] Vgl. Zerres (2000), S. 3 sowie Potucek (1987). Zu den sich aus den Veränderungen ergebenden Informationsanforderungen vgl. Becker, Winkelmann (2004a).

stiegene Massenkaufkraft und erhöhte Mobilität zurückführen. Die Fläche des Handels vervielfältigte sich rasch: von 250.000 qm in 1966 auf fast 6 Mio. qm in 1980. Auch die Artikelanzahl im SB-Laden kletterte von durchschnittlich 1.900 Artikeln in 1965 auf bereits ca. 20.000 Artikelpositionen im Jahre 1974.[44]

Erweiterung des Sortiments

Bedingt durch das herstellerseitige Preisbindungsverbot in 1973 konnten sich darüber hinaus einige Handelsunternehmen im Niedrigpreissektor profilieren.[45] Der anfänglich entscheidende Faktor der Standortwahl verlor durch Preisargumentationen und steigende Mobilität der Konsumenten an Bedeutung.

Die 80er-Jahre zeichneten sich vor allem durch eine Beschleunigung der Unternehmenskonzentration in Deutschland aus. Zwar versuchte der Gesetzgeber durch Einführung und Verschärfung der Baunutzungsverordnung in 1977 und 1986 das Wachstum der Großflächen auf der grünen Wiese zu stoppen, doch der Konzentrationsprozess im Handel konnte auf diese Weise nicht verhindert werden.[46]

Ab 1980: Beschleunigte Unternehmenszentralisation

In den 90er-Jahren standen vor allem die Internationalisierung sowie neue Formen der Zusammenarbeit zwischen Industrie und Handel im Vordergrund, um – basierend auf der Niedrigpreisargumentation – die Kosten weitestgehend zu minimieren. Neue Kooperationsformen entstanden zunächst unter dem Begriff Efficient Consumer Response (ECR) Anfang der 90er-Jahre in den USA, wurden aber schnell auch in Europa adaptiert.[47] Es kam im Zuge der Internationalisierung zu Fusionen zahlreicher größerer Unternehmen, eine Tendenz, die auch heute noch nicht abgeschlossen ist, und mittlerweile nicht nur auf deutscher und europäischer Ebene praktiziert wird. Allein um die Jahrtausendwende kam es zu über 15 Firmenzusammenschlüssen mit jeweils über 400 Mio. US-Dollar Volumen. Dabei entstand u. a. der weltweit zweitgrößte Einzelhändler aus dem Zusammenschluss von Carrefour und Promodès mit einem Umsatzvolumen von über 60 Mrd. Euro.[48] Darüber hinaus begannen zahlreiche Unternehmen in den 90er-Jahren, das Unternehmensportfolio zu diversifizieren. So übernahm beispielsweise die Rewe-Gruppe 1995 den Reiseveranstalter IST Reisen, 2000 die DER-Gruppe mit DERTOUR und ADAC Reisen sowie 2001 den Reiseveranstalter LTU. Auch Karstadt gründete 1997 mit der Deutschen Lufthansa AG ein Reiseunternehmen, die Thomas Cook AG, und fusionierte 1999 mit Quelle zur Karstadt-Quelle AG.

Ab 1990: Internationalisierung und interorganisationale Konzepte

---

[44] Vgl. Wolfskeil (1999), S. 313 ff.
[45] Vgl. Berens, Sarx (2000), S. 264.
[46] Vgl. Ahlert, Schröder (1999), S. 246 ff.
[47] Vgl. Berens, Sarx (2000), S. 266.
[48] Vgl. Rudolph (2001), S. 180.

Einen anderen Weg gehen die Verbundgruppen: durch Zusammenschluss von teilweise rechtlich unabhängigen Unternehmen zu Einkaufs- oder Marketingverbünden erzielen diese bessere Einkaufskonditionen oder eine deutlich höhere Sichtbarkeit am Markt, so dass die Unternehmen im Verbund eine bessere Positionierungsmöglichkeit gegenüber den großen Handelsunternehmen haben. Eine an der Universität Münster im Auftrag des Zentralverbandes gewerblicher Verbundgruppen (ZGV) durchgeführte Studie zeigt darüber hinaus, dass Mitglieder einer Verbundgruppe mit höherer Wahrscheinlichkeit ein geringeres Insolvenzrisiko haben als Unternehmen, die keiner Verbundgruppe angehören. Demnach gelangen Verbundgruppenmitglieder über den gemeinsamen Einkauf zu einen Kosten- und Wettbewerbsvorteil, der sich in einem durchschnittlich besseren Ergebnis niederschlägt. Außerdem steht die Zentrale durch das von ihr übernommene Zentralregulierungsgeschäft in der wirtschaftlichen Verantwortung für ihre Mitglieder. Um Ausfallrisiken für die Verbundgruppe zu minimieren, ist sie an möglichst gesund aufgestellten Anschlusshäusern interessiert.[49]

Wachstum der Discounter

Es zeichnet sich derzeit insbesondere im Lebensmittelhandel ein Wachstum der Discounter zu Lasten der Verbrauchermärkte und des traditionellen Einzelhandels ab. Die Sortimentsausweitung der Discounter verstärkt bei vielen Verbrauchern den Eindruck, ihren Bedarf dort zu einem großen Teil durchaus abwechslungsreich decken zu können, was wiederum zu Lasten anderer Handelsformen geht.[50] Der Lebensmittelmarkt wird von nur rund zehn großen Unternehmen dominiert, die rund 84% des Gesamtumsatzes in 2001 bzw. 89,2% des Umsatzes in 2003 erzielten.[51]

Dominanz im Lebensmitteleinzelhandel

Multi-Kanalstrategien

Viele der größeren Handelsunternehmen zeichnen sich durch eine Multi-Kanalstrategie mit verschiedenen Vertriebslinien aus, um den Markt möglichst breit zu bedienen. Vertriebslinien unterscheiden sich vor allem durch Größe, Sortiment, Erscheinungsbild und Grad des Services. Tab. 1.4 ordnet beispielhaft einige Handelsketten den Vertriebslinien zu.

---

[49] Vgl. Ebertz, Heimann (2004).
[50] Vgl. Hanke (2005).
[51] Vgl. o.V. (LZ) (2001), S. 12, sowie o.V. (Lebensmittelhandel) (2004), S. 21 ff.

Vertriebslinie	Beschreibung	Beispiele
Warenhaus	Geschäft in City-Lage, breites und tiefes Sortiment, Verkaufsfläche größer als 3.000 qm (in großen Metropolen auch mehrere 10.000 qm).	Galeria Kaufhof, Karstadt, Hertie
SB-Warenhaus	SB-Geschäft in der Peripherie, warenhausähnliches Sortiment, Verkaufsfläche größer als 5.000 qm.	Wal-Mart, Marktkauf, toom, hela Markt, real,-, Edeka Center, famila
Verbrauchermarkt	SB-Geschäft, Lebensmittelsortiment, Verkaufsfläche zwischen 1.500 und 5.000 qm.	extra, Eurospar
Großer Supermarkt	SB-Geschäft, Lebensmittelsortiment, Verkaufsfläche zwischen 800 und 1.500 qm.	Edeka neukauf, minimal, Superspar
Supermarkt	SB-Lebensmittelgeschäft, Verkaufsfläche kleiner 800 qm.	Edeka aktiv markt, Kaiser´s Tengelmann, Spar, HL-Markt
Discountgeschäft	Lebensmittelgeschäft mit Discount-Geschäftsmodell	Aldi, Lidl, Plus, Penny, Netto
Drogeriemarkt	SB-Fachgeschäft für Produkte aus den Bereichen Drogeriewaren, Körperpflege, Wasch-, Putz- und Reinigungsmittel, Hygieneprodukte, ggf. Lebensmittelteilsortimente, Nonfood.	Idea, dm Drogeriemarkt, Budnikowsky, kd Drogeriemarkt

Tab. 1.4: Vertriebslinien und ausgewählte Beispiele

Vor allem das Internet konkurriert immer mehr mit dem stationären Handel. Lee Scott, der Chef des weltweit größten Handelsunternehmens Wal-Mart äußerte, das er durchaus Ebay als international einen der wichtigsten Konkurrenten sähe.[52] Allein in Deutschland kommt dieser auf ein Transaktionsvolumen von rund 7,6 Mrd.

Internet als konkurrierender Kanal

---

[52] Vgl. Trenz (2005a), S. 25.

Kosten- und Warenstruktur im Online-Geschäft

US-Dollar. Nach Angaben des Hauptverbands des Deutschen Einzelhandels ist der Anteil des E-Commerce am Gesamtumsatz des Einzelhandels innerhalb von fünf Jahren von 0,5 auf 2,6 % gestiegen. Die Rosinenpickerei des Online-Handels, der sich stark auf schnelldrehende Ware konzentriert, bringt die Mischkalkulation des stationären Handels ins Wanken. Dabei sitzt dieser in der Zwickmühle. Bietet er online günstigere Preise, da seine Kosten geringer sind (vgl. Abb. 1.6), leidet das Filialimage und die Kunden wandern ins Internet ab. Hat der Internet-Shop hingegen Filialpreise, so wandern die Kunden zur Internet-Konkurrenz ab.[53]

Kostenart	Internethandel (Redcoon)	Fachmarkt (z. B. Saturn)	Fachhandel
Werbekosten	2	4	2
Personalkosten	4	7	20
Miete- und Raumkosten	1	2	5
Warenpräsentationskosten (Ausstellungsware und Ladeneinrichtung)	keine	hoch	sehr hoch
Sonstige Kosten	4	7	4
Kosten insgesamt	11	20	31

Quelle: Trenz (2005b), S. 27.

Abb. 1.6: Vergleich von Kosten unterschiedlicher Vertriebskanäle in Prozent vom Umsatz

Aktualität des Online-Katalogs

Der Vorteil von permanent aktualisierbaren Warenangeboten macht das Internetangebot auch gegenüber dem traditionellen Versandhandel für Lieferanten hochinteressant. Bereits heute gilt der Anbieter amazon.de, der sich längst als Universal-Anbieter vom Büchermarkt gelöst hat, als große Testplattform für Neueinführungen der Industrie.[54] Doch nach wie vor liefert eine Reihe namhafter Hersteller nicht an Internethändler. Dennoch sind die Besucherzahlen und Reichweiten der großen Portale beachtlich (vgl. Abb. 1.7).

---

[53] Vgl. Trenz (2005a), S. 25 ff.
[54] Vgl. Weber (2005b), S. 28.

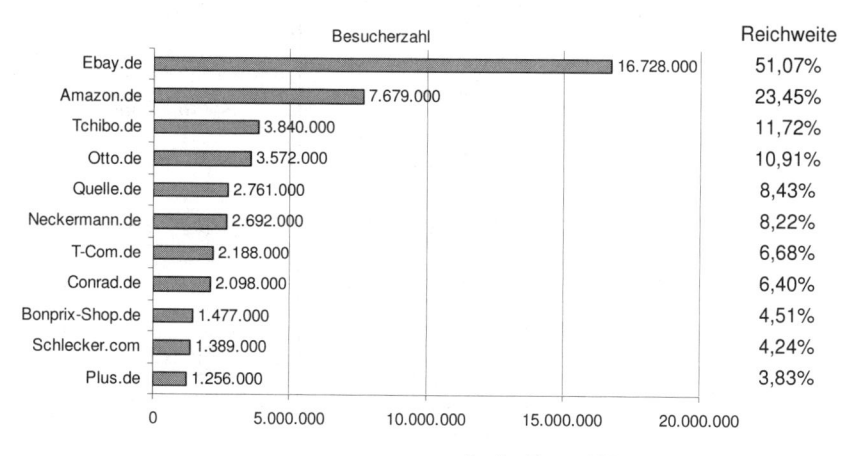

Portal	Besucherzahl	Reichweite
Ebay.de	16.728.000	51,07%
Amazon.de	7.679.000	23,45%
Tchibo.de	3.840.000	11,72%
Otto.de	3.572.000	10,91%
Quelle.de	2.761.000	8,43%
Neckermann.de	2.692.000	8,22%
T-Com.de	2.188.000	6,68%
Conrad.de	2.098.000	6,40%
Bonprix-Shop.de	1.477.000	4,51%
Schlecker.com	1.389.000	4,24%
Plus.de	1.256.000	3,83%

Quelle: Trenz (2005a), S. 26.

Abb. 1.7: Reichweite der großen E-Commerce-Portale

Preiskriege

Nicht nur der Online-Handel sorgt für Aufruhr im stationären Handel. In Deutschland mit traditionell geringen Gewinnspannen hat sich ausgelöst durch den Eintritt des US-amerikanischen Handelskonzerns Wal-Mart zur Jahrtausendwende ein Preiskrieg abgespielt, der zu einem insbesondere für kleinere Unternehmen ruinösen Wettbewerb führte (vgl. Abb. 1.8). Bei der Betrachtung von Wettbewerberreaktionen auf Preissenkungen ist festzustellen, dass diese häufig mit Preissenkungen im gleichen Ausmaße reagieren. Diese Erkenntnisse decken sich mit der aus der Spieltheorie bekannten Tit-for-Tat-Strategie, bei der Zug um Zug Vergeltungsmaßnahmen geübt werden.[55]

Erfolgreiche Aktionen wie „100 Produkte zum Einkaufspreis" (Saturn, Januar 2005) oder „Alle Produkte ohne Mehrwertsteuer" (Media Markt, Januar 2005) zeigen, dass die Kunden durchaus sehr preissensitiv sind, wobei die anschließend folgenden Abmahnungen gegen Media Markt wegen irreführender Preiswerbung in Bezug auf tatsächlich gewährten Rabatt sicherlich dem Image geschadet haben dürften. Darüber hinaus monierten Verbraucherschützer, das es Hinweise darauf gäbe, dass Preise vor der Aktion hochgezeichnet worden seien, die sich allerdings nicht bestätigten.[56]

---

[55] Vgl. Heil, Helsen (2001); Heil, Schunk (2003).
[56] Vgl. o.V. (n-tv) (2005).

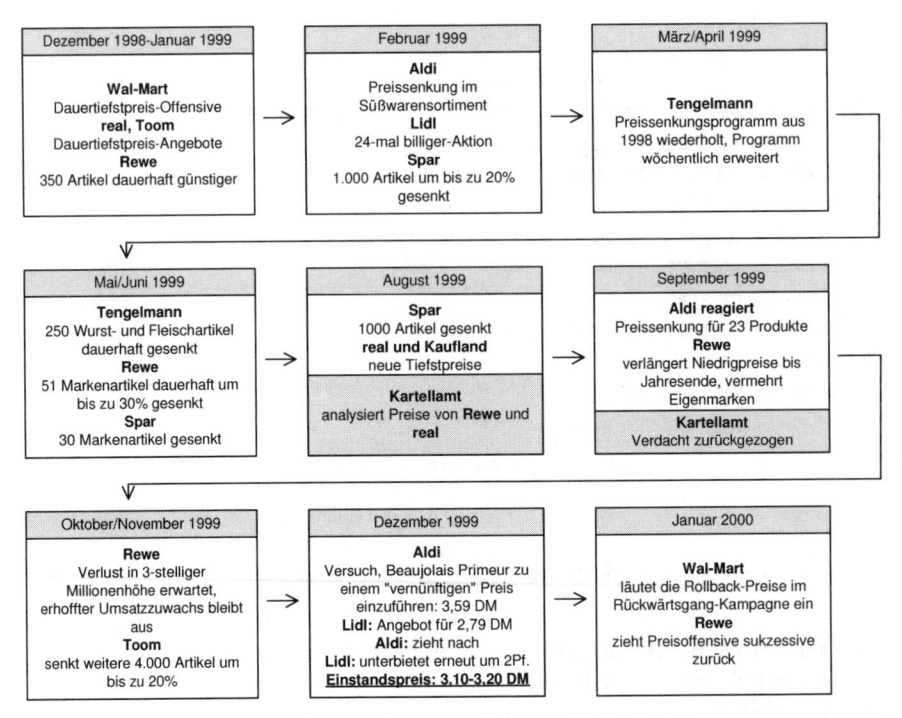

Dezember 1998-Januar 1999	Februar 1999	März/April 1999
Wal-Mart Dauertiefstpreis-Offensive **real, Toom** Dauertiefstpreis-Angebote **Rewe** 350 Artikel dauerhaft günstiger	**Aldi** Preissenkung im Süßwarensortiment **Lidl** 24-mal billiger-Aktion **Spar** 1.000 Artikel um bis zu 20% gesenkt	**Tengelmann** Preissenkungsprogramm aus 1998 wiederholt, Programm wöchentlich erweitert

Mai/Juni 1999	August 1999	September 1999
Tengelmann 250 Wurst- und Fleischartikel dauerhaft gesenkt **Rewe** 51 Markenartikel dauerhaft um bis zu 30% gesenkt **Spar** 30 Markenartikel gesenkt	**Spar** 1000 Artikel gesenkt **real und Kaufland** neue Tiefstpreise **Kartellamt** analysiert Preise von **Rewe** und **real**	**Aldi reagiert** Preissenkung für 23 Produkte **Rewe** verlängert Niedrigpreise bis Jahresende, vermehrt Eigenmarken **Kartellamt** Verdacht zurückgezogen

Oktober/November 1999	Dezember 1999	Januar 2000
Rewe Verlust in 3-stelliger Millionenhöhe erwartet, erhoffter Umsatzzuwachs bleibt aus **Toom** senkt weitere 4.000 Artikel um bis zu 20%	**Aldi** Versuch, Beaujolais Primeur zu einem "vernünftigen" Preis einzuführen: 3,59 DM **Lidl**: Angebot für 2,79 DM **Aldi**: zieht nach **Lidl**: unterbietet erneut um 2Pf. **Einstandspreis: 3,10-3,20 DM**	**Wal-Mart** läutet die Rollback-Preise im Rückwärtsgang-Kampagne ein **Rewe** zieht Preisoffensive sukzessive zurück

Quelle: Becker, Schütte (2004), S. 17.

Abb. 1.8: Stationen des Preiskampfes im LEH 1999

Preissensi-
tivität

Die einseitige Verwendung der zur Verfügung stehenden Marketinginstrumente führt zu überproportional hoher Preissensitivität der deutschen Verbraucher, wie ein Vergleich der im deutschen Handel verwendeten Slogans zeigt (vgl. Tab. 1.5). Während die Italiener bei den Lebensmitteln eher nach Qualität entscheiden, ist für 62 Prozent der Deutschen der Preis das entscheidende Kriterium beim Einkauf (Italien nur ein Drittel).[57]

---

[57] o. V. (LZ-Net) (2005a).

Anbieter	Slogan
Aldi	Qualität ganz oben – Preis ganz unten
Famila	Mehr Sparen beim Einkauf
Hit	Wo gut Leben wenig kostet
HL	Dauer-Tiefpreise im ganzen Sortiment.
Kaiser's Tengelmann	Das gute Leben günstig
Lidl	Lidl ist billig! Markenqualität immer billig!
Neckermann	Preiswert mit Service. Neckermann macht's möglich!
Penny	Mehr fürs Geld!
Plus	Die kleinen Preise: billig – will ich.
Wal-Mart	Die Preise bleiben unten. Immer!

Tab. 1.5: Slogans deutscher Handelsunternehmen

Zusätzlich zur Preissensitivität gewinnt der Erlebnis- und Convenience-Gedanke an Bedeutung. Demzufolge ist ein erlebnisarmes Mittelmaß sowohl hinsichtlich Profil, Sortiment als auch Preislagen für den Handel kein Zukunftskonzept.[58] Überall stehen mittlerweile sogar in 1A-Lagen Geschäfte traditionsreicher Fachhändler und Filialisten wegen Geschäftsaufgaben leer. Doch auch die „Grüne Wiese" trifft diese Entwicklung mittlerweile. Lange Anfahrtswege oder Fußwege gelten bei dem wachsenden Anteil älterer Menschen und Single-Haushalte als nicht mehr „convenient".[59] Zwar trifft es in erster Linie Klein-Unternehmen mit einer Fläche von unter 1500 qm, doch es sind auch Handelsunternehmen mit mehr als 100 Mitarbeitern ohne ausreichende Differenzierung betroffen.[60] Wie unterschiedlich die Anforderungen der Konsumenten an den Handel sind, zeigt Abb. 1.9, die einzelne Kundencluster darstellt.

Herausforderung: Convenience

---

[58] Vgl. Eggert (2003), S. 15.
[59] Vgl. Hanke (2005).
[60] Vgl. Müller (2004a).

Cluster 1: Markenkäufer	Cluster 2: Vielkäufer
Größe: 7,2% * geringe Anzahl an Artikeln pro Einkauf * keine Sortimentsvielfalt * viele Markenartikel * Artikel aus Preiskategorie 3 * sehr geringe Anzahl an Aktionsartikeln	Größe: 44,2% * sehr hohe Zahl an Artikeln pro Einkauf * sehr große Sortimentsvielfalt * Artikel aus allen Preiskategorien * Artikel überwiegend aus Preiskategorie 1 * geringe/mittlere Zahl Aktionsartikel
Cluster 3: Wocheneinkäufer	**Cluster 4: Billigkäufer**
Größe: 21% * relativ hohe Zahl an Artikeln pro Einkauf * relativ große Sortimentsvielfalt * Artikel aus allen Preiskategorien * Artikel überwiegend aus Preiskategorie 1 * geringer/mittlerer Anteil Aktionsartikel	Größe: 19,2% * geringe Zahl an Artikeln pro Einkauf * keine Sortimentsvielfalt * keine Markenartikel * Artikel aus Preiskategorie 1 * geringer/mittlerer Anteil Aktionsartikel

Cluster 5: Smart-Shopper

Größe: 8,4%
* geringe Zahl an Artikeln pro Einkauf
* keine Sortimentsvielfalt
* keine Markenartikel
* Artikel aus Preiskategorie 2
* kleine Zahl an Aktionsartikeln

Quelle: Hertel (2004).

Abb. 1.9: Cluster-Charakterisierung (Stichprobe 1200 Kunden)

Tendenz zu Multi-Channel-Strategie

Auch die Weiterentwicklung der Informations- und Kommunikationstechnologie führt zu neuen Handelsstrukturen, wie z. B. dem Electronic Commerce. Bei vielen Handelsunternehmen ist seit Jahren eine Tendenz zum Multi-Channel-Handel zu verzeichnen. Die Bedeutung der Informationssysteme steigt, da insbesondere das Internet die Geschäftsprozesse nachhaltig verändert. Marktbarrieren verschwinden und neue Handelsunternehmen wie amazon.com, aber auch produzierende Unternehmen wie Dell, treten in den Wettbewerb ein. Die größere Markttransparenz durch das Internet bietet dem Kunden eine bessere Preis- und Produktvergleichbarkeit.[61]

Nur wenige Unternehmen setzen derzeit ausschließlich auf einen Kanal und verfügen außer über einige statische Webseiten über keine E-Commerce-Plattform (z. B. Aldi oder Lidl) oder verkaufen ausschließlich über das Internet (z. B. Amazon.com oder MyToys.de). Entsprechend vielfältig gestalten sich die Controllingaufgaben für Unternehmen mit einer Mehrkanalstrategie.

---

[61] Vgl. Perlitz, Seger (2000), S. 222.

Dabei ist die Frage, welche Leistung bzw. welches Produkt zu welchem Preis über welchen Kanal angeboten werden soll, nur einer von vielen Aspekten, die es bei multiplen Kanalstrategien zu erörtern gilt.

Die Wettbewerbsintensität in Deutschland führt zu einer Internationalisierung des Handels, die sich nicht nur auf die Beschaffungs-, sondern auch auf die Absatzseite auswirkt. Grund dafür sind Faktoren, die den Heimatmarkt weniger attraktiv machen, wie sinkendes Wirtschaftswachstum und geringe Margen, verbunden mit steigendem Kostendruck, und rechtlichen Restriktionen sowie Faktoren, die ausländische Märkte attraktiver machen, wie z. B. bessere Möglichkeiten zum Investieren in Osteuropa und im asiatischen Wirtschaftsraum. Dabei werden globale Marken auf lokalen Geschmack zugeschnitten (z. B. unterschiedliche Geschmacksrichtungen für Chips), oder es wird durch „made in ..."-Verweise überdeutlich betont, dass es sich zwar um ein globales Produkt handelt, es aber in dem jeweiligen Land produziert wird.

Internationalisierung durch heimische Wettbewerbsintensität

Rang	Unternehmen	Ursprung	Umsatz (in Mio. € brutto)	Länder
1	Wal-Mart	USA	168.765	10
2	Carrefour	Frankreich	77.553	26
3	Metro	Deutschland	51.770	22
4	Ahold	Niederlande	48.199	25
5	Kroger	USA	47.392	1
6	Albertsons	USA	39.164	1
7	Kmart	USA	37.540	1
8	Auchan	Frankreich	32.014	14
9	Intermarché	Frankreich	31.869	8
10	Rewe	Deutschland	31.585	12

Quelle: Hallier (2001), S. 7.

Tab. 1.6: Umsätze und Internationalisierung des Lebensmittelhandels

Der Welthandel ist in den vergangenen 50 Jahren achtmal so schnell gestiegen wie das Welt-Bruttoinlandsprodukts, die global orientierten Investitionen noch rasanter.[62] Die Metro-Group, zu der u. a. die Vertriebsschienen Real, extra, Saturn, Media Markt, Praktiker und Galeria Kaufhof gehören, baut beispielsweise das Vertriebsnetz kontinuierlich im Ausland aus und stellt sich so als multinationaler Konzern auf. Das Unternehmen hat heute nahezu

Weltweite Bedeutung des deutschen Handels

---

[62] Laut WTO 2003.

250.000 Mitarbeiter und über 53,6 Mrd. Euro Jahresumsatz.[63] Die heutige Metro-Group entstand Mitte der 90er-Jahre aus einer Verschmelzung der rechtlich selbstständigen Handelsunternehmen Asko Deutsche Kaufhaus AG, Kaufhof Holding AG und Deutsche SB-Kauf AG. Welche Bedeutung der deutsche Handel weltweit besitzt, zeigt Tab. 1.6. In 2000 stammten zwei der zehn weltweit größten Unternehmen des Lebensmittelhandels aus Deutschland.

Besonderheiten des Handelscontrollings

Im Vergleich zur Industrie, in der das Controlling schon seit mehreren Jahrzehnten etabliert ist, weist der Handel einige Besonderheiten auf, die den hohen Informations- und Koordinationsbedarf unterstreichen:[64] Vereinfacht gesprochen, besteht die Kernaufgabe des Handels darin, die richtige Ware zum richtigen Preis am richtigen Ort zum richtigen Zeitpunkt bereitzustellen. Dazu sind vielfältige Abstimmungen zu bewältigen und Koordinations- bzw.

Vielfältige Koordinations- und Lenkungsmechanismen notwendig

Lenkungsmechanismen zu entwickeln. Abstimmungsprobleme können bei der Sortimentsgestaltung, zwischen den verschiedenen Abteilungen innerhalb einer Betriebsstätte, den Filialen eines Handelsunternehmens sowie der Zentrale und der Filiale bestehen. Ein Kernproblem ist dabei die Koordination zwischen Ein- und Verkauf als funktional losgelöste Einheiten, die sich durch konsequente Markt- und Kundenorientierung auszeichnen sollten.

Standortspezifische Eindrücke

Bei Entscheidungen sind die standortspezifischen Einflüsse zu berücksichtigen. Jeder Standort hat seine eigenen Strukturen und Verhaltensweisen der Marktpartner. Da diese Einflussgrößen eine hohe Dynamik aufweisen und schlecht prognostizierbar sind, ist es wichtig, die Veränderungen am Standort kontinuierlich zu überprüfen.

Kein Schutz der Konzepte vor Kopieren

Die Betreiberkonzepte des Handels können nicht durch gewerbliche Schutzrechte abgesichert werden. Im Handel besteht daher die Gefahr, dass erfolgreiche Konzepte nachgeahmt werden. Beispielsweise wurde die für Media Markt werbende Schauspielerin Christel Peters („Die Mutter aller Schnäppchen") beim Einkaufen am POS bei Makromarkt per Überwachungskamera aufgenommen. Prompt schaltete das Unternehmen eine ganzseitige Anzeige in der Bildzeitung mit dem Foto der bezahlenden Schauspielerin und dem Untertitel: "Selbst die Mutter aller Schnäppchen weiß.... Makromarkt ist billiger."[65] Auch die Zusammenarbeit von Lidl und der Deutschen Bahn, bei der 2005 im Aktionsgeschäft bei dem Discounter rund eine Million Bahn-Tickets innerhalb von wenigen Stunden verkauft wurden, fand schnell einen Nachahmer. Bereits wenige Wochen später verkaufte Penny gemeinsam mit Air Berlin

---

[63] Stand: 2003.
[64] Vgl. auch Ahlert (1997), S. 75 ff.; Schröder (2001), S. 774 ff.; Feldbauer-Durstmüller (2001), S. 48 f.; Becker, Schütte (2004), S. 591 f.
[65] Vgl. Kolbrück (2003).

100.000 Gutscheine für europäische Flüge. Der Slogan: „Während andere noch ein lustiges Lidl am Bahnhof singen, fliegen Sie schon quer durch Europa."[66] Handelsunternehmen müssen deshalb ihre Konzepte ständig weiterentwickeln, um ihren Vorteil gegenüber der Konkurrenz zu bewahren. Dieses Problem stellt sich für die Industrie nicht in diesem Umfang, da sie die rechtliche Möglichkeit besitzt, sich Produktinnovationen patentieren zu lassen und sich somit in gewissen Grenzen ein Monopol zu sichern. Das Fehlen von Schutzrechten und die schnelle Marktdynamik zwingen den Handel zu großer Umstellungsflexibilität. Er muss schnell in der Lage sein, bisherige Standorte aufzugeben, sie zu verlagern oder das Betreiberkonzept eines Standorts zu verändern. Die Umstellungsflexibilität ist im Einzelhandel sehr hoch. Eine Übersicht über Ursachen des Innovationsbedarfs, die zugehörigen Indikatoren sowie beispielhafte Angaben zur Erfassbarkeit zeigt Abb. 1.10.

Schnelle Marktveränderungen

Zentrale Herausforderung des Handelsmanagements ist auch die Komplexität des Kunden.[67] Unterschiedliche Verhaltensweisen ein und desselben Kunden wie der Lebensmitteleinkauf bei Aldi und der Textilienerwerb in der Edel-Boutique werden gezielt zur Selbstinszenierung eingesetzt. Multioptionale Verhaltensweisen lassen sich nur schwer erfassen und führen dazu, dass der Handel der Multihybridität der Kunden mit einer Ausweitung des Sortiments entgegentritt. Neben einem stark angestiegenen Bildungsniveau lassen sich die sinkende Haushaltsgröße und insbesondere die steigende Zahl von Single-Haushalten als weiterer wichtiger soziodemographischer Trend identifizieren. Hieraus lassen sich Änderungen in der Konsumstruktur z. B. in Bezug auf die Packungsgröße ableiten.[68] Auch die Gesundheitsdebatte und das daraus erwachsende Bewusstsein der Verbraucher führen zu neuen Anforderungen und neuen Produkten. Des Weiteren sind auch die Bedürfnisse neuer Zielgruppen wie z. B. fremdländischer Kunden zu decken. So stellen die türkischen Mitbürger in Deutschland mit 2,6 Millionen Einwohnern ein großes Konsumpotenzial. Dabei handelt es sich um eine heterogene Konsumentengruppe mit hoher Kaufkraft und Konsumneigung.[69]

Hohe Kundenkomplexität

Multioptionale Verhaltensweise

Soziodemographische Veränderungen

Kulturelle Unterschiede

---

[66] Vgl. Wolfskeil (2005).
[67] Vgl. Liebmann (1996), S. 40 ff.; Perlitz, Seger (2000), S. 220; Becker, Schütte (2004), S. 63.
[68] Vgl. Meffert (2000b), S. 152.
[69] Vgl. o.V. (KPMG) (2003), S. 61.

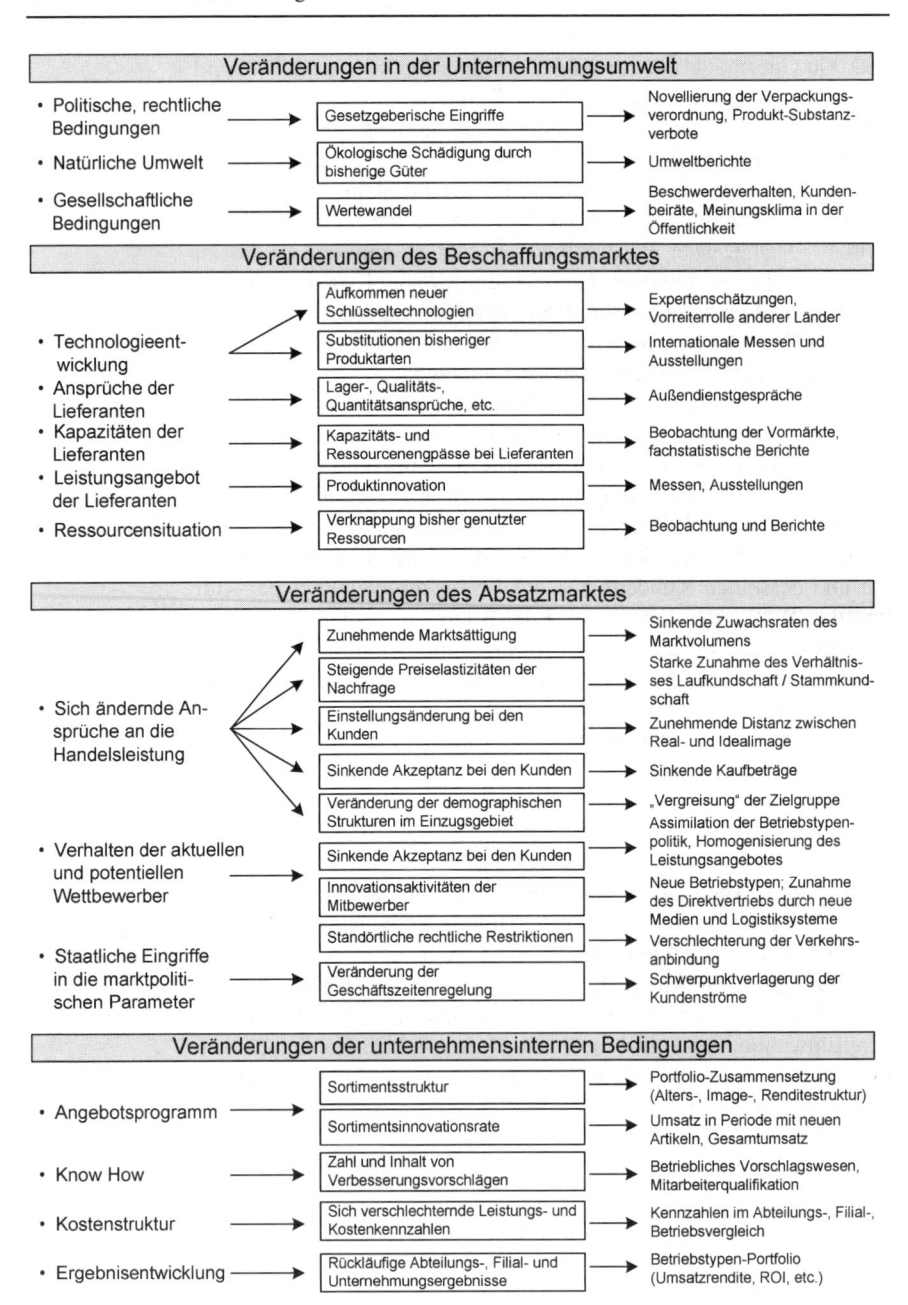

Ursachen	Indikatoren	Erfassbarkeit
Veränderungen in der Unternehmungsumwelt		
Politische, rechtliche Bedingungen	Gesetzgeberische Eingriffe	Novellierung der Verpackungsverordnung, Produkt-Substanzverbote
Natürliche Umwelt	Ökologische Schädigung durch bisherige Güter	Umweltberichte
Gesellschaftliche Bedingungen	Wertewandel	Beschwerdeverhalten, Kundenbeiräte, Meinungsklima in der Öffentlichkeit
Veränderungen des Beschaffungsmarktes		
Technologieentwicklung	Aufkommen neuer Schlüsseltechnologien	Expertenschätzungen, Vorreiterrolle anderer Länder
	Substitutionen bisheriger Produktarten	Internationale Messen und Ausstellungen
Ansprüche der Lieferanten	Lager-, Qualitäts-, Quantitätsansprüche, etc.	Außendienstgespräche
Kapazitäten der Lieferanten	Kapazitäts- und Ressourcenengpässe bei Lieferanten	Beobachtung der Vormärkte, fachstatistische Berichte
Leistungsangebot der Lieferanten	Produktinnovation	Messen, Ausstellungen
Ressourcensituation	Verknappung bisher genutzter Ressourcen	Beobachtung und Berichte
Veränderungen des Absatzmarktes		
Sich ändernde Ansprüche an die Handelsleistung	Zunehmende Marktsättigung	Sinkende Zuwachsraten des Marktvolumens
	Steigende Preiselastizitäten der Nachfrage	Starke Zunahme des Verhältnisses Laufkundschaft / Stammkundschaft
	Einstellungsänderung bei den Kunden	Zunehmende Distanz zwischen Real- und Idealimage
	Sinkende Akzeptanz bei den Kunden	Sinkende Kaufbeträge
	Veränderung der demographischen Strukturen im Einzugsgebiet	„Vergreisung" der Zielgruppe
Verhalten der aktuellen und potentiellen Wettbewerber	Sinkende Akzeptanz bei den Kunden	Assimilation der Betriebstypenpolitik, Homogenisierung des Leistungsangebotes
	Innovationsaktivitäten der Mitbewerber	Neue Betriebstypen; Zunahme des Direktvertriebs durch neue Medien und Logistiksysteme
Staatliche Eingriffe in die marktpolitischen Parameter	Standörtliche rechtliche Restriktionen	Verschlechterung der Verkehrsanbindung
	Veränderung der Geschäftszeitenregelung	Schwerpunktverlagerung der Kundenströme
Veränderungen der unternehmensinternen Bedingungen		
Angebotsprogramm	Sortimentsstruktur	Portfolio-Zusammensetzung (Alters-, Image-, Renditestruktur)
	Sortimentsinnovationsrate	Umsatz in Periode mit neuen Artikeln, Gesamtumsatz
Know How	Zahl und Inhalt von Verbesserungsvorschlägen	Betriebliches Vorschlagswesen, Mitarbeiterqualifikation
Kostenstruktur	Sich verschlechternde Leistungs- und Kostenkennzahlen	Kennzahlen im Abteilungs-, Filial-, Betriebsvergleich
Ergebnisentwicklung	Rückläufige Abteilungs-, Filial- und Unternehmungsergebnisse	Betriebstypen-Portfolio (Umsatzrendite, ROI, etc.)

Quelle: Barth (1999), S. 42 f. in Anlehnung an Köhler (1987), S. 87.

Abb. 1.10: Ursachen, Indikatoren und Erfassbarkeit des Innovationsbedarfs

Auf Grund der Vielzahl der angebotenen Artikel haben Handelsunternehmen daher einen hohen sortiments- und kundenspezifischen Informationsbedarf. Die Sortimentsbreite und -tiefe sowie die Anzahl der vertretenen Branchen und Vertriebslinien sind groß. So ist beispielsweise das Karstadt.de-Internetportal 2001 mit über 700.000 Artikeln gestartet. DAUM geht je nach Betriebstyp von 500 bis 120.000 Artikeln aus.[70] Das EHI zählt in Verbrauchermärkten nahezu 34.000 Artikel und in SB-Warenhäusern über 51.000 Artikel. Allerdings führt das beständige Anwachsen der Sortimente zu sinkender Flächenproduktivität.[71] Ein Teil der deutschen Discounter begnügt sich mit nur 600 bis 1.000 Artikel, was bei Befragungen von vielen Konsumenten als positiv empfunden wird. Die auf Grund des reduzierten Sortiments mögliche einfache Gestaltung der Filialen, deren Überschaubarkeit und die Tatsache, dass sich die Produkte immer an derselben Stelle befinden, werden besonders geschätzt.[72]

Hoher Informationsbedarf

Hohe Sortimentsbreite und -tiefe

Zwangsläufig eng verbunden mit dem hohen Informationsbedarf in Bezug auf Kunden und Sortiment ist die Notwendigkeit der Datenarchivierung, um einerseits aus handelsrechtlichen und informatorischen Gründen über historische Daten verfügen zu können und andererseits die operativen IT-Systeme, allen voran das Warenwirtschaftssystem, durch unbeherrschbare Datenmengen nicht unbrauchbar zu machen. Mit jeder Artikelbewegung erhöht sich die Datenmenge. Daher müssen Prozesse zur Stabilisierung des Datenvolumens, d. h. zum Archivieren nicht mehr operativ benötigter Daten, im Unternehmen eingeführt werden. Die ständig wachsende Datenmenge wird sonst mit hohen zusätzlichen Hardwareinvestitionen, immer langsamer werdenden Datenbankabfragen und permanent steigender Komplexität bezahlt.[73] Wal-Mart besaß für diese Aufgaben, insbesondere das Auswerten historischer Produkt- und Kundendaten, bereits 1999 ein Data Warehouse mit einer Kapazität von 101 Terabyte, was etwa dem doppelten Speicherplatz von dem nächst größeren Data Warehouse in der Fortune-500-Rangliste bietet. Das riesige Wal-Mart-Datenlager erhielt schon Ende der 90er-Jahre bis zu 8,4 Millionen Datenaktualisierungen pro Minute.[74] Zum Vergleich: Ein Terabyte Datenspeicher genügt, um rund 250 Millionen Textseiten abzuspeichern. Es wird deutlich, dass mit steigender Komplexität die Anforderungen an das Handelsmanagement deutlich steigen. Die große Menge an Informationen kann auch zur Informationsüberlastung des Managements führen.

Datenarchivierung

---

[70] Vgl. Daum (1998), S. 1019 sowie o. V. (Dynamik) (1996).
[71] Vgl. Hallier (2001), S. 60.
[72] Vgl. Ebertz, Heimann (2004).
[73] Vgl. Becker, Schütte (2004), S. 38.
[74] Vgl. o.V. (Wal-Mart) (1999).

Anforde-rungen zur Informations-bedarfsbe-wältigung

Zur Bewältigung des insgesamt heterogenen Informationsbedarfs im Handelsunternehmen ist daher folgendes zu fordern:[75]

- Zur Erfassung der Artikelvielfalt im Controlling muss ein sinnvoll gegliedertes System entwickelt werden. Kennzahlen für unterschiedlichste Produkte müssen miteinander vergleichbar gemacht werden.
- Handelsunternehmen betreiben oft mehr als einen Betriebstyp, so dass Informationen gebündelt werden müssen, um sie so innerhalb der einzelnen Betriebstypen vergleichen zu können.
- Mit der Anzahl an Standorten erhöht sich entsprechend der Informationsbedarf. Bei internationaler Marktbearbeitung gilt es, die spezifischen kulturellen, politisch-rechtlichen, ökonomischen, natürlichen und sonstigen Umweltbedingungen in den jeweiligen Ländern zu beachten.
- Zentrale Herausforderung im Handelscontrolling ist die Koordination verschiedener Abteilungen, Betriebsstätten, Handelszentralen und Vertriebslinien, wobei insbesondere die interdependente Problematik zwischen Ein- und Verkauf zu betonen ist. Auch die interorganisationale Koordination zwischen Handel und Hersteller ist zu betonen.
- Die Interaktion zwischen Kunde und Verkäufer ist zentraler Aspekt der Handelstätigkeit und sollte daher im Handelscontrolling in qualitativer und quantitativer Weise berücksichtigt werden.

1.6 Stand des Handelscontrollings

Fehlen von Zielvorgaben

REISS schildert die Vision eines Unternehmens, die symptomatisch für den Stand des Handelscontrollings ist.[76] „Wir wollen zu einem führenden globalen Retailer werden, indem wir für unsere Kunden einen einzigartigen Mehrwert schaffen, der sie zu lebenslangen Stammkunden macht", so das umrissene Unternehmensziel. Jedoch fehlen dem Unternehmen die Controllinginstrumente, um das Ziel zu erreichen: Klare Zielvorgaben und Orientierungsmaßstäbe fehlen ebenso wie eine Definition des „Neuen" und eine klar formulierte Vision.

Unterteilung in Funktionen und Bereiche

Die präzise Vorstellung über den Begriff und die „Philosophie" des Handelscontrollings innerhalb des Handels differiert auf Grund der im vorangegangenen Kapitel gezeigten hohen Komplexität und der eher stiefmütterlichen wissenschaftlichen Durchdringung sehr stark.[77] Ein Denken in Funktionen überwiegt, zu Teilbereichen des

---

[75] Vgl. im Folgenden Perlitz, Seger (2000), S. 223.
[76] Vgl. Reiss (1998) zitiert in Perlitz, Seger (2000), S. 231.
[77] Vgl. Ahlert (1997), S. 64 ff.

Controllings zählt neben einem Controlling der Funktionsbereiche Einkauf, Personal, Logistik, Verkauf und Warenwirtschaft[78] oft auch eine Unterteilung in Zentral-, Divisions-, Sparten- und/oder Filialcontrolling.[79] Es lassen sich jedoch keine integrierten Konzeptionen erkennen, welche die Rahmenbedingungen für die konkrete Ausgestaltung des Controllingsystems festlegen. Teilweise werden Teilbereiche wie die Warenwirtschaft oder das losgelöste Einkaufscontrolling in den Vordergrund gerückt.[80] Weiterhin werden strategische Ziele in den aktuellen Handelscontrollingansätzen kaum berücksichtigt.[81] Bei einer Befragung über Stand und Entwicklungsperspektive des Controllings in der stationären Handelspraxis kommt BURG zu dem Ergebnis, dass die wenigsten Unternehmen umfassende Analysen strategisch relevanter Informationen veranlassen.[82] SCHRÖDER und FELLER kommen in ihren Studien zu ähnlichen Ergebnissen (vgl. Abb. 1.11).[83]

Kaum strategische Zielsetzungen

■ Ja   □ Nein, aber sinnvoll   □ Nein, nicht sinnvoll

Quelle: Schröder (2001); Schröder, Feller (2000).

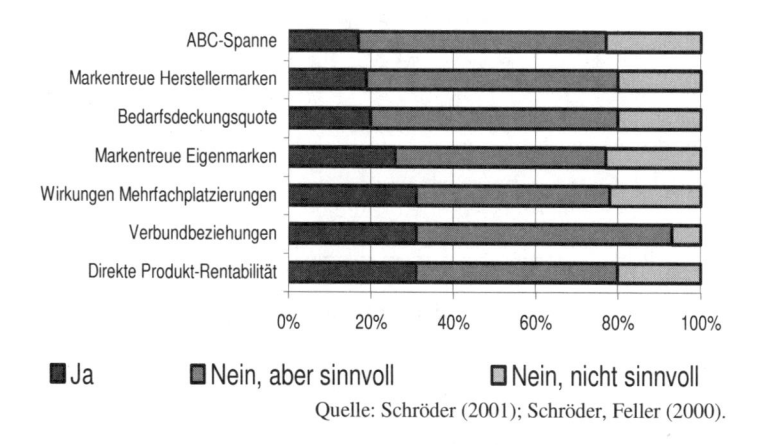

Abb. 1.11: Verwendung ausgewählter Informationen in Handelsunternehmen

Beispielhaft zeigte sich bei Imageanalysen, bei denen Kunden zu Kundennutzen (bestehend aus Sortiment, Qualität, Sauberkeit und Personalausstattung) und Kassenwartezeiten, Preisniveau, Anzahl der Sonderangebote usw. verschiedener Lebensmittelhandelsunternehmen befragt wurden, dass, bis auf zwei Ausnahmen (Globus

Resultat: Ungenügende Positionierung

---

[78] Vgl. Ebert (1986), S. 205 ff.
[79] Vgl. Burg (1994), S. 237; Voßschulte, Baumgärtner (1991).
[80] Vgl. Feldbauer-Durstmüller (2001), S. 2.
[81] Vgl. o.V. (EHI) (2001), S. 5.
[82] Vgl. Burg (1997), S. 274.
[83] Vgl. Schröder, Feller (1999); Schröder, Feller (2000), sowie Schröder (2001), S. 787 ff.

und real,-), alle in Abb. 1.12 aufgeführten Vertriebsschienen ungenügend positioniert waren. Die einzelnen Vertriebsschienen hoben sich aus Kundensicht zu wenig von ihren Konkurrenten ab.[84]

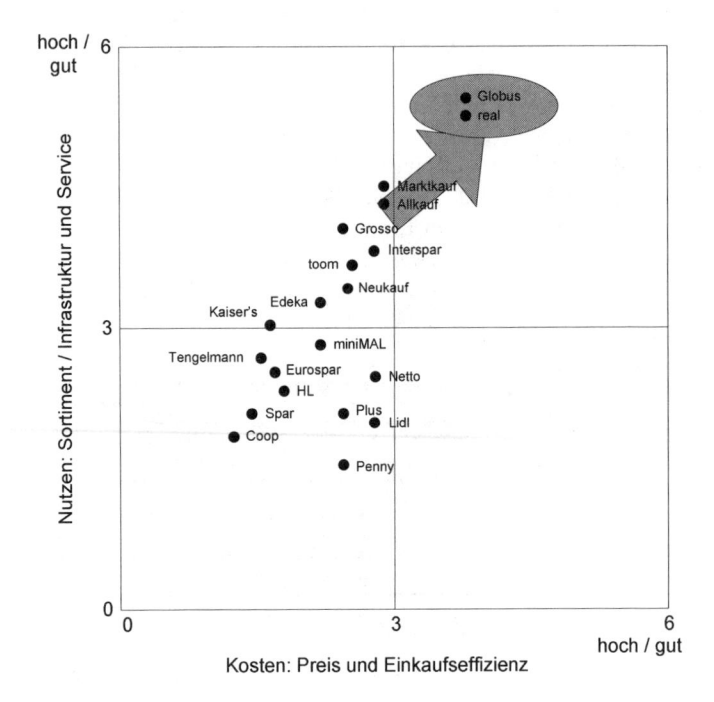

Quelle: in Anlehnung an Barrenstein (1998), S. 114.

Abb. 1.12: Ungenügende Abgrenzung deutscher Lebensmittelhandelsunternehmen aus Kundensicht

Schwachstellen der Kennzahlen

Eine von SCHRÖDER durchgeführte Bestandsaufnahme der in der Handelspraxis verwendeten Kennzahlen und Kennzahlensysteme deckt eine Reihe von Schwachstellen auf:[85]

- Qualitative Kennzahlen wie die Verbrauchereinstellung, die Einkaufsstättentreue oder die Wiederkaufsrate werden vernachlässigt, da sie anders als quantitative Kennzahlen nicht ohne weiteres objektiv zugänglich sind.

---

[84] Vgl. Barrenstein (1998).
[85] Vgl. Schröder (2001), S. 781 ff.

1.6 Stand des Handelscontrollings 35

- Zur Zielerreichung werden ungeeignete Kennzahlen herangezogen wie beispielsweise Umsatzkennzahlen für das Ziel der Gewinnmaximierung.
- Kennzahlen enthalten entscheidungsirrelevante Elemente, wie Fixkostenanteile bei Produkt-Rentabilitätsvergleichen.
- Anwender akzeptieren die Kennzahlensysteme wegen irrelevanter Informationen nicht.
- Der Informationsbedarf wird bei Kennzahlensystemen nur unzureichend berücksichtigt.
- Es wird nahezu vollständig auf Kennzahlensysteme verzichtet. Existierende Kennzahlensysteme sind vielfach Stückwerk, da die Komplexität verschiedener Objektarten und Aggregationsstufen als Hindernis für die Entwicklung eines einzigen, integrierten Kennzahlensystem gesehen wird.
- Es wird traditionell in Funktionen „gedacht". Bereichs- oder unternehmensübergreifende Konzepte sind kaum umgesetzt.
- Losgelöste Controllingkonzepte für einzelne Bereiche führen zu lokalen Optima, konterkarieren aber die übergeordneten Unternehmensziele.
- Kennzahlen verschiedener Betriebe oder Vertriebslinien werden miteinander verglichen, ohne auf standortspezifische und betriebsbezogene Unterschiede zu achten.

Zusammenfassend bleibt festzustellen, dass umfassende, integrative Ausführungen bislang nicht vorliegen, wenn auch MÖHLENBRUCH und FELDBAUER-DURSTMÜLLER erste Ansätze aufzeigen.[86] Es fehle an „ganzheitlichen Konzepten entlang der Wertschöpfungskette"[87] sowie einer „strategischen Auffassung", da es „allzu oft [...] bei Einzelaktionen"[88] bleibe. Auch andere Autoren weisen darauf hin, dass die aktuellen Controllingkonzepte und -ansätze[89] in Literatur und Praxis große Lücken haben.[90]
Weiterhin fehlt es an einer strukturierten Vorgehensweise zur inhaltlichen Entwicklung eines integrierten Controlling- bzw. Auswertungskonzepts. Um die primäre Aufgabe, die Bereitstellung

Keine strukturierte Vorgehensweise

---

[86] Vgl. Möhlenbruch (1994); Möhlenbruch, Meier (1997); Möhlenbruch, Meier (1998), sowie Feldbauer-Durstmüller (2001).
[87] Düthmann (2002), S. 16 ff.
[88] Düthmann (2002), S. 16 ff.
[89] Vgl. Biehl (1994); Günther (1989), S. 137 f.; Müller-Hagedorn, Bekker (1994), S. 231 ff.; Voßschulte, Baumgärtner (1991), S. 252 ff.; Pausch (1994); Fröhling (1996); Breitkopf (1999); Vogel (2001); Burg (1995).
[90] Vgl. Witt (1992), S. 2 ff.; Schröder, Feller (2000), S. 184 ff.; Schröder (2001), S. 781 ff.; Holten (2001), S. 2; Feldbauer-Durstmüller (2001) spricht von einer „wissenschaftlichen Forschungslücke" und davon, dass es „in der Handelspraxis [...] an Instrumenten des strategischen Handels-Controlling" mangele.

von entscheidungsrelevanten Daten, zu erfüllen, ist es zwingend notwendig, die entsprechenden Steuerungs- und Regelungsaufgaben einer Führungskraft in Abhängigkeit von ihrer Position und dem Arbeitsbereich zu identifizieren, geeignete Controllinginstrumente zur Verfügung zu stellen und die entsprechenden Informationsobjekte zu spezifizieren. Dabei ist unter bedarfsgerechter Informationsbereitstellung sowohl die Bereitstellung der relevanten Daten als auch die Vermeidung der Bereitstellung überflüssiger Informationen zu verstehen.[91] Ein Vorgehensmodell zur Ableitung des Informationsbedarfs wird in Kapitel 2.1.3 vorgestellt.

1.7 Instrumente im Handelscontrolling

Vielzahl an Methoden, Techniken und Vorgehensweisen

Für die Erfüllung der Aufgaben des Controllings stehen dem Controller keine eigens für diese Zwecke entwickelten Instrumente zur Verfügung. Vielmehr „baut" sich der Controller das benötigte Instrumentarium aus der Vielzahl an betriebswirtschaftlichen Methoden, Techniken und Vorgehensweisen zusammen. Controlling-Instrumente umfassen vor allem Methoden und Verfahren, die einerseits für Prognose-, Bewertungs- und Entscheidungsaufgaben und andererseits für Dokumentations- und Reportingaufgaben genutzt werden können.[92] Abb. 1.13 fasst diverse betriebswirtschaftliche Instrumente zusammen, die zur Erfüllung der Controllingaufgaben in den Unternehmen eingesetzt werden.

---

[91] Vgl. Picot (1989), S. 3 ff.
[92] Vgl. Ahlert (1999), S. 34.

1.7 Instrumente im Handelscontrolling

Controllinginstrumente

Planungsinstrumente

1. Instrumente zur Erfassung der Unternehmenssituation

- Instrumente zur Erlangung von Basiswissen und Beurteilung der strategischen Positionen einer Unternehmung (strategische Erfolgsfaktoren, Erfahrungskurvenkonzepte, Produktlebenszyklen)
- Instrumente zur ganzheitlichen strategischen Positionierung einer Unternehmung (SOFT-Analyse, strategische Bilanzen, Potentialanalysen)
- Instrumente zur Beurteilung einzelner Strategiefelder (Produkt-Markt-Portfolio-Analyse, Technologie-Portfolio-Analyse)
- Planungsinstrumente für sichere Erwartung (Kostenvergleichsrechnungen, Deckungsbeitragsberechnungen, Scoring-Modelle)
- Planungsinstrumente zur Bewältigung der Unsicherheit (Nutzenschwellenanalyse)
- Budgetierung

2. Instrumente zur Erlangung von Informationen über die Unternehmungssituation

- Umwelt (Szenario-Technik)
- Nachfrage und Nachfragerverhalten (Abgrenzung des relevanten Marktes, Marktsegmentierung, Erklärungsmodelle zum Käuferverhalten)
- Konkurrenz (Identifikation der relevanten Konkurrenz Abgrenzung strategischer Gruppen von Wettbewerbern (Check-Listen, Szenario-Technik, Stärken-Schwächen-Analyse, Konkurrenzportfolio, Wettbewerbsvorteilsmatrix))

Kontrollinstrumente

- Prämissenkontrolle
- Durchführungskontrollen (Stichproben)
- Planungsfortschrittskontrollen
- Ergebniskontrollen (Soll-Ist-Abweichungen)
- Ursachenanalyse

Informationsinstrumente

- Instrumente des internen und externen Rechnungswesens : externe Rechnungslegung, Finanzrechnung, Aufwands- und Ertragsrechnung, Kosten-, Leistungs- und Erlösrechnungen (Vollkostenrechnungen, Direct-Costing, Fixkostendeckungsrechnung, Relative Einzelkostenrechnung, Prozesskostenrechnung), Investitionsrechnungen, Shareholder Value Analysis, Kostenmanagement
- Instrumente zur laufenden Überwachung der Unternehmensinnen- und -umwelt (Frühwarnsysteme, ABC-Analyse, Kennzahlen und Kennzahlensysteme, Verrechnungspreise)
- Instrumente der ganzheitlichen Evaluation und Steuerung der Unternehmungsaktivitäten (z.B. Balanced Scorecard)

Quelle: Ahlert (1999), S. 35.

Abb. 1.13: Controllinginstrumente

Abb. 1.14 gibt einen Überblick über die im Handel primär eingesetzten Controllinginstrumente. Dabei zeigt sich, dass Controllinginstrumente prinzipiell von größeren Handelsunternehmen mehr genutzt werden als von kleinen. Dieses hat mehrere Ursachen.

Controlling-Konzeptionen bei großen Händlern

Zum einen ist die Controllingfunktion in größeren Handelsunternehmen deutlich mehr institutionalisiert als in kleineren. Zum anderen sind die von größeren Unternehmen eingesetzten Softwaresysteme als Grundlage für ein effizientes Controlling zumeist mächtiger und bieten mehr Möglichkeiten als die in kleinen Unternehmen vorzufindenden. Hinzu kommt, dass die Durchdringung der Systeme und das Expertenwissen über die Möglichkeiten der Nutzung deutlich besser sind als in kleineren Unternehmen.

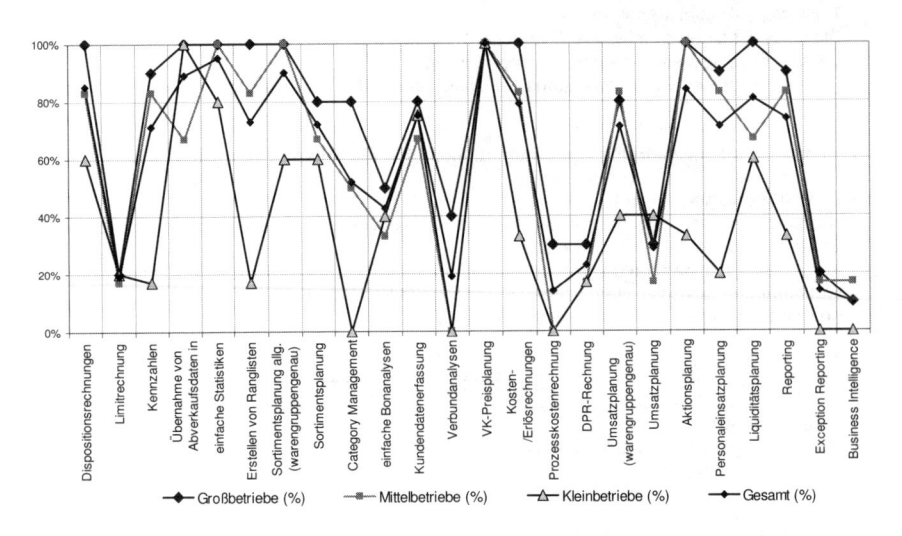

Quelle: Wimmer (2000), S. 10.

Abb. 1.14: Einsatz von ausgewählten Controllinginstrumenten in der Handelspraxis

ZENTES untersucht neben dem Einsatz ausgewählter Controlling-Instrumente auch die Vollständigkeit des Einsatzes. Ebenso wie WIMMER kommt er zu dem Ergebnis, dass die Prozesskostenrechnung noch nicht bzw. erst zu geringen Teilen im Handel verankert ist (vgl. Abb. 1.15).

Problem der Einteilung nach strategisch und operativ

Vielfach wird eine Unterteilung der Controllingaufgaben und Controllinginstrumente nach strategisch und operativ (teilweise auch taktisch) vorgenommen. Eine Unterteilung zwischen den Bereichen ist jedoch nicht immer eindeutig möglich.[93] Für das operative Controlling sind vor allem die quantitativen Daten aus dem Warenprozess und dem Rechnungswesen, aber auch dem Perso-

---

[93] Ahlert (1997), S. 86.

nalwesen von großer Bedeutung.[94] Die Zusammenführung dieser Daten ist bei vielen Handelsunternehmen derzeit noch ein Problem, da die IT-Systeme aus Warenwirtschaft, Rechnungswesen und Personalplanung nicht oder schlecht integriert sind, so dass Daten redundant und inkonsistent vorgehalten werden, was bei der Planung immer wieder zu Problemen führt.

Problem der Datenzusammenführung

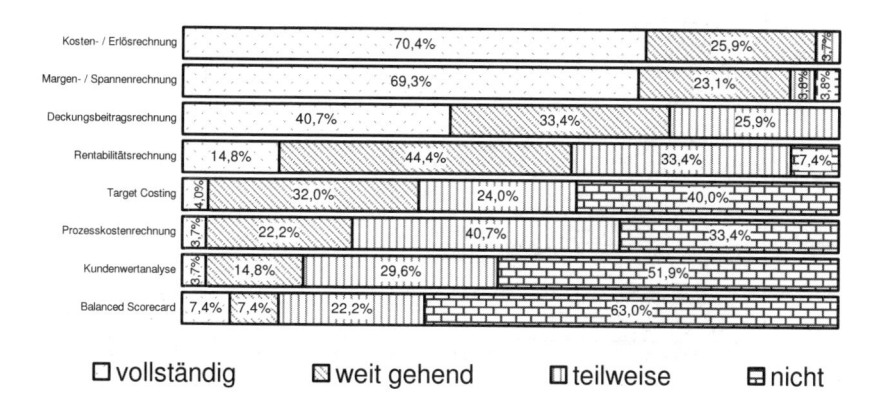

Instrument	vollständig	weit gehend	teilweise	nicht
Kosten- / Erlösrechnung	70,4%	25,9%		3,7%
Margen- / Spannenrechnung	69,3%	23,1%	3,8%	3,8%
Deckungsbeitragsrechnung	40,7%	33,4%	25,9%	
Rentabilitätsrechnung	14,8%	44,4%	33,4%	7,4%
Target Costing	4,0%	32,0%	24,0%	40,0%
Prozesskostenrechnung	3,7%	22,2%	40,7%	33,4%
Kundenwertanalyse	3,7%	14,8%	29,6%	51,9%
Balanced Scorecard	7,4%	7,4%	22,2%	63,0%

Quelle: Zentes (2004b).

Abb. 1.15: Anwendungsgrad von Controlling-Instrumenten in 2003

Für das strategische Controlling spielen zusätzlich zu den angesprochenen quantitativen Daten qualitative Daten eine Rolle, die auf weit in die Zukunft reichende Entwicklungen schließen lassen.[95] Tendenziell unterstützt Abb. 1.16 diese Aussage, wobei auch deutlich wird, dass es nicht möglich ist, einen eindeutigen Trennstrich zwischen operativen und strategischen Instrumenten zu ziehen. Eine explizite Differenzierung wird daher im Folgenden nicht vorgenommen.

Die Wirkungsweise und der betriebswirtschaftliche Nutzen der verschiedenen Handelscontrollinginstrumente werden jeweils im Kontext des Funktionsbereichs, in dem das Instrument verwendet wird, näher erläutert.

---

[94] Ahlert (1997), S. 84.
[95] Ahlert (1997), S. 84.

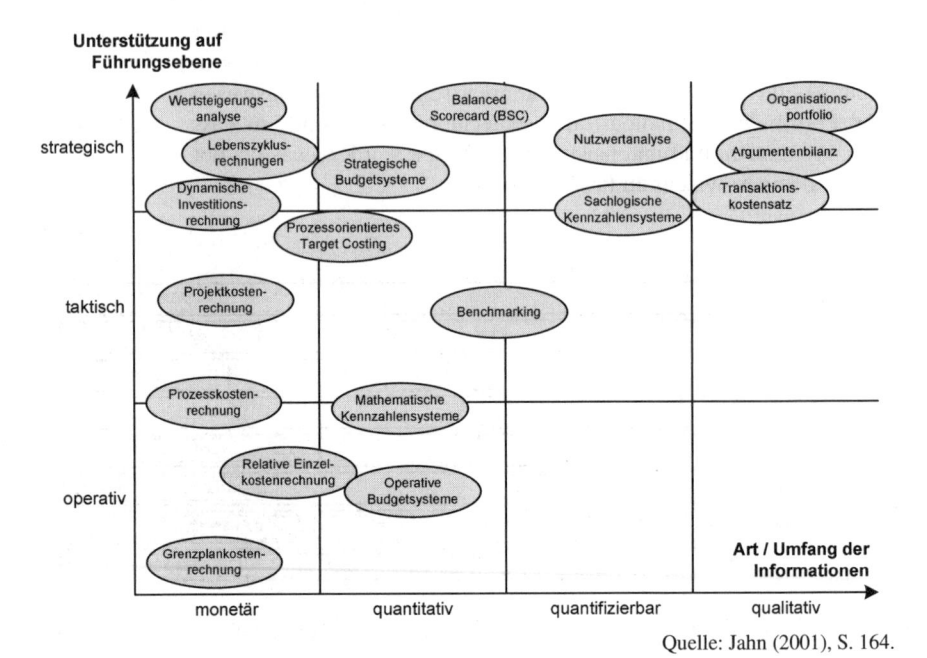

Abb. 1.16: Einordnung von Controlling-Instrumenten

1.8 Corporate Governance im Handel

Vielfältige gesetzliche Anforderungen

Mit Corporate Governance werden die rechtlichen und institutionellen Rahmenbedingungen für den Unternehmenserfolg bezeichnet. NEWELL und WILSON gehen davon aus, dass Unternehmen mit einer guten Governance einen bis zu 12 % höheren Marktwert haben als Unternehmen ohne Corporate Governance.[96] Die gesetzlichen Anforderungen an das Controlling sind über den Datenschutz hinaus vielfältig. Zahlreiche Vorschriften sind in den letzten Jahren auf Bundes- und EU-Ebene entstanden, die es zu berücksichtigen gilt: KonTraG, Basel II-Richtlinien, Grundsätze zum Datenzugriff und zur Prüfbarkeit digitaler Unterlagen (GDPdU), Waren- und Chargenrückverfolgung nach EU-Richtlinie 178/2002 uvm. Auch US-amerikanische Gesetzgebungen wie der Sarbanes-Oxley-Act müssen von einigen deutschen Unternehmen berücksichtigt werden.

Investorenschutz

Informationen, die von den Unternehmen zur Verfügung gestellt werden, beeinflussen maßgeblich das Investitionsverhalten von privaten und institutionellen Anlegern, da diese auf die

---

[96] Vgl. Newell, Wilson (2002), S. 21.

Korrektheit der Informationen vertrauen. Insbesondere in den angloamerikanischen Ländern steht explizit der Aktionärsschutz (Shareholder Value-Orientierung) im Vordergrund.[97] Ein unternehmensinternes Kontrollsystem ist bereits seit dem Corrupt Practices Act 1977 in den USA im Gespräch. 1991 wurden Regelungen für Finanzdienstleistungsunternehmen in den USA durch den Federal Deposit Insurance Corporate Improvement Act festgelegt, die diese dazu zwangen, ein internes Kontrollsystem als Bestandteil der Berichterstattung zu führen. 1992 wurden Anforderungen von dem Committee of Sponsoring Organizations of the Treadway Commission (COSO) für die Ausgestaltung und Bewertung des internen Kontrollsystems festgelegt.[98] In einem Rahmenwerk versucht das Committee, unterschiedliche Sichtweisen und Ansätze zu vereinen. COSO definiert das interne Kontrollsystem als gemeinsame Anstrengung aller im Unternehmen beteiligten Personen, die Effektivität und Effizienz der Unternehmensabläufe sicherzustellen, so dass der Finanzreport verlässlich ist und dass ein Einklang (Compliance) mit den Gesetzen und Regelungen gegeben ist.[99]

Historie der Gesetzgebung

COSO

Der insbesondere von Beratern und Softwareanbietern aufgegriffene Begriff der Compliance kann einfach übersetzt werden mit Befolgung, Einhaltung oder Erfüllung.[100] Gemeint ist die fomalisierte, nachvollziehbare Nutzung von Programmen. Hierzu zählen insbesondere individuelle Reportingtools wie Excel oder die Aufbewahrung von Emails. Laut deutscher Gesetzgebung müssen Geschäftsunterlagen mindestens 10 Jahre aufbewahrt werden. Da Aufträge heute auch per Email erteilt, bestätigt oder geändert werden, hat das Unternehmen auch die Pflicht, diese elektronischen Unterlagen zehn Jahre lang aufzubewahren.

Der Umgang mit Excel als Reporting-Tool ist insofern problematisch, als viele Auswertungen im Rahmen des Selbstcontrollings selbst erstellt und über das Programm errechnet werden. Hierbei drängen sich zum einen (steuer-)rechtliche Problematiken auf, da traditionelle Tabellenkalkulationen zum einen die gesetzlichen Anforderungen nicht immer korrekt abbilden. Dies gilt insbesondere für Anwendungen im Berichtswesen, bei der Budgetie-

Problematik der Tabellenkalkulation

---

[97] Vgl. Matthes (2000), S. 17, der die USA als „Prototypen der Shareholderorientierung" bezeichnet.
[98] Vgl. Waldersee, Ranzinger (2003), S. 474 ff.
[99] Vgl. COSO (1994), S. 13: „Internal Control is a process, effected by an entity's board of directors, management and other personnel, designed to provide reasonable assurance regarding the achievement of objectives in the following categories:
 • Effectiveness and efficiency of operations.
 • Reliability of financial reporting.
 • Compliance with applicable laws and regulations."
[100] Vgl. Köthner (2005a), S. 22.

rung und beim Forecasting, bei Kunden- und Lieferantenaufstellungen oder bei Gehaltsabrechnungen. Hinzu kommt zum anderen, dass durch die permanente Veränderung an den Tabellen die Auswertungen nicht wiederholbar sind, da Veränderungen nicht protokolliert werden. Eine große Anzahl manuell erstellter Spreadsheets führt in der Regel zu Inkonsistenzen bei der Versionsfortschreibung und in den Daten sowie zu unnötigem Verwaltungsaufwand. Lösung für ein derartiges Problem kann beispielsweise ein zentrales, serverbasiertes Kalkulationsframework mit Versionierung und Archivierung der Daten sein. Die Firma Actuate bietet beispielsweise mit e.Spreadsheet eine Lösung auf Excel-Basis an.

KonTraG

Die US-amerikanischen Diskussionen der Treadway Commission führten auch in Europa zu einer stärkeren Auseinandersetzung mit dem Thema. Nach zahlreichen Unternehmenskrisen in Deutschland wurde 1998 im Zuge der Novelle des Aktiengesetzes das KonTraG-Gesetz verabschiedet, das als Gesetz zu Kontrolle und Transparenz im Unternehmensbereich zur Verbesserung der Unternehmensführung und -überwachung dienen sollte. Dabei sollen Risiken überwacht werden, die den Fortbestand der Gesellschaft gefährden können.[101] Die bisherigen Bemühungen richten sich insbesondere auf die Erfüllung gesetzlicher Anforderungen und der Verlautbarungen der externen und internen Revision.[102]

Deutscher Corporate Governance Kodex

Mit dem Deutschen Corporate Governance Kodex, der Anfang 2002 verabschiedet wurde, sollen die in Deutschland geltenden Regeln für Unternehmensleitung und -überwachung für nationale wie internationale Investoren transparent gemacht werden, um so das Vertrauen in die Unternehmensführung deutscher Gesellschaften zu stärken.[103]

Sarbanes-Oxley-Act

Als Nachwirkungen des Enron- und Worldcom-Skandals wurde in den USA der Sarbanes-Oxley-Act (SOX)[104] eingeführt, der auch Auswirkungen auf ausländische Firmen hat, deren Tochtergesellschaften an die Security und Exchange Commission (SEC) berichten.[105] Allein der Enron-Skandal hatte ein Schuldenvolumen von über 30 Mrd. US-Dollar, hiergegen nahm sich beispielsweise die Krise der Metallgesellschaft AG in Deutschland mit 2,3 Mrd. DM

---

[101] Vgl. Dörner (2003), S. 3.
[102] Vgl. Wolf (2003), S. 3.
[103] Vgl. http://www.corporate-governance-code.de/.
[104] Zu einer intensiven Auseinandersetzung mit SOX und praktischen Berichten aus Umsetzungsprojekten vgl. Menzies (2004).
[105] Vorläufig sind zwar börsennotierte Unternehmen von der Entwicklung betroffen, allerdings besteht auch Austrahlwirkung auf andere Gesellschaftsformen. Vgl. Feddersen, Hommelhoff, Schneider (1996); Berliner Initiativkreis German Code of Corporate Governance (2001).

Verlusten aus Ölhandelsgeschäften vergleichsweise harmlos aus.[106] Zur zeitlichen Entwicklung bis hin zum SOX vgl. Abb. 1.17.

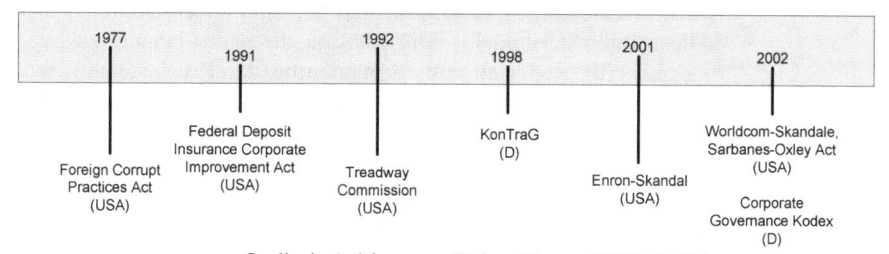

Quelle: in Anlehnung an Färber, Wagner (2005), S. 156.

Abb. 1.17: Entwicklung zum Sarbanes-Oxley Act

Auch der deutsche und europäische Handel hat mehrere Skandale erlebt. Der Ende 2002/Anfang 2003 zu Tage getretene Bilanzskandal des holländischen Handelsunternehmens Ahold schien sich bereits anzukündigen, als Ahold für das Geschäftsjahr zwei Bilanzen mit einer Differenz von rund 880 Mio. Euro beim Jahresüberschuss nach holländischer Rechnungslegung und nach US-GAAP vorlegte.[107] Das Unternehmen hatte insbesondere durch Zukäufe in den USA zwischen 1996 und 2001 allein 11 Mrd. US-Dollar für Geschäftsübernahmen ausgegeben.[108] Im Zustellgroßhandel, in das zuletzt in größerem Umfang investiert wurde, wurden schließlich Falschbuchungen in einem Bereich des Marketings in größerem Umfang entdeckt. Ähnliche Vorfälle passierten in der Vergangenheit auch bei Asko und coop AG.[109] Im Laufe des Ahold-Bilanzskandals meldete die Lebensmittel Zeitung, dass der Skandal sogar bis in die Lieferantenkreise strahlen würde. Sara Lee habe eingeräumt, der Ahold-Tochter U.S. Foodservice falsche Belege über Rabatte ausgestellt zu haben.[110]

Auch die Konsolidierung des Handels und die allgemein schlechte Marktlage, die zu immer mehr Geschäftsaufgaben führt, zwingen dazu, über ein internes Kontroll- und Frühwarnsystem nachzudenken. Allein in 2003 gaben 10.000 Einzelhändler aus allen Segmenten ihr Geschäft auf. Hinzu kommen die stillen Geschäftsaufgaben, die der Hauptverband des deutschen Einzelhan-

Zugang zu internem Frühwarn- und Kontrollsystem

---

[106] Zu den Hintergründen vgl. Färber, Wagner (2005), S. 6; Spremann, Herbeck (1997); Brakensiek, Küting (2002), sowie Lüdenbach, Hoffmann (2002), die weitere Beispiele und Schwachstellen des US-GAAP nennen.
[107] Vgl. Wolfskeil (2003b), S. 12.
[108] Vgl. Wolfskeil (2003a), S. 12.
[109] Vgl. Wolfskeil (2003a), S. 12.
[110] Vgl. Kahlen (2003).

dels (HDE) auf 5.500 Fälle schätzt. Handelsunternehmen wie Rewe, Edeka und Spar, die viele selbstständige Händler vereinen, sehen für ihre Netzwerke allerdings keine Probleme. Edeka verweist hierbei auf ihr Frühwarn- und Risikokontrollsystem für den selbstständigen Handel.[111] Die Risiken, die es im Handel zu beobachten gilt, sind vielfältig: Veränderung der Konsumentenwünsche, neue Wettbewerber wie Convenience-Stores, neue technologische Entwicklungen, die die Geschäftsprozesse beschleunigen könnten (z. B. Pick-by-Voice oder RFID), neue gesetzliche Auflagen oder Steuern, die direkt oder indirekt die Preisabsatzfunktion der angebotenen Produkte beeinflussen uvm.

Bereiche der Corporate Governance

Die globale Entwicklung und die Umsatzausweitung mittlerer und großer Unternehmen auch außerhalb ihres Heimatmarktes mit den verbundenen Produktdiversifikationen und Fusionen gelten als wesentliche Ursache für eine stärkere Auseinandersetzung mit der Unternehmensüberwachung (Corporate Governance).[112] Corporate Governance besteht aus insgesamt vier Teilsystemen:

- Unternehmensinternes Anweisungs-, Kontroll- und Delegationssystem zur Ermittlung von Risikopositionen mit Maßnahmen zur Risikoerkennung, -analyse und -vermeidung,
- Beirats-, insbesondere Aufsichtsratsaktivitäten nach § 111 AktG,
- Wirtschaftsprüfung mit Verantwortung für die gesetzliche Rechnungslegung nach § 316 HGB,
- Anbindung an unternehmensexterne, staatliche Institutionen wie beispielsweise das Bundesaufsichtsamt für Kreditwesen.[113]

In Deutschland gilt das KonTraG als bedeutendstes Ergebnis der Corporate Governance-Diskussion. Zwar sind hierbei nur börsennotierte Aktiengesellschaften direkt betroffen, doch nach vorherrschender Meinung fällt das Gesetz auf Grund von Ausstrahlwirkungen auch auf andere (Kapital-)Gesellschaftsformen zurück.[114] Abb. 1.18 gibt einen Überblick über Rechtsnormen zum Risikomanagement in Deutschland.

Seit 1998 beschäftigen sich die betroffenen Unternehmen eingehend mit dem Aufbau und der Weitentwicklung ihrer Risikomanagementsysteme. Ziel des Risikomanagementsystems liegt dabei nach § 91 Abs. 2 AktG in der frühzeitigen Erkennung bestandsgefährdender Risiken.

Das Risikocontrolling ist wichtiger Bestandteil des Risikomanagements. Es soll zum frühzeitigen Erkennen, Aufdecken, Über-

---

[111] Vgl. Müller (2004a).
[112] Vgl. Wulfetange (2002), S. 89 ff.
[113] Vgl. Witt (2002), S. 445 ff.
[114] Vgl. Wolf (2003).

wachen und Steuern von Risiken eingesetzt werden.[115] Zu den Aufgaben zählen alle Arbeiten des Risikomanagementprozesses wie die Risikoerkennung und -bewertung und die Erarbeitung adäquater Messverfahren oder die Einrichtung eines empfängerorientierten Berichtswesens.[116] Da nicht jedes Unternehmen über eine eigene Software zum Risikocontrolling verfügt, hat beispielsweise die BBE Handelsberatung mit anderen Partnern eine Plattform für das Risikocontrolling als Frühwarn- und Ratingsystem in Verbundgruppen entwickelt. Der Händler leitet über eine Datev-Schnittstelle seine Daten in das Online-Tool und kann mit wenig Aufwand verschiedene betriebswirtschaftliche Szenarien wie Expansion oder Konsolidierung durchspielen und wichtige Entscheidungen auf einer soliden Datenbasis treffen.[117]

Risikocontrolling

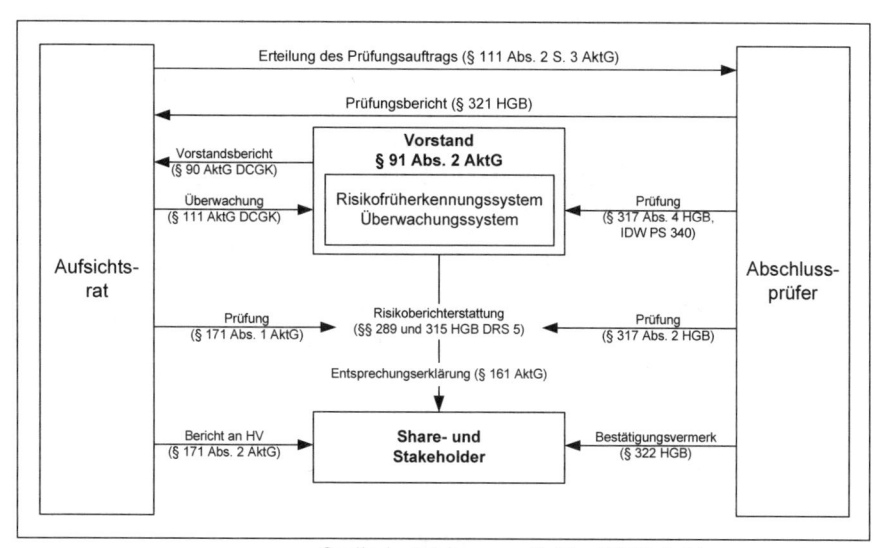

Quelle: in Anlehnung an Kajüter (2004), S. 14.

Abb. 1.18: Rechtsnormen zum Risikomanagement in Deutschland

Das KonTraG fordert zur frühzeitigen Erkennung von existenzbedrohenden Entwicklungen die Einrichtung eines Frühwarnsystems, das in Frühwarn-, Früherkennungs- und Frühaufklärungssystem

Frühwarnsystem

---

[115] Vgl. zu den Aufgaben und Zielen des Risikocontrollings Hornung (1998), S. 280 ff.
[116] Vgl. Buschmann (1992); Bitz (2000a); Bitz (2000b).
[117] Vgl. Kerl (2004), S. 12 f. sowie http://www.ricoplus.de/.

Früherkennungssystem

Frühaufklärungssystem

unterschieden werden kann.[118] *Frühwarnsysteme* sollen latente Bedrohungen und Risiken anhand der Unternehmenszahlen aufzeigen. Sie sind somit eine Weiterentwicklung der operativen Planung, insbesondere der Ergebnis- und Liquiditätsrechnung.[119] *Früherkennungssysteme* sollen latente Risiken, Chancen und Bedrohungen unter Einbeziehung möglicher Zukunftsszenarien sowie interner und externer Entwicklungen erkennen. Sie dienen somit als informationelle Grundlage einer Strategie- und Maßnahmenplanung.[120] Dabei werden neben quantitativen Indikatoren auch qualitative Informationen herangezogen.[121] Die *Frühaufklärungssysteme* wollen frühzeitig die strategisch relevanten Entwicklungen des wirtschaftlichen, sozialen, politischen und technologischen Umfeldes und den Einfluss auf den Unternehmenserfolg analysieren.[122] Strategische Frühwarnung versteht sich als Ad-hoc-System, das dann einsetzt, wenn sich für das Handelsunternehmen mögliche Gefährdungen oder Chancen frühzeitig ankündigen wie beispielsweise in der Diskussion um die Zwangspfandrücknahme (sog. „schwache Signale"[123]). Auch bei plötzlichen, unerwarteten Ereignissen (sog. „mid-year surprises") muss das Frühwarnsystem einsetzen.[124] In 80 % der Unternehmen werden zwar Veränderungen verfolgt, jedoch erfolgt die Erhebung zumeist nur bedarfsorientiert und nicht permanent.[125] Das Institut der Wirtschaftsprüfer in Deutschland e. V. (IdW) schlägt als Früherkennungssystem im Sinne des KonTraG Folgendes vor:[126]

- Festlegung der Risikofelder (Risikoarten, -bereiche, -prozesse),
- Risikoerkennung und -analyse (Eintrittswahrscheinlichkeiten und Bewusstsein),
- Risikokommunikation durch Reportingsysteme und Meldekorridore,
- Einrichten des KonTraG-konformen Überwachungs- und Kontrollsystems sowie
- Dokumentation der Maßnahmen.

Interne Revision

Die interne Revision soll ein Unternehmen durch einen systematischen, zielgerichteten Ansatz bei der Bewertung und Optimierung

---

[118] Vgl. Hahn, Krystek (2000), S. 76.
[119] Vgl. Wolf (2003), S. 77.
[120] Vgl. Wolf (2003), S. 78 f., sowie Kirsch, Krause (1979), S. 50.
[121] Zum Aufbau eines indikatorenbasierten Früherkennungssystems vgl. Krystek (1990), S. 79, sowie Langenbeck (1998), S. 882 ff.
[122] Vgl. Franz (2000), S. 326.
[123] Vgl. Ansoff (1976).
[124] Vgl. Drexel (1984), S. 90.
[125] Vgl. Al-Laham (1997), S. 136; Coenenberg, Günther (1990), S. 465.
[126] Vgl. Krystek, Müller (1999), S. 182; Witt (2002), S. 450; Emmerich (1999).

des Risikomanagements, der Kontrollen und der Führungs- und Überwachungsprozesse unterstützen. Dabei wird die Prüfung nach den Kriterien Risiken, Ordnungsmäßigkeit, Sicherheit, Wirtschaftlichkeit, Zukunftssicherung und Zweckmäßigkeit durchgeführt.[127] Die interne Revision ist eine prozessunabhängige, nicht entscheidungsbefugte Stabsstelle innerhalb des Unternehmens.[128] Sie prüft, ob wesentliche Risiken vom Risikomanagementsystem erfasst sind, wobei auch die in die Zukunft reichenden strategischen Entscheidungen mit den dazugehörigen Risiken zu betrachten sind.[129] Abb. 1.19 zeigt eine Übersicht möglicher Risikofelder.

Strategische Risiken
Beteiligungen
Produkt
Investitionen
Standort
Informationsmanagement
Länderrisiken

Externe Risiken
Verhalten der Wettbewerber
Marktrisiko (Mengen-/Preisrisiko)
Branchen- und Produktentwicklung
Besteuerung / Betriebsprüfungen
Politische und rechtliche Entwicklung
Umweltkatastrophen / Krieg

Operative Risiken
Umweltmanagement
Warenzeichen / Patente
Öffentlichrechtl. Genehmigungen
Gewährleistungen / Haftungsrisiken
Personengefahrdung / Arbeitsschutz
Investitionen / Ersatzbeschaffungen
Steuerungssysteme /
Produkte, Fertigung
Produktivität, Kapazität
Lieferanten, Logistik
Kunden

Risikofelder

Finanzwirtschaftliche Risiken
Liquidität
Wechselkursrisiken
Zinsänderungsrisiken
Wertpapierkursrisiken
Adressenausfallrisiken
Kreditlinien

Personalrisiken
Management Nachfolgeregelung
Qualifikation
Integrität und dolose Handlungen
Fluktuation

Sonstige Risiken
Corporate Governance

Datenverarbeitung
Systemlogik
Zugriff
Verfügbarkeit (Ausfall / Datenverlust)
Lizenzmissbrauch Software

Quelle: vgl. Deutsches Institut für Interne Revision (IIR) (2005), S. 8 f.

Abb. 1.19: Übersicht möglicher Risikofelder

---

[127] Das Deutsche Institut für Interne Revision e. V. (IIR) hat einen Revisionsstandard entwickelt, um Grundsätze für die Prüfung des Risikomanagementsystems durch die interne Revision zu schaffen. Diese sind im Internet unter http://www.iir-ev.de/ nachzulesen.
[128] Vgl. Theisen (1999), S. 53.
[129] Eine ausführliche Liste von Risiken für Einzelhandelsunternehmen findet sich bei Drexel (1984), S. 94 ff.

2 Entwicklung einer Controlling-Konzeption

2.1 Informationsbedarfsanalyse als Ausgangspunkt der Berichtswesengestaltung

2.1.1 Informationsbegriff

Umstrittenes Informationsbegriffsverständnis

Das Verständnis des Begriffs Information ist in der Betriebswirtschaft umstritten.[130] Ein Grund ist hierbei in der unterschiedlichen Herangehensweise und in den unterschiedlichen Anforderungen an den Begriff Information in Abgrenzung zu *Daten* und *Wissen* zu suchen. Nicht immer überschneidungsfreie und in sich konsistente Definitionsversuche resultieren aus der Literatur zum Informationsmanagement (Information als Produktionsfaktor), zur Entscheidungslehre (Information als zweckorientiertes Wissen), zu neuen Medien (Information als Oberbegriff zu Daten, Texten, Grafiken und Sprache), zur Wirtschaftsinformatik (Information als Teilmenge der Daten) oder zur Semiotik (Information als zweckorientierte Nachrichten).

BODE entwickelt zur Klassifizierung des Informationsbegriffs einen fünf-dimensionalen Rahmen. Darin unterscheidet er Informationen in Bezug auf Semiotik, Träger, Neuheitsgrad, Wahrheitsgehalt und Zeitbezug.[131] Basierend auf seiner Klasssifikation definiert BODE Informationen als Repräsentation der gedachten oder realen Welt in menschlicher (natürlicher oder künstlicher) Sprache.[132] HOLTEN schränkt diesen Informationsbegriff in Betrachtung der IT-technischen Unterstützung weiter ein und prägt den FIS-adäquaten Informationsbegriff im Sinne BODES. Es werden darunter diejenigen Informationen verstanden, die hinsichtlich des Wahrheitsgehalts, der wahrheitsabhängigen Begriffsauslegung und hinsichtlich der Semiotik-Dimension der pragmatischen Ebene hinzuzurechnen sind. Somit stellt Information eine „Input- und Output-

---

[130] Vgl. Holten (1999), S. 71.
[131] Vgl. Bode (1997), S. 451; Holten (1999), S. 71.
[132] Vgl. Bode (1997), S. 459 f.

größe des Informationsprozesses dar (statistische Ausprägung der Dimension Zeitbezogenheit), ist vom Wissensstand des Informationsempfängers unabhängig (objektive Ausprägung der Dimension Neuheitsgrad) und ist nicht an menschliche Trägermedien gebunden, sondern kann insbesondere durch DV-technische Trägermedien transportiert werden (nicht menschengebundene Ausprägung der Dimension Träger)."[133]

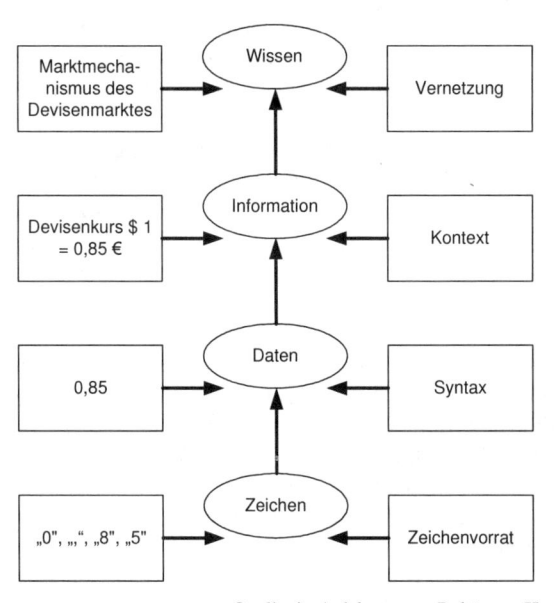

Quelle: in Anlehnung an Rehäuser, Krcmar (1996), S. 41.

Abb. 2.1: Beziehung von Zeichen, Daten, Information und Wissen

Jüngere Diskussionen in der Entscheidungslehre kommen zu dem Ergebnis, dass Information als Bewegungsgröße und Wissen als Bestandsgröße aufzufassen sei. Bei dieser flow- and stock-Betrachtung, die etwa vergleichbar ist mit der betriebswirtschaftlichen Unterscheidung zwischen Investition (flow-Betrachtung) und Anlagevermögen (stock-Betrachtung) ist Information als zusätzliches zweckorientiertes Wissen zu verstehen. Eine grafische Einordnung der Begriffe Zeichen, Daten, Information und Wissen nehmen REHÄUSER und KRCMAR vor (vgl. Abb. 2.1).

Unterscheidung zwischen Information und Wissen

---

[133] Holten (1999), S. 74.

2.1.2 Informationsstrategie

Bedeutung der Informationsstrategie

In der Informationsstrategie ist festzulegen, welche verfügbaren Daten in steuerungsrelevante Informationen umgesetzt werden sollen. Für das Festlegen einer Informationsstrategie sollte daher zunächst definiert werden, welche Ziele und Maßnahmen die Wettbewerbsstrategie wirkungsvoll unterstützen und wer die Anspruchsgruppen des Controllings sind. Für den Fall, dass ein Konzern mehrere Geschäftsfelder mit unterschiedlichen Wettbewerbsstrategien betreibt, ergeben sich ggf. individuelle Informationsstrategien, die sich entsprechend auf die Anwendungssysteme und das Controlling auswirken.[134]

Ermittlung des Informationsbedarfs

Das Controlling soll Entscheidungen im Rahmen der Wettbewerbsstrategie zielsetzungsgerecht vorbereiten. Zu diesem Zweck ist es notwendig, die relevanten Daten zu ermitteln und zu Informationen aufzubereiten. Eine Möglichkeit zur Definition von Informationsbedarfen ist die Ableitung aus den Unternehmenszielen. So ergeben sich für die Mitarbeiter eines ausschließlich auf Deutschland ausgerichteten regionalen GmbH-Handelsunternehmens mit klassischem Ein-Kanal-Geschäft andere Informationsbedürfnisse als für Mitarbeiter eines an internationalen Börsen notierten multinationalen Multi-Channel-Unternehmens.

Zusätzlich ist es sinnvoll, den Informationsbedarf der potenziellen Nutzer zu ermitteln und zu berücksichtigen.[135] Bei der Informationsbedarfsanalyse – auch Information Requirements Engineering – werden Anwender zu ihren Informationsanforderungen befragt.[136]

Befragungstechniken der Informationsbedarfsanalyse

Hierbei können verschiedenen Befragungstechniken zum Einsatz kommen, um die Qualität der Auskünfte zu steigern.[137] Ziel ist es, einen Abgleich zwischen Informationsangebot und Informationsbedarf zu schaffen sowie die für das Benchmarking relevanten Kenngrößen zu ermitteln, ohne ungewünschte Nebeneffekte etwa durch Umgehen der angestrebten Zielsetzung zu bekommen. Einkäufer, die einzig auf der Basis des Einkaufspreises pro Artikel gemessen werden, werden bestrebt sein, die Einkaufspreise z. B. durch größere Einkaufsmengen zu senken, unabhängig davon, ob dieses Verhalten ggf. negative Auswirkungen auf die Lagerhaltung oder den Verkauf haben könnte. Zwar lassen sich beispielsweise die zusätzlichen Kosten durch ein solches Fehlverhalten im Lager durch Bestandskosten (inkl. gebundenes Kapital) quantifizieren, doch zusätzliche Kosten durch Handling, Verschrottung oder La-

---

[134] Vgl. Becker, Schütte (2004), S. 48 f.
[135] Vgl. Becker et al. (2003), S. 15 f.
[136] Vgl. Berthel (1992); Davis, Monroe (1987); Szyperski (1980).
[137] Vgl. Holten (1999).

gerplatzkosten, die erfahrungsgemäß noch einmal 15-20 % des Warenwertes ausmachen, sind meist unbekannt.

Das Abstimmen von Anreizstrukturen und dem damit verbundenen Informationsangebot und -bedarf ist eine oft unterschätzte Tätigkeit, die sich seit den 70er-Jahren nicht wesentlich weiter entwickelt hat. Im Rahmen einer Umfrage von über 700 Organisationen in Deutschland wurde festgestellt, dass die Hälfte aller Befragten durchschnittlich zwischen 10 % und 30 % ihrer Arbeitszeit für die Informationssuche verwenden.[138] Neben dem quantitativen Aspekt hat die Informationssuche dabei auch eine qualitative Dimension, denn die Länge der Suchdauer hat nur einen begrenzten Einfluss auf den Erfolg der Suche. Vielmehr spielt hier die Erfahrung des Mitarbeiters eine übergeordnete Rolle. Je besser dessen Kenntnis über seinen tatsächlichen Informationsbedarf und das Informationsangebot ist, desto besser fallen die Suchergebnisse aus. Wenn ein Mitarbeiter eine Kundenanfrage telefonisch entgegen nimmt, ist seine Suchzeit allein durch die Geduld des Kunden limitiert. Findet der Mitarbeiter innerhalb eines bestimmten Zeitraums von wenigen Minuten nicht die passenden Informationen, kann er den Kunden nicht angemessen beraten und verliert ggf. den Kunden.

Unterschätzte Analysenotwendigkeit

Oftmals fehlt innerhalb eines Unternehmens eine durchgängige Berichtswesenkonzeption, die einheitlich sowohl informationstechnisch festlegt, welche Kennzahlen aus welchen Daten in welcher Form zu ermitteln sind, als auch fachlich definiert, welche Informationen eine Führungskraft zur Entscheidungsfindung benötigt. Als Folge sind häufig zu beobachten:

Häufiges Fehlen einer durchgängigen Berichtswesenkonzeption

- Durch permanentes Erweitern der Berichte um temporäre Anforderungen entstehen Zahlenfriedhöfe, deren Informationsgehalt zweifelhaft ist.
- Mitarbeiter erhalten auf der einen Seite zu viele und damit teilweise entscheidungsirrelevante Informationen, auf der anderen Seite fehlen aber wichtige Informationen.
- Führungskräfte versuchen, durch individuelle Reports ihren Informationsbedarf zu befriedigen und akzeptieren die zur Verfügung gestellten Berichte nur noch eingeschränkt.
- Kennzahlen und Berichte einzelner Abteilungen sind durch ungeklärte Datenherkünfte, Homonym- und Synonymproblematiken nicht vergleichbar. Abweichungen lassen sich nicht oder nur mit hohem Aufwand erklären.

Folgen des Fehlens

Das Controlling soll neben der Ermittlung und Aufbereitung der entscheidungsrelevanten Informationen auch zur Ausarbeitung von zielgerichteten Anreizsystemen und -kennzahlen beitragen, um eine ergebnisorientierte Honorierung im Unternehmen zu verankern.

Entwicklung eines durchgängigen Anreizsystems

---

[138] Vgl. Dengel (2004).

Hierbei ist insbesondere die Umgehung der primären Ziele eines Anreizsystems zur Erlangung von variablen Vergütungen problematisch. Eine Anekdote, die der Saturn-Media Markt Geschäftsführer Prof. Dr. Utho Creusen zu erzählen weiß, gibt anschaulich wieder, auf welche Weise Mitarbeiter immer versuchen werden, ihre Wege entlang der eingeführten Anreiz- oder Benchmark-Systeme zu finden:

Der Küchenjunge auf dem großen Handelsschiff soll dem Kapitän jeden Morgen um 9:30 Uhr eine frisch gebrühte Tasse Kaffee auf die Brücke bringen. Der Junge ist wegen der neuen Aufgabe sehr aufgeregt und macht gleich am ersten Tag die Tasse so voll, dass durch den rauen Seegang die Hälfte beim Gang zur Brücke überschwappt. Der Kapitän sieht das Malheur und gibt dem Jungen eine schallende Ohrfeige. Am nächsten Morgen beschließt der Küchenjunge die Tasse nicht ganz zu füllen, damit nichts überschwappen kann. Wiederum gibt es eine schallende Ohrfeige vom Kapitän, da die Tasse nur halbvoll ist. Am dritten Tag endlich lobt ihn der Kapitän. Was er nicht weiß: Der Küchenjunge hatte die Tasse nur halb gefüllt und die andere Hälfte in den Mund genommen, um kurz vor der Brücke unbemerkt alles wieder in die Tasse zu spucken...

2.1.3 Methodische Ableitung des Informationsbedarfs

Controlling erfüllt im Kern die Aufgabe, die Informationssysteme und somit auch die entsprechenden Reports so zu gestalten, dass die Entscheidungsträger innerhalb der Unternehmung die zur Erfüllung der jeweiligen Aufgaben erforderlichen Informationen in wirtschaftlicher vertretbarer Form erhalten.[139] Die Zweckorientierung kann mit Hilfe des von SZYPERSKI entwickelten Modells der Informationsmengen und -teilmengen verdeutlicht werden (vgl. Abb. 2.2).[140]

Definition Informationsbedarf

Er definiert den Informationsbedarf als Art, Menge und Qualität der Informationsgüter, die ein Informationssubjekt im gegebenen Informationskontext zur Erfüllung einer Aufgabe in einer bestimmten Zeit und innerhalb eine gegebenen Raumgebietes benötigt. Der Informationsbedarf kann aus Sicht der gestellten Aufgabe bzw. des Informationszwecks (objektiver Informationsbedarf) und aus Sicht des Informationssubjekts bzw. Informationsnutzers (sub-

---

[139] Vgl. Becker, Schütte (2004), S. 585; Feldbauer-Durstmüller (2001), S. 54.
[140] Vgl. Szyperski (1980), S. 904 ff.; ebenso Berthel (1992), S. 875; Picot, Reichwald, Wigand (2001), S. 82 und Feldbauer-Durstmüller (2001), S. 57 ff.

jektiver Informationsbedarf) betrachtet werden. Als Teilmenge des subjektiven Informationsbedarfs existiert außerdem noch die subjektive Informationsnachfrage. Das Informationsangebot kann daher nur wirksam werden, wenn es auf eine artikulierte Nachfrage stößt. Die Beziehungen zwischen dem Informationsangebot (Kreis A), dem objektiven Informationsbedarf (Kreis B), dem subjektiven Informationsbedarf (Kreis C) und der subjektiven Informationsnachfrage (Kreis D) werden in Abb. 2.2 dargestellt.

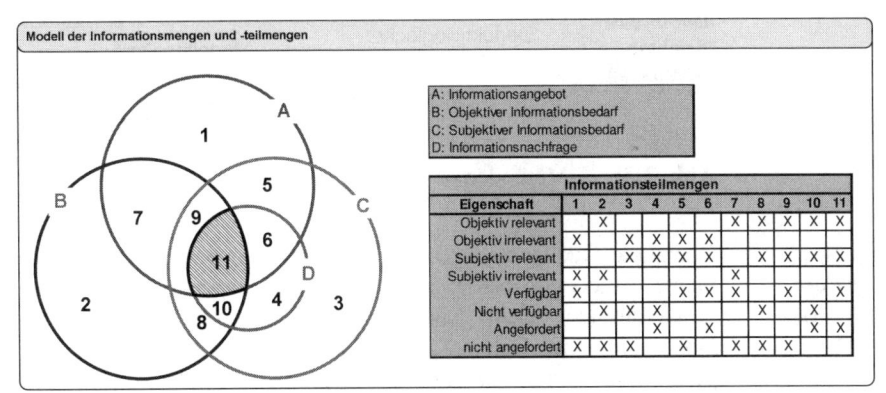

Quelle: Becker et al. (2003), S. 28.

Abb. 2.2: Modell der Informationsmengen und -teilmengen[141]

Es existieren zahlreiche Methoden, die Informationsbedarfsanalyse zu beschreiben und zu systematisieren.[142] KÜPPER analysiert die Methoden nach den Informationsquellen und der Erhebungsform. Dabei unterscheidet er induktive und deduktive Analysemethoden (vgl. Abb. 2.3).[143] Während bei induktiven Vorgehensweisen versucht wird, aus Details ein „großes Bild" zu erhalten, wird bei deduktiven Methoden versucht, den Informationsbedarf auf dem logischen und theoretischen Weg abzuleiten.

Methoden der Informationsbedarfsanalyse

---

[141] Vgl. auch Picot, Reichwald, Wigand (2001), S. 82; Koreimann (1976), S. 68; Szyperski (1980), S. 904; Berthel (1992), S. 875.
[142] Vgl. Feldbauer-Durstmüller (2001), S. 61.
[143] Vgl. Küpper (2001), S. 141 ff.

Informations-Quellen	Betriebliche Dokumente	Betriebliche Datenerfassung		Informations-verwender
Induktive Analyse-methoden	Dokumenten-analyse	Daten-technische Analyse	Organisa-tions-analyse	Befragung Interview, Fragebogen, Bericht
Informations-Quellen	Aufgaben und Ziele der Unternehmung	Planungsmodelle der Unternehmung		Theoretische Planungsmodelle
Deduktive Analyse-methoden	Deduktivlogische Analyse	Modellanalyse		

Quelle: Küpper (2001), S. 145.

Abb. 2.3: Methoden der Informationsbedarfsermittlung

Induktive Methoden
Dokumentenanalyse

Geeignete Quellen induktiver Methoden sind betriebliche Dokumente, Ergebnisse betrieblicher Datenerfassung und die Informationsverwender selbst.[144] Mittels der Dokumentenanalyse werden Dokumente bzw. Datenträger, die dem Aufgabenträger zur Verfügung stehen, untersucht und analysiert. Dies dient der Analyse und der Ermittlung des gegenwärtigen Informationsangebots mittels der existierenden Berichte, Statistiken und Listen. Die gewonnen Erkenntnisse sollten jedoch nicht ungefiltert auf den Informationsbedarf angewendet werden, da aus den Listen und Berichten nicht hervorgeht, ob das existierende Informationsangebot tatsächlich genutzt wird oder nicht. Die datentechnische Analyse orientiert sich direkt an den aktuellen Informations- bzw. Datenflüssen. Es werden laufend erhobene und erfasste Daten bestimmter Prozesse und Bereiche ausgewertet. Vor allem im Produktions- und Logistikbereich eignet sich diese Methode, da dort standardisiert relativ große Datenmenge wie Durchlaufzeiten oder Mengeninformationen anfallen. Auf diese Weise lassen sich mittels geeigneter IT-Architekturen regelmäßig anfallende Daten als wertvolle Informationen nutzen.[145] Zwar kann der Ist-Zustand detailliert abgebildet werden, doch es gelingt mittels dieser Analyseform nicht, zwischen subjektivem und objektivem Informationszustand zu unterscheiden.[146] Eine weitere induktive Analysemethode ist die Organisationsanalyse, mit deren Hilfe der Ist-Zustand der derzeitigen Aufgaben- und Tätigkeitsstruktur im Unternehmen abgebildet wird.

Datentechnische Analyse

Organisationsanalyse

---

[144] Vgl. Feldbauer-Durstmüller (2001), S. 62.
[145] Vgl. zum Beispiel die u. a. am Lehrstuhl Becker stattgefundenen Forschungsarbeiten zum Einsatz von Workflowmanagement in der Produktionsplanung und -steuerung in Becker, Luczak (2003).
[146] Vgl. Horváth (2003), S. 365.

Hierzu werden wesentliche Merkmale wie Zeit-, Mengen- und Wertgrößen erfasst und gemessen. Durch die Analyse einzelner Teilbereiche wird festgestellt, welche Tätigkeiten durchgeführt und welche Informationen verwendet werden. Somit wird mit Hilfe der Organisationsanalyse ein genereller Entwurf der Verteilung des Informationsbedarfs auf einzelne Aufgaben geschaffen. Es ist auch möglich, Kommunikationsbeziehungen zwischen Aufgabenträgern zu analysieren, um Aufschlüsse über Informationswege und -inhalte zu erhalten.[147] Auch eine Befragung der Informationsanwender eignet sich für die Informationsbedarfsanalyse, um den subjektiven Informationsbedarf der Anwender zu ermitteln. Durch die Fachkenntnisse und das spezielle Aufgabenwissen dient die Befragung nicht allein der Bestimmung des subjektiven Informationsbedarfs. Sie trägt darüber hinaus auch zur Bestimmung des objektiven Informationsbedarfs bei. Befragungen lassen sich beispielsweise durch Interviews, Fragebögen oder Berichte durchführen.[148] Eine Übersicht über die Vor- und Nachteile der induktiven Analysemethoden bietet Tab. 2.1.

Befragungen

Eine geeignete Quelle der deduktiven Methoden sind die Aufgaben und Ziele der Unternehmung, die mittels der deduktiv-logischen Analyse untersucht werden. Ausgehend von dem Sachziel der Unternehmung werden über verschiedene Ebenen hinweg Teilaufgaben abgeleitet. Zu den Ergebnissen einer solchen Analyse zählen die so genannten Informationskataloge, welche alle erforderlichen Informationen für eine Aufgabenstellung vereinen. Bei der Modellanalyse werden Planungsmodelle zur Lösung von Entscheidungsproblemen herangezogen. Unternehmensmodelle und theoretische Modelle aus der Literatur bilden häufig eine Quelle für die Bestimmung des Informationsbedarfs. Theoretische Modelle können darüber hinaus auch eine Analyse der Entscheidungsprobleme ermöglichen. Eine Anwendung vieler theoretischer Modelle scheitert jedoch häufig an dem zu hohen Abstraktionsgrad oder dem ungenügenden Realitätsbezug.[149]

Deduktive Methoden

Modellanalyse

---

[147] Vgl. Koreimann (1976), S. 82 ff.; Küpper (2001), S. 146.
[148] Vgl. Koreimann (1976), S. 92 ff.; Küpper (2001), S. 146 ff.
[149] Vgl. Horváth (2003), S. 367 ff.

Technik	Vorteile	Nachteile
Dokument- und Datenanalyse	Einfache Analyse bisheriger Anforderungen	Zusammentragen aller Berichte schwierig
	Konsolidierung verschiedener Kennzahlen mit gleichem Inhalt oder gleicher Kennzahlen mit verschiedener Aussage möglich	Skizziert nur den Ist-Zustand
	Kein Zeitaufwand seitens der Abteilungen notwendig	
	Kostengünstig	
Organisationsanalyse	Erfassung der Aufgaben- und Tätigkeitsstruktur	Nur Ist-Zustand wird erfasst
	Analyse der Kommunikationsbeziehungen zwischen Aufgabenträgern	Nur in Verbindung mit Analyse des Berichtswesens sinnvoll
Persönliche Interviews	Freie und offene Antworten	Zeitaufwändig und teuer
	Befragter wird Teil des Projekts	Erfolg abhängig vom Interviewer
	Nachfragen sehr einfach möglich	Abhängig von der Teilnahmebereitschaft der Mitarbeiter
	Anpassen der Fragen an Kenntnisstand des Befragten möglich	
	Beobachtung der Körpersprache möglich	
Fragebögen	Mitarbeiter können den Fragebogen jederzeit ausfüllen	Niedrige Rücklaufquote
	Kostengünstig	Unvollständige Rückgaben
	Strukturierte Auswertung möglich	Missverständnis der Fragen möglich

Tab. 2.1:   Vor- und Nachteile induktiver Analysemethoden

Praktische Verfahren

In der Praxis erprobte Verfahren sind beispielsweise die „Business Systems Planning"-Methode der IBM[150] oder die Methode der „Kritischen Erfolgsfaktoren."[151] SCHWANITZ schlägt als Konzept für die Unternehmenssteuerung durch nachhaltige Informationsversorgung eine Informationsklassifikation vor, bei der ein gewisser Datenpool in den Data Warehouse-Systemen für Abfragen vorausschauend bereitgehalten wird. Bei der Neudefinition von Kennzahlen oder der Veränderung des Informationsbedarfs kann

---

[150] Vgl. o.V. (IBM) (1981).
[151] Vgl. Rockart (1980), S. 43 ff.

2.1 Informationsbedarfsanalyse als Ausgangspunkt der Berichtswesengestaltung 57

somit schnell reagiert werden.[152] Ein ähnliches Konzept verfolgte beispielsweise die TUI bei der Erstellung ihres Data Warehouses. Mit den Anforderungen Skalierbarkeit und Flexibilität wurde zunächst ein komplettes Datenmodell modelliert, bevor nach und nach einzelne Teilbereiche umgesetzt wurden. An diesem Beispiel zeigt sich, dass der objektive Informationsbedarf nicht zu engstirnig, sondern mit Blick in die Zukunft ermittelt werden sollte.

Abb. 2.4 zeigt ein in der Praxis mehrfach erprobtes Konzept zur Informationsbedarfsanalyse ausgehend von einer Ist-Aufnahme im Unternehmen bis zur Implementierung der Informationsobjekte im Rahmen der Berichtswesenoptimierung.

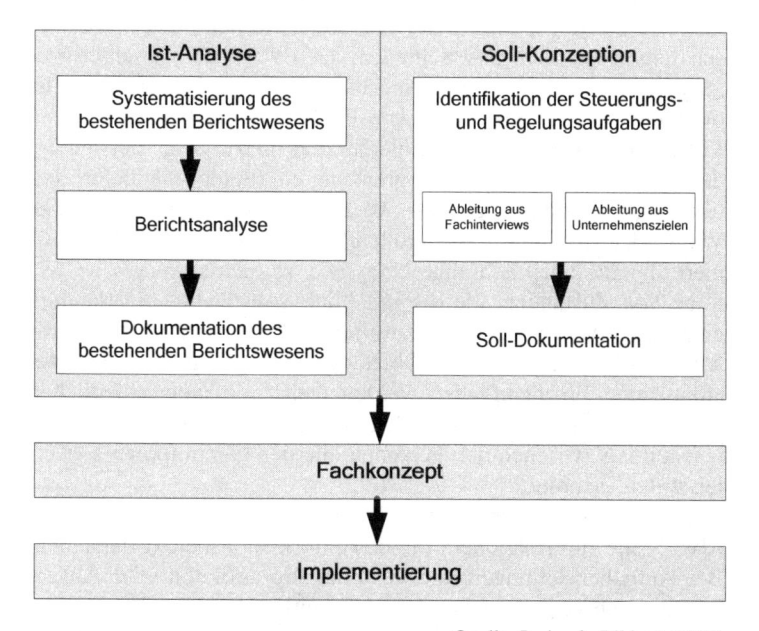

Quelle: Janiesch, Ribbert (2005).

Abb. 2.4: Vorgehensmodell zur Berichtswesenoptimierung

Als Grundlage für eine Informationsbedarfsanalyse empfiehlt sich eine Kombination aus induktiven und deduktiven Methoden.[153] Dies gewährleistet auf der einen Seite, dass das Wissen der Entscheidungs- und Handlungsträger genutzt und ihr subjektiv emp-

---

[152] Vgl. Schwanitz (2001), der dieses Konzept für den Banken-Sektor erarbeitet, da er eine steigende Controlling-Komplexität und eine steigende Innovation und Änderung im Controllingkalkül in immer kürzeren Abständen sieht.
[153] Vgl. Küpper (2001), S. 149; Horváth (2003), S. 369.

fundener Informationsbedarf erfasst wird, und verhindert auf der anderen Seite auf Grund des deduktiven Vorgehens eine zu starke Orientierung am jeweiligen Stelleninhaber und dessen individuellen Prozessen.[154]

Definition Prozess

Ein Prozess wird in der Literatur unterschiedlich definiert. HAMMER und CHAMPY definieren den Prozess als ein Bündel von Aktivitäten, für das ein oder mehrere unterschiedliche Inputs benötigt werden und das für den Kunden ein Ergebnis von Wert erzeugt.[155] FERSTL und SINZ verstehen unter einem Geschäftsprozess eine Transaktion oder eine Folge von Transaktionen zwischen betrieblichen Objekten; Gegenstand der Transaktion ist der Austausch von Leistungen und/oder Nachrichten zwischen den Objekten.[156] In der Regel wird in der Literatur zwischen Prozess und Geschäftsprozess nicht unterschieden, auch wenn der Geschäftsprozess bereits begrifflich eine Spezialisierung des Prozesses ist. Er orientiert sich an einer Folge von Funktionen, wobei Anfang und Ende eines Prozesses zu definieren sind. Dazu ist es notwendig, dem einzelnen Prozess zur Abgrenzung ein (unterschiedliches) betriebswirtschaftliches Objekt als Betrachtungsgegenstand (z. B. Ware oder Rechnung) zuzuordnen. Ein Prozess wird daher definiert als „die inhaltlich abgeschlossene, zeitlich-sachlogische Abfolge von Zuständen, die die inhaltlich vollständige Bearbeitung eines von einem Subjekt als konstituierend deklarierten – betriebswirtschaftlich relevanten – Objektes wiedergeben."[157] Die dabei anfallenden Einzelaufgaben werden meist von unterschiedlichen Personen erfüllt, da die Komplexität der Gesamtaufgabe eine Arbeitsteilung zwischen den Personen, die den Gesamtprozess erfüllen sollen, erfordert.[158]

Informationsbedarf bei einmaligen vs. wiederkehrenden Aufgaben

Zur Erfüllung einer Aufgabe benötigt die entsprechende Person bzw. Stelle Informationen, die den Informationsbedarf darstellen. Bei Aufgabenstellungen, die nur einmalig auftreten oder Aufgaben, die sich verändern, kann kein einheitlicher Informationsbedarf ermittelt werden. Da aus Sicht der Aufgabenstellung der Informationsbedarf nur dann zeitlich invariant und damit stabil ist, wenn es sich um stetig wiederkehrende Aufgaben handelt, werden daher in den nachfolgenden Kapiteln nur Kennzahlen für wiederkehrende Aufgaben abgehandelt.

Die im Berichtswesen eingesetzten analytischen Anwendungssysteme sollen ihre Nutzer mit relevanten Informationen versorgen. Bei der Informationsbedarfsanalyse müssen daher die entspre-

---

[154] Vgl. die Informationsbedarfsermittlung für die operative Planung bei Feldbauer-Durstmüller (2001), S. 61 ff.
[155] Vgl. Hammer, Champy (1996), S. 52.
[156] Vgl. Ferstl, Sinz (1993), S. 590.
[157] Vgl. Becker, Schütte (2004), S. 107.
[158] Vgl. Kieser, Kubiczek (1983), S. 79.

2.1 Informationsbedarfsanalyse als Ausgangspunkt der Berichtswesengestaltung 59

chenden Informationsbedarfe modelliert werden, um die individuellen Bedarfe adäqat festhalten zu können. Ziel muss es sein, überflüssige Standardberichte zu eliminieren und das individuelle Erarbeiten von Auswertungen in den Abteilungen zu Gunsten einer Standardisierung der Berichte zu minimieren. Dabei muss die Informationsbedarfsmodellierung ebenso wie die Geschäftsprozessmodellierung den Anforderungen in Bezug auf Kosten und Qualität in Form einer Kosten-Nutzen-Relation gerecht werden. Es sind ebenso die unterschiedlichen Vorgehensweisen bei der Informationsbedarfsanalyse zu unterstützen. Folgende Anforderungen ergeben sich daher an die Modellierungsmethode:[159]

Notwendigkeit zur Modellierung des Berichtswesens

Anforderungen an Modellierungsmethode

- Perspektive: Die Modelle sollen primär der Modellierung von Informationsbedarfen sowie der Spezifikation der entsprechenden Datenbankstrukturen dienen.
- Verständlichkeit: Um die Ergebnisse der Analyse den Nutzern vermitteln zu können, ist es notwendig, eine wenig komplizierte und einfach zu erlernende Methode zu verwenden. Dabei ist jedoch auch eine formale Komplexität nötig, um eine effiziente Überführung von Informationsbedarfsmodellen in Spezifikationen für Anwendungssysteme und Data Warehouse-Strukturen zu ermöglichen.
- Einfache Anpassbarkeit: Im Zeitablauf ändern sich Prozesse und damit die Anforderungen an die benötigten Informationen. Modellierungstechniken bzw. Modellierungsmethoden müssen daher notwendige Erweiterungen effizient realisieren können.
- Toolunterstützung: Die effiziente Nutzung einer Modellierungstechnik ist auf Grund des Umfangs und der Komplexität der Aufgabe nur mittels eines (Software-) Modellierungswerkzeuges möglich und sinnvoll.

Eine methodische Unterstützung der Dokumentation des gesamten Berichtswesens erweist sich als sinnvoll, um Klarheit, Übersichtlichkeit über das Berichtswesen sowie ein Auswucherung zu den nur allzu gut bekannten Zahlenfriedhöfen zu vermeiden. Zahlreiche Unternehmen versuchen deshalb, die im Unternehmen verwendeten Kennzahlen und Berechnungen zentral mittels (Word-) Kennzahlenbögen festzuhalten. Dabei werden im Idealfall die Datenherkunft, die Zusammensetzung der Kennzahl, ihr Zweck und eine Beschreibung der Kennzahl angegeben.[160]

Auch wenn dieses semi-formale Verfahren für viele Mitarbeiter einfach verständlich und unkompliziert durchführbar ist, hat es doch gravierende Nachteile:

Nachteile von Kennzahlenbögen

---

[159] Vgl. Becker et al. (2003), S. 16.
[160] Zu Kennzahlensteckbriefen vgl. Kütz (2003), S. 47.

- Es ist insbesondere bei größeren Unternehmen nur begrenzt ersichtlich, wo welche Kennzahlen in welchem Bericht und Kennzahlensystem verwendet werden.
- Eine organisatorische Zuordnung von Berichten zu Mitarbeitern nach dem Motto „wer erhält bzw. benutzt welche Berichte" erfolgt häufig nicht.
- Mit Hinblick auf die Optimierung des Datenvolumens im Data Warehouse wird, da diese Kennzahlenbögen meist anhand der Kennzahl und nicht der Dimension ausgerichtet sind, auch nicht deutlich, welche Dimensionen mit welchen Ausprägungen (Bezugsobjekten) wie und in welchen Berichten genutzt werden.
- Redundanzen zwischen einzelnen Informationsobjekten und Berichten können nur durch manuellen Vergleich erkannt werden.
- Geringfügig abweichende Berechnungen von Umsätzen sind insbesondere unter Berücksichtigung verschiedenster Rabatte und Konditionen manuell nur schwer festzustellen.
- Flache Worddokumente eignen sich nur begrenzt für ein schnelles Nachschlagen von Kennzahlendefinitionen, Zusammenhängen, Informationsobjektadressaten oder Erläuterungen zu einzelnen Kennzahlen.
- Die Dokumente sind als Ausgangsbasis für die Spezifikation von Data Warehouses und Auswertungssystemen wenig hilfreich.
- Kennzahl- und Dimensions-Synonymproblematiken (Beispiel: Bestand VK entspricht Lagerwert zu VK) können nur manuell aufgedeckt werden, gleiches gilt für Homonymproblematiken (Beispiel: Umsatz zu VK bedeutet in der ersten Abteilung Berechnung zu kalkuliertem Verkaufspreis und in einer anderen Abteilung Berechnung zu tatsächlichem Verkaufspreis).

Toolgestützte Erhebung des Berichtswesens

Vor diesem Hintergrund forscht das European Research Center for Information Systems (ERCIS) seit Ende der 90er-Jahre ausführlich an der formalisierten, toolgestützten Erhebung des Berichtswesens mit dem Ziel, zum einen eine Optimierung des Reportings anzustreben und zum anderen einen fachkonzeptionellen Ansatz für die Spezifikation von Data Warehouse-Systemen zu entwickeln.[161]

Das unter dem Namen H2 weiterentwickelte und in Abb. 2.5 dargestellte Toolset bietet die Möglichkeit, die vorangehend erwähnten Konstrukte unabhängig voneinander zu erfassen, zu verknüpfen, auszuwerten und zu individuellen Berichten zu kombinieren.[162] Durch den hohen Formalisierungsgrad können die Infor-

---

[161] Vgl. u. a. die Ergebnisse des BMBF-geförderten Forschungsprojekts „Management des Wissens über Kunden in Dienstleistungsunternehmen (MW-KiD)", http://www.mw-kid.de/.

[162] Das von der Prof. Becker GmbH weiterentwickelte Toolset erlaubt weiterhin eine unternehmensindividuelle Anpassung der Modellierungsmethode, vgl. http://www.prof-becker.de/.

mationsbedarfe semi-automatisiert in entsprechende Data Warehouse-Strukturen überführt werden.

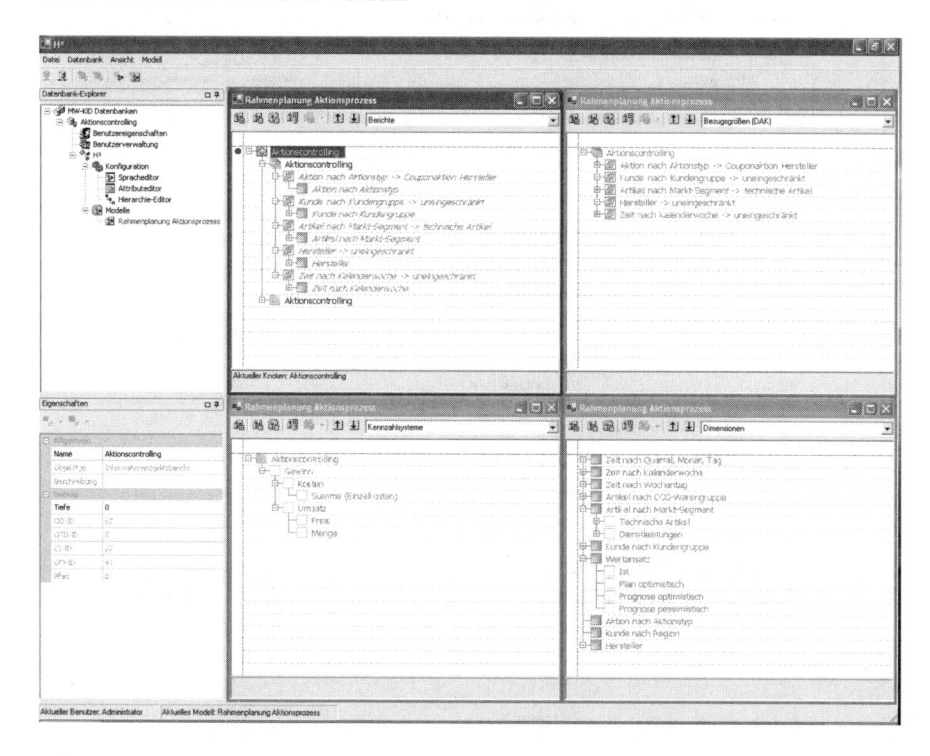

Abb. 2.5: Berichtswesenmodellierung mit dem H2-Toolset

Die Methode bietet die Möglichkeit, Kennzahlen wie Umsatz, Herstellkosten oder Lagerbestand sowie Dimensionen wie Zeit, Warengruppen oder Organisationseinheiten zunächst unabhängig voneinander zu definieren. Aus der Kombination verschiedener Baustein-Auszüge lässt sich dann im Rahmen des Tools der einzelne Bericht erstellen (vgl. Abb. 2.6). Ein konkreter Fakt (beispielsweise Umsatz in Filiale Hamburg im Warenbereich Elektrowerkzeuge im laufenden Geschäftsjahr) ist damit ein Teil des Informationsraumes des gesamten Berichts. Die Dokumentation erfolgt bei der H2-Methode in Form eines grafischen Modells (vgl. Abb. 2.7).

Grundlagen der Toolunterstützung

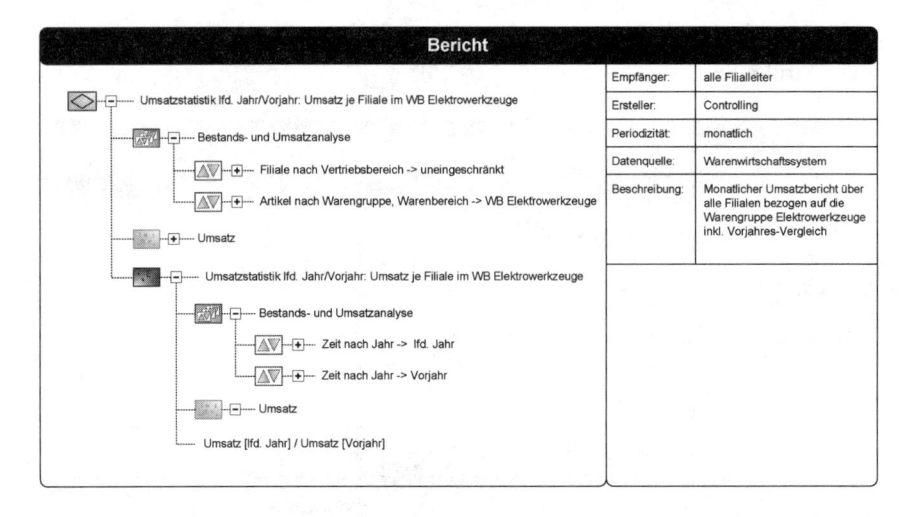

Abb. 2.6: Beispielbericht in H2-Notation – Umsatzstatistik lfd. Jahr / Vorjahr

Die Anwendung der Methodik führt so zu einer eindeutigen und transparenten Dokumentation aller verwendeten Kennzahlen und Dimensionen im Berichtswesen. Interpretationsspielräume werden beseitigt.

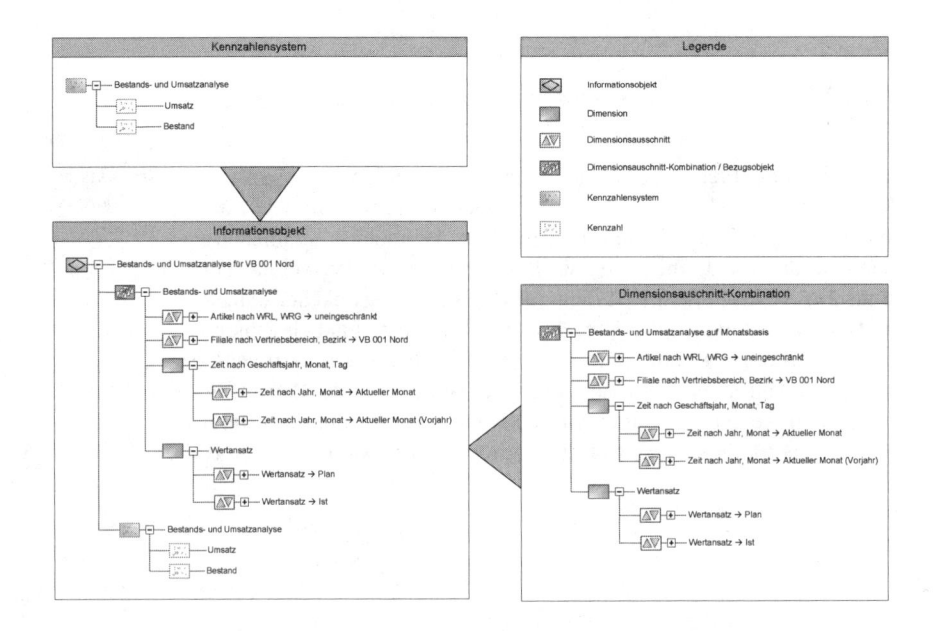

Abb. 2.7: Erstellung eines H2-Modells

2.2 Konstrukte des Berichtswesens

Eine formale Auseinandersetzung mit den Konstrukten des Berichtswesens ist aus zwei Gründen sinnvoll. Zum einen hilft eine der Optimierung vorangehende Beschäftigung mit den Konstrukten bei der Eliminierung von Redundanzen und Überschneidungen bei der Bildung der Kennzahlen und Berichte. Zum anderen ist ein formalisiertes Vorgehen Voraussetzung für jedes Data Warehouse-Projekt, da dabei die Daten entlang der späteren Nutzung in relativ starren Strukturen (Snowflake- bzw. Star-Schema usw.) gespeichert werden, die durch ein formalisiertes Vorgehen leichter erarbeitet werden können. Die hier vorgestellten Berichtswesenkonstrukte sind Grundlage der H2-Modellierungstechnik.

Gründe für Auseinandersetzung mit Konstrukten

Verschiedene Sprachkonstrukte werden in der Literatur zur Fakt-Bericht-Zuordnung und zur fachkonzeptuellen Modellierung von Data Warehouses genutzt. Die verwendeten Begriffe sind jedoch in der Regel nicht konstruktiv im Sinne von Objekttypen hergeleitet, sondern mittels pragmatischer und intuitiver Argumente eingeführt.[163] Zu einer Herleitung der beschriebenen Konstrukte des Berichtswesens vgl. die Arbeiten von HOLTEN.[164]

2.2.1 Kennzahlen

Unter Kennzahlen sind jene Zahlen zu verstehen, die „quantitativ erfassbare Sachverhalte in konzentrierter Form erfassen."[165] Sie sollen relevante Zusammenhänge in verdichteter, quantitativ messbarer Form wiedergeben,[166] und stellen somit eine Möglichkeit der Informationsbereitstellung in Unternehmen dar.[167] Dadurch sollen Führungskräfte in die Lage versetzt werden, einen schnellen und umfassenden Überblick über komplexe Strukturen und Prozesse zu erhalten und somit aus einer größeren Menge an Daten Einzelinformationen zur Entscheidungsunterstützung nutzen zu können.[168] Kennzahlen stellen somit ein wichtiges und rationales Instrument zur Entscheidungsfindung im Unternehmen dar.[169] Handelsrelevante Kennzahlen sind beispielsweise „Bruttohandelsspanne auf der Basis von Scannerdaten" oder „Umsatz inklusive Mehrwertsteuer auf der Basis der Lagerabgangsdaten."[170]

Definition Kennzahlen

---

[163] Vgl. u. a. Schelp (1998), S. 264 ff.; Golfarelli, Maio, Rizzi (1998) und Gabriel, Gluchowski (1998), S. 494 ff.
[164] Vgl. u. a. Holten, Dreiling (2002); Holten (2003a).
[165] Vgl. Reichmann (1991), S. 56.
[166] Vgl. Horváth (2003), S. 568.
[167] Gritzmann (1991), S. 30.
[168] Vgl. Reichmann (2001), S. 20.
[169] Vgl. Schulte (1999b), S. 429; Hahn, Lassmann (1993), S. 259.
[170] Vgl. Becker, Schütte (2004), S. 588 f.

Systematisierung und Differenzierung von Kennzahlen

Die Systematisierung und Differenzierung von Kennzahlen, insbesondere die multidimensionale Klassifikation, wird seit langem kontrovers diskutiert.[171] Elemente einer Kennzahl sind ihr Informationscharakter, die Quantifizierbarkeit der Information und ihre spezifische Form.[172] Nicht jede quantifizierbare Information ist jedoch eine Kennzahl. Als Kennzahlen gelten im Regelfall nur Informationen, die aus der Verdichtung anderer quantifizierbarer Größen entstehen.[173] Kennzahlen haben zumeist eine Vorgabe-, Steuerungs- und Kontrollfunktion[174] sowie bei Analyse von Soll- und Ist-Werten eine Anregungsfunktion, da Probleme schnell identifiziert werden können (vgl. Abb. 2.8). Zu den grundlegenden Kriterien für den Einsatz bestimmter Kennzahlen zählen Zweckeignung, Genauigkeit, Aktualität und die Kosten-Nutzen-Relation.[175]

Funktionen von Kennzahlen

Operationalisierungsfunktion
Bildung von Kennzahlen zur Operationalisierung von Zielen und Zielerreichung (Leistungen)

Anregungsfunktion
Laufende Erfassung von Kennzahlen zur Erkennung von Auffälligkeiten und Veränderungen

Vorgabefunktion
Ermittlungen kritischer Kennzahlenwerte als Zielgrößen für unternehmerische Teilbereiche

Steuerungsfunktion
Verwendung von Kennzahlen zur Vereinfachung von Steuerungsprozessen

Kontrollfunktion
Laufende Erfassung von Kennzahlen zur Erkennung von Soll-Ist-Abweichungen

Koordinationsfunktion
Unterstützung einer weitgehenden Koordination von Zielen und Kennzahlen

Quelle: Weber, Hamprecht, Goeldel (1995), S. 188.

Abb. 2.8: Funktionen von Kennzahlen

Absolutzahlen

Kennzahlen können nach statistisch-methodischen Aspekten in absolute Zahlen und Verhältniszahlen unterteilt werden,[176] wobei

---

[171] Vgl. Tyran (1986), der einen Überblick über die englischsprachige Diskussion gibt.
[172] Vgl. Reichmann (1991), S. 56.
[173] Vgl. Gritzmann (1991), S. 30 ff.
[174] Vgl. Weber (1993), S. 224; Reichmann (2001), S. 21.
[175] Vgl. Wicht (2001), S. 26 f.
[176] Vgl. Horváth (2003), S. 567 ff.

2.2 Konstrukte des Berichtswesens

Verhältniszahlen in der Regel eine höhere Aussagekraft besitzen.[177] Die absoluten Kennzahlen können unterteilt werden in Einzelzahlen, Summen, Differenzen und Mittelwerte.[178] Alternativ lassen sich Absolutzahlen in Bestands- und Bewegungsgrößen unterteilen.[179] Es herrscht in der Literatur Uneinigkeit, ob absolute Zahlen auch als Kennzahlen zu sehen sind.[180] Gegen eine Betrachtung von Absolutzahlen als Kennzahlen spricht die Tatsache, dass die Zahlen isoliert und ohne Beziehung dastehen und somit keine Größenvorstellung von Sachverhalten geben. Auf Grund eines fehlenden Maßstabs können keine Rückschlüsse auf Ursachen oder Ursprünge geschlossen werden.[181] Hingegen spricht für die Verwendung von Absolutzahlen der Aspekt, dass die Ursachen der Ausprägung bzw. die Veränderung einer Verhältniszahl erst über zu Grunde liegende Absolutzahlen hergeleitet werden können. Aus diesem Grund sind Absolutzahlen als Basis für Kennzahlen unerlässlich.

Relativzahlen bzw. Verhältniszahlen werden ihrer Art nach in Beziehungs-, Gliederungs- und Indexzahlen unterschieden.[182] Gliederungszahlen geben den Anteil einer Größe an einer Gesamtgröße, z. B. Marktanteil als Verhältnis zwischen Umsatz eines Unternehmens in einem definierten Markt und dem in diesem Markt getätigten Gesamtumsatz, an. Unter die Kategorie Beziehungszahlen fallen in Relation gesetzte verschiedenartige Größen. Diese können unterschiedliche Dimensionen aufweisen. Stehen sie in einem Ursache-Wirkungs-Verhältnis zueinander, werden sie auch Verursachungszahlen genannt. Beispielsweise ist der Quotient aus Umsatzwachstum und Wachstum der Außendienstintensität eine Verursachungsgröße, wobei das Außendienstintensitätsdelta die Ursache und das Umsatzwachstum die Wirkung darstellt. Indexzahlen setzen inhaltlich vergleichbare, jedoch örtlich und zeitlich differenzierte Größen in Beziehung. Zumeist wird hierbei der Wert der Betrachtungsperiode auf 100 normiert. Beispiele hierfür sind Kosten-, Preis- oder Kundenzufriedenheitsindizes.[183] Die in der Praxis häufig anzutreffende und auch in diesem Buch angewandte Systematisierung der Kennzahlen nach der betrieblichen Funktion[184] hat auf der einen Seite den Vorteil hoher Akzeptanz und Übersichtlichkeit, ist jedoch auf der anderen Seite nicht überschneidungsfrei. Eine Einordnung von Kennzahlen in das Gesamtunternehmen wird dadurch ggf. zu Gunsten einer besseren Übersichtlichkeit im

Verhältniszahlen

Differenzierung nach betrieblicher Funktion

---

[177] Vgl. Feldbauer-Durstmüller (2001), S. 112; Wiese (2000), S. 103.
[178] Vgl. Falk, Wolf (1992), S. 379.
[179] Vgl. Caduff (1982), S. 16.
[180] Vgl. Aichele (1997), S. 73 f.; Schulte (1996), S. 430.
[181] Vgl. Wicht (2001), S. 30 f.
[182] Vgl. Heinen (1976), S. 219, sowie Horváth (2003), S. 567 ff.
[183] Vgl. Caduff (1982), S. 17.
[184] Zur Systematisierung nach Objektbereich vgl. Reichmann (2001), S. 21.

Rahmen einer Referenzbibliothek erschwert.[185] Eine umfassende Übersicht über Differenzierungsmerkmale von Kennzahlen liefert MEYER.[186]

Systematisierungsmerkmal	Arten betriebswirtschaftlicher Kennzahlen					
betriebliche Funktionen	Kennzahlen aus dem Bereich					
	Beschaffung	Logistik	Produktion	Absatz	Personal	Finanzen
statistisch-methodisch	Absolute Zahlen			Verhältniszahlen		
	Einzelzahlen	Summen	Differenzen	Mittelwerte	Beziehungszahlen	Gliederungszahlen	Indexzahlen
quantitative Struktur	Gesamtgröße			Teilgröße		
zeitliche Struktur	Zeitpunktgröße			Zeitraumgröße		
inhaltliche Struktur	Wertgröße			Mengengröße		
Erkenntniswert	Kennzahlen mit					
	selbstständigem Erkenntniswert			unselbstständigem Erkenntniswert		
Quellen im Rechnungswesen	Kennzahlen aus der					
	Bilanz	Buchhaltung		Kostenrechnung		Statistik
Elemente des ökonomischen Prinzips	Einsatzwerte		Ergebniswerte	Maßstäbe aus Beziehungen zwischen Einsatz- und Ergebniswerten		
Gebiet der Aussage	gesamtbetriebliche Kennzahlen			teilbetriebliche Kennzahlen		
Planungsgesichtspunkte	Soll-Kenzahlen			Ist-Kennzahlen		
Zahl der beteiligten Unternehmen	einzelbetriebliche Kennzahlen			Konzernkennzahlen		Branchenkennzahlen
Umfang der Ermittlung	Standardkennzahlen			betriebsindividuelle Kennzahlen		
Leistung des Betriebes	Wirtschaftlichkeitskennzahlen			Kennzahlen über die finanzielle Sicherheit		

Quelle: Meyer (1994), S. 7.

Abb. 2.9: Systematisierung betriebswirtschaftlicher Kennzahlen

---

[185] Vgl. ZVEI (Hrsg.) (1989), S. 16.
[186] Vgl. Meyer (1989), S. 18; Meyer (1994), S. 7, sowie in modifizierter Form Horváth (2003), S. 547.

Anforderungen an Kennzahlen im Handel

Auf Grund der Komplexität der Arbeitsumgebung und der Verschiedenartigkeit der Einsatzgebiete existieren bislang keine empirischen Validierungen der Wirksamkeit einzelner Kennzahlen.[187] Erst unter Berücksichtigung relevanter Randbedingungen kann eine wissenschaftlich fundierte Hypothese über die Aussagekraft einer Kennzahl gebildet werden.

Keine Validierung einzelner Kennzahlen

Der Controller kann aber versuchen, die fehlende Theorie zumindest durch plausible Arbeitshypothesen zu ersetzen. Neben der exakten Ermittlung ist für den Kennzahleneinsatz vor allem die richtige Auswahl von Kennzahlen von Bedeutung.[188] Für jede Kennzahl im Kontext einer Aufgabenstellung kann eine Arbeitshypothese gebildet werden, die angibt, ob ein hoher oder niedriger Kennzahlenwert die zu treffende Entscheidung beeinflusst. Dabei ist jedoch zu beachten, dass nicht wichtige Details durch Verdichtung verloren gehen, so dass Kennzahlen innere Zusammenhänge vernichten bzw. deren Wiederherstellung zu falschen Schlussfolgerungen führen können.[189] Die Aussagekraft von Einzelkennzahlen ist häufig begrenzt, da es zu vieldeutigen Interpretationen kommen kann.[190] Des Weiteren besteht bei der Interpretation und der Verwendung von Kennzahlen die Gefahr, dass die tatsächlichen Stärken, Potenziale und Ziele des Handelsunternehmens vernachlässigt werden.

Bildung von Arbeitshypothesen

Die Anforderungen an Kennzahlen in der Handelspraxis ergeben sich aus einer Reihe von Defiziten:[191]

Defizite von Kennzahlen im Handel

- Qualitative Aspekte, die sich nur schwer quantifizieren lassen, werden vernachlässigt. Dies betrifft z. B. die Zufriedenheit der Verbraucher mit der Handelsleistung.
- Die verwendeten Kennzahlen sind zur Zielerreichung nicht geeignet oder enthalten entscheidungsirrelevante Bestandteile.
- Kennzahlen- und Kennzahlensysteme berücksichtigen die unternehmensinternen und -externen Anforderungen nur unzureichend, da sie oft zu allgemein gehalten sind.
- Einige Handelsunternehmen verzichten nahezu vollständig auf den Einsatz von Kennzahlen.

---

[187] Vgl. Baetge (1998), S. 33 f., der seine Aussage auf die Bilanzanalyse des externen Rechnungswesens beschränkt.
[188] Vgl. Steinmüller (2000), S. 367 f.
[189] Vgl. Rehkugler, Poddig (1993), S. 163.
[190] Vgl. Darkow (2003), S. 152.
[191] Vgl. u. a. Schröder (2001), S. 781 f.; Schulte (1999b), S. 554 ff.

- Der Gebrauch einer Vielzahl von Kennzahlen (Kennzahleninflation) erhöht nicht die Transparenz, sondern führt zu Verwirrung und Widerspruch, zumal auch kein sachlogischer Zusammenhang zu erkennen ist.
- Es bleibt unklar, aus welchen Datenquellen welche Werte stammen. Eine Definition und Abgrenzung bleibt aus.
- Eine Konzentration auf Kennzahlen aus dem externen Rechnungswesen lässt qualitative Aspekte wie Image oder Kundenzufriedenheit außer Acht und ist rückwärtsgewandt.
- Kennzahlen können nur so gut sein wie ihre Datenquellen in Form eines Informationssystems. Hier haben zahlreiche Handelsunternehmen jedoch einen deutlichen Aufholbedarf.

Oft ist darüber hinaus bei einer Analyse des Berichtswesens auch festzustellen, dass Kennzahlen entweder unter gleichem Namen in zwei Abteilungen unterschiedliche Sachverhalte repräsentieren, so dass z. B. der Umsatz jeweils unterschiedlich hoch ausfällt, oder dass identische Sachverhalte unter unterschiedlichen Kennzahlenfachbegriffen genutzt werden (vgl. Abb. 2.10). Zudem führt eine schwammige Definition von Umsatz häufig zu Missverständnissen, da nicht deutlich ist, auf welche Organisationseinheiten zu welchem Zeitpunkt Bezug genommen wird, ob Plan- oder Ist-Preise zu Brutto oder Netto verwendet wurden und ob Erlösschmälerungen ebenso wie Innenumsätze in die Berechnung eingeflossen sind. Bei einer Konsolidierung der Ist-Berichte in einem größeren deutschen Einzelhandelsunternehmen ergab die Untersuchung der Berichte, dass bei 109 analysierten Berichten insgesamt nur 44 Kennzahlen mit 22 Dimensionen und 143 Dimensionsausschnitten tatsächlich verwendet wurden. Die Anzahl der in den ursprünglichen Berichten verwendeten Bezeichnungen war jedoch um ein Vielfaches höher.

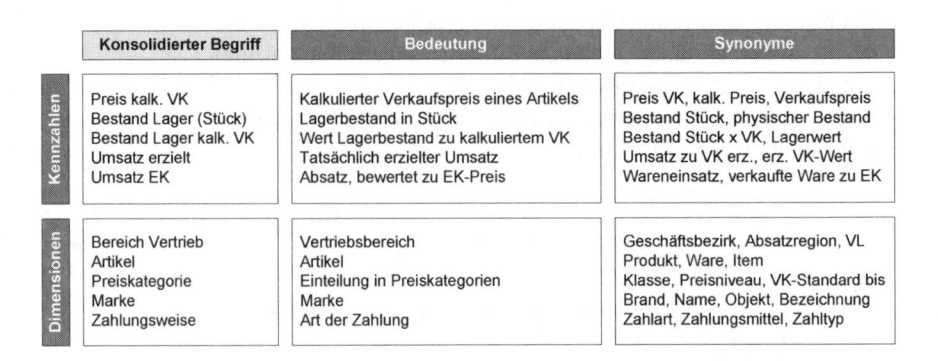

	Konsolidierter Begriff	Bedeutung	Synonyme
Kennzahlen	Preis kalk. VK Bestand Lager (Stück) Bestand Lager kalk. VK Umsatz erzielt Umsatz EK	Kalkulierter Verkaufspreis eines Artikels Lagerbestand in Stück Wert Lagerbestand zu kalkuliertem VK Tatsächlich erzielter Umsatz Absatz, bewertet zu EK-Preis	Preis VK, kalk. Preis, Verkaufspreis Bestand Stück, physischer Bestand Bestand Stück x VK, Lagerwert Umsatz zu VK erz., erz. VK-Wert Wareneinsatz, verkaufte Ware zu EK
Dimensionen	Bereich Vertrieb Artikel Preiskategorie Marke Zahlungsweise	Vertriebsbereich Artikel Einteilung in Preiskategorien Marke Art der Zahlung	Geschäftsbezirk, Absatzregion, VL Produkt, Ware, Item Klasse, Preisniveau, VK-Standard bis Brand, Name, Objekt, Bezeichnung Zahlart, Zahlungsmittel, Zahltyp

Abb. 2.10: Beispiele für Kennzahlen und deren Synonyme

In Bezug auf die Frage, welchen Mitarbeitern welche Kennzahlen zur Verfügung stehen sollten, schlagen SERFLING und SCHULTZE vor, dass alle Mitarbeiter eines Unternehmens Zugriff auf alle Kennzahlen haben sollten.[192] Dieses hat zwar zum einen den Vorteil, dass der Druck zur Zielerreichung für den einzelnen Mitarbeiter durch größere Transparenz erhöht würde, zum anderen würden Mitarbeiter mit unnötigen Daten überschüttet, was sich wiederum nachteilig auf ihre Arbeit auswirken könnte. Ziele werden ggf. aus den Augen verloren und wichtige Kenngrößen können in der großen Kennzahlenmenge nicht mehr ausgemacht werden.

Um zu verhindern, dass die im Unternehmen eingesetzten Kennzahlen die aufgezeigten Defizite aufweisen, ist bei der Definition von Kennzahlen Folgendes zu beachten:[193]

Maßnahmen gegen Defizite

- Wirtschaftlichkeitsüberlegungen bei der Verwendung von Kennzahlen sind zu beachten.
- Eine Informationsbedarfsanalyse ist vor der Ermittlung von Kennzahlen durchzuführen.
- Die Kennzahlenmenge ist auf ein eng begrenztes Set wesentlicher Kennzahlen je Benutzer zur Vermeidung einer Informations Inflation festzulegen.
- Die Kennzahlen sind regelmäßig zu ermitteln und zu validieren.
- Die eingesetzten Kennzahlen und Datenquellen sind genau zu definieren. Idealerweise haben zur Erhöhung der Akzeptanz die Anwender Einblick in die Definitionen der von ihnen verwendeten Kennzahlen.

2.2.2 Kennzahlensysteme

Häufig wird eine Kennzahl nicht losgelöst, sondern innerhalb eines Systems betrachtet. Unter einem Kennzahlensystem wird im Allgemeinen eine Zusammenstellung von quantitativen Kennzahlen verstanden, wobei die einzelnen Zahlen in einer sachlogisch-sinnvollen Beziehung zueinander stehen, einander ergänzen oder erklären und insgesamt auf ein übergeordnetes Ziel ausgerichtet sind.[194] Das Ziel ist je nach Unternehmen oder sogar Unternehmensbereich unterschiedlich, da es von den Faktoren Qualifikation der Mitarbeiter, Größe des Unternehmens usw. abhängig ist. Anhand der Kennzahlen wird zunächst eine Verdichtung der Informationen unter Erhaltung eines Aussagewertes erreicht. Wie zielgerichtet Aussagen durch diese Kennzahlen sind, ist so jedoch nicht zu beurtei-

Definition Kennzahlensystem

---

[192] Vgl. Serfling, Schultze (1997), S. 200.
[193] Vgl. Tietz (1993), S. 1221; Stiegler, Wolf (1997), S. 431 f.; Feldbauer-Durstmüller (2001), S. 114.
[194] Vgl. Reichmann (1991), S. 56.

len. Nicht jede Kennzahl ist für jeden Zweck einsetzbar. Daher ist eine Systematisierung der Kennzahlen nach unterschiedlichen Kriterien sinnvoll, so dass eine anschließende Ausrichtung auf ein bestimmtes Ziel möglich wird. Eine Zielausrichtung anhand eines „universellen" Kennzahlensystems ist auf Grund der individuellen Zielsetzungen nur bedingt möglich.

Zusammen-hänge

Wie bei jedem System sollten die Zusammenhänge im Kennzahlensystem dem Prinzip der Widerspruchsfreiheit entsprechen.[195] Die Zusammenhänge können logisch, hierarchisch oder empirisch sein.

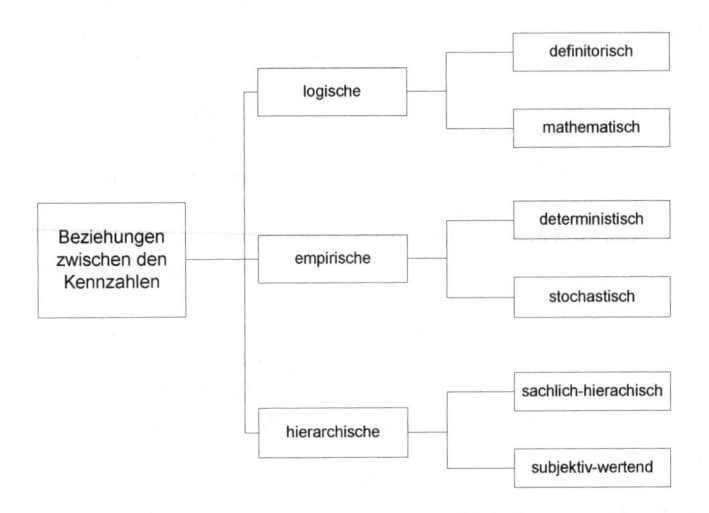

Quelle: Hukemann (2003), S. 141 in Anlehnung an Küpper (2001), S. 343.

Abb. 2.11:   Beziehungsarten zwischen Kennzahlen

Systematische, hierarchische Beziehungen der Kennzahlen sind auf ein gemeinsames Oberziel ausgerichtet. Die logisch-mathematischen Beziehungen werden sichtbar, wenn alle Kennzahlen in ihre quantifizierenden Bestandteile aufgeschlüsselt wer-den. In empirischen Kennzahlensystemen hingegen werden in Form eines Modells bestimmte Zusammenhänge der Realwelt aufgezeigt, die in einer Entscheidungssituation als relevant gelten. Auf Grund der empirischen Bestimmung des relevanten Inhalts dieses Kennzahlensystems wird davon ausgegangen, dass ein Großteil der Kennzahlensystemnutzer die Systematik nachvollziehen kann.[196]

---

[195] Vgl. Gritzmann (1991), S. 33.
[196] Vgl. Reichmann (2001), S. 18 f.

Ebenso ist es möglich, Kennzahlensysteme in Rechensysteme, Ordnungssysteme und Zielsysteme zu unterteilen.[197]

Rechensysteme lassen ein messbares Nachvollziehen von Ursache-Wirkungs-Beziehungen auf Grund mathematischer Verknüpfungen von der untersten Kennzahl bis zur Spitzenkennzahl zu.[198] Es werden die entsprechenden Basiskennzahlen so miteinander verrechnet, dass sämtliche Teilkennzahlen in eine Spitzenkennzahl wie etwa Return-on-Investment oder Eigenkapitalrentabilität einfließen.[199] Ein Vorzug des Systems ist das Erkennen der Auswirkungen einer einzelnen Größe auf die restlichen Kennzahlen im System. Leider lässt sich das System nur auf Einsatzgebieten anwenden, die in ihrer Komplexität überschaubar sind und nur wenige qualitative Sachverhalte darstellen. Der in den Unternehmen vorherrschende Zielpluralismus ist häufig nicht durch eine einzige Spitzenkennzahl ausreichend darzustellen.[200] Das auf den nachfolgenden Seiten vorgestellt DuPont-Kennzahlensystem ist ein Beispiel für ein Kennzahlensystem nach der Form eines Rechensystems.

Rechensysteme

Ordnungssysteme stellen Kennzahlen in sachlich sinnvoller Beziehung zueinander dar, ohne dass diese in mathematischer Beziehung zueinander stehen müssen. Infolgedessen können Kennzahlensysteme gebildet werden, die in der Lage sind, Betrachtungsgegenstände systematisch und vollständig zu erfassen.[201] Es bestehen keine quantifizierbaren Zusammenhänge. Interdependenzen sind auf Grund betriebswirtschaftlicher Erfahrungen bekannt. Das System berücksichtigt ggf. auch Kennzahlen, die sich gegenseitig beeinflussen, ohne dass eine mathematische Beziehung hinreichend bekannt ist. Nachteilig wirkt sich oftmals die große Anzahl an erforderlichen Kennzahlen aus, wodurch diese Art von Kennzahlensystemen schwer handhabbar wird. Das nachfolgend erläuterte RL-System von Reichmann und Lachnit ist ein Beispiel für ein Ordnungssystem.

Ordnungssysteme

Zielsysteme stellen eine Erweiterung von Ordnungssystemen dar. Die Kennzahlen werden nach entsprechenden Zielen strukturiert. Voraussetzung für ein Kennzahlen-Zielsystem ist die Konzeption und Festlegung eines betrieblichen Zielsystems. Zuvor definierten betrieblichen Zielen werden entsprechende Kennzahlen zugeordnet. Durch die Hierarchisierung der Ziele bzw. der zugeordneten Kennzahlen lassen sich systematische Ansatzpunkte für eine Zielbeeinflussung erkennen. Eine quantitative Aussage über den Zielveränderungsgrad ist jedoch nicht möglich.

Zielsysteme

---

[197] Vgl. Kanitz (2002), S. 30.
[198] Vgl. Groll (2000), S. 14 ff; Horváth (2003), S. 549.
[199] Vgl. Stein (2003), S. 35; Küting (1983), S. 237.
[200] Vgl. Horváth (2003), S. 568.
[201] Vgl. Steinmüller (2000), S. 370.

Performance Measurement

Neuere Kennzahlensysteme im Rahmen des *Performance Measurement* versuchen, die Vorteile der drei Formen zu kombinieren, ohne jedoch ihre Nachteile in Kauf nehmen zu müssen.[202] Sie weisen eine kombinierte Struktur auf.[203] Ein generelles Problem vieler Kennzahlensysteme ist eine weitgehende Ausrichtung auf monetäre Kennzahlen. In Folge dessen ist der Ansatzpunkt des Performance Measurement die Ausdehnung der Leistungsmessung auf die nicht-monetären Kennzahlen. Das Performance Management bezeichnet den Aufbau und Einsatz meist mehrerer quantifizierbarer Maßgrößen verschiedenster Dimensionen. Diese werden zur Beurteilung der Effektivität und Effizienz der Leistung und des Leistungspotenzials unterschiedlicher Objekte im Unternehmen herangezogen.[204] Inhaltlich unterscheidet das Performance Measurement drei verschiedene Leistungsebenen: die Ebene des Gesamtunternehmens, die Prozessebene und die Arbeitsplatz- bzw. Mitarbeiterebene.[205] Da nicht-monetäre Aspekte häufig schlecht aggregierbar sind, ist es üblich, auf der Ebene des Gesamtunternehmens mehrheitlich monetäre Größen anzuwenden, während auf der Arbeitsplatz- bzw. Mitarbeiterebene mehrheitlich nicht-monetäre Größen betrachtet werden.[206] Diese Aufteilung ist auch in dem Sinne vorteilhaft, als dass monetäre Berichtsgrößen aus der Kostenrechnung fundiertes finanzwirtschaftliches Wissen voraussetzen und somit viele Mitarbeiter überfordern würden.

Abstimmung auf Unternehmensbedürfnisse

Um eine sinnvolle Anwendung eines Kennzahlensystems im jeweiligen Unternehmen zu erhalten, sollte dieses individuell auf die Unternehmensbedürfnisse abgestimmt und der Verwendungszweck klar definiert sein. SIMON unterscheidet in diesem Zusammenhang zwei Arten von Kennzahlensystem, das diagnostische Kennzahlensystem und das interaktive Kennzahlensystem.[207]

Diagnostisches Kennzahlensystem

Das *diagnostische Kennzahlensystem* ist vergleichbar mit einem Flugzeugcockpit. Es werden fortlaufend Informationen über Merkmale angezeigt, deren Abweichung von der Norm zuvor als kritisch definiert wurde. Zu den Besonderheiten dieses Kennzahlentyps gehört es, dass das Management erst informiert wird, wenn Kennzahlen von den vorgegebenen Werten abweichen (Management by Exception).[208]

Interaktives Kennzahlensystem

Interaktive Kennzahlensysteme stellen dagegen nur strategisch bedeutsame Kennzahlen dar. Diese werden regelmäßig vom Ma-

---

[202] Vgl. Zentes (2004a), S. 13 ff.
[203] Vgl. Groll (2000), S. 17 ff.
[204] Vgl. Gleich (1997), S. 115.
[205] Vgl. Schrank (2002), S. 21; Gleich (2002), S. 452 f.
[206] Vgl. Küng, Wettstein (2003), S. 49 ff.
[207] Vgl. Simons (1995), S. 97.
[208] Vgl. Weber, Schäffer (1999), S. 3 ff.

nagement beobachtet, ihre Entwicklung wird diskutiert und bewertet.[209]

Die Anzahl an verschiedenen Kennzahlensystemen ist groß. Häufig werden unter verschiedenen Namen konkurrierende Ansätze gleichen Ursprungs diskutiert. Insbesondere seit dem Veröffentlichen erster Aufsätze zur Balanced Scorecard in den 90er-Jahren wurden zunehmen mehr Ansätze in der Öffentlichkeit diskutiert wie beispielsweise Real Asset Value Enhancer (RAVE), Goal Oriented Performance Evaluation (GOPE), Performance Measurement Framework oder das EFQM-Konzept der European Foundation for Quality Management. Abb. 2.12 ordnet die Entwicklung von Kennzahlensystemen zeitlich ein.

Historische Entwicklung von Kennzahlensystemen

Kennzahlensystem	Jahr
SimMarket	2005
Retail Performance Management	2003
Performance Pyramid	1999
Balanced Scorecard	1992
EFQM-System	1990er
RL-System	1976
ZVEI-System	1970
Tableau de Bord	1950er
DuPont-Schema	1919

Abb. 2.12: Zeitliche Einordnung ausgewählter Kennzahlensystemansätze

Eine Studie von 1997 kommt zu dem Schluss, dass 36 % aller deutschen Unternehmen keinerlei Systeme zum Performance Measurement einsetzen.[210] In 2002 ist dieser Zustand nicht wesentlich verändert. 15 % der Unternehmen prüfen eines oder mehrere Systeme auf Umsetzbarkeit im Unternehmen, 17 % führen ein System ein und nur 36% nutzen ein Performance Measurement-System. Abb. 2.13 zeigt den Bekanntheitsgrad von Kennzahlensystemen bei einer Umfrage unter 123 Unternehmen. Es zeigt sich, dass die Balanced Scorecard neben dem DuPont-Schema das präferierte Instrument ist.[211]

---
[209] Vgl. Weber, Schäffer (1999), S. 3 ff.
[210] Vgl. Horváth et al. (1999), S. 308.
[211] Vgl. Günther, Grüning (2002).

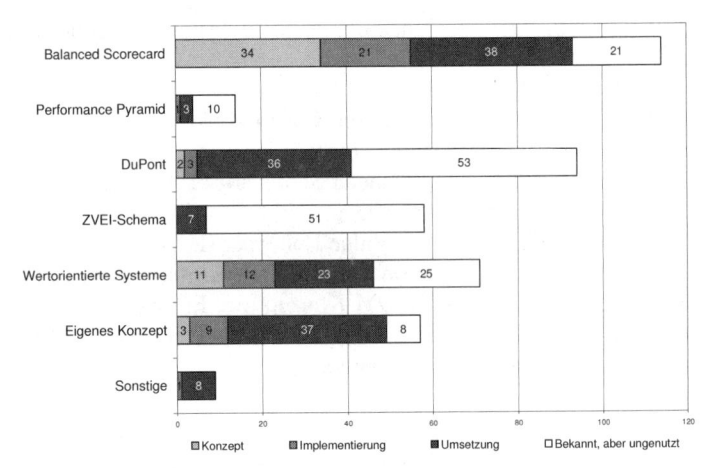

Chart

System	Konzept	Implementierung	Umsetzung	Bekannt, aber ungenutzt
Balanced Scorecard	34	21	38	21
Performance Pyramid	3		10	
DuPont	2	3	36	53
ZVEI-Schema	7		51	
Wertorientierte Systeme	11	12	23	25
Eigenes Konzept	3	9	37	8
Sonstige			8	

Quelle: in Anlehnung an Günther, Grüning (2002), S. 6.

Abb. 2.13: Bekanntheitsgrad und Status der Einführung und Nutzung von Kennzahlensystemen

Im Folgenden werden in der Praxis anerkannte Kennzahlensysteme vorgestellt und diskutiert.

DuPont-Schema

Ziel: Gesamtkapitalrentabilitätsmaximierung

Das „DuPont System of Financial Control" – auch ROI-Konzept genannt – wurde bereits 1919 von dem amerikanischen Chemiekonzern E.I. DuPont de Nemours & Co. entwickelt und stellt wohl das bekannteste Kennzahlensystem dar.[212] Das DuPont-Schema geht nicht von der Gewinnmaximierung, sondern von der Maximierung der Gesamtkapitalrentabilität als Unternehmensziel aus.[213] Die Gesamtkapitalrentabilität, auch Return on Investment (ROI) genannt, setzt sich aus den Kennzahlen Kapitalumschlag und Umsatzrentabilität zusammen.[214] Das Schema trägt dem Rentabilitätsziel der Unternehmung Rechnung,[215] da nicht absolute Größen wie der Gewinn von Bedeutung sind, sondern die Rentabilität. Dadurch ist es jederzeit möglich, Teilbereiche mit den Unternehmenszielen zu vergleichen.

Das DuPont-Schema gehört zu den Rechensystemen, da sämtliche Kennzahlen auf Grund mathematischer Rechnungen in Beziehung zueinander stehen. Durch seine weltweite Verbreitung ist das

---

[212] Vgl. Baetge (1998), S. 38 ff.
[213] Vgl. Güntert (1990), S. 118 ff.; Staehle (1973), S. 225.
[214] Vgl. Horváth (2003), S. 556 ff.
[215] Vgl. Horváth (2003), S. 553.

DuPont-System zu einer Art Grundgerüst für verschiedene Planungs- und Kontrollinstrumente geworden.[216] Vorteile des ROI-Konzepts sind, dass dem Rentabilitätsziel Rechnung getragen wird, dass es sich gut für dezentrale Unternehmen anwenden lässt und den einzelnen Bereichsleitern viel Freiraum lässt ("Management by Objectives"). Größter Nachteil dieses Konzepts ist seine Ausrichtung auf nur ein Ziel. Dadurch ist es möglich, dass zahlreiche wichtige Unternehmensziele außer Acht gelassen werden.[217]

RL-System

Das von Reichmann und Lachnit konzipierte Rentabilitäts-Liquiditäts-Kennzahlensystem (kurz RL-System) stellt als zentrale Kenngrößen den Erfolg und die Liquidität an die Spitze. Der Erfolg wird im Wesentlichen mit Rentabilitätsgrößen des Eigenkapitals, des Gesamtkapitals und des ROI analysiert. Die Liquiditätsanalyse erfolgt anhand der Kennzahlen Cash Flow und Working Capital und bietet zusammen mit den liquiditätsrelevanten Daten ein hilfreiches Instrument für das Liquiditätskrisenmanagement.[218] Das RL-Kennzahlensystem ist ein reines Ordnungssystem und vor allem als internes Planungs- und Kontrollinstrument gedacht. Es wird unterteilt in einen allgemeinen Teil und einen Sonderteil mit unternehmensspezifischen Kennzahlen.[219] Der allgemeine Teil stellt das Ordentliche Ergebnis als die oberste Rentabilitätskennzahl dar. Als weitere Erfolgsgrößen werden z. B. Eigenkapital- und Umsatzrentabilität, Umschlagszeiten und der ROI genutzt. Die zweite Hälfte des allgemeinen Teils, der Liquiditätsteil, enthält die liquiden Mittel als Spitzenkennzahl und betrachtet weitere Größen wie den Cash Flow, das Working Capital oder die Anlagendeckung.[220] Der Rentabilitätssonderteil stellt nur die unternehmensintern ermittelbaren Größen wie Deckungsbeiträge, Kostenstrukturen oder Umsatzanteil dar. Durch die Sonderteile bekommt das RL-System eine gewisse Flexibilität, wodurch es auch individuellen Informationsbedürfnissen gerecht werden kann.[221]

Ziel: Erfolgs- und Liquiditätsoptimierung

ZVEI-Kennzahlensystem

Durch die Entwicklung des ZVEI-Kennzahlensystems im Jahre 1970 sollte die Ausrichtung des Kennzahlensystems auf nur ein Oberziel wie beim DuPont-Schema vermieden werden. Es wurde

Ziel: EK-Rentabilitätsmaximierung

---

[216] Vgl. Nonhoff (1989), S. 17.
[217] Vgl. Steinmüller (2000), S. 372.
[218] Vgl. Horváth (2003), S. 557 ff; Reichmann (2001), S. 32 ff.
[219] Vgl. Reichmann (2001), S. 33.
[220] Vgl. Reichmann (2001), S. 34 f.
[221] Vgl. Horváth (2003), S. 568.

ein System entwickelt, welches obwohl durch den Zentralverband der deutschen Elektroindustrie entwickelt, branchenneutral ist und als Spitzenkennzahl die Eigenkapitalrentabilität nutzt.[222] Das ZVEI-System hat zwei Analyseschwerpunkte: die Wachstumsanalyse durch absolute Größen wie Geschäftsvolumen, Personaldaten und Erfolg sowie die Strukturanalyse, welche die Unternehmenseffizienz in den vier Sektoren Rentabilität, Ergebnisbildung, Kapitalstruktur und Kapitalbindung mit Hilfe von Ertragskraft- und Risikokennzahlen analysiert.[223] Eingeordnet wird das ZVEI-System bei den Ordnungssystemen. Es weist etwa 200 Kennzahlen auf, davon allerdings zahlreiche Hilfskennzahlen ohne betriebswirtschaftlichen Bezug.

Zurückgegriffen wird auf Daten des handelsrechtlichen Jahresabschlusses und der Kosten- und Erlösrechnung in Form von Wert- und Mengengrößen. Dabei finden Verhältniszahlen und absolute Größen Verwendung.[224] Das ZVEI-Kennzahlensystem ist ein geeignetes Instrument zur Aufbereitung von Informationen für die Planung und Kontrolle im Unternehmen. Es erlaubt zwar eine sehr präzise und differenzierte Analyse der gesamten Unternehmenstätigkeit, vernachlässigt gleichzeitig aber den Bezug strategischer Zielsetzungen. Eine weitere Schwäche dieses Systems sind die über 100 Hilfskennzahlen, welche nur der mathematischen Verknüpfung dienen und keine betriebswirtschaftliche Aussage liefern.[225] Des Weiteren sind zahlreiche Informationen zur Ermittlung von ZVEI-Kennzahlen nur mit betriebsinternen Angaben aus der Finanzbuchhaltung möglich.[226]

Tableau de Bord

Ziel: Aussagen zu bestimmten Sachverhalten

Das Tableau de Bord hat seinen Ursprung in Frankreich, wo es seit Mitte des 20. Jahrhunderts als Messtafel für Aufgaben aus unterschiedlichen Unternehmensbereichen dient. Es trifft dabei anhand charakteristischer Indikatoren Aussagen zu den Sachverhalten Aktivitäten, Kosten, Vorräte und Finanzen. Damit soll jedem Manager ein periodischer Überblick über seinen Verantwortungsbereich gegeben werden.

Das Tableau de Bord ermöglicht einen Überblick über alle Aktivitäten der Organisationseinheiten und eine Abschätzung ihres Beitrags zur Gesamtstrategie. Das Gesamt-Tableau wird eingeteilt in eine Vielzahl an Einzeltableaus entsprechend den Anforderungen der jeweiligen Nutzer:

---

[222] Vgl. Steinmüller (2000), S. 375 ff.; Reichmann (2001), S. 30.
[223] Vgl. Horváth (2003), S. 561 f.; Staehle (1973), S. 227.
[224] Vgl. Reichmann (2001), S. 30 ff.
[225] Vgl. Reichmann (2001), S. 31.
[226] Vgl. Siegwart (1998), S. 40; Reichmann (2001), S. 2.

- Tableau des Immobilisations (Anlagevermögen),
- Tableau des Amortissements (Abschreibungen),
- Tableau des Provisions (Rückstellungen),
- Tableau des Produits (Produktentwicklung),
- Tableau de Bord de Qualité (Qualität),
- Tableau de Bord de Gestion (Messtafel der Geschäftsführung),
- Tableau de Financement (Finanzierung).

Die Kennzahlen des Tableau de Bord stehen in direkter Beziehung zu den Unternehmenszielen. Es werden sowohl Ergebnisindikatoren wie die Anzahl an verkauften Artikeln pro Periode als auch Prozessindikatoren betrachtet. Prozessindikatoren geben Auskunft über die Auslieferungszuverlässigkeit, Mitarbeiterfluktuationsrate, Beratungsqualität, Kundenzufriedenheit usw.[227]

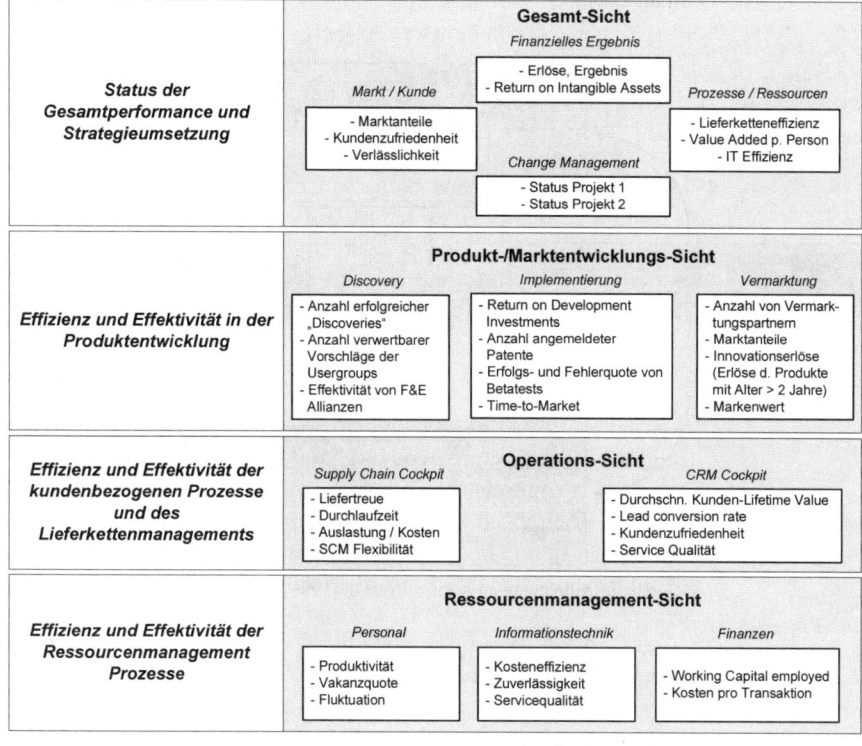

Status der Gesamtperformance und Strategieumsetzung	Gesamt-Sicht / Finanzielles Ergebnis		
	Markt / Kunde		Prozesse / Ressourcen
	- Marktanteile - Kundenzufriedenheit - Verlässlichkeit	- Erlöse, Ergebnis - Return on Intangible Assets	- Lieferketteneffizienz - Value Added p. Person - IT Effizienz
		Change Management	
		- Status Projekt 1 - Status Projekt 2	
Effizienz und Effektivität in der Produktentwicklung	Produkt-/Marktentwicklungs-Sicht		
	Discovery	Implementierung	Vermarktung
	- Anzahl erfolgreicher „Discoveries" - Anzahl verwertbarer Vorschläge der Usergroups - Effektivität von F&E Allianzen	- Return on Development Investments - Anzahl angemeldeter Patente - Erfolgs- und Fehlerquote von Betatests - Time-to-Market	- Anzahl von Vermarktungspartnern - Marktanteile - Innovationserlöse (Erlöse d. Produkte mit Alter > 2 Jahre) - Markenwert
Effizienz und Effektivität der kundenbezogenen Prozesse und des Lieferkettenmanagements	Operations-Sicht		
	Supply Chain Cockpit		CRM Cockpit
	- Liefertreue - Durchlaufzeit - Auslastung / Kosten - SCM Flexibilität		- Durchschn. Kunden-Lifetime Value - Lead conversion rate - Kundenzufriedenheit - Service Qualität
Effizienz und Effektivität der Ressourcenmanagement Prozesse	Ressourcenmanagement-Sicht		
	Personal	Informationstechnik	Finanzen
	- Produktivität - Vakanzquote - Fluktuation	- Kosteneffizienz - Zuverlässigkeit - Servicequalität	- Working Capital employed - Kosten pro Transaktion

Quelle: Daum (2002).

Abb. 2.14: Beispiel eines Tableau de Bord

---

[227] Vgl. zum Thema Tableau de Bord Weber (2002e), S. 45 ff., dem hier gefolgt wurde. Vgl. ebenso Daum (2002).

Balanced Scorecard

Ziel: Aussagen zu monetären und nicht-monetären Sachverhalten

Die Balanced Scorecard umgeht die Konzentration auf monetäre Kennzahlen durch Kombination einer Vielzahl von Kennzahlen aus monetären und nicht-monetären Dimensionen. Die Kernidee des Anfang der 90er-Jahre von KAPLAN und NORTON vorgestellten Konzepts besteht aus der Ableitung des Informationsbedarfs und der Steuerungsgrößen aus der Strategie bzw. den für die Strategie kritischen Erfolgsgrößen.[228] Zur Steuerung der aus der Strategieformulierung abgeleiteten Strategieimplementierung sind neben monetären Zielgrößen auch zeitnahe, nicht-finanzielle Kenngrößen wie beispielsweise Ausschuss, Prozesszeiten, Kundenzufriedenheit, Produktqualität von Bedeutung. Diese Größen tragen als vorgelagerte Treibergrößen zum finanziellen Erfolg eines Unternehmens bei, was sich wieder in nachgelagerten finanziellen Kennzahlen ausdrückt.[229]

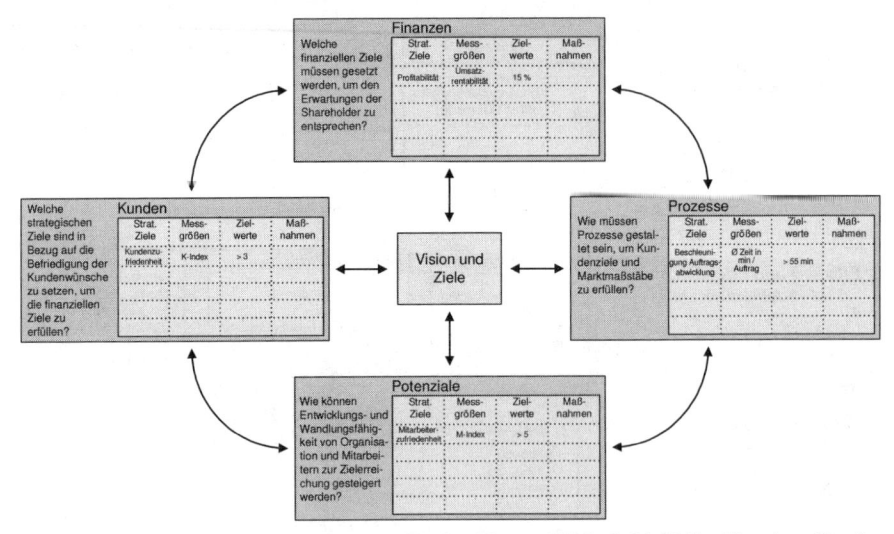

Quelle: in Anlehnung an Kaplan, Norton (1996), S. 76; Müller-Hagedorn, Kaapke (2001), S. 284.

Abb. 2.15: Balanced Scorecard

Die Messgrößen müssen so gewählt werden, dass Zielerreichungen eindeutig messbar, bevorstehende Zielabweichungen rechtzeitig erkennbar und der Stand der Strategieimplementierung kontrollier-

---

[228] Vgl. Kaplan, Norton (1992).
[229] Vgl. Anthony, Govindarajan (1998), S. 463 f.

bar wird.[230] Zur Strukturierung werden innerhalb der Balanced Scorecard die Messgrößen in vier Bereiche gegliedert, die finanzielle Perspektive, die Kundenperspektive, die interne Unternehmens- oder Prozessperspektive sowie die Lern- und Wachstums- bzw. Potenzialperspektive. Die vier von KAPLAN und NORTON vorgeschlagenen Perspektiven sind allerdings beim Aufbau einer Balanced Scorecard nicht zwingend vorgegeben. Ihre Anzahl und ihr Inhalt können je nach Unternehmen und Zweck variieren.[231]

Vier Perspektiven

Die finanzielle Perspektive bezieht sich im Wesentlichen auf die Ansprüche der Kapitalgeber der Organisation. Sie steht als Ausgangs- und Endpunkt jeder Balanced Scorecard über die Ursache-Wirkungs-Kette im Fokus der Maßgrößen und Ziele der übrigen Perspektiven. Die Kundenperspektive teilt sich in zwei unterschiedliche Kennzahlbereiche. Zum einen sind hier zentrale Kennzahlen wie Kundenzufriedenheit, -rentabilität oder -treue zu nennen, zum anderen Leistungstreiberkennzahlen wie Produkt- und Serviceeigenschaften, Image und Ansehen des Unternehmens oder des Produktes.[232] Die Prozessperspektive befasst sich vor dem Hintergrund von Kundenanforderungen und Markterfordernissen zur Erlangung von Wettbewerbsvorteilen mit den hierfür als relevant identifizierten Geschäftsprozessen. Die Frage nach dem Potenzial von Organisation und Mitarbeitern in der Potenzialperspektive bildet den Nährboden für die übrigen Perspektiven, denn nur durch qualifizierte und motivierte Mitarbeiter und eine flexibel auf die Markterfordernisse reagierende Organisation lassen sich Qualität und Kundenzufriedenheit und somit gute finanzielle Ergebnisse realisieren.[233]

Finanzperspektive

Kundenperspektive

Prozessperspektive

Potenzialperspektive

---

[230] Vgl. Neumann, Probst, Wernsmann (2001), S. 304.
[231] Vgl. Kaplan, Norton (1997), S. 33.
[232] Vgl. Kaplan, Norton (1997), S. 71.
[233] Vgl. Kaplan, Norton (1997), S. 121.

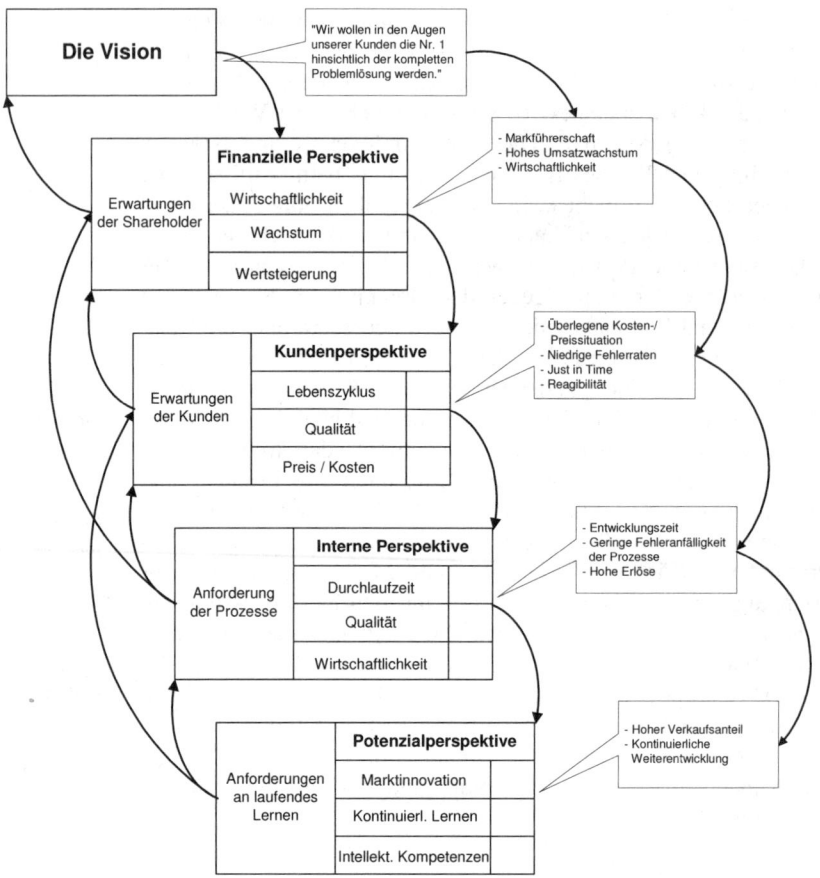

Abb. 2.16: Zusammenhang von Vision und Perspektiven

Quelle: in Anlehnung an Mayer (1998); Kaplan, Norton (2001), S. 91.

Einsatz der Balanced Scorecard im Handel

Kontroverse Diskussion um Eignung

Die generelle Eignung der BSC für den Handel wird kontrovers diskutiert.[234] Einerseits kann die BSC die Strategieorientierung im Handel verbessern und helfen, Ziele zu operationalisieren (vgl. Abb. 2.17). Andererseits ist zu prüfen, ob die klassischen BSC-Perspektiven in dieser Form im Handel Anwendung finden können oder erweitert und modifiziert werden müssen.[235] So schlägt BARTH vor, die Lern- und Entwicklungsperspektive durch eine

---

[234] Vgl. Wilke (2003), S. 160 ff.; Wilke (2002a), S. 278 ff.; Müller, von Thienen (2001), S. 207; Witt (2001), S. 119 ff.; Fröhling (2000), S. 227 f.; Berens, Schmitting (2002), S. 156.

[235] Vgl. Möhlenbruch, Wurm (2002), S. 39 ff., sowie Barth (1999), S. 455 f.

Lieferantenperspektive zu substituieren.[236] Kritisch anzumerken ist die mangelnde Konkurrenzanalyse bei der traditionellen BSC, die insbesondere im Handel für die Ausgestaltung der Marketinginstrumente eine hohe Bedeutung hat.[237] Auch NEELY und WAGGONER kritisieren, dass die Wettbewerber nicht ausreichend in der BSC berücksichtigt werden.[238] Ebenso wird die starke Konzentration auf die operative Seite der Unternehmensaktivitäten und weniger die Berücksichtigung des Entwicklungsprozesses und die Einführung von Produktinnovationen kritisiert.[239] Es wird vermerkt, dass die BSC zu wenig in die Tiefe geht, um alle Stakeholder adäquat zu berücksichtigen.[240] PERLITZ kritisiert die ungenügende Berücksichtigung von Effekten zwischen den Perspektiven und Prozessen, da sich diese nicht losgelöst betrachten lassen.[241]

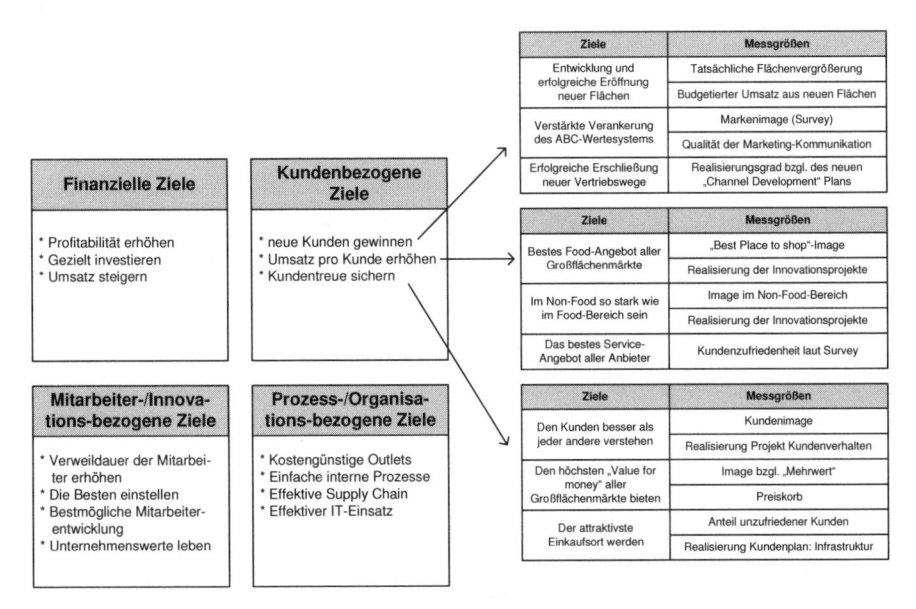

Finanzielle Ziele	Kundenbezogene Ziele	Ziele	Messgrößen
* Profitabilität erhöhen * Gezielt investieren * Umsatz steigern	* neue Kunden gewinnen * Umsatz pro Kunde erhöhen * Kundentreue sichern	Entwicklung und erfolgreiche Eröffnung neuer Flächen	Tatsächliche Flächenvergrößerung
			Budgetierter Umsatz aus neuen Flächen
		Verstärkte Verankerung des ABC-Wertesystems	Markenimage (Survey)
			Qualität der Marketing-Kommunikation
		Erfolgreiche Erschließung neuer Vertriebswege	Realisierungsgrad bzgl. des neuen „Channel Development" Plans

		Ziele	Messgrößen
		Bestes Food-Angebot aller Großflächenmärkte	„Best Place to shop"-Image
			Realisierung der Innovationsprojekte
		Im Non-Food so stark wie im Food-Bereich sein	Image im Non-Food-Bereich
			Realisierung der Innovationsprojekte
		Das bestes Service-Angebot aller Anbieter	Kundenzufriedenheit laut Survey

Mitarbeiter-/Innovations-bezogene Ziele	Prozess-/Organisations-bezogene Ziele	Ziele	Messgrößen
* Verweildauer der Mitarbeiter erhöhen * Die Besten einstellen * Bestmögliche Mitarbeiterentwicklung * Unternehmenswerte leben	* Kostengünstige Outlets * Einfache interne Prozesse * Effektive Supply Chain * Effektiver IT-Einsatz	Den Kunden besser als jeder andere verstehen	Kundenimage
			Realisierung Projekt Kundenverhalten
		Den höchsten „Value for money" aller Großflächenmärkte bieten	Image bzgl. „Mehrwert"
			Preiskorb
		Der attraktivste Einkaufsort werden	Anteil unzufriedener Kunden
			Realisierung Kundenplan: Infrastruktur

Quelle: in Anlehnung an Reiss (1998) in Perlitz, Seger (2000), S. 232 f.

Abb. 2.17: Operationalisierung einer Handels-BSC

---

[236] Vgl. Barth (1999), S. 454 f. Er bezieht sich hierbei vor allem auf Unternehmen mit hohem Beschaffungsvolumen, da mit zunehmender Beschaffungstiefe Messgrößen für das Zuliefermanagement notwendig werden.
[237] Vgl. Müller-Hagedorn (1998), S. 737, sowie Müller-Hagedorn, Büchel (1999), S. 162.
[238] Vgl. Neely, Waggoner (1998), S. 97.
[239] Vgl. Curtis, Frech, von Braun (1998).
[240] Vgl. Atkinson, Waterhouse, Wells (1997).
[241] Vgl. Perlitz (1999), S. 9.

Verbund-
effekte

Die derzeitige Diskussion über die Ausgestaltung der BSC berücksichtigt nicht oder nur ungenügend die im Handel existierenden Verbundeffekte. Dabei bestimmen Verbundbeziehungen sowohl auf Warengruppenebene als auch im Gesamtsortiment die im Handel zu treffenden Entscheidungen wesentlich.[242] Es werden weder einzelne Verbundarten mittels Kennzahlen erfasst noch die Zusammenhänge zwischen Sortimentsbreite und -tiefe analysiert.[243] Eine Analyse der Ursache-Wirkungszusammenhänge zwischen den einzelnen Perspektiven zur besseren Handhabung der komplexen verbundbezogenen Kaufentscheidungsprozesse ist jedoch nur unter Heranziehung der verhaltenswissenschaftlichen Erkenntnisse möglich.[244] Es ist bislang jedoch weder in Theorie noch in Praxis belegt worden, dass sich diese komplexen Beziehungen mit einer BSC adäquat erfassen lassen.[245] Ein abstraktes Beispiel der Ursache-Wirkungszusammenhänge zeigt Abb. 2.18.

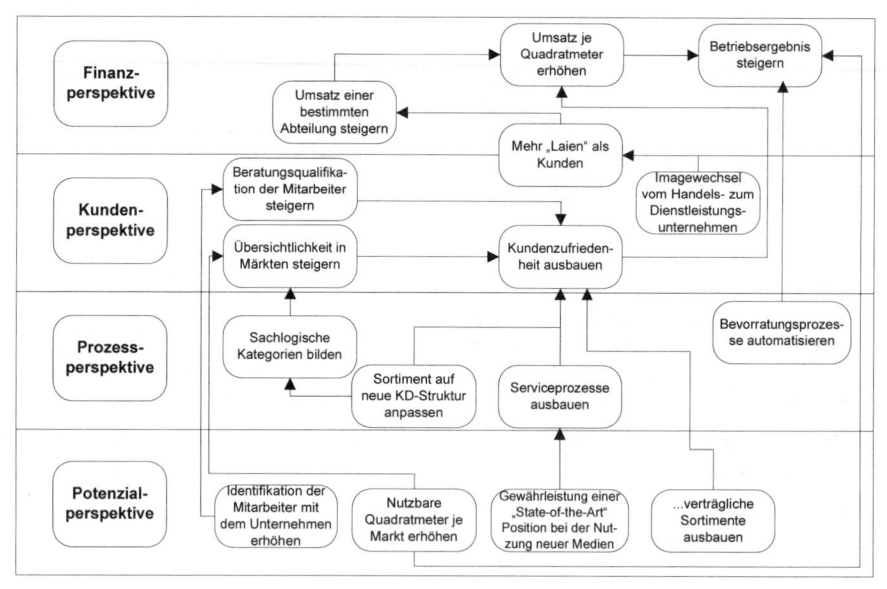

Quelle: Manthey (2003).

Abb. 2.18: Ursache-Wirkungskette: Muster für Baumärkte

---

[242] Vgl. Möhlenbruch (1994), S. 335 ff.
[243] Vgl. Hukemann (2003), S. 147.
[244] Vgl. Möhlenbruch, Wurm (2002), S. 42.
[245] Vgl. Feldbauer-Durstmüller (2001), S. 194 f.

Retail Performance Management

Das Retail Performance Management System (RPM) wurde als Forschungsprojekt am Institut für Handel und Internationales Marketing, Prof. Zentes, in 2002/2003 entwickelt und von T-Systems International gefördert. Es ist ein System zur Steuerung und Verbesserung der Performance von Handelsunternehmen. Neben klassischen funktionalen und prozessorientierten Kennzahlen bietet es ein Performance Card System zur ganzheitlichen Betrachtung der Kernprozesse des Handels.[246] Darüber hinaus wird die Datenbasis zum manuellen oder automatisierten Data Mining bereitgestellt.

Ziel: Steuerung der Performance

Das Instrument dient der Messung und Steuerung der Performance der handelsbetrieblichen Kernprozesse Supply Chain Management, Customer Relationship Management und Category Management. Die Prozessperformance wird dabei nicht maßgeblich durch Kosten- oder Finanzgrößen gemessen, sondern primär auf Basis der Performance-Dimensionen Qualität, Effizienz und Kundenzufriedenheit, die einen Zusammenhang zum Unternehmenserfolg haben (vgl. Abb. 2.19).[247]

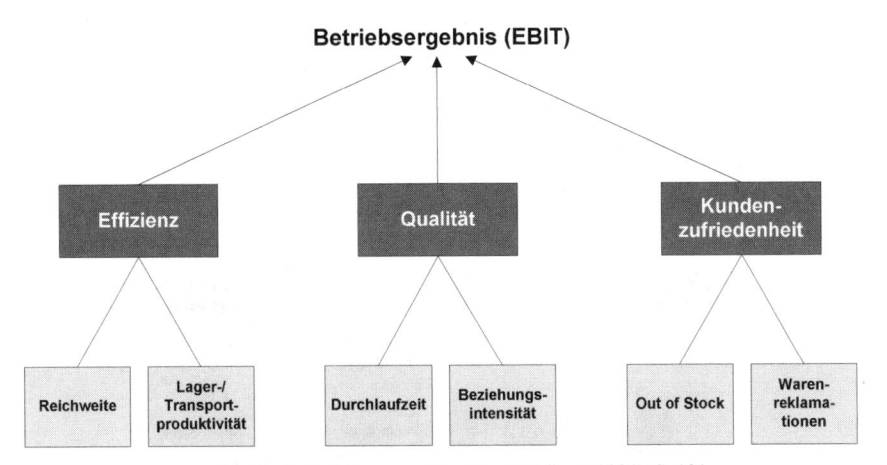

Quelle: in Anlehnung an Biesiada, Neidhart (2004), S. 101

Abb. 2.19: Performance-Dimensionen

Die jeweils zwei Key Performance Indicators werden selbst über eine Performance-Pyramide respektive ein kausales Beziehungsgeflecht von Performance Indicators beeinflusst (vgl. Abb. 2.20).

---

[246] Vgl. Zentes (2004a), S. 19.
[247] Vgl. Morschett (2004), S. 86 ff.

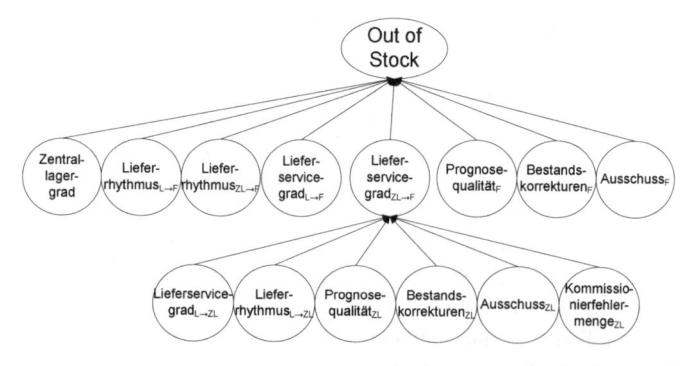

Abb. 2.20: Beispiel einer Performance-Pyramide

Bildung von Früherkennungssystemen

Damit lassen sich in Form eines Bottom-Up-Ansatzes Früherkennungssysteme bilden, da sich Veränderungen auf den unteren Ebenen der Performance Indicators auch auf die Key Performance Indicators respektive Performance-Dimensionen auswirken. Somit lassen sich in Abhängigkeit von unterschiedlichen organisatorischen Hierarchien rollenspezifisch Performance Cards entwickeln (vgl. Abb. 2.21), in denen sich im Falle von Abweichungen mittels Drill-Down die relevanten Objekte identifizieren lassen.[248]

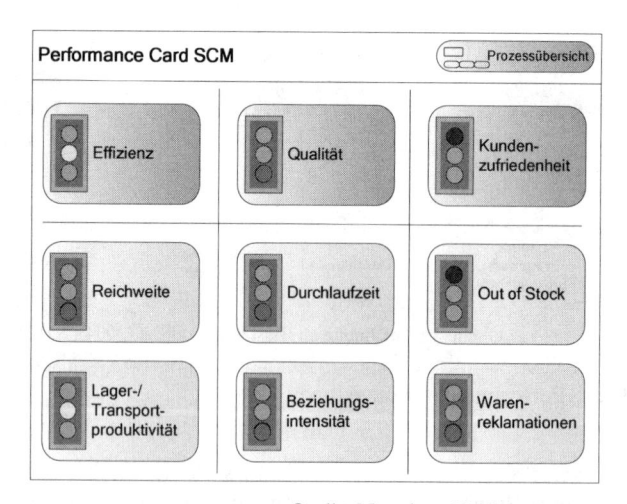

Abb. 2.21: Performance-Card SCM

---

[248] Vgl. Morschett, Neidhart, Bartsch (2003), S. 32 ff.; Zentes, Biesiada (2003), S. 38 f.

SimMarket

Eine Möglichkeit, komplexe Zusammenhänge mittels Computertechnologie auf wenige Kenngrößen zu reduzieren, will zukünftig das von der Dacos GmbH unter Leitung von Prof. Dr. Joachim Hertel entwickelte Simulationssystem zur Optimierung von Preis- und Promotionsgestaltung SimMarket bieten.[249] Das Verfahren versucht, alle Einflussgrößen bei der Preis- und Sortimentsgestaltung mittels Agententechnologie zu berücksichtigen.[250] Das derzeitige Problem liegt darin begründet, dass im Regelfall mehrere Faktoren verändert werden, so dass nicht bekannt ist, welcher Faktor ursächlich für eine Ergebnisverschlechterung ist.[251] So werden parallel etwa fünf Artikel aus dem Sortiment genommen, bei 17 ändert sich der Preis und der Wettbewerber führt eine Sonderaktion durch (vgl. Abb. 2.22).

Ziel: Simulation von Vorgängen mit IT

Welche Veränderungen haben stattgefunden?

* Artikel A und B neu ins Sortiment aufgenommen
* Artikel C ausgelistet
* Artikel D war bereits am Mittwoch ausverkauft
* Aktion des Wettbewerbs für Artikel B und D
* Preiserhöhung bei Artikel E
* Preissenkung bei Artikel F
* Sonderaktion für Artikel G und H
* Schönes Wetter

=> Deckungsbeitrag der Filiale um 1% verbessert

aber: Was hat sich wie ausgewirkt?

Quelle: in Anlehnung an Hertel (2004).

Abb. 2.22: Analyse von Veränderungen

Derartige Wechselwirkungen soll das System mittels vieler Agenten eruieren, die das Einkaufsverhalten von Haushalten auf Basis von individuellen, aus historischen Daten (Kundenkartendaten, Artikelabverkaufsdaten, Platzierungsdaten, Konkurrenzdaten) „gelernten" Verhaltensmustern simulieren (vgl. Abb. 2.23). Zusätzlich werden über herkömmliche Methoden Abhängigkeiten dargestellt.

Wechselwirkungsberücksichtigung mit Agententechnologie

---

[249] Vgl. Schwaiger, Stahmer (2003), S. 13.
[250] Vgl. Loderhose (2004b).
[251] Vgl. Ruß, Schwaiger, Stahmer (2004), S. 258.

Auf diese Weise sollen die Auswirkungen beliebig komplexer Maßnahmenkombinationen qualitativ und quantitativ prognostiziert werden können.

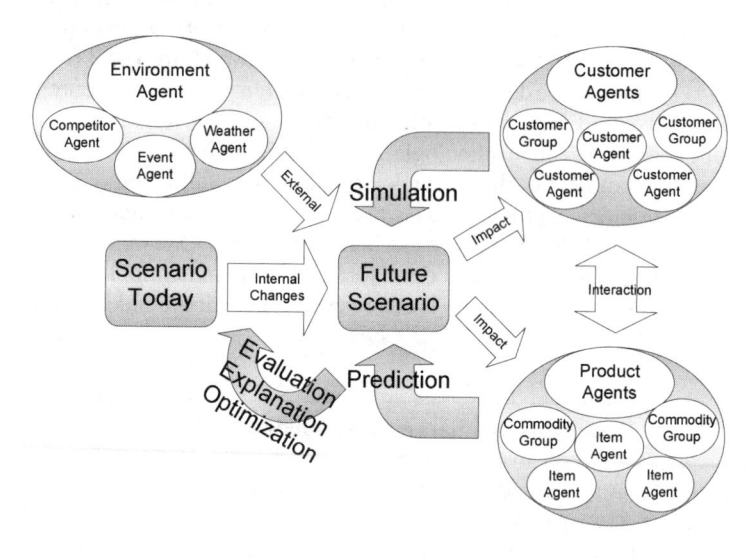

Quelle: Hertel (2004).

Abb. 2.23: Ablauf der agentenbasierten Simulation

2.2.3 Kennzahlenbibliotheken

Ziel einer Kennzahlenbibliothek

Eine Kennzahlenbibliothek ist ein zentraler Aufbewahrungs- und Nachschlageort für alle in der Controllingkonzeption verwendeten Kennzahlen. Alle Kennzahlen sind innerhalb der Kennzahlenbibliothek genau zu definieren und ihre Datenquellen zu dokumentieren, so dass es bei der Benutzung nicht zu Fehlinterpretationen kommen kann.

Eine Kennzahlenbibliothek bietet dem Handelsmanager bei der Kennzahlenverwendung folgende Vorteile:

Vorteile

- Der Handelsmanager findet die genaue Definition der Kennzahl in der Kennzahlenbibliothek.
- Zur genauen Analyse findet der Entscheidungsträger Verweise auf Bestandteile der Kennzahl und kann somit die Bestandteile der Kennzahl auf niedrigeren Aggregationsstufen betrachten.
- In der Kennzahlenbibliothek ist festgehalten, aus welchen Datenquellen (und ggf. welchen Tabellen in der Datenbank des Warenwirtschaftssystems) Kennzahlgrößen stammen.

- Es werden Bezugsobjekte hinterlegt, auf die sich die Kennzahl beziehen kann.
- In der Kennzahlenbibliothek wird für jede Kennzahl deutlich, in welchen Bereichen der Handelscontrollingkonzeption diese direkt oder indirekt zum Tragen kommt.

2.2.4 Dimensionen und Bezugsobjekte

Zwar ist die Kennzahl wesentliches Konstrukt des Berichtswesens, sie hat aber an sich keine Aussagekraft, solange sie sich nicht auf etwas bezieht. Die Formel Umsatz = verkaufte Stückzahl x Verkaufspreis kann nicht interpretiert werden, da nicht deutlich wird, auf was sich der Umsatz beziehen soll. Der Bezug zu konkreten, betriebswirtschaftlichen Objekten, sog. *Bezugsobjekten*, ist für die Aussagekraft einer Kennzahl zwingend erforderlich. Diese Bezugsobjekte konstituieren *Dimensionen* (z. B. Broccoli oder Käse sind Bezugsobjekte der Dimension Artikel). Die verschiedenen Informationen spannen den Informationsraum auf. Informationsräume sind die Grundlage multi-perspektivischer Analysen und somit sichtenorientierter Auswertungen. Obligatorische Dimension ist hierbei im Regelfall die Zeit mit den einzelnen Tagen als Blattelementen, bei Umsatzauswertungen werden zusätzlich Dimensionen wie Artikel oder Geschäftsstätte hinzugezogen, um beispielsweise den Umsatz für den Monat September 2005 für Hula Lutschbonbons in der Verkaufsstätte Münster Nord zu ermitteln. Auch der Wertansatz (Plan, Ist, Prognose, Schätzung usw.) ist obligatorisch.

Bedeutung von Dimensionen

Informationsraumbildung

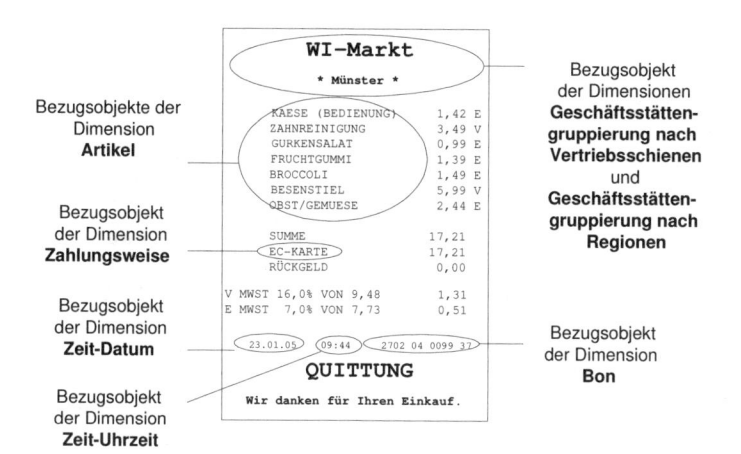

Beispiel Bezugsobjekte

Quelle: Knackstedt (1999), S. 27 (Zahlen aktualisiert).

Abb. 2.24: Exemplarische Dimensions-Bezugsobjekte eines Kassenbons

Bildung von Dimensionsgruppen

Unter Bezugsobjekten sind in Anlehnung an RIEBEL alle selbstständigen Maßnahmen, Vorgänge und Tatbestände zu verstehen, die ein eigenständiges Untersuchungsobjekt sein können.[252] Abb. 2.24 verdeutlicht anhand eines Kassenbons die Dimensionen und die konkreten Ausprägungen (Bezugsobjekte).

Um Bezugsobjekte je nach Anwendungsbezug und Sicht unterschiedlich klassifizieren zu können, werden *Dimensionsgruppen* gebildet. Diese beinhalten Dimensionen, die dieselben Basisbezugsobjekte nach unterschiedlichen Kriterien hierarchisieren. Hierzu zählt u. a. die Zeit. Während einerseits die Bezugsobjekte der Hierarchieebene Tag denen der Hierarchieebene Monat sowie diese den Bezugsobjekten der Hierarchieebene Quartal und diese wiederum den Bezugsobjekten der Hierarchieebene Jahr untergeordnet werden können, ist es nicht möglich, die Bezugsobjekte der Kalenderwoche, die sich auch auf Tage herunter brechen lässt, in diese Hierarchie zu integrieren, so dass an dieser Stelle zwei Dimensionen gebildet werden müssen. Diese Dimensionen werden zu einer Dimensionsgruppe zusammengefasst, in der sich diejenigen Dimensionen befinden, die Sichten auf dieselben Mengen von Blattelementen darstellen (z. B. alle Tage eines Jahres). Auch kann es im Handel sinnvoll sein, für unterschiedliche Produktsparten (z. B. Food-Artikel, Non-Food-Artikel) oder Regionen (Europa, Nord-Amerika usw.) Dimensionsgruppen zu bilden. Abb. 2.25 zeigt die Hierarchisierung am Beispiel der Retourenentwicklung. Die Kennzahl Wert der Gutschriften bzw. Retouren lässt sich auf verschiedene Dimensionsebenen herunterbrechen.

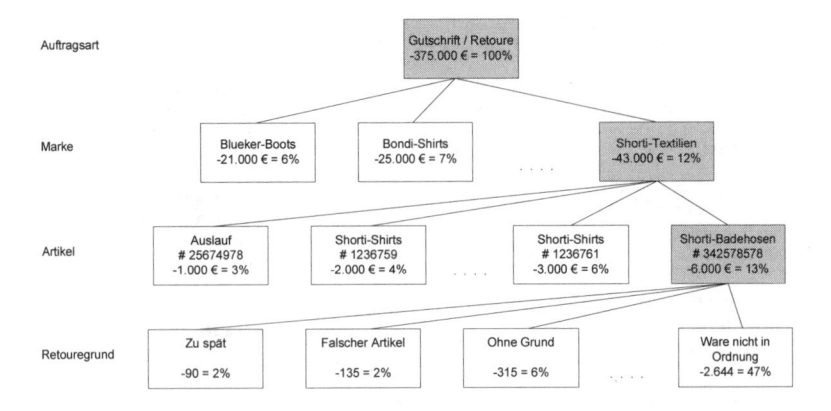

Abb. 2.25: Hierarchisierung von Bezugsobjekten bzw. Dimensionen am Beispiel der Retourenentwicklung

---

[252] Vgl. Riebel (1979), S. 869.

Je nach Anwendungsgebiet begrenzt das Konstrukt *Dimensionsausschnitt* die Dimensionen auf den im einzelnen Bericht benötigten Teil. Ein Dimensionsausschnitt ist beispielsweise die Warengruppe Tiefkühlkost oder der Zeitraum 2005. In Abb. 2.25 interessiert den Einkäufer von Shorti-Textilien nicht die Gutschriftenentwicklung bei Blueker-Boots oder die Gesamt-Gutschriftenentwicklung. Für ihn ist nur der Ausschnitt „Shorti-Textilien" aus der Gesamthierarchie von Interesse, so dass ein Bericht für diesen Entscheider entsprechend eingegrenzt werden kann. Dimensionsausschnitte werden mittels *Dimensionsausschnittkombinationen* für bestimmte Anwendungsbezüge kombiniert, wie beispielsweise Warengruppe Tiefkühlkost im Zeitraum 2005 oder Shorti-Badehosen im Zeitraum von Juni bis August 2005.

Dimensionsausschnitt

Dimensionsausschnittskombination

2.2.5 Fakt und Informationsobjekt / Bericht

Für Entscheidungsträger im Unternehmen ist vor allem der konkrete *Fakt*, also der Verbund von Kennzahl und einem dem Aufgabengebiet entsprechendem Bezugsobjekt, von Bedeutung. So möchte beispielsweise der Category Captain im Bereich Parfümerie wissen, wie hoch der Umsatz bewertet zu Einkaufspreisen (Kennzahl) im April 2005 (Bezugsobjekt der Dimension Zeit) für Dufti-Parfüm 75 ml (Bezugsobjekt der Dimension Artikel) gewesen ist. Diese Informationen lassen sich implizit aus dem übergeordneten Berichtsmodell ersehen.

Fakt

Verschiedene Fakten lassen sich wiederum als *Faktberechnung* in Verbindung bringen. Diese enthält Berechnungsvorschriften, die durch die Wahl der Bezugsobjekte und der Kennzahlen konkretisiert werden. Beispielsweise lassen sich die Fakten Umsatz zu EK im April 2005 für Dufti-Parfüm 75 ml und Umsatz zu EK im Mai 2005 für Dufti-Parfüm 75 ml über eine Berechnungsvorschrift miteinander in Verbindung setzen. Der Category Captain kann auf diese Weise die Umsatzabweichung zwischen den Monaten berechnen: Umsatzabweichung 04/05 2005 = Umsatz zu EK im Mai 2005 für Dufti-Parfüm 75 ml − Umsatz zu EK im April 2005 für Dufti-Parfüm 75 ml.

Anschließend können im Informationsobjekt oder Bericht die Konstrukte Kennzahlensystem, Faktberechnung und Dimensionsausschnittkombination zu einer Analyse- und Auswertungssicht in Abhängigkeit von der Gesamtaufgabe der Berichtsempfänger zusammengeführt werden (vgl. Abb. 2.26).

Informationsobjekt / Bericht

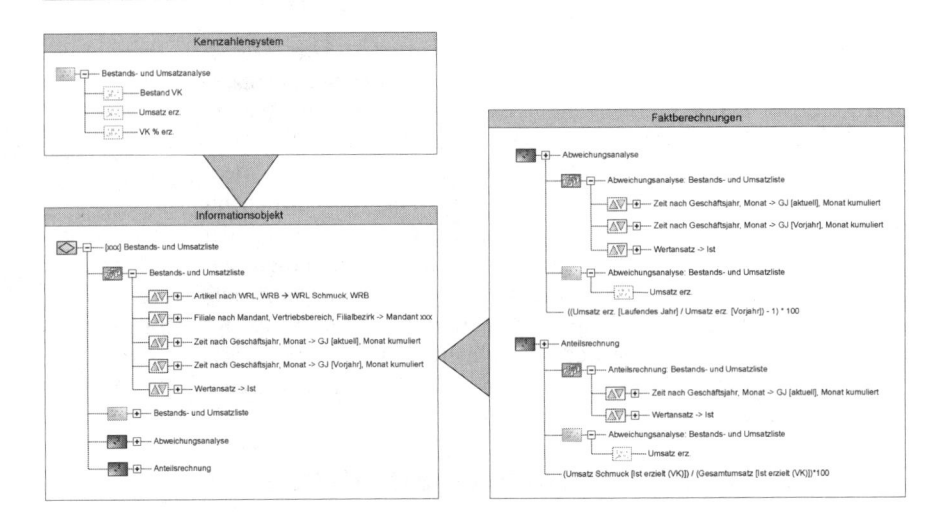

Abb. 2.26: Bericht in H2-Notation

2.3 Handels-H-Modell als Struktur für eine Berichtswesenkonzeption

Ordnungsrahmen als Strukturierungshilfe

Für die Entwicklung einer Controlling-Konzeption ist zunächst die sinnvolle Strukturierung der Controlling-Konzepte anhand der im Handelsunternehmen ablaufenden Funktionen und Prozesse mittels eines Ordnungsrahmens sinnvoll. Dieser verdeutlicht strukturierend die konstituierenden Bestandteile und deren Ordnung zueinander. Derzeit gibt es im Handel verschiedene Ordnungsrahmen, die sich in Detaillierungsgrad und Eignung für die Zwecke einer Controlling-Konzeption deutlich unterscheiden.[253]

Verschiedene Ordnungsrahmen

Primär auf die Implementierung und den Betrieb von Anwendungssystemen ausgerichtet sind die Retail Application Architecture (RAA) der IBM,[254] das von HERTEL geprägte Modell der operativen Einheiten,[255] das Datenmodell der Association for Retail Technology Standards (ARTS)[256] sowie das mit ORACLE CASE-Tools implementierte Referenzmodell von MARENT.[257] Neben dem allgemeiner angelegten Grundmodell der Warenwirtschaft von

---

[253] Zu einem Vergleich verschiedener Referenzmodellarchitekturen bzw. Ordnungsrahmen vgl. Fettke, Loos (2002), S. 17 f.; Vering (2002), S. 72 ff.; Becker, Schütte (2004), S. 38-48; Fettke, Loos (2004).
[254] Vgl. z. B. Stecher (1993).
[255] Vgl. Hertel (1999), S. 178 ff.
[256] Informationen zu dem Framework, dass von zahlreichen US-amerikanischen Handelsunternehmen unterstützt wird, finden sich auf der Webseite von ARTS http://www.nrf-arts.org/.
[257] Vgl. Marent (1995); Hansen, Marent (1997), S. 377 ff.

EBERT,[258] bei dem ein Handelsunternehmen in sieben hoch aggregierte Teilbereiche aufgeteilt wird,[259] existiert darüber hinaus noch das im Folgenden zur Anwendung gelangende Handels-H-Modell von BECKER/SCHÜTTE.[260]

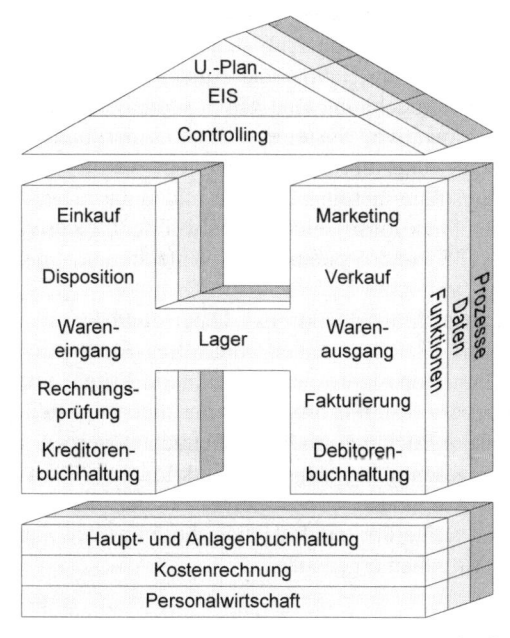

Abb. 2.27: Handels-H-Modell

Quelle: Becker, Schütte (2004).

Die Handels-H-Architektur geht über die inhaltlich-funktionale Beschreibung der Warenwirtschaft hinaus, indem es eine Gesamtarchitektur für Handelsinformationssysteme darstellt und somit eine Beschreibung der Abläufe im Handel bietet. In eine Architektur von Handelsinformationssystemen sind die zum Beschaffungsbereich gehörenden Teilsysteme Einkauf, Disposition, Wareneingang, Rechnungsprüfung, Kreditorenbuchhaltung und die zum Absatzbereich gehörenden Teilsysteme Marketing, Verkauf, Warenausgang, Fakturierung und Debitorenbuchhaltung einzuordnen. Beide werden gekoppelt durch das Lager, das die Überbrückungsfunktion zwischen Beschaffung und Distribution ausübt. Die IT-

Handels-H-Architektur

---

[258] Vgl. Ebert (1986).
[259] Vgl. Ebert (1986), S. 67.
[260] Vgl. Becker, Schütte (2004).

technische Unterstützung dieser Funktionen findet sich im Warenwirtschaftssystem wieder. Die warenwirtschaftsbezogenen Sub-Aufgaben sind so in zeitlich-sachlogischer Folge angeordnet, dass sich das Abbild des Buchstabens H ergibt. Werden zusätzlich die nachfolgenden Funktionen von dem IT-System unterstützt, kann von einem Handelsinformationssystem gesprochen werden. Die betriebswirtschaftlich-administrativen Aufgaben eines Handelsinformationssystems umfassen die Haupt- und Anlagenbuchhaltung nebst Treasury, die Kostenrechnung und die Personalwirtschaft. Die Informationen der operativen Systeme werden komprimiert in die Auswertungssysteme überführt, die Daten auf verdichteter Ebene für Entscheidungsträger bereitstellen. Sie bilden das „Dach" der Architektur mit den Funktionsbereichen Controlling, Executive Information System (EIS) und Systemen zur Unterstützung der Unternehmensplanung (vgl. Abb. 2.27).[261]

Dimensionen des Handels-H

Das Handels-H setzt sich aus Funktions-, Daten- und Prozesssicht zusammen. Für die Erstellung einer Controlling-Konzeption ist insbesondere die Funktionssicht relevant, während Daten- und Prozesssicht auf Grund des Referenzcharakters der hier vorgestellten Kennzahlen in diesem Buch nur am Rande betrachtet werden.

Abb. 2.28 zeigt die wesentlichen inhaltlich-funktionalen Aspekte der einzelnen Sub-Aufgaben, wobei diejenigen der Auswertungssysteme nicht mit aufgeführt sind, da sich diese aus den Anforderungen der Sub-Aufgaben ergeben.

---

[261] Vgl. Becker, Schütte (2004), S. 42 ff., sowie aus der Erstauflage aufgreifend u. a. Becker, Winkelmann (2004c), S. 6 f.; Vering (2002), S. 74 ff.; vom Brocke (2002), S. 99.

2.3 Handels-H-Modell als Struktur für eine Berichtswesenkonzeption

Einkauf				Marketing	
	Lieferantenverwaltung				Kundenstammdatenpflege
	Artikelverwaltung				Warenplanung
	Konditionenverwaltung				Artikellistung
	Kontraktverwaltung				Konditionspolitik
Disposition					Absatzwerbung
	Limitrechnung			**Verkauf**	
	Bedarfsrechnung				Kundenanfragebearbeitung
	Bestellmengen- / Liefermengenrechnung				Kundenangebotsbearbeitung
	Aufteilung				Ordersatzerstellung
	Bestellübermittlung				Auftragsbearbeitung
	Bestellüberwachung				Kundenreklamationsbearbeitung
Wareneingang		**Lager**			Außendienstunterstützung
	Wareneingangsplanung		Lagerstammdatenpflege	**Warenausgang**	
	Warenannahme / -kontrolle		Umlagerung		Touren- u. Kommissionierplanung
	Lieferantenrückgaben		Umbuchung		Kommissionierung
	Wareneinlagerung		Inventurdurchführung		Warenausgangserfassung
	Wareneingangserfassung		Lagersteuerung		Bestandsbuchung
	Lieferscheinbewertung				Versandabwicklung
Rechnungsprüfung					Kundenrückgabenbearbeitung
	Rechnungserfassung			**Fakturierung**	
	Rechnungskontrolle				Kundenlieferscheinbewertung
	Rechnungsfreigabe				Kundenrechnungserstellung
	Rechnungsnachbearbeitung				Gut-/ Lastschriftenerstellung
	Bearbeitung nachträgl. Vergütungen				Berechnung nachträgl. Vergütungen
Kreditorenbuchhaltung				**Debitorenbuchhaltung**	
	Kreditorendatenstammpflege				Debitorenstammdatenpflege
	Buchung				Buchung Rechnung / Gutschrift
	Regulierung				Einzug / Abbuchung
	Mahnung				Mahnung
	Verzinsung				Verzinsung

Haupt- und Anlagenbuchhaltung, Treasury Management	
	Sachkontenstammdatenpflege
	Buchungen und Abschlusserstellung
	Treasurymanagement
	Anlagencontrolling
Kostenrechnung	
	Stammdatenverwaltung
	Kosten- und Erlösplanung
	Istdatenerfassung
	Auswertung und Kontrolle
Personalwirtschaft	
	Personalstammdatenpflege
	Personalbedarfsrechnung
	Personalverwaltung und -abrechnung
	Personalsteuerung

Quelle: in Anlehnung an Vering (2002), S. 75.

Abb. 2.28: Inhaltlich-funktionale Aspekte des Handels-H-Modells [262]

Bei der Differenzierung der grundlegenden Geschäftsarten des Handels in Lagergeschäft, Aktionsgeschäft, Streckengeschäft und Zentralregulierungsgeschäft[263] lassen sich für die einzelnen Geschäftsarten unterschiedliche Ausprägungen des Handels-H-Modells angeben. Während das Basismodell das Lagergeschäft abdeckt, gelten für die weiteren Geschäftsarten auf Grund des geringeren Funktionsumfangs die in Abb. 2.29 dargestellten reduzierten Handel-H-Modelle, bei denen je nach Anforderung an das Geschäftsmodells Funktionsbereiche wegfallen.

Unterschiedliche Geschäftsarten

---

[262] Zur Strukturierung und zur inhaltlichen Beschreibung der Sub-Aufgaben vgl. ausführlich Becker, Schütte (2004).
[263] Vgl. Becker, Schütte (2004), S. 637-678.

Streckengeschäft

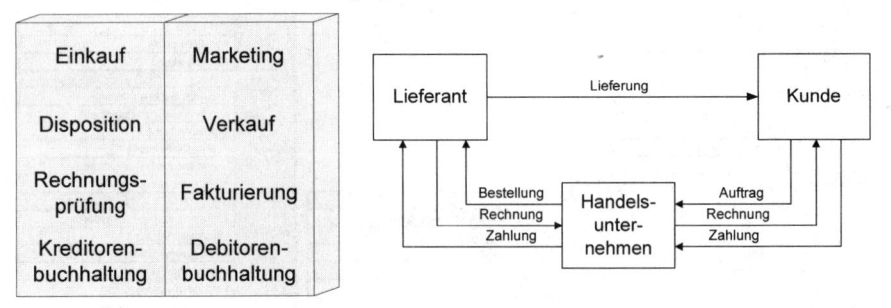

Zentralregulierung

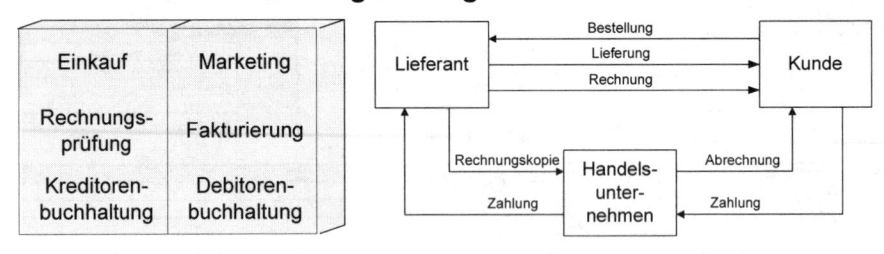

Aktionsgeschäft

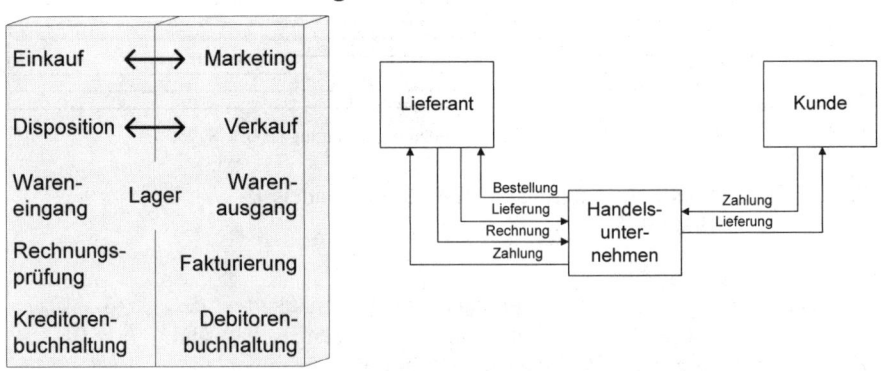

Abb. 2.29: Adaptionen des Handels-H-Modells für unterschiedliche Geschäftsarten

Anwendungsbeispiele

Das Handels-H-Modell repräsentiert ein umfassendes Informations- und Koordinationsmodell für mehrstufige (auch virtuelle) Handelsunternehmen. Das Modell bietet eine klare Ausrichtung an Geschäftsprozessen, die Berücksichtigung der unterschiedlichen Geschäftsarten des Handels sowie die umfassende und anschauliche Darstellung der einzelnen Teilaufgaben und erschließt sich somit auch Personen sehr leicht, die aus nicht-informationstechnischen Berufen kommen. Das Modell ist in Theorie und Praxis weit verbreitet.[264] So verwendet beispielsweise VERING das Handels-H-Modell zum Dokumentieren der Funktionsabdeckung und deren IT-Unterstützung in Zentrale, Filiale und Lager (vgl. Abb. 2.30) und für die Softwareauswahl. ROTTHOWE verdeutlicht am Ordnungsrahmen die Datenflüsse innerhalb der Funktionen im Handelsunternehmen und zu externen Marktpartnern.[265]

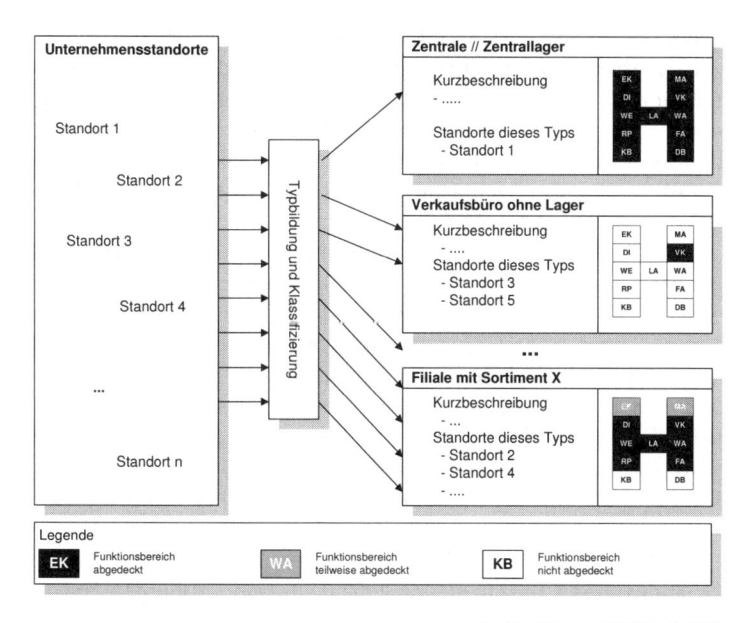

Quelle: Vering (2002), S. 183.

Abb. 2.30: Typisierung der Unternehmensstandorte

Auf Grund seiner guten Eignung für die Strukturierung von Handelsfunktionen und der leichten Verständlichkeit werden daher die dem Modell immanente Strukturierung und Abgrenzung der Funktionsblöcke den weiteren Ausführungen in den Kapiteln 4-7 zu Grunde gelegt.

---

[264] Das Handels-H-Modell wird neben den originären Urhebern vgl. Becker, Schütte (2004) auch zunehmend von anderen Autoren, vgl. z. B. Rotthowe (1998); Wimmer (2000); Luxem (2000); Vering (2002); Schütte, Vering (2004); Becker, Winkelmann (2004a), zur Strukturierung der Anwendungsdomäne Handel verwendet.

[265] Vgl. Rotthowe (1998).

3 IT-Systeme als Grundlage eines erfolgreichen Handelscontrollings

Informations-versorgung durch IT-Infrastruktur

Das Controlling muss die Informationsversorgung der Entscheider zur Unternehmenssteuerung sicherstellen. Um diese Informationsfunktion im Unternehmen wahrnehmen zu können, ist eine Infrastruktur zur Unterstützung der Planung, Kontrolle und Entscheidungsvorbereitung mit Daten bzw. Informationen unerlässlich. Die Erfüllung der Controllingaufgaben ist ohne geeignete IT-Unterstützung im Handel nicht mehr möglich.

Datenherkunft von internen und externen Kennzahlen

Um die Datenherkunft von Kennzahlen genauer betrachten zu können, ist eine Unterteilung in interne und externe Kennzahlen sinnvoll. Dabei haben interne Kennzahlen ihren Datenursprung im Unternehmen, während externe Kennzahlen sich auf Datenquellen außerhalb des Unternehmens beziehen.[266]

Internen Datenquellen wird insofern eine höhere Genauigkeit und Zweckdienlichkeit zugesprochen, als davon ausgegangen wird, dass jederzeit die Korrektheit der Daten überprüft werden kann und die Art des Zustandekommens der Daten bekannt ist.[267] Die Datenherkunft gewinnt insofern an Bedeutung, als dass rationale Entscheidungen im Wesentlichen von der Aktualität und der Genauigkeit der Informationen abhängen. Dabei sollte der Nutzen den Kostenaufwand für die Datenbeschaffung und die Kennzahlenermittlung rechtfertigen.

Rechnungswesen als primäre Datenquelle

Das betriebliche Rechnungswesen wird häufig als wesentliche Datenquelle des Controllings hervorgehoben.[268] Es „erfasst, speichert und verarbeitet betriebswirtschaftliche relevante quantitative Informationen über realisierte oder geplante Geschäftsvorgänge und -ergebnisse."[269] Zusätzlich werden in der Controlling-Literatur ausgehend von monetären Plangrößen folgende Teilbereiche als wichtige Datenquellen betont:

Weitere wichtige Datenquellen

- Investitionsrechnung,
- Finanzplanung und -rechnung,

---

[266] Vgl. Wicht (2001), S. 31.
[267] Vgl. Weber (1993), S. 230.
[268] Vgl. Ribbert (2005), S. 69.
[269] Vgl. Baetge, Kirsch, Thiele (2004).

- Kostenrechnung oder kalkulatorische Erfolgsrechnung,
- Externes Rechnungswesen (inkl. Finanzbuchführung und Jahresabschluss).

Im Folgenden werden die im Handel wichtigsten Softwaresysteme vorgestellt und ihr Nutzen hervorgehoben. Die Bedeutung von IT-Systemen zeigt sich nicht zuletzt darin, dass bei der Erarbeitung einer unternehmensindividuellen Kennzahlenbibliothek neben Zweck und Beschreibung einer Kennzahl auch immer angegeben werden sollte, aus welchen Datenquellen die Formel stammt, um so ein Zustandekommen der Kennzahlgröße jederzeit zurück verfolgen zu können.

3.1 Interne Datenquellen

3.1.1 Operative Systeme (OLTP)

Operative IT-Systeme sind transaktionsorientierte Datenbanksysteme (Online-Transaction-Processing (OLTP)-Systeme), bei denen vor allem eine effiziente Datenspeicherung und ein schneller Datenzugriff zu Lasten einer langjährigen Datenarchivierung im Vordergrund stehen. Da sich die Datenbestände laufend ändern, werden hierbei nur die aktuelle Datenzustände (aktuelle Kontostände, Rechnungen, Lieferantenstammdaten usw.) gespeichert. Einzeltransaktionen stehen im Vordergrund, eine Archivierung findet hierbei nur in geringem Maße statt.

Erläuterung von OLTP-Systemen

Zu den OLTP-Systemen zählen im Handel Warenwirtschaftssysteme, Systeme des Rechnungswesens, der Personalwirtschaft, des Customer Relationship Managements usw. Auch Scannerkassen und E-Commerce-Anwendungen können zu den OLTP-Systemen gerechnet werden.

OLTP-Systeme im Handel

Zielsetzung des Einsatzes von IT-Systemen ist die effiziente und effektive Bereitstellung von Informationen und zu verarbeitenden Daten in geeigneter Form. Jene Unternehmen, die statt einer integrierten IT-Lösung eine Vielzahl an Insellösungen aufweisen, verlieren durch das aufwändige manuelle Zusammentragen von Daten im Rahmen der Berichterstellung wichtige Ressourcen und im schlimmsten Fall den Überblick über die Zusammenhänge im Unternehmen. In solchen Fällen existieren häufig auch keine definierten Monatsstände, so dass sich Monatsberichte durch Buchungen nach Berichtsschluss noch ändern können, was die Adressaten verunsichert.

Ziel des IT-Einsatzes

Zentraler Kern der Handels-IT ist das Warenwirtschaftssystem. Auch Systeme zur Optimierung der Supply Chain oder für das Customer Relationship Management sind von hoher Bedeutung.

Zentrale Handels-IT

Ziel von IT

Die Zielsetzungen beim Einsatz von IT-Systemen reichen von Lager-, Regal- und Sortimentsoptimierungen über die Vermeidung von Out-of-Stock-Situationen bis hin zur gezielten Kundenansprache und -bindung. Zusätzlich gewinnen so genannte „enabling technologies" in Form von Wireless LAN oder Funketiketten (RFID-Tags) an Bedeutung, auf denen Informationen über die Ware gespeichert und die mit der Ware mitgeführt bzw. an der Ware aufgeklebt werden. Auf diese Weise erfolgt die drahtlose Erfassung der Ware in Laden und Lager. Informationsflüsse können mit der RFID-Technologie entlang des physischen Weges der Ware digitalisiert werden.

Produktivitäts-paradoxon

Operative Computersysteme wurden in allen Branchen und Sektoren zunächst mit dem Ziel der Produktivitätssteigerung eingeführt, doch bereits Mitte der 80er-Jahre wurde der Produktivitätsbeitrag der Informationstechnik in Frage gestellt. Die als Produktivitätsparadoxon bezeichnete Beobachtung stellt eine Abweichung zwischen investierten Mitteln und der daraus hervorgehenden Produktivitätswirkungen fest. In Folge wurden zahlreiche Studien zur Produktivitätswirkung von IT zumeist im Ländervergleich durchgeführt.[270] Als offensichtliche Erklärungen für das Produktivitätsparadoxon wurden hier Messprobleme in verschiedenen Länderstatistiken, Zeitverzögerungen bei der Wirkung von IT-Investitionen auf Produktivitätsstatistiken und Reorganisationsaspekte bei der IT-Einführung genannt.[271] Inbesondere der Erklärungsansatz von WIGAND, PICOT und REICHWALD, dass IT nicht direkt zur Produktivitätssteigerung beitrage, sondern vielmehr indirekt durch organisatorische und strategische Flexibilität, ist in der Literatur weitgehend akzeptiert.[272]

WWS als Geschäfts-prozess-Enabler

Vor allem die Warenwirtschaft ermöglicht als zentrale IT-Anwendung im Unternehmen je nach Leistungsgrad der Software eine flexible Geschäftsprozess- und Geschäftsmodellgestaltung. Bei aller Fokussierung auf die Warenwirtschaft darf jedoch nicht übersehen werden, dass sich das Warenwirtschaftssystem aus vielen einzelnen Komponenten zusammensetzt, die zusammen Teil der Gesamt-IT-Architektur von Handelsunternehmen sind. Neben der zentralen Warenwirtschaft wird beispielsweise in filialisierenden Handelsunternehmen vielfach zusätzlich eine dezentrale Warenwirtschaftskomponente eingesetzt (z. B. Dewas von Superdata). Zusatzsysteme werden zudem häufig im Bereich der automatisierten Disposition (Logomate von Remira, E3 von JDA oder Super-

---

[270] Vgl. Klein (2004), S. 91 ff.
[271] Vgl. u. a. die Auswertungen von o.V. (McKinsey) (2001); Holland, Westwood (2001); Teubner, Rentmeister, Klein (2000).
[272] Vgl. Wigand, Picot, Reichwald (1997); Wigand, Picot, Reichwald (1997).

Store/SuperWarehouse von SAF usw.), der Personaleinsatzplanung und der Regalplanung (Space Management) genutzt.

Integrierte Lösungen

Gerade für mittelständische Handelsunternehmen gewinnt vor dem Hintergrund einer Vielzahl an Schnittstellen zwischen den Systemen die Verfügbarkeit integrierter bzw. abgestimmter Gesamtlösungen an Bedeutung. Einerseits kann die Vielzahl der Softwarelieferanten und Ansprechpartner hierdurch reduziert werden, andererseits sinkt die Fehleranfälligkeit, insbesondere im Schnittstellenbereich, und das Releasemanagement wird vereinfacht.

IT-Investitionen

Gefragt nach den mittelfristig anstehenden IT-Investitionen in Handelsunternehmen sehen CIOs neben der Modernisierung der zentralen Warenwirtschaft sowie der Kassenlandschaft den Aufbau von Funknetzen in den Filialen ganz oben auf der Todo-Liste (vgl. Abb. 3.1).

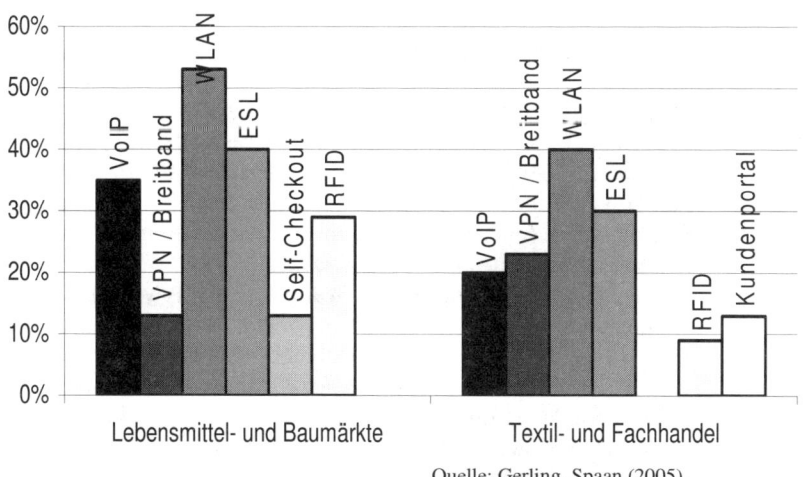

Quelle: Gerling, Spaan (2005).

Abb. 3.1: Geplante mittelfristige IT-Investitionen im Handel

IT als kritischer Erfolgsfaktor

Die Erkenntnis, dass die Informationstechnik zu den kritischen Erfolgsfaktoren der Handelsunternehmen zählt, hat sich im Handel weitgehend durchgesetzt, wenngleich sich die IT-Verantwortlichen zunehmend im Budget-Rechtfertigungsdruck sehen (vgl. Kapitel 8). Vor diesem Hintergrund lässt sich nachvollziehen, dass die strategischen IT-Projekte vor allem im Bereich der Kernfunktionalitäten angesiedelt sind. Integration und Harmonisierung der Warenwirtschaftssysteme, Erweiterung und Umstellung der Zentralwarenwirtschaft, Prozessoptimierung und Lieferantenanbindung per EDI – dies sind die Projektprioritäten, die von Topmanage-

Höhe des IT-Budgets

ment und den Verantwortlichen der Zentralsysteme in gleichem Maße genannt werden. Auch die Anbindung der Filialen über VPN-Systeme gehört zu den strategischen Projekten.

Die Höhe der gesamten IT-Budgets liegt je nach Betrachtungsweise bei durchschnittlich 1 bis 1,5 % vom Bruttoumsatz (vgl. hierzu auch die Ausführungen in Kapitel 8). Gemessen am gesamten Einzelhandelsumsatz im engeren Sinne werden somit etwa vier Milliarden Euro jährlich für Informationstechnik im Handel ausgegeben. Darin enthalten sind interne Personalkosten sowie die Ausgaben für Hardware, Software und externe Dienstleistungen. Die Spanne für IT-Budgets ist groß: Sie reicht von 0,3 Prozent im Minimal- bis weit über 2 % im Maximalfall.[273] Gerade die renditestarken Unternehmen investieren tendenziell mehr in ihre Informationstechnik als der Durchschnitt der Branche, auch wenn der Unternehmenserfolg nicht zwingend mit den IT-Investitionen korreliert.

Zentral-Warenwirtschaft

Bedeutung der Warenwirtschaft

„Die Warenwirtschaft ist das Herzstück der Administration in einem Handelsunternehmen; nur aus der Warenwirtschaft resultieren Gewinne."[274] Mit diesem Satz verdeutlicht Erwin Conrad, der langjährige Chef und Aufsichtsratsvorsitzende der Metro-Gruppe, der maßgeblichen Anteil an dem Wachstum zum zweitgrößten europäischen Handelskonzern hatte, die Bedeutung der Warenwirtschaft für den Handel. Leistungsfähige Warenwirtschaftssysteme (WWS) bilden einen entscheidenden Erfolgsfaktor für Handelsunternehmen, da sie die Bereitstellung entsprechender operativer und strategischer Informationen ermöglichen.[275] Ihnen kommt eine dominante Stellung als Informationslieferant zu, da sie im Idealfall Daten aus allen Unternehmensbereichen bündeln.

Dabei spielt das Warenwirtschaftssystem als zentrales Softwaresystem im Handel analog zum Produktionsplanungs- und -steuerungssystem in der Industrie die entscheidende Rolle bei der Informationsbeschaffung und dem Datenaustausch. Der Zustand und die Qualität eines Warenwirtschaftssystems determinieren in hohem Maße den Erfolg eines Handelsbetriebs und wirken sich durch systemimmanente Restriktionen nachhaltig auf die Strategie- und Organisationsgestaltung eines Handelsunternehmens aus. Das Warenwirtschaftssystem repräsentiert die warenorientierten dispositiven, logistischen und abrechnungsbezogenen Prozesse für

---

[273] Vgl. Gerling, Spaan (2005), die als durchschnittliches IT-Budget 1,09 Prozent vom Umsatz angeben. Vgl. hierzu auch die Angaben in Kapitel 8.
[274] Erwin Conrad, zitiert nach o.V. (LZ) (1989), S. 4.
[275] Vgl. auch Vering (2002), S. 4; Weber (2002a).

die Durchführung der Geschäftsprozesse des Handels. Als Erweiterung ist das Handelsinformationssystem zu sehen, das zusätzlich zu den Aufgaben des Warenwirtschaftssystems betriebswirtschaftlich-administrative und Auswertungsfunktionen unterstützt. Abb. 3.2 verdeutlicht anhand des Handels-H-Modells die Zusammenhänge zwischen beiden IT-Systemen.

Unterscheidung WWS und HIS

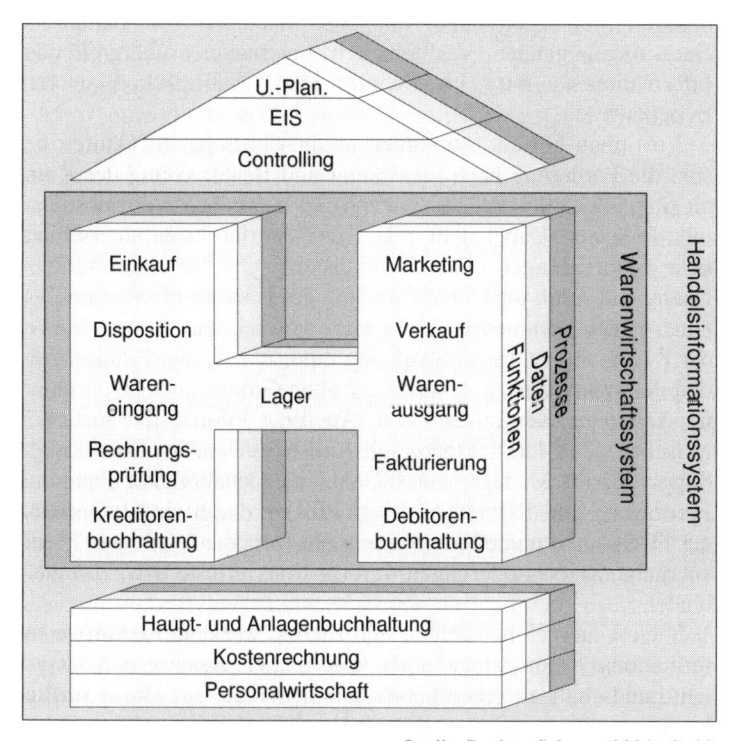

Quelle: Becker, Schütte (2004), S. 46.

Abb. 3.2: Verhältnis von Warenwirtschafts- und Handelsinformationssystem

Je nach Handelsbranche und Handelsstufe zeigen Warenwirtschaftssysteme unterschiedliche Grundausrichtungen und bieten verschiedene Zusatzfunktionen. Systeme für den Einzelhandel bieten beispielsweise tendenziell Möglichkeiten der Kassenanbindung und Personaleinsatzplanung (siehe auch Filial-WWS). Im Großhandel müssen Funktionen wie Lager- und Tourenverwaltung, effiziente Abwicklung des Kundenauftragsprozesses oder der Telefonverkauf von der Software unterstützt werden.

Ebenso wie der Handel selbst hat auch die IT im Handel eine vielfältige Entwicklung in den letzten Jahrzehnten durchlaufen.

Historisch bedingte Individualsoftware

Auf Grund der Komplexität der betrieblichen Praxis haben sich in der Vergangenheit vor allem unternehmensspezifische Softwaresysteme, so genannte Individualsoftwaresysteme, verbreitet. Es findet sich derzeit noch in vielen Handelsunternehmen eine heterogene, von Insellösungen für einzelne Funktionsbereiche geprägte IT-Landschaft mit vielen mehr oder weniger gut dokumentierten Eigenlösungen. Dies führt zu ineffizienter, da redundanter Datenhaltung, Mehrarbeit durch doppeltes Eingeben von Daten und einer ungenügenden Verfügbarkeit unternehmensübergreifender Informationen mit im schlimmsten Fall inkonsistentem Berichtswesen.

Forderung nach Flexibilität

Vor allem bei der Abbildung organisatorischer Strukturen besitzt die Forderung nach Flexibilität und Beherrschung der Komplexität, speziell vor dem Hintergrund der hohen Vertriebsdynamik, Relevanz. Dabei stellt u. U. jeder Vertriebskanal unterschiedliche Anforderungen an den Zentralisationsgrad der Organisationslösung und somit die Datenstrukturen des Handelsinformationssystems. Hinzu kommen u. a. das stark gewachsene Datenvolumen, der Zwang zur zentralen Steuerung unterschiedlicher Filialformate und der Wunsch nach Ablösen der alten Großrechner-IT durch eine skalierbare Kerninfrastruktur. Auch der Informationsaustausch zwischen den Marktpartnern soll – insbesondere im Kontext von Supply Chain Management (SCM) und Collaborative Planning, Forecasting and Replenishment (CPFR) – durch eine Integration der IT-Systeme unterstützt werden, um Doppelerfassungen, Medienbrüche, Zeitverzögerungen, Informationsverluste usw. zu unterbinden.

Zukünftige Informationsstrategie

Viele Unternehmen fragen sich zurzeit, wie eine zukünftige Informationssystemstrategie unter Ablösung der heterogenen Altsystem-Landschaft aussehen kann, denn selbst die am Markt verfügbaren „großen" und integrierten Handelsinformationssystem-Lösungen decken nicht immer alle erwünschten und benötigten Funktionalitäten von Handelsunternehmen ab. Daher stellt sich derzeit noch für viele Handelsunternehmen die Frage nach dem „Make or Buy".

Gründe für Eigenentwicklung

Es sprechen einige Gründe für die eigene Entwicklung der Software wie z. B. intern realisierbare Erweiterungswünsche, Unabhängigkeit von Softwarehäusern und maßgeschneiderte Prozessgestaltung. Darüber hinaus herrscht die weit verbreitete Meinung vor, dass bei Einsatz von Standardsoftware die Abläufe zwangsläufig an die Software angepasst werden müssten (Prozessveränderung). Inwieweit unternehmensindividuelle Besonderheiten durch Standardsoftware abgebildet werden können, hängt allerdings in hohem Maße von der Softwareveränderlichkeit ab. Hierunter wird bei Standardsoftware die Möglichkeit verstanden, durch Parametervariation (sog. Customizing) Alternativlösungen in der Software einzustellen. Insbesondere bei den „größeren" Handelsinformationssystemen ist die Parametrisierbarkeit als sehr gut anzusehen. Natürlich existieren die größten Freiheitsgrade in der Prozessgestaltung bei der Individualentwicklung von Software, da die organisatorischen Abläufe in vollem Maße berücksichtigt werden können. Es ergibt sich allerdings oft bei einem organisatorischen Wandel nach Einführung der Individualsoftware ein Anpassungsproblem, wenn bei dieser kein Parametrisierungsspielraum für Veränderungen vorgesehen ist. Hier hat die Standardsoftware gegenüber einer Individuallösung klare Vorteile, da sie von vornherein für unterschiedliche Abläufe konzipiert wurde und – im einfachsten Falle – durch Parametervariation geänderte Prozesse im Unternehmen abbilden kann.

Die Entwicklungen der vergangenen Jahre – nicht zuletzt wegen der schmerzhaften Erfahrungen mit Eigenentwicklungsversuchen in einigen Handelshäusern – zeigen, dass es einen deutlichen Trend zur Standardsoftware gibt. Einerseits haben die am Markt verfügbaren Warenwirtschaftssysteme mittlerweile eine Funktionsbreite und -tiefe erreicht, die in vielen Bereichen eine gute bis sehr gute Abdeckung der Anforderungen erlauben. (Das internationale betriebswirtschaftliche Know-How, das in die Entwicklung vieler Standardsysteme geflossen ist, kann kaum durch eine Eigenentwicklung auf- bzw. überholt werden.) Andererseits fehlen echte Alternativen, auch wenn umfangreichere Anpassungen der Standardsoftware wie beim KarstadtQuelle-SAP-Projekt mit hohem Eigenentwicklungsanteil erforderlich werden. In einem Handelsunternehmen mit der begrenzten quantitativen und qualitativen Kapazität der meisten DV-Abteilungen kann das finanzielle Wagnis einer eigenen WWS-Entwicklung kaum noch eingegangen werden. In Trendanalysen wird mittelfristig ein Absinken des Anteils an Individuallösungen auf unter fünf Prozent prognostiziert.[276] Dennoch sind in zahlreichen Handelsunternehmen noch veraltete, teilweise selbst entwickelte Individualsysteme zu finden, die zuweilen älter als 20 Jahre sind. Die Systeme sind hierbei in derartig desolatem Zustand, dass neue Marketingaktionen oder eine Veränderung der Rabattmodi nur unter größtem Aufwand im System abzubilden sind. Nicht selten werden die Kernroutinen nur von einer oder wenigen Personen beherrscht, so dass sich das Unternehmen in Abhängigkeit weniger Angestellter befindet.

Trend zu Standardsoftware

Veraltete Systeme im Einsatz

Derzeit lässt sich der Entscheidungsprozess Richtung Standard-Warenwirtschaftssystem vor allem bei den größeren Handels- und Dienstleistungsunternehmen verfolgen.[277] Zahlreiche Entscheidungen wurden innerhalb der letzten Jahre für standardisierte Waren-

Entscheidungsprozess Richtung Standardsoftware

---

[276] Vgl. Balzert (2001), S. 33.
[277] Vgl. Becker, Vering, Winkelmann (2003c), S. 96 f.

wirtschaftssysteme gefällt: AVA (Retek), Coop Schleswig-Holstein (maxess), KarstadtQuelle (SAP), Rewe Dortmund (maxess) und Tchibo (SAP), um nur einige besonders interessante Projekte in Deutschland zu nennen.

Filial-Warenwirtschaft

Filial-WWS

Ein Großteil der filialisierten Handelsunternehmen betreibt neben dem zentralen Warenwirtschaftssystem zusätzliche Filial-Warenwirtschaftssysteme, die zumeist mit dem zentralen System vernetzt sind. Insbesondere die technologische Weiterentwicklung der Kassensysteme und der im Laden anfallenden Daten haben wesentlich zur Notwendigkeit einer eigenen IT-Lösung in den Betriebsstätten beigetragen. Vom Funktionsumfang sind Filial-Warenwirtschaftssysteme meist deutlich weniger leistungsfähig als Zentral-Warenwirtschaftssysteme. Sie bieten jedoch neben der reinen Abverkaufserfassung auch Bestandsführungs- und Auswertungsfunktionalität.

Notwendigkeit

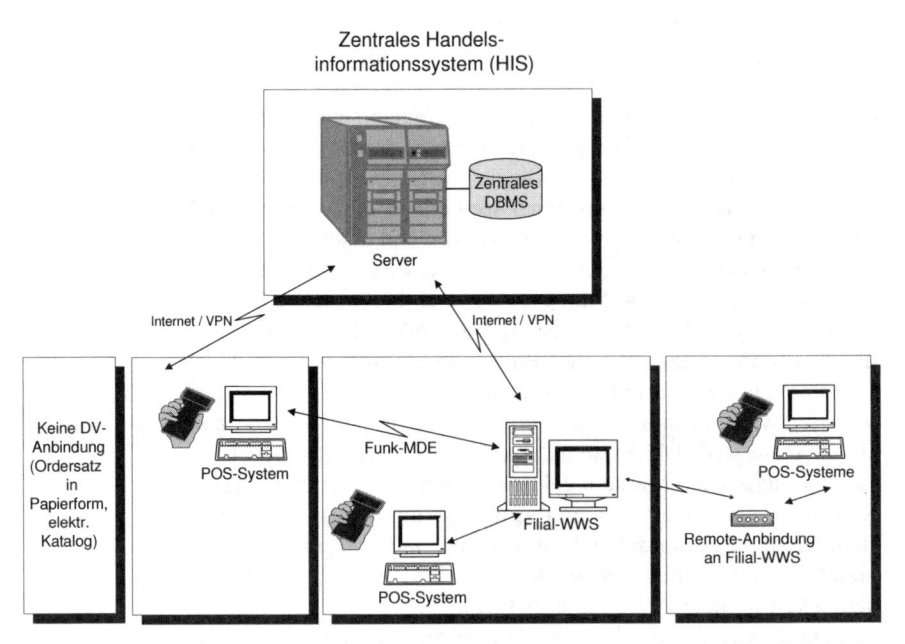

Quelle: Becker, Schütte (2004), S. 434.

Abb. 3.3: Verhältnis von zentralem HIS und dezentralem System

Das Rechnungswesen eines mehrstufigen Handelsunternehmens ist überwiegend zentralisiert. Grundsätzlich steht aber – zumindest logisch – immer mindestens je ein dezentrales Filial- und ein Zentralsystem zur Verfügung, wobei das dezentrale System in der Filiale mit Stamm- und Bewegungsdaten aus der Zentrale versorgt wird und umgekehrt Bewegungs- resp. Abverkaufsdaten durch POS-Upload an das zentrale System meldet. Bei den dezentralen Systemen können folgende unterschiedlichen Integrationsgrade zwischen beiden Systemarten unterschieden werden (vgl. Abb. 3.3):[278]

Integrationsgrade

- Keine DV-Anbindung,
- reines POS-System ohne Filialwarenwirtschaft,
- Kombination von Filial-Warenwirtschaft und POS-System,
- Remote-Anbindung der Filiale an die Zentral-Warenwirtschaft.

Der Remote-Zugriff auf zentrale Warenwirtschaftssysteme gewinnt vor allem durch die Internet-Technologie und Intranet-Lösungen an Popularität. Einige Warenwirtschaftssysteme können vollständig über handelsübliche Browser bedient werden, so dass die Installation von Software in der Filiale entfällt.

Beispiel: Technologie am POS im Wandel der Zeit

Die Technologie am Point-of-Sale (POS) hat sich seit Gründung der Bundesrepublik Deutschland erheblich verändert. Die ersten Kassen"systeme", die eingesetzt wurden, waren große, schwere Maschinen oberhalb der Geldschatulle. Der Kassierer musste einen seitlichen Hebel drücken, um Informationen einzugeben. Spätere Versionen zeigten den Preis deutlich sichtbar sowohl für den Kunden als auch den Kassierer. Schließlich waren mechanische Register in der Lage, Artikelpositionen zu drucken, die Summe auszugeben und das Wechselgeld auszurechnen.

Beispiel POS-Technologie

In den 60er-Jahren wurden die ersten elektronischen Kassen eingeführt. Mittels Leuchtbalken wurden die Preisangaben angezeigt. Elektronische Kassensysteme waren die zentrale Grundlage, um Manager mit aktuellen Reports zu versorgen und die Effizienz am POS zu steigern. Sie legten den Grundstein zu heutigen effizienten Kassiervorgängen nebst Cash-Handling und Kreditkartenabrechnung, verbessertem Inventory Management und verringertem Betrug an der Kasse. Mit dem Aufkommen der Scanner an den Handelskassen Mitte der 70er-Jahre wurde ein neuer Meilenstein der POS-Technologie eingeführt und mit ihm der EAN-Strichcode. Mit der Zunahme der Scannerkassen im Handel wurden die über Scanner ermittelten Abverkaufsdaten bereits Anfang der 80er-

Historie

Scanner

---

[278] Vgl. Becker, Schütte (2004), S. 433 ff.

> *Jahre für die professionelle interne, aber auch die Firmen übergreifende Marktforschung interessant (vgl. Abb. 3.4). Der Datenpool MADAKOM entstand als CCG-Panel, später kamen Panel von A.C. Nielsen und der GfK hinzu.*

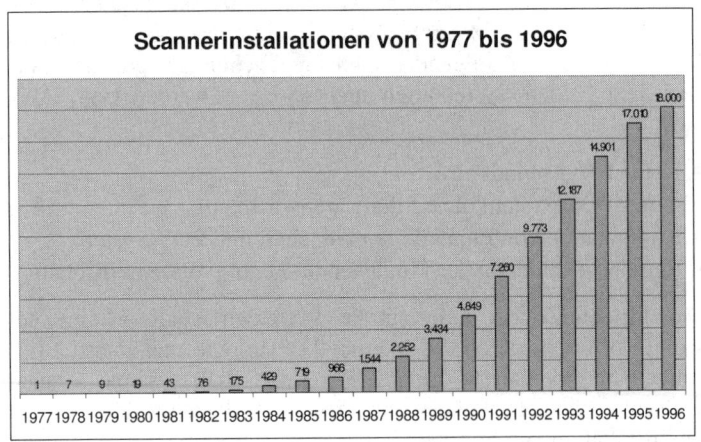

Scannerinstallationen von 1977 bis 1996

Balkendiagramm mit Werten: 1977: 1; 1978: 7; 1979: 9; 1980: 19; 1981: 43; 1982: 76; 1983: 175; 1984: 429; 1985: 719; 1986: 966; 1987: 1.544; 1988: 2.252; 1989: 3.434; 1990: 4.849; 1991: 7.260; 1992: 9.773; 1993: 12.187; 1994: 14.901; 1995: 17.010; 1996: 18.000.

Quelle: Lambracht (2001), S. 130.

Abb. 3.4: Scannerinstallationen – Entwicklung von 1977 bis 1996

Vorteile des Scanning

Scanning bietet auch im Hinblick auf das Filial-Controlling zahlreiche Vorteile gegenüber dem manuellen Erfassen von Ware (vgl. auch Tab. 3.1):

- *Verbesserte Genauigkeit,*
- *erhöhte Kundenzufriedenheit durch höhere Geschwindigkeiten,*
- *Zuverlässigkeit der Warenerfassung sowie detaillierte Auflistung auf dem Bon,*
- *Zeit- und Arbeitsersparnis, insbesondere in Kombination mit EAN-Codes, da auch bei fehlendem Preis die Ware erfasst werden kann,*
- *verbesserte Waren- und Finanzkontrolle,*
- *tag- und minutengenaue und aktuelle Kassendaten pro Filiale und Kasse,*
- *sofortiges Feedback bei Promotions in Test-Märkten.*

State-of-the-Art

Heute von den Herstellern vertriebene Scanner sind bereits als Hybrid-Scanner konzipiert, die sowohl drahtlose RFID-Funkchips als auch Barcodes lesen können. Handheld-Scanner - zum Beispiel für die Baumarkt-Kasse, bei der es auf Grund der Artikelgröße auf

Beweglichkeit ankommt - werden mit Bluetooth-Anbindung ausgestattet.

Anwendungs-fall	Wesentliche Informationselemente		Auswertungs-instrumente
	Filiale	**Zentrale**	
Neue Produkte Plan-/Ist-Vergleich	• Artikelstamm • Datum • Abverkauf-Ist • Filialidentifikation	• Artikelstamm • Abverkauf-Plan • Zeitraum	• Plan-Ist-Abverkauf • Exception-Report [Plan/Ist] • Sortimentspflege
Produkt-vergleich	• Artikelstamm • Datum • Abverkauf-Ist • Filialidentifikation	• Verknüpfung Artikelstamm [Alt/Neu] • Zeitraum	• Ist-Artikel [Neu] • Ist-Artikel [Alt] • Exception-Report [Neu/Alt] • Sortimentspflege
Sortiments-reduzierung	• Artikelstamm • Datum • Abverkauf-Ist • Filialidentifikation	• Umsatzanteile • Zeitraum	• ABC-Analyse • Sortimentspflege
Flächenrenta-bilitätsver-besserung	• Artikelstamm • Datum • Abverkauf-Ist • Filialidentifikation	• Filiallayout • Flächenanteile	• Ranking Rentabilität • Sortimentspflege • Layoutpflege
Erhöhung Kun-denbindung	• Artikelstamm • Datum • Abverkauf • Filialidentifikation	• Kundengruppen	• Häufigkeits-analyse (Artikel, Kundengruppe) • Kundengruppen identifizieren • Direct-Mailing
Komplementäre Artikelbezie-hungen	• Kundenbon • Artikel 1,2,...,n • Mengen • Abverkauf-Ist • Filialidentifikation	• "Confidence" (Berechnung)	• Korrelationsana-lysen (Artikel 1,2; Artikel n) • Einkaufsmuster erkennen • Sortimentspflege • Disposition ab-hängiger Artikel

Quelle: Hertel (1999), S. 93.

Tab. 3.1: Anwendungsbeispiele des Scannings

Den elektronischen Kassen mit Leuchtbalken in den 70er- und 80er-Jahren folgten Kassen mit Monitor-Display und eigenem Betriebssystem. Moderne Kassen verzichten teilweise bereits vollständig auf eine wie auch immer geartete Tastatur. Die Kassiererin wird in ihrer Arbeit unterstützt, indem im jeweiligen Prozess nur die unbedingt benötigten Tasten auf dem Touch-Screen-Display angezeigt werden. Viele Aufgaben sind bereits im Kassensystem integriert. Kassiererinnen können beispielsweise an Ort und Stelle Preise überprüfen, Bestände und Lieferungsmöglichkeiten abfragen oder die „schwarzen Listen" für Schecks und andere bargeldlosen Zahlungsmittel aufrufen. Für Informations- und Preisabfragen sowie Kontrollen mussten die Kassierer früher die Marktaufsicht oder einen Kollegen einschalten. Heute kann dieses theoretisch an der Kasse, die direkt mit dem Warenwirtschaftssystem verbunden ist, erledigt werden.

Moderne Kassen erlauben es dem Kunden, bereits während des Scannens seinen Kleingeldvorrat direkt in die Münzeinheit einzuwerfen, die den Betrag umgehend zählt und auf dem Display anzeigt. Das Wechselgeld wird in der besten Stückelung zurückgegeben. Im Tagesablauf wird der über dem erforderlichen Wechselgeldvorrat liegende Bestand an Geldscheinen automatisch von der Banknoteneinheit in eine sichere Transportkassette umgefüllt, wobei das Gerät die Echtheit der Scheine prüft und die Geldbestände zentral registriert. Bargeld muss somit nicht mehr manuell durch das Kassierpersonal gezählt werden. Es verbleibt im System und wird automatisch transportfertig verstaut, ohne dass die Kassiererin damit in Berührung kommt. Die Kassenabrechnung erfolgt per Knopfdruck. Diese Technologie verhindert Fehlbestände, reduziert den Wechselgeldbedarf und erlaubt dem Kunden darüber hinaus das Abheben von Bargeld am Kassenautomaten.

Self-Scanning

Zurzeit wird im deutschen Handel das Konzept Self-Scanning getestet, wie etwa bei Peek & Cloppenburg oder bei der Praktiker Bau- und Heimwerkermärkte AG, Kirkel. Der Lebensmitteleinzelhandel hatte hier vor allem durch den Metro Future Store bereits 2003 erste Anregungen für Self-Scanning-Tests gegeben.

Die grundlegende Bedeutung eines effizienten Kassiervorgangs zeigt das Beispiel Wal-Mart. In den rund 3.000 Läden weltweit werden rund 65 Millionen Scanvorgänge wöchentlich durch rund 600.000 Kassierkräfte abgewickelt. Jede an der Kasse durch effiziente Scanning-Technologie eingesparte Sekunde summiert sich im Laufe der Woche auf rund 18.000 Stunden.

Weitere innerbetriebliche Systeme

Weitere IT-Systeme

Zusätzlich zu den Kernprozessen des Handels, die vom WWS unterstützt werden sollten, gibt es weitere Prozesse, die nicht von allen Systemen abgedeckt werden. Der Nutzen der gesamten Anwendungssystemlandschaft erhöht sich bei Integration der Systeme. Integration bedeutet in diesem Zusammenhang, dass IT-Systeme dieselbe Datenbasis nutzen und eine (weitgehend) automatisierte Kommunikation zwischen den Systemen realisiert ist. Es kann beispielsweise von integrierten Systemen gesprochen werden, wenn die in der Warenwirtschaft erfolgte Faktura automatisch in der Finanzbuchhaltung gebucht wird.[279]

Finanzbuchhaltung

Die *Finanzbuchhaltung* ist Bestandteil des externen Rechnungswesens. Sie dient der Erfassung aller Geschäftsvorfälle zu Rechnungslegungszwecken.[280] Das Marktpotenzial ist trotz des Einsatzes integrierter WWS sehr hoch, da jedes Unternehmen gesetzlich zu einer umfassenden Rechnungslegung gezwungen ist. Dies erklärt auch, warum zahlreiche losgelöste Finanzbuchhaltungsprogramme existieren.[281] Diese bestehen im Wesentlichen aus den Bereichen Haupt-, Anlagen- und Personalbuchhaltung (vgl. Kapitel 7). Tab. 3.2 zeigt ausgewählte Finanzbuchhaltungssysteme.

Hersteller	Produkt
Diamant Software	Diamant/2
Lexware	Lexware financial office
Oracle Deutschland	u. a. Oracle Applications – Financials
Portolan Commerce Solutions (ehemals Carat Software)	Carat
Sage KHK	u. a. Office Line – Modul ReWe
SBS Software	SBS Rewe
Syska	u. a. Syska SQL Rewe
Varial Software	u. a. Varial Finanzbuchführung

Tab. 3.2: Ausgewählte Finanzbuchhaltungssysteme

Die Bedeutung der *Personalbuchhaltung* lässt sich bereits an den im Handel hohen Personalkosten (bis zu 60% der Handlungskosten)[282] erkennen. Dabei sind die Fragen des Personalmanagements als gleichrangige Aufgaben der Unternehmensführung neben Waren- und Logistikmanagement zu sehen: Einsatzplanung und Bedarfsrechnungen, Personalstammdatenpflege und Personalabrechnung werden heute durch moderne Personalplanungssysteme – im Idealfall integriert mit den Warenwirtschaftssystemen – unter-

Personalbuchhaltung

---

[279] Vgl. Schütte, Vering (2004), S. 361.
[280] Vgl. Eisele (1993), S. 3 ff.
[281] Einen Überblick über externe Finanzplanungssysteme geben Schütte, Vering (2004), S. 361 ff.
[282] Vgl. Falk, Wolf (1992), S. 55.

stützt.[283] Die Unterstützung der quantitativen Personaleinsatzplanung durch WWS ist insbesondere in bedienungsintensiven Handelsunternehmen wichtig, da so verkäufergenaue Informationen über Umsatz, Zahl der Kunden, erzielten Durchschnittspreis, erzielte Handelsspanne, Reklamationen uvm. gewonnen werden können. Diese Informationen können für Mitarbeiteranalysen und -beurteilungen herangezogen werden.[284] Tab. 3.3 zeigt ausgewählte Systeme im Bereich Personal.

Hersteller	Produkt
ADP Employer Services	u. a. ADP Payroll
Exact Deutschland	u. a. Exact.ProLohn
Lexware	Lexware lohn office
P&I Personal & Informatik	u. a. LOGA
SBS Software	SBS Lohn

Tab. 3.3: Ausgewählte Personalabrechnungs- und -planungssysteme

CRM

Beim Kundenbeziehungsmanagement, dem sogenannten *Customer Relationship Management (CRM)*,[285] werden meist eigenständige Systeme verwendet, die mit den zentralen Systemen des Handels über Schnittstellen verknüpft sein sollten. Der Individualisierung des Kunden und seiner abnehmenden Loyalität gegenüber einzelnen Unternehmen versuchen Unternehmen mit CRM-Systemen zu beggnen, um einheitlich mit dem Kunden unabhängig vom Vertriebskanal kommunizieren zu können. Die CRM-Systeme halten z. B. fest, wann, wie, wo und durch welchen Verkäufer, Call-Center-Mitarbeiter oder Vertriebler mit dem Kunden gesprochen wurde, was dieser zuletzt gekauft hat und was seine Interessen sind. Zielsetzung der aktuellen CRM-Ansätze ist es, ein geschlossenes System zur Planung, Analyse und Unterstützung der operativen Vertriebs- und Marketingaktionen sowie zum Controlling aller kundenbezogenen Aktivitäten bereitzustellen.[286] Tab. 3.4 führt ausgewählte CRM-Systeme auf.

---

[283] Überblick über Personalplanungssysteme geben Schütte, Vering (2004), S. 368 ff.
[284] Vgl. Feldbauer-Durstmüller (2001), S. 89.
[285] Eine Marktübersicht zu CRM-Systemen bieten Hippner, Martin, Wilde (2001).
[286] Vgl. Fröschle (2001), S. 7.

Hersteller	Produkt
B2 Software	u. a. Facts Enterprise
CAS Software	u. a. CAS genesisWorld
cobra	cobra Adress PLUS
GIS Gesellschaft für Informationssysteme	GIS CRM
iET Solutions (ehem. Applix)	iET Enterprise
Microsoft	Microsoft CRM
ORACLE Deutschland	u. a. Oracle CRM
PAVONE	PAVONE CRM / Sales
Phoenix Software	Phoenix-InfoWare / CRM
ProTeam	orgasales
Sage CRM Solutions	u. a. ACT!
Salesforce.com	Salesforce CRM
SAP	u. a. mySAP CRM
Saratoga Systems	u. a. iAvenue
SSA Global Technologies	u. a. SSA CRM
WICE	WICE CRM-Groupware

Tab. 3.4: Ausgewählte CRM-Systeme

Im Rahmen der Disposition werden heutzutage eigenständige *Dispositionssysteme* angeboten (vgl. Tab. 3.5), die eine Bestandsreduzierung bei gleichzeitiger Optimierung der Warenverfügbarkeit versprechen. Über eine teilweise vollautomatisch agierende Software werden Bestellungen entsprechend erlernter Abverkaufswerte und angenommener Bedarfe ausgelöst.[287]

Dispositionssysteme

---

[287] Eine Marktübersicht über Dispositionssysteme findet sich bei Schütte, Vering (2004), S. 371 f.

Hersteller	Produkt
forseason	prismA
JDA	u. a. E3
Remira Informationstechnik	LogoMate
SAF	u. a. SuperStore

Tab. 3.5: Ausgewählte Dispositionssysteme

Lagersteuerungssysteme

Auch der Prozess der Ein-, Um- und Auslagerung von Ware kann mittels Software, so genannter *Lagersteuerungssysteme*, informationstechnisch unterstützt werden (vgl. Tab. 3.6).

Hersteller	Produkt
CAIB	LAGOS
CIM	PROLAG World
IPS	LASSYpro
ProLogistik	ProLogistik
Salomon Automation	WAMAS

Tab. 3.6: Ausgewählte Lagersteuerungssysteme

Bedeutung der Präsenzpolitik

Vor allem im Einzelhandel ist die Präsenzpolitik von erheblicher Wichtigkeit. Die Art und Weise der Platzierung eines Artikels hat erheblichen Einfluss auf dessen Umsatz. So kommt das EHI in Untersuchungen zu dem Ergebnis, dass bei Discountern die Flächenproduktivität im Kassenbereich etwa fünfmal höher liegt als im restlichen Ladenbereich.[288] In der Praxis wird bei Gondelkopfplatzierung, einer Platzierung am Kopf einer Regalreihe, mit einer 4-12-fachen Absatzmenge gerechnet.[289] Während die Verkaufsraumgestaltung primär in den Ladenbaubereich fällt, werden die Aspekte der Artikelauswahl und Platzierung mit den Begriffen Regaloptimierung oder *Space Management* belegt. Hierbei wird mittels IT-Systemen die Verkaufsfläche unter Ertragsgesichtspunkten optimiert. Eine Übersicht über verschiedene Systeme bietet Tab. 3.7. Die Grundfunktionen derartiger Systeme sind Listungsentscheidungen und Flächenplanungen. Neben der schematischen (Grundriss-) Darstellung der Filiale wird von vielen Systemen auch eine 3D-Ansicht unterstützt, so dass der Planer die Filiale vir-

Space-Management

---

[288] Vgl. Hallier (2001), S. 112 ff.
[289] Vgl. Becker, Schütte (2004), S. 25.

tuell durchwandern kann. Für die Wahrnehmung der strategischen, taktischen und operativen Aufgabenstellungen ist eine Komplettintegration in die IT-Landschaft und eine vollständige Anbindung an das Warenwirtschaftssystem sinnvoll und notwendig.[290]

Hersteller	Produkt
AC Nielsen	Spaceman
JDA (früher Intactix)	u. a. Space Planning
Numerikon	u. a. MoonRack
Picturebox (früher GfK)	Apollo

Tab. 3.7: Ausgewählte Regaloptimierungssysteme

3.1.2 Analyse- und Auswertungssysteme (OLAP)

Besonderheiten des Handels sind – verglichen mit der Industrie – das sehr hohe Geschäftsvorgangsvolumen und die charakteristische große Artikelanzahl.[291] Auffällig sind beispielsweise im Einzelhandel das große POS-Upload-Volumen von bis zu 3,5 Millionen Positionen täglich sowie die Vielzahl an Lagerplätzen, die sich durch multiplikative Verknüpfung von Filialen und Artikeln ergeben.[292] In den größten deutschen Handelsunternehmen werden täglich bis zu 100 Millionen Datensätze an den Kassen erfasst. In durchschnittlichen Lebensmittelketten sind es pro Tag immer noch zwei bis sechs Millionen. Die Auswertung dieser "Datenschwemme" gewinnt für die unterschiedlichsten Geschäftsprozesse stetig an Bedeutung.

Hohes Datenvolumen im Handel

Die in Handelsunternehmen zu verwaltende Datenmenge hat sich in den letzten Jahren stark erhöht. Waren es auch in großen Unternehmen in den 1980er-Jahren Gigabytes und in den 1990er-Jahren Terabytes, fallen inzwischen sogar Petabytes an, die sinnvoll und effizient gespeichert und ausgewertet werden müssen.[293] Nicht nur interne Informationsquellen, sondern auch externe Quellen wie Marktinformationen oder Benchmarking-Daten fließen zu Analysezwecken in Auswertungen ein.

Steigende Datenmenge

---

[290] Einen Überblick über aktuelle Space Management-Lösungen geben Schütte, Vering (2004), S. 373 ff.
[291] Vgl. Hertel (1998), S. 82.
[292] Vgl. beispielsweise Vering (2002), S. 103 ff.
[293] Konkrete Berechnungen der Größe der Datenbank finden sich für mehrere DWH-Beispiele in Kimbal (1996), S. 46 f., 62 f., 79, 116, 123 f., 140 ff., 150 ff., 158 ff.

OLTP System	OLAP System
Aktuelle Daten	Im Wesentlichen historische Daten
Detaillierte Datensätze	Je nach Anwendungsbedarf und Kapazität detaillierte sowie leicht oder hoch aggregierte Daten
„Dynamische" Daten	„Statische" Daten
Wiederholende Prozesse	Ad hoc-Prozesse, unstrukturiert
Vorhersehbares Nutzungsverhalten	Unvorhersehbares Nutzungsverhalten
Unterstützung des operativen Geschäfts	Unterstützung des strategischen Geschäfts
Viele Nutzer auf operativer Ebene	Wenige Nutzer, Entscheiderebene
Lesen und Schreiben	Nur Lesen
Transaktionsgetrieben	Analysegetrieben
Applikationsorientiert	Subjektorientiert

Tab. 3.8: Unterschied zwischen OLTP- und OLAP-Systemen

Überforderung operativer Systeme

Operative Systeme (OLTP-Systeme) wären mit diesen Datenmengen dauerhaft überfordert, da sie dafür geschaffen wurden, schnell auf Daten zuzugreifen und sie auch schnell wieder abzuspeichern. Das insbesondere von CODD 1993 bekannt gemachte OLAP-Konzept (OnLine Analytical Processing) stellt das Gegenstück zum OLTP dar.[294] OLAP ist ein flexibles Analyse-Konzept, um dynamisch auf Daten zuzugreifen und durch den Datenbestand zu navigieren (vgl. Tab. 3.8).

Analysen im Handel

Die im Handel eingesetzten Analysen betreffen alle Unternehmensbereiche und reichen von der Lieferantenanalyse über die Dispositions- und Out-of-Stock-Analyse zur Sortimentsanalyse und personalbezogenen Analyse. Häufig kommen hierbei je nach IT-Architektur und IT-Versorgungsgrad des Handelsunternehmens unterschiedliche Analyse-Tools zum Einsatz (vgl. Abb. 3.5).

---

[294] Vgl. Codd, Codd, Salley (1993).

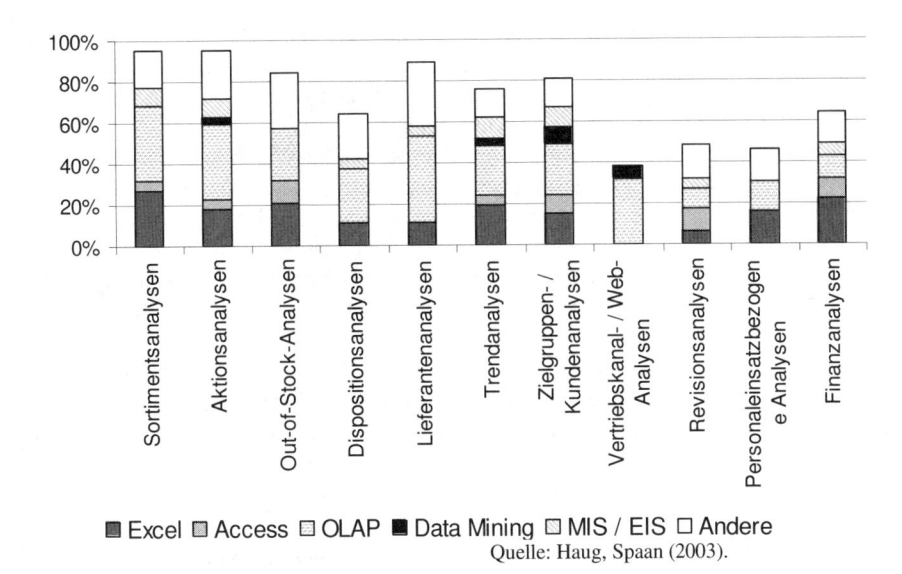

Abb. 3.5: Analysearten und Tools im Handel

Data Warehouse

Um aus den heterogenen Datenquellen universell verwertbare Daten zu gewinnen, ist es notwendig, eine zentrale Datenbank für verdichtete historische Datenextrakte und aktuelle Daten aufzubauen, quasi ein Datenlager (engl.: Data Warehouse, DWH). Es soll Entscheidern innerhalb des Unternehmens in Abhängigkeit von ihrer Aufgabe zur Unterstützung des Entscheidungsfindungsprozesses dienen.[295] Während noch in den 90er-Jahren der Aufbau eines DWH in erster Linie größeren Unternehmen vorbehalten war, wird der Einsatz dieser Technologie bedingt durch den höheren Reifegrad der Anwendungen und deren Preisverfall auch für mittelständische Unternehmen attraktiv.

DWH als zentrale Datenbank

Der Begriff des Data Warehouses geht auf INMON zurück, der darin ein Konzept für eine themenorientierte, integrierte, langfristige und zeitlich variante Datenspeicherung für Management-Entscheidungen sieht.[296] Er vertritt die Auffassung, dass das Data Warehouse ein zentrales Konzept einer Informationssystemarchitektur sei, in dem sowohl aktuelle operative als auch verdichtete historische Daten festgehalten werden sollen, da diese in operativen Systemen nicht gespeichert werden (können) und somit dort nicht zur zentralen Auswertung zur Verfügung stehen. Diese Auffassung hat

Historie

---

[295] Vgl. Kurz (1999), S. 47.
[296] Vgl. Inmon (1996), S. 33.

sich bezogen auf die Eigenschaften als technische Komponente von Informationssystemen weitgehend durchgesetzt.[297] Die Speicherung und Strukturierung der Daten zeichnet sich in Anlehnung an obige Definition wie folgt aus:

Themenorientierung: Die im Data Warehouse für Entscheidungsträger gespeicherten und aufbereiteten Daten haben immer einen Zeitbezug und ergeben sich aus den Informationsbedürfnissen des einzelnen Anwenders. Managementsichten auf die historischen und aktuellen Daten können beispielsweise Verkaufsgebiete, Warenstrukturen oder Divisionen unter Berücksichtigung der Aufbauorganisation beinhalten.

Datenintegration: Da im Data Warehouse als zentralem Speicherort Daten aus unterschiedlichen OLTP-Programmen zusammenfließen, muss eine Konsistenz in Bezug auf Namenskonventionen, Kodierung von Attributen und Maßeinheiten gegeben sein.[298] Daten sind in einheitlicher Weise zu speichern. So erfolgt vor der Datenspeicherung beispielsweise eine Transformation von unterschiedlichen Maßeinheiten wie z. B. Inch in Zentimeter, um somit Daten, die ursprünglich aus verschiedenen Anwendungssystemen und von verschiedenen Anwendungszwecken stammen, miteinander vergleichen zu können.

Beständigkeit: Um zu gewährleisten, dass Daten auch zu späteren Zeitpunkten noch zur Auswertung zur Verfügung stehen, werden diese üblicherweise nur eingelesen und nicht innerhalb der Data Warehouse-Anwendung aktualisiert. Da Leseoperationen die wesentlichen Operationen des Data Warehouse sind, kann dieses darauf hin optimiert werden, was sich insbesondere auf den Datenbankentwurf der dahinter liegenden Datenbank auswirkt.[299]

Zeitliche Varianz: Während die Daten in operativen Systemen stets den aktuellen Zustand der Geschäftsprozesse ausgeben, z. B. Produktbestände, werden im Data Warehouse auch historische Daten festgehalten. Auf diese Weise lassen sich Unternehmensdaten zu bestimmten Zeiträumen rekonstruieren (snapshot data) oder miteinander in Bezug setzen. Zeitreihen sind eine wesentliche Datendimension im Data Warehouse.

---

[297] Vgl. Holten, Rotthowe, Schütte (2001).
[298] Vgl. Inmon, Hackathorn (1994), S. 5 ff.
[299] Vgl. Holten, Rotthowe, Schütte (2001) sowie Inmon (1996), S. 92 ff.

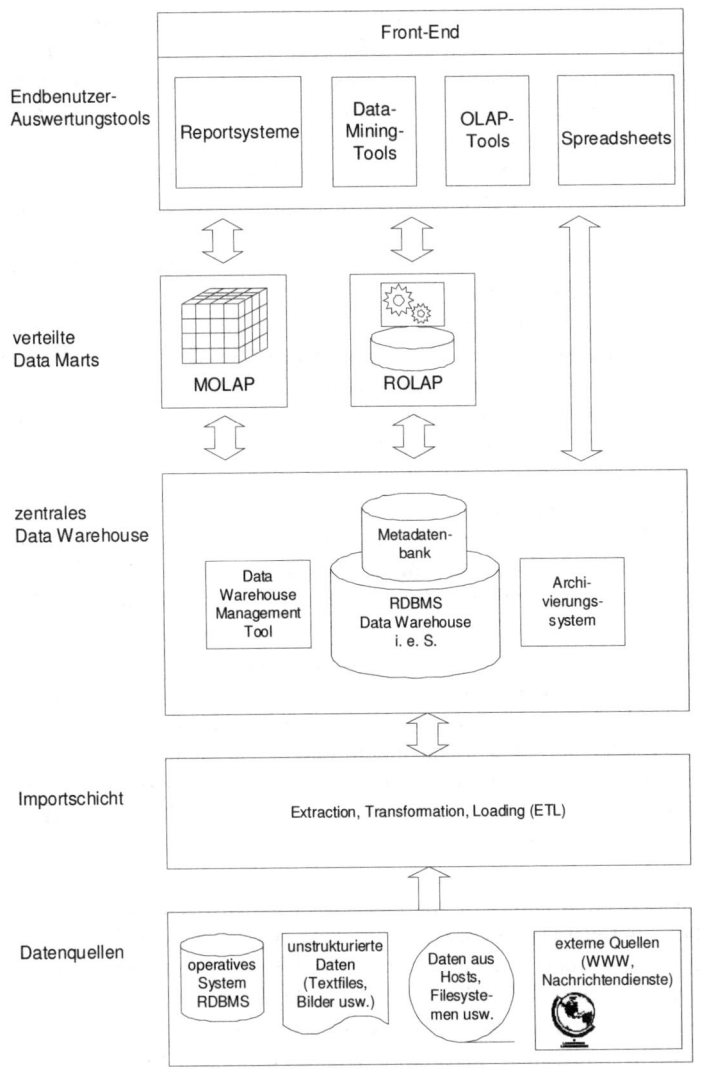

Quelle: Holten, Rotthowe, Schütte (2001), S. 8, in Anlehnung an Bookjans (1997), S. 67.

Abb. 3.6: Data Warehouse-Architektur

Um seinen betriebswirtschaftlichen Nutzen gewährleisten zu können, muss das Data Warehouse als zentrales Datenhaltungsinstrumentarium in die betriebliche, zumeist heterogene Informationssystemlandschaft eingebunden werden. Dazu müssen Schnittstellen zu den operativen Systemen gebildet werden, um deren Daten in das Data Warehouse zu überführen. Zur Durchführung werden

ETL

hierzu so genannte Extraktions-, Transformations- und Lade-Tools (ETL-Tools) eingesetzt, die dafür sorgen, dass die Daten korrekt aus den operativen Systemen ausgelesen und entsprechend dem Grundsatz der Integrität transformiert im Data Warehouse gespeichert werden. Darüber hinaus müssen ergänzend zum eigentlichen Data Warehouse-System geeignete Werkzeuge zur Analyse und Präsentation der Daten für das Management bereitgestellt werden. Das Gesamtkonzept ist somit als Mehrschichtenarchitektur zu verstehen, bei der das Data Warehouse den zentralen Kern bildet.

Mehrschichtenarchitektur

Datenquellen-Schicht

Datenquellen-Schicht: Auf unterster Ebene befinden sich die Online-Transaction-Processing(OLTP)-Systeme. Dieses sind transaktionsorientierte Datenbanksysteme für den täglichen Geschäftsablauf, bei denen vor allem ein schneller Datenzugriff auf Einzelsätze im Vordergrund steht. Da sich die Datenbestände laufend ändern, wird nur der aktuelle Zustand der Daten gespeichert. Eine Archivierung historischer Datenbestände ist nicht oder nur in geringem Maße vorgesehen. Zu den OLTP-Systemen zählen im Handel das Warenwirtschaftssystem und die betriebswirtschaftlich-administrativen Systeme der Finanzbuchhaltung, der Kostenrechnung und der Personalwirtschaft. Auch elektronische Scannerkassen- oder E-Commerce-Systeme können dieser Kategorie zugerechnet werden. Da diese in der Regel nicht einfach ersetzt oder in neu entwickelte Systeme integriert werden können, ist eine Extraktion der Daten und eine zentrale Speicherung im Data Warehouse notwendig, um dem Management eine einheitliche Sicht auf den Unternehmensdatenbestand zu gewährleisten.[300] Auch andere (externe) Daten beispielsweise aus dem Internet und aus Marktforschungsinstituten kommen als Datenquelle in Betracht.

Importschicht

Importschicht: Die aus den Datenquellen stammenden Daten müssen ihren Zwecken entsprechend selektiert, transformiert und bereinigt werden, bevor sie in das Data Warehouse importiert bzw. geladen werden können. Verantwortlich hierfür ist die Extraction-, Transformation- und Loading (ETL)-Schicht. Die ETL-Prozesse werden periodisch, z. B. wöchentlich, mit einer Anzahl von vordefinierten Aufgaben ausgeführt. Der ETL-Prozess kann daher in Definitions- und Ausführungsprozess unterteilt werden.

DWH und Data Mart Schicht

Data Warehouse- und Data Mart-Schicht: Der eigentliche Kern des Data Warehouses besteht aus der zentralen Datenhaltungskomponente. Die zentrale Datenhaltungskomponente wird auf Grund ihres Umfangs und den daraus resultierenden Anfrage- und Suchzeiten häufig um ausgelagerte, adressatenspezifische Datenbestände ergänzt. Diese so genannten Data Marts stellen kontextspezifisch benötigte Extrakte der umfassenden Datenbestände des Data

---

[300] Vgl. Kurz (1999), S. 612 f.

Warehouses dar.[301] Darüber hinaus befindet sich in der Data Warehouse-Schicht auch eine Metadatenbank, die zentrale betriebswirtschaftliche und DV-technische Informationen über den Datenbestand des Data Warehouses speichert. Diese werden zur Bearbeitung von Anfragen und zur Navigation im Datenbestand benötigt.[302]

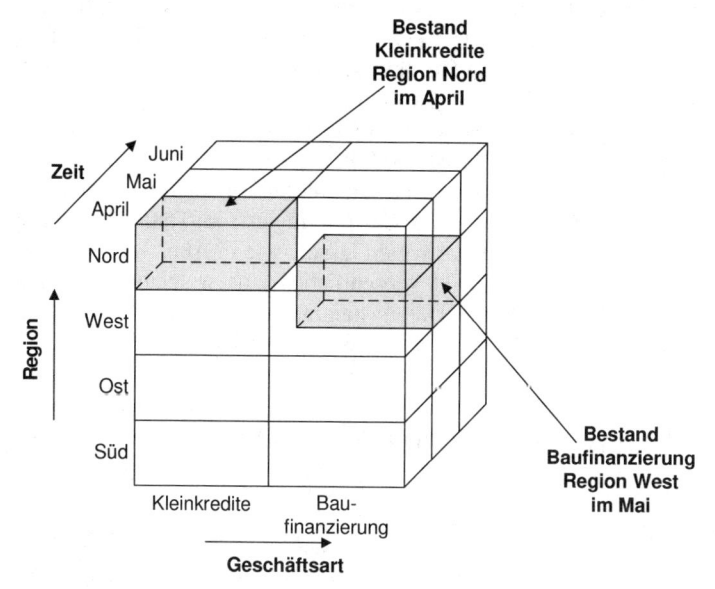

Quelle: in Anlehnung an Holten (1999), S. 51.

Abb. 3.7: Beispiel für OnLine Analytical Processing

Auswertungs- und Präsentationsschicht: Die Architektur wird durch geeignete Komponenten zur Erzeugung und Präsentation von beliebigen für das Management geeigneten Sichten auf die Daten abgerundet.[303] Hierbei können mehr oder weniger starre Reportsysteme oder individuelle Spreadsheets auf Basis von z. B. MS-Excel im Vordergrund stehen.[304] Darüber hinaus gehende Informationsbedürfnisse werden zumeist durch OLAP-Programme befriedigt (vgl. Abb. 3.7).

Auswertungs- und Präsentationsschicht

---

[301] Vgl. Chamoni, Gluchowski (1999), S. 12; Gabriel, Chamoni, Gluchowski (2000), S. 83.
[302] Vgl. Holten (1999), S. 46.
[303] Vgl. Holten, Rotthowe, Schütte (2001), S. 10.
[304] Zum Thema Auswertungen mit MS-Excel vgl. beispielsweise Grob, Babiel (1999), sowie Grob (2001).

OLAP - Konzept

Bei den OLAP-Konzepten werden Möglichkeiten der Navigation durch den Datenbestand angeboten, indem Mitarbeiter verdichtete Daten zu genaueren Analyse disaggregieren (Drill-Down) oder Daten aggregieren (Roll-Up) sowie Berichtsdaten aus unterschiedlichen Perspektiven betrachten können (Pivot). Eine weitere Analysetechnik ist das Betrachten eines Teils eines mehrdimensionalen Datengebildes (Dicing). Hierbei wird beispielsweise ein dreidimensionaler Datenwürfel aus allen Kunden aller Geschäftsarten über alle Jahre gebildet.[305] Über das Dicing wird ein Unterwürfel gebildet, beispielsweise Großkunden der Geschäftsarten 1, 5 und 8 für die Jahre 2001-2004. Beim Slicing wird analog nur eine Scheibe des Datenwürfels betrachtet, also beispielsweise alle Kunden aller Geschäftsarten im Jahre 2004

Auswertungsbeispiel

Bezogen auf die Handels-H-Architektur können typische Fragestellungen, die sich mit Hilfe der (aggregiert) im Data Warehouse gespeicherten Daten beantworten lassen, wie in Abb. 3.8 aussehen. Dabei soll das Handels-H verdeutlichen; aus welchen Bereichen der OLTP-Systeme die Daten stammen, bevor sie in das Data Warehouse überführt wurden.

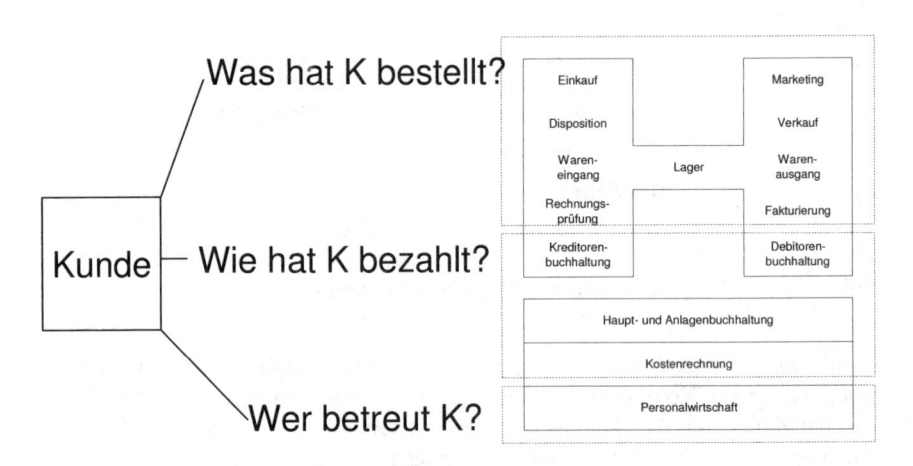

Abb. 3.8: DWH-Datenauswertung am Handels-H-Beispiel

Anwendungsmöglichkeiten von DWH

Die Anwendungsmöglichkeiten und Nutzungsgebiete beim Einsatz von Data Warehouses im Handel sind vielfältig: Reporting und Berichtswesen, Planung, Hochrechnungen und Simulationen, Einsatz von Performance Measurement Methoden, Standortanalysen,

---

[305] Der Begriff „Datenwürfel", der sich neben dem Begriff „Datenquader" in Bezug auf OLAP-Systeme etabliert hat, ist technisch gesehen nicht korrekt, da vielmehr eine multidimensionale Datenstruktur vorliegt, vgl. Kurz (1999).

demographische Auswertungen, Auswertung von Kundenkarten, Kundenbeziehungsmanagement, Aktionsmanagement, Betrugserkennung, Abschriftenprozess, Lieferantenbewertung uvm.

Untersuchungen des EHI zeigen, dass bereits über die Hälfte der 20 befragten führenden Handelsunternehmen in Deutschland, der Schweiz und Österreich ein DWH implementiert haben (vgl. Abb. 3.9).

Einsatzgrad im Handel

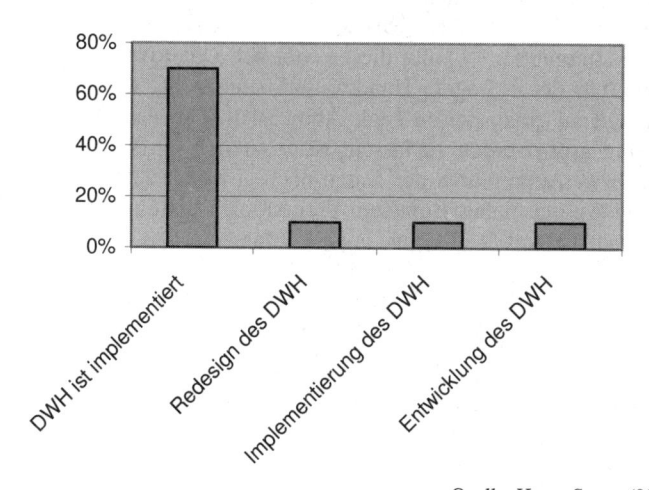

Quelle: Haug, Spaan (2003).

Abb. 3.9: Aktueller Entwicklungsstand von DWH-Projekten im Handel

Vielfach werden Data Warehouse-Anwendungen unter dem Begriff Business Intelligence (BI) zusammengefasst. Die Datenintegration der OLTP-Systeme mit dem DWH durch Standards wie SOAP, ODBC und XML ist in den letzten Jahren deutlich einfacher geworden, so dass die Anzahl an angebundenen Datenquellen zunimmt. Auch werden die Systeme in Bezug auf die Aktualität ihrer Daten immer aktueller. Der Trend geht dahin, nicht nur auf (historische) Datenextrakte, sondern auch auf Live-Daten zuzugreifen. Am Ende dieser Entwicklung steht das Real-Time-Warehouse, heute bereits eingesetzt in der Betrugsentdeckung bei Kreditkartenanbietern und Telekommunikationsunternehmen. Auch bei Dell oder Wal-Mart können Ereignisse automatische Aktionen wie etwa Bestellungen auslösen.

Business Intelligence

Die Dateneinspeisung ist je nach verfolgter Strategie des Unternehmens und der anfallenden Datenmenge sehr unterschiedlich. Im Idealfall werden Bondaten auf Positionsebene abgespeichert,

Datenstrategien

um Warenkorbanalysen und Kundensegementierungen vornehmen zu können. Allerdings ist dieses bei räumlich stark verteilten Unternehmen nicht möglich, wenn eine leistungsschwache Anbindung an das zentrale IT-System einen POS-Upload im Rahmen des normalen Alltagsbetriebs zeitlich nicht schafft. Wenn die Warenkörbe aller Filialen auf Artikel- und Tagesbasis des laufenden und des vergangenen Jahres gespeichert werden sollen, bedeutet dies für ein Unternehmen mit 3.000 Filialen und 10.000 Artikeln bei jährlich 300 Verkaufstagen in zwei Jahren 18 Milliarden Datensätze. Bei 100 Byte pro Datensatz würden sich diese Daten zu 1,8 Terabyte summieren.[306] Trotz dieser enormen Datenvolumina geben über 60 % der befragten Handelsunternehmen an, ihre Bondaten artikelgenau einzuspeisen (vgl. Abb. 3.10). Um das DWH nicht beliebig groß werden zu lassen, ist zusätzlich ein Datenmanagement bzw. Aggregieren der Daten nach gewisser Zeit notwendig. Häufig werden daher Bondaten drei Monate bis ein Jahr gespeichert, auf Artikel-/Tag-Ebene etwa 1-2 Jahre.

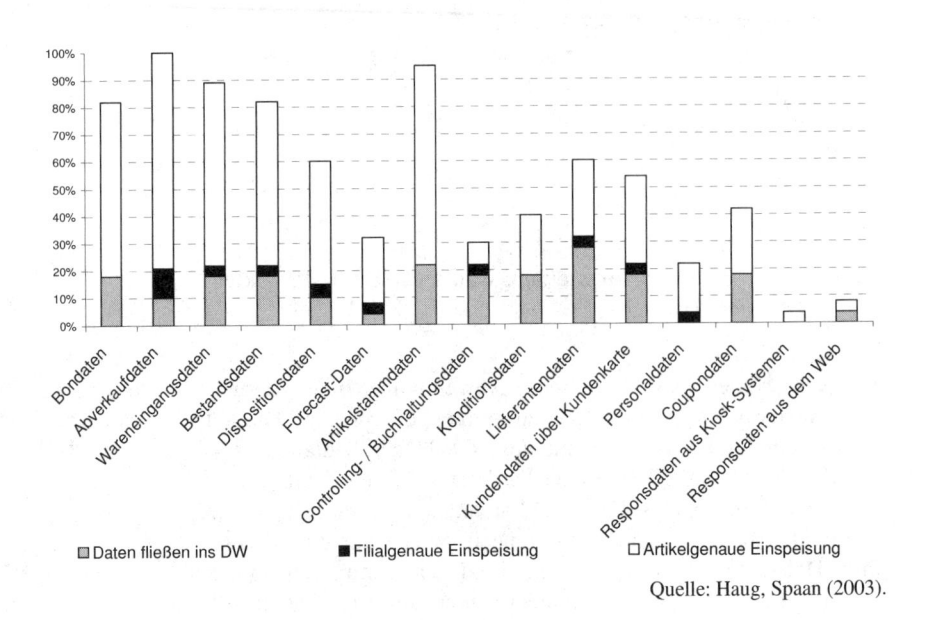

Quelle: Haug, Spaan (2003).

Abb. 3.10: Daten für das DWH

---

[306] Vgl. Hertel (1999), S. 336.

Insbesondere bei Bondaten, die wichtige Aufschlüsse über das Kundenverhalten liefern können, ist die Datenbasis des Handels nicht immer ausreichend. Wichtige K.O.-Kriterien sind:[307]

Problemfall Bondaten

- Eine ausreichende Scannerquote: Häufig werden Einzelartikel an der Kasse über die Gruppentaste registriert, so dass z. B. bei Obst- und Gemüse eine genauere Auswertung nicht möglich ist.
- Eine positionsgenaue Verbuchung des Bons: einige Kassensysteme bieten zwar eine Artikelbestandsführung aber keine artikelgenaue Bon-Speicherung.
- Eine vollständige Datenerfassung: Vor allem schwache Datennetze zwingen zu einer Beschränkung und Aggregation der zur Zentrale gemeldeten Daten.
- Eine Anordnung der Kasse entsprechend dem Analyseziel: Werden in einem SB-Warenhaus Sonderkassen verwendet oder ist keine einheitliche Kassenzone vorhanden, so ist der damit bewirkten Veränderung des Kundenverhaltens Rechnung zu tragen. Dies gilt auch bei Ausgliederungen von Betriebsteilen wie Getränkemarkt, Nonfoodbereich usw.

Die stringente Trennung zwischen operativem System und Data Warehouse verschwindet immer weiter. Die Systeme beziehen zum Teil bereits qualitative, nicht-strukturierte Daten in die Auswertungen ein: Mails, Texte, Grafiken und Aktenvermerke, so dass auch die Workflow- und Groupware-Anwendungen in der Business Intelligence genutzt werden.

Verschwindende Trennung von OLTP und OLAP

Auch wenn sich der Einsatz von DWH-Systemen in vielen Unternehmen durchsetzt, treten dennoch zahlreiche Probleme auf:

Probleme bei DWH-Einsatz

- Unterschätzung der Ressourcen und benötigten Zeit für das Migrieren der Daten aus den operativen Systemen,
- manuelle Überleitungen und Abstimmungsbrücken trotz Automatisierung der Auswertung durch DWH-Grundlagen,
- unvollständige Archivierung, bei der nicht alle Daten vorgehalten werden,
- Zweifel an vorgehaltenen Daten und Aggregationen und Probleme bei der Erklärung von auftretenden Abweichungen,
- wachsende Anforderungen der Benutzer sowie Support- und Schulungszunahme,
- Homogenisierung der Daten nicht oder nur unzureichend möglich,
- Verfügbarkeit unterschiedlicher Zahlen für ein und dieselbe Fragestellung,
- steigender Ressourcenverbrauch durch wachsende Datenmengen.

---

[307] Vgl. o.V. (IBM) (1999), S. 5.

- Zugriffsproblematik (ehemals im OLTP-System nur bestimmten Mitarbeitern zugängliche Daten sind im DWH auch anderen Personen zugänglich),
- lange Einführungsdauer (bis zu 3 Jahre) sowie
- hohe Komplexität bei der Integration in die IT-Landschaft.

Tab. 3.9 zeigt eine Auswahl an leistungsfähigen IT-Systemen für den Aufbau von Data Warehouses.

Hersteller	Produkt
Datanautics	u. a. G2 Platform
Hyperion	u. a. Essbase OLAP Server
IBM	u. a. DB2 Warehouse Manager
Microsoft	SQL Server
MicroStrategy	MicroStrategy 8
NCR	Teradata Warehouse
Oracle	Oracle 10g Database
SAP	SAP BW
SAS	SAS System

Tab. 3.9: Ausgewählte IT-Systeme für das DWH

Data Mining-Systeme

Definition Data Mining

Die oben angesprochene Daten-Nutzung erfolgt meistens benutzergetrieben, d. h. die aufgestellten Hypothesen sind mittels manueller Navigation durch den bereitgestellten Datenbestand zu widerlegen oder zu bestätigen. Neue Erkenntnisse außerhalb des Untersuchungsbereichs können auf diese Weise kaum gemacht werden. Um auch unbekannte Strukturen und Trends zu erkennen, können zusätzlich Data-Mining-Systeme eingesetzt werden.

Data Mining (DM) bezeichnet den Prozess zur Aufdeckung von vorher unbekannten Zusammenhängen und Gesetzmäßigkeiten aus großen Datenbeständen.[308] Das Konzept stammt aus der Statistik zur Analyse großer Datenbestände und ergänzt traditionelle statistische Analysemethoden, die nur bekannte Muster untersuchen. Data Mining kann als integrierter Prozess verstanden werden, der durch „Anwendung von Methoden auf einen Datenbestand Muster

---

[308] Vgl. Mucksch, Behme (1999), S. 18.

entdeckt."³⁰⁹ Unter einem Muster ist eine zusammenfassende, nicht-triviale Aussage über die Datenbasis zu verstehen.³¹⁰

FAYYAD, PIATETSKYSHAPIRO, SMYTH schlagen eine Systematisierung der DM-Methoden anhand der Aufgabenstellung in Datenbeschreibung, Entdeckung von Abhängigkeiten, Entdeckung von Abweichungen, Klassifikation, Regression und Segmentierung vor.³¹¹ Data Mining-Tools versuchen, Muster und Beziehungen zwischen den Daten herzustellen, die wiederum verlässliche Voraussagen ermöglichen sollen. Typische Anwendungen sind Marktsegmentierungen nach bisher unbekannten Sachverhalten, Erstellung von Kundenprofilen, Betrugsaufdeckung, Evaluation von Handelspromotions, Kreditrisikoanalysen uvm.

Systematisierung

Für eine effiziente Informationspolitik sind vor allem Warenkorb- und Kundengruppenanalysen von zunehmender Bedeutung. Ein bisheriger Verzicht auf detaillierte Analysen wurde meist mit Argumenten begründet wie:³¹²

- es besteht bereits ein Kontakt zu dem Kunden,
- Untersuchungen eines Betriebstyps können auch auf andere übertragen werden,
- es bestehen Datenerhebungsprobleme.

Nachfolgend werden Aspekte der Warenkorbanalyse erläutert, da diese auch durch Entwicklungen im CRM- und DWH-Bereich mittlerweile einen hohen Stellenwert genießt.³¹³ Vor allem bei der Orientierung der Sortimente an den Bedürfnissen der Konsumenten besteht besonderer Bedarf an kundenorientierten Informationen, insbesondere Sortimentsverbünden, da bei Elimination eines Sortimentsteils der Umsatzverlust nicht nur auf dieses beschränkt ist.³¹⁴ Vielmehr werden verbundene Sortimentsteile einen Umsatzrückgang erleiden. Der Sortimentsverbund kann unterschieden werden in:³¹⁵

Aspekte der Warenkorbanalyse

- Bedarfsverbund: Berücksichtigung komplementärer Ge- und Verbrauchsgewohnheiten (z. B. Kauf von Videorekorder und Videokassette).

---

[309] Vgl. Bensberg (2001), S. 64.
[310] Vgl. Hukemann (2003), S. 121; Fayyad, Piatetsky-Shapiro, Smyth (1996a), S. 4.
[311] Vgl. Fayyad, Piatetsky-Shapiro, Smyth (1996b), S. 85. Einen guten Überblick bietet Hukemann (2003), S. 121 ff.
[312] Vgl. o.V. (IBM) (1999), S. 1 f.
[313] Vgl. Fischer (1993), S. 2 ff.
[314] Vgl. Möhlenbruch (1992), S. 61 ff.
[315] Vgl. Möhlenbruch (1992), S. 62.

- Auswahlverbund: Berücksichtigung des Substitutionseffektes artgleicher Güter. In manchen Warenbereichen sind auch Bedarfserweiterungseffekte zu erwarten, so dass Konsumenten verschiedene Sorten eines Produktes erwerben.
- Nachfrageverbund: Berücksichtigung von Artikeln, die der Konsument zeitgleich zu kaufen wünscht (z. B. Marmelade und Brot).
- Akquisitionsverbund: Berücksichtigung absatzpolitischer Maßnahmen bei der Zusammenfassung und Bewerbung von Artikeln.

Assoziationsanalyse

Zur Aufdeckung von Beziehungen zwischen Artikeln ist es notwendig, unterschiedliche Informationselemente aus den Warenkorbdaten zu gewinnen. Mittels der Assoziationsanalyse lassen sich herausfinden:[316]

- Die Relevanz oder Anteile von Artikeln bzw. Artikelkombinationen, d. h. der Anteil der Artikel bzw. einzelner Artikel an der Gesamtbonmenge: Ein Auftauchen von Produkt A in 10 von 1000 Fällen entspricht einem Anteil von 1%. Werden die Produkte A und B in 5 von 1000 Bons gemeinsam registriert, so liegt eine Relevanz von 0,5% vor.
- Die Konfidenz oder Abverkaufsverknüpfung von Artikelkombinationen: Betrachtet wird die Häufigkeit, mit der Artikel B verkauft wird, wenn Artikel A verkauft wird. Wenn die Konsumenten Ananas kaufen, dann kaufen sie in 30% der Fälle auch Bananen. Die Konfidenz beträgt also 30%
- Die relative Abweichung oder der Vergleich von Relevanz und Konfidenz: Beim Vergleich des Abverkaufs von Artikel B (Relevanz 0,5%) mit dem Anteil der A-Käufer, die auch B kaufen (Konfidenz 30%), lässt sich feststellen, dass A-Käufer 60 mal häufiger Artikel B kaufen als die Gesamtkundengruppe.

Auf dieser Basis können Regeln unter Berücksichtigung mehrerer Artikel definiert werden, um z. B. festzustellen, dass Kunden, die Bananen und Ananas kaufen, zu 10 % auch Tomaten kaufen. Auf diese Weise können komplexe Nachfrageverbünde aufgespürt werden. Assoziationsanalysen können sich beispielsweise mit Preisen, Mengen, Größen, Farben, Gewichten usw. und deren Kombinationen auseinandersetzen.

Beispiel Baur Versand

Baur Versand ist auf Basis kombinierter Analysen sogar in der Lage, konkurrierende Größen-, Farb- und Produktbestellungen bei Bestelleingang zu ermitteln und entsprechend eine Retourenquote

---

[316] Vgl. o.V. (IBM) (1999), S. 8.

zu prognostizieren.[317] Derzeit halten allerdings viele Einzelhändler wie beispielsweise Globus noch keine Kundendaten vor.[318]

Beispiel: Margenoptimierung nach dem Gesetz der großen Zahlen

Wie effizient moderne IT-Systeme auch bei schwierigen Optimierungsaufgaben unterstützen können, beweist bauMax. Das Baumarktunternehmen, das vor allem in Österreich und Osteuropa tätig ist, hat rund 70.000 Artikel mit einer Umschlaghäufigkeit von 1-4 Mal pro Jahr. Bereits seit einigen Jahren wurden Bondaten und Kundenkarten-Daten gespeichert. Mit dem Ziel eines konzernweiten Management-Informationssystems auf einer einheitlichen Datenbasis sollte gleichzeitig eine integrierte Datamining-Toolbox als Unterstützung für die Preisoptimierung, Aktionsplanung und Kundensegmentierung unter Berücksichtigung der Verbundeffekte realisiert werden. Die einheitliche Datenbasis sollte einfacheren Zugriff auf die Daten ermöglichen, um mehr Transparenz und Effizienz im Reporting zu erzielen. Gleichzeitig wurde eine Erhöhung des Cross-Selling-Potenzials angestrebt, so dass Verbundeffekte zwischen Top- und Zusatzartikeln aufgedeckt werden und das Kundenverhalten besser analysiert werden konnte.

So konnte beispielsweise analysiert werden, dass 71 % der Kunden Katzenstreu preisabhängig einkaufte und der Referenzpreis somit stark nach unten sensibel war, so dass es galt, das Preisniveau möglichst konstant zu halten. Teilweise spielten vor allem Preis und Saison eine hohe Rolle, so dass in Saisonzeiten die Preise höher als in Nicht-Saisonzeiten liegen konnten. Auch Wanderungen von Kundengruppen ließen sich mit den zur Verfügung stehenden Daten mittels Data Mining-Techniken nachweisen. Auf diese Weise lassen sich Wahrscheinlichkeiten ermitteln, mit welcher Häufigkeit Hausbesitzer im Winter renovieren und im Frühjahr Gartenbedarf einkaufen. Mittels der Kundenkarten-Daten können diese Wandereffekte durch gezielte Kundenansprache und Promotions noch verstärkt werden.

Unter Berücksichtigung der Referenzpreise (Preispfade), Preisregeln, Verbundeffekte und der Aktionsplanung gelang es bauMax insgesamt, eine 3,2 prozentige Nettoumsatzsteigerung zu erzielen. Zusätzlich zur Verbesserung der Verkaufsprognose, um Out-of-Stock-Situationen zu vermeiden, konnte die Kundenbetreuung durch gezielte Kundensegmentierung verbessert werden.

Beispiel Data Mining bei bauMax

---

[317] Vgl. Ströhl, Michels (1998), S. 36.
[318] Vgl. Weber (2005a).

Lokale Officeanwendungen und sonstige Systeme

Standard-Berichtssysteme

Zur Informationsversorgung der Führung dominieren in den meisten Unternehmen Berichtssysteme, die systematisch und periodisch zusammengestellte quantitative Informationen als Berichte (Reports) für festgelegte Adressaten aus dem Data Warehouse oder den operativen Systemen generieren. Inhalt der Berichte sind Kennzahlen, die insbesondere mithilfe einfacher Rechenoperationen, deskriptiver statistischer Methoden und normierter Abfragesprachen, wie z. B. SQL, aus den Unternehmensdaten gewonnen werden. Tab. 3.10 gibt eine Übersicht über IT-Systeme, die für die Implementierung und Nutzung von Performance-Management-Konzepten eingesetzt werden können.

Individuelle Auswertungen

Während die Standardberichte im Regelfall durch das Warenwirtschaftssystem und andere Systeme gut unterstützt werden, werden individuelle Berechnungen in den Abteilungen zumeist mit Hilfe von Tabellenkalkulationsprogrammen wie Microsoft Excel oder kleineren Datenbanken wie Microsoft Access vorgenommen. Unterstützt das Warenwirtschaftssystem beispielsweise die Definition der nachträglichen Vergütungen und der Fortschreibung der Bonusberechnungen nicht, so muss der Einkäufer die laufenden Bonusansprüche auf Basis einer Tabellenkalkulation persönlich ausrechnen. Eine Umfrage von PriceWaterhouseCoopers und BVE kommt zu dem Ergebnis, dass über 50 Prozent der Unternehmen der Ernährungsbranche mit einem Jahresumsatz von weniger als 50 Mio. Euro Investitionsbedarf in Softwaresysteme für das Rechnungswesen und Controlling haben. Auf die Frage, welche Software für die Finanzbuchhaltung verwendet werde, wurde nach SAP R/3 am häufigsten Microsoft Excel genannt, was darauf schließen lässt, dass viele, insbesondere kleinere Unternehmen Prozesse der Konsolidierung und des Reportings noch manuell durchführen.[319]

Probleme der individuellen Auswertung

Während die Vorteile wie gute Toolkenntnis der Anwender und hohe Flexibilität in Bezug auf Datenveränderung und Layout offensichtlich sind, werden Probleme wie mangelnde Datensicherheit erst dann für den Laien-Anwender offensichtlich, wenn es zu spät ist. Auch die mangelnde OLAP-Anbindung und der geringe Automatisierungsgrad sprechen gegen lokale Officeanwendungen für Controlling-Zwecke. Untersuchungen von Wirtschaftsprüfern zeigen außerdem, dass 90 % aller Excel-Tabellen fehlerhaft sind.[320] Auch fehlen wichtige Funktionen zur Integration und Konsistenzsicherung von Kennzahlen sowie der Dokumentation und Darstellung von Maßnahmen. Die geringe Skalierbarkeit, d. h. ein man-

---

[319] Vgl. Weber (2004a).
[320] Vgl. Köthner (2004), S. 30.

gelhafter Multi-User-Betrieb, spricht ebenfalls gegen Excel-Lösungen beim Standard-Reporting.

Hersteller	Produkt
4GHI Solutions	Cockpit Communicator
Arcplan	dynaSight
BusinessObjects	BusinessObjects XI
Cognos	Cognos 8 Business Intelligence
CP CORPORATE PLANNING	CP MIS/BSC
Datanautics	Insight 5
Geac	Strategic Planning
Hyperion Solutions	u. a. Performance Scorecard
Hyperspace	HyScore BSC
IDS Scheer	ARIS BSC
Kef	BSC+
MIK	MIK BIS
MIS	Balanced Scorecard
OpenRatings	SB Manager
Oracle	u. a. Oracle Balanced Scorecard
performancesoft	pbviews
Pilot Software	PilotWorks
Procos	Strat&Go Balanced Scorecard
QPR Software	QPR Scorecard
SAP	SAP NetWeaver Business Intelligence
SAS	Strategic Performance Management
Skymark	Path Maker
SQL Power	Power*Dashboard

Tab. 3.10: Ausgewählte IT-Systeme für das Berichtswesen

Häufige neue Anforderungen an das Finanzmanagement und Controlling wie etwa das KonTraG („Gesetz zur Kontrolle und Transparenz im Unternehmensbereich") zwingen zu neuen Auswertun-

Auslöser für individuelle Auswertungen

gen, die in dieser Form noch nicht in den Standardsystemen vorgesehen sind oder deren Einbindung in die Standardsysteme zu teuer wäre. Auch Basel II und der seit Januar 2005 eingeführte International Financing Reporting Standard (IFRS) stehen exemplarisch für die steigenden Anforderungen an die externe Berichterstattung (vgl. Abb. 3.11).

	HGB	EStR	IFRS	US-GAAP
Materialeinzelkosten	Pflicht	Pflicht	Pflicht	Pflicht
Fertigungseinzelkosten	Pflicht	Pflicht	Pflicht	Pflicht
Sondereinzelkosten der Fertigung	Pflicht	Pflicht	Pflicht	Pflicht
Variable Material- und Fertigungsgemeinkosten	Wahlrecht	Pflicht	Pflicht	Pflicht
Fixe Material- und Fertigungsgemeinkosten	Wahlrecht	Pflicht	Pflicht	Pflicht
Allgemeine Verwaltungskosten (herstellungsbezogen)	Wahlrecht	Wahlrecht	Pflicht	Pflicht
Allgemeine Verwaltungskosten (nicht herstellungsbezogen)	Wahlrecht	Wahlrecht	Verbot	Verbot
Sondereinzelkosten des Vertriebs	Verbot	Verbot	Verbot	Verbot
Vertriebskosten	Verbot	Verbot	Verbot	Verbot

Quelle: Barthélemy, Willen (2004), S. 87.

Tab. 3.11: Bewertungsübersichten HGB, EStR, IFRS, US-GAAP

3.2 Externe Datenquellen

Gründe für externe Datennutzung

Der Einzelhandel braucht durch die Nähe zu seinen Konsumenten, aber auch zu seinen Lieferanten, neben den internen Daten externes Informationsmaterial, beispielsweise über Verbraucherverhalten oder Konsumtrends. Idealerweise ist das Kaufverhalten der Konsumenten in quantitativer und qualitativer Weise bekannt, und die soziodemographischen Merkmale der Kunden stehen für strategische Entscheidungen zur Verfügung. In vielen Fällen lassen die internen Daten jedoch nur Analysen über einen kleinen Teil dieser

Informationen zu, die keine vollständigen Rückschlüsse auf den Markt ermöglichen.

Oftmals wird der Industrie die höhere Kompetenz im Bereich der Marktforschung zugeschrieben, da diese vermeintlich einfacher Daten erheben könnte. Dagegen sprechen jedoch die Vorteile einer handelsbetrieblichen Marktforschung:[321]

Kompetenz der Industrie

- Lokale, überschaubare Märkte mit engem Einzugsgebiet-Fokus,
- direkter Kundenkontakt mit leichten Zugang zu Kundenstrukturdaten,
- einfache Informationsbereitstellung über Kunden und Produkte durch Scanner-Technologien am POS ohne zusätzlichen Erhebungsaufwand. Auch Verbundeffekte können dort erfasst werden.

Es stellt sich die Frage, inwieweit externe Daten selbst beschafft oder fremd bezogen werden sollen. Kriterien für diese Entscheidung können sein:[322]

Make or Buy

- Ist die Marktforschungsaufgabe mit internen Ressourcen möglich?
- Fällt ein Vergleich der Kosten-Nutzen-Verhältnisse von make oder buy positiv aus?
- In welchen zeitlichen Intervallen fallen welche Marktforschungsaufgaben an?
- Welche personellen und sachlichen Mittel werden benötigt?

Für oder gegen eine interne Leistung sprechen die in Tab. 3.12 dargelegten Argumente, die umgekehrt natürlich auch für oder gegen eine Fremderhebung der Daten sprechen.

Im Regelfall ist die Beschaffung externer Daten eine Aufgabe, die sowohl vom Handelsbetrieb selbst als auch von externen Dienstleistern wahrgenommen wird. So werden Verbraucher- und Handelspanelinformationen zur Sortimentssteuerung und endverbraucherorientierten Sortimentsoptimierung häufig von Marktforschungsinstituten wie der GfK oder AC Nielsen erworben. Beispielsweise erhält AC Nielsen für das Handelspanel MarketTrack Scannerdaten aller Verkaufsstellen von den Rewe-Schienen Toom, Minimal, HL, Penny und Idea.[323] Auch mikrogeografische Informationen lassen sich extern einkaufen. Das Euro Handelsinstitut (EHI) bietet ebenso wie die Interessensverbände des Handels – etwa der Zentralverband der Gewerblichen Verbundgruppen (ZGV) oder die Industrie- und Handelskammern (IHK) – häufig Studien

Beispiele für externe Datenangebote

---

[321] Vgl. Liebmann, Liebmann (2000), S. 190.
[322] Vgl. Berekoven, Eckert, Ellenrieder (1996); Berekoven, Eckert, Ellenrieder (1996), S. 36.
[323] Vgl. Hofmeister (2005).

zu Spezialthemen des Handels. Auch Unternehmensberatungen veröffentlichen regelmäßig Studien, die Ausgangspunkt für eigene Recherchen sein können.[324]

Vorteile interner Wahrnehmung der MaFo-Aufgaben
+ Domänenwissen und Problembewusstsein + ggf. Einlenken während des Erhebungs- und Auswertungsprozesses + Erkenntnisgewinn und eigene Kompetenzstärkung + keine Kommunikationsprobleme und Reibungsverluste mit externen Unternehmen

Nachteile interner Wahrnehmung der MaFo-Aufgaben
- Methodenkompetenz gering - Betriebsblindheit führt u.U. zu Garbage In, Garbage Out - Interessensgesteuerte Manipulation der Ergebnisse möglich - Wg. Tagesgeschäft langwierigere Ausführung der MaFo

Tab. 3.12: Vor- und Nachteile der internen Durchführung von Marktforschungsaufgaben

PMI bietet mit dem Geo-Code-System ein Mikro-Marketing-Instrument, das dabei unterstützt, Absatzförderungs- oder Vertriebsentscheidungen an den tatsächlichen Potenzialen der Märkte auszurichten. Die Geo-Codes verknüpfen dabei die Leistungskennziffern Marktgröße, Umsatz pro Quadratmeter, Kundentraffic, Kaufkraft und Sozialmillieu miteinander, die wiederum nach Zielen (Cross-Selling-Potenziale, Aktionseinsätze, Produkteinführung, Neukunden gewinnen, Abverkaufssteigerung) gewichtet werden, um so zu Schulnoten für einzelne Märkte zu kommen. Auch TMS bietet mit dem TMS Outlet Monitor ein Promotion-orientiertes Analyse-Instrument, in dem die Kriterien Aktionspreis, Sampling-Kontakte und Abverkäufe von rund 1.600 LEH-Standorten erhoben wurden. Die GfK beobachtet im „Shop-Potential-Index" die Filialen, Sortimente, Warenwirtschaft, Service und Kundenorien-

---

[324] Viele Studien von Unternehmensberatungen werden auf www.lz-net.de dem handelsinteressierten Publikum vom Deutschen Fachverlag kostenlos zur Verfügung gestellt.

tierung vor Ort, um die Verkaufsstellen-Steuerung zu verbessern. Der Filialvergleich soll die interne Vertriebssteuerung des Handels, aber auch die Positionsbestimmung und -kontrolle gegenüber den Wettbewerbern auf nationaler, regionaler oder lokaler Ebene ermöglichen. Die Aufnahme der Kontrollinformationen erfolgt hierbei regelmäßig anonym durch Mitarbeiter der GfK, die beispielsweise überprüfen, ob die Frischeabteilung Frische ausstrahlt oder ob Verpackungsreste den Weg durch den Laden versperren.[325]

Die Quellen für die interne Beschaffung externer Informationen sind über kommerzielle Datenbanken hinaus vielfältig und können je nach Zweck sehr unterschiedlich sein. Beispiele sind:

Quellen für externe Informationen

- Fachzeitschriften und Zeitungen wie beispielsweise die Lebensmittel Zeitung,
- Bücher und Dienste, die Zusammenfassungen von Büchern anbieten,
- Netzwerke und Arbeitskreise,
- Elektronische Archive,
- World Wide Web und Newsforen.

Eine hohe Akzeptanz genießen ebenfalls die verschiedenen in Deutschland stattfindenden Handelstagungen und -messen (vgl. Tab. 3.13).

---

[325] Vgl. Konrad (2005a), S. 33; Konrad (2005b), S. 33.

Messe/Tagung	Veranstalter	Inhalt
Category Management	Euroforum	Kongress mit Inhalten zum Category Management
ECR Europe Conference and Marketplace	ECR	Internationale Efficient Consumer Response (ECR) Tagung
ECR-Tag	CCG/GS1, ECR-D-A-CH	ECR-Tagung
EuroShop, EuroCIS	Messe Düsseldorf, EHI	Handelsmesse
Heimtextil	Messe Frankfurt	Internationale Fachmesse für Wohn- und Objekttextilien
HIS-Tagung/ Handelsinformationssysteme	Universität Münster	Handelstagung mit Fokus auf Warenwirtschaft und Handels-IT
IGW	Messe Berlin	Internationale Grüne Woche Berlin
IMM Cologne	Kölnmesse	Internationale Möbelmesse
Innovationstag Handel	EHI	Handelstagung
Network D@ys	ZGV	Technologietagung des Zentralverbandes gewerblicher Verbundgruppen (ZGV), seit 2004 gemeinsam mit HIS-Tagung
Technologietage	EHI	Konferenz zu Handels-IT-Themen

Tab. 3.13: Ausgewählte Handelstagungen und -messen

3.3 Standardisierung des elektronischen Datenaustauschs

Vielfältiger Datenaustausch

Unternehmen, die Handel betreiben, stehen auf Grund der dabei wahrgenommenen Bündelungs- und Sortimentsfunktion notwendigerweise in einem permanenten kommunikativen Austausch mit

3.3 Standardisierung des elektronischen Datenaustauschs

Herstellern, Abnehmern und anderen Anspruchsgruppen (vgl. Abb. 3.11).[326]

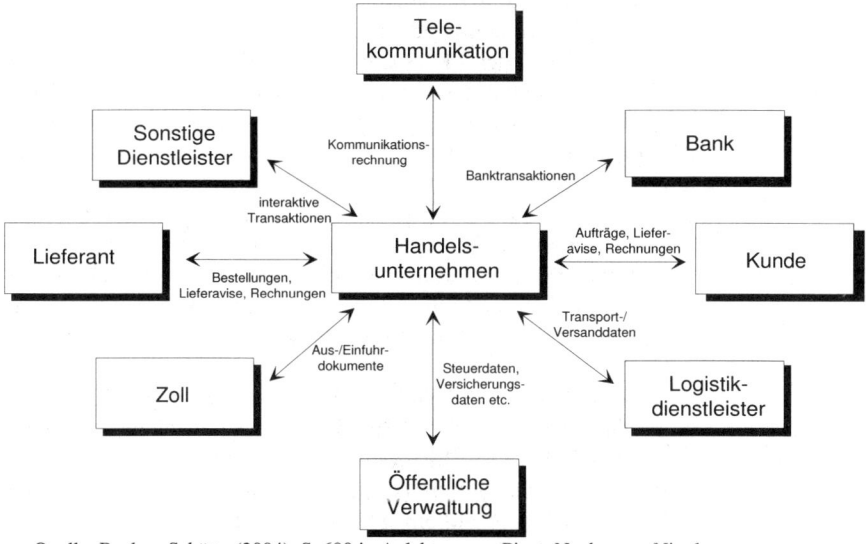

Quelle: Becker, Schütte (2004), S. 680 in Anlehnung an Picot, Neuburger, Niggl (1993), S. 21.

Abb. 3.11: Prozessobjekte zwischen Handelsunternehmen und Marktpartnern

Die große Anzahl an Transaktionen mit externen Partnern birgt durch elektronische Datenübermittlung ein hohes Rationalisierungspotenzial. Zwischen Herstellern und Handel auf der einen Seite sowie Handel und Abnehmern auf der anderen Seite können neben den Artikelstammdaten vor allem Bewegungsdaten wie Bestellung, Auftrag, Lieferschein, Rechnung und Zahlung elektronisch übertragen werden.[327] Der elektronische Datenaustausch (EDI) macht hierbei eine doppelte Erfassung von Bestell- und Lieferdaten in den Computern von Lieferant und Abnehmer überflüssig, da die Transaktion nur dort erfasst werden muss, wo sie erstmalig auftritt. EDI ist ein Vorgehen zum elektronischen Datenaustausch zwischen verschiedenen Anwendungen und Plattformen. Es wurde in den 70er Jahren vom Transportation Data Coordinating Committee (TDCC) eingeführt. Es schuf einen von Lieferanten zu befolgenden Transaktionssatz, um eine elektronische Abarbeitung von Kaufaufträgen und Rechnungen zu ermöglichen. Da leistungs-

Rationalisierung durch Digitalisierun

EDI

---

[326] Vgl. Tietz (1993), S. 13.
[327] Vgl. Schütte, Vering (2004), S. 382 ff.

starke Prozessoren und flexible Dateiformate noch nicht möglich waren, wurden starre Transaktionssätze festgelegt. Diese entsprachen dem Bedarf nach Dateninhalten, Strukturen und Datenabarbeitung. Dieses anfängliche Konzept verursachte Probleme, da Geschäftsregeln firmenindividuell und größenabhängig sind und sich mit der Zeit verändern. Dies war zunächst das größte Handycap für die Durchsetzung von Datenaustauschstandards, obwohl EDI insbesondere geeignet ist für permanent wiederkehrende Aufgaben mit hohem Volumen und zeitkritischen Charakter.[328] Das Datenvolumen ist insbesondere bei den Bestell- und Rechnungsdaten im Rahmen des Beschaffungsprozesses und den Auftrags- und Abnehmerrechnungsdaten beim Distributionsprozess hoch, so dass sich dort der Einsatz von EDI besonders anbietet. Weitere Geschäftsdaten, bei denen die Übertragung per EDI sinnvoll ist, sind Liefer- und Zahlungsavise, Bestandsdaten, Anfragen und Angebote.

Erfolgsfaktor Standardisierung

Entscheidender Erfolgsfaktor für die Integration und Kooperation ist die Standardisierung. Gerade die Möglichkeiten im Handel, unterschiedliche Klassifikationen zu entwickeln bzw. zu fordern, führt zu nur geringer Bereitschaft auf Seiten der Lieferanten, sich auf individuelle Detailkonzeptionen einzulassen. EDI auf Basis von starren, auf Internetprotokollen entwickelten Extranets erfordert eine Extralösung für jeden Geschäftspartner. Der Grund liegt in den von jeder Firma unterschiedlich eingesetzten Plattformen, Anwendungen, Datenformaten (Notationen), Protokollen, Schemata, Geschäftsregeln uvm.

XML

Die extensible Markup Language (XML) bietet eine Lösung für die Standardisierung von EDI. XML ist ein universelles Datenformat, das es Computern gestattet, Daten so zu speichern und zu übermitteln, dass sie von anderen Computern oder Anwendungen „verstanden" werden. Struktur und Inhalt der Daten bleiben gewahrt, die Geschäftsregeln werden separiert, so dass jedes Unternehmen seine eigenen Regeln auf die Daten anwenden kann. Eine Durchsetzung eines spezifischen Standards auf Basis der beschreibenden Metasprache XML hat bislang jedoch noch nicht ausreichend stattgefunden, auch wenn sich die Auswahl der Austauschformate mittlerweile auf wenige Standards verdichtet, was zu einer deutlichen Reduktion der Overheadkosten führt (vgl. Abb. 3.12).[329]
Ein flächendeckendes EDI wird die Beziehung zwischen den Unternehmen und die Beziehung der Unternehmen zu den Kunden nachhaltig verändern. Entsprechend Metcalfe's Law ist der Wert eines Netzwerks proportional zu dem Quadrat der Anwenderanzahl, steigt also überproportional. Die Kombination von In-

---

[328] Vgl. Sedran (1991), S. 17.
[329] Vgl. o.V. (Gartner) (2000).

ternet, Internet-basierten Technologien und XML bietet nicht nur für die Großindustrie sondern auch für den Mittelstand, kleine Unternehmen und Einzelpersonen große Vorteile.

Ist-Situation: Austausch unterschiedlichster Katalogformate

Austausch von Katalogdaten bei Nutzung des Standards

Kunde 1 – Kunde 2 – Kunde 3 – Kunde 4 – Kunde 5

Produktkatalogstandard

Lieferant 1 – Lieferant 2 – Lieferant 3

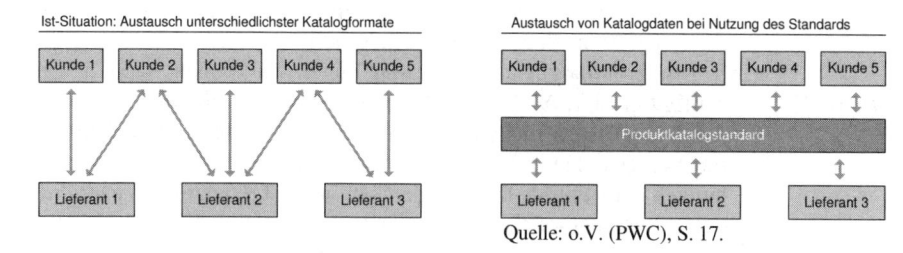

Quelle: o.V. (PWC), S. 17.

Abb. 3.12: Datenaustauschformate bei Katalogdaten

Die starke Verbreitung von XML in Verbindung mit der Nutzung von Internet-Standards als kostengünstige Kommunikationswege verspricht eine gemeinsame sprachliche Infrastruktur als Basis für weitere Standardisierungsvorhaben.

Das folgende Beispiel demonstriert eine der Qualitäten von XML. Die drei nachfolgenden Typen von Meldungsdokumenten stellen Kundendaten aus drei unterschiedlichen Unternehmen dar.

XML-Beispiel

Firma A
```
<person name="Axel Winkelmann" phone= "0251-8338100"/>
```

Firma B
```
<person name="Axel Winkelmann" street address="Leonardo-Campus 3" city="Muenster" zip="48149" phone="0251-8338100"/>
```

Firma C
```
<person name="Axel Winkelmann" phone="0251-8338100" email="info@ercis.de"/>
```

Der jeweilige so genannte XML-Parser analysiert und zerlegt die jeweilige Meldung, um das person-Element und die dazugehörigen Attribute wie Straße, Postleitzahl usw. zu erhalten. „Versteht" eine Anwendung die „Bedeutung" von person und den entsprechenden Attributen, so kann es mit jedem Dokumententyp ohne Modifikation gleich gut arbeiten. Diese Anwendungen funktioniert auch noch, wenn die Firmen ihren Datensatz ausbauen und zusätzliche Informationen wie Geburtsdatum oder Anrede mit aufnehmen. Diese Flexibilität ist einer der Vorteile von XML. Allerdings erreichen XML-codierte Daten auf Grund des Overheads der XML-Tags ein deutlich höheres Übertragungsvolumen als proprietäre Formate, die beispielsweise Komma-separierte Daten in fest vereinbarter Reihenfolge von der Filiale an die Zentrale senden. Proprietäre Formate sind wiederum beim Kassensystemwechsel oder der Integration neuer Systeme hinderlich.

EDIFACT

Um größtmögliche Flexibilität bieten zu können, wird heute häufig ein EDIFACT-Standard in Kombination mit XML verwendet. Die wirtschaftlichen Vorteile einer Standardisierung haben ihren Niederschlag in Regelwerken gefunden, von denen die Bemühungen der Centrale für Coorganisation (CCG), jetzt umbenannt in GS1, den State-of-the-Art des Datenaustausches darstellen. EDIFACT als quasi de-facto-Standard hat sich international etabliert. Allerdings ist der Umfang der auszutauschenden Daten durch Verallgemeinerung des EDIFACT-Konzepts so sehr überfrachtet worden, dass die Bildung von branchenspezifischen Teilmengen des EDIFACT-Standards notwendig wurde. Das EDIFACT-Regelwerk legt eine Syntax fest, in der Datenelemente, Datenelementgruppen, Segmente, Nachrichten, Nachrichtengruppen und Nutzdaten als Konstrukte definiert werden, die durch Trennzeichen und Kennungen voneinander separiert werden. Darauf aufbauend wird für die Geschäftsdaten (Bestellung, Rechnung etc.) definiert, welche Kennung welche Information in welcher Reihenfolge im Datenträgerübertragungssatz identifiziert.

Im Allgemeinen verringern Standardisierungskonzepte den Aufwand der Koordination, wie das Beispiel des standardisierten, elektronischen Datenaustauschs unter Angabe der jeweiligen EDIFACT-Nachrichtentypen beim Vendor Managed Inventory in Abb. 3.13 zeigt. Bei einer bilateralen Lösung werden die Daten i. d. R. über das Stammdatenformat Pricat zwischen den beteiligten Unternehmen ausgetauscht. Die größten Einsparungen sind jedoch bei einem völligen Übergang auf EDI erzielbar, da Unternehmen dann ihre beleggebundenen Vorgänge vollständig abschaffen können.

Hersteller		Handel
	← Lagerbestandsnachricht (INVRPT)	
	Bestellung (ORDERS) →	
	← - - - Bestellantwort (ORDRSP) - - -	
	- - - Liefermeldung (DESADV) - - - →	
	← - - - Wareneingangsmeldung (RECADV) - - -	

Quelle: Pretzel (2004), S. 11.

Abb. 3.13: Optimierung der Supply Chain durch elektronischen Datenaustausch

Während bei individuellen, standardisierten Datenaustauschen die Daten auf bilateraler Ebene direkt zwischen Hersteller und Handel ausgetauscht werden, bietet es sich bei allgemeinen, multilateralen Daten, insbesondere Artikelstammdaten, an, diese in einem zentralen Datenpool zu halten, der sowohl Herstellern als auch Händlern zugänglich ist, so dass diese sich die benötigten Daten herunterladen können.

Zentrale Artikelstammdaten

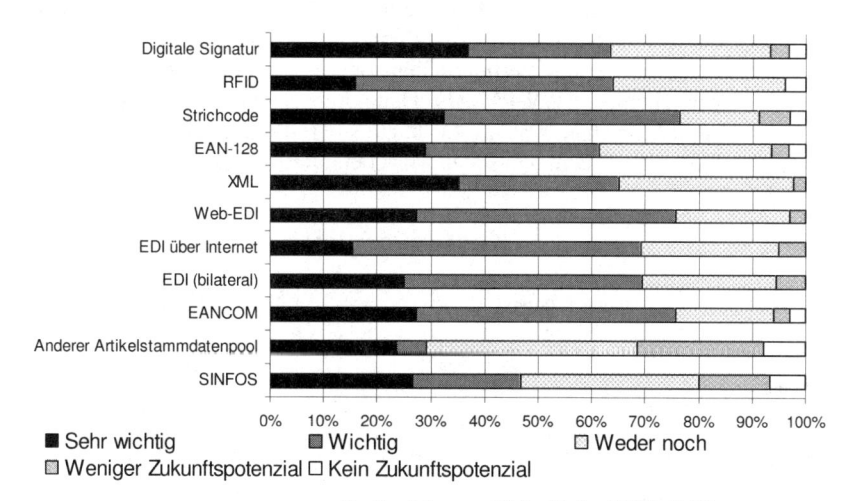

Quelle: Schramm-Klein, Knörr (2003), S. 29.

Abb. 3.14: Bedeutung von Enabling Technologies im Handel

Abb. 3.14 zeigt die Bedeutung von Enabling Technologies insbesondere im Bereich des Datenaustausches auf. Die Untersuchung wurde 2003 am H.I.M.A. durchgeführt. Ein wachsender Teil der Handelsunternehmen beschafft mittlerweile Stammdaten über den zentralen Stammdatenpool SINFOS, dem derzeit etwa 1.000 Händler ihre aktuellen Produktdaten zur weiteren Verbreitung an den Handel zuspielen. Der Aufbau einer zentralen Artikelstammdatenbank stellt eine große und komplexe Daueraufgabe dar, die vor allem für die Akzeptanz von Scannerkassen im Handel wichtige Voraussetzung war.[330] Der Vorteil für den Handel liegt in der Reduzierung des Erfassungsaufwands und der Vermeidung von Fehlern und somit der Verringerung des Fehlerbehebungsaufwands vor allem in den Bereichen Wareneingang oder Rechnungsprüfung. Die Daten werden im SINFOS-Datenpool mehrfach auf ihre Konsistenz geprüft. Händler können sich im Pool selektiv die

Bedeutung von Enabling Technologies

SINFOS

---

[330] Vgl. Sternberg (1988).

GDSN

von ihnen benötigten Daten suchen. Das Einsparpotenzial durch die Nutzung von SINFOS-Daten erweist sich als sehr groß, so dass Handelsunternehmen vermehrt den aufgebauten Dienst in Anspruch nehmen (vgl. Abb. 3.15). Vielfach wird vom Handel auch die kostenlos zugängliche GS1-Datenbank Gepir in Anspruch genommen, bei der mittels EAN-Nummer weltweit Lieferanten ausfindig gemacht werden können. Ziel beim Aufbau zentraler Stammdaten-Datenbanken ist ein globales Netzwerk von Stammdatenkatalogen im Rahmen eines „Global Data Synchronisation Network" (GDSN). Innerhalb von Europa sind die drei wichtigsten Player in diesem Verbund: Transora als Katalog vieler global tätiger Händler, WWRE als Datendrehscheibe zu Händlern wie Ahold, Auchan, Casino, Delhaize sowie El Corte Ingles und SINFOS als auf dem deutschen Markt etablierter Datenpool.

Kostenvergleich

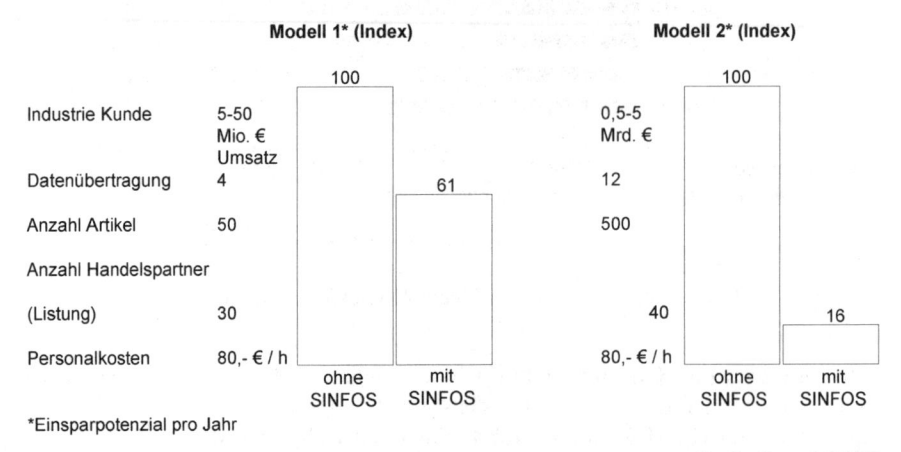

	Modell 1* (Index)		Modell 2* (Index)	
	ohne SINFOS	mit SINFOS	ohne SINFOS	mit SINFOS
Industrie Kunde	5-50 Mio. € Umsatz		0,5-5 Mrd. €	
Datenübertragung	4		12	
Anzahl Artikel	50		500	
Anzahl Handelspartner (Listung)	30		40	
Personalkosten	80,- € / h		80,- € / h	
Indexwerte	100	61	100	16

*Einsparpotenzial pro Jahr

Quelle: Pretzel (2004).

Abb. 3.15: Einsparpotenziale durch SINFOS-Nutzung

3.4 Datenschutz und Datensicherheit

Debatte um Datenschutz

Die technische Leistungsfähigkeit moderner Data Warehouses und die vielfältigen Möglichkeiten des Internets, elektronischen Datenaustauschs und des CRM lassen die Debatte um den Datenschutz und die Datensicherheit nicht erst seit der Verleihung des Big-Brother-Awards an Tchibo für den unberechtigten Weiterverkauf von Kundendaten an Arvato/AZ 2004 oder die LexisNexis-Kundendatendiebstähle 2005 im Handel aufkommen. Der Konsument hinterlässt jeden Tag „Datenspuren" durch Benutzung der Kreditkarte, Vielfliegerrabatte, Kundenkarten, Preisausschreiben, Informationsanforderungen im Internet oder personalisierten Coupons.[331] Eine Umfrage in Deutschland, Großbritannien und den USA ergab, dass sich 70 Prozent der Verbraucher Gedanken um die Verwendung ihrer Daten machen.[332]

In vielen Unternehmen werden die personenbezogenen Daten – häufig nur mit ungenügender Kenntnis über den Datenschutz und mit mangelnder Datensicherheit – immer weiter zusammengetragen, verdichtet und ausgewertet. Dabei meint Datenschutz den Schutz der personenbezogenen Daten bzw. der Personen vor Missbrauch, wohingegen Datensicherheit den Schutz vor Verlust meint. Nicht alle Transaktionen, die technisch möglich und vom Controlling und Marketing zu Auswertungszwecken erwünscht werden, sind mit dem deutschen Datenschutzgesetz vereinbar. Betriebswirtschaftliche Diskussionen sind häufig von ökonomischen Zielen geprägt, weswegen an dieser Stelle auch die rechtlichen Aspekte ohne Anspruch auf Richtigkeit und Vollständigkeit beleuchtet werden sollen, um für straf- und zivilrechtliche Konflikte zu sensibilisieren.

Mangelhafte Sachkenntnis

Datenschutz vs. Datensicherheit

Das Datenschutzrecht baut eine Brücke zwischen dem Besitzrecht an den Daten auf der einen Seite und dem Exklusivitätsrecht der Betroffenen auf der anderen Seite. Es umfasst den Schutz der Vertraulichkeit im Briefverkehr, der Kommunikation sowie von Persönlichkeitsrechten an Wort, Bild und Ton und geht mit zahlreichen Überarbeitungen auf Landes-, Bundes- und EU-Ebene in Teilen bereits auf das Jahr 1970 zurück.[333]

Besitzrecht vs. Exklusivrecht

Grundsätzlich ist jede Art der Verarbeitung personenbezogener Daten verboten. Ausnahmen ergeben sich durch

- die Einwilligung des Betroffenen,
- die Legitimation durch eine gesetzliche Vorschrift oder
- einen Tarifvertrag oder eine Vereinbarung, die die Verarbeitung erlaubt.

Voraussetzung für eine wirksame Einwilligung ist nach § 4a Abs. 1 BDSG eine hinreichende Transparenz der beabsichtigten Datenverarbeitung.[334] Der Konsument muss bei der Einwilligung anhand der mitgeteilten Informationen die Tragweite seiner Entscheidung zur Datenfreigabe erkennen können (Grundsatz der informierten Einwilligung). Ist dies gegeben, so müssen die Nutzung von Kun-

Einwilligung

---

[331] Für eine Auflistung von Art und Umfang der Datenspeicherung einiger Handelsfirmen siehe http://www.daten-speicherung.de/.
[332] Vgl. Jacob, Jost (2003), S. 623.
[333] Vgl. Hoeren (2005), S. 239.
[334] Vgl. Petri, Kieper (2003), S. 610.

dendaten zu Marketing- und Controllingzwecken nicht unbedingt im Widerspruch zum Datenschutz stehen.

Häufig werden Einwilligungen dadurch eingeholt, dass sich der Kunde im Rahmen der allgemeinen Geschäftsbedingungen mit der weiteren Bearbeitung der Daten zu „Marketingzwecken" einverstanden erklären soll. Allerdings ist diese Formel keineswegs ein Freifahrtschein für alle Arten der Datenanalyse, da eine wirksame Einwilligung die Informiertheit des Kunden voraussetzt. Er muss wissen, wozu welche Daten abgefragt werden, welche Daten über ihn gespeichert werden und zu welchem Zweck dies geschieht. Auch die Datenweitergabe muss klar zu erkennen gegeben werden.[335]

Rechtliche Aspekte von Kundenbindungsprogrammen

Viele Kundenbindungsprogramme verwenden die personenbezogenen Daten der Betroffenen zur Bildung von Kundenprofilen (Kaufgewohnheiten usw.). Dabei entstehen mittels Datenanalyse u. a. Aussagen zur Bonität der Betroffenen. Für den Handel und das Dienstleistungsgewerbe gewinnen diese Ratings als Basis für die Bewertung der Kreditwürdigkeit von Kunden eine immer größere Bedeutung. Sie werden insbesondere bei Banken mit dem Verweis auf die neuen internationalen Eigenkapitalregeln (Basel II), aber auch gesetzliche Vorschriften zur Risikovorsorge (insbesondere § 25a Abs. 1 Nr. 1 KWG, § 91 Abs. 2 AktG) als zentrales Instrument des Risikocontrollings angesehen. Die datenschutzrechtlich als personenbezogene Daten zu wertenden Scoringwerte sind für eigene Geschäftszwecke unter Verwendung eigener Daten und expliziter Einwilligung der Konsumenten rechtmäßig, stoßen bei externem Datenbezug jedoch schnell an rechtliche Grenzen. Die Scoringwerte beruhen im Regelfall nicht auf persönlichen, sondern auf statistischen Erfahrungen. Sie sind automatisiert erstellte, in Zahlenwerten zusammengefasste und durch Zuordnung von Person und Wahrscheinlichkeit erhaltene Persönlichkeitsaussagen in Hinblick auf die Kreditwürdigkeit oder Kaufkraft einer Person. Dabei ist dieses Verfahren durchaus größeren Irrtümern unterlegen. Je nach Ermittlungsverfahren schwankt die Wahrscheinlichkeit der Fehlklassifizierung zwischen 5 und 35 Prozent.[336] Die Wahrscheinlichkeit, dass anschließend ein Kreditsachbearbeiter den Irrtum der Prognose erkennt und zu Gunsten des Konsumenten revidiert, ist vermutlich äußerst gering.

Hausinterne Scoringwerte

Der hausintern gebildete Scoringwert ist vorwiegend nach § 28 Abs. 1 Nr. 2 BDSG zu beurteilen. Eine automatisierte Bearbeitung ist danach zur Wahrung eigener Interessen unter der Bedingung der Einwilligung des Betroffenen zulässig. Dass ein berechtigtes Interesse von Versandhandel oder Kreditinstituten an der Reduzie-

---

[335] Vgl. Jacob, Jost (2003), S. 622.
[336] Vgl. Petri (2003), S. 632.

rung von vermögensrelevanten Ausfällen vorhanden ist, wird allgemein anerkannt. Die Erfordernis von Scoringverfahren für diese Zwecke ist jedoch umstritten. Sie hängt letztlich von der Ausgestaltung ab. Eine Aufstellung des Scorewerts nach objektiv nachvollziehbaren Kriterien ist zu fordern, um die verwendeten Kriterien durch Sachbearbeiter und betroffene Personen im Zweifelsfall nachprüfen und nachvollziehen zu können, da der Betroffene nach § 24 BDSG einen Auskunftsanspruch hat. In § 6a Abs. 3 BSDG wird dieser Anspruch auf den „logischen Aufbau der automatisierten Verarbeitung der ihn betreffenden Daten" erweitert, es sei denn, der Scorewert bietet lediglich eine Entscheidungshilfe und keine Entscheidungsrichtlinie bzw. keinen -zwang. Bei extern gebildeten Scoringwerten ist stets eine explizite Einwilligung des Kunden notwendig. Die Werte werden dabei durch Abgleichen so genannter Positivdaten mit statistischen Krediterfahrungen ermittelt. Dieser Vergleich ermöglicht eine Einordnung des Wertes in die statistische Datenbasis, um neben den erkennbaren kreditrelevanten Informationen auch zusätzliche Bonitätsaussagen treffen zu können.[337]

Das Datenschutzrecht beruht auf dem Grundsatz der Zweckbindung. Persönliche Daten dürfen nur für die Vertragsdurchführung und -abwicklung genutzt werden. (s. §28 Abs. 1 Nr. 1 BDSG). Der Grundsatz der Datenvermeidung gebietet einen Verzicht auf personenbezogene Daten, daher ist eine Datensammlung auf Vorrat in Deutschland nicht mit dem Gesetz vereinbar, so dass aus Datenschutzsicht die Errichtung allgemeiner Datenpools aus unterschiedlichen Quellen nicht den gesetzlichen Bestimmungen entspricht. Entsprechend muss auch für das Data Mining in Verbindung mit Kundendaten eine Erlaubnis des Kunden vorliegen. Nach §4 Abs. 1 BDSG ist in der Einwilligung der Zweck der Erhebung, Verarbeitung und Nutzung deutlich zu machen. Somit ist eine Pauschaleinwilligung als Rechtfertigung für das Data Mining unzulässig. Der konkrete Umfang des geplanten Data Mining-Konzepts sollte daher im Vorwege dem Kunden deutlich kommuniziert werden.[338]

Grundsatz der Zweckbindung

Pauschaleinwilligung ungenügend

Der grenzüberschreitende Datenverkehr stellt ein wachsendes Problem im Sinne des Datenschutzes dar, da er von Unternehmen dazu ausgenutzt werden kann, nationale Datenschutzgesetze zu umgehen. Das heutige Bundesdatenschutzgesetz enthält kaum Regelungen zum „Transborder Data Flow". Um allerdings keine vollkommene Aushebelung der nationalen Datenschutzgesetze herbei zu führen, enthalten die EU-Datenschutzrichtlinie und das Bundesdatenschutzgesetz Regeln über den Aufbewahrungsort von

Transborder Data Flow

---

[337] Vgl. zum Thema Rechtswidrigkeit von Scorewerten Petri (2003).
[338] Vgl. Hoeren (2005), S. 277.

Problemland USA

Problem Personaldaten

personenbezogenen Daten. Diese können nur in Drittstaaten übermittelt werden, wenn dort ein angemessenes Schutzniveau vorliegt, auch wenn unklar ist, was ein angemessenes Schutzniveau im Einzelfall ist. In Ausnahmefällen ist auch ein Datentransfer in Drittstaaten ohne angemessenes Datenschutzniveau zulässig (siehe Erlaubnistatbestände in § 4c Abs. 1 BDSG). Zu den Ausnahmetatbeständen zählen insbesondere die Einwilligung des Betroffenen, die Vertragserfüllung, die Interessenswahrung oder die Übermittlung aus einem öffentlichen Register, soweit keine berechtigten Interessen dagegen sprechen. Problematisch ist der Datenaustausch vor allem zwischen der EU und den USA, da dort kein entsprechendes Datenschutzniveau vorhanden ist. Musterverträge sollen hier ebenso wie das Safe-Harbor-Prinzip, nach dem sich das US-Unternehmen zur Einhaltung von gewissen Regelungen verpflichtet, Abhilfe bringen.[339]

Besondere Beachtung gehört dem Datenschutz auch bei der Verwaltung und Analyse von Personaldaten. Betriebsvereinbarungen sollen hierbei häufig den Einsatz von Revisionswerkzeugen, Wissensdatenbanken und Produktionssteuerungssystemen legitimieren. So werden beispielsweise zentral erfasste Kassenabrechnungen in einer Warenhauskette gesondert nach Verstößen gegen arbeitsvertragliche Verpflichtungen durchsucht.[340] Dabei lassen sich z. B. auch die individuellen Kassiergeschwindigkeiten des Kassierpersonals auswerten. Auch Skill-Datenbanken, mit denen das Unternehmen legitime Geschäftsinteressen verfolgt, um beispielsweise die Personalplanungen anhand von Qualifikationsprofilen vornehmen zu können, überschreiten den in § 28 BDSG festgelegten Rahmen des Erlaubten und erfordern somit eine explizite Einwilligung der Arbeitnehmer.[341]

---

[339] Vgl. Hoeren (2005), S. 277 ff.
[340] Vgl. Wilke (2002b), S. 225 ff.
[341] Vgl. Petri, Kieper (2003), S. 612 f., sowie Wedde (2004), S. 169 ff.

4 Handelscontrolling in der Beschaffung

Der Beschaffungsprozess soll die bedarfsgerechte und wirtschaftliche Versorgung mit Waren sicherstellen. Zu ihm gehören die Funktionen Einkauf, Disposition, Wareneingang, Rechnungsprüfung und Kreditorenbuchhaltung.

Beschaffungsprozess

Der *Einkauf* ist für die im Rahmen des Beschaffungsprozesses anfallenden Stammdaten zuständig und vereinbart Rahmenverträge mit den Lieferanten. Die *Disposition* initiiert den Beschaffungsvorgang durch Bestellungen bei Lieferanten, ggfs. im Rahmen des durch den Einkauf vorgegebenen Rahmenvertrags. Die Optimierung der Bestände ist neben der Vermeidung von Out-of-Stock-Situationen und der Sicherstellung der Lieferbereitschaft oberstes Ziel. Im *Wareneingang* wird die Annahme der Ware logistisch abgewickelt. Aufgaben dort sind neben der Annahme die Kontrolle und Einlagerung der Ware. Die *Rechnungsprüfung* überprüft anhand der Bestell-, Rechnungs- und Lieferdaten die mengen- und wertmäßige Richtigkeit der Beschaffungsvorgänge. Offene Posten werden in der *Kreditorenbuchhaltung* beglichen.

Einkauf

Disposition

Wareneingang

Rechnungsprüfung

Kreditorenbuchhaltung

Dem übergeordneten Prozessobjekt „Ware Beschaffung" werden somit die Objekte „Rahmenvereinbarung", „Bestellung", „Lieferantenlieferschein", „Lieferantenrechnung" und „Lieferantenzahlung" zugeordnet (vgl. Abb. 4.1).

```
                    Ware Beschaffung
       ┌──────────┬────────┼────────┬──────────┐
   Rahmen-    Lieferanten- Lieferanten- Lieferanten- Lieferanten-
vereinbarung  bestellung  lieferschein  rechnung     zahlung
```

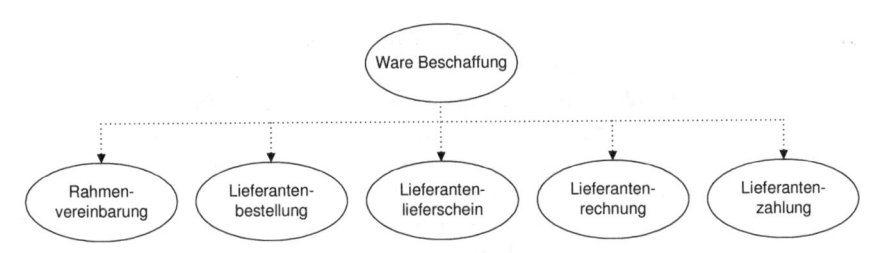

Quelle: in Anlehnung an Becker, Schütte (2004), S. 261.

Abb. 4.1: Objekthierarchie der Beschaffungsprozess-prägenden Objekte

4.1 Handelscontrolling im Einkauf

Rolle des Einkaufs

Im Rahmen der strategischen Sortimentspolitik kommt dem Einkauf eine wesentliche Rolle zu. Etwa 60 % aller Kaufentscheidungen im LEH werden spontan am POS getroffen. Zwar kommen 80 % der Kunden mit vorgefassten Kaufwünschen, aber nur 40 % kaufen tatsächlich.[342] Der Einkauf muss sich daher bei seinen Entscheidungen neben preislichen Aspekten auch von Trends, Kundenwünschen und Marketingentscheidungen leiten lassen.

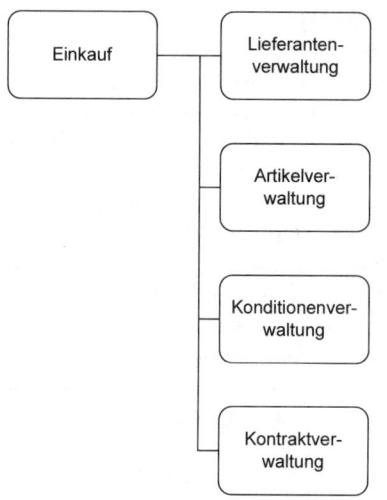

```
Einkauf ── Lieferantenverwaltung
       ── Artikelverwaltung
       ── Konditionenverwaltung
       ── Kontraktverwaltung
```

Quelle: in Anlehnung an Becker, Schütte (2004), S. 262.

Abb. 4.2: Aufgaben des Einkaufs

Aufgaben

Hauptaufgaben des Einkaufs im Handel sind die Geschäftsanbahnung mit neuen Lieferanten und die Rahmenparametergestaltung für die Warenbeschaffung mittels Vereinbarungen über Artikel wie Lieferbedingungen, Preise und Konditionen sowie Kontrakte. Die Aufgaben des Einkäufers sind durchaus anspruchsvoll, da sich Produkte und Sortimente ebenso wie Käuferwünsche permanent wandeln. Beispielsweise kamen allein im Kosmetikbereich 1992 15.866 neue Artikel auf den Markt, von denen etwa ein Drittel im Einzelhandel platziert wurde.[343] Einen Überblick über die einzelnen Funktionen gibt Abb. 4.2.

Vielzahl an Lieferanten

Die Bedeutung der Funktion des Einkaufs zeigt sich bei der Anzahl an Lieferanten, die ein Unternehmen haben kann. So bezieht

---

[342] Vgl. Hertel (1999), S. 209.
[343] Vgl. Dreze, Hoch, Purk (1994).

die Edeka Minden-Hannover etwa 90.000 Artikel von ca. 7.500 Lieferanten,[344] die Rewe-Handelsgruppe wird von etwa 3.800 Lieferanten versorgt.[345] Auf Grund der Marktkonstellation (viele Hersteller, wenige Händler) besitzt der Handel gegenüber seinen Lieferanten eine starke Stellung. Es besteht die Gefahr, dass aus den Nachfragemachtpotenzialen des Handels Verhaltensweisen entstehen, die aus wettbewerbsrechtlicher Sicht als missbräuchlich gelten und unerwünscht sind. Des Öfteren wurden aus diesem Grund bereits die Kartellbehörden in verschiedenen Handelsbranchen tätig.[346] Häufig werden übertriebene Forderungen und Drohungen des Handels gegenüber den Herstellern jedoch nicht publik. Sie sind auch innerhalb der Branchen nur selten bekannt.

Nachfragemacht

Die Machtdominanz des Handels im Einkauf zeigt sich beispielsweise bei den eingesetzten Auktionen in Extranets oder auf Marktplätzen wie World Wide Retail Exchange (WWRE), GlobalNetExchange (GNX) oder Texyard. Waren werden von Seiten des Handels in Lieferantenkatalogen gesucht. Auch langjährige Lieferanten müssen sich diesen neuen Verfahren stellen. Vielfach werden Abnahmemengen in Auktionen ausgeschrieben, was durch Unterbieten verschiedener Produzenten zu einer Senkung der Einstandspreise führen kann.[347] Dies beschleunigt den Einkauf, macht die Auswahlentscheidung von Lieferanten abseits von Beziehungskungeleien objektiver und reduziert die Auswahl – bei gleicher Qualität aller Angebote – auf den Preis. So hat beispielsweise die Metro 2003 bei 1.557 Internetversteigerungen Waren im Wert von ca. 863 Millionen Euro beschafft. Auch Tchibo gehört mit einem Auftragsvolumen von 100 Millionen Euro zu den stärkeren Nutzern von Marktplätzen.[348] Für die Rewe bedeutet die Nutzung von Ausschreibungen im Internet auch die Möglichkeit, die Preise zu drücken und alte gegen neue Lieferanten auszutauschen. So holte der Konzern Anfang 2005 über die Plattformen WWRE und Portum Angebote über 17 Millionen Flaschen Wein für die Penny-Vertriebslinie ein.[349]

Marktplätze

Einen anderen Weg geht Netto mit der Verwendung der e-Procurement-Software „E-Contor". Bei der Nutzung des Internet-Workflow-Systems stehen nicht die Preisreduktion sondern die Beschleunigung und die Transparenz des Einkaufsprozesses im Vordergrund. Mit der Software entfallen für die Einkäufer die sich ständig wiederholenden Eingaben per Hand, da alle einmal ange-

E-Procurement

---

[344] Vgl. Vering (2002), S. 104.
[345] Vgl. o.V. (Rewe) (2004), S. 43.
[346] Vgl. Hansen (1990), S. 520.
[347] Eine Übersicht über Plattformen und deren Mechanismen geben Becker, Schütte (2004), S. 734-758.
[348] Vgl. Rode (2004f).
[349] Vgl. Weber (2005d).

legten Daten sofort zur Verfügung stehen. Auch die automatische Archivierung wird als Vorteil angesehen. Diese ermöglicht sowohl ein Ausschreibungsmonitoring durch die zuständigen Vorgesetzten als auch einen Überblick über Stärken und Schwächen von Lieferanten.[350]

		Dominanz des Käufer	Gegenseitige Abhängigkeit
Eigenschaften der Machtposition des Käufers gegenüber dem Verkäufer	hoch	• Wenige Käufer / viele Verkäufer • Käufer hat großen Marktanteil • Verkäufer ist wegen beschränkter Alternativen abhängig vom Käufer bzgl. Einkommensquellen • „Switching costs" des Verkäufers sind hoch • „Switching costs" des Käufers sind niedrig • Gewinn des Käufers ist attraktiv für Verkäufer • Verkäufers bietet standardisierte Waren an • „Search costs" des Käufers sind niedrig • Verkäufer hat durch asymmetrische Information keine Vorteile gegenüber Käufer	• Wenige Käufer / wenige Verkäufer • Käufer hat relativ hohen prozentualen Markanteil im Vergleich zum Verkäufer • Verkäufer ist stark abhängig vom Käufer bzgl. Einkommensquellen und hat wenige Alternativen • Switching costs des Verkäufers sind hoch • Switching costs des Käufers sind hoch • Gewinn des Käufers ist attraktiv für Verkäufer • Verkäufer bietet keine standardisierten Waren an • Search costs des Käufers sind hoch • Verkäufer hat durch asymmetrische Information große Vorteile gegenüber Käufer
		Gegenseitige Abhängigkeit	Dominanz des Verkäufers
	niedrig	• Viele Käufer / viele Verkäufer • Käufer hat relativ niedrigen prozentualen Markanteil im Vergleich zu Käufers • Verkäufer ist nicht abhängig vom Käufer bzgl. Einkommensquellen und hat viele Alternativen • Switching costs des Verkäufers sind niedrig • Switching costs des Käufers sind niedrig • Gewinn des Käufers ist nicht besonders attraktiv für Verkäufer • Verkäufers bietet standardisierte Waren an • Search costs des Käufers sind relativ niedrig • Verkäufer hat durch asymmetrische Information nur eingeschränkte Vorteile gegenüber Käufer	• Viele Käufer / wenige Verkäufer • Käufer hat niedrigen prozentualen Markanteil im Vergleich zum Verkäufer • Verkäufer ist überhaupt nicht abhängig vom Käufer bzgl. Einkommensquellen und viele Alternativen • Switching costs des Verkäufers sind niedrig • Switching costs des Käufers sind hoch • Gewinn das Käufers ist nicht attraktiv für Verkäufer • Verkäufer bietet keine standardisierten Waren an • Search costs des Käufers sind sehr hoch • Verkäufer hat durch asymmetrische Information große Vorteile gegenüber Käufer
		niedrig	hoch
		Eigenschaften der Machtposition des Verkäufers gegenüber dem Käufer	

Quelle: übersetzt von Janz (2004), S. 20.

Abb. 4.3: Machtkonstellation zwischen Käufer und Verkäufer

Schwierige Erfolgsmessung

Aussagekräftige Controllinggrößen für die Messung der Einkaufserfolge sind in der Praxis selten. Einsparungen im Bereich Einkauf sind nur schwierig zu quantifizieren und in den Erfolgs-, Plan-, GuV- und Cash Flow-Rechnungen zu berücksichtigen.[351] Häufig nicht erfasste „Einkaufserfolge" sind Aspekte wie Inflationsausgleich, Qualitätsverbesserungen der eingekauften Artikel, abgewehrte Kostenerhöhungen der Lieferanten usw. Die Fehler im Einkaufsverhalten liegen vor allem in folgenden Bereichen:

Fehler im Einkaufsverhalten

- Ganzheitliche Optimierung des Einkaufs bei reinem Konditionendenken (ggf. in Kombination mit einem entsprechend gearteten Anreizsystem) unmöglich,

---

[350] Vgl. Rode (2004d).
[351] Vgl. Schmidt, Wagner, Ollesky (2000), S. 598.

- Fehleinschätzung der Akzeptanz von Artikeln auf Grund eigenen Geschmacks oder Marktferne,
- keine ausreichenden eigenen Tests der Produkte,
- mangelnde Analyse der Hersteller-Marketing-Konzeption in Bezug auf das eigene Konzept,
- zu hohe Lagerbestände und Preisabschriften im Verkauf durch zu hohe Einkaufsmengen und damit verbundene Konditionsvorteile.

Lieferantenverwaltung

Die Lieferantenverwaltung zwingt auf der einen Seite zu einer gewissenhaften Lieferantenstammdatenpflege und auf der anderen Seite zu einer verlässlichen Lieferantenbewertung. Sie ist eine zeitraumbezogene Bewertung des Lieferanten, die vor allem für die Jahresverhandlungen und die Artikellistung genutzt werden. Qualität und Lieferservice werden als qualitative Werte herangezogen. Durch den Einsatz integrierter Software lassen sich auch neue Informationsquellen zur Lieferantenbeurteilung nutzen. Beispielsweise erschwert eine Differenz zwischen Bestell- und Liefermenge in dezentralen Einheiten die Wareneingangserfassung. Durch eine Kontrolle von Liefermengen, -qualität und Lieferzeiten mit der erwünschten Leistung lässt sich die Liefertreue beurteilen.[352] Auch die Deckungsbeitragsrechnung kann zur Beurteilung herangezogen werden, solange nicht mehrere Lieferanten den gleichen Artikel liefern, so dass eine Zuordnung von Kosten ggf. schwierig sein kann.[353]

Aufgaben

Die Lieferantenstammdatenpflege wird vornehmlich dann notwendig, wenn entweder ein Angebot von einem Lieferanten angefordert wird, der Lieferant ein initiatives Angebot abliefert, Ware eines Lieferanten vom Konsumenten nachgefragt wird oder ein neuer Lieferant – etwa auf einer Messe – ausgesucht wurde. Unabhängig hiervon ist eine fachliche Überprüfung des Lieferanten vor der Aufnahme notwendig. Fällt diese positiv aus, so wird mit dem Lieferanten verhandelt. Dabei wird im System festgelegt, ob es sich um einen einmal beliefernden Hersteller handelt, wie es beim Aktionsgeschäft der Fall sein kann, oder einen regulären Warenlieferanten handelt. Lieferanten ohne logistische Funktion sind z. B. Dienstleister. Bei der Bestimmung der Lieferantenrolle kann zwischen Bestelllieferant, Warenlieferant, Rechnungslieferant und Kreditor unterschieden werden. Der Lieferant, bei dem die Ware bestellt wird, kann z. B. dann von dem Warenlieferanten abweichen, wenn ein Lieferant mehrere Regionallager besitzt, so dass

Lieferantenstammdatenpflege

---

[352] Vgl. Becker, Schütte (2004), S. 263; Becker, Rosemann (1993), S. 58.
[353] Vgl. Becker, Schütte (2004), S. 263.

die Bestellung an die Lieferantenzentrale gestellt, die Auslieferung aber durch das Regionallager erfolgt, was wiederum für z. B. Zwecke der Reklamation bekannt sein muss. Die Rechnung wird u. U. von einer dritten Partei versandt und die Rechnungsregulierung ggf. von einem Kontor vorgenommen. Im Anschluss an die Pflege der Lieferantenrollen sind Lieferantensichten anzulegen. Neben den allgemeinen Daten sind hierzu Daten zu Beschaffung, Logistik und Buchhaltung zu erfassen. Ggf. sind Lieferantenteilsortimente (LTS) zu pflegen. Hierbei handelt es sich um die Gruppierung von Artikeln zu Sortimenten aus Lieferantensicht.

Lieferantenbetrachtung

Die Lieferantenbetrachtung steht in engem Zusammenhang mit der Marken- und Artikelbetrachtung. Der Einkäufer entscheidet bei der Auswahl von Lieferanten zwischen alten und neuen Lieferanten. Grundsätzlich sollte er dabei Lieferanten mit hohem Produktverkaufspotenzial unter Berücksichtigung des eigenen Unternehmensziels auswählen. Produkte, die eine hohe Gewinnspanne versprechen, sind unter Berücksichtigung von Verbundeffekten zu bevorzugen. Je größer der mit einem Unternehmen gemachte Umsatz desto besser sind im Regelfall die Verhandlungspositionen im Einkauf und somit die Konditionen. Hinzu kommt, dass sich die Anzahl an Lieferanten verringert, je größer das abgenommene Sortiment pro Lieferant ist. Damit sinkt der warenbezogene Zeitbedarf für die Interaktion mit jedem Lieferanten.

Vergangenheitsorientierte Werte

Häufig wird in der Literatur bei der Lieferantenauswahl das Heranziehen vergangenheitsorientierter Werte diskutiert. Als Kennzahlen zur Beurteilung gelten der Rohertrag je Lieferant,[354] der Deckungsbeitrag je Lieferant[355] oder die Markentreue gegenüber Herstellermarken.[356] Außerdem können angebotsorientierte Informationen herangezogen werden, um beispielsweise Nachdispositionsmöglichkeiten vorhandener Lagerware oder Nachfertigungsmöglichkeiten (z. B. bei Textilien[357]), aber auch Kollektions- oder Sortimentsinformationen, Mengeninformation und Lieferbedingungen zu ermitteln.[358] Zusätzlich sollten Lieferanteninformationen und Trend- bzw. Konsumenteninformationen mit in Einkaufsentscheidungen einfließen.[359]

Kriterien der Lieferantenprüfung

BARTH unterteilt die zu erfassenden Kriterien bei der Lieferantenprüfung in Informationen über die Marketingkonzeption des Lieferanten, Informationen über Service- und Nebenleistungen sowie generelle Unternehmensinformationen über den Lieferanten.[360]

---

[354] Vgl. Schröder (2001), S. 789.
[355] Vgl. Feldbauer-Durstmüller (2001), S. 88 f.
[356] Vgl. Schröder (2001), S. 789.
[357] Vgl. Haas (1993), S. 26.
[358] Vgl. Haas (1993), S. 28.
[359] Vgl. Haas (1993), S. 17.
[360] Vgl. Barth (1999), S. 244 ff.

Im Rahmen der Prüfung der Marketingkonzeption ist zu prüfen, inwieweit der Hersteller eine Marken- oder me-too-Politik betreibt, wie gut das vom Hersteller angesprochene Marktsegment zur eigenen Kundschaft passt und welches Image in Bezug auf die Qualität der Hersteller beim Konsumenten besitzt. Im Rahmen der Überprüfung von Service- und Nebenleistungen sind Parameter wie Garantie- und Kulanzleistungen, Auftreten gegenüber Kunden im Garantiefall (z. B. eigenes Service-Call-Center) oder die Möglichkeit zum Einwirken auf die Produktpalette des Lieferanten von Interesse. Auch Aspekte wie Regalpflege durch Außendienstmitarbeiter, Werbekostenzuschüsse u. ä. sind für die Lieferantenauswahl von Interesse. Zu den generellen Informationen über Lieferanten zählen Aspekte wie Abhängigkeiten zu Vorlieferanten, Produktionsanteil im Ausland, Abhängigkeit von bestimmten Rohstoffen, die Kosten- und Marktsituation des Lieferanten uvm.

Indikatoren für die Aufnahme von Artikeln in das Sortiment sind:[361]

Indikatoren für Artikelaufnahme

- Eignung für einzelne Absatzformen bzw. Betriebstypen,
- Übereinstimmung der Zielgruppen von Artikel und Betriebstyp,
- Qualität und preisliches Niveau des Artikels,
- preisliche Positionierung des Artikels im Verkauf und daraus resultierende Deckungsspanne,
- kommunizierbarer USP des Produktes,
- bereits durchgeführte Markt- und Akzeptanztests,
- Art der werblichen Unterstützung des Artikels durch den Hersteller,
- Produktreife in Bezug auf das Lebenszykluskonzept,
- Einordnung des Produkts zu anderen Produkten im existierenden Sortiment,
- Bekanntheit des Herstellers und/oder Produkts,
- Art der Konditionsgewährung und Absicherung gegen Absatzrisiko,
- Möglichkeit der Substitution und Entlistung anderer Artikel sowie
- Kosten der Artikelaufnahme und entsprechendes Entgegenkommen des Herstellers.

Zur Verarbeitung der Vielzahl von Einzelaspekten ist die Nutzung eines Scoringmodells sinnvoll, bei dem die relevanten Bewertungskriterien definiert, gewichtet und mit dem Erfüllungsgrad multipliziert werden. Die Addition der Faktorwerte zu einem Gesamtwert ergibt den Scoring-Index.[362]

Einsatz eines Scoringmodells

---

[361] Vgl. u. a. Barth (1999), S. 317 f.
[362] Vgl. Barth (1999), S. 319.

Kennzahlen	Formeln
Umsatz (Rohertrag)	Umsatz zu VK - Umsatz zu EK
Abverkaufsquote	Verkauf (Anzahl) / (Wareneingang (Anzahl) + Anfangslagerbestand
Einkaufsstruktur (Beschaffungswege)	Einkauf nach Beschaffungsweg [Großhändler, Agentur, Eigenimport usw.] / Gesamteinkaufsmenge
Durchschnittliche Nachlieferungszeit	Kumulierte Nachlieferungszeit (Tage) / Anzahl der Nachlieferungen
Liefertreue	Anzahl der pünktlichen, richtigen Lieferungen / Anzahl aller Lieferungen
Reklamationsquote	Anzahl der Beanstandungen / Einkaufsvolumen (Anzahl)
Durchschnittlicher Einkaufswert	Einkaufsvolumen / Zahl der Lieferanten
Anteil des eingekauften Artikels am Einkaufsvolumen	Einkaufswert des Artikelvolumens / Einkaufsvolumen (Wert)
Risikostreuung	Anzahl der Lieferanten / Gesamteinkaufswert

Tab. 4.1: Ausgewählte Kennzahlen im Bereich Lieferantenprüfung

Betrachtung von Rohertrag und Abverkaufsquote

Prinzipiell sind vor allem die Lieferanten als besonders wichtig zu erachten, die den größten Anteil am Rohertrag haben. Vorausgesetzt, dass bei einer Erstbestellung keine großen Stückzahlen eingekauft worden sind und der Artikel den normalen Reduzierungszyklus durchlaufen hat, trifft die Abverkaufsquote Aussagen über die Verkäuflichkeit der Artikel des Lieferanten.[363] Lieferanten mit einer guten Abverkaufsquote in der Vergleichssaison sollten in der neuen Saison entsprechend bevorzugt werden. Die Einkaufsstruktur gibt Auskunft über die Bedeutung einzelner Beschaffungswege. Somit können ABC-Klassifikationen der Lieferanten vorgenommen werden und – wenn notwendig – auch korrigiert werden, falls ein Beschaffungsweg sehr stark genutzt wird und teuer ist. Die Nachlieferzeit ist vor allem bei Schnelldrehern ein wichtiger

---

[363] Vgl. Haas (1993), S. 17.

Wert, um die Flexibilität des einzelnen Lieferanten zu prüfen. Die Liefertreue und die Reklamationsquote machen Aussagen zu der Korrektheit der Lieferungen und zur Qualität der Produkte. Ebenfalls sinnvoll ist die Überprüfung des durchschnittlichen sowie des jeweiligen Einkaufswerts, um entsprechend der Bedeutung des jeweiligen Lieferanten nach ABC-Lieferanten zu klassifizieren. Zwar ist eine Konzentration auf wenige Lieferanten auf der einen Seite sinnvoll, um gute Konditionen zu erzielen, aber auf der anderen Seite bedeutet diese auch eine stark Abhängigkeit von wenigen Lieferanten. Die Risikostreuung misst daher den Grad der Abhängigkeit. In Tab. 4.1 werden ausgewählte Kennzahlen der Lieferantenprüfung dargestellt.

Sortimentsbetrachtung

Ebenso wie der Lieferant ist auch das Sortiment des Lieferanten auf die relevanten Artikel zu prüfen. Für die in Frage kommenden Artikel wird ein Angebot eingeholt. Die Artikelauswahl ist sehr von der Erfahrung der Einkäufer abhängig. Die Aufgabe kann durch Trends und Entwicklungen von bestimmten Warengruppen unterstützt werden, wobei das Basisziel darin besteht, vor der Entstehung des messbaren Konsumentenbedarfs bereits Anhaltspunkte für das zu erwartende Konsumverhalten auf dem Markt zu erhalten.[364] Es sollte die Entwicklung der Farben-, Themen-, Materialien-, Preislagen-, Zielgruppen- und Stückzahlenaufteilungen sowie die vom Marketing geforderte Sortimentsstruktur berücksichtigt werden. Der Einkäufer kann an dieser Stelle Vorschläge bezüglich neuer Untergruppen machen.

Konditionsverhandlungen

Bei den Konditionsverhandlungen sind Konditionen, Lieferfristen, Nachbestellmöglichkeiten und Zahlungsbedingungen auszuhandeln. Häufig lassen sich Konditionsverbesserungen durch Abnahme eines größeren Teilsortiments oder durch größere Stückmengen erzielen. Zielgröße bei Preisverhandlungen kann die Preisnachlassquote sein,[365] die übertroffen oder erreicht werden sollte. Die Preisnachlassquote setzt sich aus Rabattquote, Bonusquote und Skontoquote des Lieferanten zusammen.

Ausgewählte Kennzahlen

Ausgewählte Kennzahlen, die im Bezug zur Verhandlung mit Lieferanten stehen, zeigt Tab. 4.2. Die Kennzahl Verkauf (Anzahl) berücksichtigt die abverkauften Artikel minus der Retour-Ware und gibt so ein realistisches Bild über die Verkaufsdaten. Die Preisnachlassquote lässt sich als Erfolgsmessung des bisherigen Einkaufs und als Zielgröße des zukünftigen Einkaufs sehen. Je größer die Preisnachlassquote ist, desto erfolgreicher sind die Konditionsverhandlungen verlaufen.[366] Eine schlechte Abverkaufsquote (vgl. Tab. 4.1) des Lieferanten kann auch als Argument für eine

---

[364] Vgl. Haas (1993), S. 23.
[365] Vgl. Gritzmann (1991), S. 269 ff.
[366] Vgl. Gritzmann (1991), S. 270.

Preisminderung verwendet werden. Wenn sich Ware schlecht verkauft, kann eine höhere Marge zur Kompensation dieser Abverkäufe gefordert werden. Die Preisnachlassquote gibt einen Zielwert für Verhandlungen an, der entweder vom Einkäufer zu erreichen oder zu übertreffen ist. Sie besteht aus Rabattquote, Bonusquote und Skontoquote, die der Lieferant gewährt. Die Bezugskostenquote setzt die Bezugskosten in Relation zum Einkaufsvolumen, um ggf. Missverhältnisse bei einzelnen Produkten aufzudecken. Analog ist mit Lager- und Verkaufskosten zu verfahren. Die Budgettreue gibt Auskunft darüber, inwieweit sich das tatsächliche Einkaufsvolumen mit dem budgetierten Einkaufsvolumen deckt. Überstieg das tatsächliche Einkaufsverhalten in der Vergangenheit die Erwartungen, so kann bei Lieferantenverhandlungen mit höherem Einkaufsvolumen argumentiert werden.

Kennzahlen	Formeln
Verkauf bereinigt (Anzahl)	Verkaufte Artikelanzahl - retournierte Artikelanzahl
Preisnachlassquote in Prozent	Preisnachlässe / Einkaufsvolumen
Rabattquote	Rabattbeträge / Einkaufsvolumen
Skontoquote	Skontobeträge / Einkaufsvolumen
Bezugskostenquote	Bezugskosten / Einkaufsvolumen (Wert)
Budgettreue	Tatsächliche Einkäufe / Budgetierte Einkäufe

Tab. 4.2: Ausgewählte Kennzahlen im Bereich Lieferantenverhandlung

Artikelverwaltung

Stammdaten-eingabe

Ebenso wie in der Lieferantenstammdatenpflege sind in der Artikelverwaltung Stammdaten anzulegen oder zu ändern. Die Eingabe stellt eine unerlässliche, aber auch zeit- und personalaufwändige Aufgabe dar, die zumeist mehr oder weniger adäquat durch das eingesetzte Warenwirtschaftssystem unterstützt wird. Dabei wird zwischen den Stammdatensichten Grunddaten, Einkauf, Logistik und Verkauf unterschieden. Die unterschiedlichen Sichten sind notwendig, um z. B. im Einkauf und im Verkauf divergierende Bestell- und Liefermengen darstellen zu können.[367] Typische Szenarien sind im Einkauf:[368]

- Die Einkaufspreisänderung bei bestimmten Lieferanten um einen festen Prozentsatz (einfacher Fall) bzw. eine komplette Preisneugestaltung des Lieferanten, die eine Preiserfassung für jeden betroffenen Artikel erfordert (komplexer Fall) und
- die Einkaufspreisänderung in einem Sortimentsbereich bei einem Lieferanten um einen festen Prozentsatz bzw. eine komplett neue Preisgestaltung, die eine Preiserfassung für jeden betroffenen Artikel erfordert.

Diese Beispiele für Preisänderungen verdeutlichen die Notwendigkeit flexibler IT-Instumente zur Massendatenpflege. Geeignete Kriterien für eine möglichst beliebige Auswahl der zu verändernden Stammdaten sollten möglich sein, um auch Eventualfälle abzudecken und nicht wichtige Informationen über Handelspartner lediglich in einem Kommentarfeld abspeichern zu müssen. Artikel, die sich als Summe verschiedener Artikel zusammensetzen (etwa Getränkekiste bestehend aus Getränk und Flasche), werden als Stücklisten gepflegt. Die Anlage und Pflege der Stücklisten in Form von Sets, Lots, Displays oder Leergut ist ein weiterer Aufgabenbereich der Artikelverwaltung und umfasst die Zuordnung von Einzelartikeln und Mengen zu Stücklistenartikeln.[369]

Notwendigkeit flexibler IT

Für das Controlling sind Stammdaten als Bezugsobjekte von Kennzahlen (z. B. [Umsatz] pro Artikel, Warengruppe, Lieferant usw.) von hoher Bedeutung. Fehlen diese Daten oder sind Angaben und Zuordnungen unvollständig, so kommt es u. U. zu falschen Wertbildungen oder Non-Sense-Aussagen, beispielsweise durch das doppelte Berücksichtigen eines Artikels in zwei Warengruppen, die in einer gemeinsamen Warenobergruppe geführt werden, so dass der Artikelverkauf dort zweimal auftaucht.

Hohe Bedeutung von Stammdaten

Auf Grund des Massenvolumens bei der Stammdatenanlage sollte neben einer guten grafischen Oberfläche auch eine effiziente Bedienung per Tastatur mittels Schnelleingabemasken möglich sein. Das bereits vielfach implementierte Konzept von Browseroberflächen für Warenwirtschaftssysteme bietet zwar auf der einen Seite den Vorteil der jederzeitigem, weltweiten Bedienbarkeit des Systems, aber auf der anderen Seite auch den (im Vergleich zu auf dem Rechner installierten WWS-Programmen) sich insbesondere bei der Stammdatenpflege auswirkenden Nachteil des langsamen Aufbaus der Eingabemasken. Fehlende Effizienz wirkt hier als Multiplikator für den Personalaufwand, da beispielsweise eine

Anforderungen durch Massenvolumen

---

[367] Vgl. Ribbert (2005), S. 139.
[368] Vgl. Vering (2002), S. 106.
[369] Vgl. Ribbert (2005), S. 140.

Verkaufspreisänderung von 10 Artikeln, die in 200 Filialen geführt werden,– sofern eine geeignete Massendatenpflege fehlt – das sukzessive Aufrufen und Ändern von 2000 einzelnen Verkaufspreisen erfordern kann.[370] Durch die hohe Anzahl der im Lebensmittelhandel zu verwaltenden und die teilweise nur für kurze Zeiträume anzulegenden Artikel gehört die Artikelstammdatenpflege zu den häufig wiederkehrenden operativen Prozessen des Lebensmittelhandels. So umfasste beispielsweise das Warenwirtschaftssystem der Edeka Zentrale 2003 Stammdaten zu rund 500.000 Artikeln.[371] Kurze Lebenszyklen durch das Aktionsgeschäft vor allem im Lebensmittelhandel oder vierteljährliche bis jährliche Produktzyklen im Elektrobereich sowie Ware, die nur eine Saison angeboten wird, zwingen permanent zur Stammdatenpflege, um den Datenbestand aktuell zu halten.

Beispiel Artikelverwaltung bei QVC

Beispiel: Anforderungen an die Artikelverwaltung beim Teleshopping von QVC

Während der klassische Versandhandel bereits relativ kurz nach Beginn der Bundesrepublik populär wurde, sind Tele-Shopping-Kanäle ein relativ neuartiges, aber sehr erfolgreiches Phänomen, das trotz derzeitiger Krise im Handel hohe Umsatzzuwächse verzeichnen kann (vgl. Abb. 4.4).

Nettoumsatz	
378 Mio. Euro	2003
289 Mio. Euro	2002
220 Mio. Euro	2001
149 Mio. Euro	2000
96 Mio. Euro	1999
37 Mio. Euro	1998
11 Mio. Euro	1997
	Geschäftsjahr

Quelle: o.V. (QVC) (2005).

Abb. 4.4: Umsatzsteigerung bei QVC

---

[370] Vgl. Vering (2002), S. 106.
[371] Vgl. o.V. (Edeka) (2004), S. 50.

Am Fernseher werden 24 Stunden lang Produkte in speziellen Shows durch Gäste und Moderatoren einem potenziellen Publikum von 34,5 Millionen Haushalten präsentiert. Zusätzlich zu der Idee des Versandhandels des bequemen, stressfreien Einkaufens von zu Hause ohne Ladenschlusszeiten, Drängelei oder Warteschlangen kommt die kompetente Beratung bzw. Produktvorführung am Bildschirm, ergänzt durch geschultes Personal im Call-Center. Im Unterschied zum dem oft nur jährlich aktualisierten Versandhandelskatalog werden rund 240 Produktangebote täglich präsentiert, wobei sich das Produktangebot jeden Tag ändert (vgl. Abb. 4.5). Die tägliche „Saison" eines Artikels macht die exakte interne Vorplanung für die rund 18.000 Produkte aus den Bereichen Schmuck, Textil, Elektronik, Küche, Food usw. extrem bedeutsam (vgl. Abbildung 4.5). Durchschnittlich erhält QVC 40.000 Anrufe pro Tag, in Spitzenzeiten bis zu 86.000 Anrufe pro Tag. 2003 wurden insgesamt 14,9 Millionen Anrufe abgewickelt und 7,0 Millionen Bestellungen entgegen genommen, die zu 7,8 Millionen versandten Paketen führten. Bei der Pflege der Artikelstammdaten setzt dieses zeitkritische Massenaufkommen hohe Standards an die Datenqualität voraus. Neben den Standarddaten wie Artikelnamen, EK-Preise, Mengen usw. müssen auch Informationen zu Verfallsdaten, Gerätenummern, Vertragsnummern, Kombinationen oder Volumina hinterlegt werden, denn die verpackten Produkte reichen von Ohrring bis Trimmgerät.

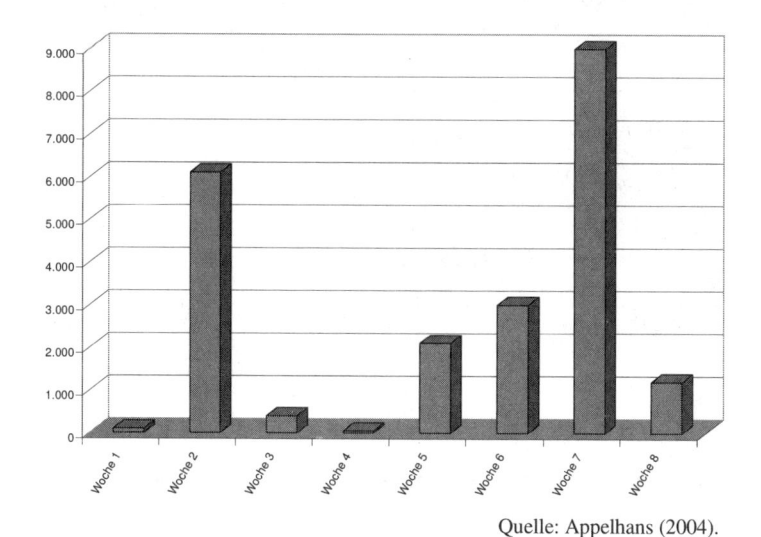

Quelle: Appelhans (2004).

Abb. 4.5: Beispiel für Schwankungen bei Abverkäufen eines Artikels

> *Die Bedeutung des Teleshoppings für die Branche zeigt sich auch an den zahlreichen Neuerungen der letzten Jahre. So zeigte etwa der Versandkonzern Otto gemeinsam mit Microsoft auf der CeBIT 2005 erstmalig ein Einkaufsportal für interaktives Fernsehen auf der Basis des Computer-Betriebssystems „Windows XP Media Center Edition". Das Projekt „Digital Lifestyle Shopping", in dem Anwender von Microsofts Media Center direkt zu Sortimenten von Otto geführt werden, gilt als Pilotprojekt.[372]*
> *Auch die Bedeutung des Internet-Handels nimmt stetig zu. So hat sich in den USA der Wert einer durchschnittlichen Internet-Transaktion auf 145 Dollar in 2004 erhöht. Vor allem digitale Foto-Produkte und -Dienste sowie Musik- und Video-Downloads sind besonders gefragt.[373]*

Inkonsistente Daten

Die Stammdatenanlage wird häufig auf neue Anforderungen abgestimmt oder durch zusätzliche Informationen erweitert. Informationen zu Lagerverwaltung und -temperatur werden ebenso integriert wie Hinweise zu verschiedenen Gefahrgutklassen. Die Genauigkeit und Datenkonsistenz sind sowohl bei Herstellern als auch Händlern verbesserungswürdig, da mehr als die Hälfte der Daten in Unternehmenssystemen inkorrekte Einträge enthalten.[374]

Herunterbrechen der Fehler in Stammdaten			
Abgenommene Einheiten		**Gehandelte Einheiten**	
Stammdaten	%	Stammdaten	%
Produktgröße	11%	Produkt-Ausmaße	18%
Effektives Gewicht/Volumen – pro Packung	28%	Produkt Brutto-Gewicht	6%
Anzahl pro Packung - effektiv	16%	Ausstattung an Paletten	16%
Produkt Angebot	28%	Palettenhöhe - mm	27%
Sub-Marke	17%	Brutto-Palettengewicht - kg	31%
Total	100%	Anzahl abgenommener Einheiten in gehandelten Einheiten	2%
		Total	100%

Quelle: Kuipers (2004), S. 76.

Abb. 4.6: Herunterbrechen der Fehler in Stammdaten

---

[372] Vgl. Weber (2005c).
[373] o. V. (LZ-Net) (2005b).
[374] Vgl. Kuipers (2004), S. 74.

Nestlé gab auf der ECR Europe Conference 2004 an, dass über 50 Prozent ihrer Dateneinträge in den Systemen entweder redundant oder falsch wären. Sara Lee schätzt hierbei, dass pro Artikeleintrag 1,5 Stunden Korrekturzeit gebraucht würden.[375] Eine zentrale Datenhaltung existiert in vielen Unternehmen noch nicht und die zu einem Artikel benötigten Daten werden aus verschiedensten Abteilungen zusammengeführt.

	Hersteller	Händler
Auf Kooperation beruhende Prozesse	• Rüstzeit Kategorie Management • CPFR kommt nicht über erste Stufe hinaus • Integration von Fusionen & Aquisitionen ist schwierig • RFID erfordert viele zusätzliche Anschlüsse • Ablaufverfolgung nicht realisierbar	• Globaler/regionen-übergreifender Handel ist nicht realisierbar • CPFR kommt nicht über erste Stufe hinaus • CM Set-Up Globalisierung - interne Effizienz/ Standardisierung ist schwer erfassbar • VM kommt nur stockend voran
Kauf- und Verkaufprozess	• 2-6 Wochen für die Einführung neuer Objekte • Verkaufszeit wird vergeudet für Grunddaten, Distribution, Abrechnung und Folgeaktionen • Verkaufszeit wird vergeudet um Bestellungsfehler und Auseinandersetzungen zu lösen	• 2-6 Wochen für die Einführung neuer Objekte • Zeit für zu zahlende Forderung wird vergeudet um Auseinandersetzungen zu lösen • Handelszeit wird für die Verteilung von Daten vergeudet
Prozess von der Bestellung bis zur Bezahlung	• Out-of-Stock als Folge von falschen Bestellungen • Preisnachlässe aufgrund von Fehlern • Anzahl der Tage für noch ausstehenden Verkäufen steigt • Verkaufs force Zeit wird für Verteilung von Daten vergeudet • Zeit wird für die Lösung von Auseinandersetzungen vergeudet • Zeit wird vergeudet um falsche Bestellungen zu regeln	• Out-of-Stock als Folge von falschen Bestellungen • Preisnachlässe aufgrund von Fehlern • Handelszeit wird für Verteilung von Daten vergeudet • Zeit wird die für Lösung von Auseinandersetzungen vergeudet • Zeit wird vergeudet um falsche Bestellungen zu regeln

Gründe schlechter Datenqualität

Quelle: aus dem Englischen übersetzt nach Kuipers (2004), S. 77.

Abb. 4.7: Gründe für schlechte Datenqualität

Die Anlage der Artikelstammdaten erfolgt häufig im Anschluss an die Lieferantenstammdatenpflege, da beides in unmittelbarem Zusammenhang zueinander steht. Zusätzlich kann allerdings auch vom Marketing der Anstoß zur Anlage der Artikelstammdaten – etwa beim Anlegen von Verkaufssets – kommen.

Da viele Handelshäuser bereits auf zentrale elektronische Stammdaten-Datenbanken zugreifen können oder direkt über das

---

[375] Vgl. Kuipers (2004), S. 75.

Organisatorischer Rahmen

Format PRICAT (alternativ EANCOM oder PROINQ) Daten mit dem Hersteller austauschen, ist bei der Anlage zunächst zu prüfen, inwiefern Artikeldaten bereits elektronisch vorhanden sind. Dies hat zum einen den Vorteil, dass entsprechende Daten nicht manuell eingegeben werden müssen und zum anderen aber auch den Vorteil, dass Bilder, Werbetexte, Audiokommentare, Videosequenzen oder Grafiken zu dem Artikel ggf. mit zur Verfügung stehen. Können die Grunddaten nicht elektronisch bezogen werden, so können ggf. Stammdaten eines ähnlichen Artikels kopiert und entsprechend angepasst werden. Die Anlage der Stammdaten ist keineswegs einfach. Vielfach ist die Anlage je nach Unternehmensgröße in einen organisatorischen Rahmen eingebettet, bei dem es genaue Berechtigungen gibt, wer welche Daten pflegen darf. Bei Unternehmen mit einer Querschnittsgesellschaft für den Einkauf werden meist nur die grundlegenden Stammdaten für die Vertriebsschiene erfasst. Vertriebliche Informationen können dann in den jeweiligen Vertriebsschienen erfasst werden.[376] Vorausgesetzt, die Anforderungen an die Stammdaten sind in den Einzelgesellschaften in etwa identisch, erspart die zentrale Erfassung Kosten, da auf diese Weise nicht n-mal strukturgleiche Daten erfasst werden müssen. Es ist dabei zu prüfen, ob Artikel als Set- bzw. Stücklistenartikel angelegt werden sollen, um beispielsweise Ersatzteilanforderungen der Kunden genügen zu können. Das Ergebnis ist eine Liste von Artikeln mit entsprechenden Mengenangaben. So kann beispielsweise ein Profi-Skateboard-Angebot aus zwei Achsen, acht Kugellagern, vier Muttern, acht Schrauben und einem Deck bestehen.

Verbundbeziehungen

Informationen über Verbundbeziehungen, sofern sie sich nicht wie in obigem Beispiel aus der Natur der Sache ergeben, können u. a. über Verbundbeziehungen aus der Warenkorbanalyse gewonnen werden. Diese Erkenntnisse können zur Bildung von Sets oder Displays verwandt werden. Hierbei ergeben sich auch Möglichkeiten, gut und schlecht laufende Artikel zu kombinieren, um schlecht laufende Artikel besser absetzen zu können oder unterschiedliche Preisbereitschaften durch Rabattierung des Bundles gegenüber den Einzelverkäufen ausnutzen zu können. In Abb. 4.8 werden Verbundbeziehungen im LEH dargestellt. Dabei wird dargestellt, wie ein Produkt andere Artikel aktiv mitzieht oder passiv von diesen mitgezogen wird.

---

[376] Vgl. Becker, Schütte (2004), S. 282.

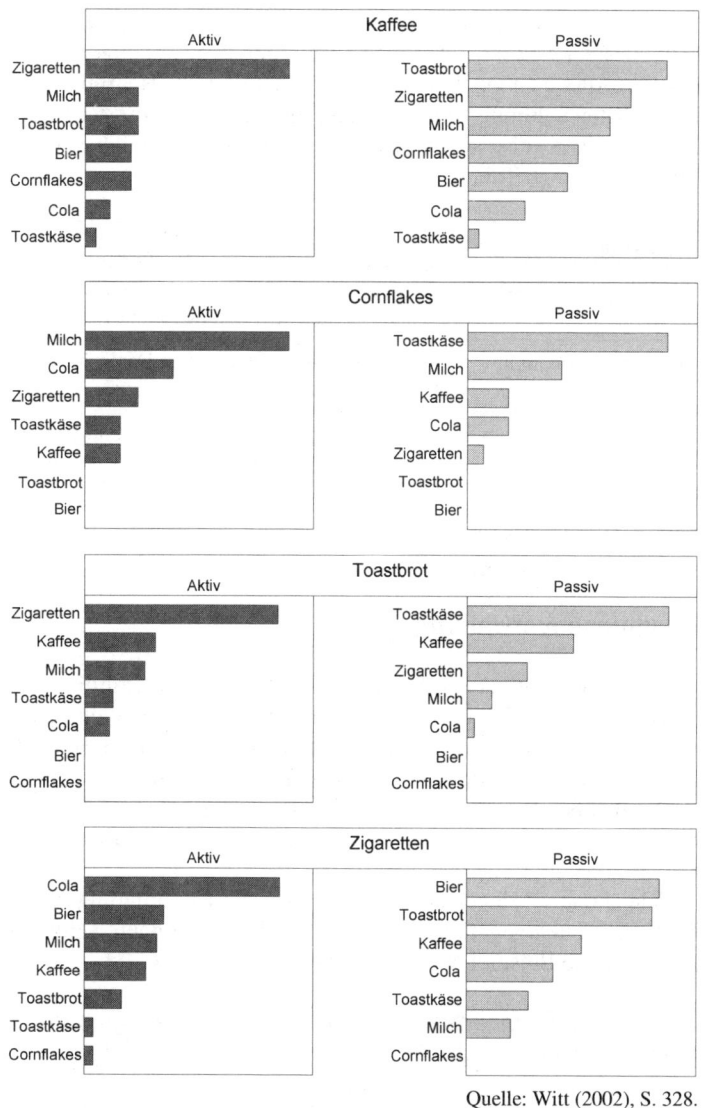

Abb. 4.8: Verbundbeziehungen auf Artikelebene

Quelle: Witt (2002), S. 328.

Im Rahmen der Warenkorbanalyse kann die Fokusmenge definiert werden. Sie bestimmt die Artikel, die auf jedem Bon berücksichtigt werden sollen. Bons, die nicht in mindestens einer Zeile der Definition der Fokusmenge entsprechen, werden nicht gerechnet. Wie die Fokusartikel können auch die Mitkaufartikel definiert werden. So kann z. B. geprüft werden, ob der Fokusartikel „Skate-

Fokusmengen

Mitkaufartikel

boardrollen" Mitkaufartikel der UGR „Skateboardachsen" hat. Falls dies der Fall ist, sollte eine Setbildung in Erwägung gezogen werden. Aussagen zur Stammdatenqualität und zur Häufigkeit der Stammdatenänderung beispielsweise in Bezug auf Preisänderungen geben Hinweise auf die Arbeitsleistungen im Bereich Stammdatenanlage (vgl. Tab. 4.3).

Kennzahlen	Formeln
Mitkauf pro Fokus-Verkauf	Anzahl verkaufte Mitkaufartikel / Anzahl verkaufte Fokusartikel
Stammdatenqualität	Anzahl fehlerhaften Datensätze / Gesamtanzahl Datensätze
Häufigkeit der Stammdatenänderung pro Datensatz	Anzahl Stammdatenänderungen pro Periode / Anzahl Stammdaten

Tab. 4.3: Ausgewählte Kennzahlen im Bereich Artikelverwaltung

Konditionenverwaltung

Komplexität der Konditionenverwaltung

Auch die Konditionenverwaltung erfordert hohe Flexibilität der Softwaresysteme. Nicht nur die zahlreichen unterschiedlichen und zum Teil sehr phantasievollen Konditionsforderungen des Handels gegenüber den Lieferanten sind abzubilden, sondern auch das Gesamteinkaufsvolumen über alle Tochterunternehmen in In- und Ausland. Eine Aufzählung der im Handel gebräuchlisten Konditionenvarianten gibt Tab. 4.4.

Wie „kreativ" Handelsunternehmen bei der Einforderung weiterer Konditionen gegenüber den Herstellern sein können, zeigt das nachfolgende Beispiel der Metro-Gruppe.

Beispiel Konditionen

Beispiel: Konditionenkreativität: Metro nimmt zum Geburtstag Geldgeschenke an

Anlässlich des 40. Geburtstags soll die Metro ihre Lieferanten 2004 zur Kasse gebeten haben: Die Industrie wurde mit „Geldgeschenk"-Forderungen von teilweise bis zu 10% des Umsatzes konfrontiert, als Gegenleistung wurden von Seiten der Metro u. a. länderübergreifende Promotions versprochen.[377] Die Metro-Gruppe hatte 2004 gleich mehrfach Jubiläen zu feiern. Kaufhof feiert 125-jähriges Bestehen, die Media-Saturn-Gruppe 25 Jahre und die größte Konzernsparte Cash+Carry feiert 40 Jahre Metro. Oft sind

---

[377] Vgl. Müller (2004c).

die zunächst von den Handelsunternehmen geforderten Beträge exorbitant hoch, am Ende steht zumeist ein hinter den Türen ausgehandelter Kompromiss zwischen Industrie und Handel. Die vom Handel für fehlende konzeptionelle Kreativität entwickelten Konditionenideen sind streckenweise erschreckend: Jubiläumsprämien, Auslistungsverhinderungsrabatt, Neueinlistungsrabatte, Zuschüsse zur Eröffnung eines neuen Zentrallagers, Ladenöffnungszeitenverlängerungsrabatt, Unterstützung der Auslandsexpansion, Umsatzausfallvergütung, Zukunftsbonus uvm.[378]

Konditionen / Rabatte	Bezug	Primäre Zielsetzung	Beispiele
Mengenrabatte	• Bezogen auf Menge pro Auftrag bzw. Lieferung	• Umsatz- und Absatzausweitung • Kosteneinsparung in Logistik und Produktion	• Auftragsvolumenrabatt • Umsatzrabatt
Funktionsrabatte	• Entgelt für übernommene Leistungen des Absatzmittlers anstelle des Herstellers	• Steuerung der Verteilung von Aufgaben / Verlagerung von Aufgaben (Kosten) auf den Absatzmittler	• Logistikrabatt • Skonto • Delkredere / Inkasso • Auftragseinholungsrabatt • Aktionsrabatt
Bonus	• Bezogen auf Kundenumsatz innerhalb festgelegter Periode, nachträglich gewährt	• Kundenbindung • Absatz- und Umsatzausweitung	• Jahresbonus • Quartalsbonus • Steigerungsbonus • …
Treuerabatte	• Bezogen auf Kundenumsatz über längeren Zeitraum	• Kundenbindung • Schaffung von Eintrittsbarrieren	• Langzeitbonus
Zeitrabatte	• Bezogen auf bestimmte Zeitpunkte oder Fristen der Bestellung	• Zeitliche Steuerung des Auftragseingangs	• Vorausbestellungsrabatt • Saisonrabatt • Einführungsrabatt • Messerabatt

Quelle: Oversohl (1999), S. 11.

Tab. 4.4: Übersicht über Konditionenarten

---

[378] Vgl. Brandes (1998), S. 209 ff.

Konzernweite Einkaufsvolumenbedingungen

Immer häufiger werden Einkaufsrahmenbedingungen mit dem Lieferanten auf Konzernebene ausgehandelt, so dass sie konzernübergreifend gültig sind. Einige Softwaresysteme erlauben bereits die Definition von übergeordneten Kontrakten, die für mehrere rechtlich unabhängige Hersteller gelten können.[379] Auch die Einkäufer verschiedener Handelsunternehmen schließen sich zusammen, um gemeinsam für ihre Unternehmen bessere netto-netto-Preise auszuhandeln. Im internationalen Geschäft rechnen sich unterschiedliche Konditionen für unterschiedliche Märkte durch die Expansion der Handelsunternehmen und dem sich daraus ergebenden Konditioneneinblick ebenfalls für den Hersteller nicht. Die internationale Harmonisierung von Preisen und Konditionen birgt für die Konsumgüterhersteller ein Profitrisiko von zwei bis fünf Prozent des Netto-Umsatzes. Deutsche Händler, die europaweit oder sogar global präsent sind, fordern von ihren Lieferanten Einheitskonditionen. Zwar kommt es zu Harmonisierungen der internationalen Einkäufe auf unterem Preisniveau, doch ein institutionalisierter internationaler Einkauf wird selbst bei der Metro noch einige Jahre dauern.[380] Auch die Abwerbung von Chefeinkäufern aus fremden Handelsunternehmen mit dem Ziel der Konditionsvergleiche und des besseren Standings gegenüber den Herstellern ist nicht ungewöhnlich und führt ebenfalls zu einer größeren Transparenz des Konditionengeflechts.

Beispiel Einkaufsverbünde

Beispiel: Einkaufsverbund zwischen Edeka, Budnikowsky und Kloppenburg

Die norddeutschen Drogeriemarktfilialisten Budnikowsky, Kloppenburg erhöhen gemeinsam der mit Edeka-Zentrale durch einen Einkaufsverbund im Rahmen der Drogerie Waren Vermittlungsgesellschaft (DWV) den Konditionsdruck auf die Lieferanten. Dazu wird im Drogeriewarensortiment der Netto/Netto-Preis (Listenpreis minus Konditionen (in Abhängigkeit von Bestellbedingungen) minus nachträglich gewährte kalkulationsrelevante Konditionen) abgeglichen. Kooperationen dieser Art sind insbesondere für Industrieunternehmen mit je nach Händler unterschiedlichen Konditionen schmerzhaft, da hierbei häufig eine Angleichung des Preisniveaus auf der untersten Ebene von den Händlern gefordert wird. Die engere Zusammenarbeit der drei Unternehmen soll dabei helfen, die Konditionennachteile gegenüber Schlecker, dm und Rossmann zu verringern.

---

[379] Vgl. Schütte, Vering (2004), S. 2001 f.
[380] Vgl. Wesp (2004).

Unter *Rechnungskonditionen* werden generell die Konditionen verstanden, die

Rechnungskonditionen

- unabhängig vom Geschäftsvorfall gewährt werden, hierzu zählen Kunden- und Listungsrabatte sowie nachträgliche Vergütungen, die keine Rechnungskonditionen sind,
- abhängig von Geschäftsvorfällen sind und im Rahmen der Rechnungsprüfung individuell kontrolliert werden. Hierzu zählen beispielsweise Skonti oder Mengen und Aktionsrabatte.

Nachträgliche Konditionen wie Quartals- oder Jahresboni werden nach Ablauf einer bestimmten Zeit z. B. für das Erreichen eines bestimmten Abverkaufskontingents oder einer anderen Bedingung gewährt. Neben den unterschiedlichen Konditionsarten, die unterschiedlichen Ebenen wie Artikel, Lieferant, Vertriebssparte oder Abnehmern zugeordnet werden, ist für die Ermittlung der relevanten Preise die Berechnungsgrundlage, die Abzugsreihenfolge und die zeitliche Gültigkeit der jeweiligen Kondition anzugeben. Damit wird die Ermittlung des netto-netto-Preises zu einem komplizierten Aufgabenfeld des Einkaufs (vgl. Abb. 4.9).[381]

Nachträgliche Konditionen

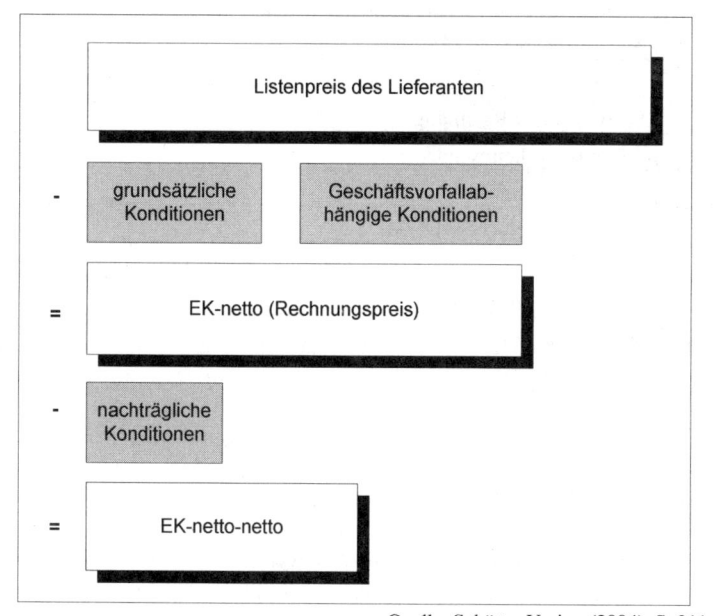

```
        Listenpreis des Lieferanten

  -   grundsätzliche        Geschäftsvorfallab-
      Konditionen           hängige Konditionen

  =   EK-netto (Rechnungspreis)

  -   nachträgliche
      Konditionen

  =   EK-netto-netto
```

Quelle: Schütte, Vering (2004), S. 211.

Abb. 4.9: EK-Preiskalkulation

---

[381] Zur Konditionendiskussion vgl. ausführlich Becker, Schütte (2004), S. 266-271.

Allein bei der Metro Group summieren sich die rücklaufenden Vergütungen in der Größenordnung von 1,8 Milliarden Euro.[382] Tab. 4.5 verdeutlicht die Komplexität der Abrechnungsschemata in einigen Branchen des Handels.

	Brutto-Umsatz (Menge * FAP)
./.	Grundrabatt
./.	Aktionskonditionen
./.	Logistikrabatt
=	**Fakturierter Umsatzwarenwert**
./.	Basisrabatte in Prozent vom fakturierten Umsatz
	- Bonus
	- Partnerschaftsprämie
	- Kernsortimentsvergütungen
	- vorg. Steigerungs-Rabatt
	- Absatzförderungsrabatt / WKZ
=	**Rechnungsbetrag unskontiert**
./.	Skonto in Prozent vom Rechnungsbetrag
=	**Rechnungsbetrag skontiert**
./.	nachschüssige Vergütungen in Prozent vom fakturierten Umsatz
	- WKZ gegen Rechnung
	- Bonus am Jahresende
	- Steigerungsrabatte
./.	Pauschalabsprachen in DM
	- WKZ
	- Börsenbeteiligungen
./.	Zentralkonditionen in Prozent vom Rechnungsbetrag
	- Delkredere
	- Sonstige Zentralkonditionen

Quelle: Steffenhagen (1995), S. 21.

Tab. 4.5: Abrechnungsschema

Automatisierung der Konditionenpflege

Teilweise unterstützen die Softwaresysteme den komplizierten Vorgang der Konditionenpflege bereits durch Einbindung zentraler Auskunftsdatenbanken. So bietet das System W5 in der Ausprägung für den Reifenhandel (Systemname R4) eine direkte Anbindung an die Konditionsdatenbank der im Reifenhandel dominierenden Einkaufsvereinigung TOP Service Team, so dass bei der

---

[382] Vgl. Hanke (2004).

Auftragserfassung jeweils automatisch die aktuell gültigen Einkaufspreise (als VK-Kalkulationsbasis) übernommen werden können.[383]

In Tab. 4.6 sind ausgewählte Kennziffern der Konditionenverwaltung dargestellt. Durch die Vielzahl an Konditionen im Handel kann es sinnvoll sein, die eingeräumt bekommenen Konditionsarten auf das Aufwands-/Nutzen-Verhältnis zu prüfen, um das Konditionengeflecht zu entschlacken. Ein internationaler Konditionenvergleich ist sinnvoll, um eine Gleichbehandlung in allen Ländern sicherzustellen bzw. die in Land A gewährten Konditionen auch in Land B durchzusetzen.

Ausgewählte Kennzahlen

Kennzahlen	Formeln
Wert der gewährten Konditionen in Bezug auf Einkaufsvolumen	Summe aller gewährten Konditionen / Einkaufsvolumen
Wert einzelner Konditionen	Gesamtwert einer einzelnen gewährten Konditon
Internationaler Konditionsvergleich	z. B. Anzahl Konditionen Land A / Anzahl Konditionen Land B

Tab. 4.6: Ausgewählte Kennzahlen im Bereich Konditionenverwaltung

Kontraktverwaltung

In der Kontraktverwaltung werden Mengenkontrakte, Wertkontrakte und Lieferpläne angelegt und gepflegt. Diese enthalten wert- und mengenmäßige Vereinbarungen über die vom Lieferanten abzunehmenden Artikel in einer Periode sowie ggf. exakte Lieferzeitpunkte, zu denen bestimmte Artikelmengen geliefert werden. Jedoch werden auf Grund der Unsicherheiten bei den Bedarfsschwankungen überwiegend Mengen- und Wertvereinbarungen und die Lieferabsprachen erst im Rahmen der Disposition getroffen. Die Kontrakte sind ebenso wie die Konditionen Teil der sogenannten Jahresgespräche. Einige Kennzahlen im Bereich der Kontraktverwaltung liefert Tab. 4.7.

Aufgaben

---

[383] Vgl. Schütte, Vering (2004), S. 130 f.

Kennzahlen	Formeln
Einkaufsbudget	Geplanter Umsatz + geplanter Umsatz für Postendurchläufer - geplante Bestandsveränderungen - Budget für Postenkäufe
Geplante Stückzahl pro Artikel	Anzahl Verkauf (Plan) / Geplante Sortimentstiefe
Verkauf Plan (Anzahl)	Umsatz Plan (zu VK) / VK Plan
Einkaufslimit (Vororder)	Einkaufsbudget * Vororderquote
Einkaufslimit (Nachorder)	An progn. Umsatz angepasstes Einkaufsbudget * Nachorderquote

Tab. 4.7: Ausgewählte Kennzahlen im Bereich Kontraktverwaltung

4.2 Handelscontrolling in der Disposition

Aufgaben

Teilweise werden die dispositiven Aufgaben in der Abteilung Einkauf durchgeführt, da auch Konditionen über die Warenbestellungen (und ggf. Bestellzeiträume) durchgeführt werden müssen, teilweise existieren eigene Abteilungen und teilweise wird die Disposition aus dem Zentraleinkauf in die Filialen verlagert.[384] Mit zunehmender Warenflussorientierung ist die Disposition als Bevorratungsfunktion eher logistischer als einkaufsorientierter Natur. Grundsätzlich ist für die Disposition die Listung der Artikel und Konditionen im WWS notwendig. Bei dem Abnehmer bzw. Disponenten kann es sich entweder um Kunden, Filialen oder Zentral- und Regionallager handeln. Für Kunden und Filialen sind Ordersätze (Artikeldaten, Bestellmenge, Lieferantendaten usw.) aus dem Bereich Verkauf Voraussetzung für die Warenzuteilung. Auch Angaben zum Bezugsweg sind notwendig, da größere Bestellmengen ggf. direkt unter Berücksichtigung existierender Rahmenverträge beim Lieferanten bestellt, kleine Mengen aber über das Zentral- bzw. Regionallager gebündelt bestellt werden. Häufig werden Konditionen in Rahmenverträgen jährlich oder quartalsweise festgelegt, so dass vom Lieferanten keine zusätzlichen Konditionen gewährt werden und somit die Notwendigkeit der zentralen Disposition entfällt.

---

[384] Vgl. Rotthowe (1998), S. 119 ff.

4.2 Handelscontrolling in der Disposition

Dispositives Ziel ist die Sicherung der Bevorratung des Unternehmens unter Beachtung wirtschaftlicher Kriterien.[385] Dazu müssen die zukünftigen Artikelbedarfe im Rahmen der Bedarfsrechnung ermittelt werden. Darauf basierende Bestellmengen sind abzuleiten. Zur Dispositionsdurchführung lassen sich die verschiedensten Verfahren einsetzen: von einer manuellen Sichtdisposition (z. B in Filialen ohne systemgestützte artikelgenaue Bestandsführung) bis hin zu einer vollautomatischen Disposition und Bestellauslösung durch das Warenwirtschaftssystem. Ebenso ist die Disposition verantwortlich für die Übermittlung und Überwachung der Bestellungen und die eher mittelfristig ausgerichtete Limitplanung, die der Steuerung und Überwachung der Einkaufsvolumina dient.[386]

Ziel

Nach der Disposition ist eine Verdichtung der Einzelbestellungen zu überprüfen, um ggf. bessere Konditionen oder Transportkostenersparnisse zu erzielen. Bei einer Aufteilung der Bestellmengen nach vorgegebenen oder anzulegenden Kriterien für die Filialen, Kunden oder Lager ist in den Teilprozess Aufteileranlage zu verzweigen. Wenn der Artikel von verschiedenen Herstellern bezogen werden kann, erfolgt eine Lieferantenauswahl und Kontraktprüfung, damit Bestellungen auf einen Kontrakt referenzieren können.

Verdichtung der Einzelbestellungen

Der Funktionsbereich Warendisposition ist im Handel von großer Bedeutung, da an diesen Stellen des Beschaffungsprozesses grundlegende Daten für die weiteren Funktionen der Bestandsfortschreibung der Rechnungsprüfung und auch der Kreditorenbuchhaltung bereitgestellt werden.[387] Da der Wareneingang seine Daten hauptsächlich aus dem Dispositionsobjekt „Bestellung" bezieht, sind die Verknüpfungen hier ebenfalls sehr eng.

Bedeutung

Den technischen Aufwand, der mit der Warenbelieferung einhergeht, verdeutlicht folgendes Beispiel: Ein Streckengeschäftslieferant beliefert ca. 25.000 Betriebsstätten (bis hin zu 80.000). Die Abrechnung erfolgt über 300 bis 4.000 Großhandelszentralen. Insgesamt sind jährlich etwa eine Million Einzellieferungen durchzuführen (eine Belieferung pro Filiale pro Woche), was jährlich zu ca. 1 Million Lieferscheinen führt, die erfasst und verarbeitet werden müssen.[388]

Technischer Aufwand

---

[385] Vgl. Barth, Hartmann, Schröder (2002); Schröder, Schettgen (2002), S. 354.
[386] Vgl. Schütte, Vering (2004), S. 224.
[387] Vgl. Rotthowe (1998), S. 151 sowie Wieland (1995), S. 28.
[388] Vgl. o.V. (RGH) (1974).

```
┌─────────────┐     ┌─────────────┐
│ Disposition │─┬───│ Limitrechnung│
└─────────────┘ │   └─────────────┘
                │   ┌─────────────┐
                ├───│  Bedarfs-   │
                │   │  rechnung   │
                │   └─────────────┘
                │   ┌─────────────┐
                │   │ Bestell- und│
                ├───│Liefermengen-│
                │   │  rechnung   │
                │   └─────────────┘
                │   ┌─────────────┐
                ├───│  Aufteilung │
                │   └─────────────┘
                │   ┌─────────────┐
                │   │Bestellübermitt-│
                └───│  lung und   │
                    │ -überwachung│
                    └─────────────┘
```

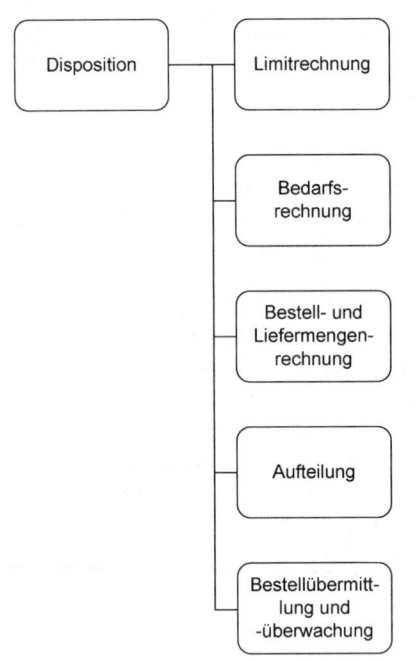

Quelle: in Anlehnung an Becker, Schütte (2004), S. 292.

Abb. 4.10: Aufgaben der Disposition

Limitrechnung

Aufgaben

Die Limitrechnung befasst sich mit der Warenbeschaffung. Sie ist ein Steuerungsinstrument, mit dem Kostensenkung und Liquiditätssicherung erreicht werden sollen. Um eine Deckung von Absatz und Beschaffung zu erreichen, werden Beschaffungshöchstgrenzen für Disponenten und/oder Warengruppen definiert. Die Limitrechnung grenzt somit den Handlungsspielraum des einzelnen Disponenten ein.

Abdeckung durch WWS

Idealerweise wird diese Funktionalität durch das WWS abgedeckt, das sowohl wert- als auch mengenmäßige Limits bezogen auf Artikel, Warengruppen, Lieferanten und Disponenten erlauben sollte. Dabei erfolgt die Überwachung entweder unmittelbar im Rahmen der Bestellerfassung oder auf Basis eines Exception Reportings.

Die im Rahmen der Absatzplanung ermittelten (Plan-)Werte für den Umsatz, die Handelsspanne und den Lagerbestand bilden die Basis für die Ermittlung der Limits. Vereinfacht lässt sich das maximale Beschaffungsvolumen einer Warengruppe als Differenz zwischen dem erwarteten Umsatz und der erwarteten absoluten

Handelsspanne dieses Umsatzes definieren. Hinzu kommt eine Anpassung um bereits vorliegende Aufträge und gewünschte Bestandsveränderungen (vgl. Tab. 4.8).[389]

Kennzahlen	Formeln
Limit 1	Umsatz (geplant) - Handelsspanne + Verkaufsaufträge
Limit 2	Limit 1 - Ist-Lagerbestand + Plan-Lagerbestand

Tab. 4.8: Ausgewählte Kennzahlen im Bereich Limitrechnung

EBERT spricht sich dafür aus, die Limitrechnungen höchstens halbjährlich auf Warengruppenebene festzulegen und die Berechnung der Limite und Umsätze auf Monatsbasis zu planen.[390] Darauf basierend kann die Limitrechnung – je nach IT-Unterstützung manuell oder automatisch – täglich anhand des verbleibenden Umsatzes und des sich daraus ergebenden verbleibenden Wareneinsatzes, der Bestände an ausstehenden Verkaufsaufträgen und des aktuellen Lagerbestands fortgeschrieben werden. Beschaffungshöchstwerte bieten neben einer gewissen Mitarbeiterkontrolle die Möglichkeit, das Überlagern von Stapelartikeln oder – etwa bei Mode – das Auftürmen von Ladenhütern im Lager oder den Filialen zu vermeiden.[391] Abb. 4.11 zeigt ein Beispiel für eine Warenlimitrechnung.

Regelmäßigkeit

```
  Geplanter Umsatz          600.000 €
- Handelsspanne              350.000 €

= Wareneinsatz              250.000 €
+ Verkaufsaufträge           50.000 €

= Limit1                    300.000 €
- Ist-Lagerbestand          100.000 €
+ Plan-Lagerbestand         130.000 €

= Limit 2                   330.000 €
```

Quelle: in Anlehnung an Becker, Schütte (2004), S. 293.

Abb. 4.11: Beispiel für Warenlimitrechnung

---

[389] Vgl. Schütte, Vering (2004), S. 59, sowie Becker, Schütte (2004), S. 293.
[390] Vgl. Ebert (1986), S. 226 ff., sowie Tietz (1993), S. 733 ff.
[391] Vgl. Ebert (1986), S. 225.

Bestellmenge Beeinflusst wird die jeweils geordnete Bestellmenge von der jeweiligen Situation auf dem Beschaffungsmarkt. Ein Käufermarkt, wie er beispielsweise beim Lebensmitteleinzelhandel in großen Teilen vorliegt, erleichtert die Verhandlungsführung und schafft gegenüber dem Lieferanten hohe Bereitschaft beim Entgegenkommen in Preis, Lieferterminen und Versorgungssicherheit. Anders verhält es sich hingegen beim Verkäufermarkt, der beispielsweise im Handel von starken Marken zu beobachten ist. Hier ist der Einkauf u. U. gezwungen, Bestellungen im Voraus zu disponieren. Stimmen die Dispositionen nicht mit dem echten Bedarf überein, so ergeben sich in beide Richtungen Probleme mit der Bestandshaltung, die entweder in Preisabschriften von Waren oder aber in Out-of-Stock-Situationen resultieren.

Problemfelder	**Verkäufermarkt**	**Käufermarkt**
Lieferzeiten	Lang	Kurz
Termintreue	Gering	Hoch
Preise	Steigend	Fallend
Zugeständnisbereitschaft	Klein	Groß

Quelle: Bornemann (1986), S. 62.

Tab. 4.9: Marktsituation und Problemfelder

Bedarfsrechnung

Programmgesteuerte Bedarfsrechnung Bei der Bedarfsrechnung werden die Bedarfe nach deterministischen oder stochastischen Werten erfasst. Die *programmgebundene Bedarfsrechnung* als deterministische Methode ermittelt die Bedarfe anhand bestehender Verkaufsaufträge und der Ableitung der Sekundärbedarfe durch Stücklisten. Diese Art der Bedarfsrechnung ist im Handel vor allem im Aktionsgeschäft anzutreffen, da dort Aktionsartikel mit zeitlichem Vorlauf durch den Einzelhändler bestellt werden müssen.[392] Die deterministische Bedarfsrechnung wird auch im Großhandel bei langfristigen Lieferverbindlichkeiten eingesetzt, die etwa auf Grund konkreter Lieferpläne bereits frühzeitig bei der Disposition berücksichtigt werden können.[393]

Verbrauchsgesteuerte Bedarfsrechnung Die *verbrauchsgesteuerte Bedarfsplanung* wird hingegen genutzt, um aus Vergangenheitswerten zukünftige Absatzmengen zu prognostizieren. Besondere Anforderungen an die verwendeten Prognoseverfahren werden insbesondere durch Verkaufsförderungsmaßnahmen wie Aktionen oder Trends und Saisoneinflüsse

---
[392] Vgl. Ribbert (2005), S. 152.
[393] Vgl. Schütte, Vering (2004), S. 226.

verzeichnet.[394] Es lassen sich Trend-, Saison-, Trend-Saison- und Konstantmodell unterscheiden. Während beim Trend- und Konstantmodell gleichmäßige Trends vorausgesetzt werden, werden beim Saisonmodell erhebliche periodische Nachfrageschwankungen (etwa bei Textilien) und beim Trend-Saison-Modell eine Überlagerung der Trendbewegung durch saisonale Einflüsse unterstellt. Verbrauchsgesteuerte Prognoseverfahren werden meist durch die einfache und gewichtete Mittelwertrechnung sowie die Methoden der exponentiellen Glättung realisiert.

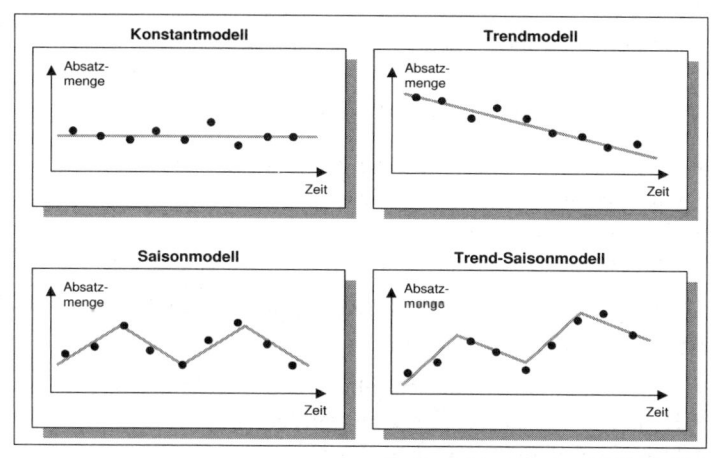

Quelle: Schütte, Vering (2004), S. 226.

Abb. 4.12: Verbrauchsgesteuerte Prognosemodelle

Die Kontrolle der Bestandshöhe in quantitativer, aber auch in qualitativer Hinsicht gehört zu den zentralen Aufgaben in jedem Handelsbetrieb. Es ist leicht möglich, dass durch Nachlieferungen Ware durch neue Ware im Regal nach hinten geschoben wird und auf diese Weise veraltet. Wertmäßig liegen dann zwar im Verhältnis zum Umsatz ansehnliche Warenbestände vor, deren Verkäuflichkeit jedoch durch Ablauf des MHD oder durch Warenverfall (z. B. bei Frischwaren wie Obst und Gemüse) gefährdet ist. MHD und Warenzustand sind daher regelmäßig zu kontrollieren und Waren ggf. rechtzeitig preislich zu reduzieren oder für einen schnelleren Abverkauf prominenter zu platzieren. Dies kann etwa am Kopf einer Regalreihe (so genannter Gondelkopf) erfolgen, an dem jeweils nur ein oder zwei Artikel positioniert werden sollten. Auch durch Diebstahl oder zerstörte Waren ergibt sich ein verzerrtes

Kontrolle der Bestandshöhe

---

[394] Vgl. Ebert (1986), S. 226 ff., sowie Tietz (1993), S. 733 ff.

Bild zwischen laut Warenwirtschaft vorhandener und im Laden verfügbarer Warenmenge.

Kennzahlen zur Bestandshöhe

Kennzahlen über die Bestandshöhe dienen als Basis für die Bedarfsrechnung. Sie können aber auch im Rahmen der Abweichungsanalyse Hilfestellung bei der Beurteilung der Bestandsentwicklung geben. Kennzahlen für die Bestände werden gebildet zur Beurteilung

- der Bestandshöhe zum Umsatz,
- der Entwicklung der einzelnen Bestandsgruppen,
- der Qualität der Artikel und
- des in den Beständen gebundenen Vermögens.

Qualität

Fragen nach der Qualität der Bestände können sein:

- Gibt es Überbestände von gängigen Erzeugnissen?
- Gibt es unbrauchbare Bestände?
- Gibt es schadhafte Bestände?
- Gibt es Bestände, die nicht laufen?

Bedarfsmenge

Die Frage nach dem richtigen Bedarf hängt von zahlreichen Parametern ab:

- Lieferzeit zwischen Nachbestellung und Wareneingang,
- Höhe und Verlauf der Kundennachfrage,
- bisherige Erfahrung mit dem Produkt,
- geplante Werbung und Promotions,
- Verpackungseinheiten und Mindestbestellmengen,
- Verpackungsart, Größe und Stapelhöhe,
- verfügbare Regalfläche,
- Verkaufsflächen- und Regalwertigkeiten,
- Kosten im Sinne des DPR-Konzepts,
- Verkaufs- und Einstandspreise (Roherträge),
- Veränderungen im Wettbewerbsverhalten.

Unterschiedliches Abverkaufsverhalten

Darüber hinaus zeigen verschiedene Produktarten ein unterschiedliches Abverkaufsverhalten. Viele Saisonartikel oder Textilien werden nur einmal im Jahr geordert. Für diese Ware ist die Bestellmenge die erwartete Nachfragemenge plus ggf. ein Sicherheitspuffer. Für viele reguläre Artikel ist die Antwort hingegen diffiziler. Die Bestellperiode wird nicht nur von der Nachfrage, sondern auch von der Haltbarkeit der Produkte bestimmt. So beträgt der Bestellzyklus für frisches Gebäck einen Tag, da Muffins o. ä. bereits am zweiten Tag nicht mehr verkaufsfähig wären. Bei Ware, die erst noch produziert oder die aus China importiert wird, sind derartige Bestellzyklen nicht denkbar. Zwar hält der Lieferant vermutlich einen kleinen Bestand für Notfälle gegen Aufpreis bereit, doch im Regelfall muss der normale Lieferzyklus bei der Bestellung beachtet werden. Für die meisten Güter ist es sinnvoll, den normalen Belieferungszyklus zu akzeptieren, um alle Rabatte zu bekommen und die Zustellkosten so gering wie möglich zu halten.

Abb. 4.13 zeigt exemplarisch verschiedene typische Verkaufskurven in Abhängigkeit von Saison und Konkurrenz. Fall A steht für den Abverkauf von z. B. Sommer-Textilien, die nur für eine kurze Zeit nachgefragt und verkauft werden. Beim Teleshopping finden sich diese extremen Umsatzschwankungen pro Produkt bereits auf Tagesbasis, da ein Artikel nur wenige Stunden im Fernsehen beworben wird. Fall B zeigt ein Produkt, das zwar das ganze Jahr über gut läuft, aber ebenfalls eine Saison nebst Nachfrageerhöhung im Vorfelde der Saison hat. Vor allem im Weihnachtsgeschäft lässt sich bei vielen Warengruppen dieser Effekt beobachten. Fall C zeigt ein Produkt, dessen Abverkauf durch die Aktion eines wichtigen Mitbewerbers einbricht. Häufig ist dieses Phänomen bei Aktionsware, z. B. im LEH zu beobachten, da dort meist wenige Tage später der Konkurrent mit ähnlichen Angeboten nachzieht oder versucht, die Konsumenten mit komplementären Gütern zum Kauf in seine Filialen zu bewegen. Daher ist die Beobachtung und Berücksichtigung der Beschaffungs- und Aktionspolitik der Konkurrenten bei der Bestellmengenermittlung eine wichtige Aufgabe im Handel. Zum einen ist zu überprüfen, welche Produkte die Wettbewerber anbieten (werden) und zu welchem Preis diese an die Kundschaft weitergegeben werden. Zum anderen ist die den Mitbewerbern gewährte Konditionenpolitik bei entsprechender Bestellmenge zu vergleichen. Die Informationen über die Beschaffungspolitik der Konkurrenten sind schwer zugänglich. Über öffentliche Ausschreibungen etwa auf Marktplätzen lassen sich bestimmte Aktionen der Unternehmen allerdings „erahnen". Auch der Besuch der Konkurrenzmärkte und die Analyse der Werbeaktivitäten können in Bezug auf folgende Punkte hilfreich sein:

Typische Verkaufskurven

- Geführte Produkte, Marken, Hersteller,
- Preisniveaus,
- einzelne Preise, da diese ggf. Rückschlüsse auf die vom Lieferanten gewährten Konditionen zulassen und
- Umfang und Qualität der durch den Lieferanten initiierten Verkaufsförderungsaktionen beim Wettbewerb.

Fall D zeigt eine typische Absatzkurve für Produkte wie beispielsweise Textilien, die zum Ende der Saison heruntergezeichnet werden. Dadurch steigt die Nachfrage noch einmal, bevor sie zusammenbricht.

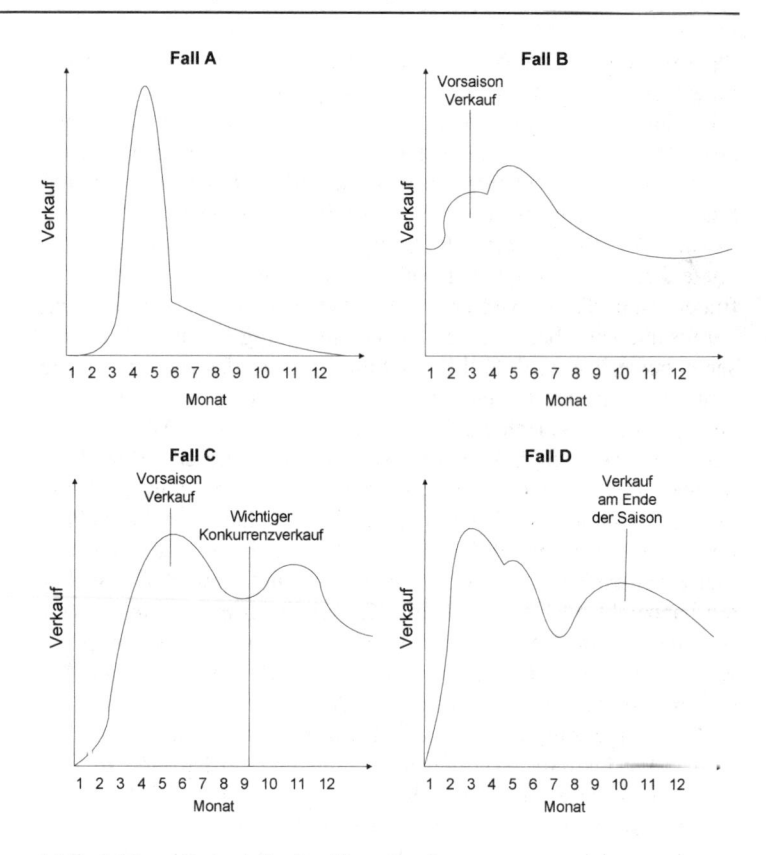

Abb. 4.13: Beispielhafte Abverkaufsarten

Obwohl Absatzkurven die Verkäufe nicht exakt voraussagen können, helfen sie dennoch, das Risiko von falsch prognostizierten Bedarfsmengen zu minimieren. Trotzdem kommt es manchmal zu einer Überbevorratung mit nicht-saisonalen Gütern auf Grund von Nachfragefehleinschätzung oder falscher Beurteilung des Konsumentengeschmacks.

Sicherheits-bestand

Im Regelfall weist die geordete Menge einen Sicherheitsbestand auf, so dass sie etwas größer ist als die in der Lieferzeit zu erwartende Absatzmenge, um im Fall von größerer Nachfrage (z. B. ein Kunde kauft unvorhergesehen Wein für eine Feier mit 200 Gästen) oder Problemen in der Nachlieferung (z. B. Streiks, Verspätungen durch Unwetter auf See, Produktionsprobleme) keine Out-of-Stock-Situation zu erhalten.

Bei der Berechnung der Bestellmenge muss zusätzlich zu der prognostizierten Abverkaufsmenge und dem Sicherheitsabstand ein Basisbestand in der Filiale beachtet werden. Dieser soll dem

Kunden eine vernünftige Auswahl an Artikeln, aus denen er auswählen kann, im Regal vermitteln.

Bei einer Nachlieferzeit von 2 Wochen, einem angenommenen Sicherheitsbestand von ebenfalls 2 Wochen und einem Basisbestand von einer einwöchigen Abverkaufsquote ergibt sich eine Lagerhaltungsmenge für das Produkt, die etwa einem fünfwöchigen Abverkaufsvolumen entspricht. Bei einem Abverkauf von 20 Artikeln pro Woche ist der unterste Bestand damit auf 100 Artikel festgelegt. Bei Unterschreiten sollte eine Bestellung ausgelöst werden.

Auch das Modell der optimalen Bestellmenge kann einen Hinweis auf die Bestellmenge unter der Bedingung, dass der Bedarf konstant ist, geben.[395] Das Modell betrachtet sowohl die variablen Bestellkosten als auch die Lagerkosten. Diese sind von hoher Bedeutung für die Performance, da ein hoher Anteil des Vermögens in Warenbeständen gebunden ist. Es wurde empirisch nachgewiesen, dass im Einzelhandelsdurchschnitt bis zu 40% des Betriebsvermögens im Warenbestand gebunden sind. Der Wareneinsatz beispielsweise im Lebensmitteleinzelhandel macht bis zu 80% des Umsatzes aus.[396] Die Bestellmengenformel ergibt sich als

Optimale Bestellmenge

$$y_{opt} = \sqrt{\frac{2 * S * O}{I * C}}$$

y_{opt} = optimale Bestellmenge
S = prognostizierte jährliche Verkaufsmenge
O = variable Bestellkosten
I = Lagerkostensatz
C = Kosten pro Einheit

Bei 208 verkauften Artikeln im Jahr und Lagerkosten von 18,72 % sowie 0,90 Euro pro Bestellung und 5 Euro pro Einheit läge die optimale Bestellmenge bei 20 Einheiten.

Die optimale Methode der Bestellmengenermittlung hängt hauptsächlich von dem Artikelumfang ab. Ein Autoverkäufer mit 25 Fahrzeugen wird sicherlich keine Unterstützung durch elektronische Systeme benötigen, aber für einen Supermarkt mit 10.000 Artikeln kann beispielsweise ein Auto-Dispositionssystem eine Umsatzverbesserung bewirken. Eine Verbesserung der Out-of-Stock-Situation von z. B. 4,5 % (manuell) auf 2,1 % (automatisch) kann eine Verbesserung von 20.000 Euro pro Umsatzmillion bedeuten. Die verbesserte Umschlaghäufigkeit durch den Einsatz von automatischen Dispositionssystemen zeigt Abb. 4.14.

Auto-Disposition

---

[395] Zum Bestellmengenmodell vgl. u. a. Mason, Burns (1998), S. 406 f. sowie Becker, Schütte (2004), S. 297.
[396] Vgl. Daum (1998), S. 1019.

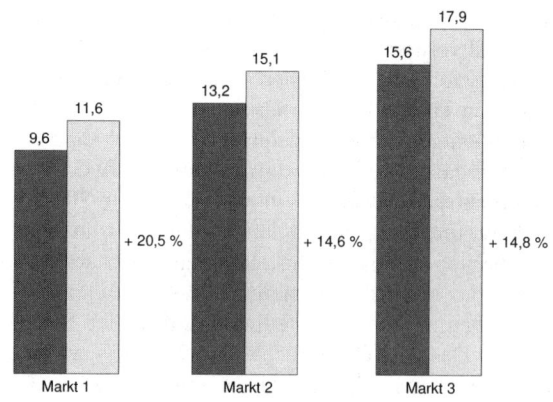

Abb. 4.14: Erhöhung der Umschlaghäufigkeit einer gesamten Warengruppe am Beispiel dreier C+C-Märkte durch Auto-Disposition

Vendor Managed Inventory

Eine Hebung von Kostensenkungspotenzialen lässt sich durch das Konzept des Vendor Managed Inventory (VDI) erreichen (vgl. Kapitel 8). Die Bereits in Kapitel 4.1 angesprochene Notwendigkeit zur generellen Stammdatenqualitätsverbesserung kann zusätzlich zu einer Reduzierung der Umsatzverluste wegen Out-of-Stock-Situationen beitragen (vgl. Abb. 4.15).

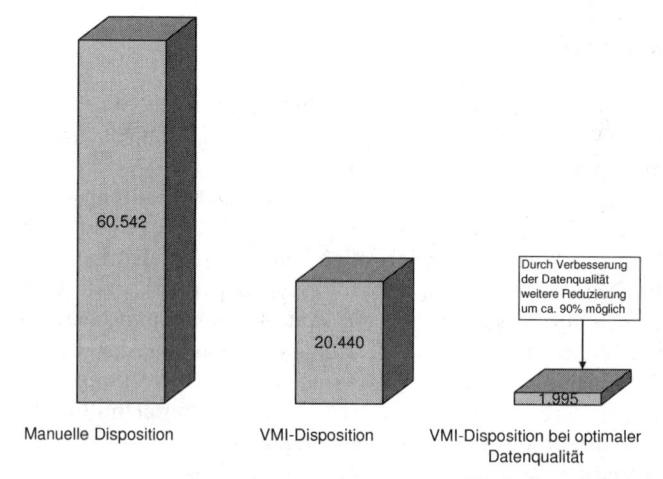

Abb. 4.15: Reduzierung der Kunden-Umsatzverluste in Mio. Euro

Tab. 4.10 zeigt ausgewählte Kennzahlen der Bedarfsrechnung. Die nachzubestellenden Mengen hängen im Wesentlichen von der verkäuflichen Bestandshöhe bzw. der Bestandsquote, also dem Quotienten aus Bestandsplanung und tatsächlichem Bestand ab. Ist die Bestandsquote kleiner als 1, so ergibt sich eine Überkapazität, bei Werten größer 1 droht ggf. ein frühzeitiger Abverkauf der Ware. Auch die Abverkaufsgeschwindigkeit und die Dauer für die Nachlieferung müssen in das Kalkül einbezogen werden.

Kennzahlen der Bedarfsrechnung

Kennzahlen	Formeln
Bestandshöhe	Anzahl der Artikel in Lager und Verkaufsraum
Verkäuflicher Bestand	Bestand - abgelaufene, zerbrochene, geöffnete usw. Produkte
Bestandsquote	Plan-Verkaufsmenge / Ist-Verkaufsbestand
Abverkaufsgeschwindigkeit	Anzahl abzuverkaufender Artikel (Plan) pro Periode
Nachlieferdauer	Dauer von Warenbestellung bis Lieferung
Bestellpunkt	Nachlieferdauer * Abverkaufsgeschwindigkeit + Sicherheitsbestand

Tab. 4.10: Ausgewählte Kennzahlen im Bereich Limitrechnung

Bestell- und Liefermengenrechnung

Aus den benötigten Bedarfen wird mittels der Bestellmengenrechnung ermittelt, welche Liefermengen wann zu bestellen sind. Die Betriebswirtschaftslehre bietet zur Berechnung der optimalen Bestellmenge y_{opt} die traditionelle Bestellmengenformel, wie in der Bedarfsrechnung beschrieben. Darin werden die bestellfixen Kosten den Lager- und Kapitalbindungskosten gegenüber gestellt.[397]

Bestellmengenrechnung

Kritik kann der klassischen Lösgrößen- bzw. Bestellmengenformel insofern entgegengebracht werden, als dass zahlreiche komplexe Parameter und Konditionssysteme den Abverkauf und somit die Dispositionsentscheidung beeinflussen, so dass die klassischen Formeln nur unbefriedigende Ergebnisse liefern würden, da Absatzprognosen nicht bzw. nur ungenügend einfließen. Auch Ver-

Kritik an Losgrößenformel

---

[397] Vgl. Adam (1998), S. 496 ff.; Barth, Hartmann, Schröder (2002); Schröder, Schettgen (2002), S. 356 ff.; Becker, Schütte (2004), S. 295 ff.

bundoptimierungen und Sicherheitsbestände werden in dem Konzept nicht ausreichend berücksichtigt. Zu den beeinflussenden Absatzfaktoren zählen neben dem Preis u. a. das Wetter, Informationen in den Medien (Interviews, Berichte, Promotions usw.), Aktionen der Wettbewerber, Wochen- und Feiertage, Konjunktur, politische Äußerungen, Ausweichen auf Substitute[398] usw. Wie sehr sich die Konsumlaune der Verbraucher beeinflussen lässt, zeigt das Beispiel der Tabaksteuererhöhung 2004, die zu deutlichem Umsatzrückgang von rund 13,5 % und Ausweichen auf preiswertere Alternativprodukte wie Steckzigaretten, Feintabak oder (illegale) ausländische Erzeugnisse führte. Auch die bloße Ankündigung (noch nicht einmal die Einführung!) einer höheren Steuer auf AlkoPops führte zu einem drastischen Umsatzrückgang bei dieser Getränkegattung. Die Bestellmengenformel abstrahiert darüber hinaus von logistischen Einheiten (Artikel können beispielsweise nur palettenweise eingekauft werden) und betrachtet Lagerrestriktionen (z. B. begrenzter Frische- oder Non-Food-Bereich) nicht und berücksichtigt auch keine Überalterung oder einen Verderb von Ware (z. B. Mindesthaltbarkeitsdaten im Lebensmittelbereich).

Planung unter Unsicherheit

Da die Planung im Regelfall unter Unsicherheit stattfindet, ist das klassische Bestellmengenmodell, das von einem Lageranfangs- und -endbestand von Null und keinen Schwankungen innerhalb der Periode ausgeht, eher nur als theoretisches Modell geeignet. Planungsmethoden unter Unsicherheit berücksichtigen hingegen auch stochastische Lagerabgangsraten, umsatzabhängige Rückvergütungen zu späteren Zeitpunkten und Wiederbeschaffungszeiten über mehrere Perioden.[399]

Auto-Disposition

Häufig wird auf Grund der Komplexität und der Bestellhäufigkeit eine computergestützte Disposition durchgeführt. Damit sollen eine Bestandsreduktion mit weniger Out-of-Stock-Situationen und frischerer Ware bei gleichzeitiger Personalkostenminimierung erreicht werden. Die Systeme generieren hierbei mittels verschiedener Dispositionsalgorithmen automatische Vorschläge, die manuell freigegeben werden müssen, oder automatische Bestellvorschläge, die direkt zu einer automatischen Bestellung führen.[400] Üblicherweise kombinieren die Handelsunternehmen die Dispositionsarten je nach Warengruppe. Der Aufwand für Schnelldreher, die nicht saisonabhängig sind, lässt sich sehr gut mit automatischen Disposi-

---

[398] Unter Substituten sind Ersatzprodukte zu verstehen, auf die Verbraucher ggf. ausweichen, Substitute sind z. B. Butter und Margarine, Zigaretten und Feinschnitt-Tabak usw.

[399] Zu den Verfahren vgl. Busse von Colbe (1990), S. 599 ff.; Reichwald, Dietel (1991), S. 528 ff.; Tietz (1993), S. 724 ff.; Becker, Schütte (2004), S. 295 ff.

[400] Eine Übersicht über die Funktionsweise geben Becker, Schütte (2004), S. 300 ff.

tionssystemen reduzieren. Je saisonal-abhängiger und unregelmäßiger Ware abverkauft wird, desto weniger eignet sich die Warengruppe für eine Automation. Eine Übersicht über die Bestellparameter für wiederbeschaffbare Ware bei Karstadt liefert Tab. 4.11.

Bestellparameter	Allgemeine Sicht	KARSTADT
Zeitpunkt der Bestellerrechnung	Der Zeitpunkt wird häufig durch tägliche, wöchentliche oder monatliche Rhythmen bestimmt.	**manuell** ausgelöst wöchentlich ein- oder zweimal, abhängig von den Lieferterminen einer Filialabteilung, wenn der Bestand kleiner/gleich Bestellpunkt ist. **automatisch** ausgelöst täglich, wenn Bestand kleiner /gleich Bestellpunkt und seit dem letzten Liefertermin keine Bestellung ausgelöst wurde.
Lieferzeit	Abhängig von der Lieferantensituation (Lieferung ab Lager oder nach Fertigung), der Transportzeit und innerbetrieblichen Transportzeit	für WVZ-Ware 2 Tage. für Transitware und Direktbestellung abhängig von Vereinbarung mit Lieferanten, bis höchstens 8 Tage.
Bestellpunkt	Zeitpunkt, an dem die Bestellung ausgelöst wird oder Menge, bei deren Erreichen eine Bestellung ausgelöst wird. Die Menge muss so groß sein, dass sie bis zum Eingang der bestellten Ware ausreicht und einen Sicherheitszuschlag enthält.	Menge, bei deren Erreichen oder Unterschreiten eine Bestellung ausgelöst wird. Der Bestellpunkt wird festgelegt entweder **manuell** vom Abteilungsleiter für seine Filiale (für einen längeren Zeitraum). **manuell** vom Merchandiser für eine Gruppe von Filialen (für einen längeren Zeitraum). **automatisch** wöchentlich je Filiale. Sie entspricht dem geplanten Verbrauch von 7-10 Tagen.
Bestellmenge	Geplanter Verbrauch in der Dispositionszeit (Lieferzeit und Zeit zwischen 2 Bestellungen) einschließlich Sicherheitszuschlag unter Berücksichtigung des Bestandes.	bei **manuell** ausgelöster Disposition feste Menge abhängig vom Fassungsvermögen des Regals, dem geplanten Verbrauch eines Monats und dem Inhalt der kleinsten Packungseinheit. bei **automatischer** Disposition variable Menge abhängig vom prognostizierten Verbrauch und festgelegter Obermengen sowie dem Inhalt der kleinsten Packungseinheit.

Quelle: Niederhausen (2000), S. 239.

Tab. 4.11: Bestellparameter für wiederbeschaffbare Ware

Die Bedeutung, die die Disposition für den Handel einnimmt, zeigt sich insbesondere, wenn das Konsumentenverhalten bei Out-of-Stock-Situationen betrachtet wird. 67 % aller Kunden geben den

Konsumentenverhalten bei Out-of-Stock

Kauf auf, kaufen eine andere Marke oder wechseln das Geschäft, wenn die von ihnen gewünschte Ware nicht vorrätig ist. Eine gut funktionierende Disposition im Handel ist also sowohl für den Handel als auch für die Industrie von großer Bedeutung (vgl. Abb. 4.16).

Verschieben des Kaufs	17 %
Wechsel des Stores	21 %
Aufgabe des Kaufs	9 %
Kauf einer anderen Marke	37 %
Kauf einer anderen Packungsgröße	16 %

Quelle: Stölzle, Placzek (2004), S. 68.

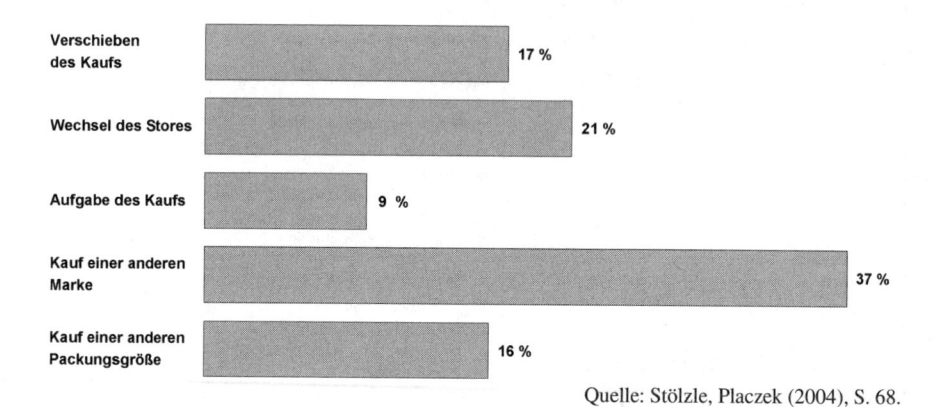

Abb. 4.16: Konsumentenverhalten bei Out-of-Stock

Probleme der manuellen Disposition liegt in der einzig messbaren Größe im Tagesgeschäft Out-of-Stock (OoS) begründet, die bei 9 %-11 % aller Artikel im LEH zu Regallücken führt.[401] Insbesondere werden hierfür Listungsdifferenzen und Probleme im Bestellablauf und beim Nachfüllen verantwortlich gemacht (vgl. Abb. 4.17). Hierbei versagt das Controlling insofern, als dass viele Unternehmen keine Zahlen über ihre tatsächliche OoS-Situation vorliegen haben oder die Realität falsch einschätzen. Investitionen in automatische Dispositionssysteme werden daher vernachlässigt oder finden auf falschen Grundlagen statt.

OoS führt zum einen zu einer Erhöhung der Bestellmenge und zum anderen zu einer Anhebung des Sicherheitsbestandes zum Ausgleich von Prognoseungenauigkeiten und Fehlern in der Bestellung und Nachlieferung, um auch zukünftig das Problem der leeren Regale zu vermeiden. Damit kommt es meist zu einer langfristigen Erhöhung des Durchschnittbestandes, was wiederum zu einer Bestandserhöhung führt usw.

---

[401] Vgl. Stölzle, Placzek (2004), S. 68.

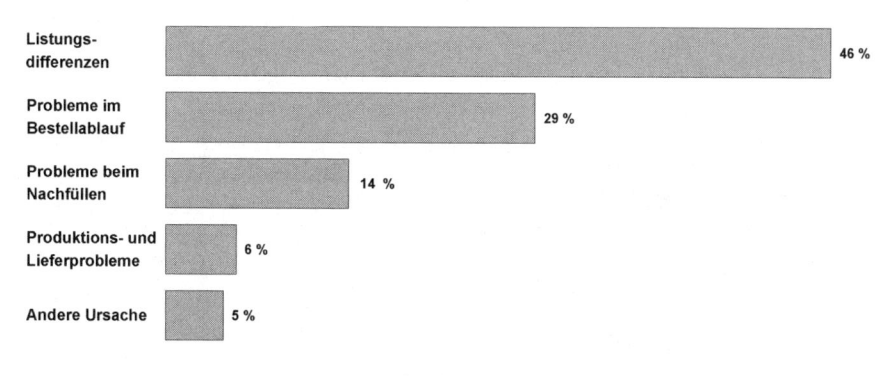

Listungs-differenzen	46 %
Probleme im Bestellablauf	29 %
Probleme beim Nachfüllen	14 %
Produktions- und Lieferprobleme	6 %
Andere Ursache	5 %

Quelle: Stölzle, Placzek (2004), S. 68.

Abb. 4.17: Gründe für Regallücken

Ziel der dynamischen, computergestützten und systematischen Disposition ist eine permanente dynamische Optimierung unter Renditezielen und Berücksichtigung von Restriktion von Verbundgruppenbestellungen (ein Artikel kann nicht losgelöst von einem Hersteller bestellt werden, sondern es müssen immer mehrere Artikel bestellt werden), d. h. optimaler Bestand bei möglichst geringen Gesamtkosten bestehend aus Beschaffungs-, Lagerhaltungs-, Kapitalbindungs-, Entsorgungs- und Fehlkosten.

Ziel der Auto-Disposition

Automatische Dispositionssysteme berücksichtigen die entsprechenden Restriktionen und Zielvorgaben, indem sie die Stammdaten (Lieferanten, Artikel, Filial-/Zentrallager) sowie die Bewegungsdaten auf Standortebene (aktueller Bestand, Abverkauf pro Tag, Zugang pro Tag, offene Bestellmenge, Reservierungen bzw. Kundenaufträge, historische Abverkaufsmengen) automatisch durch Schnittstellen zur Warenwirtschaft berücksichtigen.

Der Einsatz von automatischer Dispositionssoftware bietet im Praxiseinsatz laut Herstellerangaben eine Bestandssenkung von 11 % bis über 25 %, ein Halten oder sogar deutliches Verbessern der Lieferquote sowie ggf. Umsatzsteigerungen durch verringerte Out-of-Stock-Situationen. Weitere Zielerreichungen sind darüber hinaus möglich: drastische Zeiteinsparung pro Bestellvorgang, Aktualisierung und Ausweitung des Lagerprodukt-Sortiments, verbesserter Lagerumschlag oder Minimierung der Slowmover-Bestände (vgl. Abb. 4.18).

Während LogoMate (vgl. Abb. 4.18) als Standalone-Lösung im Bereich Auto-Disposition in die IT-Welt des Unternehmens zu integrieren ist, arbeiten viele größere Hersteller von WWS an eigenen, von Haus aus integrierten Lösungen. So entschied sich beispielsweise das Handelsunternehmen Dohle auf Grund der Ausrichtung auf die SAP-Warenwirtschaft für die SAP-Lösung „F+R-Engine", um die Filialen im Bestellvorgang zu entlasten.

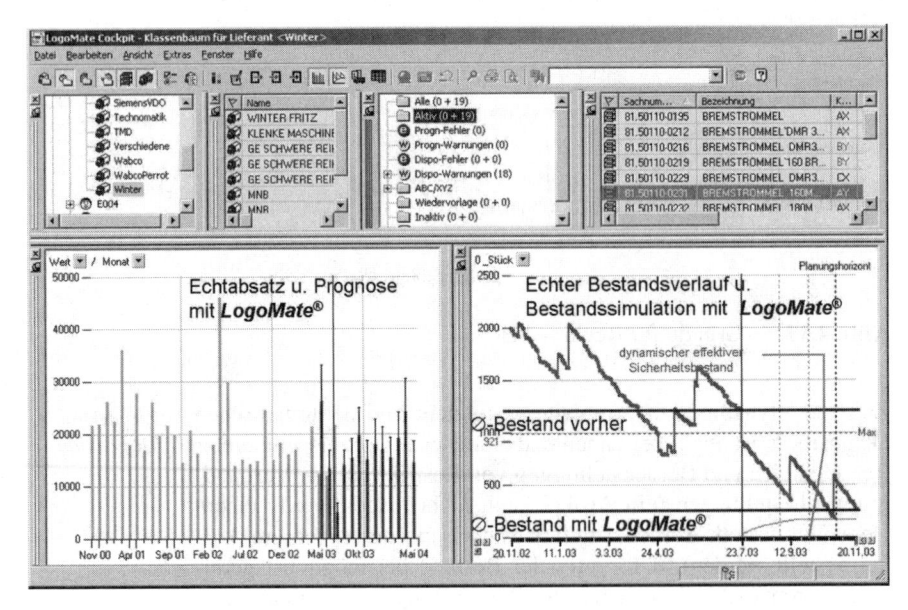

Quelle: Remira GmbH.

Abb. 4.18: Beispiel für Bestands- und Bedarfssimulation

Zentrale Bestellungen

Häufig werden Bestellungen zentral zusammengeführt und verdichtet weitergegeben. Bei der Überprüfung, ob Bestellmengen zu verdichten sind, ergeben sich traditionelle Probleme der Beschaffung. Auf der einen Seite bedeuten größere Bestellmengen häufig Konditionenverbesserungen, Degressionseffekte in den Warenverteilzentren oder eine Reduzierung der Transportkosten. Auf der anderen Seite können größere Bestellmengen jedoch auch zu einer Verlangsamung der Warenlieferung an den Kunden führen. Gerade bei Langsamdrehern ist eine Einzelbestellung direkt aus der Filiale an den Lieferanten möglicherweise durch Transportkosten und Konditionennachteile teurer, bietet jedoch die Möglichkeit, den Kunden zufrieden zu stellen.

Arten der Bestandsaufnahme

Im Handel erfolgt die Bestandsaufnahme in der Regel nach folgenden Verfahren:

- die Aufnahme von Hand nach Sichtung der Bestände,
- die Aufnahme mit Ordersatz,
- die Aufnahme mit MDE-Geräten.

Vor allem die elektronische Erfassung findet Verbreitung, da die Daten unmittelbar an die Filial-WWS weitergegeben werden können und damit zur Weiterverarbeitung für die Versandpapier- und Rechnungserstellung, für die Bestandsfortschreibung, für die Statistiken und für die Bestellungen ohne Medienbrüche zur Verfügung stehen. In einem Unternehmen mit 50 Warenhausfilialen und 40.000 bis 65.000 erfassten Artikeln ergeben sich alle vierzehn Tage etwa zwei Millionen Einzelentscheidungen, die das WWS selbstständig erledigt.[402] Auch die Überprüfungen zur Bestellmengenverdichtung und zu Rahmenverträgen erfolgt zumeist automatisch im Rahmen des Warenwirtschaftssystems.

Kennzahlen	Formeln
Bestellmenge	Gesamtmenge der bestellten Güter
Bestellwert	Gesamtwert der bestellten Güter
Bestellfrequenz	Anzahl Bestellungen pro Periode
Differenz Bestell- und Liefermenge	Bestellmenge - Liefermenge

Tab. 4.12: Ausgewählte Kennzahlen im Bereich Bestell- und Liefermengenrechnung

Aufteilung

Unter der Aufteilung lassen sich alle Funktionen zur Verteilung der Gesamtbeschaffungsmenge subsumieren. Zu klären ist, in welcher Menge welche Ware an welchen Abnehmer – meist an welche Filiale – aus der zentralen Beschaffung heraus zu verteilen ist. Dabei kann zwischen festen Mengenangaben oder Prozentwerten unterschieden werden. Prozentuale Aufteilungen sind insbesondere dann sinnvoll, wenn die vom Hersteller lieferbare Warenmenge den von den Filialen gemeldeten Bedarf unterschreitet, so dass die Gesamtmenge ohne Benachteiligungen einzelner Filialen auf alle Betriebsstätten aufgeteilt wird. Aufteiler werden teilweise auch für die Umlagerung bzw. Restbestandsverteilungen auf die Filialen verwendet. Neben der individuellen Erstellung der Aufteilung pro Bestellung kann die Aufteilung auch nach fest definierten Regeln automatisch erfolgen. Kriterien für den Automatismus sind Gruppierungen über Abnehmer, Artikel oder Artikelgruppen.

Aufgaben der Aufteilung

Die Aufteilungsnutzung ist vor allem im Lebensmittelgroßhandel eher selten zu beobachten und beschränkt sich zumeist auf Ak-

---

[402] Vgl. Tietz (1993), S. 530.

tionen oder Situationen mit Nachfrageüberhang. Insbesondere bei Aktionen, bei denen die Kundenbestellungen bekannt sind, ist die individuelle Erstellung der Aufteilung im Rahmen der mehrstufigen Disposition mit zentraler Anlieferung notwendig, um die Gesamtlieferung gemäß Kundenwunsch auszuliefern. Bei Aufteilungserstellung ohne konkreten Bestellbezug dienen die Gruppierungen auf Abnehmer- oder Artikelbasis zur Prognose von bedarfsgerechter Artikelverteilung. Bei der Aufteilung wird für jede Position festgelegt, wie der Warenfluss und insbesondere die Beschaffung erfolgen sollen. Dabei kann unterschieden werden zwischen Warenfluss direkt vom Lieferanten zum Abnehmer (Streckengeschäft), über das Lager bzw. Verteilzentrum zum Abnehmer (Lagergeschäft) oder vom Verteilzentrum zum Abnehmer (Reduktion der Lagerbestände). Tab. 4.10 zeigt ausgewählte Kennzahlen der Aufteilung.

Kennzahlen	Formeln
Durchschnittliche Liefermenge pro [Filiale, Region usw.]	Gelieferte Gesamtmenge / Anzahl [Filialen, Regionen usw.]
Restbestand in [Filiale x, Region x, Lager x usw.]	Anzahl der nicht abverkauften Artikel
Bestell-Lieferquote	Bestellmenge der [Filiale x] / tatsächlich gelieferte Warenmenge

Tab. 4.13: Ausgewählte Kennzahlen im Bereich Aufteilung

Bestellübermittlung und -überwachung

Die Bestellübermittlung und -überwachung erfolgt im Regelfall elektronisch, um Medienbrüche zu vermeiden und die Automatisierung größtmöglich nutzen zu können. Auch Bestellungen per Post, Fax oder Telefon sind (noch) üblich. Dies ist insbesondere in Bereichen sinnvoll, in denen Konditionen und Lieferbedingungen parallel ausgehandelt werden wie es etwa im Großhandel häufig der Fall ist.

Aufgaben

Bei der Bestellüberwachung werden die Terminsicherheit und der Fortschritt der Bestellung überwacht. Durch die Terminsicherung soll der Lieferant rechtzeitig an die Einhaltung der Lieferfrist erinnert werden. Ist ein Liefertermin überschritten, so führt dies zur Mahnung, auf die sogar eine vorher vereinbarte Vertragsstrafe folgen kann (vgl. Kennzahlen in Tab. 4.14).

Kennzahlen	Formeln
Bestellübermittlungsstruktur	Anzahl der Bestellungen [per Fax, Telefon, Brief oder Email] / Gesamtanzahl Bestellungen
Anzahl der Terminüberschreitungen (proz.)	Anzahl Terminüberschreitungen / Anzahl Lieferungen

Tab. 4.14: Ausgewählte Kennzahlen im Bereich Bestellübermittlung und -überwachung

4.3 Handelscontrolling im Wareneingang

Der Wareneingangsprozess ist erster Schritt des internen Logistikprozesses, der die Aufgabe hat, den Informations- und Warenfluss innerhalb der Unternehmung vom Wareneingang über das Lager bis hin zu Warenausgang, Verkaufsfläche oder Versand zu gewährleisten. Die durch Einkauf und Disposition angestoßenen Warenflüsse werden im Wareneingang angeliefert. Die Funktionen des Wareneingangs reichen von Warenannahme, Warenkontrolle, Lieferantenrückgaben, Einlagerung der Waren bis hin zu Wareneingangserfassung und Lieferscheinbewertung (vgl. Abb. 4.19).

Aufgaben

Der Wareneingang bildet die Schnittstelle zwischen dem Beschaffungsprozess und den Lagerfunktionen. Er stellt somit den Ausgangspunkt der warenlogistischen Aktivitäten des Handelsunternehmens dar. Die Wareneingänge können sich zwischen Lieferanten und Handelsbetrieb, zwischen zwei oder mehreren Handelsbetrieben (z. B. zwischen Verteilzentrum und Filiale) oder zwischen Handelsbetrieb und Kunden abspielen. Wareneingänge erfolgen dementsprechend sowohl in Verteilzentren als auch in Filialen. Da der Wareneingang Ausgangspunkt der internen Logistik ist, soll zunächst auf die Besonderheiten der Logistik und des Logistik-Controllings eingegangen werden.

Wareneingang als Schnittstelle

```
Wareneingang
├── Wareneingangsplanung
├── Warenannahme und -kontrolle
├── Lieferantenrückgaben
├── Wareneingangserfassung und -einlagerung
└── Lieferscheinbewertung
```

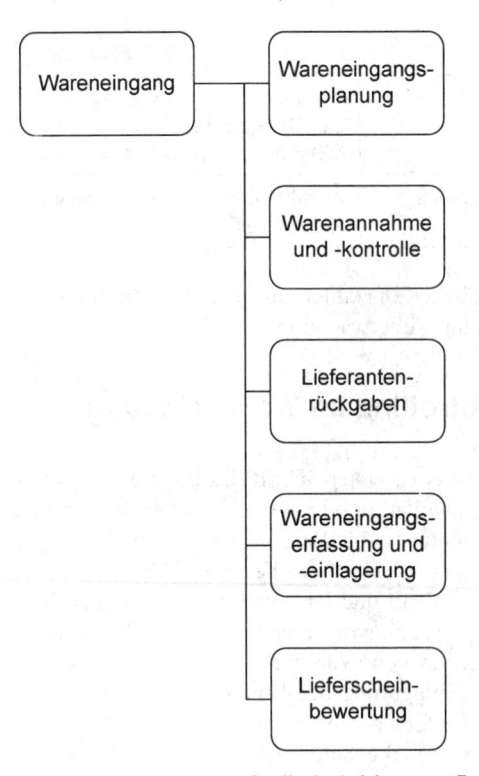

Quelle: in Anlehnung an Becker, Schütte (2004), S. 328.

Abb. 4.19: Aufgaben des Wareneingangs

Logistik-Controlling

Exkurs Logistik und Logistik-Controlling

Logistik kann als „Prozess der Planung, Realisierung und Kontrolle des effizienten, kosteneffektiven Fließens und Lagerns von Rohstoffen, Halbfabrikaten und Fertigfabrikaten und der damit zusammenhängenden Informationen vom Liefer- zu Empfangspunkt entsprechend den Anforderungen des Kunden"[403] verstanden werden (vgl. Abb. 4.20). Neben den Produktbeschaffenheiten wie Menge, Variantenvielfalt, Art, Sortimentsbreite usw. spielen bei der Logistik auch die zugehörigen Informationsflüsse eine wichtige Rolle.

---

[403] Übersetzung nach Vitasek (2003), S. 74.

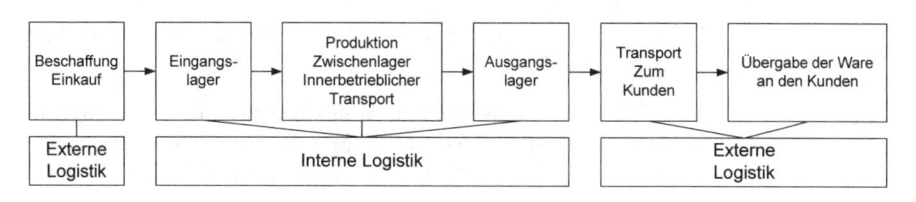

4.3 Handelscontrolling im Wareneingang

```
┌──────────┐  ┌──────────┐  ┌──────────────┐  ┌──────────┐  ┌──────────┐  ┌──────────────┐
│Beschaffung│→│Eingangs- │→│Produktion    │→│Ausgangs- │→│Transport │→│Übergabe der Ware│
│Einkauf   │  │lager     │  │Zwischenlager │  │lager     │  │Zum       │  │an den Kunden │
│          │  │          │  │Innerbetrieblicher│ │      │  │Kunden    │  │              │
│          │  │          │  │Transport     │  │          │  │          │  │              │
└──────────┘  └──────────┘  └──────────────┘  └──────────┘  └──────────┘  └──────────────┘

  Externe              Interne Logistik                            Externe
  Logistik                                                         Logistik
```

Quelle: Steinmüller (2000), S. 435.

Abb. 4.20: Die interne und externe Logistikkette

Als zentrale Aufgabe der Logistik wird heute verstärkt das Management der gesamten Prozesskette vom Lieferanten bis zum Kunden gesehen. JÜNEMANN[404] und BICHLER/KROHN[405] beschreiben die Aufgaben der Logistik mit den sieben „r". Das *richtige Produkt* soll in der *richtigen Menge*, der *richtigen Qualität*, am *richtigen Ort*, zur *richtigen Zeit*, zu den *richtigen Kosten*, für den *richtigen Kunden* verfügbar sein. Wirtschaftliche Ziele der Logistik, an denen sich der Informationsbedarf orientiert, sind zum einen kurze Durchlaufzeiten bei hoher Auslastung der Kapazitäten sowie einem optimalen Lieferservice bei dennoch niedrigen Beständen und Kosten.

Zentrale Aufgabe der Logistik

Das Controlling in der Logistik übernimmt eine unterstützende Funktion, indem es das Logistikmanagement mit entscheidungsrelevanten Informationen versorgt und die logistischen Prozesse koordiniert.[406] Das Logistik-Controlling soll logistische Kosten planen, steuern und überwachen und den Beitrag der Logistik zur Ergebnisverbesserung sicherstellen.[407] Laufende Überprüfung der Kostenarten, Kostenstellen und Kostenträger in Bezug auf die Ist-Kostenentwicklung stehen im Mittelpunkt der Betrachtung. Des Weiteren sind die Bereitstellung von entscheidungsbezogenen Informationen und deren problembezogene Verdichtung von Kennzahlen als Aufgabe zu nennen.[408] Durch das Logistik-Controlling sollen vor allem Rationalisierungspotenziale aufgespürt und der Nachweis über den Erfolg von Verbesserungsmaßnahmen erbracht werden. Die grundlegenden Zielrichtungen lassen sich wie folgt unterscheiden:[409]

Funktion des Logistik-Controllings

- Erhöhung der Effektivität des Logistikmanagements,
- Steigerung der Effizienz des Logistikmanagements und

---

[404] Vgl. Jünemann (1989), S. 18.
[405] Vgl. Bichler, Krohn (2001).
[406] Vgl. Göpfert (2000), S. 52 ff.; Jünemann (1989), S. 70.
[407] Vgl. Schmidt (1993), S. 227.
[408] Vgl. Reichmann (2001), S. 417 f.
[409] Vgl. Göpfert (2000), S. 113 f.

- Sicherung der Anpassungs- und Entwicklungsfähigkeit der Logistikführung.

Ziele

Für die Ziele des Logistik-Controllings bedeutet dies, dass logistische Kosten gesenkt, Bestände optimiert, eine Sicherstellung der Lieferbereitschaft und eine Verkürzung der Durchlaufzeiten stattfinden muss.[410]

Instrumente

Das Logistik-Controlling nutzt u. a. Controlling-Instrumente wie die Logistikportfolioanalyse, die ABC-Analyse, das Logistikbudget, die Logistikkosten- und Leistungsrechnung, Transport- und Lagerhaltungsmodelle, Logistikkennzahlensysteme, Wertzuwachskurven oder Verrechnungspreise.[411]

Voraussetzung: Systematische Erfassung

Vor allem der Einsatz einer Logistikkosten- und -leistungsrechnung gibt Handelsunternehmen die Möglichkeit, Kosten und Leistungen der Logistik transparent darzustellen und Rationalisierungspotenziale zu nutzen.[412] Daher ist die Voraussetzung einer solchen Rechnung die systematische Erfassung der in der betrieblichen Logistik entstehenden Kosten und Leistungen. Da Leistungen mit unterschiedlichen Transportmitteln (LKW, Bahn, Schiff) erbracht werden können, entstehen auch unterschiedlich hohe logistische Kosten.[413] Das Bestimmen von Logistikleistungen und -kosten ist eine unternehmensindividuelle Aufgabe, weil sich die Definitionen von Unternehmen zu Unternehmen ändern können.[414] Zu den wesentlichen Aufgaben der Rechnung gehören die Kalkulation von Logistikleistungen (wie teuer sind die Logistikleistungen?), die Verfahrensauswahl (welches Transportmittel und welche Lagerung sind vorgesehen?) und die Investitionsentscheidung (lohnen sich die Investitionen?).[415]

Exkurs Ende

Wareneingangsprozesse

Im Wareneingang sind die Prozesse der Einlagerung im Lager und des anschließenden Wareneingangs auf Einzelhandelsebene unterschiedlich. Die Frage, ob Lager in regionaler Nähe zu betreiben sind oder ein zentrales Lager alle Filialen beliefert, muss individuell nach den Bedürfnissen des einzelnen Handelsunternehmens entschieden werden. Bei der Entscheidungsfindung muss das Management die Aspekte des Wareneinlagerns, des Transports und der administrativen Kosten sowie – insbesondere im Lebensmittelhandel – der Produktfrische abwägen. Viele Funktionen, die die

---

[410] Vgl. Bichler, Krohn (2001), S. 24 f.
[411] Vgl. ausführlich Küpper (2001), S. 434 ff.; Schmidt (1993), S. 232 ff.
[412] Vgl. Küpper (2001), S. 438.
[413] Vgl. Reichmann (2001), S. 421 f.
[414] Vgl. Steinle, Bruch (1999), S. 731.
[415] Vgl. Reichmann (2001), S. 429; Steinle, Bruch (1999), S. 734.

Filialebene betreffen, werden heutzutage bereits im Lager erledigt, um vor Ort Zeit und personelle Ressourcen einzusparen. Hierzu zählen vor allem Vor-Kommissionierungen und das Labeling von Artikeln, sofern dies nicht bereits vom Hersteller geleistet wird. Mit höherer Kontrolle, nicht zuletzt durch Auto-Dispositions-Systeme und intraorganisationale Vernetzung der IT-Systeme, über die Warenbestände ermöglichen Konzepte wie Quick Response und Just-in-Time-Belieferung eine Reduzierung der Lagerplatzanzahl. Mit zunehmenden internationalen Dimensionen wird das logistische Konzept der Händler anspruchsvoller und komplexer. Eine Handelstochter im Ausland zu betreiben kann entweder bedeuten, zu Gunsten einer einfacheren Logistik auf lokale Produkte auszuweichen, wie dies beispielsweise der deutsche Lebensmittelhandel bei der Expansion nach Ost-Europa bevorzugt, oder dieselben Güter analog zum Heimatmarkt zu lagern und anzubieten, wie es etwa die Firma IKEA tut.

Generell lässt sich die logistische Entwicklung bei der Globalisierung des Handelsgeschäfts in vier Phasen einteilen.[416] In einer historisch bedingten *ersten Phase* ist der Handel auf zumeist ein Land begrenzt. Entsprechend ist die Lagerhaltung national abgestimmt. In einer *zweiten Phase* werden erste internationale Märkte betreten. Die Produkte werden dabei weiter auf heimatlichem Territorium delegiert und die Waren zwischen den Märkten transportiert. In der *dritten Phase* werden die logistischen Entscheidungen nicht länger in der Konzernheimat gefällt. Die Supply Chain wird als integriertes System betrachtet, das es zur Optimierung der Effizienz des Handelsunternehmens auf regionaler Ebene zu nutzen gilt. Bei der finalen *vierten Phase* reorganisiert sich das Unternehmen komplett um das globale Supply-System anstelle der traditionellen funktionalen Bereiche. Die Supply Chain wird unternehmensweit geführt. Alle Entscheidungen dienen nicht mehr der Optimierung einzelner Märkte und Tochterunternehmen, sondern dem Wohl des Gesamtunternehmens. Dieses erlaubt eine vollständige Kostenkontrolle. Waren werden auf internationaler Ebene eingekauft und direkt an die entsprechenden Auslandsniederlassungen bzw. Zentrallager ausgeliefert.

Logistische Entwicklung bei Globalisierung

Beispiel: Logistiktochter als strategischer Markteintrittsfaktor

Trotz der in Deutschland gemachten relativ schlechten Erfahrungen scheint Wal-Marts Interesse an Europa sehr groß. Über die hundertprozentige Logistiktochter Gazeley versucht der US-Konzern, in mehreren europäischen Ländern Fuß zu fassen. Die Strategie ist hierbei, die Logistik-Tochter als Brückenkopf zur Er-

Beispiel Logistiktochter

---

[416] Vgl. Mason, Burns (1998), S. 466.

schließung neuer Märkte zu nutzen. Branchenbeobachter berichten, dass Gazeley meist ein bis zwei Jahre früher in den Markt eintritt als Wal-Mart. Das Wal-Mart-Logistikzentrum in Bingen wurde ebenfalls nach Wünschen des Konzerns „maßgeschneidert".

Wareneingangsplanung

Avisierung und Rampenbelegungsplanung

Für eine gut funktionierende Wareneinlagerung ist zunächst eine Wareneingangsplanung, die sich aus *Avisierung* und *Rampenbelegungsplanung* zusammensetzt, notwendig. Die Lieferavis des Lieferanten enthält Informationen über die voraussichtlichen Liefermengen und den geplanten Liefertermin und ist somit Grundlage für die Planung der Rampenbelegung. Darüber hinaus bietet sie eine verlässliche Informationsbasis für weitere Bestellungen, da sie auf Grund des Informationsstandes des Lieferanten ausgeliefert wird. Die zeitliche und mengenmäßige Planung des Wareneingangs erfolgt entweder direkt durch den Disponenten des Handelsunternehmens oder – als nachgelagerte optionale Maßnahme – im Wareneingang durch die Avisierung der Ware. Die Avisierung gibt den Liefertermin und das Liefervolumen in Anzahl an Ladehilfsmitteln an. Vielfach disponieren die Disponenten tagesgenau, so dass die Funktion des Wareneingangs auf die Verteilung ankommender Waren auf die diversen Wareneingangsressourcen reduziert wird. Insbesondere bei regelmäßigen Lieferungen erfolgt die Übermittlung der Daten auf elektronischem Wege per DESADV (Despatch Advice). Im WWS können dann automatisch Avis- und Bestelldaten abgeglichen werden, so dass Differenzen noch vor Eintreffen der Ware aufgedeckt und ggf. korrigiert werden können. Auf Grund der Struktur der Planungsaufgabe lässt sie sich analog zur produktionswirtschaftlichen Maschinenbelegungsplanung als Rampenbelegungsplanung bezeichnen.[417] Die bei der Produktionsplanung existierenden Interdependenzen von Durchlaufzeitenminimierung, Bestandszeitenminimierung, Auslastungsmaximierung und Optimierung der Termintreue finden sich auch hier wieder. Je nach Geschäftsvorfall ergibt sich eine Dominanz des Ziels Durchlaufzeitenminimierung, also der Differenz zwischen Anlieferungs- und Einlagerungszeitpunkt. Dies ist beispielsweise bei Sonderbestellungen oder verspätet eintreffender Aktionsware der Fall. Die traditionell verwandte First-Come-First-Served-Regel ist zwar eine einfach zu verwendende Heuristik zur LKW-Entladung, bietet aber keine optimalen Resultate bei der Auslastung der Warenrampen, wie Abb. 4.21 zeigt.

---

[417] Vgl. Becker, Schütte (2004), S. 329.

Rampenbelegungsplan bei Anwendung der FCFS-Regel

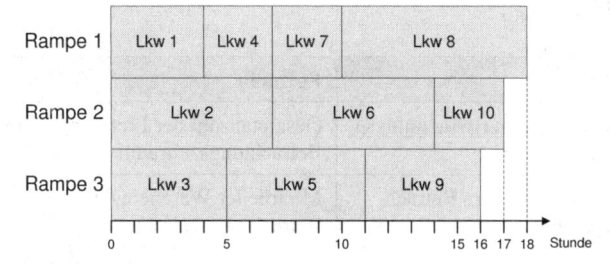

Rampe 1	Lkw 1	Lkw 4	Lkw 7	Lkw 8
Rampe 2	Lkw 2		Lkw 6	Lkw 10
Rampe 3	Lkw 3	Lkw 5	Lkw 9	

0 — 5 — 10 — 15 16 17 18 Stunde

Rampenbelegungsplan bei Optimierung der Planung mit dem Ziel der Auslastungsmaximierung

Rampe 1	Lkw 1	Lkw 8	Lkw 9
Rampe 2	Lkw 2	Lkw 6	Lkw 7
Rampe 3	Lkw 3	Lkw 4	Lkw 5	Lkw 10

0 — 5 — 10 — 15 17 Stunde

Quelle: Becker, Schütte (2004), S. 330.

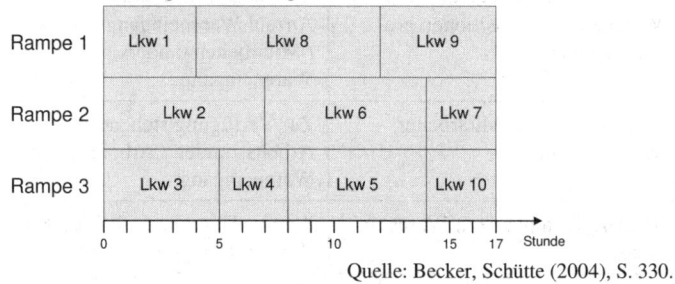

Abb. 4.21: Gantt-Diagramm zur Rampenbelegungsplanung

Vor allem in großen Filialen, Verteilzentren und im Großhandel findet eine intensive informationstechnische Optimierung der Abläufe statt. Vor allem moderne Lagerkonzepte wie Cross-Docking oder Transshipment erfordern zwingend eine moderne IT-Infrastruktur. Dabei wird die Ware durch das Warenverteilzentrum durchgeschleust, d. h. die Ware wird filialbezogen kommissioniert, verladen und zu den Filialen weitertransportiert, ohne zwischengelagert zu werden. Ggf. werden die Waren auch vom Hersteller für die Filialen vorkommissioniert. Die Warenverteilung wird auf diese Weise beschleunigt. Puffer- und Sicherheitsbestände werden reduziert und eine geringe Kapitalbindung erreicht.[418]

Optimierung durch IT

Tab. 4.15 stellt ausgewählte Kennzahlen der Wareneingangsplanung vor. Eine wichtige Frage, die es zu beantworten gilt, ist die Frage nach der Ressourcenauslastung. Daher sind Informationen über geplante Wareneingänge und zur Verfügung stehende Mitarbeiterkapazitäten ebenso wichtig wie der Auslastungsgrad der Mitarbeiter oder die durchschnittliche Durchlaufzeit für das Entladen am Wareneingang. Auch der Auslastungsgrad der einzelnen Rampe ist zur Optimierung der Anlieferungen sinnvoll. Lieferverzögerungsquote und durchschnittliche Lieferterminabweichung

Kennzahlen der Wareneingangsplanung

---

[418] Vgl. Hertel (1999), S. 35 f.

helfen bei der Einplanung von Verzögerungen in der Wareneingangsplanung.

Kennzahlen	Formeln
Wareneingänge im Betrachtungszeitraum	Gesamtanzahl der Lieferungen im Betrachtungszeitraum
Anzahl Mitarbeiter im Betrachtungszeitraum	Mitarbeiter Wareneingang im Betrachtungszeitraum
Wareneingänge pro Mitarbeiter	Wareneingänge pro Mitarbeiter pro Periode
Wareneingangspositionen pro Mitarbeiter	Anzahl Wareneingangspositionen / Mitarbeiterstunden Wareneingang
Auslastungsgrad Mitarbeiter Wareneingang	Zur Verfügung stehende Arbeitsstunden / Arbeitszeit am Wareneingang
Mittlere Durchlaufzeit Wareneingang	Summe Durchlaufzeit / Anzahl Wareneingänge
Auslastungsgrad der einzelnen Rampen	In Anspruch genommene Entladezeit / Zur Verfügung stehende Zeit pro Rampe
Lieferverzögerungsquote	Anzahl verspätete Wareneingänge / gesamte Wareneingänge
Durchschnittliche Liefertermin-abweichung	Summe Lieferterminabweichung / Anzahl Liefertermine

Tab. 4.15: Ausgewählte Kennzahlen im Bereich Wareneingangsplanung

Warenannahme und -kontrolle

Wareneingang zu einer Bestellung

Die Warenannahme stellt den ersten Schritt im physischen Warenfluss dar. Beim *Wareneingang zu einer Bestellung* können Entscheidungen über die Warenannahme mittels Abgleich von Lieferschein und Bestellung getroffen werden. Im Falle des *Wareneingang ohne Bestellung* muss im Regelfall der Disponent kontaktiert werden, der über eine Annahme der Lieferung entscheidet. Alle Artikel und Mengen müssen dann, da kein Bestellbezug vorliegt, manuell erfasst werden.

Insbesondere bei Frischware (vor allem Obst- und Gemüse) findet die Lieferung häufig ohne zugehörigen Bestellschein statt. In einer ersten Grobkontrolle wird dann die Art und Anzahl der

Collis überprüft. Anschließend werden in der Feinkontrolle MHD, Fehlmenge und Qualität der Ware geprüft, sofern die Ware nicht aus einem vorgeschalteten eigenen Lager stammt, so dass die Prüfung ausgelassen oder minimiert werden kann.

Die Wareneingangserfassung ist häufig kostenintensiv. Bei angenommenen 7 ct. Kosten pro erfassten Artikel ergeben sich bei 1,4 Millionen Lieferscheinen mit jeweils 20 Positionen 1,4 Millionen Euro Kosten für die Wareneingangserfassung.[419] Eine elektronische Übermittlung des Lieferscheins zur größtmöglichen Automatisierung ist daher erstrebenswert.

Kosten der Erfassung

Im Anschluss an die Erfassung wird dem Lieferanten eine Rampe zum Ausladen zugewiesen. Das „Dilemma der Rampenbelegungsplanung" ähnelt dem „Dilemma der Ablaufplanung" in der Produktion, da ebenfalls keine Verfahren zur optimalen Lösung des Problems existieren. Daher muss auf Heuristiken zurückgegriffen werden. Viele WWS unterstützen daher die Torbelegungsplanung durch automatische generierte, aber manuell veränderbare Torbelegungsvorschläge und die grafische Darstellung der Torbelegung in Form von Balkendiagrammen.

Zuweisen der Rampe

Die gelieferten Artikel werden einer Warenkontrolle nach quantitativen und qualitativen Kriterien unterzogen. Kontrolliert werden beispielsweise die Artikel des Trockensortiments auf korrekte Etikettierung, Verpackungszustand, MHD (soweit vorhanden) usw. Waren des Frischesortiments werden darüber hinaus auf die Einhaltung der Kühlkette überprüft. Quantitative Wareneingangskontrollen lassen sich mittels RFID-Technologie bei derzeitigem Stand der Technik zumindest teilautomatisieren, da eine 100-prozentig fehlerfreie Erfassung noch nicht überall gegeben ist. Kleine, an den Waren oder Umverpackungen befestigte RFID-Transponder werden im Wareneingang drahtlos abgefragt und die ausgelesenen Informationen an das Warenwirtschaftssystem weitergeleitet. In vielen Unternehmen wird derzeit allerdings noch mit Barcodes, die mittels Scannertechnologien erfasst werden, gearbeitet.

Warenkontrolle

RFID

Im Rahmen der möglichst engen Bindung zum Lieferanten können Qualitätskontrollen bei entsprechender Zusammenarbeit auf Stichprobenuntersuchungen reduziert werden. Dadurch wird neben der Reduzierung des Kontrollaufwands auch eine Beschleunigung des Einlagerungsprozesses erreicht. Die Basisverordnung EU 178 / 2002 macht es darüber hinaus seit 2005 notwendig, die Verarbeitung von Lebensmitteln über alle Stufen der Wertschöpfungskette hinweg nachweisen zu können. Es kommt zu einer Stufenverantwortung, die die Verantwortung der Unternehmen für deren Mängel der Lebensmittelprodukte zumindest theoretisch auf den eige-

Stichproben

Rückverfolgbarkeit

---

[419] Zu den Kosten vgl. Becker, Schütte (2004), S. 352.

nen Einflussbereich beschränkt.[420] Ab Herbst 2006 erzwingt die Verordnung EU 1935 / 2004 auch die Rückverfolgbarkeit von Materialien und Gegenständen, die mit Lebensmitteln in Kontakt stehen. Durch die strenge staatliche Verordnung sollen Lebensmittelskandale größtmöglich vermieden bzw. im Fall eines solchen schnellstmöglich aufgeklärt werden. Wie sinnvoll eine einwandfreie Rückverfolgung sein kann, zeigt der Fall von Coppenrath & Wiese, bei dem ein Kind 2003 nach Genuss eines Stücks Torte verstarb, jedoch nachgewiesen werden konnte, dass das Unternehmen keine Schuld traf.

Toleranzbereich

Die auf dem Lieferschein – oder dem elektronischen Avis – notierten Mengen sind bei der Kontrolle mit der Bestellung (und der ggf. schon vorliegenden Rechnung) abzugleichen. Im Regelfall sind innerhalb eines bestimmten Toleranzbereichs Differenzen zwischen Lieferschein und Bestellung zu dulden. Dieser sollte in einer Höhe gewählt werden, in der die Fehlerbearbeitung nicht wirtschaftlich wäre. Der Toleranzbereich ist hierbei je nach Produkt bzw. Warengruppe in Einheiten oder in Warenwert zu definieren.

Kennzahlen

Bei einer Fehllieferung ist zu entscheiden, ob die Artikel trotz falscher Lieferung (beispielsweise falsche Farbe von Textilien) oder überschrittenem Liefertermin (insbesondere bei Ware mit MHD problematisch) angenommen werden sollen. Die Entscheidung ist u. a. davon abhängig, ob die Artikel überdurchschnittlich gut verkauft werden können oder nicht. Ist der Artikel bereits im Sortiment gelistet, ist das Ermitteln des Absatzpotenzials leicht möglich. Ansonsten kann versucht werden, für eine Prognose das Absatzpotenzial von ähnlichen Artikeln heranzuziehen. Ggf. ist der Lieferant bereit, einen Preisnachlass zu gewähren, der den Nachteil ausgleicht. Die Liefertreue gibt Aufschluss über den Grad der fehlerfrei gelieferten Ware. Die Lieferqualitätsquote berücksichtigt darüber hinaus die individuellen Restriktionen des Handelsunternehmens, beispielsweise Vorschriften zur Verpackung, Anlieferung oder Vorkommissionierung. Die Liefermengentreue und Liefermengenabweichung gibt Auskunft über die Zuverlässigkeit der Lieferanten im Vergleich von bestellter und gelieferter Ware (vgl. Tab. 4.16).

---

[420] Vgl. o.V. (EG) (2002), S. Artikel 17; o.V. (Lebensmittelhandel) (2004), S. 45.

Kennzahlen	Formeln
Durchschnittliche Qualitätsprüfungskosten	Qualitätsprüfungskosten / gesamte Wareneingangspositionen
Qualitätsprüfungsquote	Wareneingangspositionen mit Qualitätsprüfung / gesamte Wareneingangspositionen
Toleranzbereich	Abweichungen (zu EK)
Absatzpotenzial	Verkauf im Jahr * verbleibende Abverkaufstage / 365
Preisnachlassquote	Preisnachlässe / Einkaufsvolumen
Liefertreue	Einwandfreie Wareneingänge / gesamte Wareneingänge
Lieferqualitätsquote	Qualitätsgerechte Wareneingänge / gesamte Wareneingänge
Liefermengentreue	Anzahl mengentreuer Wareneingänge / gesamte Wareneingänge
Durchschnittliche Liefermengenabweichung	Summe Liefermengenabweichung / Anzahl Wareneingänge

Tab. 4.16: Ausgewählte Kennzahlen im Bereich Warenannahme und -kontrolle

Lieferantenrückgabe

Die Funktionen der Lieferantenrückgaben im Bereich des Wareneingangs umfassen Tätigkeiten der Warenverräumung und der Erstellung von Belegen und Buchungen. Die *Lieferantenretoure* ermöglicht das Rückgeben von Artikeln an die Lieferanten. Auch im Rahmen der *Verwaltung der wieder verwendbaren Verpackungen* müssen das Leergut und die Mehrwegtransportverpackungen (MTV) verladen und transportiert werden. Es erfolgt eine Verbuchung der verladenen MTV- und Leergutmengen, um Gutschriften entsprechend buchen zu können. Im Rahmen des Zug-um-Zug-Geschäfts, bei dem für jede zurückgegebene Palette eine andere Palette vor Ort verbleibt, ist die Verbuchung nicht zwingend notwendig. Beim Pool-System ist für die Rücknahme ein gesonderter Dienstleister zuständig. Anhand der Austauschquote lässt sich bei der einzelnen Filiale feststellen, ob Verpackungsmaterial verschwindet, da sich theoretisch die Relation von erhaltenen und retournierten Verpackungen mittelfristig bei 1 einpendeln müsste (vgl. Tab. 4.17).

Lieferantenretoure

MTV-Verwaltung

Kennzahlen	Formeln
Reklamationsquote	Anzahl berechtigter Reklamationen / gelieferte Menge
Anzahl retournierter MTV- und Leergutmengen	Anzahl retournierter Mengen
Austauschquote	Anzahl erhaltener Verpackungen / Anzahl retournierter Verpackungen

Tab. 4.17: Ausgewählte Kennzahlen im Bereich Lieferantenrückgabe

Wareneingangserfassung und -einlagerung

Wareneingangserfassung

Die Wareneingangserfassung kann je nach organisatorischen Regeln unterschiedlich erfolgen. Bei der Nutzung von Scannern oder RFID bietet sich die Möglichkeit, die Waren direkt bei der Warenkontrolle zu buchen. Alternativ können die Wareneingänge manuell erfasst oder sogar erst nach der Einlagerung verbucht werden. Für die Rückverfolgbarkeit der Artikel ist es wichtig, dass die originäre Lieferantennummer, Nummern-Versand-Einheit (NVE) und/oder Charge der Artikel sowie bei Umverpackungen die neue NVE mit Bezug zur Originallieferung festgehalten werden.

Wareneinlagerung

Bei der Wareneinlagerung werden die angelieferten Waren, die nicht mittels Cross-Docking- o. ä. Konzepten bereits wieder verladen wurden (häufig bei Aktionsware, Sonderbestellungen oder Bestellungen mit Referenz zum Aufteiler der Fall), von den Wareneingangsplätzen zu den Lagerplätzen verräumt. Dazu muss in Abhängigkeit von Auftragsart und Lagerstrategie ein Lagerplatz bestimmt werden. Diese sind in großen Lagern in der Regel häufig für warenbezogene Lagerbereiche individuell definiert.

Kommissionierplätze

Bei der Arbeit mit festen Kommissionierplätzen wird der Artikel direkt auf dem Kommissionierplatz gelagert, wenn dieser leer ist. Ansonsten wird die Ware auf einem Reserveplatz in der Nähe eingelagert. Neben standortspezifischen Kriterien zur Wegstreckenoptimierung müssen auch Merkmale wie Lagereinheitengewicht, Artikelgrößen, Warenwert oder gesetzliche Bestimmungen (etwa bei gefährlichen Stoffen) beachtet werden. Idealerweise wird die Einlagerung vom WWS unterstützt. Denkbar ist hierbei die Berücksichtigung folgender Restriktionen:[421]

Restriktion bei Einlagerung

- Einlagerung nach Warengruppen- und Artikelart,

---

[421] Vgl. im Folgenden ausführlich Schütte, Vering (2004), S. 245 f.

- Einlagerung nach erforderlicher Lagerbedingung (z. B. Tiefkühllager, Wertlager),
- Einlagerung nach Artikelmaßen und -volumen,
- Einlagerung nach Artikelmenge,
- Einlagerung nach Gewicht,
- Einlagerung unter Berücksichtigung von Zusammenlegungsverboten und Lagerhöchstmengen, etwa im Gefahrenstoffbereich oder zur Vermeidung von Kommissionierirrtümern beispielsweise durch Verbot von Lagerung zweier T-Shirt-Größen unmittelbar nebeneinander und
- Einlagerung nach ABC/XYZ-Kriterien, um z. B. Waren mit hoher Umschlagshäufigkeit optimal zu platzieren.

Tab. 4.18 zeigt ausgewählte Kennzahlen der Wareneingangserfassung und -lagerung.

Kennzahlen	Formeln
Durchschnittliche Wareneingangskosten	Gesamtkosten Wareneingang / Anzahl Wareneingänge
Durchschnittliche Personalkosten Wareneingang	Gesamtpersonalkosten Wareneingang / Anzahl Wareneingänge
Erfasste Ware	Anzahl erfasste Warenpositionen pro Periode
Wareneingangsstruktur	Anzahl Wareneingänge [Einlagerung, Cross Docking usw.] / Anzahl Wareneingänge gesamt

Tab. 4.18: Ausgewählte Kennzahlen im Bereich Wareneingangserfassung und -lagerung

Lieferscheinbewertung

Mittels der Lieferscheinbewertung werden Artikel wertmäßig erfasst. Sie bildet somit die Grundlage für die wertmäßige Bestandsfortschreibung und die Rechnungsprüfung. Die Bestandsführung unterscheidet zwischen wertmäßiger Bestandsfortschreibung und wert- und mengenmäßiger Bestandsführung. Trotz einer hohen IT-Durchdringung kann eine erstrebenswerte Wert- und Mengenbestandsführung nicht in allen Bereichen realisiert werden, da dies entweder zu unwirtschaftlich oder im Falle von Obst, Gemüse und Fleisch nicht praktikabel ist. Hier wird auf eine reine wertmäßige Bestandsführung ausgewichen. Die Bewertung der Artikel erfolgt im Standardpreisverfahren oder durch das Verfahren des gleitenden Durchschnitts (GLD), so dass die Artikel zu einem einheitli-

Wertmäßige Erfassung

chen Preis auf die Bestandskonten gebucht und Preisdifferenzen über ein Preisdifferenzkonto ausgebucht werden.[422] Als Einkaufswert wird i. d. R. der GLD herangezogen, der bei Bedarf durch kalkulatorische Größen ergänzt wird (beispielsweise Ansatz des Rechnungs-EK in der Spannenrechnung und eines ganzjährig konstanten EK-netto-netto als Standardpreis in der Kostenrechnung). Der Erfolgsausweis wird in der Regel auf Artikelbasis oder einer Verdichtungsstufe vorgenommen. Bei filialisierenden Handelsunternehmen erfolgt der Wertausweis auf Basis von Verkaufspreisen. In Großhandelslager ist dies nicht möglich, da unterschiedliche Abgabepreise für individuelle Kundengruppen gelten.

Kennzahlen	Formeln
Lieferscheine pro Periode (Anzahl)	Anzahl Lieferscheine pro Periode
Lieferscheine pro Periode (Wert)	Wert Lieferscheine pro Periode

Tab. 4.19: Ausgewählte Kennzahlen im Bereich Lieferscheinbewertung

4.4 Handelscontrolling in der Rechnungsprüfung

Definition Rechnungsprüfung

Die Rechnungsprüfung überprüft die eingehenden Rechnungen auf sachliche, rechnerische und preisliche Richtigkeit (vgl. Abb. 4.22). Die zu prüfenden Belege können sich in einem größeren Handelsunternehmen des Lebensmitteleinzelhandels durchaus zu einer mittleren sechs-stelligen Anzahl summieren. Auch in mittelständischen Handelsunternehmen ist das jährliche Rechnungsaufkommen von ca. einer Million Rechnungen nicht unüblich.[423] Hierbei sind vor allem integrierte IT-Systeme von großem Nutzen, da auf diese Weise die zu erledigenden Prüfaufgaben weitestgehend automatisiert werden können. Die erforderlichen Daten über die bestellte Ware (Disposition), die gelieferte bzw. vereinnahmte Ware (Wareneingang) und Konditionsvereinbarungen (Einkauf) liegen im Idealfall im System vor.

Hohes Rechnungsaufkommen im Handel

Digitale Rechnungsdaten

Rechnungsdaten können per EDI übertragen, so dass sie ohne manuellen Eingriff übernommen und geprüft werden können. Nach erfolgter Rechnungsprüfung sind ggf. Korrekturen an den Bestandsmengen und -werten im WWS der Zentrale und Filiale

---

[422] Zu möglichen Ausprägungen der Bewertung von Warenabgängen vgl. Baetge, Kirsch, Thiele (2004) sowie Becker, Schütte (2004), S. 337 ff.
[423] Vgl. Ribbert (2005), S. 72.

vorzunehmen. Der Artikelbestand in Mengen und der Bewertungspreis des Wareneingangs müssen entsprechend geändert werden. Dazu ist eine Korrektur der Bestandswerte notwendig.[424]

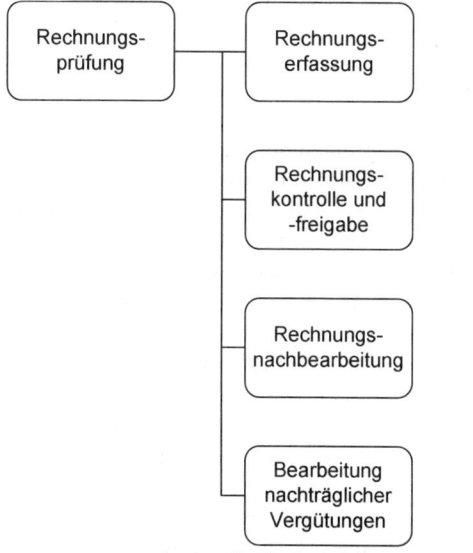

```
Rechnungs-      ┬── Rechnungs-
prüfung         │   erfassung
                │
                ├── Rechnungs-
                │   kontrolle und
                │   -freigabe
                │
                ├── Rechnungs-
                │   nachbearbeitung
                │
                └── Bearbeitung
                    nachträglicher
                    Vergütungen
```

Quelle: in Anlehnung an Becker, Schütte (2004), S. 351.

Abb. 4.22: Aufgaben der Rechnungsprüfung

Zwar existieren von der Industrie herrührend Beispiele für einen Verzicht auf die Rechnungsprüfung bzw. die Verwendung statistischer Verfahren zur Rechnungsprüfung,[425] doch die Haltung der Handelsunternehmen ist nicht immer positiv, auch wenn einige Unternehmen im Rahmen des Toleranzbereichs akzeptierte Rechnungen nur noch stichprobenartig prüfen.[426] Gründe für die ablehnende Haltung sind in den steuerrechtlichen Anforderungen und dem mangelnden Vertrauen in andere Organisationseinheiten und Systeme zu suchen. Die hausgemachte Komplexität der Konditionsvielfalt kann vielfach zu Fehlern bei der Rechnungsausstellung führen. Auch Fehler bei der Erfassung der Wareneingänge und bei der Rechnungserfassung sind möglich. In einer im März 1997 von einem mehrstufigen Handelsunternehmen durchgeführ-

Verzicht

---

[424] Vgl. Rotthowe (1998), S. 158.
[425] Hierbei wird statt der Rechnung der Lieferschein als Basis für die Zahlungsregulierung herangezogen und entsprechend korrigiert.
Vgl. Mertens (2000), S. 270 f.; Hammer, Champy (1996), S. 57 ff.; Bär (1989), S. 210 ff.
[426] Vgl. Rotthowe (1998), S. 158.

ten Untersuchung wurde ermittelt, dass von den fehlerhaften Wareneingängen 26,3 % aus Preisdifferenzen resultierten, 28,4 % auf Fehlern des Vertriebs (fehlende Artikellistung, unvollständige Stammdaten) und 31,5% auf einer falschen WE-Rechnungs-Zuordnung (falsche Liefernummer, falsche Lieferscheinnummer) beruhen.[427]

Rechnungserfassung

Manuelle vs. automatische Rechnungserfassung

Die Rechnungserfassung erfolgt entweder manuell oder auf elektronischem Wege mittels EDI. Die Vermeidung von Medienbrüchen hat den Vorteil, dass die Kosten der Erstellung und Übermittlung sehr gering sind, keine manuellen Erfassungskosten anfallen, die Qualität höher ist und die Verarbeitung wesentlich schneller und ggf. detaillierter erfolgen kann. Daher werden mittlerweile bereits bis zu 90 % der Rechnungen auf elektronischem Wege empfangen (vgl. Kennzahlen in Tab. 4.20).[428] Darüber hinaus kann mit Hilfe moderner IT die Fehlerquote minimiert und die Effizienz gesteigert werden, so dass das Handelsunternehmen weniger Personal benötigt. Zusätzlich zur Rechnungserfassung wird die Anzahl der Buchungen Offener Posten, die Berechnung der Vorsteuerabzüge, die Anzahl der korrigiert und bearbeiteten Lieferantenrechnungen sowie die Bearbeitung der nachträglichen Vergütungen zur Leistungsmessung erfasst.

Kennzahlen	Formeln
Erfasste Rechnungen	Anzahl erfasste Rechnungen [pro Mitarbeiter, Zeiteinheit]
Korrigierte Rechnungen	Anzahl korrigierte Rechnungen
Anzahl Buchungen OP	Anzahl der Offenen Posten
Summe der Vorsteuerabzüge	Summe der Vorsteuerabzüge pro Periode
Quote elektronische Rechnungen	Anzahl „elektronische" Rechnungen / Gesamtanzahl Rechnungen

Tab. 4.20: Ausgewählte Kennzahlen im Bereich Rechnungserfassung

Buchhalterisches Vorgehen

Um frühzeitig den Vorsteuerabzug vornehmen zu können, werden Rechnungen sofort nach der (Vor-)Erfassung als kreditorischer Offener Posten gebucht und zunächst mit einem Zahlungssperrver-

---

[427] Vgl. für weitere Beispiele Hampe (1997), S. 54 f.
[428] Vgl. Becker, Schütte (2004), S. 362 sowie Schütte, Vering (2004), S. 250.

merk versehen, es sei denn, es liegt eine direkte Zahlung vor. Eine direkte Zahlung liegt beispielsweise vor, wenn der Kreditor über ein Kontor abgewickelt wird oder wenn die Forderung per Lastschrift vom Abnehmer eingezogen wird.

Beispiel: Automatische Rechnungserfassung

Auch wenn EDI, das elektronische Empfangen und Versenden von (Rechnungs-)Daten, als einzig sinnvoller Weg gesehen wird, da die Prozesskosten für die Bearbeitung von Briefen und Faxen laut Metro-Untersuchungen bei rund 0,3 Prozent vom Umsatz liegen, ist die Realität längst noch nicht papierlos. Zwar rechnet Kaufland bereits 70 Prozent des Rechnungsvolumens über EDI ab, doch das bedeutet im Umkehrschluss, dass noch 30 Prozent aller Rechnungen manuell erfasst werden müssen. Metro, der Spitzenreiter in der Verwendung von EDI, hat in 2004 die Benutzung von EDI durch die Lieferanten durch Weitergabe der Prozesskosten forciert. Davor erhielt die Metro-Group im Food-Bereich noch rund 5 Prozent der Rechnungen nicht elektronisch und im Non-Food-Bereich rund 20 Prozent auf Papier. Vor allem kleine Firmen scheuen die Umstellungen. Das waren Anfang 2004 noch rund 1.350 Lieferanten im Food- und 1.900 Lieferanten im Non-Food-Bereich.[429]

In der deutschen Discounter-Landschaft verbleiben nach einem EDI-Start auch bei Lidl nur Aldi Nord und Süd sowie Norma als strikte „Papier-Verwender" übrig. Penny und Netto Scheels kommunizieren über ihre Zentralen Rewe und Spar zumindest bei Rechnungen per EDI, Netto Stavenhagen und Plus haben eigene Konverter.[430]

Vermehrt stellt der gesamte deutsche Einzelhandel auch die Erfassung papierbasierter Bestellungen von manuell auf automatisch meist in Kombination mit einem elektronischen Archiv um. Dies hat folgende Vorteile:

- *Die Abläufe werden gestrafft und die Informationsflüsse optimiert.*
- *Die Rechnung muss nicht mehr manuell erfasst werden, sondern kann mittels OCR bereits ausgewertet werden.*
- *Neben den Kopfdaten und dem Rechnungssaldo stehen auch Positionsdaten elektronisch zur Verfügung.*
- *Die Rechnungsprüfung kann sich stärker auf Kernaufgaben konzentrieren.*

Beispiel Auto-Rechnungs-erfassung

---

[429] Vgl. Rode (2004c).
[430] Vgl. Rode (2004b).

> *Beispielsweise erfasst die Bäko-Zentrale in Duisburg die ca. 1.500 täglichen Eingangrechnungen von ca. 1.100 Kreditoren zentral für 30 Bäko-Regionalgenossenschaften und mehr als 9.000 angeschlossene Bäckereien und Konditoreien.*[431] *Auch die Metro Großhandel GmbH (MGH) digitalisiert ihre rund 800 täglichen Rechnungen. Damit sie auch die Rechnungen ihrer Dienstleister wie Handwerker und Logistiker ohne Medienbruch digital bis zur Zahlungsfreigabe bearbeiten kann, hat die MGH einen elektronischen Controlling-Workflow eingeführt. Über Ablehnung oder Kürzung von Forderung wird der Dienstleister ggf. per Email informiert.*[432]
>
> *Für die Rationalisierung der Rechnungserfassung durch Digitalisierung ist folgendes zu beachten:*
>
> - *Zentralisierung des Rechnungseingangs zum zentralen Digitalisieren und Erfassen des Inhalts,*
> - *gleichzeitige Erfassung von Lieferschein, Leistungsnachweis usw. mit der Rechnung,*
> - *Vermerk der Ladennummern, Lieferadresse und ILN-Nummern der jeweiligen Filiale, für die Leistungen erbracht wurden, auf der Rechnung. Bei Leistungen für mehrere Filialen ist jeweils eine separate Rechnung vom Lieferanten auszustellen. Auch Ordernummern und Bestellnummern sind auf der Rechnung zu vermerken.*

Rechnungskontrolle und -freigabe

Automatische Zuordnung

Zur automatischen Zuordnung der bewerteten Wareneingänge zu den in Rechnung gestellten Beträgen ist die jeweilige Lieferscheinnummer notwendig. Auf Grund der Möglichkeit von Sammelrechnungen müssen zu einer Rechnung u. U. mehrere Lieferscheinnummern erfasst werden können. Für den Fall, dass eine automatische Zuordnung nicht erfolgreich ist, muss manuell eingegriffen werden.

Rechnungskontrolle

Abweichungen

Der Zahlungssperrvermerk wird nach der Rechnungskontrolle zum Abgleich der bewerteten Wareneingänge mit der erfassten Rechnung aufgehoben, um die offenen Posten begleichen zu können.[433] Der automatische Abgleich ist in der Praxis auf Grund von Abweichungen zwischen Lieferschein- und Rechnungsnummern, Teillieferungen oder Retourenverrechnungen nicht immer möglich. Häufig existiert ein lieferantenbezogener Toleranzwert. Überschreitet eine Rechnung den festgelegten Toleranzbereich, so klärt bei Mengenabweichung die Rechnungskontrolle den Sachverhalt, bei Preisabweichungen der Einkauf. Bei der Überprüfung der Dif-

---

[431] Vgl. o. V. (Automatische Rechnungserfassung) (2004), S. 6.
[432] Vgl. Weber (2002b).
[433] Vgl. Lerchenmüller (1998), S. 458 f.

ferenz zwischen der Rechnung und dem bewerteten Wareneingang kann bei minimalen Differenzen innerhalb des lieferantenindividuellen Toleranzbereichs die Differenz aus Wirtschaftlichkeitsgründen akzeptiert werden. Auch wenn die Abweichung unterhalb der Toleranzgrenze liegt, kann sich der Fehlbetrag durch häufige Lieferungen auf hohe Beträge aufsummieren. So gibt es beispielsweise bei Brot-Lieferanten häufige Preisveränderungen, die diese nicht immer aktuell in ihren Systemen pflegen. Bei Differenzen, die den Toleranzbereich übersteigen, sind die Ursachen der Differenzen zu überprüfen.

Die Ursachen für die Abweichung des Gesamtbetrags der Rechnung vom bewerteten Wareneingang können in einer Mengen- oder Preisabweichung auf Positionsebene oder in einer Abweichung auf gesamtrechnungsbezogenen Konditionen liegen. Bei Mengenabweichungen ist zu prüfen, ob die erfasste Wareneingangsmenge oder die vom Lieferanten berechnete Menge fehlerhaft ist. Es liegt nahe, dass der Handel bestrebt ist, die Wareneingangserfassung – etwa durch RFID-Erfassung – größtmöglich zu automatisieren, um die dort häufig auftretenden Erfassungsfehler zu minimieren.

Ursachen von Abweichungen

Bei wertmäßigen Abweichungen muss die Möglichkeit der direkten Korrektur geprüft werden. Bei Konditionsfehlern muss teilweise die Zustimmung des Einkaufs eingeholt werden.

Nach der Prüfung erfolgt die Rechnungsfreigabe. Sperrvermerke werden aufgehoben und offene Posten, bei denen keine Rechnungsabweichungen außerhalb der Toleranzwerte bestehen, werden zur Zahlung freigegeben. Nach Freigabe der Rechnung zur Bezahlung wird geprüft, ob ein Statistikkonto zur nachträglichen Vergütung fortgeschrieben werden muss. Die Rechnung wird im Anschluss archiviert.

Rechnungsfreigabe

Kennzahlen	Formeln
Quote fehlerhafte Rechnungen	Fehlerhafte Rechnungen / Gesamtrechnungen
Abweichungen (Wert)	Summe der abgewichenen Rechnungswerte
Abweichungen (Anzahl)	Summe der abgewichenen Warenmengen

Tab. 4.21: Ausgewählte Kennzahlen im Bereich Rechnungskontrolle und -freigabe

Rechnungsnachbearbeitung

Nachbearbeitung bei Differenz

Bei einem Unterschied zwischen bezahltem Rechnungsbetrag und zu zahlendem Betrag erfolgt eine Rechnungsnachbearbeitung. Ursachen hierfür sind zum einem die direkt bezahlten Rechnungen ohne Prüfung (beispielsweise bei Kontorabrechnungen) und zum anderen ein Aufsummieren der immer im Toleranzbereich liegenden Abweichungen, die eine Nachbearbeitung nach einer gewissen Zeit notwendig machen (vgl. die Kennzahlen in Tab. 4.22). Die Nachbearbeitung führt zu einer Forderung gegenüber dem Lieferanten, die anhand einer Rechnung, Lastschrift oder Verrechnung mit zukünftigen Verbindlichkeiten ausgeglichen wird. Die Nachbearbeitung kann somit auch dazu führen, dass der Lieferant als Kreditor auch als Debitor im WWS geführt wird. Auf Grund der sich bei zahlreichen Artikeln (insbesondere Obst und Gemüse, Backwaren usw.) ständig ändernden Preise wird die Rechnungsnachbearbeitung zu einer der häufig durchzuführenden Aufgaben des Lebensmittelhandels gezählt.

Kennzahlen	Formeln
Wert der tolerierten Abweichungen	Summe der tolerierten, nicht ausgeglichenen Wertdifferenzen
Durchschnittliche kreditorische Forderung	Gesamtsumme der tolerierten, nicht ausgeglichenen Forderungen an Debitoren / Anzahl der debitorischen Kreditoren

Tab. 4.22: Ausgewählte Kennzahlen im Bereich Rechnungsnachbearbeitung

Bearbeitung der nachträglichen Vergütungen

Prüfung und Kontrolle der Ansprüche

Die Bearbeitung der nachträglichen Vergütung ist erforderlich, um die Ansprüche der im Einkauf verhandelten Vereinbarungen zu prüfen und zu kontrollieren (vgl. Kennzahlen in Tab. 4.23). So kann zum Beispiel bei der Gefahr der Verfehlung von Bonus-Staffelstufen durch Zusatzkäufe oder absatzseitige verkaufsfördernde Maßnahmen reagiert werden. Um dies zu ermöglichen, muss das Warenwirtschaftssystem – basierend auf der gegebenenfalls korrigierten Rechnung – eine automatische Fortschreibung der Bonusansprüche vornehmen.

Kennzahlen	Formeln
Benötigte Rest-Verkaufsmenge	Ziel-Abverkaufsmenge - Ist-Abverkaufsmenge
Wert der nachträglichen Vergütungen	Summe der nachträglichen Vergütungen

Tab. 4.23: Ausgewählte Kennzahlen im Bereich der Bearbeitung der nachträglichen Vergütungen

Beispiel: Nachträgliche Vergütungen – Streit zwischen Industrie und Handel um Rückerstattungsvergütung Grüner Punkt

Beispiel nachträgliche Vergütungen

Verhandlungen um nachträgliche Vergütungen gehören zwischen Industrie und Handel zum alltäglichen Geschäft. Die Forderungen des Handels in Bezug auf Konditionenverbesserungen und nachträgliche Vergütungen sind vielfältig und kreativ: Jubiläumsrabatt, Promotionunterstützung wie Dachmarkenkampagnen uvm. Auch Kostenentlastungen für die Hersteller wecken auf Grund der engen Margen die Begehrlichkeiten der deutschen Händler. So war z. B. die 2004er Rückvergütung des Dualen Systems Deutschland in Höhe von rund 160 Millionen Euro, an das die Industrie für die Entsorgung der Verpackung einen gewissen Betrag abführt, heftig umstritten. Während der Handel „seinen Anteil" einforderte, weigerten sich die Hersteller, Preisabsenkungen vom DSD an den Handel weiterzugeben. Entsprechende Forderungen hatten viele Lieferanten zum Jahresanfang 2005 von vielen deutschen Großunternehmen erhalten. Dabei versuchte der Handel teilweise, vollendete Tatsachen zu schaffen. Einseitige Pauschalen wurden festgelegt und direkt in Abzug gebracht. So schrieb beispielsweise die Metro, dass sie ab 1. Januar 2005 0,X Prozent (je nach Lieferant) des monatlichen Rechnungsumsatzes in Abzug bringen werde, wobei das Unternehmen selbstverständlich bereit sei, nach Einreichen der tatsächlich gelieferten Wertstoffe an die Vertriebslinien eine entsprechende Gegenrechnung vorzunehmen.

4.5 Handelscontrolling in der Kreditorenbuchhaltung

Die Kreditoren- und Debitorenbuchhaltungen werden jeweils als Teil des Beschaffungs- bzw. Distributionsprozesses verstanden und schließen diese entsprechend ab. Sie gehören wie die Anlagenbuchhaltung zu den klassischen Nebenbüchern des Rechnungs-

Nebenbuch des Rechnungswesens

Besonderheiten im Handel

wesens, die als Kontokorrent geführt werden und über ein Mitbuch- oder Abstimmkonto in das Hauptbuch der Sachbuchhaltung konsolidiert werden. Die Kreditoren- und Debitorenbuchhaltungen sind nicht zuletzt wegen der Verknüpfung mit der Warenwirtschaft eng mit den physikalischen Warenbewegungen verbunden und werden daher in diesem Zusammenhang betrachtet. Obwohl das externe Rechnungswesen eigentlich zu den branchenneutralen Anwendungen gezählt wird,[434] ergeben sich im Handel zahlreiche Besonderheiten:[435]

- *Belegvolumen*: Die Menge der zu verarbeitenden Lieferantenrechnungsbelege (meist eine sechs- bis siebenstellige Anzahl) zwingt zur rationellen Gestaltung der Erfassung, Archivierung und Prüfung.
- *Rechnungsprüfung*: Die Prüfung ist traditionell dem externen Rechnungswesen zugeordnet. Da für die Überprüfung aber Stammdaten für Lieferanten, Artikel, Konditionen- und Wareneingangsdaten aus dem WWS benötigt werden, ist ihre Integration in das WWS zwingend notwendig.
- *Finanzwirtschaft*: Die zeitnahe Verarbeitung der Kassenabrechnungen der dezentralen Filialen führt zu besonderen Anforderungen an die Verwaltung der Bankkonten und der Finanzplanung.
- *Umsatzsteuerermittlung*. Bei nicht-artikelgenauer Abverkaufserfassung in den Filialen durch die im Nachhinein nicht mehr eindeutig feststellbaren Mehrwertsteuersätze pro Artikel kann das Handelsunternehmen unter Berücksichtigung des Wareneingangs o. ä. (Berliner Verfahren) vereinfacht trennen.[436]
- *Warenbestandsbewertung*: Zur Warenbestandsbewertung muss die Abstimmung zwischen Warenwirtschaft und Rechnungswesen gewährleistet sein.
- *Spannenberechnung*: Instrumente der Kostenrechnung, die für die Berechnung der Handelsspannen angewandt werden, basieren im Allgemeinen auf Daten der Finanzbuchhaltung, so dass die Interdependenzen zwischen Warenwirtschaft und Rechnungswesen hier besonders deutlich werden.

Der Beschaffungsprozess des Handels schließt mit der Begleichung der Verbindlichkeiten durch die Kreditorenbuchhaltung ab.

---

[434] Vgl. Lerchenmüller (1998), S. 472, der bei der externen Buchhaltung gegenüber anderen Wirtschaftsunternehmen wesentlichen Unterschiede sieht.
[435] Vgl. Rotthowe (1998), S. 24.
[436] Vgl. Rotthowe (1998), S. 218 ff.

```
Kreditoren-          Kreditoren-
buchhaltung  ┬─────  stammdaten-
             │       pflege
             │
             ├─────  Buchung
             │
             ├─────  Regulierung
             │
             └─────  Mahnung und
                     Verzinsung
```

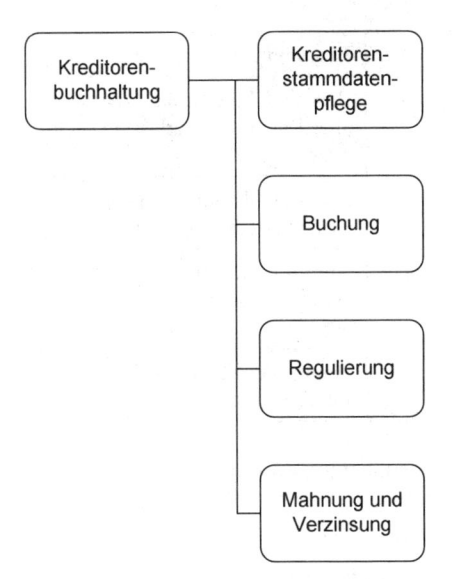

Quelle: in Anlehnung an Becker, Schütte (2004), S. 382.

Abb. 4.23: Aufgaben der Kreditorenbuchhaltung

Kreditorenstammdatenpflege

Die Pflege der Kreditorenstammdaten wird erforderlich, wenn die bereits im Einkauf spezifizierten Lieferantenstammdaten nicht für alle Lieferantensichten zentral erfasst werden. Als Kennzahlen lassen sich vor allem Werte und Lieferantengruppen in Bezug zu den pflegenden Attributen bilden. Zur Leistungsbeurteilung bei der Stammdatenpflege können Erfassungsgeschwindigkeit und Fehlerquote der Stammdaten mit Bezug zum einzelnen Sachbearbeiter herangezogen werden (Tab. 4.24).

Notwendigkeit zur Pflege

Kennzahlen	Formeln
Durchschnittliche Erfassungsgeschwindigkeit pro Datensatz	Benötigte Zeit für die Erfassung aller Datensätze / erfasste Datensätze
Fehlerquote	Anzahl fehlerhafter Datensätze / Gesamtanzahl Datensätze
Anteil Lieferanten des Sachbearbeiters (Prozent)	Anzahl Lieferanten des Sachbearbeiters / Gesamtanzahl Lieferanten
Durchschnittliches Zahlungsziel	Summe der Zahlungsfristen / Anzahl Lieferanten

Tab. 4.24: Ausgewählte Kennzahlen im Bereich Kreditorenstammdatenpflege

Buchung

Aufgabenbereich

Der Bereich Buchungen beinhaltet u. a. alle durch Kreditoren-Zahlungen bedingten Buchungen. Hierzu zählen auch alle Buchungen im Bereich der nicht-warenwirtschaftlich begründeten Geschäftsvorfälle, beispielsweise betrieblich bedingte Zahlungen für Verbrauchsmaterialien (Stifte, Papier usw.), Mieten, Gebühren usw. Sie werden dem Bereich *Buchung Rechnung* zugeordnet. Diese begrenzen sich allerdings nicht auf warenwirtschaftliche Rechnungen, sondern umfassen alle Zahlungen im Rahmen der Rechnungsbegleichung gegenüber Kreditoren. Zur Verrechnung von Retouren sowie bei Zahlungen von Kreditoren finden *Buchungen von Gutschriften* sowie *Buchungen zur nachträglichen Abrechnung* statt. Gutschriften von Kreditoren werden auf Grund regelmäßiger Geschäftsbeziehungen zumeist verrechnet und nicht als separate Zahlungseingänge gebucht.

Kennzahlen	Formeln
Anzahl Buchungen	Anzahl Buchungen pro Periode
Wert der Buchungen	Wert der Buchungen pro Periode

Tab. 4.25: Ausgewählte Kennzahlen im Bereich Rechnungsbuchung

Regulierung

Die Regulierung, d. h. die Zahlung von Offenen Posten, ist Hauptaufgabe der Kreditorenbuchhaltung. Bei der Buchung wird zum Ausgleich der Offenen Posten des Kreditorenkontos entweder auf den Bankunterkonten gebucht und bei Eingang der Belastungsanzeige der Bank über das dem Bankkonto entsprechende Sachkonto ausgeglichen oder es wird direkt das Bankkonto angesprochen.[437]

Aufgabe

Notwendiges Startereignis für die Rechnungsbegleichung ist die Zahlungsfreigabe der Rechnung bei Erreichen des Zahltags, der häufig periodisch (z. B. wöchentlich) anfällt. Es folgt die Selektierung der zu begleichenden Rechnungen, die entweder fällig sind oder deren Begleichung den Verlust eines Skonto-Betrages nach sich ziehen würde. Die Zahlung wird anschließend unter Berücksichtigung entsprechender Korrekturen (Skonto, Steuerkorrekturen, Kursdifferenzen usw.) gebucht. Die erstellte DTA-Datei wird an die Banken zur Regulierung weitergegeben.

Bei der Begleichung von Forderungen unter Berücksichtigung von Skonto-Beträgen ist zu berücksichtigen, ob eine alternative Anlage des Geldes bei der Bank ggf. höhere Zinsen erwirtschaftet bzw. eine spätere Kreditaufnahme geringere Kosten verursacht. Häufig sind die Zahlungsziele im Handel sehr hoch. Folgendes fiktives Beispiel verdeutlicht die Skonto-Bedeutung:

Rechnungsforderung: 100.000 Euro
Zahlungsziel: 90 Tage
bei Zahlung innerhalb von 10 Tagen 1,5 % Skonto
Finanzierung über 8 %-Kredit

Verkürzungsmöglichkeit der Rechnungssumme: 1.500 Euro
Zinsen für 80 Tage Zusatzfinanzierung: 1.751,11 Euro
(entspricht 98.500 x 0,08 x 80 Tage / 360 Tage)

→ das Ausschöpfen des Skonto-Betrages ist nicht sinnvoll

---

[437] Vgl. Becker, Schütte (2004), S. 384.

Kennzahlen	Formeln
Zu begleichende Rechnungen	Summe der zu begleichenden Rechnungswerte
Genutzte Skonto-Beträge	Summe der genutzten Skonto-Beträge
Verfallene Skonto-Beträge (Prozent)	Summe verfallene Skonto-Beträge / Summe aller Skonto-Beträge

Tab. 4.26: Ausgewählte Kennzahlen im Bereich Regulierung

Mahnung und Verzinsung

Werden Forderungen nicht im Rahmen der vereinbarten Frist bezahlt, so ist eine Mahnung zu erstellen, die eine erneute Zahlfrist setzt. Die Mahnung in der Kreditorenbuchhaltung ist nur nötig, wenn der Kreditor zugleich als Debitor agiert, etwa durch nachträgliche Vergütungen. Daher ist der Vorgang der Mahnung anders als in der Debitorenbuchhaltung relativ selten. Ggf. werden bei verspäteter Zahlung der Forderungen Verzugszinsen berechnet.

Kennzahlen	Formeln
Anzahl Mahnungen	Summe der Mahnungen
Wert der gemahnten Forderungen	Gesamtwert der Mahnungen
Anteil Mahnungen an Forderungen gegenüber Lieferanten (Wert)	Gesamtwert der Mahnungen / Gesamtwert der Forderungen an Lieferanten

Tab. 4.27: Ausgewählte Kennzahlen im Bereich Mahnung und Verzinsung

5 Handelscontrolling in der Distribution

Der Distributionsprozess umfasst alle Entscheidungen und Handlungen, die im Zusammenhang mit dem Weg der Ware zum Endkunden stehen.[438] Die Distributionslogistik, die auf die physische Bewegung der Ware ausgerichtet ist, soll die art- und mengenmäßige, räumliche und zeitliche Warenbereitstellung sicherstellen, so dass vorgegebene Lieferzusagen eingehalten und erwartete Nachfrage befriedigt werden können.[439] Darüber hinaus befasst sich die Distribution mit Aufgaben, die für die Abwicklung des Nominalgüter- und Informationsstroms notwendig sind.[440] Auf Grund der engeren Verzahnung mit dem Markt hat die Distributionsseite eine höhere Wettbewerbswirksamkeit als die Beschaffungsseite.[441] Dementsprechend ist der Controlling- bzw. Analysebedarf hoch.

Definition Distributionsprozess

Hoher Informationsbedarf

Der Distributionsprozess betrachtet im Folgenden die strategischen, taktischen und operativen Aufgaben, die für den Verkauf von Artikeln an Abnehmer erforderlich sind.

Das klassische *Marketing* lässt sich in die vier Bereiche Produktpolitik (Sortimentsentscheidungen), Kontrahierungspolitik (Preis- und Rabattpolitik), Kommunikationspolitik und Distributionspolitik unterteilen. Zentrales Objekt des Marketings im Handel ist das Sortiment, das aus dem Listungsprozess des Einkaufs und der Disposition zur Verfügung steht. Der *Verkauf* wird durch den Kundenauftrag geprägt. Während sich im stationären Einzelhandel die Teilaufgaben traditionell im Kassiervorgang bündeln, ist z. B. im Großhandel zunächst ein Auftrag vorhanden. Beim *Warenausgang* erfolgt die logistische Abwicklung des Kundenauftrags, d. h. die Planung der Auslieferung, des Kommissioniervolumens, die Durchführung der Kommissionierung und die Warenausgangserfassung. Während die *Fakturierung* im Einzelhandel durch Barzahlung an der Kasse erfolgt, wird in der Regel auf Basis der Leistungen des Abnehmerlieferscheins bewertet. Bei der *Debitorenbuchhaltung* ist analog zur Kreditorenbuchhaltung die Zahlung das prozessprägende Objekt. Die Generalisierung der Objekte

Marketing

Debitorenbuchhaltung

Verkauf

Warenausgang

Fakturierung

---

[438] Vgl. Meffert (2000a), S. 600 und die dort zitierte Literatur.
[439] Vgl. Ihde (1991), S. 225.
[440] Vgl. Ahlert (1997), S. 6.
[441] Vgl. Becker, Rosemann (1993), S. 109.

führt zu dem insgesamt prägenden Prozessobjekt „Ware Distribution" (vgl. Abb. 5.1).

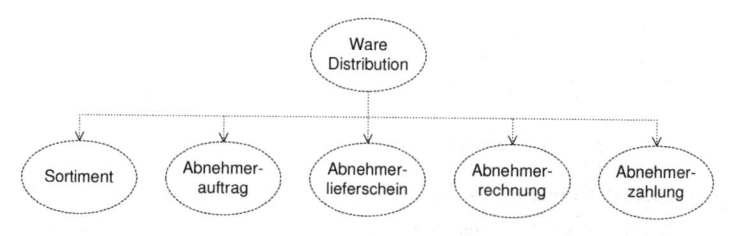

```
                        Ware
                     Distribution
    ┌──────────┬──────────┼──────────┬──────────┐
 Sortiment  Abnehmer-  Abnehmer-  Abnehmer-  Abnehmer-
            auftrag    lieferschein rechnung  zahlung
```

Quelle: Becker, Schütte (2004), S. 397.

Abb. 5.1: Objekthierarchie der distributionsprozessprägenden Objekte

Controlling-aufgaben

Bedeutende Controllingaufgaben auf der Distributionsseite finden sich vor allem in Bezug auf die Planung und Kontrolle des Sortiments inkl. der im Einzelhandel häufig üblichen Sonderaktionen. Hierzu zählen Überlegungen zur Preisgestaltung und Platzierung, zu Verbundeffekten, Positionierung, Kundenansprache und dem Umgang mit Beschwerden. Für den Controller in der Filiale sind insbesondere regional- oder filialspezifische Eigenschaften zur Steuerung des Betriebs zu berücksichtigen. Eine einhergehende stärkere dezentrale Orientierung der Managementaufgaben ist dabei nicht als Schwächung des zentralen Controllings zu verstehen, sondern als sinnvolle Aufgabenteilung: Der Filialcontroller vor Ort (wegen der geringen Filialgröße meist in Form des Marktleiters) unterstützt das Filialmarketing und -management, während das zentrale Handelscontrolling generelle strategische und taktische Controllingaufgaben wahrnimmt. Auf Grund der hohen Funktionsbreite moderner Filialwarenwirtschaftssysteme lassen sich bereits viele Auswertungen und Detailreports auch in der Filiale automatisiert aufbereiten, so dass die Erfahrung und Kenntnisse über das Controlling nicht so ausgeprägt sein müssen.

5.1 Handelscontrolling im Marketing

Aufgabe

Der Unternehmensbereich Marketing beschäftigt sich mit der Pflege der Abnehmerstammdaten sowie den klassischen absatzpolitischen Marketinginstrumenten.[442] Die Aufgaben des Handelscontrollers sind insgesamt sehr stark marketingorientiert, weswegen

---

[442] Zu den absatzpolitischen Instrumenten des Handels vgl. Tietz (1993), S. 173-306, sowie Hansen (1990), S. 17-464.

die Distributionsseite und insbesondere die Aspekte des Marketings für den Controller von besonderem Interesse sind. Seine Aufgaben reichen von Positionierungs- und Lebenszyklusanalysen über Preis- und Wahrnehmungserhebungen bis hin zu Auswertungen externer Marktforschungsdaten oder dem Benchmarking mit Bezug zu unternehmensinternen und -externen Filialen.

Einen Überblick über die Aufgaben des Marketings gibt Abb. 5.2.

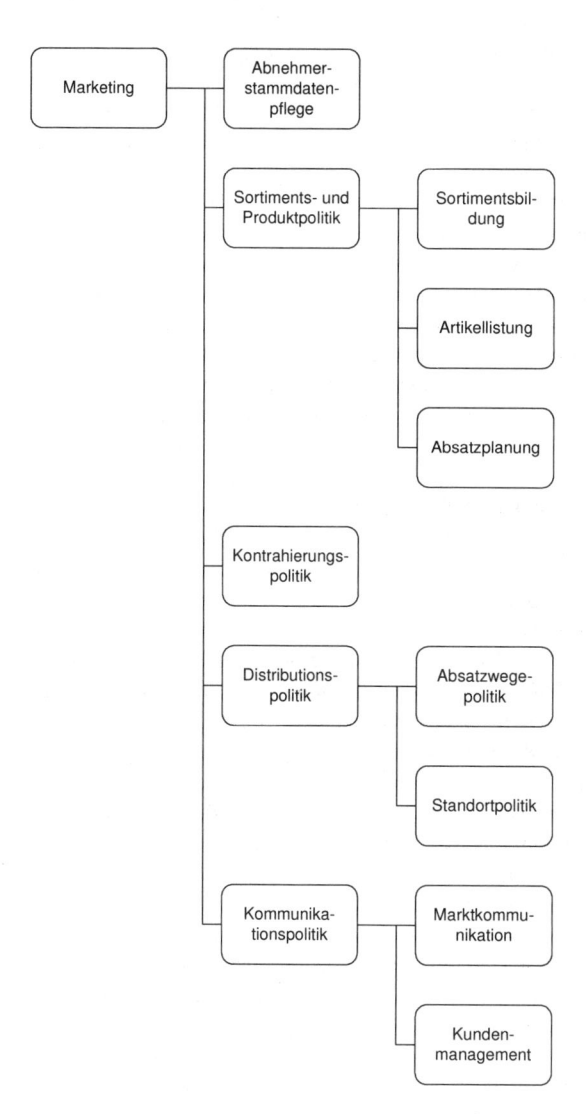

Abb. 5.2: Funktionen des Marketings

Abnehmerstammdatenpflege

Aufgaben der Abnehmerstammdatenpflege

Die *Abnehmerstammdatenpflege* ist grundlegende Voraussetzung für die Marktbearbeitung. Sie umfasst die Pflege der Abnehmersichten und Abnehmerrollen. Die Abnehmersichten unterteilen die Stammdaten im Regelfall in Grund-, Distributions- und Buchhaltungsdaten. Die Abnehmerrollen ermöglichen die Zuordnung der in den Sichten gepflegten Daten zu je nach Aufgabengebiet wechselnden Kontaktdaten eines Abnehmers. Dadurch ist die Anlage eines Abnehmers mit divergierendem Auftraggeber, Warenempfänger und Regulierer möglich. Die Abnehmer werden für den Fall, dass ein Großhandelsunternehmen mehrere Vertriebsschienen beliefert, verschiedenen Vertriebsschienen zugeordnet. Auf Grund der hohen Kundenanzahl ist die Abnehmerstammdatenpflege hochgradig repetitiv. Neben der Abnehmerstammdatenpflege müssen auch Konditionsstammdaten der Artikel gepflegt werden. Typische Szenarien bei der Stammdatenpflege sind die Änderung der Verkaufspreise aller bzw. ausgewählter Artikel einer Filiale oder einer Gruppe von bzw. aller Filialen. Diese Anforderungen ergeben sich meist aus den Ansprüchen des jeweiligen Filialcontrollings, da die regionalen Besonderheiten zu unterschiedlichen Ergebnissen in Bezug auf Positionierung und Preispolitik führen können.

Sortiments- und Produktpolitik

Aufgaben der Sortiments- und Produktpolitik

Die Aufgaben der Sortiments- und Produktpolitik umfassen die Bereiche der Sortimentsbildung und Artikellistung sowie der Absatzplanung. Ziel der Sortiments- und Produktpolitik ist die Festlegung der Artikel in Einklang mit der Sortimentsbreite und Sortimentstiefe für alle Untergruppen.[443] Dabei kann in Anlehnung an GÜMBEL unter einem Sortiment die zeitpunktbezogene Zusammenfassung von Objekten verstanden werden, die der Verwertung am Absatzmarkt dienen.[444]

Innerhalb einer Sortimentsplanung sind Aspekte wie Breite und Tiefe des Sortiments, Preisstrukturen und Abnehmerregionen nach Marketinggesichtspunkten zu berücksichtigen. Während im Discounterbereich tendenziell in allen Filialen identische Produkte gelistet werden, finden sich beispielsweise in Warenhäusern in unterschiedlichen Regionen oder bei unterschiedlicher Größe filialindividuelle Listungen. Einige Filialen beschränken ihr Angebot, während andere ein breites und tiefes Sortiment bieten.[445]

---

[443] Vgl. Becker, Schütte (2004), S. 400.
[444] Vgl. Gümbel (1963), S. 53 ff.
[445] Vgl. Schütte, Vering (2004), S. 282.

Die Sortimentstiefe beschreibt die Anzahl der Artikel in einer Untergruppe. Befinden sich beispielsweise zwanzig verschiedene Schuhmodelle in der Untergruppe (UGR) „Skateshoes", dann ist die Sortimentstiefe zwanzig. Die Mächtigkeit des Sortiments gibt an, welche absolute Artikelanzahl sich in einer UGR befindet. Befinden sich in einer UGR zehn doppelt vorhandene Artikel in jeweils zwei Farben und vier Größen, so hat die UGR eine Mächtigkeit von 160. Die Sortimentsbreite betrachtet die additiven Kaufmöglichkeiten eines Sortiments. Beim Verkauf von einzig „T-Shirts" und „Hosen" ist die Sortimentsbreite zwei. *Sortimentstiefe*

Sortimentsbreite

Auch wenn die Zuordnung einer Untergruppe zu mehreren Warengruppen wünschenswert und auch in einigen Warenwirtschaftssystemen realisiert ist, führt dieses jedoch für das Controlling zu verzerrenden Ergebnissen. Wird eine bestimmte Hose beispielsweise gleichzeitig in der Warengruppe „Hosen male" und „Hosen female" geführt, bedeutet dies bei der Aggregation der Umsätze zu „Hosen gesamt", dass die mit dem Artikel gemachten Umsätze doppelt gewertet werden.

Es ist bei der Sortimentsplanung regelmäßig zu prüfen, ob das Sortiment in Breite und Tiefe aufrechterhalten werden soll. Jede UGR sollte in einer Mindestsortimentstiefe geführt werden, um Out-of-Stock-Situationen zu vermeiden und Skaleneffekte zu nutzen, da es beispielsweise nicht sinnvoll ist, die Stammdatenpflege und Preisauszeichnung jeweils nur für einen oder wenige Artikel vorzunehmen. Erfahrungen aus dem Handel belegen, dass bei gleicher Sortimentsmächtigkeit eine Verringerung der Sortimentstiefe zu einer höheren durchschnittlichen Abverkaufsquote führen kann, wobei jedoch eine Mindestsortimentstiefe nicht unterschritten werden sollte. *Regelmäßige Überprüfung des Sortiments*

Sortimentsbildung

Bei der Sortimentsbildung werden die Artikel festgelegt, die ein Unternehmen im Sortiment führen möchte. Dabei werden in der Regel Profilierungs-, Routine- und Ergänzungssortimente unterschieden. Zur Profilierung dienen ca. 5-7 % des Sortiments. Artikel in diesem Bereich werden vom Kunden maßgeblich wahrgenommen, so dass der Handel bei diesen Eckprodukten auf ein sehr gutes Preis-/Leistungsverhältnis angewiesen ist. Etwa 50-60 % des Sortiments werden als Routine-Sortiment geführt. Hinzu kommen noch einmal 15-20 % des Sortimentsumfangs als Saisonsortiment. Das darüber hinausgehende Ergänzungssortiment umfasst noch einmal 15-20 % des Gesamtsortiments. Hierbei handelt es sich vor allem um Mitnahmeartikel.[446] *Aufgabe der Sortimentsbildung*

---

[446] Vgl. Becker, Schütte (2004), S. 692 f.

Stufenweise Deckungs-beitragsrech-nung

In der Literatur wird zur Sortimentsbildung eine stufenweise Deckungsbeitragsrechnung ähnlich der DPR zur Sortimentssteuerung vorgeschlagen.[447] Diese Vorgehensweise erfordert auf der untersten Ebene Informationen über die Umsatzerlöse auf Artikelebene für jede einzelne Ausprägung. Durch das Abziehen der Wareneinsatzkosten wird der Rohertrag ermittelt. Darauf aufbauend werden die Artikelebene (mit oder ohne konkrete Ausprägungen), die Untergruppenebene, die Warengruppenebene und schließlich die Sortimentsebene betrachtet. Auf jeder Ebene sind die Einzelerlöse der Ebene zu addieren und die Einzelkosten der Ebene zu subtrahieren. So wird der Artikeldeckungsbeitrag, der Untergruppendeckungsbeitrag, der Warengruppendeckungsbeitrag und schließlich der Deckungsbeitrag (das Ergebnis) des Gesamtsortiments ermittelt. Die Untergruppen lassen sich weiter zusammenfassen in die modische Ware und in die Stapelware.[448] Zur Aufnahme neuer Untergruppen sollten Informationen über Trends herangezogen und Testverkäufe durchgeführt werden. Die direkte Beziehung zwischen entstehenden Trends und daraus resultierenden allgemeinem Konsumentenverhalten ist empirisch belegt.[449]

ABC-Analyse

GRITZMANN hält zum Zweck der Strukturanalyse des Sortiments die ABC-Analyse[450] für ein geeignetes Instrument, um Kennzahlen zur Sortimentssteuerung zu generieren.[451] Dazu sind für die Untergruppen die einzelnen Deckungsbeiträge zu ermitteln. Die Untergruppen sind nach der Höhe ihrer Deckungsbeiträge absteigend zu ordnen, und es ist der jeweilige Anteil des Deckungsbeitrags einer Untergruppe am Deckungsbeitrag der gesamten Untergruppen in Prozent zu ermitteln. Im nächsten Schritt werden die Untergruppen in A-, B- und C-Gruppen eingeteilt. Die geordneten Prozentsätze der Untergruppen werden vom höchsten Prozentsatz ausgehend kumuliert. Die Untergruppen, deren Deckungsbeiträge zusammen z. B. 75 % des Deckungsbeitrags aller Warengruppen erreichen, bilden die A-Gruppe. Die nächsten 15% kumulierter

---

[447] Vgl. Krey (2003), S. 61 ff.; Möhlenbruch, Meier (1998), S. 68.

[448] Unter Stapelware werden Durchlaufartikel verstanden. Diese werden in mehr als einer Saison verkauft und auch nachbestellt. Vgl. Krey (2003), S. 62 ff.

[449] Vgl. Haas (1993), S. 42, der die Trendbeobachtung als geeignetes Instrument empfiehlt und seine Empfehlung mit weitergehenden Quellen untermauert.

[450] Die ABC-Analyse für die Anwendung im Handelscontrolling wird in der Literatur in unterschiedlicher Form und Darstellungsweise besprochen. Vgl. Müller-Hagedorn (2002), S. 168 ff.; Kümpel, Deux (2003), S. 245; Arnolds, Heege, Tussing (2001), S. 41; Gritzmann (1991), S. 139 ff.; Gawenda (2003), S. 565 ff.

[451] Gritzmann verwendet bei seiner Vorgehensweise Warengruppen. Hier aber werden Untergruppen verwendet. Vgl. im Folgenden Gritzmann (1991), S. 139 ff.

Anteile bilden die B-Gruppe, während die letzten 10% des Deckungsbeitrags von den Untergruppen der C-Gruppe erzielt werden. Die Gruppeneinteilung ist in Abhängigkeit von den betrieblichen Gegebenheiten frei wählbar. Um das besondere Gewicht der A-Gruppe zu verdeutlichen, wird dem Anteil der A-Gruppe am gesamten Deckungsbeitrag der Anteil der A-Gruppe an der Gesamtanzahl aller Untergruppen gegenübergestellt. Abb. 5.3 zeigt eine ABC-Analyse mit Beispielartikeln eines in Deutschland tätigen Anbieters von Trend-Textilien.

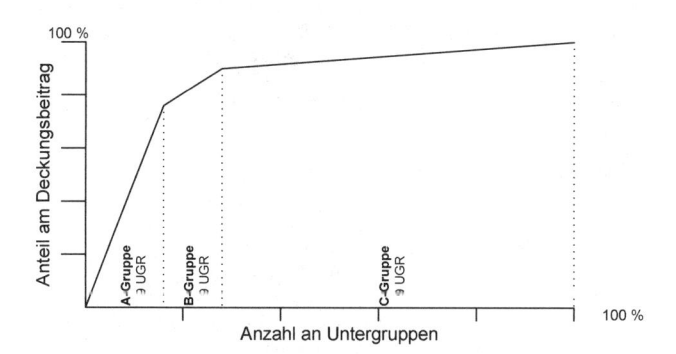

Abb. 5.3: ABC-Analyse: Anteil des Rohertrags im Verhältnis zum Anteil der Untergruppen

In diesem Beispiel wird durch die ABC-Analyse deutlich, dass ein Großteil des Rohertrags (76 %) auf nur 9 von 66 Untergruppen fällt. Die A- und B-Gruppen sollten bei Überlegungen zur Sortimentsgestaltung besondere Berücksichtigung finden, während die C-Gruppe einen verhältnismäßig kleinen (finanziellen) Beitrag zum Unternehmenserfolg erbringt.

ABC-Analysen sind der Kennzahlenrechnung vorgeschaltet und sorgen für eine weitere Strukturierung des abteilungsbezogenen Kennzahlensystems.[452] Kennzahlen können sich im Folgenden auf die A-Gruppe, B-Gruppe oder C-Gruppe beziehen.

Nach subjektiven Gesichtspunkten sind für die einzelnen Untergruppen der Rohertrag, dessen Entwicklung, die Bruttorentabilität und der Deckungsbeitrag zu ermitteln. Diese Werte sollten auf Untergruppen und auf die A-, B-, und C-Gruppe bezogen ermittelt werden.

---

[452] Vgl. Gritzmann (1991), S. 141.

Problem der ABC-Analyse

Problematisch ist die ABC-Analyse bei neu hinzukommenden Artikeln, da diese auf Grund der zunächst geringeren Deckungsbeiträge in die C-Gruppe eingestuft werden.[453] Fehleinschätzungen lassen sich durch die jeweilige Ermittlung von Raum-, Personal-, Umsatz- und Lagerleistungen dieser Artikel vermeiden. Durch den Vergleich der warenartbezogenen Kennzahlenausprägungen mit den gruppenbezogenen Ausprägungen von A, B oder C lässt sich das Erfolgspotenzial neuer Artikel ggf. ableiten (vgl. Tab. 5.1).

Kennzahlen	Formeln
Deckungsbeitragsanteil der Artikel	Deckungsbeiträge aller Artikel / Gesamtdeckungsbeiträge
Raumleistung der Artikel	Deckungsbeiträge aller Artikel / Verkaufsfläche der A-Artikel
Personalleistung der Artikel	Deckungsbeiträge aller Artikel / Personaleinsatz für A-Artikel
Lagerleistung der Artikel	Deckungsbeitrag Artikel / durchschn. wertmäßiger Lagerbestand der A-Gruppe
Umsatzleistung der Artikel	Deckungsbeiträge aller Artikel
Marktwachstum	Zusätzliches Marktvolumen / Marktvolumen der Vorperiode

Tab. 5.1: Ausgewählte Kennzahlen im Bereich Sortimentsgestaltung

Für den Fall, dass mit dem Sortiment der letzten Saison zufrieden stellende Ergebnisse erzielt wurden, kann entschieden werden, dass die Sortimentsbreite und -tiefe beibehalten wird. Potenzielle, die Rentabilität gefährdende Entwicklungen können durch eine fortwährende Positionsbestimmung des Sortiments vermieden werden. Hierzu werden die einzelnen Erfolgsgrößen in Form eines Soll-Ist-Vergleichs respektive eines Vergleichs des Ist-Zustands mit den historischen Daten überwacht.

Sortimentssteuerung

Bei der Entscheidung für oder gegen die Sortimentsbeibehaltung in Breite und Tiefe ist zu prüfen, ob der vergangene Betrachtungszeitraum die Umsatzerwartungen des Unternehmens erfüllt hat. Dazu wird eine Aufstellung der Betrachtungsperiode mit Angaben zu Sortimentsbreite und -tiefe benötigt. Zur Sortimentssteuerung kann die stufenweise Deckungsbeitragsrechnung eingesetzt werden, die Informationen über Umsatzerlöse und Kosten auf

---

[453] Vgl. Gritzmann (1991), S. 149.

unterschiedlichen Granularitätsstufen bereitstellt. Abb. 5.4 fasst mögliche sortimentspolitische Alternativen zusammen.

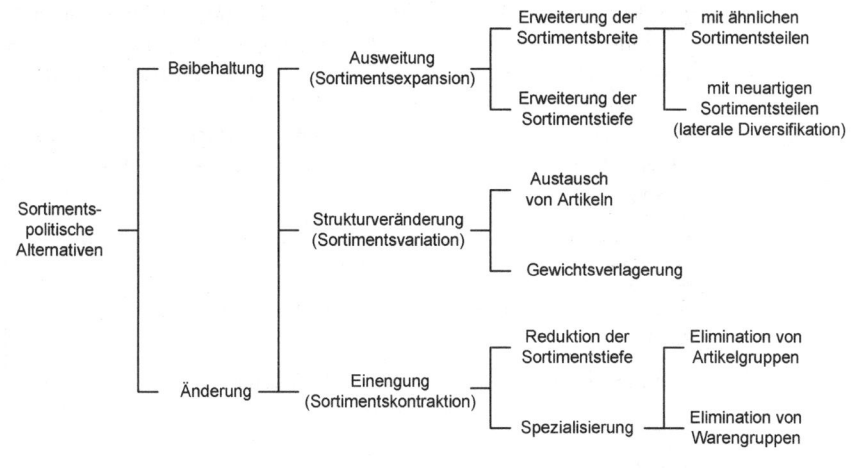

```
Sortiments-         ┌─ Beibehaltung ─── Ausweitung ──────┬─ Erweiterung der ──┬─ mit ähnlichen
politische          │                   (Sortiments-     │  Sortimentsbreite  │  Sortimentsteilen
Alternativen        │                   expansion)       │                    │
                    │                                    └─ Erweiterung der ──┴─ mit neuartigen
                    │                                       Sortimentstiefe      Sortimentsteilen
                    │                                                            (laterale Diversifikation)
                    │
                    │                   Strukturveränderung ┬─ Austausch
                    │                   (Sortimentsvariation)│  von Artikeln
                    │                                        │
                    │                                        └─ Gewichtsverlagerung
                    │
                    └─ Änderung ─────── Einengung ──────┬─ Reduktion der ────┬─ Elimination von
                                        (Sortiments-   │  Sortimentstiefe   │  Artikelgruppen
                                        kontraktion)   │                    │
                                                       └─ Spezialisierung ──┴─ Elimination von
                                                                              Warengruppen
```

Quelle: Müller-Hagedorn (2002), S. 162.

Abb. 5.4: Sortimentspolitische Alternativen

Bei der Betrachtung des Sortiments sind neben den quantitativen, monetären Aspekten auch qualitative Kriterien zu berücksichtigen, die sich nicht zwingend aus der ABC- und Deckungsbeitragsbetrachtung ergeben. Zu ihnen gehören der Grad der Zielgruppenorientierung und deren Deckungsgleichheit mit dem Kundenkreis, die Sortimentspositionierung, -aufmachung und -weiterentwicklung entlang aktueller Tendenzen. Auch die Möglichkeit der Profilierung über Spezialsortimente oder durch Exklusivartikel ist in Abhängigkeit von der Strategie des Betriebstyps von Zeit zu Zeit zu überprüfen.

Einfluss qualitativer Aspekte

Beispiel: Nachhaltige Sortimentspolitik bei KarstadtQuelle

Die Einhaltung von Sozial- und Umweltstandards bei der Produktion von Waren in Entwicklungs- und Schwellenländern ist auf Grund der Vielzahl an Märkten eine große Herausforderung, die nahezu alle Wirtschaftszweige betrifft. Daher wurde 1993 die Gemeinschaftsinitiative „Sozialstandards sichern" der Außenhandelsvereinigung des deutschen Einzelhandels e. V. (AVE) gegründet.

KarstadtQuelle gehört in Fragen der nachhaltigen Sortimentspolitik zu den Vorreitern in Deutschland. So ebnete das Unterneh-

Beispiel Nachhaltige Sortimentspolitik

men u. a. den Weg für die Einführung des Soziallabels Rugmark, das bei Teppichen darauf hinweist, dass keine Kinderarbeit stattfand. Um das ökologische und soziale Engagement auch anhand von Zahlen transparent zu machen, baut die KarstadtQuelle AG ein konzernweites Controlling von Sortimentskennzahlen, Umweltdaten und mitarbeiterbezogenen Daten auf. Zwar gestaltet sich die vernetzte Datenerhebung in einem Handelskonzern deutlich schwieriger als im produzierenden Gewerbe, aber dennoch bietet KarstadtQuelle auf seiner Webseite Auskunft zu den drei Unternehmen Karstadt Warenhaus AG, Quelle AG sowie Neckermann Versand AG.

Kennzahl	Formel
TransFair-Lebensmittelquote	Anzahl Artikel mit TransFair-Siegel / Gesamtartikelanzahl
Bio-Siegel-Quote	Anzahl Artikel mit Bio-Siegel / Gesamtartikelanzahl
Blauer-Engel-Quote	Anzahl Artikel mit Blauer Engel-Siegel / Gesamtartikelanzahl
Forest Stewardship Council (FSC)-Quote	Anzahl Artikel mit FSC-Siegel / Gesamtartikelanzahl
Anteil schadstoffgeprüfter Textilien	Anzahl Artikel mit Öko-Tex [Umweltzeichen] / Gesamtartikelanzahl
Anteil Elektroprodukte mit Energieeffizienz A	Anzahl Artikel mit Energieeffizienz A / Gesamtartikelanzahl

Quelle: vgl. http://www.karstadtquelle.com/4730.asp

Tab. 5.2: Ausgewählte Kennzahlen im Bereich der nachhaltigen Sortimentspolitik

Artikellistung

Aufgaben der Artikellistung

Mit der Artikelaufnahme in das Sortiment ist noch nicht festgelegt, welche Artikel wie an welche Kunden zu distribuieren sind. Bei der *Artikellistung* ist daher festzulegen, welches Zentral- oder Regionallager für die Artikeldistribution zuständig ist. Weiterhin sind die Artikel Kunden und Filialen zuzuordnen, um die Belieferung zu ermöglichen. Eine Listung kann sowohl nach automatischen Regeln als auch manuell erfolgen. Eine Zuordnung erfolgt stets zeitbezogen. Ein Artikel wird nur für einen bestimmten Zeitraum einem Kunden bzw. einer Filiale zugeordnet, da für bestimmte Verkaufsförderungsmaßnahmen (zum Beispiel Aktionen) die Artikel nur befristet den Filialen zur Bewirtschaftung zur Verfügung gestellt werden und der Lebenszyklus von Artikeln die Listung begrenzt.

Die Zuordnung ist beispielsweise bei der Belieferung von Einzel- und Großhändlern notwendig, um für Wiederverkäufer, gewerbliche Verwender oder Großverbraucher vorgesehene Artikel nicht auch dem Einzelhandel anzubieten. Auch bei der Durchführung von Aktionen ist eine Artikellistung notwendig, da die Aktionsartikel, ebenso wie Saisonartikel, den Abnehmern nur zeitlich begrenzt zur Verfügung gestellt werden.

Kennzahlen	**Formeln**
Sortimentstiefe	Anzahl der Artikel pro Warengruppe
Sortimentsbreite	Anzahl der Warengruppen
Artikel- oder Warengruppenumsatzquote	Umsatz pro Artikel [Warengruppe] / Gesamtumsatz
Artikel- oder Warengruppenrohertrag/qm	Rohertrag pro Artikel [Warengruppe] / qm
Artikelbestand	Anzahl Artikel Lager + Anzahl Artikel Filiale

Tab. 5.3: Ausgewählte Kennzahlen im Bereich Artikellistung

Absatzplanung

Die Entscheidungen der Sortimentsplanung und der Artikellistung sind Grundlage für die *Absatzplanung*. WILKE schlägt vor, zunächst die Absatzmenge und daraufhin den Umsatz zu planen.[454] Einen anderen Weg geht FELDBAUER-DURSTMÜLLER. Sie hält eine getrennte und unabhängige Prognose von Menge und Preis nicht für zweckmäßig. Aus ihrer Sicht gleicht eine Absatzprognose der Umsatzprognose, da der Absatz immer in Abhängigkeit eines bestimmten Preises prognostiziert wird.[455]

Aufgaben der Absatzplanung

Operative Ziele der Absatzplanung sind die Festlegung der Umsätze für die Verkaufsplanung, die Disposition bzw. Kapazitätsbereitstellung und das Finanzmanagement, eine möglichst flexible Sortimentsplanung, um saisonale Marktschwankungen und Marktverschiebungen berücksichtigen zu können, sowie das frühzeitige Erkennen von Planabweichungen als Voraussetzung für die Korrektur mit geeigneten handelspolitischen Instrumenten.[456] Als vor-

Operatives Ziel

---

[454] Vgl. Wilke (1989), S. 157-169.
[455] Vgl. Feldbauer-Durstmüller (2001), S. 202 ff.
[456] Eine ausführliche Auseinandersetzung mit der Erlösabweichung und ihren Ursachen findet sich bei Witt (1992), S. 192 ff.

teilhaft erweist sich für das Absatz-Controlling in der Filiale die relativ konstante Kostenseite (die dadurch aber auch nur schwer beeinflussbar ist) und eine überschaubare Anzahl an Planungsgrößen. Insbesondere im Einzelhandel ist es in vielen Bereichen möglich, auf Grund der hohen Umsatzzahlen eine relativ valide Preis-Absatz-Funktion für einzelne Artikel oder Warengruppen zu ermitteln. Alternativ kann ein Preis-/Mengen-Gerüst für die Erlösanalyse aufgestellt werden.

Planung des Umsatzes

Als Anhaltsgröße für den erreichbaren Umsatz einer Planperiode wird zumeist der Umsatz der vorangegangenen Periode (bei nicht-saisonalen Gütern) oder die vergleichbare Periode des Vorjahres (bei saisonal stark schwankenden Gütern) gewählt. Alle Daten sollten differenziert nach Preisgruppen, Zeiten, Farben und Größen des jeweiligen Artikels zur Verfügung stehen.[457] Die Umsatzentwicklung, in Verkaufspreise und Artikelabsatz unterteilt, stellt eine weitere zentrale Ausgangsgröße für Kontrolle und Planung dar.[458]

Zusätzliche Kennzahlen

Zusätzlich bieten volkswirtschaftliche Kennzahlen wie die Gesamtentwicklung des Konsumenten-, Beschaffungs- und Wettbewerbsmarktes sowie Informationen über die eigene Verkaufsorganisation und die regionale Infrastruktur Anhaltspunkte für eine Bedarfsprognose im Handel. Zusätzlich sind Unregelmäßigkeiten wie beispielsweise ungewöhnliche Wetterbedingungen oder regionale Baumaßnahmen für den Handelsmanager von Bedeutung.[459] Diese Beobachtungen, die vor Ort gemacht werden, sollten zur Berücksichtigung an zentraler Stelle festgehalten werden. Außerdem sollte die erzielte Marge in Verbindung mit der Lagerumschlagsgeschwindigkeit der Vergleichsperiode betrachtet werden. Die endgültige Planumsatzentscheidung unterliegt letztendlich jedoch unter Berücksichtigung der vorangehenden Informationen den Erfahrungen des disponierenden Handelsmanagers.

Organisation der Gesamtabsatzplanung

Die Gesamtabsatzplanung wird von der Zentrale und ggf. von der Filiale durchgeführt. Auf Grund von Vorjahreswerten, Umsatzerwartungen, Konkurrenzentwicklungen und eigenen Vorstellungen werden Umsatzvorgaben entwickelt, die nach Warengruppen, Abteilungen und Filialen zu Umsatzvorgaben für die einzelnen Filialen und für das Gesamtunternehmen aufgeteilt werden. Die Planungen aus Zentrale und Filiale werden aufeinander abgestimmt und nach Durchführung der Korrekturen als endgültiger Plansatz verabschiedet. Diese Jahres- oder Periodenplanung wird heruntergebrochen auf Monate und beinhaltet Planvorgaben für einzelne

---

[457] Vgl. Feldbauer-Durstmüller (2001), S. 205.
[458] Vgl. Müller-Hagedorn (1998), S. 644 ff.
[459] Vgl. Wilke (1989), S. 160 f.

Betriebe und Fachbereiche sowie Warengruppen und das Gesamtunternehmen.[460]

Tab. 5.4 definiert ausgewählte Kennzahlen der Absatzplanung. Der Vorteil beispielsweise einer Rohertragsanalyse besteht darin, dass im Gegensatz zum Wert des tatsächlich erzielten Umsatzes die Einstandskosten der Ware berücksichtigt werden. Nachteilig ist das Nicht-Beachten der variablen Warenbewegungskosten und der Inanspruchnahme von Kapazitäten. Auch Mengeneffekte und Verbundeffekte werden vernachlässigt.[461] Der Umsatz der Vergleichsperiode dient als Ausgang für einen Soll-Ist-Vergleich. Bei Stapelartikeln, die nicht modischen Schwankungen unterworfen sind, wird häufig mit einem Mehrjahresdurchschnitt gearbeitet, um extreme Schwankungen durch externe Ereignisse auszugleichen. Die Kennzahl sollte nicht nur auf Jahresbasis zur Verfügung stehen, sondern für eine Feinanalyse auch auf Monate, Wochen und Tage heruntergebrochen werden. Erst durch Betrachtung des Monatsverlaufs kann der Vergleich unter Berücksichtigung anderer Informationen interpretiert werden. War die Umsatzentwicklung in der Vergangenheit positiv, kann eher von einer zunehmenden Umsatzentwicklung ausgegangen werden als bei einer tendenziell rückläufigen Umsatzentwicklung. Der Umsatz ist auch im Verhältnis zu den Verkäufen zu betrachten. Bei gleich bleibendem Umsatz bedeutet eine positive Entwicklung der Verkäufe, dass sich der durchschnittliche Verkaufspreis reduziert hat. So lässt sich derzeit beispielsweise im Textilhandel auf Grund des Preisdrucks ein Umsatzrückgang bei gleich bleibender Absatzhöhe bemerken. Daher ist ein Blick auf die Margenveränderung in der Umsatzdiskussion ebenfalls sinnvoll.

Ausgewählte Kennzahlen

Die Aufschlagsmarge ist die Differenz zwischen An- und Verkaufspreis und beinhaltet Gewinn und Handlungskosten. Sie wird auch als Handelsspanne bezeichnet und stellt das Entgelt für die vom Handel erbrachte Leistung dar. Als Aufschlagsspanne wird sie auf den Einstandspreis gerechnet, als Abschlagsspanne ((VK - EK) / VK) wird sie ausgehend vom Verkaufspreis berechnet.

Aufschlagsmarge

Eine niedrige Marge ist das Ergebnis einer geringen Differenz von Verkaufspreis und Einstandspreis. Dieses kann zum einen aus hohem Konkurrenzdruck in Bezug auf bestimmte Teilsortimente oder das ganze Sortiment (etwa im Lebensmitteleinzelhandel) resultieren, oder es ist Ausdruck von Preisabschriften, die auf Grund von falsch eingekaufter Waren oder zu hohen Warenbeständen notwendig waren.

Gründe für niedrige Marge

Falls sich die Entwicklung des Rohertrags einer UGR über eine Grenze hinaus bewegt, sollte über eine Veränderung der Sorti-

---

[460] Vgl. Tietz (1993), S. 564 ff.
[461] Vgl. Müller-Hagedorn (2002), S. 168.

mentstiefe dieser UGR nachgedacht werden. Insbesondere ist bei einer negativen Entwicklung eine Reduzierung der Sortimentstiefe zu erwägen.

Durch die Änderung der Preisverordnung ist der Rohertrag beispielsweise in den Apotheken eine entscheidende Kennzahl geworden. Ob sich die Zusatz-Empfehlungen oder die aktive Preispolitik lohnen, kann der Apotheker an dem durchschnittlichen Rohertrag je OTC-Packung und der Absatzzahl in diesem Segment ablesen. Die Kennzahl "Rohertrag des OTC-Sortiments" dokumentiert, welche Veränderung zum Erfolg beigetragen hat – die höhere Absatzmenge oder die Verbesserung des Rohertrags pro Stück.

Rohertrag

Bei der Bruttorentabilität werden neben dem Umsatz zwei Einsatzfaktoren berücksichtigt. Die Unterschiede bei den Wareneinstandskosten werden über den Rohertrag (Umsatz - Wareneinsatz) erfasst und berücksichtigt. Auch die unterschiedliche Warenbestandshöhe mit den entsprechenden Kosten der Kapitalbindung wird bedacht. Somit ist gegenüber der reinen Umschlagsgeschwindigkeit berücksichtigt, dass neben den Kosten für gebundenes Kapital die Einstandskosten für die Beurteilung des Sortimentsteils von Bedeutung sein können. Allerdings sind die mit der Umsatzerzielung verbundenen Kosten nur zum Teil erfasst.[462] Bei einer schlechten Bruttorentabilität ist die Reduzierung der Sortimentsbreite in Betracht zu ziehen.

Deckungsbeitrag

Der Deckungsbeitrag wird häufig an Stelle des Rohertrags verwendet, da dieser eine bessere Aussagekraft besitzt, weil die Kosten, die auf Ebene der UGR anfallen, vom Rohertrag abgezogen werden und somit eine bessere Sicht auf den Beitrag zum Unternehmenserfolg möglich ist.

Durch die Festlegung eines mit Verkaufspreisen bewerteten Mindestumsatzes pro UGR können mit einfachen Mitteln mögliche UGR identifiziert werden, die auszulisten sind. Allerdings ist ein alleiniges Festhalten an der Kennzahl Mindestumsatz ungenügend, da hierbei davon ausgegangen wird, dass der Fehler für das Nicht-Erreichen des Mindestumsatzes beim Produkt liegt. Es ist allerdings auch möglich, dass z. B. das Verkaufspreisniveau für die UGR falsch eingeschätzt, oder dass der Artikel im Laden falsch oder nicht positioniert wurde.

ABC-Analyse

Mit Hilfe einer ABC-Analyse auf Artikelebene kann innerhalb jeder einzelnen Untergruppe überprüft werden, wie das Verhältnis des Rohertraganteils in Relation zu den Artikeln ist. Bei sehr hohem Rohertragsanteil mit einem sehr geringen Artikelanteil ist eine Konzentration auf diese Artikel und somit eine Sortimentstiefenreduktion ggf. sinnvoll. Bei einer Gleichverteilung kann die Sortimentstiefe beibehalten oder ausgebaut werden. Besitzt das

---

[462] Vgl. Müller-Hagedorn (2002), S. 171.

Verhältnis von Rohertrag zu Artikelanzahl einen Wert von 1, so besteht ein ausgeglichenes Verhältnis. Bei größeren Werten wird der Rohertragsanteil mit einem geringeren Artikelanteil erzielt. Je größer der Wert, desto eher ist eine Verringerung der Artikeltiefe zu empfehlen.

Die Bruttorentabilität ist durch die multiplikative Verknüpfung von Spanne und Umschlagshäufigkeit nicht nur Rentabilitätsmaß sondern auch Vergleichskriterium zu Konkurrenzartikeln.[463]

Bruttorentabilität

Bei niedriger Bruttorentabilität eines Durchlaufartikels kann die Ursache sowohl an hohen mittleren Lagerbeständen als auch am schlechten Rohertrag des Artikels liegen. Ist das Problem nicht lösbar, sollte – nach erfolgloser Preisreduktionsverhandlung mit dem Lieferanten – der Artikel ausgelistet werden. Dies gilt nicht für Eckprodukte, die als strategische Produkte wesentlich zu einer Positionierung des Sortiments beitragen und in den letzten Jahren zunehmend Spielball für Preiskriege geworden sind. Zwar ist der Untereinstandsverkauf laut § 20 GWB verboten, dennoch bleibt die gesetzliche Regelung insbesondere bei Eckprodukten manchmal hinter den Gegebenheiten zurück.[464]

Je höher der Bruttonutzen eines Artikels im Vergleich zu Substitutionsgütern bei sonst gleichen Kosten der Warenbewirtschaftung ist, desto besser ist der Kapitalrückfluss aus der jeweiligen Wareninvestition und damit die Bruttorentabilität eines Produktes zu beurteilen. Dabei ist der Rentabilitätsbeitrag eines Artikels für den kalkulatorischen Ausgleich umso bedeutender, je höher die Kompensationskraft eines Artikels über dem Niveau der UGR ist.

Bruttonutzen

Wichtiger Aspekt bei der Absatzplanung ist die Festlegung des Preises. Bei der Preisfestlegung kann der vom Hersteller festgelegte Verkaufspreis zu Grunde gelegt werden. Häufig wird auch ein niedrigerer Preis festgesetzt, um dem Konsumenten ein gegenüber den Herstellerangaben sehr günstiges Angebot zu kommunizieren. Dabei wird auf den Einstandspreis eine Marge aufgeschlagen, die sich vor allem bei großen Artikelmengen nach generellen Regeln (25 % Aufschlag auf Einstandspreis) oder bei starker Konkurrenz vor Ort nach der Durchsetzbarkeit eines Preises richtet. Wird während einer Periode bzw. Saison in Teilen des Handels das Abverkaufsziel nicht erreicht, so dass noch ein hoher Warenbestand bleibt, so reagieren insbesondere die Textiliten mit Preissenkungen. Die Preisänderungen mindern die ursprünglich im Rahmen der Wareneingangskalkulation vorgesehene Marge. Die Frage nach einer Gewinnminderung lässt sich damit jedoch nicht eindeutig beantworten, da durch den abgesenkten Preis die Abverkaufsmenge und somit der Umsatz so steigen könnten, dass der Gewinn

Preisfestlegung

---

[463] Vgl. Barth, Hartmann, Schröder (2002), S. 416 f.
[464] Vgl. o. V. (Einzelhandelssituation) (2004).

die Margenverluste überkompensiert.[465] Preis- und Sonderangebotsentscheidungen stellen einen wichtigen Teilbereich der Sortiments- und Absatzplanung, -steuerung und -kontrolle dar.[466] Preisabschriften sollten daher in die Absatzplanung mit einbezogen werden.

Preisfestlegung bei Presseerzeugnissen

Bei Presseerzeugnissen gibt es diese Problematik nicht, da der Gesetzgeber eine Preisbindung vorgeschrieben hat, um die Pressevielfalt und Angebotsdichte zu erhalten. Ein aus Angebot und Nachfrage gebildeter Preis würde zu erheblichen örtlichen Preisunterschieden und damit zu einer Beschränkung des Vertriebs auf lukrative Objekte in absatzstarken Gebieten führen. Die Folge wären erhebliche Lücken in der flächendeckenden Versorgung des Marktes. Als positiver Nebeneffekt: für den Handel entfällt der Auszeichnungsaufwand für die Schnelldreher. In Zusammenhang mit der Preisbindung steht auch die Verwendungsbindung. Der Handel verpflichtet sich, die Ware ausschließlich einer bestimmten Verwendung zuzuführen, sie also nur über den Vertriebsweg anzubieten, für den sie bestimmt ist.

Preisgestaltung

Zum Vergleich wird bei der Preisgestaltung der mittlere realisierte Verkaufspreis einer Untergruppe aus der Vergleichsperiode herangezogen. Mit Hilfe des Verkaufspreises der Vergangenheit kann der zukünftige Verkaufspreis geplant werden. Bei Division des geplanten durchschnittlichen Verkaufspreises der Untergruppe durch den geplanten Umsatz der Untergruppe zu Verkaufspreisen ergibt sich der geplante mengenmäßige Absatz der Untergruppe. Dieser sollte zur Kontrolle mit dem Absatz der Vorsaison verglichen werden. Die Kennzahl Verkauf $_{Plan}$ (Anzahl) ist das Ergebnis der Planung und vermittelt die geplante Verkaufsmenge pro Untergruppe in der Plansaison.

---

[465] Vgl. Müller-Hagedorn (1998), S. 654 ff.
[466] Vgl. Möhlenbruch, Meier (1998), S. 68.

Kennzahlen	Formeln
Rohertrag	Umsatz zu VK - Umsatz zu EK
Marge (%)	(VK-EK) / EK
Deckungsbeitrag	Umsatz (Rohertrag) - zurechenbare Kosten auf Sortimentsebene
Mindestumsatz	Mindestens zu erzielender Umsatz (zu VK)
Verhältnis von Rohertrag zu Artikelanzahl	Rohertragsanteil der [A, B, C-Gruppe] in % / Artikelanteil der [A, B, C-Gruppe] in %
Bruttorentabilität	Verkauf (Anzahl) * (VK-EK) / Bestand (mittel) * EK
VK-Durchschnitt	Umsatz (VK) / Verkauf (Anzahl)
Verkauf (Anzahl)	Verkäufe (Anzahl) - Retouren (Anzahl)
Verkauf $_{Plan}$ (Anzahl)	Umsatz $_{Plan}$ (VK) / VK $_{Plan}$
Geplante Stückzahl pro Artikel	Verkauf $_{Plan}$ (Anzahl) / geplante Sortimentstiefe

Tab. 5.4: Ausgewählte Kennzahlen im Bereich Absatzplanung

Planungsgrößen für die Analyse sind insbesondere die Absatzmenge sowie der Umsatz bzw. Deckungsbeitrag pro Artikel oder Warengruppe zu Planpreisen. Alternativ kann auch kundengruppen-, vertreter- oder regionenbezogen geplant werden. Auch Planungen nach Angebotsflächen, Verkaufspotenzial (Kundenpotenzial, Umsatz pro Verkäufer) oder Konkurrenzeinflüssen können betrachtet werden. Neben den Umsatzdaten und historischen Absatzmengen sollten Lagerbestände in Filiale und Zentrale, Lagerumschlagsgeschwindigkeiten, Preisreduzierungen sowie Werbe- und Sonderangebotsanalysen ins Kalkül einbezogen werden.[467]

Planungsgrößen der Analyse

Eine Verknüpfung der Hierarchieebenen erlaubt ein sinnvolles Navigieren durch die Datenbestände, z. B. von Sortiment Richtung Artikel (Drill-Down) oder von Artikel Richtung Sortiment (Roll Up). Es kann nach unterschiedlichen Dimensionen navigiert werden: nach zeitlichen Gesichtspunkten, Betriebsstätten bzw. Filialen, Kunden- und Warengruppen sowie nach geografischen Gesichtspunkten. Werden von dem WWS beide Navigationsverfahren, also sowohl Top Down als auch Bottom Up, unterstützt, wird

Navigation in Datenbeständen

---

[467] Vgl. Voßschulte, Baumgärtner (1991), S. 259.

auch von einem Gegenstromverfahren gesprochen.[468] Zur Unterstützung des Planenden bieten die IT-Systeme teilweise automatische Prognoseverfahren, die durch manuelle Eingriffe (etwa zur Verteilung der Jahresplanung auf Monate) verändert werden können. Zu den Prognoseverfahren zählen Extrapolation vergangener Daten (unter Berücksichtigung saisonaler Schwankungen), Monte-Carlo-Simulationen zur Abschätzung der quantitativen Bedeutung von einzelnen Faktoren und der Stabilität der Prognose, Verkäuferschätzungen (Delphi-Methode) oder Konjunkturprognosen (in Bezug zu Branchen- und Unternehmensentwicklung).

Budgetierung

Im Einzelhandel ist ein Verzicht auf Quartals- und Monatsbudgetierungen bei der unterjährigen Budgetierung wegen der saisonalen Einflüsse zweckmäßig. U. a. im LEH bietet die Budgetierung nach Tertialen wegen der beweglichen Feiertage Vorteile.[469]

Renner-Penner

Häufig kommen bei der Planung der Absatzzahlen so genannte Renner-Penner-Listen zum Einsatz. In den Renner-Penner-Listen spiegelt sich das Wunschbild des Kunden wider. Es werden die jeweils stärksten und schwächsten Artikel in Bezug auf Umsatz, Absatzmenge, Deckungsbeitrag bzw. Rohgewinn usw. für eine Warengruppe oder Untergruppe definiert.

Beispiel Externe Einflüsse

Beispiel: Absatzrückgang durch externe Einflüsse

Wie schnell eine Absatzplanung durch äußere Einflüsse veralten kann, haben die Händler im Dezember 2004 nicht nur durch die Spendenbereitschaft für Tsunami-Opfer, sondern auch durch Kaufboykotte für Feuerwerkskörper – ausgelöst durch Verzichtaufrufe der Politik – erlebt.

Auch beim Tabak führte der staatliche Eingriff durch die mehrstufige Erhöhung der Steuer zu deutlichen Mindereinnahmen für Industrie, Handel und Staat. Hinzu kommen die deutlich höheren Mengen an über die Grenzen geschmuggelten Zigaretten. Für 2004 stellte der Zoll insgesamt 418 Millionen Zigaretten sicher. Substitutionseffekte waren auch bei der Einführung von Steuern auf Alkopops und der Einführung des Zwangspfands zu verzeichnen, das bei vielen Herstellern zu deutlichen Umsatzeinbußen und Marktverschiebungen führte.

Die Absatzplanung muss bei solchen Extrema häufig innerhalb von Stunden oder wenigen Tagen auf veränderte Situationen reagieren.

Neue Vertriebswege

Durch neue Vertriebswege im Distanzhandel, die sich durch Möglichkeiten des Fernsehens und des Internets ergeben haben, wird es

---

[468] Vgl. Schütte, Vering (2004), S. 284. Eine Übersicht über verschiedene Planungsrechnungen im Handel liefert Lerchenmüller (1998), S. 474 ff.
[469] Vgl. Tietz (1993), S. 994.

wichtiger, sich auch mit den Vorzügen der einzelnen Kanäle und der entsprechenden Positionierung auseinander zu setzen (vgl. Abb. 5.5). Dies umso mehr, als der traditionelle Einkauf im Geschäft, bedingt durch die höheren Kostenblöcke durch Miete und Personal, tendenziell bei Konsumgütern höherpreisig ist als der Kauf entsprechender Güter im Internet.

Unterschiedliche Kostenstruktur

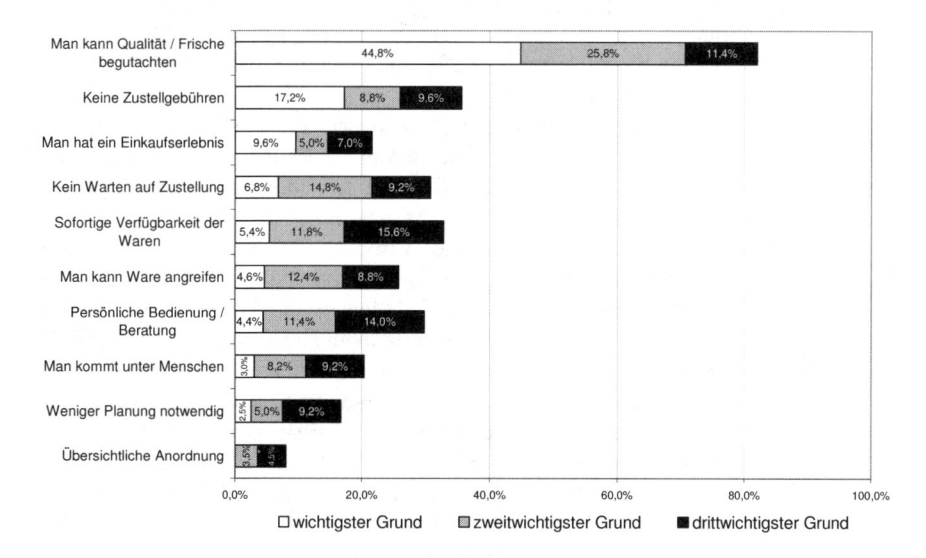

Quelle: Schnedlitz, Madlberger (2002), S. 326.

Abb. 5.5: Die wichtigsten Vorteile des Einkaufs im Geschäft

Kontrahierungspolitik

Der Preis ist im Handel das dominierende Wettbewerbsinstrument und somit von besonderer Relevanz für das Controlling und das Management. Das Preiscontrolling ist Teil des Erlöscontrollings. Häufig arbeiten Marketingfachleute und Controller beim Erlöscontrolling eng zusammen, teilweise übernehmen auch Marketingspezialisten Controllingaufgaben. Das Preiscontrolling will Zusammenhänge zwischen Preis, Image, Leistungsqualität und Markenbewusstsein ermitteln und verbessern. Auch die strategische Wirkung von Preisstrategien ist zu ermitteln. Dabei werden die Effektivität von Preisdifferenzierungen, Rabatten und Bündelungen ebenso untersucht wie Aspekte der Preispsychologie oder des zeitlichen Preismanagements.

Preis = dominierendes Instrument

Das Preiscontrolling ist nicht zuletzt auf Grund des scharfen Verdrängungswettbewerbs mit hoher Preiskonkurrenz wichtig. Zusätz-

Preiscontrolling

lich konkurrieren in vielen Bereichen moderne Vertriebskanäle (Teleshopping, u-Commerce usw.) zu teilweise deutlich günstigeren Preisen als im Präsenzgeschäft. Auch die Kaufkrafterosion führt zu schwachen Umsätzen der Einzelhändler, die entsprechend mit Preisvorteilen zu reagieren versuchen. Weitere Effekte ergeben sich durch hohe Rohölpreise und Steuern auf Kraftstoff und Tabakwaren. Hinzu kommt, dass mit der Preisangaben-Verordnung neben den Verkaufspreisen zur besseren Vergleichbarkeit von Produkten der Preis pro Kilogramm bzw. pro Liter – bei kleineren Gebinden bis zu 250 g oder 250 ml der Preis pro 100 g oder 100 ml – genannt werden muss.

Schnäppchen-jagdmentalität

Problem von Dauerniedrig-preisen

Carry-Over-Effekt

Eine oft gehörte Erklärungstheorie für die Schnäppchenjagdmentalität ist, dass die hohe Betonung des Preises im Handelsmarketing bei austauschbaren Sortimenten und Betreiberkonzepten zu einer verschobenen Preiswahrnehmung bei den Konsumenten führt.[470] Die „Schweinebauchwerbung" durch vielgestaltige Beilagenprospekte in der Tagespresse provoziert vagabundierendes Kaufverhalten und erhöhte Preissensitivität, da durch wechselnde Preisvorteile die Kunden jeweils in andere Einkaufsstätten gelockt werden.[471] Direkte Preiswerbung steigert gemäß der Theorie der Informationsökonomie[472] die Preissensitivität mit der Folge, dass die Preisbereitschaft der Verbraucher sinkt und die Händler zu regelmäßigen Preissenkungen veranlasst sind.[473] Der damit erzielte Carry-Over-Effekt steigert zwar kurzfristig den Abverkauf, aber schärft langfristig die Preissensitivität der Verbraucher.[474] Zwar helfen Dauerniedrigpreise beim Aufbau eines positiven Images,[475] aber sie lösen nicht in signifikantem Maße Verbundkäufe aus.[476] Häufig werden bei diesen Aktionen auch Umsatz und Deckungsbeitrag miteinander verwechselt. So bedeutet ein zehn prozentiger Preisnachlass bei einer Preiselastizität von -2 zwar eine Umsatzsteigerung von 20 %, doch der Nettogewinn, der in diesem Beispiel bei 5 % vom Nettoverkaufspreis liegt, fällt um 80 %.[477] Die Verkaufspreispolitik muss diese Sachverhalte berücksichtigen und bei der Artikelbepreisung beachten. Tab. 5.5 zeigt die begriffliche Basis für das preisbezogene Kaufverhalten.

---

[470] Vgl. Becker, Schütte (2004), S. 403.
[471] Vgl. Greipl, Müller (2000), S. 448; Meyer, Mattmüller (1992), S. 97.
[472] Vgl. Stigler (1961).
[473] Vgl. Kaul, Wittink (1995).
[474] Vgl. Mela, Gupta, Lehmann (1997).
[475] Vgl. zu den Wirkungsmechanismen von Preisaktionen Diller (1995a) sowie Diller (1995b).
[476] Vgl. Walters, Rinne (1986), S. 262.
[477] Vgl. Jones (1991), S. 17.

Begriff	Erläuterung
Preiserwartung	Preisliche Erwartung des Kunden an bestimmte Artikel oder Warengruppen. Ist diese Erwartung nur eher unbewusst vorhanden, liegt bei dem Kunden eine starke Preisgewöhnung vor. Bei aktiver Preiserwartung ist der Preis sehr stark kaufbeeinflussend.
Preisgewöhnung	Innerhalb einer bestimmten Spanne ist der Kunde derart an den Preis gewöhnt, dass er subjektiv den Preis als unverändert ansieht und „preisblind" handelt. Innerhalb der Bandbreite bleibt der Preis bei der Kaufentscheidung unerheblich.
Preiskenntnis	Es gibt verschiedene Konstrukte der Preiskenntnis, so etwa die exakte Preiskenntnis, das Wissen um Preisrangfolgen verschiedener Konkurrenzartikel oder die Preiskenntnis über die am häufigsten erworbenen Artikel.
Preiskodierung	Der per Auszeichnung angegebene oder beworbene Preis wird vom Kunden im Gedächtnis gespeichert, so dass daraus z. B. eine Preiserwartung oder eine Preiskenntnis resultieren kann.
Preistreue	Der Kunde kauft einzelne Artikel nur in einem bestimmten Preisband, so dass er diese Waren vorzugsweise nur in einer bestimmten Vertriebslinie nachfragt. Er hat somit ein gewisses, Preislagen bestimmtes „evoked set" von Artikeln. Ein Wechsel zu höher- oder niedrigpreisigeren Artikeln wird kaum in Betracht gezogen. Außerdem findet dadurch häufig zugleich eine Fixierung auf gewisse Handels- oder Herstellermarken statt.

Quelle: in Anlehnung an Witt (1992), S. 143.

Tab. 5.5: Begriffliche Basis für das preisbezogene Kaufverhalten

Beispiel: Preiserosion bei Neuwagen

Lange Zeit wurden in Deutschland Billigwagen unter 10.000 Euro nur begrenzt angeboten und abgesetzt, aber die demographische Entwicklung prägt auch hier die Nachfragesituation. Die Bevölkerung wird insgesamt städtischer, Landregionen verlieren, und damit verändert sich die Mobilität. Urlaubsreisen werden zunehmend über Billigfluglinien oder als Pauschalurlaub gebucht. Sinkende Einkommen und hohe Treibstoffkosten untermauern diese Entwicklung. Kostete der Liter Normalbenzin 1988 etwa 47 Cent hat sich der Preis bis Sommer 2005 nahezu verdreifacht. Die verfügbaren

Beispiel Preiserosion

> *Einkommen stiegen im selben Zeitraum jedoch um nicht einmal 50 Prozent. Hinzu kommen die ausgeprägte Preissensibilität der Verbraucher und die Gewöhnung der Kunden an hohe Rabatte und preisgünstigere Autos sowie ein steigendes Angebot neuer Modelle. Dadurch wird dem Billigsegment ein erhebliches Wachstum in den nächsten Jahren vorausgesagt. Der Markt reagiert auf die sinkenden Absätze mit zunehmenden Rabatten. Ursprünglich bestand das Entgegenkommen der Händler in einer kostenlosen Porzellanvase oder einer kostenlosen Fußmatte, erweiterte sich in den 70er-Jahren auf drei-prozentige Rabatte bei Barzahlung und entwickelte sich zur Produktion von „Sondermodellen" mit geschenkter Zusatzausstattung. Bis 1998 verzichtete die Branche auf Werbung mit Preisangaben, dann wertete Citroën mit dem 3000 DM Werksrabatt plus Zusatzausstattung den Kaufpreis neben Design und Sicherheit zum wichtigsten Kaufgrund auf.[478] Die derzeitige „Rabattwut" der Hersteller geht sogar so weit, dass Sonnenscheingarantien beim Kauf von BMW-Cabrios gewährt werden.*
>
> *Während der Marktanteil in 2004 bei den Wagen unter 10.000 Euro Listenpreis bei nur rund 3,9 Prozent lag, wird bereits in 2006 ein Marktanteil von fast 7 Prozent prognostiziert. Das Segment wird u. a. durch den VW Fox, den Peugeot 107, den Renault Twingo und den Ford Ka Student deutlich belebt.*

Verkaufspreis-kalkulation

Bei der Verkaufspreiskalkulation werden die Abgabepreise an die Abnehmer ermittelt. Wegen der hohen Anzahl unterschiedlicher Artikel sind „Faustregeln" oder Kostenaufschlagsverfahren („cost-plus"-Verfahren) in Verbindung mit Rundungsregeln häufig anzutreffen, die sich an der Produktbedeutung, der Umschlagshäufigkeit und dem Konkurrenzverhalten orientieren.[479] Die empirisch nachgewiesene psychologische Preissetzung geht davon aus, dass eine Preisänderung innerhalb eines Intervalls folgenlos bleiben kann.[480] Darüber hinaus ist zu unterscheiden zwischen Prestige-Preisen, bei denen Konsumenten die Qualität mit der Preishöhe verbinden, und der Preisklumpung ganzer Warengruppen, die sich preislich zwischen den Anbietern kaum unterscheiden.

Beispiel Preis-klumpung

Beispiel: Preisklumpung: „Aldi doch nicht billig"

Während in der Lebensmittelbranche die Preisführerschaft von Aldi als unumstritten gilt und Aldi dieses auch immer wieder durch eindrucksvolle Preisunterbietungen der Konkurrenz-Preissenkungen etwa im Frischfleischbereich oder bei Kaffee beweist, stellt die

---

[478] Vgl. Wigand (2005), S. 36.
[479] Vgl. Simon (1992), S. 50.
[480] Vgl. Tietz (1993), S. 381.

Verbraucherzentrale NRW im März 2005 bei einer Untersuchung von Grundnahrungsmitteln fest, dass alle Supermärkte dort annähernd mit ihren No-Name-Produkten die gleichen Preise hätten wie der Discounter. Vor dem Hintergrund der Preiskenntnis der Verbraucher bei Grundnahrungsmitteln verwundert das Ergebnis der Untersuchung jedoch nicht, sondern bestätigt eher die preisorientierte Kalkulation im Lebensmittelhandel. Die Verbraucherschützer hatten zehn vergleichbare Grundnahrungsprodukte in unterschiedlichen Vertriebslinien zu Preisen jeweils zwischen 7,50 Euro (Wal-Mart), 7, 51 Euro (Lidl, Norma, Penny) und 7,54 Euro (Plus) gekauft. Die Preise lagen bei 10 der 12 untersuchten Märkte und Discounter nur um 37 Cent auseinander.

Ausgangspunkt für Preiskalkulationen ist der EK-netto-netto, auf den eine Verkaufsspanne aufgeschlagen wird. Alternativ wird der Verkaufspreis ohne Wissen über den Beschaffungspreis in Abhängigkeit von der örtlichen Konkurrenz kalkuliert. Speziell bei der Ermittlung der Verkaufspreise unter Berücksichtigung von Soll-Spannen (meist Warengruppen-Spannen) kann die Ermittlung der Verkaufspreise automatisch ggf. mit manueller Bestätigung durch das System erfolgen.[481] Je nach der zu berücksichtigenden Handelsstufe kann zwischen einstufigen, zweistufigen (bspw. bei der zusätzlichen Berücksichtigung von Einkaufskontoren) oder dreistufigen Kalkulation (bei der zusätzlichen Berücksichtigung von Einkaufskontoren und Abnehmern) unterschieden werden.

EK-netto-netto

Bei der Preiskalkulation ist es auch möglich, Preisdifferenzierung in räumlicher, zeitlicher, sachlicher oder persönlicher Art und Weise vorzunehmen. Bei räumlicher Preisdifferenzierung finden sich je nach Standort unterschiedliche Preise in den Filialen. Zeitliche Preisdifferenzierung kann z. B. über saisonal begrenzte Angebote erfolgen. Sachliche Preisdifferenzierung erfolgt beispielsweise durch Rabattgewährung. Die verbilligte Abgabe an Karteninhaber oder Stammkunden wird als persönliche Preisdifferenzierung verstanden.[482] Ebenfalls ist eine Ausgabe von Coupons, die bei Einlösung zu einer Preisminderung oder einem Naturalrabatt führen, denkbar.

Preisdifferenzierung

Eine weitere Möglichkeit der Differenzierung ist die gleichzeitige Festlegung des Preises in Bezug auf Qualität und Preis. Unterschiedliche Preis-Qualitäts-Philosophien können sein:

Qualität vs. Preis

- Untere Qualität, unteres Preisniveau: niedrige Spannen, wenige Alternativen.

---

[481] Vgl. Ribbert (2005), S. 191.
[482] Vgl. Tietz (1993), S. 383 f.

- Mittlere Qualität, mittleres Preisniveau: mittlere Spannen, mittlere Menge an Alternativen.
- Hohe Qualität, hohes Preisniveau: hohe Spannen, wenige Alternativen.

In der Forschung wird angenommen, dass sich die Preis-Qualitäts-Relation (PQR) kontinuierlich verbessert. Eine neuere Analyse mittels aktuellen Datenmaterials der Stiftung Warentest (1999–2002) belegt jedoch eine Verschlechterung der PQR aus Sicht des Kunden,[483] so dass sich die Frage nach der Qualitätsindikation durch den Preis stellt, zumal in vielen Bereichen des Handels durch Preiskriege der Wert von Markenartikel vernichtet wird.

Beispiel Preiskriege

Beispiel: Preiskriege im deutschen Do-it-Yourself-Bereich

Auch die traditionell „beschauliche" DIY-Branche erfährt seit einiger Zeit die aus dem Lebensmittelhandel lang bekannten Werte vernichtenden Preiskriege, die zu Markenerosion, Arbeitsplatzvernichtung und Branchenkonsolidierung führen können. Preiskriege stellen eine Extremform intensiven Wettbewerbs dar. Sie entstehen häufig ungewollt, da Manager den Aktionsreaktionsprozess nicht verstanden oder unterschätzt haben. Die grundlegende Annahme ist, dass auf eine Preisaktion eine Reaktion erfolgt, wenn die Kreuzpreiselastizitäten größer null sind, so dass aus spieltheoretischer Sicht mehr oder weniger intensiver Wettbewerb besteht. Auslöser für Streitigkeiten in der Baumarkt-Branche sind die von der Metro-Tochter Praktiker initiierten Rabatt-Aktionen, die ähnlich den Rabattaktionen der Metro-Töchter Media Markt und Saturn sehr erfolgreich liefen. Was in 2002 von der Branche noch belächelt und zum Scheitern verurteilt wurde, hat sich als erfolgreich herausgestellt. Die 20-Prozent-Aktionen führten dazu, dass Praktiker in 2004 etwa fünf Prozent mehr erlöste als im Vorjahr. Konkurrenten setzen sich zum einen zur Wehr, indem sie die Industrie ins Visier nehmen und Markenartikel herunterzeichnen oder auslisten, zum anderen, indem sie durch ebenfalls hohe Rabatte an bestimmten Tagen oder zu bestimmten Aktionen preislich konkurrieren. Anders als im Lebensmittelgeschäft, in dem auch Markenware mit hoher Qualität zu niedrigen Preisen verkauft wird, ist die Industrie im DIY-Bereich mit einem Novum konfrontiert.

---

[483] Vgl. Fürst, Heil, Daniel (2004).

Kennzahlen	Formeln
Kalkulierter Verkaufspreis	Selbstkostenpreis + Gewinnzuschlag = Bar-(Netto-)Verkaufspreis + Skonto = Ziel-Verkaufspreis + Rabatt = Brutto-Verkaufspreis
Durchschnittspreis einer Warengruppe	Preise aller Artikel der Warengruppe / Artikelanzahl der Warengruppe
Preisindex nach Paasche	Aktueller Preis * aktuelle Menge / historischen Basispreis * aktuelle Menge
Preisindex nach Laspeyres	Aktueller Preis * historische Menge / historischen Basispreis * historische Menge
Preiselastizität der Nachfrage, bei > 1 = elastische Nachfrage, d. h. bei Preiserhöhung prozentualer Mengenrückgang größer als prozentuale Preiserhöhung	Prozentuale Mengenänderung / Prozentuale Preisänderung
Preisnachlassquote	Preisnachlässe / Umsatzerlöse
Preisnachlassstruktur	Preisnachlass für [Barzahlung, 2. Wahl usw.] / Gesamte Preisnachlässe
Absatzänderung in Prozent	Preisänderung (%) / (Spanne (% vom Verkaufspreis) +/- Preisänderung (%) - absatzabhängige (variable) Kosten in % der Gesamtkosten)

Tab. 5.6: Ausgewählte Kennzahlen im Bereich Kontrahierungspolitik

Tab. 5.6 zeigt ausgewählte Kennzahlen der Kontrahierungspolitik. Beim Preisindex, der zum Vergleich von Artikel- oder Warenkorbpreisen für verschiedene Perioden herangezogen wird, existieren nach Paasche und Laspeyres zwei Versionen. Während der Laspeyres-Index das historische Kaufverhalten betrachtet, bezieht sich der Paasche-Index auf das aktuelle Kaufverhalten. Damit lässt sich beispielsweise die Kaufkraft eines Marktsegments zeitlich beobachten. Mit der Preiselastizität lässt sich die Mengenänderung bei einer Preisänderung tendenziell prognostizieren. Die prozentuale Absatzänderung verdeutlicht, wie sehr eine Preisänderung zu einer Absatzveränderung führen muss, um den Gesamtgewinn nicht zu

Kennzahlen der Kontrahierungspolitik

schmälern. Bei einer Spanne von 50 % und variablen Kosten von 10 % führt eine Preissenkung von 5 % dazu, dass der Absatz um mindestens 14,3 % steigen muss.[484]

Distributionspolitik

Definition

Die Distributionspolitik kann verstanden werden als die Gesamtheit aller Entscheidungen und Handlungen, die im Zusammenhang mit dem Weg des Produktes zum Endverkäufer stehen.[485] Sie regelt innerhalb des Marketings die Steuerung der Vertriebsaktivitäten nach entsprechenden Unternehmenszielvorgaben. Hierzu stehen dem Unternehmen die verschiedenen Absatzkanäle im Verkauf zur Verfügung, zu denen u. a. der Verkauf im Laden, der Telefonverkauf, der Verkauf über das Internet, das Telefon oder der Verkauf über bestimmte Fernsehsendungen zählen.

Absatzwegepolitik

Aufgaben

Die Absatzwegepolitik regelt die Wahl und Festlegung der Vertriebswege. Absatzwegeentscheidung zählen zu den bedeutendsten Entscheidungen von Handelsunternehmen, da die für die Produkte eines Unternehmens gewählten Absatzwege wesentliche Bedeutung für alle anderen marktpolitischen Entscheidungen haben.[486] Bei Strukturentscheidungen der Absatzwegepolitik ist zu unterscheiden, ob alle Kunden, nur ein ausgewählter Bereich potenzieller Marktpartner oder ein Absatzsegment bearbeitet werden soll. Im Lebensmitteleinzelhandel betreiben die Handelsunternehmen zur differenzierten Marktbearbeitung daher zumeist verschiedene Vertriebslinien mit unterschiedlicher Zielgruppenansprache.

Ausgewählte Kennzahlen

Tab. 5.7 zeigt ausgewählte Kennzahlen der Absatzwegepolitik. Die Vertriebslinienstruktur bietet Auswertungsmöglichkeiten über den Deckungsbeitrag einzelner Absatzwege zum Gesamt-Deckungsbeitrag. Die Vertriebskostenstruktur hilft bei der Optimierung der Vertriebskosten durch Relativierung der variablen Vertriebskosten in Bezug zu den Gesamt-Vertriebskosten. Die Kundenreichweite in Bezug auf Vertriebslinie und Zielgruppe gibt Aufschluss darüber, wie viele potenzielle Kunden tatsächlich erreicht werden.

---

[484] Vgl. Feldbauer-Durstmüller (2001), S. 206 f.
[485] Vgl. Meffert, Bruhn (2000), S. 435.
[486] Vgl. u. a. Tietz (1993), S. 484.

Kennzahlen	Formeln
Deckungsbeitrag einzelner Vertriebslinien	Deckungsbeitrag über [Groß-, Einzelhandel oder Direktabsatz] / Gesamt-Deckungsbeitrag
Vertriebskostenstruktur	Variable Vertriebskosten / Gesamt-Vertriebskosten
Kundenreichweite	Anzahl erreichter Kunden / Anzahl möglicher Kunden

Tab. 5.7: Ausgewählte Kennzahlen im Bereich Absatzwegepolitik

Eine klare Abgrenzung des Handelsbranchen und somit der Absatzwege ist nicht mehr möglich, da beispielsweise auch zunehmend Lebensmittelhändler Non-Food-Artikel vertreiben (z. B. Medion-Aktionsware in Aldi-Filialen) und Kaufhäuser Lebensmittel führen (z. B. Rewe-Lebensmittelangebote in Karstadt-Warenhäusern). Der Einzelhandel ist deutlich von Themen wie Erlebniswelten, Markenambiente usw. geprägt, was zu einer zusätzlichen Verschmelzung der Warensortimente der entsprechenden Betriebsformen führt.

Keine klare Abgrenzung von Absatzwegen

Damit gehören zu den Aufgaben der Absatzwegepolitik auch die Entscheidungen über die Hinzunahme oder Aufgabe bzw. Variation bestimmter Vertriebstypen. Dabei ergeben sich im Zeitablauf durchaus unterschiedliche Konzepte und Bedürfnisse, da sich die Einzugsgebiete und die Attraktivität von Städten und Absatzwegen zeitlich verschieben. Wesentliche Gründe hierfür sind die zentralörtliche Bedeutung, die sich mit neuen Konkurrenten oder Substituten verändern kann, die Eigenattraktivität des umliegenden und des eigenen Angebots sowie die Bedarfsdeckungsintervalle der Verbraucher. Auch der vom Verbraucher akzeptierte Wegeaufwand, die Angebots- und Betreiberstruktur sowie das mit entsprechender Marketing- und Managementpolitik einhergehende Image spielen eine Rolle.

Vertriebstypen planung

Beispiel: Siegeszug der Convenience-Tankstellen

Die Marketing- und Convenience-Konzepte an den Tankstellen sind aktuell sehr erfolgreich. Dies liegt nicht nur an der im Vergleichen zum Lebensmitteleinzelhandelskauf größeren Preisbereitschaft, sondern auch an den rechtlichen Rahmenbedingungen. Kaufhof klagte im Jahre 2004 vor dem Verfassungsgericht gegen die gesetzlichen Ladenöffnungszeiten, die es dem Einzelhandel verbietet, sonntags und nach 20 Uhr zu öffnen, während Tankstel-

Beispiel Convenience-Tankstellen

> *len und Convenience-Shops im Bahnhofsumfeld geöffnet haben dürfen. Allerdings wurde diese Klage zu Gunsten der Convenience-Konzepte abgewiesen.*
>
> *Die Tankstellenstores sind mittlerweile wichtigster Gewinnbringer im Tankstellengeschäft und markieren den Paradigmenwechsel. Was verkauft wird, ist nicht allein Kraftstoff, sondern Convenience: Mobilität, Vitalität, Freiheit usw. Seit 1985 verfünffachte sich daher der Umsatz des durchschnittlichen Tankstellenshops. In den vergangenen fünf Jahren verzeichneten die Tankstellenbetreiber mit Ausnahme von 2003 einen jeweils 2,5-4 prozentigen Umsatzzuwachs. Allerdings führen auch bei den Tankstellen staatliche Eingriffe in Form von Tabak- und Benzinsteuererhöhungen sowie das Getränkepfand zu Einbußen. Während die Tankstellen nur noch 25 Prozent ihrer Erlöse mit Benzin und Schmierstoffen erzielen, stammen 48 Prozent aus den Minimärkten – zunehmend auf Kosten traditioneller Einzelhandelsunternehmen, da Tankstellen neben Tabakwaren und Zeitschriften zunehmend auch Lebensmittel und Drogerie-Artikel anbieten. Sogar die Video- bzw. DVD-Ausleihe ist an einigen Tankstellen möglich.*
>
> *Die Umstrukturierungen in 2004 haben eine dauerhafte Marktverschiebung ausgelöst. Die großen Zusammenschlüsse von BP/Aral und Shell/DEA haben den Weg für den neuen Marktteilnehmer PKN Orlen geebnet und für einen Zuwachs bei den kleinen und mittleren Tankstellenbetreibern gesorgt. Mehr als 10 % der rund 16.000 Tankstellen in Deutschland wechselten in 2004 ihre Marke. Der Trend ist eindeutig: die Marke steht im Mittelpunkt der Kommunikationsbemühungen. Die Marketingaktivitäten am Point of Sale werden verstärkt, Category Management und gezielte Werbung sorgen für Kaufbereitschaft der Impulskäufer. Auch Kundenkarten und Bonussysteme leisten derzeit einen Beitrag zur Kundenbindung im Convenience-Bereich.*

Die vom Handel angestrebten absatzwirtschaftlichen Effekte (Marktanteilsvergrößerung, Umsatzsteigerung usw.) sind nur durch sinnvolles Kombinieren der Marketinginstrumente möglich. Neben den auf die Produkte bezogenen Instrumenten stellt daher insbesondere die Auseinandersetzung mit dem Verkaufsort ("Place") eine wesentliche Herausforderung dar.

Store Erosion

Mit dem Begriff der Store Erosion wird seit den 60er-Jahren der Alterungsprozess von Betriebstypen im Einzelhandel beschrieben.[487] Die Überalterung eines Konzepts beruht in der Regel auf einer Verschiebung der Bedürfnisstruktur (etwa durch Verschiebungen in der Bevölkerungsstruktur), gewandelter Wertauffassungen

---

[487] Vgl. Applebaum (1968), S. 42 ff.; Barth (1976), S. 176 ff.; Barth, Stoffel (1996), S. 41.

oder Wahrnehmung der Konsumenten sowie einer Verschärfung des segmentspezifischen Wettbewerbs. Auch der technische Fortschritt kann zur Überalterung eines Konzepts beitragen.[488] Damit wird deutlich, dass auch Store-Konzepte einem Lebenszyklus unterworfen sind und eine Wachstums-, Reife-, Sättigungs- und Degenerationsphase durchlaufen (vgl. Abb. 5.6).

Lebenszykluskonzept

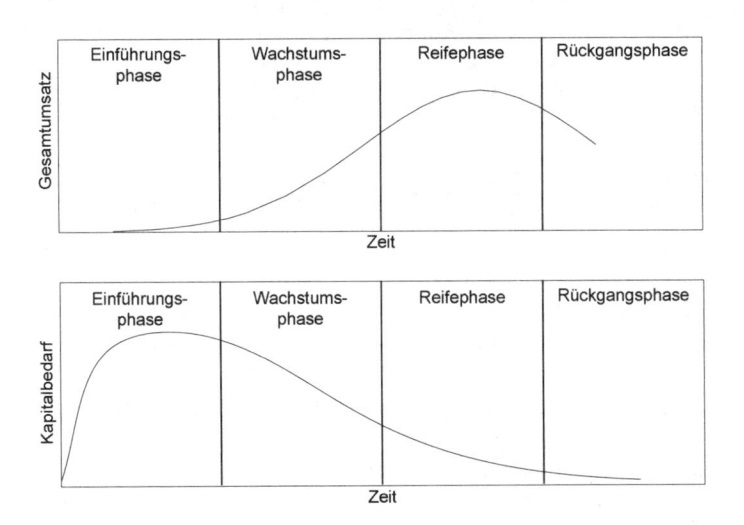

Abb. 5.6: Das Lebenszyklusmodell bezogen auf Store-Konzepte

Stark fortgeschrittene Verschleißerscheinungen können ggf. durch vollständige Modernisierung des Betriebsstättenkonzepts oder durch Aufgabe des veralteten Betriebstyps zu Gunsten eines Betriebstyps mit neuartiger leistungspolitischer Konzeption aufgefangen werden. Die Absicht, Degenerationserscheinungen im Lebenszyklus zu kompensieren, kann daher den Anlass zur Durchführung einer Betriebstypeninnovation liefern, die eine Markt- oder Betriebsneuheit darstellen kann.[489]

Beispiel: Aufgabe von Betriebstypen und Ladenumgestaltung bei der Rewe[490]

Beispiel Betriebstypen bei Rewe

Zur Vereinheitlichung des Marketing- und Vertriebskonzepts und somit zur Kostenreduktion verschmilzt die Rewe-Gruppe, mit 28,3

---

[488] Zum Lebenszykluskonzept vgl. u. a. Reichmann (2001), S. 389 ff.
[489] Vgl. Barth, Stoffel (1996), S. 42.
[490] Vgl. im Folgenden Müller (2004c).

> Mrd. Euro Umsatz in 2003 Zweitgrößter im Lebensmittelhandel, ihre Vertriebslinien HL mit Minimal. Drei Viertel der HL-Märkte werden auf das Minimalkonzept umgestellt, da im Gegensatz zu Minimal HL nicht flächendeckend vertreten und die Supermarktlinie in den letzten Jahren kontinuierlich geschrumpft ist. Die verbleibenden 165 Märkte mit einer Größe von meist 400 bis 1.000 qm eignen sich nicht für eine Umstellung auf das auf viel Frische ausgerichtete Minimal-Konzept. Hier gibt es vier Optionen, zwischen denen im Einzelfall entschieden wird:
>
> - Der Markt ist durch einen Neubau zu ersetzen,
> - der Markt ist zu schließen,
> - eine Privatisierung des Marktes ist möglich oder
> - der Markt kann in einen Penny-Markt umgewandelt werden.
>
> Da sich nur eine begrenzte Anzahl von Märkten für eine Privatisierung oder eine Umwandlung zum Penny-Markt eignen, zeigt das Beispiel deutlich, dass Gegenmaßnahmen gegen Store Erosion auch mit Strukturbereinigungen verbunden sein können.

Unterschied Marketing in Handel und Industrie

Es wird deutlich, dass der Handel ein vom Industriebetrieb durchaus unterscheidbares Marketingkonzept verfolgt. Nicht die Produktbetonung steht in der Marketingpolitik alleinig im Vordergrund, sondern der Handelsbetrieb versucht, über seine Leistungs-, Entgelt- und Beeinflussungspolitik die in seinem Marktgebiet relevante Nachfrage auf seine Betriebsstätte zu lenken. Er entwickelt zu diesem Zweck insbesondere eine Leistungspolitik, die den Ansprüchen der Kunden seines Marktsegments entspricht.[491]

Standortpolitik

Faktor Standort

„Lage, Lage, Lage" – im Vergleich zu Produktionsbetrieben ist für den Handel die Standortwahl von noch herausragenderer Bedeutung. Die Standortentscheidungen werden überwiegend geprägt durch rechtliche Restriktionen, Wareneigenarten, Zielgruppen, derzeitige räumliche Verteilung des umliegenden Einzelhandels sowie die Verkehrsbedingungen. Zentrale Überlegung zur Standortpolitik ist hier insbesondere das jeweilige Absatzpotenzial.

Kriterien für Standortwahl

Die Entscheidungsfindung und die Zielsetzung eines Unternehmens können hier durchaus unterschiedlich sein. Während beispielsweise IKEA verkehrsgünstig und unter Berücksichtigung eines möglichst großen Einzugsgebietes auf der grünen Wiese Möbelzentren errichtet, benötigt der Lebensmitteleinzelhandel die unmittelbare Nachbarschaft seiner Kundschaft. Innerhalb des Absatzgebietes sinkt mit zunehmender Entfernung die Wahrscheinlich-

---

[491] Vgl. Barth, Stoffel (1996), S. 40.

keit, dass sich Konsumenten zu der dort ansässigen Filiale orientieren. Alternativ besteht die Möglichkeit, im Rahmen agglomerativer Zentren, wie beispielsweise Einkaufszentren, auf der grünen Wiese unternehmerisch tätig zu werden, so dass die Raumüberbrückungsfunktion beim Kunden liegt.

Vielfach lassen sich über die Einzelentscheidungen der Unternehmen auch Gesetzmäßigkeiten innerhalb einer bestimmten Branche ableiten. Beispielsweise lässt sich nachweisen, dass Schuhfilialen erfolgreicher sind, wenn sie in der Nähe weiterer Schuhfilialen eröffnet werden, da die Konsumenten auf der Suche nach passendem, modischem Schuhwerk durch mehrere Läden gehen möchten. Ähnliches gilt bei kleineren Möbelläden.

Gesetzmäßigkeiten einzelner Branchen

Bei der Ermittlung der relevanten Bevölkerung lassen sich das Kerneinzugsgebiet sowie das engere und weitere Einzugsgebiet unterscheiden. Im Kerneinzugsgebiet kauft der überwiegende Teil der Bevölkerung in diesem Geschäft ein, im engeren noch etwa 15-45% und im weiteren unter 15% der potenziellen Kunden. Handelsfilialen des täglichen Bedarfs (Drogeriemärkte, Lebensmittelhandel usw.) haben im Allgemeinen ein sehr kleines Kerneinzugsgebiet, das je nach Größe des Ortes oder der Stadt nur wenige Straßenzüge oder Stadtteile oder – bei kleineren Orten – wenige Gemeinden umfasst. Bei Gütern des mittelfristigen Bedarfs wie Bekleidung, Schuhe, Elektronikartikel usw. erhöht sich der Einzugsradius auf etwa 15-50 km. Bei Gütern des langfristigen Bereichs wie Möbel, Elektrogroßgeräte usw. werden durchaus auch Einzugsgebiete von über 100 km festgestellt. Die Abgrenzung von Einzugsgebieten ist notwendig, um die potenzielle Kaufkraft und die daraus resultierenden Umsätze berechnen zu können. Die Kaufkraft kann entweder absolut oder relativ in Bezug auf das Bundesgebiet angegeben werden. Beispielsweise hat Münster in Bezug auf die Kaufkraft und Umsatzzahlen von Nordrhein-Westfalen ein einzelhandelsrelevantes Kaufkraftvolumen von 109,3.[492] Bei der regionalen Umsatzbindung wird überprüft, inwieweit die Kaufkraftzuflüsse die Kaufkraftabflüsse zu anderen Regionen bzw. Standorten übersteigen. Die Umsatzbindung lässt sich am Marktpotenzial des Standortes oder Einzugsgebiets messen. Dabei wird auch von der inneren und äußeren Reichweite gesprochen. Die innere Reichweite definiert das zur Erreichung eines Mindestumsatzes mindestens notwendige Einzugsgebiet, die äußere Reichweite die maximale Ausdehnung des Einzugsbereichs, jenseits deren Grenzen kaum oder keine Nachfrage nach den Angeboten des Handelsbetriebs besteht. Je nach Intention der Analyse und nach Größe des Einzugsgebietes werden die Daten des Straßenzuges, Stadtgebietes oder der Region herangezogen. Die regionale Kauf-

Relevantes Einzugsgebiet

---

[492] o. V. (Einzelhandel Münster) (2004), S. 29.

kraftbindungsquote misst als Zentralitätskennziffer die Bedeutung der vorhandenen Handelseinrichtung(en) in Bezug auf die Versorgungsfunktion für Standort und Umland. Häufig liegt bei Städten diese Kennziffer über 100, da dort auch Versorgungsleistungen für die Landbevölkerung erbracht werden.

Kennzahlen	Formeln
Bevölkerung (absolut)	Anzahl Bewohner im [Kerneinzugsgebiet, engeres Einzugsgebiet, weiteres Einzugsgebiet]
Global- bzw. Gesamtkaufkraft je Einwohner	Einkünfte aus selbstständiger Arbeit - Lohn- und Einkommensteuern + sonstige Einkommen + Transferleistungen (Kindergeld, Wohngeld usw.)
Einzelhandelsrelevante Kaufkraft (absolut)	Gesamtkaufkraft - Ausgaben für Reisen, Dienstleistungen, Wohnung, Altersvorsorge, Auto, Brennstoffe und Reparaturen
Regionales Einzelhandelsrelevantes Kaufkraftpotenzial	Einzelhandelskaufkraft pro Kopf in € * Bevölkerung * sortimentsspezifischer Einzelhandels-Kaufkraft-Index
Zurechnungsquote	Prozentualer Anteil der Kaufkraft in Bezug auf [Warengruppe, Sortiment usw.]
regionale Kaufkraftbindungsquote	Erzielter Umsatz [einer Filiale, einer Branche, eines regionalen Sektors] / vorhandenes Marktpotenzial
Filialisierungsgrad	Anzahl der [Fremd]Filialen / Gesamtanzahl der Filialen
Verkaufsfläche [gesamt, Branche, Warengruppe usw.]	Summe der regionalen Einzelverkaufsflächen
Regionaler warengruppenspezifischer Gesamtumsatz	Summe aller regionalen Umsätze bezogen auf die Warengruppe

Tab. 5.8: Ausgewählte Kennzahlen im Bereich Standortpolitik

Standortanalyse

Für eine verlässliche Standortanalyse sind zusätzlich Basisdaten zum Einzelhandelsumsatz zu ermitteln. Diese können mit Hilfe einer Bestandserhebung vor Ort ermittelt werden. Dabei werden die

Umsätze und die warengruppenspezifischen Verkaufsflächen der regionalen Konkurrenz geschätzt oder ermittelt. Die Summe der Warengruppenumsätze ergibt den regionalen warengruppenspezifischen Gesamtumsatz. Eine Übersicht über wichtige Kennziffern der Standortanalyse gibt Tab. 5.8.

Bei der Standortbewertung muss abgegrenzt werden nach der Homogenität des Standortes (Einzelbetrieb oder Verkaufsverbund), nach der Umsatzerzielungsart (Eigenanziehung, Kopplungsanziehung, Laufkunden) und der Kombination der Warenangebote und Betriebsformen (Grund- oder Zusatznutzen). Die Lage (Innenstadt oder Grüne Wiese) ist ebenfalls zu berücksichtigen.

Standortbewertung

> **Beispiel: Standortpolitik bei Media Markt und Saturn**[493]
>
> *Media Markt und Saturn sind Unternehmen der Media Saturn-Holding, die inzwischen als zweitgrößter Elektro-Fachhändler der Welt gilt. Mit einer Zwei-Markenstrategie führt die mehrheitliche Metro-Tochter eine scheinbare Wettbewerbsstrategie, da beide Ketten keine große Differenzierung bieten und sich auf die Preiskommunikation konzentriert haben. Hierbei liegt der Fokus insbesondere auf Markenware und nur zu geringen Anteilen auf No-Name-Produkten. Allerdings kannibalisierten sich die Filialen durch ein austariertes Einkaufs-, Vertriebs-, Management- und Marketingsystem nicht. Die Einzugsgebiete der Ketten seien klar mit möglichst geringen Überschneidungen definiert. Trotz Stagnation des Gesamtmarkts gelingt es der Holding, bei Gewinnen und Erlösen zweistellig zu wachsen.*

Beispiel Standortpolitik

Die Probleme der Standortbewertung und -wahl werden in der handelsbetrieblichen Standortlehre sowohl mit heuristischen als auch mit mathematisch exakten Methoden bewertet. Während die heuristischen Verfahren eher von mehr oder weniger detaillierten Standortfaktorkatalogen ausgehen, die sich auf die Umwelt des möglichen Standorts abbilden lassen, bieten mathematische Verfahren Lösungen für standortliche Bewertungs- und Entscheidungsprobleme. Einfache quantitative Verfahren versuchen, partielle Einflüsse von Standortfaktoren und -erlösen funktional zu erfassen. Zu diesen Einflussfaktoren gehören die Marktgebietsgrenzen oder die Konkurrenzwirkung benachbarter Mitanbieter. Einen integrativen Ansatz bieten insbesondere Verfahren, die das Standortwahlproblem als Investitionsentscheidung auffassen und somit mehrere Standorte miteinander vergleichen.[494] Zu den theoretischen Verfahren zählen u. a. die „Zeit-Distanz-Methode" (Isochro-

Methoden der Standortbewertung

---

[493] Vgl. Peters (2004).
[494] Zu Modellen und weiterführender Literatur vgl. Hansen (1990), S. 179 ff.

nenmethode) und verschiedene Gravitationsmodelle.[495] Bei der Isochronenmethode werden in Abhängigkeit von der Bedeutung eines Versorgungsstandortes Zeit-Distanz-Punkte zwischen Wohnort und Einkaufsstätte festgelegt. Bei Unterzentren wird beispielsweise bei Waren des täglichen Bedarfs ein 5- oder 10-Minuten-Isochron zur Abgrenzung des Einkaufsbereichs angestrebt, d. h. die Filiale sollte in 5-10 Minuten mit dem Auto erreichbar sein.

Verkaufsgebietsanalysen

Bei Verkaufsgebietsanalysen werden die einzelnen Deckungsbeiträge miteinander verglichen (vgl. exemplarisch Tab. 5.9). Folgende Faktoren können die Ursache für Umsatz- bzw. Deckungsbeitragsunterschiede einzelner Standorte sein:

- Regionale Kaufkraftunterschiede und differierende Kundenstrukturen und Kaufbereitschaften,
- regionale Konkurrenzunterschiede,
- uneinheitliche Verkaufsgebietsgrößen,
- unterschiedliche Personalqualifikationen und Serviceniveaus,
- unterschiedliche Umsatzhöhen durch differierende Preisniveaus,
- ungleiche Distributions- und Vertriebswege.

Verkaufsgebiet	1		2		3	
	Euro	%	Euro	%	Euro	%
Umsatzerlöse	200	100,0	150	100,0	80	100,0
Var. Kosten	150	75,0	120	80,0	60	75,0
DB I	50	25,0	30	20,0	20	25,0
Personalkosten	15	7,5	20	13,3	9	11,25
Vertriebskosten	5	2,5	5	3,3	2	2,5
Lagerkosten	2	1,0	3	2,0	1	1,25
Versandkosten	1	0,5	4	3,6	1	1,25
Mietkosten	2	1,0	2	1,3	1	1,25
DB II	25	12,5	34	23,7	14	17,5

Quelle: in Anlehnung an Vollmuth (1992), S. 177.

Tab. 5.9: Verkaufsgebietsanalyse

---

[495] Vgl u. a. Huff (1964), S. 34 ff.; Fickel (1997); Reilly (1931); Müller-Hagedorn, Schuckel (1995a), S. 514 ff.; Müller-Hagedorn, Schuckel (1995b), S. 597 ff.

Beispiel: Standortwahl von Starbucks in Deutschland

Beispiel Standortwahl

Noch vor einiger Zeit war öffentliches Kaffeetrinken für jüngere Konsumenten kaum attraktiv. Dies änderte sich erst mit der Etablierung von Coffee Bars und Coffee Shops. Sie bieten – meist im Herzen der Stadt – ein modernes Lusterlebnis für den modernen und mobilen Menschen. Anders als im heiß umkämpftem Kaffeesegment im Lebensmittelhandel, bei dem die Sorten zu Kampfpreisen vermarktet werden, sind die Deutschen bei Kaffeepausen gewillt, auch höhere Preise zu bezahlen. Einigen Markenartiklern wie Starbucks gelingt es, einen gastronomischen Showroom für die Marke zu schaffen und diese erlebbar zu machen. Dabei ist Starbucks, was die Anzahl an Shops in Deutschland angeht, nur im Mittelfeld. Geführt wird das Feld von Tchibo mit 400 Coffee Shops in 900 Filialen. Allerdings genießt Starbucks auch in Deutschland eine hohe Akzeptanz und einen hohen Bekanntheitsgrad.

Das Unternehmen wurde 1971 in Seattle gegründet und expandierte seitdem als Einzelhändler, Röster und als Kaffeemarkenname in Nordamerika, im asiatisch-pazifischen Raum und im Nahen und Mittleren Osten. Als Ergebnis besuchen heute weltweit etwa 18 Millionen Konsumenten täglich ein Starbucks-Geschäft. Die weltweite Anzahl an Starbucks-Häusern soll von derzeit 7.500 langfristig auf über 30.000 anwachsen. Da aber dem Filialwachstum Grenzen gesetzt sind, sucht Starbucks Orte, die den bestehenden Coffeeshops keine Kunden wegnehmen.

Im Jahr 2000 bildete Starbucks in Europa eine erste Partnerschaft mit Passagio in der Schweiz. Seit 2002 ist Starbucks durch ein Joint-Venture mit KarstadtQuelle als KarstadtCoffee GmbH auch in Deutschland vertreten. So war es möglich, innerhalb von nur 13 Monaten insgesamt 22 zentrale und gut besuchte Filialen an zentralen Standorten am Berliner Tor zu eröffnen. Der deutsche Markt gilt hier noch als rückständig. Hier muss Starbucks erst einmal den "klassischen" Markt der Innenstädte und im Einzelhandel erschließen. Das Joint-Venture mit KarstadtQuelle ermöglichte dies. International versuchen die Kaffeebarbetreiber verstärkt, in Flughäfen, Bahnhöfen und Autobahnraststätten Fuß zu fassen. Der schnelle Kaffee auf der Durchreise bietet noch Expansionschancen, während es in den Innenstädten und den Shoppingcenter schon vergleichsweise viele Coffee Shops gibt.

Die 2002 verkündeten 180 Filialen bis 2006 sind allerdings noch lange nicht erreicht. Zusätzlich zu dem Problem der Standortfindung in den Innenstädten kommt der Ausstieg der KarstadtQuelle AG aus dem Joint-Venture. Allerdings wollen die Amerikaner auch nach dem Ausstieg von Karstadt bei Starbucks Deutschland die bestehenden Kaffeebars in Karstadt-Warenhäusern beibehalten.

Kommunikationspolitik

Definition der Kommunikationspolitik

Unter der Kommunikationspolitik werden innerhalb des Marketing-Mixes alle Aktivitäten zur Analyse, Planung, Umsetzung und Kontrolle der Kommunikation zwischen Händler und Kunde verstanden. Hierzu zählt beispielsweise die Wahl der Werbestrategie oder der Kundenansprache. Die zu vermittelnde Botschaft soll Konsumenten hinsichtlich ihrer Einstellung und ihres Kaufverhaltens positiv beeinflussen. Gegenstand der Beeinflussung kann ein bestimmtes Unternehmen bzw. eine bestimmte Filiale oder dessen Produktlinie sein. Bei einer Marke werden alle gewollt oder ungewollt transportierten Werte und Identifikationsmuster Elemente der Kommunikation. Daher zählt TIETZ nicht nur die Werbung, sondern auch die redaktionelle Berichterstattung zur Kommunikation.[496] In der Kommunikationspolitik finden sich vor allem folgende Trends:[497]

Trends der Kommunikationspolitik

- Kombinationen aus Partie- und Sortimentsvermarktung werden durch neue Marketingmethoden und eine Zunahme des Prospekt- und Anzeigeneinsatzes intensiviert.
- Die Kombination aus Ware und Dienstleistung wird in vielen Bereichen zunehmen, was zu einer stärkeren Marktkommunikation führt.
- Neue Formen der Kundenbindung finden auch in Deutschland Anklang. Hierzu zählen insbesondere nach dem Fall des Rabattgesetzes in 2001 die Kundenkarte und das Couponing.
- Die Multikommunikation erhält immer größere Bedeutung. Massen-, Gruppen- und One-to-One-Kommunikation können mit Hilfe großer Marketingdatenbanken immer effizienter und gezielter ausgeführt werden.

Marktkommunikation

Maßnahmen

Die Maßnahmen der Marktkommunikation dienen – ggf. in Kombination mit preispolitischen Aktivitäten – der Absatzförderung, der Abhebung von Konkurrenten, dem Nachweis der Leistungsfähigkeit und der Bekanntmachung neuer Produkte oder Aktionsangebote. Während die Kommunikation im Bereich Public Relations nicht zielgenau gesteuert werden kann, will die Absatzwerbung die Zielgruppe über das Unternehmensangebot zielgenau informieren und die potenziellen Käufer veranlassen, sich im Sinne der Ziele des werbetreibenden Unternehmens zu verhalten.[498] Tab. 5.10 zeigt wesentliche Maßnahmen der Marktkommunikation.

---

[496] Vgl. Tietz (1993), S. 482.
[497] Vgl. Tietz (1993), S. 482.
[498] Vgl. Tietz (1993), S. 437.

Schriftliche Mittel	Demonstrative Mittel	Sonstige Mittel mit allgemeiner Ansprache
Anzeigen in Tageszeitungen und Anzeigenblättern Schweinebauch-Handzettel[499] Prospekte Kataloge Werbeblätter Einkaufswagenwerbung Merkblätter mit Produktkurzbeschreibungen Newsletter	Schaufensterdekoration Probierstände und Produktdemonstrationen Promotions vor Ort Regalstopper Deckenanhänger Fensterstreifen und Floor Graphics Proben und Muster Sonderverpackungen Displays und Attrappen Sonderflächen Vorteilspackungen Verbundaktionen Events Gewinnspiele Treueprämien	Hörfunk und Einkaufsradio Fernsehen und Shop-TV Kundenzeitschriften Pressekonferenzen und Maßnahmen der Public Relations Reden und Vorträge

Tab. 5.10: Maßnahmen der Marktkommunikation

Die Medien am Point-of-Purchase (POP) sind für Werbungstreibende von hoher Bedeutung, um zum einen „Impulskäufe", die bis zu 55 % der Käufe ausmachen, anzuregen und zum anderen eine bessere Abgrenzung gegen Handelsmarken zu erzielen. Häufig erfolgt die Kommunikation am POP ad hoc und ist nicht in die Gesamtkommunikation integriert. Die Medien am POP werden dabei i. d. R. kaum zentral budgetiert, organisiert und gesteuert, obwohl sie ein hohes Netto-Reichweitenpotenzial mit effizienter Zielgruppenansprache aufweisen. Ein entsprechendes Controlling ist daher nur begrenzt möglich. Der Tausender-Kontakt-Preis (TKP) fällt meist deutlich niedriger aus als bei klassischen Werbemedien wie TV oder Radio.

Dezentrale Koordination

Grundsätzlich stehen die Werbetreibenden vor Kampagnenbeginn vor folgenden fünf M-Fragen:

Fragen der Werbeplanung

---

[499] Als Schweinebauch-Handzettel wird der vom LEH meist wöchentlich herausgegebene Handzettel bezeichnet, da hier häufig wenig ästhetisch Fleischprodukte angepriesen werden.

Teilbereiche	Fragestellung
1. Mission	Ziel der Kampagne?
2. Money	Kampagnenbudget?
3. Message	Zu kommunizierende Botschaft?
4. Media	Einsatz welcher Werbeträger?
5. Measurement	Art der Werbeerfolgskontrolle?

Tab. 5.11: Fragen der Werbeplanung

Werbe-controlling

Im Werbecontrolling stehen vor allem das Budgeting und die entsprechende Aufteilung auf die Werbemaßnahmen sowie die Werbeerfolgsmessung im Vordergrund. Die Bestimmung des optimalen Budgets ist in erster Linie von der verfolgten Unternehmenssatzung abhängig. Wird das Gewinnmaximierungsziel verfolgt, kann bei einem Einproduktunternehmen die optimale Werbebudgethöhe durch folgende Formel ermittelt werden:

$$G = (p - k_v) * (x(p) + x(W)) - K_F - W$$

G: Gewinn [GE]
p: Preis [GE/ME]
K_F: fixe Kosten [GE]
k_v: variable Kosten [GE/ME]
W: Werbekosten
$x(p)$: Preisabsatzfunktion [ME]
$x(W)$: durch Werbeaktion erzielter Zusatzabsatz [ME]

Die Gewinnermittlung erfolgt durch den Vergleich von den angenommenen Kombinationen der Einflussfaktoren. Allerdings ist das Modell zahlreichen Prämissen unterworfen, die es von der Realität entfernen.[500]

Erfolgskontrolle von PR-Maßnahmen

Ebenso wie Werbemaßnahmen unterliegen auch Public Relations-Maßnahmen meist einer Erfolgskontrolle. Bei der Werbeerfolgsmessung wird häufig eine Kundenstichprobe am POS nach ihrem Herkunftsort gefragt. Die Postleitzahl wird zusätzlich zu den Bon-Daten im WWS abgespeichert und steht somit für Analysen zur Verfügung. Durch die Analyse des Einkaufsverhaltens in einzelnen Regionen lassen sich Erkenntnisse über den Umsatz einzelner Warengruppen zu verschiedenen Einkaufszeiten usw. gewinnen.[501]

---

[500] Vgl. Berndt (1992), S. 240.
[501] Vgl. Becker, Schütte (2004), S. 408.

Insbesondere Reichweite, Frequenz und Eindrucksqualität einzelner Fördermaßnahmen gehen in die Marketing-Controlling-Konzeption ein. Diese Größen können mit u. U. sehr komplexen ökonometrischen Modellen ermittelt werden, die durch Gleichungssysteme Aussagen über Abhängigkeiten von Werbeeinsatz und -erfolg bieten. Vor allem die Regressionsanalyse wird häufig verwendet.

Marketing-Controlling

Kennzahlen	Formeln
Marketingkostenquote	Marketingkosten / Umsatz
Werbebudgetquote	Werbebudget / Umsatz
Frequenz einer Kampagne	Häufigkeit der Wiederholung pro Periode
Reichweite einer Kampagne	Anzahl der erreichten Personen / Anzahl der potenziell erreichbaren Personen
Eindrucksqualität (Q)	Schätzwert für die emotionale Stärke der durch eine Werbemaßnahme induzierten emotionalen Ereignisse beim Kunden. Schwierige empirische Messung.
Erstkaufrate	Zahl der Produkterstverwender / Gesamtkunden
Bekanntheitsgrad	Zahl derer, die eine Marke erkennen / Gesamtprobandenanzahl

Tab.e 5.12: Kennzahlen der Werbeplanung und -erfolgsmessung

Theoretisch werden bei der Erfolgsmessung die Kosten den Erfolgen gegenüber gestellt. Dies ist jedoch sowohl auf der Kostenseite als auch auf der Erfolgsseite nicht eindeutig möglich. So sind beispielsweise die Kosten für Sonderplatzierungen oder Preisneuauszeichnungen nur schwer zu quantifizieren. Auf Basis insbesondere der modernen Data Warehouse-Technologien lassen sich heutzutage zahlreiche Analysen zur Auswertung von Promotions realisieren. Dabei dienen die gewonnenen Informationen nicht allein dem Marketing, sondern zusätzlich auch dem Einkauf, der die Erkenntnisse für die Jahresgespräche mit den Lieferanten nutzen kann.

Zusätzlich zu den Quantifizierungsproblemen lassen sich die Erfolge nicht unter ceteris paribus-Bedingungen messen, d. h. es ist nicht exakt möglich, den Erfolg ohne Werbemaßnahmen und Fremdeinflüsse zu messen. Vor allem Betriebs-, Zeit- und Gebietsvergleiche helfen, eine größtmögliche Vergleichbarkeit sicherzustellen. Problematisch sind zusätzlich bei der Erfolgsmessung der Carry-Over-Effekt, da Kommunikationsmaßnahmen auch in die Zukunft ausstrahlen und somit Messungen nachfolgender Promo-

Probleme der Erfolgsmessung

tions verfälschen können, und der Halo-Effekt. Dieser tritt auf, wenn durch eine Werbemaßnahme auch der Bekanntheitsgrad anderer, ggf. konkurrierender Produkte, steigt. Auch time lags, also zeitliche Verzögerungen zwischen Kampagne und Abverkaufssteigerung sind möglich.

Kundenmanagement

Aufgaben

In Abhängigkeit von der Handelsstufe kann beim *Kundenmanagement* zwischen anonymen Kunden (vor allem im Einzelhandel) und bekannten Kunden (Großhandel) unterschieden werden. In der Regel werden in sogenannten Customer Relationship Management (CRM)-Systemen verschiedenste kundenbezogene Aktivitäten wie Kundenkontaktverwaltung, Beschwerdemanagement und Kampagnenmanagement zusammengeführt, so dass der den Kunden bedienende Mitarbeiter im Idealfall sofortigen Zugriff auf alle den Kunden betreffenden Vorgänge erhält. Auch WWS umfassen zunehmend CRM-Funktionalität. Hierbei kann es zweckmäßig sein, analog zur Lieferantenseite hierarchische Kundenstrukturen im WWS abzulegen, um z. B. einzelne Standorte eines Kunden als separate Kunden abzuwickeln, aber für die Rechnungsstellung die Zentrale als Ansprechpartner zu nutzen. Bei komplexen Kundenstrukturen oder übergreifenden Preis- und Konditionsgefügen ist eine mehrstufig angelegte Kundenhierarchie unumgänglich.[502]

Kundencontrolling

Neben der individuellen Kundenansprache bietet die Flexibilität bei der Abbildung von Kundenstrukturen die Möglichkeit, das Kundencontrolling deutlich detaillierter durchzuführen, da Bezugsobjekte feingranularer gewählt werden können. Das Kundencontrolling betrachtet periodenübergreifend den Verlauf der (individuellen) Geschäftsbeziehungen und stellt dabei den periodisierten Kundenerfolg in den Vordergrund. Wichtige Untersuchungsobjekte sind die Kunden- und die Auftragsstruktur.

Kundenstrukturanalyse

Bei der Untersuchung der Kundenstruktur stellen sich Fragen nach der Kaufwahrscheinlichkeit pro Konsument, dem Wert des Stammkunden-Segments oder dem Umsatz in Bezug auf Neu- und Altkunden. Vor allem der Kundenwert („Customer Lifecycle Value"), also dem Wert einer Kundenbeziehung über die gesamte Dauer, ist von besonderer Bedeutung.

---

[502] Vgl. Schütte, Vering (2004), S. 279.

Untersuchungsbereiche	Kennzahlen
Kundenstruktur	Neukunden / Altkunden
	Kartenzahler / Gesamtzahler
	Zahlungsausfälle / Gesamtzahlungen
	Deckungsbeitrag pro Kunde(nsegment)
	Akquisitionskosten pro Kunde(nsegment)
Kundenbezogener Umsatz	Umsatz Neukunde / Umsatz Altkunde
	Durchschn. Kundenumsatz pro Kundensegment
	Auftragsbestand Kunde X/Gesamtauftragsbestand
	Auftragseingang Kunde X/Gesamtumsatz
Erschließungsgrad	Eigene Kunden / potenzielle Kunden
Penetrationsrate	Wiederholungskäufer / potenzielle Nachfrager

Tab. 5.13: Ausgewählte Kennzahlen zur Analyse der Kundenstruktur

Bei der Analyse der Auftragsstruktur steht vor allem die Zusammensetzung der Aufträge im Vordergrund. Es stellen sich Fragen nach der Erfolgsrate von Aktionen, dem Cross-Selling-Potenzial bestimmter Aufträge oder der Quote zwischen Angeboten und daraus resultierenden Aufträgen. Eine ABC-Analyse kann ermitteln, welche Kunden für das Unternehmen profitabel sind und welche Kunden zukünftig eher abgewiesen werden sollten.

Auftragsstrukturanalyse

Beispiel: Kundenausschluss bei Versandhändlern

Dass eine Kundenabweisung durchaus legitim sein kann, zeigte das Hanseatisch Oberlandesgericht in Bezug auf Versandhäuser in 2004. Der Distanzhandel in Deutschland beläuft sich auf etwa 6 % des Gesamthandelsumsatzes. Mehr als 400 Millionen Päckchen und Pakete werden jährlich an die Kunden gesandt. Grundproblem des Versandhandels ist die häufige Retournierung von Waren. Je nach Warengruppe werden bis zu 40-60 % der bestellten Waren zurückgesandt. Dieses bedeutet auf der einen Seite bei einem durchschnittlichen Warenwert von 40 bis 60 Euro, dass ein großer Teil des Bestandes im Bestellprozess gebunden ist, was zu einem erhöhten Kapitalbedarf für den Bestand führt, und auf der anderen Seite, dass der Versandhandel hohen Aufwand durch die Rückabwicklung hat. Eine Aufforderung von Otto an Kunden, die häufig Ware zurücksenden, doch nur Ware zu bestellen, die sie

Beispiel Kundenselektion

> *auch behalten wollen, stieß bei der Verbraucherzentrale Sachsen auf Unverständnis, da Versandgeschäfte von Gesetzes wegen innerhalb von zwei Wochen widerrufen werden dürfen.*
>
> *Das Hanseatische Oberlandesgericht verkündete, dass ein leichter Druck auf die Kunden durchaus rechtens sei (AZ 5 U22/04). Viele Versandhäuser schließen Kunden in der Regel aus, wenn sie in drei der vergangenen fünf Halbjahre jeweils mehr als drei Artikel zurückschickten, diese Waren mehr als die Hälfte der eigenen Bestellungen ausmachten und der Händler so Verluste erleidet.*

Untersuchungsbereiche	Kennzahlen
Auftragszusammensetzung	Anzahl Aufträge im Wert von … *100 / Gesamtauftragseingänge Durchschn. Anzahl Artikelpositionen
Auftragswert	Gesamter Auftragswert Kunde X / Anzahl Aufträge Kunde X
Auftragsentwicklung	Auftragseingang in Periode X / Auftragseingang in Basisperiode
Fixe Auftragskosten	Auftragsfixe Kosten *100 / Auftragsabwicklungskosten
Retourenquote	Anzahl Retouren pro [Warengruppe/ Sortiment/Artikel usw.] * 100 / Anzahl bestellte Waren pro [Warengruppe/ Sortiment/Artikel usw.]

Tab. 5.14: Ausgewählte Kennzahlen zur Analyse der Auftragsstruktur

Kundenerfolgsrechnung Bei der Kundenerfolgsrechnung werden in Bezug auf das Kalkulationsobjekt Kunde bzw. Kundengruppe kundenspezifische Kosten und Erlöse verursachungsgerecht aufgeschlüsselt. Eine Untersuchung der Universität Essen ergab, dass im Einzelhandel vor allem umsatz- und absatzbezogene Kennzahlen im Vordergrund stehen. Kostenbezogene Kennzahlen wie die Werbekosten pro Kunde bezogen auf die Gesamtwerbekosten und Gesamtkosten pro Kunde in Bezug auf die gesamten Kundenkosten ermittelt nur jedes vierte Handelsunternehmen (vgl. Abb. 5.7).

Einsatz kundenorientierter Kennzahlen

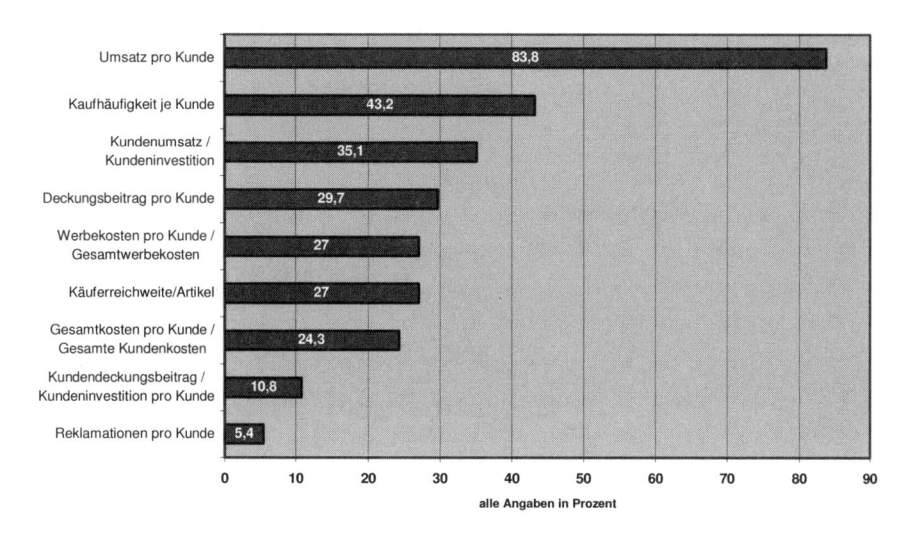

Kennzahl	Prozent
Umsatz pro Kunde	83,8
Kaufhäufigkeit je Kunde	43,2
Kundenumsatz / Kundeninvestition	35,1
Deckungsbeitrag pro Kunde	29,7
Werbekosten pro Kunde / Gesamtwerbekosten	27
Käuferreichweite/Artikel	27
Gesamtkosten pro Kunde / Gesamte Kundenkosten	24,3
Kundendeckungsbeitrag / Kundeninvestition pro Kunde	10,8
Reklamationen pro Kunde	5,4

alle Angaben in Prozent

Quelle: Schröder, Schettgen (2002), S. 16.

Abb. 5.7: Einsatz kundenorientierter Kennzahlen im Kundencontrolling

Der Kundenwert kann hierbei je nach Firmenphilosophie unter verschiedenen Aspekten betrachtet werden. Die rein monetäre Betrachtung unter dem Gesichtspunkt Kostenminimalität und Deckungsbeitragsstärke ist sicherlich die wichtigste Betrachtungsweise bei der Ermittlung des Kundenwerts. Darüber hinaus lassen sich auch Aspekte wie Referenz- oder Imagekunden mit Ausstrahlung auf andere Kunden sowie zufriedene Langzeitkunden nicht ausblenden. Die Frage, ob ein aktuell deckungsbeitragsstarker Kunde einem unterentwickelten Langzeitkunden vorzuziehen ist, führt in die Analyse des Kundenportfolios. Je nach Wahl der Dimensionen kann eine Typisierung der Kunden vorgenommen werden, um Kunden mit hohem oder niedrigem künftigen Erfolgsbeitrag zu identifizieren und entsprechende strategische Maßnahmen einzuleiten (vgl. Abb. 5.8).

Aspekte der Kundenwertbetrachtung

Typisierung von Kunden

Während sich insbesondere für den aggressiven Kunden, der sich durch geringen Deckungsbeitrag bei zugleich niedriger Preisbereitschaft auszeichnet, eine Reduzierung der Leistungen bei gleichzeitiger Preiserhöhung anbietet, um den (verlustbringenden) Kunden entweder loszuwerden oder zu einem gewinnbringenden Qualitätskunden zu machen, bieten sich als Strategie insbesondere für passive Kunden, aber auch Qualitätskunden, Maßnahmen der Kundenbindung an.

Abb. 5.8: Typisierung des Kundenportfolios

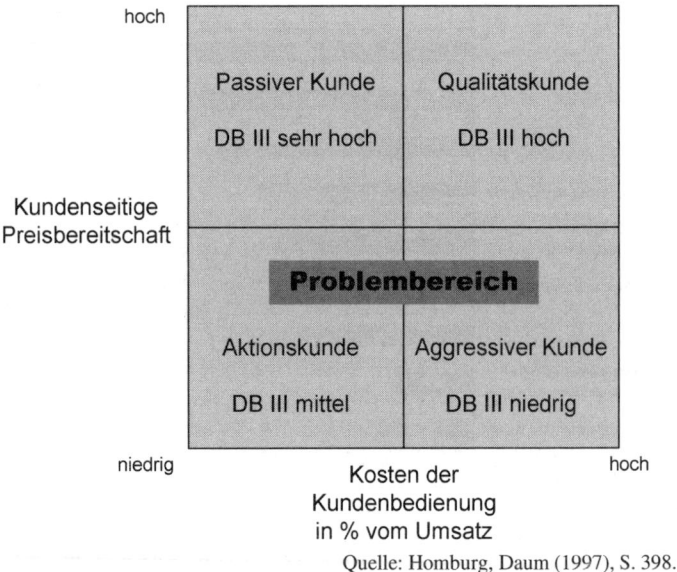

Quadranten (oben links / oben rechts / unten links / unten rechts):
- **Passiver Kunde** – DB III sehr hoch
- **Qualitätskunde** – DB III hoch
- **Aktionskunde** – DB III mittel
- **Aggressiver Kunde** – DB III niedrig

Achsen: Kundenseitige Preisbereitschaft (niedrig/hoch) vs. Kosten der Kundenbedienung in % vom Umsatz (niedrig/hoch). Problembereich in der unteren Hälfte.

Quelle: Homburg, Daum (1997), S. 398.

Hoher Stellenwert der Kundenbindung

Der Kundenbindung kommt im Handel insgesamt ein sehr hoher Stellenwert zu. Der mit stagnierenden Märkten einhergehende Verdrängungswettbewerb erschwert und verteuert die Gewinnung neuer Kunden, so dass Aspekte der langfristigen Kundenbindung an Bedeutung gewinnen. Kundzufriedenheit korreliert mit der Kosten- und Gewinnsituation eines Unternehmens.[503] In empirischen Studien in den USA wurde nachgewiesen, dass die Reduzierung der Kundenwanderung um 5 % langfristig zu einer Steigerung des Gewinns pro Kunde um bis zu 85 % führen kann.[504]

Beispiel Kundenkartenprogramme

Beispiel: Kundenkarte & Co. – Deutschland entdeckt das CRM- und Kundenbindungspotenzial

Vor allem nach dem Wegfall von Rabattgesetz und Zugabeverordnung in 2001 wurden in Deutschland neue, kreative Formen des Marketings und der Kundenbindung getestet. Kundenbindungsprogramme über Kundenkarten, -clubs und Bonussysteme versprachen den Handelsunternehmen hohe zusätzliche Einnahmen und neue Erkenntnisse über ihre Kunden. Von knapp 38 Millionen

---

[503] Vgl. Reichheld, Sasser (1991), S. 108 ff., sowie Homburg, Rudolph (1998), S. 20 f.
[504] Vgl. Reichheld, Sasser (1991), S. 110.

Karten in 2000 stieg die Anzahl auf ca. 100 Millionen verteilt auf rund 400 aktive Kundenbindungsprogramme in 2004 (vgl. Tab. 5.15). Davon fallen nach eigenen Angaben allein 25 Millionen auf das Payback-Programm und 18 Millionen auf HappyDigits.

Kundenkarte	Beteiligte Unternehmen
Douglas Card	Parfümerie Douglas
Driver Rewards	Esso Deutschland
HappyDigits	u. a. Karstadt, Quelle, T-Com, Sixt, Kaiser's Tengelmann
Ikea family Card	Ikea
Love your body	The Body Shop
Miles&More	u. a. Airlines, Hotelketten, Autovermieter
Payback	u. a. Galeria Kaufhof, real, Obi, dm, Görtz, Christ
Rewe-Haushaltskarte	u. a. Rewe, HL, minimal, toom, Promarkt
Webmiles	u. a. ADAC, debitel, Fleurop, American Express, DAB-Bank
Yves Rocher Kundenkarte	Yves Rocher

Tab. 5.15: Auswahl an Kundenkartenprogrammen in Deutschland

Neben der Bindung des Kunden an das eigene Unternehmen gelten der Kundenkontakt und erwünschter Zusatzumsatz als bedeutende Ziele der Clubs. Zusätzlich können über die gewonnenen Kundeninformationen wertvolle Informationen über das Kundenverhalten gewonnen werden.

KarstadtQuelle, das dem Kartenprogramm HappyDigits angeschlossen ist, filtert für bestimmte Mailings interessante Kunden nach unterschiedlichen Kriterien: Premiumkunden, fünf Kundensegmente u. a. nach Umsatz und Einkaufshäufigkeit gewichtet, themenspezifische Topkunden und ereignisbezogene Mails beispielsweise zu Weihnachten und am Geburtstag des Kunden. Dabei trifft Karstadt seine Entscheidungen vor allem auf Basis von auf Warengruppen bezogenen Clusteranalysen. Zusätzlich werden auch Verhaltensmuster wie die Einkaufsfrequenz und das Preissegment, in dem eingekauft wird, berücksichtigt.[505] *Wie vielfältig die über Kundenclubs erhobenen Kundendaten sein können, zeigen die in Tab. 5.16 exemplarisch beschriebenen Attribute.*

Art personenbezogener Kundendaten	Attribute
Grunddaten	Geschlecht
	Name
	Adresse
	Alter
	Ausbildungsabschluss
Potenzialdaten	Beruf
	Haushaltsgröße
	Netto-Haushaltseinkommen
	Lebensstil
Aktionsdaten	Art, Zeitpunkt und Kosten kundenindividueller Aktionen
Reaktionsdaten	Zeitpunkt der Kundenakquisition
	Kaufzeitpunkt
	Kaufort
	Kundenlaufdaten
	Kundenumsatz
	Bonstruktur
	Verbundkäufe
	Reaktion der Kunden auf kundenindividuelle Angebote
	Nutzung von Sonderangeboten
	Reklamationen
	Beschwerden
	Anzahl von Kunden geworbener Neukunden

Quelle: in Anlehnung an Link, Gerth, Voßbeck (2000), S. 52 f.

Tab. 5.16: Struktur der erhobenen Kundendaten

Typische Fehler

Typische Fehler bei Kundenclub-Konzepten sind die Kostenunterschätzung und die mangelnde Kenntnis der Zielgruppe. Häufig sind nur weniger als 5 % des Kundenstamms affin für Kundenclub-Konzepte. Darüber hinaus werden vielfach die Ziele nicht klar de-

---

[505] Vgl. Rode (2004e).

finiert. Häufige Ziele sind die Bindung der Stammkunden oder die Akquise von Neukunden. Auch die Emotionalisierung der eigenen Marke und die Schaffung zusätzlicher Kaufanreize werden genannt. Eine Refinanzierung im weitesten Sinne sollte angestrebt werden. Hier gilt es, durch ein Kundenclub-Controlling neben den direkten Einnahmen aus Mitgliedsgebühren oder Direktverkäufen auch indirekte Umsätze durch Mehreinnahmen o. ä. zu quantifizieren. Auch eine permanente Analyse der Rückflüsse ist zur Optimierung des Programms erforderlich. Sinnvoll sind hierzu Kundeninterviews zur Angebotsattraktivität und zur Teilnahmemotivation.

Leistungsdefizite bei der Kundenorientierung haben unmittelbar Auswirkungen auf die Kundenbeziehungen.[506] Verfahren zur Messung der Kundenzufriedenheit lassen sich in objektive Verfahren mit Indikatoren, die eine hohe Korrelation mit der Zufriedenheit aufweisen und nicht durch persönliche Wahrnehmungen verzerrt werden können, und subjektive Verfahren unterteilen (vgl. Abb. 5.9).

Verfahren zur Kundenzufriedenheitsmessung

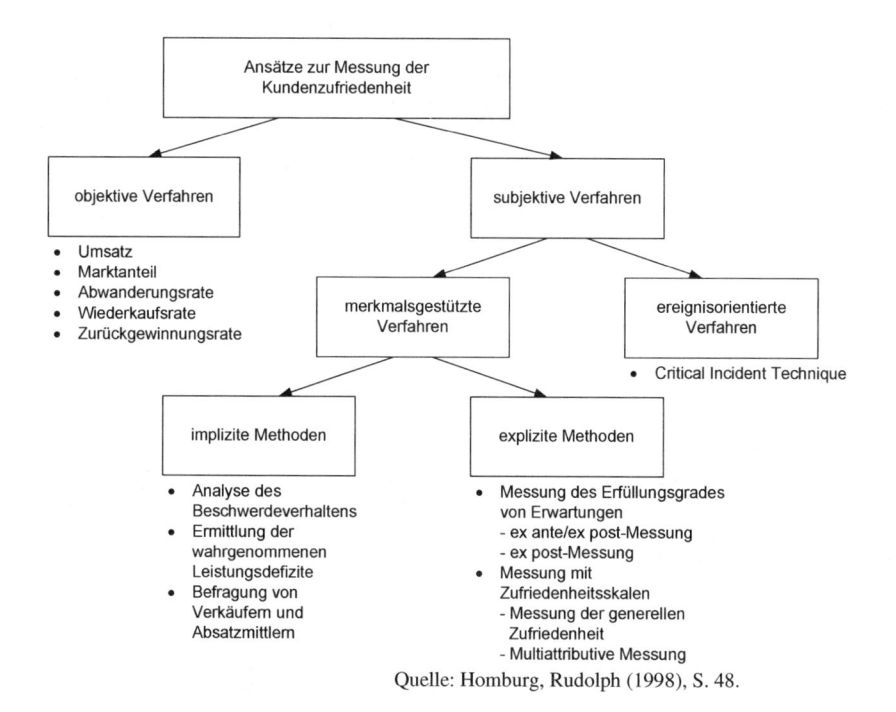

```
                    Ansätze zur Messung der
                      Kundenzufriedenheit
                    /                    \
          objektive Verfahren         subjektive Verfahren
                                       /            \
          • Umsatz              merkmalsgestützte   ereignisorientierte
          • Marktanteil              Verfahren         Verfahren
          • Abwanderungsrate        /        \
          • Wiederkaufsrate                         • Critical Incident Technique
          • Zurückgewinnungsrate
                              implizite Methoden   explizite Methoden
```

- Analyse des Beschwerdeverhaltens
- Ermittlung der wahrgenommenen Leistungsdefizite
- Befragung von Verkäufern und Absatzmittlern

- Messung des Erfüllungsgrades von Erwartungen
  - ex ante/ex post-Messung
  - ex post-Messung
- Messung mit Zufriedenheitsskalen
  - Messung der generellen Zufriedenheit
  - Multiattributive Messung

Quelle: Homburg, Rudolph (1998), S. 48.

Abb. 5.9: Verfahren zur Ermittlung der Kundenzufriedenheit

---

[506] Vgl. Scheer et al. (1996), S. 18 f.

Beschwerdemanagement und Kundenservice

Wichtiger Baustein bei der Schaffung von Kundenzufriedenheit ist das Beschwerdemanagement und der entsprechende Kundenservice. Der Kundenservice oder Kundendienst ist im Handel nicht immer eindeutig zu definieren. Der Kundenservice kann seinen Charakter als Nebenleistung z. B. dann verlieren, wenn er zur Hauptleistung des Einzelhandelsunternehmens wird. Der Radio- und Elektrofachhandel, der primär Wartungs- und Instandsetzungsleistungen anbietet, und nur noch Produkte des Ersatz- und Zusatzbedarfs anbietet, ist ein klassisches Beispiel für eine Vermischung von Haupt- und Nebenleistung.[507] Die individuelle Interpretation der Grenzen von Haupt- und Nebenleistung und die nicht immer offensichtlichen Marktschäden durch nicht vorhandene oder unzureichende Service- und Beschwerdemanagementleistungen führen dazu, dass der Service zu Unrecht häufig den Charakter eines Residualbereichs absatzpolitischer Aktivitäten erhält. So zeigt eine aktuelle Untersuchung des Email-Services von Handels- und Dienstleistungsunternehmen, dass jede dritte Kunden-Email unbeantwortet bleibt.[508]

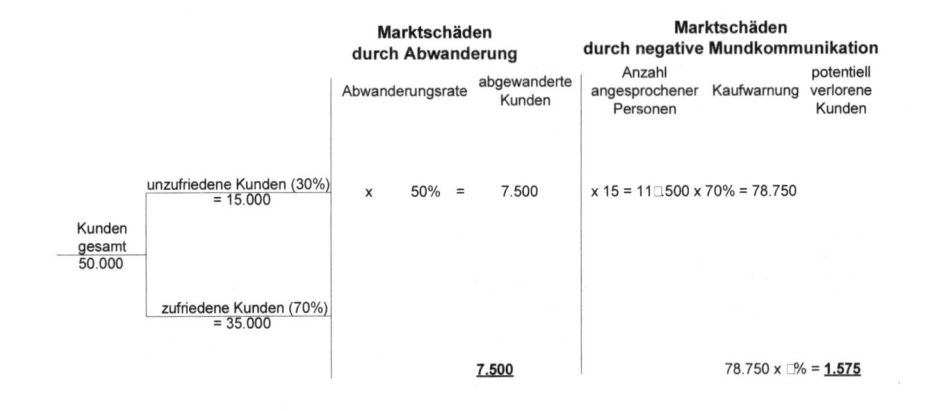

	Marktschäden durch Abwanderung		Marktschäden durch negative Mundkommunikation		
	Abwanderungsrate	abgewanderte Kunden	Anzahl angesprochener Personen	Kaufwarnung	potentiell verlorene Kunden
Kunden gesamt 50.000 — unzufriedene Kunden (30%) = 15.000	x 50% =	7.500	x 15 = 11□500	x 70% =	78.750
zufriedene Kunden (70%) = 35.000					
		7.500		78.750 x □% =	**1.575**

	ökonomischer Marktschaden durch Abwanderung:		ökonomischer Marktschaden durch negative Mundkommunikation:		gesamter ökonomischer Marktschaden:
entgangener Umsatz/Jahr	7.500 x 1.000 EUR =	7,50 Mio. EUR	3.150 x 1.000 EUR =	3,15 Mio. EUR	**10,65 Mio. EUR**
entgangener Gewinn/Jahr	7,50 Mio. EUR x 6% =	0,45 Mio. EUR	3,15 Mio. EUR x 6% =	0,189 Mio. EUR	**0,639 Mio. EUR**
entgangener Lebenszeitgewinn	0,45 Mio. EUR x 8 Jahr =	3,6 Mio. EUR	0,189 Mio. EUR x 8 Jahre =	1,51□Mio. EUR	**5,112 Mio. EUR**

Quelle: in Anlehnung an Witt (2002), S. 43.

Abb. 5.10: Ermittlung des Marktschadens ohne Beschwerdemanagement

---

[507] Vgl. Hansen (1990), S. 433.
[508] Vgl. Kapell (2005).

Das Beschwerde- und Service-Controlling bezieht sich auf die Bereiche Schaffung und Stärkung der Kundenbindung sowie Abwicklung von Beschwerden und Anfragen. Damit geht einher, dass Kundenunzufriedenheiten erkannt und beseitigt werden. Nach STAUSS und SEIDEL lassen sich beim Beschwerdecontrolling die drei Phasen Beschwerdestimulierung bzw. Aufzeigen von Möglichkeiten zum Beschweren, Beschwerdeannahme und Beschwerdebearbeitung unterscheiden.[509] Einige Einzelhandelsunternehmen vor allem aus dem Lebensmitteleinzelhandel sind dazu übergegangen, Produktbeschwerden generell anzuerkennen, da das Problem der Berechtigungsprüfung in der Filiale besteht und die Reklamationskosten den Produktersatz vor allem bei niedrigwertigen Produkten übersteigen würden. Hinzu kommt der imagepolitische Vorteil des sich als service-freundlich positionierenden Einzelhandelsunternehmens.[510] Erkenntnisse über Beschwerden können zum einen aus der systematischen Analyse der eingehenden Beschwerden und zum anderen aus der Analyse des Umgangs mit Beschwerden gewonnen werden. Die Beschwerdeanalyse untersucht die Vorkommnisse vor alle auf Zeitintervalle sowie Art und Umfang (vgl. Tab. 5.17).

Beschwerde- und Servicecontrolling

Beschwerdeanalyse

Untersuchungsbereiche	Kennzahlen
Beschwerdestimulierung	Anzahl der Beschwerdeführer / Gesamtanzahl unzufriedener Kunden
	Anzahl der Beschwerdeanrufe pro Kanal[Emails, Faxe oder Gespräche] / Gesamtanzahl aller Beschwerden
Beschwerdeannahme	Anzahl angenommener Anrufe / Gesamtanzahl der Anrufversuche
	Anteil der Beschwerden mit vollständig erfassten Informationen / Gesamtbeschwerdeanzahl
Beschwerdebearbeitung	Durchschnittliche Anzahl an Weiterleitungen pro Anruf
	Im Erstkontakt gelöste Probleme / Gesamtanzahl Probleme
	Liegezeit pro Problem
	Gesamtbearbeitungsdauer pro Problem

Tab. 5.17: Ausgewählte Kennzahlen im Bereich Beschwerdecontrolling

---

[509] Vgl. Stauss, Seidel (1998), S. 63.
[510] Vgl. Hansen (1990), S. 460 f.

5.2 Handelscontrolling im Verkauf

Aufgaben des Verkaufs

Im Marketing werden durch Planungen die Grundlagen für den Verkauf gelegt. Im Funktionsbereich Verkauf werden operative Aufgaben der Anbahnung, Vereinbarung und Durchführung einer Verkaufstransaktion zusammengefasst. Hierzu gehören je nach Typ des Handelsbetriebs neben den Aufgaben der Angebots- und Auftragsbearbeitung auch Aufgaben innerhalb der Filialbewirtschaftung und die Bearbeitung von Reklamationen. Auch die Außendienstunterstützung wird dem Verkauf zugeordnet.

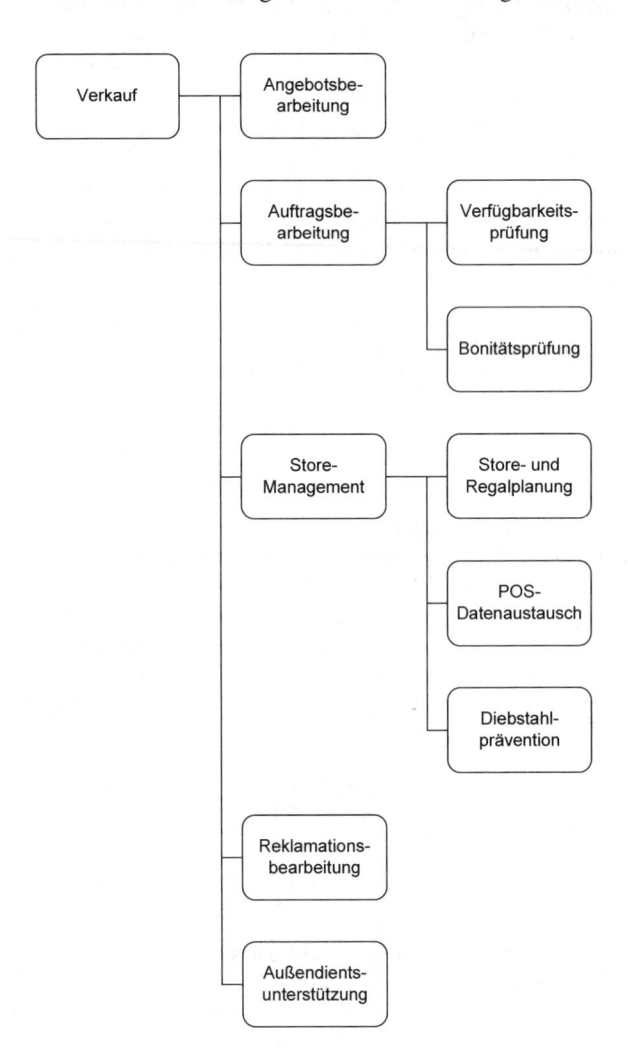

Abb. 5.11: Aufgaben des Verkaufs

Im Idealfall wird die Personalleistung im Verkauf regelmäßig überprüft. Dies gestaltet sich jedoch insbesondere bei großer räumlicher Distanz von Zentrale und Filiale als schwierig. Mögliche Kennzahlen für die Bewertung der serviceorientierten Personalproduktivität stellt Tab. 5.18 dar.

Produktivitätsmessung

Kennzahlen	Formeln
Nicht-Verkaufszeiten (Prozent)	Summe Zeit für Nicht-Verkauf / Gesamtzeit
Arbeitsleistung	Anzahl spezifischer Arbeitsgänge pro Stunde
Umsatz (Mitarbeiter)	Umsatz pro Mitarbeiter
Warteschlange (Durchschnitt)	Durchschnittliche Warteschlangenlänge vor der Kasse
Dauer Kassiervorgang (Durchschnitt)	Länge der Kassenöffnung / Anzahl bediente Kunden
Personalkosten-Umsatz-Struktur	Personalkosten / Umsatz
Anzahl Kundenreklamationen	Summe Kundenreklamationen in Bezug auf [Artikel, Frische usw.]

Tab. 5.18: Ausgewählte Kennzahlen im Bereich der Produktivitätsmessung in der Filiale

Angebotsbearbeitung

Als Antwort auf eine Kundenanfrage gibt das Handelsunternehmen ein schriftliches oder mündliches Angebot ab. Auch ein Ausschreibungsangebot ist – vor allem bei öffentlich-rechtlichen Nachfragern – eine Art der Angebotsbearbeitung. Der aus der Industrie bekannte Kontakt zum Kunden über Anfragen und Angebote ist im filialisierenden Einzelhandel wenig verbreitet. Er beschränkt sich meist auf die Beantwortung allgemeiner Fragen in der Filiale, da Produkte und Nachfragemenge meist nur wenig variieren. Der Baugroß- und Investitionsgüterhandel und Dienstleistungsunternehmen sind jedoch häufiger mit Anfragen konfrontiert.

Abgabe eines Angebots

Bei der schriftlichen und telefonischen Preisauskunft muss, im Regelfall durch das Warenwirtschaftssystem, ein konsistentes Auskunftsverhalten sichergestellt sein, um bei erneuter Anfrage identische Auskünfte zu geben. Vor allem beim schriftlichen Angebot werden kunden- oder fallspezifische Preise zum Zeitpunkt der Angebotserstellung mittels Zu- oder Abschlagskalkulation errechnet. Auch eine Kalkulation auf Deckungsbeitragsbasis ist in einigen Warenwirtschaftssystemen möglich. Vor allem im technischen

Preisauskunft

*Angebots-
verfolgung*

Großhandel werden häufig großvolumige Ausschreibungen bearbeitet, bei denen die Preise individuell kalkuliert werden.[511]

Um die Effektivität der Angebotsbearbeitung zu steigern, bieten IT-Systeme Funktionen zur Angebotsverfolgung. Daraus resultierende Statistiken lassen Aussagen zu Erfolgsquoten und -merkmalen sowie zu wichtigen und unwichtigen Kunden in Bezug auf die erstellten Angebote zu. Die Analyse deckt auf, welche Kunden zwar häufig – zumeist aufwändige – Angebote anfordern, jedoch kaum darauf referenzierende Aufträge platzieren. Tab. 5.19 zeigt ausgewählte Kennzahlen zur Überprüfung der Angebotseffizienz.

Kennzahlen	Formeln
Angebotserfolgsquote	Anzahl Aufträge mit Angebotsbezug / Anzahl Angebote
Durchschn. Angebotsannahmedauer	Durchschnittlicher Zeitraum zwischen Angebot und Auftrag
Durchschn. Angebotshöhe	Summe Angebotshöhe / Gesamtanzahl Angebote
Durchschnittliche Anzahl Angebote pro Mitarbeiter	Gesamtanzahl Angebote / Anzahl Angebote schreibende Mitarbeiter

Tab. 5.19: Ausgewählte Kennzahlen im Bereich Angebotscontrolling

Auftragsbearbeitung

Einzelhandelsebene

Auf Einzelhandelsebene fallen häufig der Verkauf, der Warenausgang, die Fakturierung und die Debitorenbuchhaltung am POS zusammen. Die für das Kassieren erforderlichen Daten werden von der Filial-Warenwirtschaft bzw. dem Kassensystem bereitgestellt. Analog werden die Abrechnungsdaten an das Zentral-Warenwirtschaftssystem zurückgespielt. Dadurch werden insbesondere bei Barzahlung Auftrag, Lieferschein und Rechnung nicht getrennt angelegt, sondern finden sich im Kassiervorgang wieder.

Großhandelsebene

Auf Großhandelsebene und im Distanzhandel ist zumeist die Erfassung und Abarbeitung eines Kundenauftrags zeitlich versetzt. Aufträge werden zunächst erfasst und später kommissioniert, ausgeliefert und fakturiert. Je nach Auftragsart unterscheidet sich der Belegfluss (vgl. Abb. 5.12). Die Belege werden im Handelsunternehmen bei Lagersofort- und Lagerterminauftrag sequenziell erzeugt. Der Streckenauftrag löst eine Bestellung beim Lieferanten aus. Mit oder nach Lieferausführung erhält der Kunde eine Rech-

---

[511] Vgl. Schütte, Vering (2004), S. 307 f.

nung. Beim Barauftrag entfällt eine Unterscheidung der Belege. Der Kommissionsauftrag betrifft Artikel, die vom Handelsunternehmen auf Kundenwunsch beschafft werden. Mit dem Wareneingang wird im Handelsunternehmen die Kommissionierung und Auslieferung ausgelöst.

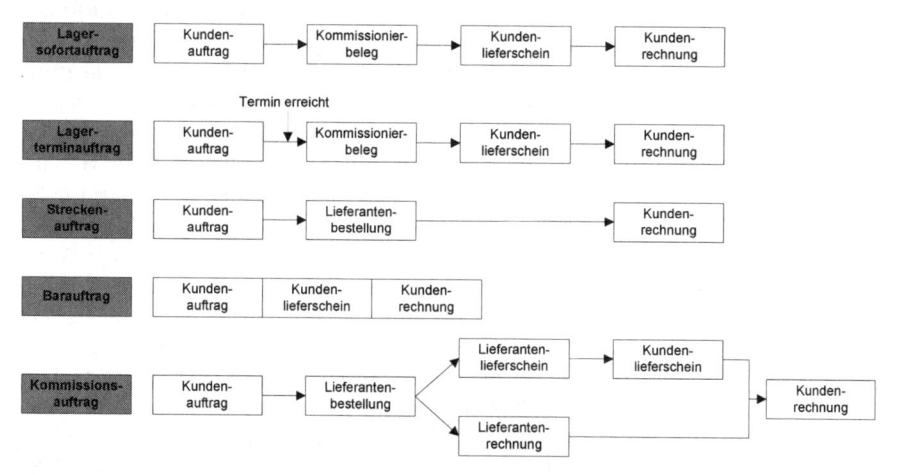

Quelle: Schütte, Vering (2004), S. 311.

Abb. 5.12: Auftragsartenspezifische Belegflüsse

Die Effizienz der Auftragsbearbeitung unterliegt in hohem Maße den Möglichkeiten des Warenwirtschaftssystems. Einige Systeme bieten die Möglichkeit, direkt aus einem Angebot einen Auftrag zu generieren bzw. einzelne Posten des Angebots zu übernehmen. Auch eine Erfassung eines Auftrages nach Auftragspositionen bietet Vorteile, da einzelnen Positionen unterschiedliche Auftragsarten zugeordnet werden können und auf diese Weise mehrere Auftragsarten miteinander kombiniert werden können. Auch Computer Telephony Integration (CTI) bietet eine gute Möglichkeit, die Effizienz zu steigern, da die automatische Rufnummernidentifikation eine Beschleunigung der Abwicklung sowie eine Vorabinformation des Auftragannehmers bedeuten kann.

Effizienz der Auftragsbearbeitung

Der Auftrag wird einem Abnehmer zugeordnet, um eine spätere Auslieferung und Abrechnung zu gewährleisten. In Teilen des Handels erfolgt die Übermittlung von Aufträgen bereits über EDI. Liegen keine Stammdaten vor, können entweder Stammdaten neu angelegt werden, oder das Konto pro Diverse (CPD) wird benutzt.

Verfügbarkeitsprüfung

Aufgabe

In der Verfügbarkeitsprüfung wird ermittelt, ob und wann die vom Kunden angeforderten Waren geliefert werden können. Im einfachsten Falle werden hierbei Auftragsmenge und Bestand miteinander abgeglichen. Frei verfügbarer Bestand ist dabei die Differenz aus beiden Mengen abzüglich der bereits für andere Aufträge reservierten Menge. Die Berücksichtigung der reservierten Menge ist insbesondere bei Terminaufträgen erforderlich, um nicht trotz Überprüfung eine Out-of-Stock-Situation herbei zu führen.

Bildung von Rückständen

Sind Waren nicht zum Wunschtermin lieferbar, werden Rückstände gebildet, die schnellstmöglich abzuarbeiten sind. Bereits beim Wareneingang werden dazu eingehende Waren in Rückstandslisten erfasst. Diese Artikel werden entsprechend der Rückstandslieferscheine kommissioniert und – sofern nicht noch Ware zu einer Lieferung gebündelt werden soll – direkt versandt.[512]

Ausgewählte Kennzahlen

Tab. 5.20 zeigt ausgewählte Kennzahlen im Zusammenhang mit der Verfügbarkeitsprüfung. Die Auftragsreichweite ist ein Indikator, wie viele Tage der Auftragsbestand in die Zukunft reicht. Die Anzahl direkt erfüllbarer Aufträge ist ein Indikator für eine schlechte Warenverfügbarkeit in Teilbereichen. Die Nicht-Verfügbarkeitsquote gibt Auskunft über den Anteil an Artikeln, die nicht verfügbar sind. Die Reservierungsquote bietet die Möglichkeit zu erkennen, ob ggf. noch Artikel nachbestellt werden müssen, um durch zusätzliche Warennachfragen der Kunden innerhalb der Periode nicht in eine Out-of-Stock-Situation zu geraten.

Kennzahlen	Formeln
Auftragsreichweite	Auftragsbestand / Umsatz der letzten zwölf Monate
Anzahl direkt erfüllbarer Aufträge (Quote)	Anzahl direkt erfüllbarer Aufträge / alle Aufträge
Nicht-Verfügbarkeitsquote	Anzahl nicht verfügbarer Artikel / Anzahl nachgefragter Artikel
Reservierungsquote	Anzahl reservierter Artikel / Gesamtbestand

Tab. 5.20: Ausgewählte Kennzahlen im Bereich Verfügbarkeitsprüfung

---

[512] Vgl. Schütte, Vering (2004), S. 244 sowie S. 313.

Bonitätsprüfung

Bei der Auftragsbearbeitung ist die Bonitätsprüfung vor allem bei größeren Aufträgen sehr wichtig, da uneinbringliche Forderungen die Liquidität des Unternehmens beeinträchtigen und den Unternehmenserfolg gefährden können. Häufig erhalten Kunden vom Handelsunternehmen daher ein internes Kreditlimit, über das die Außenstände des Kunden nicht schreiten dürfen. In einer umfangreicheren Kreditlimitprüfung werden daher die gesamten aktuell ausstehenden Verbindlichkeiten des Kunden in die Betrachtung einbezogen. Hierzu zählen der aktuelle Auftrag, die fakturierten, aber auch die noch nicht fakturierten Aufträge. Eine Auswahl an Kennzahlen, die in Zusammenhang mit der Bonitätsprüfung stehen, zeigt Tab. 5.21.

Bedeutung der Bonitätsprüfung

Kennzahlen	Formeln
Bonitätsstruktur der Kunden	Anzahl der kreditschwachen Kunden / alle Kunden
Rücklastschriftquote	Anzahl der Rücklastschriften / alle Lastschriften
Ausschöpfungsgrad des Kreditlimits	Alle in Anspruch genommenen Debitorenkredite / alle Kreditlimite
Forderungsausfallquote	Ausgefallene Forderungen / alle Forderungen

Tab. 5.21: Ausgewählte Kennzahlen im Bereich Bonitätsprüfung

Vor allem bei Geschäftsbeziehungen zu Gewerbekunden, aber auch bei Geschäftsbeziehungen zu Privatkunden im Fernabsatz werden zunehmend externe Bonitätsauskünfte eingeholt. Diese ermöglichen die Eingrenzung der Zahlungsausfallwahrscheinlichkeit durch Bewertung der Kunden anhand früherer Geschäfte oder bestimmter Kriterien.[513] Die Datenpools der Scoring- und Bewertungsunternehmen stammen insbesondere aus Schuldnerverzeichnissen, Inkassodaten, recherchierten Auskunftsdaten und häufig aus Daten des branchenübergreifenden Datenpools der bisherigen Kunden des Auskunftsdienstes. Hinzu kommen Geodaten, die Rückschlüsse auf einzelne Regionen oder Straßenzüge zulassen. Tab. 5.22 gibt eine Übersicht über Anbieter von Bonitätsprüfungen.

Externe Bonitätsauskünfte

---

[513] Zur datenschutzrechtlichen Problematik von Kundenbewertungen vgl. Kapitel 3.4 auf Seite 140 ff.

Angebot	Ziel
ICD-Check von InFoScore	Bonitäts- und Adressauskunft zu Privat- und Gewerbekunden
Consumer Credit Check Plus von SolvenTec	Kreditwürdigkeit von Privatkunden
Creditreform Consumer	Konsumentenauskünfte
KarstadtQuelle Information Services	Consumer Bonitätsauskünfte und Forderungsausfallmanagement
Bonitätsindex Bürgel Wirtschaftsinformation	Bonitätsmanagement
Firmenkurzauskunft Creditreform	Finanzauskünfte zu Firmen
Business Special SolvenTec	Bonitätsauskunft zu Firmen
Deutsche Post Adressfactory	Bonitäts- und Adressauskunft für Privat- und Gewerbekunden
SchuFa	Auskunft zu Privat- und Gewerbekunden

Tab. 5.22: Ausgewählte Dienstleister und Dienstleistungen zur Bonitätsüberprüfung

Beispiel EC-Karten

Beispiel: Bezahlen mit der EC-Karte

Die Kunden im deutschen Einzelhandel zahlen immer häufiger bargeldlos. Mehr als 25 % der Konsumenten zahlen inzwischen mit der EC-Karte. In 2003 wurden rund 17,3 % des Umsatzes per EC-Lastschrift und 7 % per EC-Cash (mit PIN) bezahlt. Nachdem nun auch bei Aldi das Bezahlen mit der EC-Karte möglich wurde, hat sich diese Form des Bezahlens flächendeckend in Deutschland durchgesetzt.

Allerdings erhöhte sich mit der Zunahme der bargeldlosen Zahlungsarten auch die Zunahme der Rücklastschriften und Betrugsversuche. Das Gros der Ausfälle ist hierbei bonitätsbedingt, hinzukommen Betrügereien mit gestohlenen EC-Karten und gefälschten Unterschriften. In 2003 lagen die ausgebuchten Forderungen des EC-Lastschriftumsatzes bei 0,093 %. Insbesondere durch kurzfristige Kontounterdeckungen fielen 0,4 % des EC-Lastschriftumsatzes vorläufig aus und mussten nachverfolgt werden. Grund für Kartenausfälle ist das seit einigen Jahren umgestellte Verfahren der Banken, die auch kreditschwachen Konsumenten eine Kredit- oder EC-Karte zur Verfügung stellen. Daher stellen mittlerweile immer mehr Handelsunternehmen bei EC-Kartenzahlungen von der einfachen Unterschrift (ELV) auf PIN-Abfragen um. Beim EC-Cash mit PIN-Nummer findet zum einen eine online-Prüfung von

Sperrdateien statt und zum anderen ist die Zahlung bis zu einem Limit für den Handel garantiert. Der Nachteil des Systems liegt in den Bankgebühren in Höhe von 0,3 % des Kartenumsatzes. Für das Handelscontrolling ist die Entscheidungsüberlegung für oder gegen das sicherere EC-Cash-Verfahren daher eine Wirtschaftlichkeitsüberlegung. Übersteigt der Totalausfall nebst Personalaufwand für vorläufige Ausfälle und Mahnungen die zusätzlichen Kosten für das EC-Cash-Verfahren, so ist gegen das EC-Lastschriftverfahren zu entscheiden. Eine Entwicklungsprognose zu den einzelnen Bezahlverfahren leistet Abb. 5.13.[514]

Entwicklung und Prognose
Anteile der Zahlungsarten am Umsatz

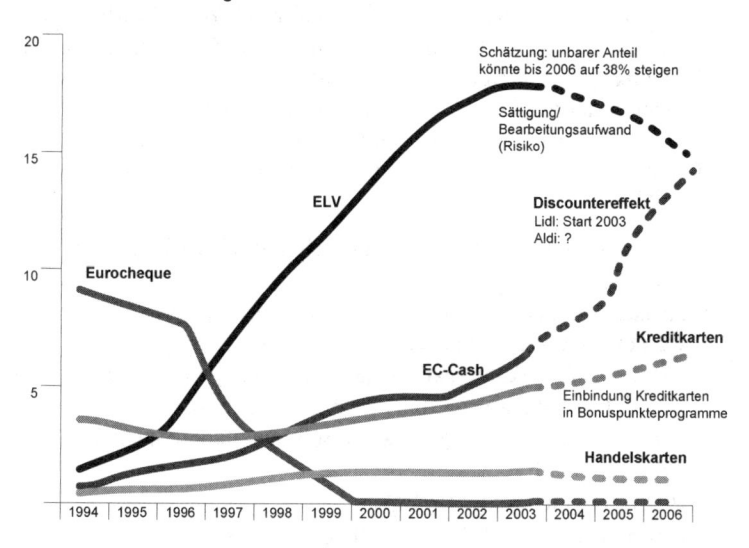

Quelle: Konrad (2004a).

Abb. 5.13: Entwicklung der Bezahlverfahren, Stand Mai 2004

Store-Management

Dem Filialmanagement vor Ort kommt eine wichtige Rolle zu, da hier der Unternehmensumsatz entsteht bzw. dem Unternehmen der Umsatz entgeht. Daher ist es nicht verwunderlich, dass die Filiale Untersuchungsobjekt vieler wissenschaftlicher Studien ist. Die empirischen Analysen reichen hierbei von der empfohlenen Anzahl

Bedeutung des Filialmanagements

---

[514] Zum Thema Bezahlverfahren vgl. u. a. Biester, Konrad (2005); Konrad (2004c), S. 2; Konrad (2004b), S. 49.

an Einkaufswagen pro Filiale[515] über Out-of-Stock-Analysen und Untersuchungen zur Bedienungsqualität[516] bis hin zu Preisimagestudien[517].

In kleinen Läden ist der Prozess der Warenbewegung einfach und wird durch einen Verkäufer, der die Ware einräumt, ausgeführt. Bei großen Firmen findet sich häufig dafür eingestelltes Personal, da eine Vermischung mit den Verkaufstätigkeiten des Verkaufspersonals dazu führen würde, dass die Verkäufer entweder das Verkaufen oder das Einräumen der Ware vernachlässigen würden.

Store- und Regalplanungen

Planung des Storedesigns

Das Storedesign wird im Regelfall durch die zentrale Marketingabteilung geplant. Allerdings ergeben sich vor Ort Planungsmöglichkeiten, etwa in Bezug auf das Aufstellen von Displays, Regalstoppern oder das Planen von Sonderaktionsflächen.

Prinzipien

Für das Aufstellen von Displays und das Einrichten von Sonderaktionsflächen existieren einige Prinzipien, die es zu beachten gilt:[518]

- Displays sollten in der Nähe von Schnelldrehern aufgestellt werden.
- Artikel, die zu einem hohen Grad durch Impulskäufe abgesetzt werden, sind bei Displays zu bevorzugen.
- Displays und Sonderaktionsflächen sollten einfach und übersichtlich gehalten werden.
- Die zeitliche Begrenzung und Einschränkung auf saisonale Artikel ist sinnvoll.
- Farbe bedeutet Aufmerksamkeit.
- Bewegung bedeutet Aufmerksamkeit.
- Viele gute Displays haben ein Thema oder eine Geschichte.
- Die Abbildung der Artikel in Benutzung kann verkaufsfördernd sein.
- Das Kundenauge sollte fokussiert zu dem gewünschten Objekt geleitet und nicht durch andere Dinge abgelenkt werden.

Warenverräumung

Beim Einräumen von Ware in die Regale stellt sich ebenfalls die Frage nach der Fläche, die jedem Produkt zugestanden werden sollte. Eine der Regeln, die sich als Faustregeln auf der Fläche herausgebildet haben, ist die Korrelation von Regalfläche und Markt-

---

[515] Das EHI errechnete in den 80er-Jahren als Faustformel einen Einkaufswagen pro vier Quadratmeter. Vgl. Hallier (2001), S. 56.
[516] Vgl. Schuckel (1999).
[517] Vgl. die in Becker, Schütte (2004), S. 403 f. erwähnte Preisimagestudie.
[518] Vgl. Mason, Burns (1998), S. 505 f.

anteil. Ein Produkt mit 20 % Marktanteil erhält demzufolge 20 % der für die Produktkategorie vorgesehenen Regalfläche. Dabei werden jedoch weder der direkte Deckungsbeitrag noch die Kosten für das Produkt berücksichtigt. Studien zeigen, dass viele Produkte in den Regalen zu viel Regalfläche erhalten.[519] Nicht die Anzahl an Platzierungen im Laden (Facings), sondern die Position im Regal sind für den Erfolg eines Produktes entscheidend. Daher werden heute vielfach Regalplanungssysteme eingesetzt. MASON und BURNS gehen von einer Umsatzsteigerung von vier bis fünf Prozent durch optimierte Regalflächen aus.[520]

Ein weiterer wichtiger Aspekt, den es bei der Storeplanung zu beachten gilt, ist die Laufbewegung von Kunden. Dabei wird elektronische und infrarot-Überwachungstechnologie eingesetzt, das Kundenverhalten im Laden zu analysieren. Auf diese Weise sollen tote Punkte oder unregelmäßig besuchte Ecken des Ladens identifiziert und Gegenmaßnahmen eingeleitet werden. Die Erkenntnisse aus diesen Untersuchungen helfen, Produkte besser zu platzieren und die Regalplanung zu optimieren. *Kundenlaufbewegung*

Die Weiterentwicklung in der IT ermöglicht es, anhand von Abverkaufsdaten und Storedaten für jede Filiale die individuellen Flächenbelegungen für jeden Quadratmeter zu optimieren. Ein hoher Prozentteil der deutschen Händler ist daher vom Nutzen von Space Management-Software überzeugt.[521] Aus der Warenwirtschaft werden bei der Planung mit Space Management Software die Artikelbezeichnungen, EANs, Warengruppenzuordnungen, Verpackungsmaße, Ein- und Verkaufspreise und Absatzmengen übernommen. Zusätzlich werden in der Planungssoftware das Ladenlayout und die Regalflächen grafisch abgebildet. *Optimierung durch IT*

Bei der Flächenplanung müssen die grundsätzlichen Flächen für die Hauptwarengruppen, die Warenträger und die Zuordnung von Warenträgern und Warengruppen festgelegt werden. Mit der entsprechenden Software lassen sich Warengruppenanordnungen optimieren, Nachbarschaftseinflüsse zwischen Produkten aufdecken und steuern, detaillierte Filial-, Abteilungs-, Gang-, Sektions-, und Regalperformanceanalysen durchführen und Flächenrentabilitäten maximieren.[522] Dabei werden in Computersimulationen die Auswirkungen veränderter Regalansichten hinsichtlich Kosten, Rohertrag oder Umsatz einer Warengruppe überprüft.[523] Auch die Direkte Produktrentabilität kann gemessen werden.[524] *Flächenplanung*

---

[519] Vgl. Dreze, Hoch, Purk (1994).
[520] Vgl. Mason, Burns (1998), S. 508.
[521] Vgl. Rode (2004a). Zu den praktischen Erfahrungen mit Space Management Software vgl. Ring (1992), S. 579 ff.
[522] Vgl. Schütte, Vering (2004), S. 375 f.
[523] Vgl. Laurent (1996), S. 29.
[524] Vgl. Rudolph, Schmickler (2000), S. 205.

POS-Planung Die Planung des POS und insbesondere der Kassensysteme ist vor allem getrieben von der Optimierung des Kassendurchlaufs, um auch in Frequenz- und Saisonspitzen die Wartezeit der Kunden gering zu halten. Durch die globale Expansion kommt es durch den Wunsch nach Homogenisierung der Kassensysteme sowohl vertriebslinien- als auch länderübergreifend derzeit zur Ablösung alter Kassensysteme. Hinzu kommen die erweiterte Funktionalität zur Verbesserung des Kundenservices insbesondere durch flexiblere Rabatt- und Couponing-Aktionen.[525] Dabei soll auch bei komplexen Kassiervorgängen den Mitarbeitern bestmöglich Bedien-Ergonomie ermöglicht werden. Die Komponenten mit der höchsten Relevanz für die Durchlaufzeit sind die passive Wartezeit des Kunden bis zur Abwicklung seines Einkaufs, die Scann-Zeit und die Zahlungszeit (vgl. Abb. 5.14, die die Teilprozesse des Abrechnungsvorgangs und deren Einflussfaktoren zeigt).

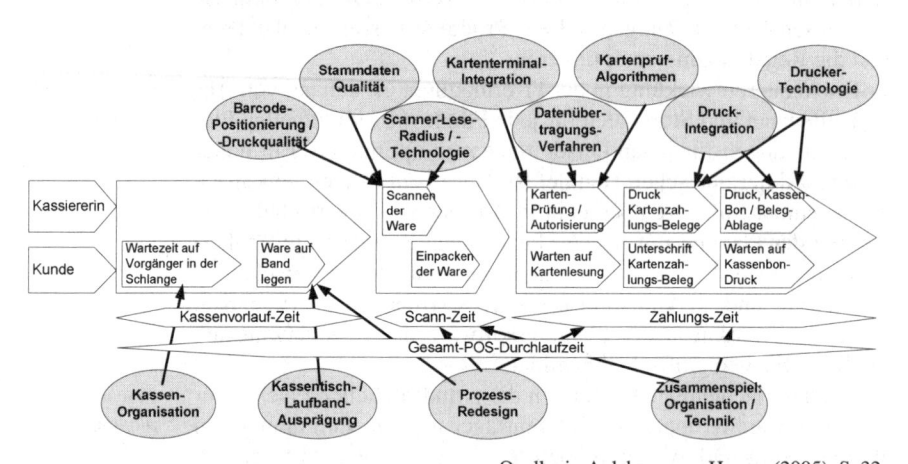

Quelle: in Anlehnung an Hampe (2005), S. 32.

Abb. 5.14: Zusammensetzung der POS-Durchlaufzeit

Zentraler Aspekt Artikelverkaufserfolg Wesentlicher Aspekt bei der Store- und Regalplanung ist der Artikelabverkaufserfolg. Hierbei wird der Abverkauf zweier Standorte verglichen. So gilt beispielsweise als Faustregel, dass am Gondelkopf – dem Platz am Ende eines Regals, an dem jeweils nur 1-2 Artikel platziert werden – der Umsatz 4-12 mal höher als an einem gewöhnlichen Regalplatz sein sollte.[526] Auch Flächendeckungsbei-

---

[525] Zum Vorgang des Coupon-Clearings am POS vgl. Becker, Vering, Winkelmann (2003b) und Becker, Vering, Winkelmann (2003a). Zur Thema POS-Technologie im Wandel der Zeit vgl. auch das Technologie-Beispiel auf S. 105 ff.
[526] Vgl. Becker, Schütte (2004), S. 25.

trag und Umsatz pro Kunde sind wichtige Kennzahlen bei der Optimierung der Store- und Regalgestaltung. Die Umschlaghäufigkeit sollte im LEH Werte > 1 ergeben, da ansonsten ein Hinweis auf einen Pennerartikel vorliegt. Gute Artikel- / Warengruppen weisen hier eine Zahl zwischen acht und zwölf aus, d. h. der Bestand wird bis zu einem Mal im Monat komplett abverkauft. Die Konversionsrate wird im Rahmen der Besucherfrequenzmessung eingesetzt. Ausgehend von der Besucheranzahl wird gemessen, wie viele Besucher im Laden eingekauft haben.

Kennzahlen	Formeln
Artikelabverkaufserfolg [Regalstopper, Gondelkopf, Display usw.]	Summe Abverkauf am [Regalstopper, Gondelkopf usw.] / Summe Abverkauf am herkömmlichen Standort in Vergleichsperiode
Flächendeckungsbeitrag	Deckungsbeitrag pro qm Ladenfläche
Umsatz pro Kunde	Gesamtumsatz / Anzahl Kunden
Konversionsrate Käufer zu Besucher	Anzahl Käufer / Anzahl Besucher
Umschlagshäufigkeit bzw. Umsatzgeschwindigkeit	Umsatz zu Einstandspreisen / durchschn. Bestand zu Einstandspreisen
POS-Durchlaufzeit	Kassenvorlaufzeit+Scanzeit+Zahlungszeit

Tab. 5.23: Ausgewählte Kennzahlen im Bereich Store- und Regalplanung

Die relativ junge Technologie RFID (Radio Frequency Identification) verspricht auch bei der Regal- und Storeoptimierung gute Dienste und für das Handelscontrolling zukünftig eine ungeahnte neue Datendimension. RFID ist eine Methode bzw. Chiptechnologie, bei der Daten berührungslos und ohne Sichtkontakte von einem Chip ausgelesen oder – je nach RFID-Typ – auf einem Chip gespeichert werden können. Der Transponder – auch RFID-Funkchip, -Label, -Tag oder Funk-Etikett genannt – besitzt im Minimalfall eine weltweit eindeutige Nummer, über die er von einem mobilen oder stationären Lesegerät auch aus mehreren Metern Entfernung identifiziert und zugeordnet werden kann. Bei teureren RFID-Modellen ist es auch möglich, weitere Daten auf dem Chip, die in der Supply Chain anfallen, unterzubringen, um so beispielsweise sicherzustellen, das innerhalb der kompletten Kette die Kühltemperatur bei Eis oder Tiefkühlware eingehalten wurde. Die RFID-Chips können auf Grund ihrer kleinen Bauweise in einem

Grundlagen von RFID im Laden

Artikeletikett untergebracht und somit mit dem Artikel auf die Verkaufsfläche gebracht werden. Auch wenn derzeit die Kosten für den Massen-Roll-Out noch zu hoch sind, ist doch damit zu rechnen, dass zumindest in einigen Bereichen des Handels die Ware zukünftig mit RFID-Chips versehen sein wird. Auf diese Weise lässt sich theoretisch beispielsweise jedes Kleidungsstück auf der Fläche orten, da neben dem Vorhandensein der Ware auch der Ort der Ware gemeldet wird. So können ein Kleidungsstück, das nicht auf seinem Platz liegt, gefunden und das Mindesthaltbarkeitsdatum bestimmter Produkte bereits automatisch vom WWS überprüft werden, oder die Inventur kann automatisiert erfolgen. Ebenso lassen sich Warenbewegungen (und somit Kundenbewegungen) besser verfolgen. Auch die Diebstahlsicherung ist mit dieser Technologie möglich. Ein weiterer denkbarer Anwendungsbereich liegt bei der Entwicklung von Self-Scanning-Technologie, bei der der Kunde seine eingekaufte Ware selbst erfasst bzw. die Ware im Einkaufskorb mittels der RFID-Chips automatisch erfasst wird.

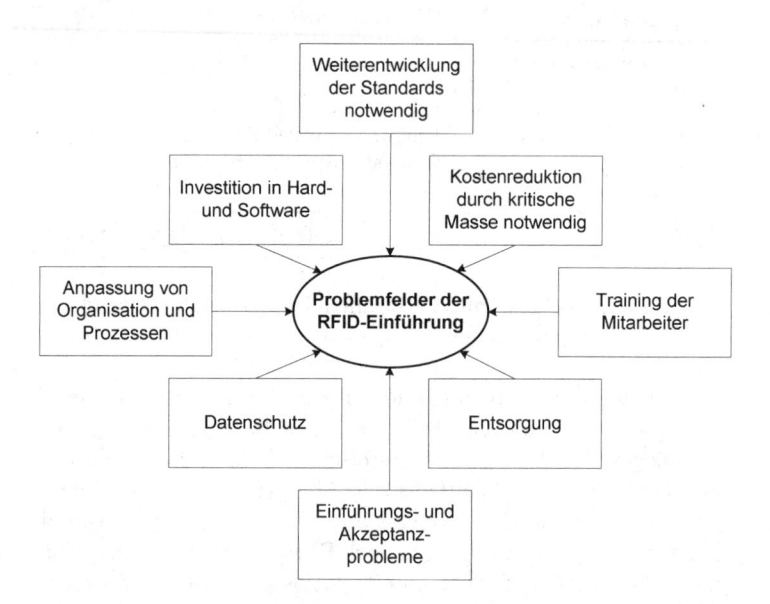

Abb. 5.15: Problemfelder der RFID-Einführung

Probleme von RFID

Bis zum flächendeckenden Einsatz muss die Technologie jedoch noch zahlreiche Hürden überwinden. Zum einen ist der Preis für RFID-Chips für den flächendeckenden Einsatz im Handel derzeit noch zu hoch, weil die kritische Masse noch nicht erreicht wurde. Zum anderen sind viele Anwendungsmöglichkeiten bislang nur unzureichend erforscht und verlangen eine Weiterentwicklung der derzeitigen Technologie. Darüber hinaus bedeutet der Einsatz von RFID-Technologie auch zusätzliche Investitionen in Hard- und Software. Die Problemfelder des RFID-Einsatzes zeigt Abb. 5.15.

POS-Datenaustausch

Der POS-Datenaustausch ist im Allgemeinen bidirektional. Tagesgenau werden von der Zentrale im Regelfall nachts Artikeldaten mit entsprechenden Informationen wie EANs, internen Konzernartikelnummern, Preisinformationen und Dispositionsunterlagen an die Filialen versandt, die diese auf ihre Kassensysteme spielen bzw. bei Vernetzung diesen innerhalb der Filiale zentral zur Verfügung stellen. Insbesondere die EAN und der Artikelpreis sind für den Kassiervorgang notwendig, da auf den Produkten häufig kein Preis, sondern lediglich eine EAN vermerkt ist, so dass die Kasse mit dem Einscannen diese Nummer mit den internen Stammdaten abgleicht. Die Filiale erhält darüber hinaus Kunden-, Lieferanten- und Mitarbeiterstammdaten für die Personalplanung.

Bidirektionalität

Umgekehrt erhält die Zentrale Daten zu Bestandsveränderungen (Wareneingängen), Abverkäufen und Zahlungsmitteln aus den Kassensystemen. Bei der Weitergabe von Bon-Daten an die Zentrale ist zu unterscheiden zwischen detaillierter Übermittlung der Daten auf Positionsebene und einer aggregierten Übermittlung. Hierbei werden die Abverkaufserlöse auf aggregierter Ebene (Abteilungs- oder Hauptwarengruppenebene) wertmäßig erfasst. Aus Controllingsicht ist ein möglichst detaillierter Umgang mit den Daten erstrebenswert. Dies ist jedoch aus technischen und organisatorischen Gründen nicht immer möglich. Zum einen ist die digitale Anbindung einiger Filialen an die Zentrale zu langsam, so dass nicht alle Daten schnell genug übermittelt werden können, und zum anderen ist das Datenvolumen durch artikelgenaue Übermittlung so groß, dass ein DWH mit entsprechender Kapazität extrem aufwändig und teuer wäre.

Detaillierungsgrad der Datenübermittlung

Vor allem die Kundenkarte liefert für das Marketingcontrolling aufschlussreiche Informationen über die Kunden. Meist werden Daten zu den Artikeln (Preis, Marke, Produkt), zur Transaktion (Datum, Uhrzeit, Filiale) und zum Kunden (Name, Adresse, Geburtsdatum, Haushaltsgröße, Familienstand) erfasst bzw. – sofern nicht am POS erfasst – durch Kombination von Filial- und Zentraldaten ermittelt. Aus diesen Daten können mittels Data Mining- und OLAP-Tools neue Erkenntnisse gewonnen werden. Diese werden u. a. für neue Marketingkonzepte verwandt. Untersuchungen lassen Aufschluss zu Verbundkäufen, tagesabhängigen Produktkäufen, Kaufabständen und dem Erfolg von POS-Maßnahmen zu.

Datenlieferant Kundenkarte

Weitergabe der POS-Daten

Auch für die Industrie ist die Einsicht in Kunden- und Abverkaufsdaten des Handels erstrebenswert. Allerdings gibt es sowohl auf Industrie- als auch auf Handelsseite zahlreiche Hinderungsgründe für eine Weitergabe der POS-Daten an die Lieferanten (vgl. Abb. 5.16).

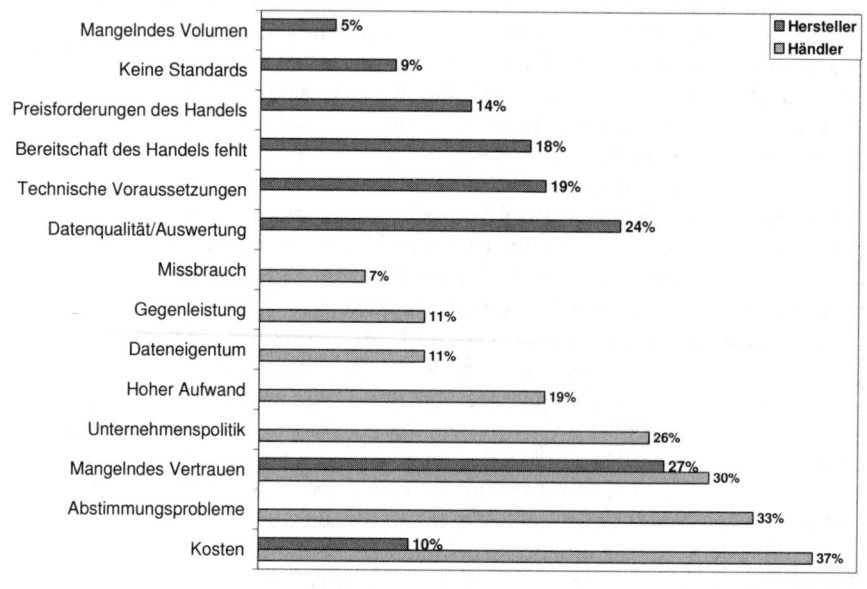

Kategorie	Hersteller	Händler
Mangelndes Volumen	5%	
Keine Standards		9%
Preisforderungen des Handels		14%
Bereitschaft des Handels fehlt		18%
Technische Voraussetzungen		19%
Datenqualität/Auswertung		24%
Missbrauch	7%	
Gegenleistung		11%
Dateneigentum		11%
Hoher Aufwand		19%
Unternehmenspolitik		26%
Mangelndes Vertrauen	27%	30%
Abstimmungsprobleme		33%
Kosten	10%	37%

Quelle: Rode (2004a).

Abb. 5.16: Probleme beim Austausch von POS-Daten aus Hersteller- und Händlersicht

Technische Anforderungen

Beim POS-Datenaustausch sind neben den organisatorischen Aspekten vor allem technische Anforderungen zu berücksichtigen. Dies betrifft sowohl die von heutigen Handelsinformationssystemen zu verarbeitenden Datenvolumina als auch die Übertragungsinfrastruktur selbst. Viele Filialen sind heute bereits über DSL oder Satellit an die Zentrale angebunden. Während bei DSL derzeit die Verfügbarkeit nicht in ganz Deutschland gegeben ist, stoßen die Filialen auch bei Satelliten durch schlecht ausgerichtete oder durch andere Bauwerke gestörte Satellitenschüsseln vereinzelnd auf Probleme.

Die POS-Upload-Performance misst die Anzahl der an die Zentrale übertragenen Abverkaufspositionen pro Zeiteinheit. Waren dies laut ZENCKE in 1999 noch 220.000 pro Stunde, ist hier der Zielwert bei 10.000.000 pro Stunde zu sehen, um heutigen und zukünftigen Datenvolumina der Filialen auf Einzelpositionsebene gerecht zu werden. Beim POS-Download, bei dem Artikelstammdaten an die Filialen übertragen werden, ist der Zielwert bei 50 Artikelstämmen pro Sekunde zu sehen.[527]

Stabilisierung des Datenvolumens

Viele Anforderungen im Bereich der Auswertungen und der Datenhaltung lassen sich nur mit Data Warehouses realisieren, da das Datenvolumen die Möglichkeiten der operativen Systeme überfordert. Da sich mit jeder Artikelbewegung das Datenvolumen im Data Warehouse erhöht, müssen Prozesse zur Stabilisierung des Datenvolumens und zur Planung der zukünftig zu erwartenden Datenübertragungsmengen implementiert werden. Die ständig wachsende Datenmenge wird ansonsten zu hohen zusätzlichen Hardwareinvestitionen, sich verlangsamenden Datenbankabfragen und permanent zunehmender Komplexität führen. XML ist als Datenübertragungsformat zwar State-of-the-Art, bietet aber gegenüber proprietären Formaten, die Daten in fest vorgeschriebener Weise beispielsweise durch Komma separieren, einen deutlichen Overhead durch die mitgesandten Tags (vgl. Kapitel 3.3). Hingegen schaffen proprietäre Formate bei Kassensystemwechsel und Integration neuer Systeme deutliche Nachteile durch ihre Unflexibilität. Tab. 5.24 zeigt ausgewählte Kennzahlen in Bezug auf den POS-Datenaustausch.

Kennzahlen	Formeln
Übertragungsfehlerquote	Anzahl Übertragungsfehler / Anzahl übertragener Daten
POS-Upload-Performance	Anzahl der an die Zentrale übertragenen Abverkaufspositionen pro Zeiteinheit
POS-Download-Performance	Anzahl der an die Filialen übertragenen Artikelstämme pro Zeiteinheit
Entwicklung des Upload-[Download]Volumens	Datenmenge pro Upload [Download] im historischen Vergleich

Tab. 5.24: Ausgewählte Kennzahlen im Bereich POS-Datenaustausch

Im Idealfall werden die POS-Daten unaggregiert, d. h. auf Positionsebene, an die Zentrale übermittelt. Dies ist auf Grund technischer Restriktionen des WWS und der Anbindung sowie dem Übertragungsvolumen nicht immer möglich. In diesen Fällen werden die Daten entweder auf Bonebene aggregiert übermittelt oder es

---

[527] Vgl. Zencke (2000), S. 9, zitiert nach Becker, Schütte (2004), S. 37.

findet eine Filterung statt, so dass z. B. nur bei Einkäufen mit Aktionsartikelbezug alle Bonpositionen vollständig übermittelt werden.

Die unaggregierte Übertragung der Filialdaten an das Zentral-WWS ist notwendig, um dort verschiedene Aspekte der Warenkorbanalyse durchzuführen. Tab. 5.25 zeigt ausgewählte Kennzahlen der Warenkorbanalyse.

Kennzahlen	Formeln
Abverkaufsquote	Anzahl verkaufter Artikel / Wareneingang (Anzahl) zzgl. Anfangslagerbestand
Anzahl Verkaufsvorgänge	Anzahl der Verkaufsbelege am POS
Durchschnittliche Postenzahl	Summe aller Positionen / Anzahl Bons
Artikel mit Aktionsbezug	Anzahl Bonpositionen mit Aktionsbezug
Kundenerfassungsquote	Kunden mit erfassten Kundenstammdaten / alle Kunden
Durchschnittspreis	Umsatz (Wert) / Umsatz (Menge)
Anteil Aktionskäufe	Anzahl Aktionspositionen / alle Positionen
Durchschnittlicher Bonumsatz	Umsatz (Wert) / Anzahl Bons

Tab. 5.25: Ausgewählte Kennzahlen im Bereich Warenkorbanalyse

Warenkorbanalyse

Die in das Data Warehouse überführten Werte können zu komplexeren Kennzahlen im Rahmen der Warenkorbanalyse verdichtet werden (vgl. Tab. 5.25). Als Beispiel hierzu dient der Conjoint-Profit als Ausdruck des Erfolgsbeitrages eines Artikels im Gesamtsortiment.[528] Dabei wird der Artikel nicht isoliert betrachtet, sondern unter Berücksichtigung der Verbundwirkungen innerhalb des Sortiments.

---

[528] Vgl. Becker, Uhr, Vering (2000), S. 126 f.; Recht, Zeisel (1997).

$DBWK_i$	der Deckungsbeitrag des Warenkorbes i
DB_k	der Deckungsbeitrag des Artikels k
x_{ik}	die Menge des Artikels k im Warenkorb i
p_k	der Netto-Verkaufspreis des Artikels k
y_{ik}	der Anteil des Artikels k am Umsatz des Warenkorbes i

so gilt

$$DBWK_i = \sum_k x_{ik} * DB_k$$

und

$$y_{ik} = (x_{ik} * p_k) / \sum_k x_{ik} * p_k$$

Der Erfolgsbeitrag DB_{ik} eines Artikels k im Warenkorb i ergibt sich dann zu

$$DB_{ik} = DBWK_i * y_{ik}$$

und der Conjoint-Profit CP_k des Artikels k zu

$$CP_k = \sum_i DB_{ik}$$

Diebstahlprävention

Der Diebstahlprävention kommt inbesondere im filialisierenden Handel eine hohe Bedeutung zu. Rund 1,21 % vom Umsatz sind als Kosten dem Ladendiebstahl zuzurechnen. Damit liegt Deutschland zwar eher im unteren Drittel der europäischen Länder, doch bei der Betrachtung der geringen Margen im deutschen Handel ist dieser Wert durchaus als erfolgskritisch zu werten.[529] Nach Angaben des EHI sind Kunden zu rund 46 % für Inventurdifferenzen durch Diebstahl verantwortlich, Lieferanten zu rund 21 % und Mitarbeiter zu etwa 3 %.[530] Der HDE errechnet für den deutschen Handel für 2004 Ladendiebstähle im Wert von 2,2 Mrd. Euro.[531]

Bedeutung der Diebstahlprävention

Kundendiebstähle werden von Kunden unabhängig ihrer Herkunft, ihres Berufsstands, der sozialen Situation und ihres Alters

Kundendiebstähle

---

[529] Vgl. o. V. (Diebstahl) (2005).
[530] Vgl. die EHI-Angaben bei Becker, Schütte (2004), S. 510.
[531] Vgl. o. V. (Ladendiebstahl) (2005), davon sollen laut Untersuchung 53 % der Fehlbestände durch unehrliche Kunden, 22 % durch Mitarbeiter und der Rest durch Lieferanten zu Stande kommen. Für die Studie wurden 108 Unternehmen mit fast 10.000 Verkaufsstellen befragt.

Betroffene Warengruppen

durchgeführt. Die stehlenden Kundengruppen reichen von professionellen Dieben über Kleptomanen bis hin zu Gelegenheitsdieben, die den Diebstahl vorher nicht geplant haben. Diebstahlanfällige Warengruppen sind insbesondere Mode-Accessoires, Rasierartikel, Kosmetik, CDs, DVDs und Spielsachen. In 2004 wurden rund 509.000 Ladendiebstähle aufgedeckt, die Dunkelziffer ist jedoch weit größer, da vermutlich nur jeder zehnte Diebstahl entdeckt wird.[532]

Diebstahlsicherung

Zur Reduzierung der Verluste durch Diebstahl werden besonders gefährdete Artikel mit Hilfe von EAS-Techniken (Electronic Article Surveillance) gesichert. Durch den Kassiervorgang werden die EAS-Medien auf der Ware deaktiviert, so dass es bei den Sicherungssystemen am Check-Out zu keinem Alarm kommt. EAS-Systeme sind als sicherste Diebstahlvermeidungstechniken im Handel anerkannt. Hinzu kommen Tinten-Etiketten, die bei Entfernung das Produkt (insbesondere Textilien) zerstören, und andere mechanische Techniken. Mit zunehmendem Aufkommen von RFID-Technologie werden auch Überlegungen zum Nutzen von RFID in der Diebstahlprävention angestellt. Allerdings ist die Entwicklung noch nicht weit genug fortgeschritten, und die Kosten sind noch zu hoch.

Lieferantendiebstähle

Diebstähle von Lieferanten sind innerhalb des Themenkomplexes ein eher geringeres Problem, sollten aber dennoch betrachtet werden. Hierbei hilft insbesondere die Suche nach innerbetrieblichen Fehlerquellen und daraus abgeleitet die Auflistung vorbeugender Maßnahmen, die Inventurdifferenz zu reduzieren.

Mitarbeiterdiebstähle

Mitarbeiterdiebstähle sind ebenso wie Kundendiebstähle ein großer Verursacher von Inventurdifferenzen. Während das EHI davon ausgeht, dass ein Drittel der Diebstähle von Mitarbeitern verübt werden, gehen US-amerikanische Untersuchungen von bis zu sechzig Prozent der Diebstähle aus.[533]

Maßnahmen

Neben räumlichen und organisatorischen Maßnahmen gegen Mitarbeiterdiebstahl (Taschen im Auto lassen, Vier-Augen-Prinzip, Testkäufe, Mitarbeiterbeobachtung usw.) helfen zunehmend Anwendungssysteme bei der Aufdeckung von Betrug durch Mitarbeiter (Fraud Detection). Knapp die Hälfte (4 %) aller Mitarbeiterunterschlagungen erfolgen am Check-Out.[534] Insbesondere die Geldunterschlagung an der Kasse lässt sich mittels Anwendungssystemen automatisiert nachweisen. Die Fraud-Detection-Systeme überprüfen fest definierte Regeln wie das Verbot von Nullbons und protokolliert Verstöße gegen diese Regeln. So lassen sich für sensible Vorgänge wie Sofortstorno, Bonstorno, Rabattierungen, Leergutbuchungen, Warenrücknahmen, Buchungen vor oder nach Ladenschluss usw. Kennzahlen

---

[532] Vgl. o. V. (Ladendiebstahl) (2005).
[533] Vgl. Mason, Burns (1998), S. 482.
[534] Vgl. o. V. (Fraud Detection) (2005).

und Schwellenwerte definieren. Bei Wertüberschreitungen wird entsprechend der Revisor vom Programm benachrichtigt.[535]

Kennzahlen	Formeln
Diebstahlaufklärungsquote	Wert der bei entdeckten Diebstählen sichergestellten Ware (zu EK) / durch Diebstahl entstandene Inventurdifferenz (zu EK)
Quote Diebstahlart	Anzahl aufgedeckter Diebstähle in Bezug auf [Kunden, Lieferanten, Mitarbeiter] / Gesamtanzahl aufgedeckter Diebstähle
Diebstahlquotenfilialvergleich	EK-Wert der bei entdeckten Diebstählen sichergestellten Ware von Filiale x / durchschn. EK-Wert der bei entdeckten Diebstählen sichergestellten Ware
Inventurdifferenzvergleich	Inventurdifferenz Filiale x / Durchschnittsinventurdifferenz
Auffälligkeiten in Bezug auf Ort, Zeit, Warenart	Anzahl verschwundene Ware pro [Regal, Lagerplatz usw. bzw. Uhrzeit bzw. Warengruppe, Marke, Lieferant]
Höhe der Einzahlungsdifferenzen	Summe der Einzahlungsdifferenzen [Kasse, Filiale, Region]
Kartenbetrugsquote im Filialvergleich	Anzahl Kartenbetruge / durchschn. Anzahl Kartenbetruge
Anzahl eingelöster hoch- / niedrigpreisiger Gutscheine bzw. Bons	Anzahl der eingelösten Gutscheine oder Bons über [100] Euro bzw. zwischen [0 und 10] Cent
Bon- bzw. Sofortstornoanzahl	Anzahl der Bon- bzw. Sofortstornos [Region, Filiale, Kasse]
Bon- bzw. Sofortstornowert	Wert der Bon- bzw. Sofortstornos [Region, Filiale, Kasse]
Warenretourenvergleich	Anzahl der Warenretouren [Kasse, Filiale, Region] / durchschnittliche Warenretoure [Kasse, Filiale, Region]

Tab. 5.26: Ausgewählte Kennzahlen im Bereich Diebstahlprävention

---

[535] Vgl. Zimmer (2004).

Kennzahlen   Die Diebstahlaufklärungsquote und insbesondere der Vergleich mit anderen Filialen lassen zum einen Rückschlüsse auf die Effizienz des (organisatorischen) Sicherheitssystems als auch auf die Arbeit entsprechender Hausdetektive zu. Über den Vergleich von Inventurdifferenzen mit dem internen (oder ggf. externen Branchen-) Durchschnitt lassen sich Auffälligkeiten aufdecken, die bei näherer Eingrenzung Richtung Diebstahlsart, -ware, -ort und Diebstahlszeit zur Identifizierung der Fehlerquelle und ggf. zu organisatorischen oder technischen Gegenmaßnahmen führen können. Einen Überblick über Kennzahlen im Zusammenhang mit der Diebstahlprävention bzw. -aufdeckung gibt Tab. 5.26.

Reklamationsbearbeitung

Reklamation   Bei Reklamationen meldet sich der Abnehmer per Email, Telefon, Fax oder direkt vor Ort beim Händler. Viele Unternehmen insbesondere im Lebensmittelhandel sind dazu übergegangen, jede Beanstandung des Kundens in Bezug auf Aktionsware widerspruchslos auch über die gesetzlichen Verpflichtungen hinaus zu akzeptieren. Diese aus Kundensicht imagefördernde Politik trägt auch dem Sachverhalt Rechnung, dass die Filialmitarbeiter vor Ort nicht in der Lage wären, die Reklamation auf ihre Berechtigung zu prüfen und die Kosten für die Einsendung und Prüfung häufig den Warenwert deutlich übersteigen würden.

Gutschriften-abwicklung   Bei der Gutschriftenabwicklung wird dem Kunden ein Betrag in der vereinbarten bzw. im Wert des Reklamationsgegenstandes als Gutschrift eingeräumt. Bei Barauszahlung erhält der Kunde direkt das Geld zurück. In manchen Fällen wird die Ware ausgetauscht oder repariert und an den Kunden retourniert. Insbesondere im Distanzhandel wird die Ware häufig auch beim Kunden abgeholt.

Verwaltung des Bearbeitungsstatus   Die Verwaltung des Bearbeitungsstatus der Reklamationsabwicklung ist notwendig, um den unübersichtlichen Abwicklungsprozess zu beherrschen. Werden Plantermine für die Statusübergänge gepflegt, können durch Abfragen die Vorgänge selektiert werden, die überfällig sind, um entsprechend nachzufassen oder den Kunden über eine Verzögerung der Abwicklung zu informieren. Im Idealfall werden direkt bei der Reklamation die Folgeaktivitäten wie Auslieferung eines Austauschartikels, Rücknahme gegen Gutschrift oder Abholung der Ware angestoßen.

Ziel Kundenzufriedenheit   Im Fokus der Reklamationsbearbeitung steht die (wirtschaftlich vertretbare) Kundenzufriedenheit. Diese lässt sich als positives Empfinden des Kunden durch Erfüllung seiner Anforderungen definieren. Regelmäßige Umfragen zu bestimmten Sachverhalten wie Produktqualität, Erfüllung der Kundenwünsche oder Problemverständnis sollten bei der Messung der Kundenzufriedenheit ebenso berücksichtigt werden wie quantitativ messbare Sachverhalte.

Hierzu gehören der relative Marktanteil, die Wiederkaufsrate, die Beanstandungsquote und -struktur, die Kundenabwanderungsrate und die Gutschriftenquote. Ausgewählte Kennzahlen der Reklamationsbearbeitung zeigt Tab. 5.27.

Kennzahlen	Formeln
Relativer Marktanteil	Eigener Marktanteil / Marktanteil des größten Wettbewerbers
Wiederholungsrate	Anzahl Aufträge pro Kunde pro Periode
Abwanderungsrate	Anzahl an Kunden pro Periode, die nicht mehr Unternehmenskunden sind
Beanstandungsquote	Wert der beanstandeten Lieferungen / Wert der Lieferungen insgesamt
Beanstandungsstruktur	Beanstandung Produktfehler / gesamte Beanstandungen
Gutschriftenquote	Gutschriften / Bruttoumsatz
Reklamationsabwicklungszeit	Dauer der Abwicklung von Kundenreklamation bis Abarbeitung

Tab. 5.27: Ausgewählte Kennzahlen im Bereich Kundenreklamation

Außendienstunterstützung

Der Außendienst soll Verkaufsabschlüsse durch Kommunikation und Verkaufsgespräche erzielen.[536] Hierzu betreut und fördert er den Verkauf an vorhandene Abnehmer vor Ort und gewinnt neue hinzu.[537] Je kleiner die Verkaufsgebiete des Außendienstmitarbeiters, desto höher die tägliche Besuchsanzahl vor Ort. Im Durchschnitt erfolgen in jeder Woche bei Verbrauchsgütern neun Kundenbesuche, bei Gebrauchsgütern sechs Besuche und bei Investitionsgütern und Dienstleistungen fünf Besuche.[538]

Zu den wichtigen Funktionen für die Außendienstunterstützung zählen neben der Bereitstellung der entsprechenden Kundenstammdaten die Planung der Abnehmerkontakte und der Besuchstouren sowie die Erfassung von Aufträgen und Protokollierung

Aufgaben des Außendienstes

---

[536] Vgl. Kieliszek (1994), S. 11.
[537] Vgl. Becker, Schütte (2004), S. 439 sowie Tietz (1993), S. 425.
[538] Vgl. Tietz (1993), S. 424 f.

Außendienst-controlling

von Besuchen. Darüber hinaus ist die Kommunikation mit der Zentrale, insbesondere die Erfassung der Sachverhalte im zentralen WWS wichtig.[539]

Auf Grund der Umsatzwirkung von Außendienstmitarbeitern und ihrer relativ selbstständigen Arbeitsweise ist ein ausgeprägtes Außendienstcontrolling sinnvoll. Auf diese Weise können Ineffizienzen in der Organisation des Außendienstes aufgedeckt, wenig wirkungsvolle Mitarbeiter durch Vergleich der jeweiligen Leistungen erkannt und Optimierungspotenziale genutzt werden. Bei Wirtschaftlichkeitsüberlegungen ist jedoch zu beachten, dass nicht jedes Außendienstgebiet über die gleiche Kundenstruktur und die gleichen Entfernungen zu den Kunden verfügt. Entsprechend ergeben sich Unterschiede im Auftragseingang, in der Reisestrecke und damit einhergehend in den Telefonkosten der Außendienstler. Tab. 5.28 zeigt ausgewählte Kennzahlen des Außendienstcontrollings.

Kennzahlen	Formeln
Durchschnittlicher Außendienst Auftragseingang	Auftragseingang Außendienst / Anzahl Außendienstler
Außendienst-Auftragseingangsquote	Auftragseingang Außendienst / Gesamtauftragseingang
Auftrags-Besuchs-Verhältnis	Anzahl Aufträge / Anzahl Kundenbesuche
Außendienst-Neukundenanteil	Umsatzanteil Neukunden / Gesamtumsatz des Außendienstlers
Durchschnittlicher Umsatz pro Reisetag	Umsatz / Reisetage
Durchschnittlicher Deckungsbeitrag pro Reisetag	Deckungsbeitrag / Reisetage
Durchschnittliche Besuchszahl pro Reisetag	Anzahl Kundenbesuche / Anzahl Reisetage
Durchschnittliche Reisestrecke pro Besuch	Gesamtanzahl Kilometer / Anzahl Besuche
Stornierungsquote	Anzahl stornierte Aufträge / Gesamtanzahl

Tab. 5.28: Ausgewählte Kennzahlen im Bereich Außendienstcontrolling

---

[539] Vgl. Kieliszek (1994), S. 11 ff. sowie Becker, Schütte (2004), S. 439 f.

5.3 Handelscontrolling im Warenausgang

Aufgabe

Im Warenausgang werden Waren aus dem Bestand für den eigenen Verbrauch oder für einen Abnehmer, d. h. einen Kunden oder einen anderen Betrieb des Handelsunternehmens ausgeliefert. Auch die Vernichtung unverkäuflicher oder verdorbener Ware ist Aufgabe des Warenausgangs. Die logistische Herausforderung besteht darin, die richtige Menge der richtigen Objekte am richtigen Ort zur richtigen Zeit in der richtigen Qualität zu den niedrigsten Kosten zur Verfügung zu stellen. Der Warenausgang muss hierbei die Planung der Touren und der Kommissionierung übernehmen. Der Warenausgang ist zu erfassen und der Bestand zu buchen. Auch die physische Versandabwicklung und die Bearbeitung von Rückgaben ist Aufgabe des Warenausgangs. Ebenso wird das Tracking und Tracing von Waren in der Supply Chain zunehmend vom Handel erwartet. Abb. 5.17 gibt einen Überblick über die Funktionen des Warenausgangs.

Warenausgang
- Tourenplanung
- Komissionierung
- Warenausgangserfassung und Bestandsbuchung
- Versandabwicklung
- Abnehmerrückgabenbearbeitung
- Abnehmerrückgabenbearbeitung

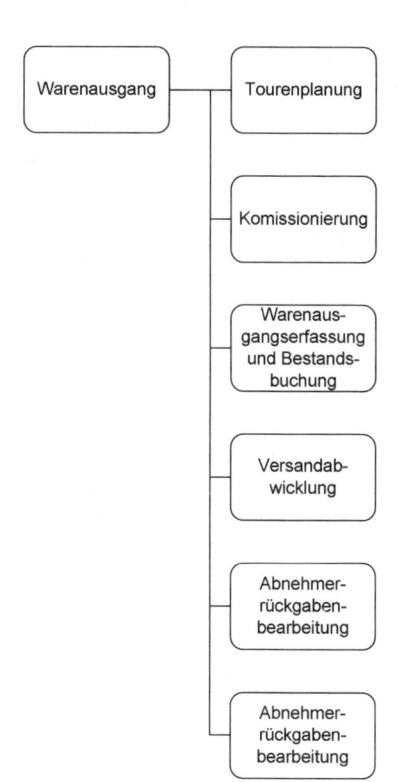

Quelle: in Anlehnung an Becker, Schütte (2004), S. 454.

Abb. 5.17: Aufgaben des Warenausgangs

Logistik als strategischer Erfolgsfaktor

Die Logistik ist sowohl in Bezug auf das Kostensenkungspotenzial als auch das Servicepotenzial gegenüber dem Abnehmer strategischer Erfolgsfaktor im Wettbewerb.[540] Vor allem kürzere Trends und Produktlebenszyklen erfordern kürzere Reaktionszeiten und wachsende Flexibilität. Transferspezifische Aktivitäten des logistischen Auftragszyklus von den Verhandlungen mit Herstellern über die Lager- und Transportoptimierung bis hin zum Verkauf in der Filiale sind in Summe zu bewerten, um nicht lokale Optimierungen beispielsweise bei der Kommissionierungsstrategie im Lager zu Ungunsten eines Gesamtoptimums, was auch den Warenempfang in der Filiale einschließt, vorzunehmen. Hierfür sind Entscheidungsalternativen und Bewertungskriterien zur Auswahl zieladäquater Prozess- und Strukturkombinationen sinnvoll.[541]

Tourenplanung

Entscheidungsproblem

Die Tourenplanung ist auf Grund der vielfältigen Ausgestaltungsformen ein in der Betriebswirtschaftslehre häufig diskutiertes Entscheidungsproblem des Operations Research. Da ein- und ausgehende Waren in vielen Unternehmensbereichen 20-40 % der vom Unternehmen direkt beeinflussbaren Kosten verursachen, ist die richtige Tourenplanung mit dem Ziel der Fahrzeugkosten- und Kilometerminimierung bei gleichzeitiger Lieferserviceerhöhung sehr wichtig. Ziel einer Verbesserung kann die Minimierung der Strecke, der Fahrtdauer oder der Transportkosten sein. Bei der Tourenplanung handelt es sich um ein NP-vollständiges Problem, bei dem jeder Algorithmus zur Auflösung einer best-möglichen Belieferungsreihenfolge mehr als den polynomialen Zeitaufwand erfordert. Daher wird häufig mit Heuristiken gearbeitet. Optimierungssoftware[542] und -heuristiken können ein erhebliches Rationalisierungspotenzial in den Bereichen Fuhrpark, Lager und Produktion heben.

Dynamische vs. statische Verfahren

Bei der Tourenplanung ist zwischen dynamischen und statischen Verfahren zu unterscheiden. Bei der statischen Planung wird die streckenminimale Route ohne Berücksichtigung äußerer Einflüsse berechnet. Vor allem im Groß- und Zentralhandel des filialisierenden Einzelhandels ist die Tourplanung relativ starr, so dass sich im Zeitablauf nur wenig an der Route ändert. Im Gegensatz hierzu werden bei der dynamischen Tourenplanung neue Datenänderungen permanent in der Routenberechnung berücksichtigt.[543] Bei der Tourenplanung werden berücksichtigt:

---

[540] Vgl. Eierhoff (1994a), S. 133.
[541] Vgl. van Kerkom (1998), S. 149 ff.
[542] Zum Thema Tourenplanungssoftware für dynamische Tourenplanung vgl. Schulte (1999b), S. 168 f.
[543] Vgl. Becker, Schütte (2004), S. 455 f. und die dort angegebene Literatur.

- Kundendaten: Anlieferadresse, feste Belieferungstage, Anlieferzeitfenster,
- Auftragsdaten: Auftragsgewicht und -volumen,
- Warendaten: spez. Gewicht und Volumen der Waren, Warenwert, Zusammenladeverbote, max. Warenlänge,
- LKW-Daten: Volumen- und Gewichtskapazität, Geschwindigkeit, Abladevorrichtungen und -zeiten, max. Einsatzzeit pro Tag, Pausenzeiten,
- Straßendaten: Straßenarten, Staus, spezifische Geschwindigkeiten.

Wichtige Kennzahlen für die Tourenplanung zeigt Tab. 5.29.

Kennzahlen	Formeln
Tourenlänge	Summe der gefahrenen Kilometer
Durchschnittliche Tourendauer	Summe der Tourzeiten / Anzahl Touren
Flottennutzungsintensität	Abwesenheitszeit der Fahrzeuge / Standzeit im Fuhrpark
Durchschnittliche Auslastung der Transportfläche	Summe genutztes Transportvolumen / Summe zur Verfügung stehendes Transportvolumen
Kosten pro Tourenkilometer	Summe fixe und variable Fuhrparkkosten (inkl. Personal, Sprit und Maut) / Anzahl Tourenkilometer

Tab. 5.29: Ausgewählte Kennzahlen im Bereich Tourenplanung

Kommissionierung

Bei der Kommissionierung werden aus einer bereitgestellten Gesamtmenge (Sortiment, Lagerbestand) bestimmte Teilmengen (Artikel) auf Grund von Kommissionieraufträgen zusammengestellt.[544] Dabei werden Artikel von einem lagerspezifischen Zustand (meist Lagerung in Großgebinden) in einen verbrauchsspezifischen Zustand umgewandelt. I. d. R. ist die Kommissionierfunktion einer Lagerung nachgelagert und einer Verbrauchsfunktion (Produktion, Versand, Verkauf usw.) vorgelagert. Auf das klassische Lagergeschäft des Großhandels bezogen geht es bei der Kommissionierung um die Zusammenstellung der vom Kunden benötigten Waren im

Aufgaben

---

[544] Vgl. Ribbert (2005), S. 205; Schulte (1999b), S. 201; Pfohl (2000), S. 85.

Handelslager und deren Transport bis zum Anstell- bzw. Versandplatz.[545] Entsprechend der Tourenplanung werden Kommissionierwellen festgelegt, um eine entsprechende Artikelversorgung der Touren zu gewährleisten. Im Rahmen der Kommissionierplanung werden dabei die Kommissionierressourcen mit den Bedürfnissen abgestimmt.

Durchführung

Die Kommissionierungsdurchführung lässt sich nach Kommissionierstrategie, Verfahren, Lagerorganisation und Kommissioniertechnik unterscheiden. Relevante Kommissionierstrategien sind vor allem die einstufige Kommissionierung, bei der die Artikel pro Auftrag zusammengestellt werden, und die zweistufige Kommissionierung, bei der die Artikel auftragsübergreifend aus dem Lager geholt und anschließend auf die Aufträge und Transporthilfsmittel aufgeteilt werden.[546] Bei den Kommissionierverfahren lassen sich automatisierte Kommissionierungen durch Automaten und manuelle Kommissionierungen durch das Personal unterscheiden. Hierbei holen sich Kommissionierer entweder die Ware aus den Regalen (Mann-zur-Ware) oder die Ware wird zum fest stationierten Kommissionierer befördert, der die entsprechende Stückzahl entnimmt (Ware-zum-Mann). Eine automatische Sorteranlage, bei der die Ware nicht mehr manuell kommissioniert, sondern automatisch für die Märkte sortiert wird, soll ab Juni 2005 bei Wal-Mart für eine Verkürzung der Durchlaufzeit um 20 % sorgen.[547]

Lagerorganisation

Bei der Wahl der Lagerorganisation kann eine Unterscheidung von Lagerzonen und Lagerplatzvergabe erfolgen. Die Unternehmen verfolgen je nach Artikelart eine unterschiedliche Logistikstrategie. So kann es beispielsweise bei wenig nachgefragter, schnell veraltender Ware sinnvoll sein, eine zentrale Direktbelieferung und bei Standardartikeln eine Belieferung über Regionalläger vorzunehmen. Einen Überblick über die von der Karstadt AG in 1994 betriebenen Sortimentsbereiche und entsprechenden Logistiklösungen bietet Tab. 5.30.

---

[545] Vgl. Lerchenmüller (1998), S. 424; Tietz (1993), S. 709.
[546] Einen Überblick über die Strategien bieten Becker, Schütte (2004), S. 455 ff. und Tietz (1993), S. 709.
[547] Vgl. Kapell (2005).

Sortiment	Logistikkonzept
Hartwaren / Textilien - kontinuierlich geführt - Wiederholungsbeschaffung	Zentral über 3 Warenverteilzentren
Mode - ständig wechselnde Artikel - Einmalbeschaffung	Regional über 4 Regionalzentren
Mode - Standardartikel - modifizierte Wiederbeschaffung	Regional über 4 Regionalzentren und zentral über 1 zentrales Vorratslager
Lebensmittel - große Mengen, hohes Gewicht - kurze Wiederbeschaffungszeit - Frischware	Zentrale Spar-Logistik
Großstücke - Typenvielfalt - großes Volumen - Kundendienstleistung	Regional über vier Läger
Tonträger - große Titelzahl - häufige Sortimentswechsel	Regional über vier Läger
Unterhaltungselektronik	Streckengeschäft oder Direktbelieferung
Stoffe - hoher Manipulationsaufwand - Sicherung der mod. Aktualität	Zentraler Manipulationsbetrieb
Augenoptik - spezielle Kundenanfertigung	Zentralbetrieb
Gastronomie - Rezeptverwaltung	Regionale Center Organisation

Quelle: in Anlehnung an Eierhoff (1994b), S. 970; van Kerkom (1998), S. 144 f.

Tab. 5.30: Sortimentsbereiche und Logistiklösungen bei Karstadt

Bei der Kommissioniertechnik lässt sich zwischen manueller und maschineller Kommissionierung unterscheiden. Während bei der maschinellen Kommissionierung mit Hilfe von Etiketten und Listen gearbeitet wird, nutzt die maschinelle Kommissionierung moderne Lagertechniken wie automatische Förderfahrzeuge und Sortiereinrichtungen. Als besonders effizient haben sich auch die in

Kommissioniertechniken

Pick-by-Voice den letzten Jahren eingeführten Pick-by-Voice-Systeme entpuppt, bei denen der Kommissionierer mit dem Kommissioniercomputer über ein Headset kommuniziert, so dass er keine Listen zur Hand nehmen muss. Auch Pick-by-Light ist eine moderne Kommissioniervariante, die jedoch bei Lagerumgestaltung sehr inflexibel ist. Zunehmend wird bei der Kommissionierung und Warenerfassung auch RFID-Technologie eingesetzt.

Pick-by-Light

RFID

Die in Tab. 5.31 dargestellten Kennzahlen geben Auskunft über Leistung, Wirtschaftlichkeit und Qualität der Kommissionieraktivitäten. Darüber ist die Höhe der Leiharbeiterquote Indikator für die Flexibilität der eigenen Kommissionierung und der eigenen Ressourcenplanung.

Kennzahlen	Formeln
Kosten je Lagerbewegung	Summe variable und fixe Kosten (inkl. Personalkosten) / Summe Lagerbewegungen
Kommissionierfehlerrate	Anzahl Kommissionierfehler / Anzahl Picks
Servicegrad	Fehlerfrei bearbeitete Lieferscheine / alle bearbeiteten Lieferscheine
Zeit pro Pick	Zeit für Kommissioniervorgänge / Anzahl Picks
Durchschn. Kommissionierauftragspositionen pro Mitarbeiterstunde	Summe Kommissionierauftragspositionen / Anzahl Mitarbeiterstunden
Durchlaufzeit Warenausgang	Zeit von Pick bis Warenausgang
Leiharbeiterquote	Anzahl Leiharbeiter / Anzahl Kommissionierer

Tab. 5.31: Ausgewählte Kennzahlen im Bereich Kommissionierung

Beispiel Kommissionierungsoptimierung

Beispiel: Kommissionierungsoptimierung bei Fresenius Kabi[548]

Mit 70 % ist der Anteil an zu kommissionierender Ware im zentralen Distributionszentrum der Fresenius Kabi Deutschland GmbH relativ hoch. Das Unternehmen für Ernährungs- und Infusionstherapie fertigt dort täglich 2.000 Aufträge mit einem Gesamtgewicht

---

[548] Vgl. Wöhrle (2001).

von 450 t ab. Über Nacht werden die Aufträge den eigenen Niederlassungen zugestellt und von dort an den pharmazeutischen Großhandel, Krankenhäuser oder Apotheken ausgeliefert. Die schnelle und zuverlässige Versorgung in Hinblick auf die sensible und teils lebenswichtige Ware machte es aus Sicht des Controllings notwendig, alle 15 Kommissioniergänge optimal auszulasten, um somit die Umschlaghäufigkeit zu erhöhen und den Servicegrad des Lagers maßgeblich zu verbessern. Dazu wurden folgende Maßnahmen initiiert:

- Die Paletten fahren die kürzesten Wege.
- Eine Parkstrategie für Paletten verhindert Staus.
- Eine Prioritätensteuerung unterstützt eilige Aufträge.
- Es erfolgt eine Berücksichtigung der Beladung von leichten Paketen auf schwere.
- Die negative Kommissionierung, die Umdefinierung von Warenpaletten zu Kundenpaletten bei Übereinstimmung mit dem Auftrag, erspart ebenso wie die Wiederverwendung von leer gewordenen Paletten in der Kommissionierzone Zeit und Palettentransporte.

Die Optimierungserfolge drückten sich insbesondere in der zugenommenen Zahl an Picks pro Mitarbeiter pro Stunde und der Mitarbeiterzahl aus. Die Anzahl an kurzfristig zum Einsatz kommenden Leiharbeitern konnte deutlich gesenkt werden. Auch der Servicegrad konnte von 96,5 % auf 98,4 % erhöht werden.

Warenausgangserfassung und Bestandsbuchung

Die Warenausgangserfassung beginnt mit der Fertigstellung des Kommissionierauftrags durch die Artikelquittierung. Eine größtmöglich vollautomatische Quittierung wird angestrebt, ist im Regelfall auf Grund der Sortimentsvielfalt aber nicht realisiert, wobei durch Scannertore und RFID-Technologien der Anteil zunehmen dürfte. Die Quittierung anhand der Kommissionierlisten oder -etiketten erfolgt durch die Kommissionierer, die die Kommissioniermengen bestätigen oder Fehlmengen als nicht kommissioniert melden, oder durch eine zentrale Stelle, die die einzelnen Kommissionieraufträge bestätigt. Auf dieser Basis werden Abnehmerlieferscheine erstellt, die die Ware in Bezug zu Betriebsstätte und Art und Menge festhalten.[549]

Warenausgangserfassung

Weil der Lieferschein auch als Anlieferungsinformation für den Lieferanten dient, muss es möglich sein, mehrere Lieferscheine für einen Kunden zu erstellen, damit die Lieferung mit mehreren LKWs, für mehrere Betriebsstätten oder auf mehrere Touren rich-

Aufgabe des Lieferscheins

---

[549] Vgl. o. V. (CCG) (1980), S. 16.

tig dokumentiert wird. Werden bei einer Tour mehrere Kunden angefahren, so ist darüber hinaus eine übergreifende Ladeliste zu erstellen. Eine individuelle Packstückliste kann zusätzlich die Wareneingangserfassung beim Kunden beschleunigen.

Kommt es bei der Auslieferung zu Abweichungen zwischen vermerkten und gelieferten Mengen oder zu Reklamationen durch Defekte, Bruch oder falsch gelieferte Ware, so müssen die korrigierten Lieferscheine im Anschluss an die Auslieferungstour erfasst werden, um Gutschriften oder Nachlieferungen zu veranlassen.

Kennzahlen

Tab. 5.32 zeigt ausgewählte Kennzahlen für den Bereich Warenausgangserfassung und Bestandsbuchung. Der durchschnittliche Warenausgang je Betrachtungsperiode ist ebenso wie die durchschnittliche Durchlaufzeit im Warenausgang ein Maß für den anfallenden Aufwand und das Leistungsvermögen des Warenausgangs. Der Anteil eines Kunden am Warenausgang lässt Schlüsse auf den Belieferungs- und Bestellgrad der einzelnen Kunden zu und kann zu Rahmenverhandlungen herangezogen werden. Die Anzahl der LKW-Ladungen, Kollis und der Auslastungsgrad der Sachmittel geben Auskunft zur Nutzung der Ressourcen. Interessant vor allem vor dem Hintergrund der Maut ist auch die Ermittlung der Auslastung in Bezug auf das beladene Volumen, auch wenn diese Kennziffer schwieriger zu ermitteln ist. Die mittleren Kosten pro Warenausgang dienen zum einen als Benchmark und liefern zum anderen wichtige Hinweise für die Aufteilung und Annahme von Bestellungen. Lieferverzögerungsquote und Qualität der Warenausgänge sind wesentliche Qualitätskennzahlen zur Überprüfung der Qualität des Warenausgangs.

Die Bestandsbuchung schließt nahtlos an die Warenausgangserfassung an. Mit der Kommissionierfreigabe wird im Lager bereits eine Reservierung der Bestände vorgenommen, die mit der Erfassung der Warenausgänge aufgelöst wird.

Kennzahlen	Formeln
Durchschnittlicher Warenausgang je Betrachtungszeitraum	Summe Warenausgänge / Betrachtungszeitraum
Durchschnittliche Warenausgänge pro Mitarbeiter	Summe Warenausgänge / Anzahl Mitarbeiter im Warenausgang
Durchschnittliche Durchlaufzeit im Warenausgang	Summe der Durchlaufzeiten / Anzahl der Warenausgänge
Kundenanteile am Warenausgang	Summe Warenauslieferungen des Kunden / Anzahl aller Warenausgänge
Durchschn. Kundenwartezeit bei Abholung	Summe Wartezeitungen der Kunden / Anzahl Kundenabholungen
LKW-Ladungen	Anzahl der beladenen LKWs
Kolli-Anzahl pro LKW	Anzahl Kollis / Summe der beladenen LKWs
Auslastungsgrad der Warenausgangsmitarbeiter	Anzahl der am Warenausgang erbrachten Stunden / gesamt erbrachte Arbeitsstunden
Auslastungsgrad der Sachmittel	Summe Sachmittelnutzung Warenausgang / Summe Sachmittelkapazität Warenausgang
Mittlere Kosten pro Warenausgang	Summe der Kosten je Warenausgang / Anzahl Warenausgänge
Durchschnittliche Sachmittelkosten	Summe Sachmittelkosten Warenausgang / Anzahl Warenausgänge
Qualität der Warenausgänge	Summe korrekter Warenausgänge [Menge, Lieferrestriktion, Qualitätsrestriktion] / alle Warenausgänge
Lieferverzögerungsquote	Summe verspätete Warenausgänge / alle Warenausgänge

Tab. 5.32: Ausgewählte Kennzahlen im Bereich Warenausgangserfassung und Bestandsbuchung

Versandabwicklung

Unter Versandabwicklung lassen sich alle Aufgaben, die beim Versand anfallen, zusammenfassen. Im Fernabsatz, aber auch zunehmend bei Kleinstmengen im Großhandel, werden Bestellungen über Kurier- und Paketdienste ausgeliefert. Die flächendeckende

Aufgaben

Versorgung und die ggf. geringeren Kosten machen diese Form der Warenauslieferung für zahlreiche Handelsunternehmen attraktiv. Während eine Vollpalette im konventionellen (Groß-)Handel auf nur wenige Empfänger aufgeteilt wird, sieht sich der Distanzhandel bis zu 600 Kunden pro Palette mit individuellen Zustellorten gegenüber. So versandte amazon.de von Oktober 1998 bis Juni 2002 mehr als 25 Millionen Pakete und erzielte an Spitzentagen in 2002 bis zu 100.000 Aussendungen pro Tag.[550]

Anforderungen

Zentrale Anforderung an eine integrierte Versandabwicklungsfunktion ist daher zum einen die Ermittlung des günstigsten Versenders und zum anderen eine Sendungsnachverfolgungsmöglichkeit.

Kennzahlen

Tab. 5.33 zeigt ausgewählte Kennzahlen der Versandabwicklung. Die Versandquote zeigt die Bedeutung des Versands für ein Unternehmen auf. Problematisch beim Fernabsatz ist vor allem die Reklamations- und Retourenquote, die je nach Warengruppe unterschiedlich hoch sein kann. Beispielsweise liegt die Retourenquote bei Damenoberbekleidung im Versandhandel beispielsweise bei nahezu 60 %. Die Packmittelkosten geben Auskunft über die Höhe der Kosten für das Verpacken der Pakete und den generellen Anteil an den Transportkosten. Der Versandkostenanteil an den Gesamttransportkosten zeigt den Kostenanteil für den Vertriebsweg Versand auf. Idealerweise werden die Kosten noch in das Verhältnis zu den durch sie erwirtschafteten Umsätzen bzw. Deckungsbeiträgen gesetzt. Das Porto-Bestellwert-Verhältnis ist ein Indikator für die Wirtschaftlichkeit von Bestellungen. Häufig werden die Versandkosten nur anteilig auf den Kunden abgewälzt oder – wie zumeist im Buchversand – komplett vom Handelsunternehmen getragen. Der Anteil der transportversicherten Lieferungen gibt Auskunft über die Transportstruktur, gibt allerdings keinen Aufschluss darüber, ob mit dem Versicherungsschutz alle Schäden abgedeckt werden.

---

[550] Vgl. Bone (2004), S. 18.

Kennzahlen	Formeln
Versandquote	Anzahl Versendungen / Anzahl Warenausgänge gesamt
Versandretourenquote [Warengruppe]	Anzahl Retouren [Warengruppe] / Anzahl Versendungen
Anteil falsch zugestellter Sendungen	Anzahl falsch zugestellte Versendungen / Anzahl Versendungen
Packmittelkosten pro Paket (Durchschnitt)	Kosten Packmittel / Anzahl Pakete
Packmittelkostenanteil an Transportkosten	Kosten Packmittel / Gesamttransportkosten
Versandkostenanteil an Gesamttransportkosten	Kosten des Vertriebsweges Versand / Gesamttransportkosten
Porto-Bestellwert-Verhältnis	Summe Porto / Bestellwert aller Versandbestellungen
Durchlaufzeit pro Versandabwicklung (Durchschnitt)	Summe der Durchlaufzeiten / Anzahl der versendeten Pakete
Transportversicherungsanteil	Versicherte Pakete / Gesamtanzahl Pakete
Quote Bruch beim Versand	Anzahl der bei der Versandabwicklung beschädigten Artikel / alle versendeten Artikel
Lieferzuverlässigkeit [der Spedition]	Anzahl termingerechter Lieferungen / alle Lieferungen
Lieferqualität	Anzahl Beanstandungen [eines Spediteurs] / alle Lieferungen

Tab. 5.33: Ausgewählte Kennzahlen im Bereich Versandabwicklung

Abnehmerrückgabenbearbeitung

Abnehmerrückgaben sind alle Retouren von der Filiale an die Zentrale, Rückgaben von der Zentrale an den Lieferanten oder von der Filiale an den Lieferanten. Auch Rückrufaktionen gehören dazu. Zusätzlich zu den Abnehmerretouren sind auch MTV und Leergut zu verwalten. Bei der Abwicklung der Abnehmerretouren, die auch durch Lieferantenretouren angestoßen werden können, muss zunächst die Anlieferungsart geklärt werden. Hierbei ist zwischen der Abholung durch den Großhändler, der Anlieferung durch den

Aufgaben

Abnehmer und der Abwicklung durch den Außendienst zu unterscheiden. Je nach Ursache der Retoure werden die Waren wieder eingelagert (z. B. Rückgabe wegen Nichtgefallens) oder über den Wareneingang an den Lieferanten retourniert.

Kennzahlen	Formeln
Retourenquote	Anzahl bzw. Wert retournierte Ware [gesamt, Kunde, Filiale] / Anzahl bzw. Wert distribuierte Ware [gesamt, Kunde, Filiale]
Kosten der Rückgabe	Summe aller Prozess- und Personalkosten / Anzahl retournierte Ware
Quote unberechtigter Retouren	Anzahl unberechtigte Retouren / Anzahl berechtigte Retouren
Produktreklamationsquote gegenüber Lieferanten	Anzahl der Reklamationen gegenüber Lieferanten / Anzahl der eingekauften Produkte

Tab. 5.34: Ausgewählte Kennzahlen im Bereich Abnehmerrückgabenbearbeitung

Tracking und Tracing

Aufgaben

Unter dem Begriff Tracking und Tracing sind die Bearbeitung von Anfragen zum aktuellen Sendestatus und Mechanismen zur Rückverfolgung von Artikeln in der Supply Chain subsumiert. Insbesondere die Verordnung EU 178/2002 sowie die EU 1935/2004 zwingt Handelsunternehmen, aber auch deren Lieferanten, Kennzeichnungs- und Etikettierungssysteme zu Zwecken der Warenrückverfolgbarkeit einzusetzen. Mit dieser Verordnung soll die Rückverfolgbarkeit der Ware bis zum Hersteller gewährleistet werden.

Kennzahlen	Formeln
Bearbeitung Tracking-Anfragen	Anzahl Tracking-Anfragen pro Periode
Kosten der Etikettierung	Summe der fixen und variablen Etikettierungskosten / Anzahl Etiketten

Tab. 5.35: Ausgewählte Kennzahlen im Bereich Tracking und Tracing

5.4 Handelscontrolling in der Fakturierung

In der Fakturierung werden alle Funktionen, die mit der Rechnungsstellung und -verarbeitung zusammenhängen, zusammengefasst. Die Aufgaben sind daher spiegelbildlich zur Rechnungsstellung zu interpretieren. Im Einzelhandel fallen diese Aufgaben mit dem Verkauf am POS zusammen, da die Bezahlung direkt am POS erfolgt.

Funktionen der Fakturierung

Zu den Funktionen zählen insbesondere die Abnehmerlieferscheinbewertung, die verschiedenen Formen der Rechnungsstellung und die Berechnung nachträglicher Vergütungen (vgl. Abb. 5.18).

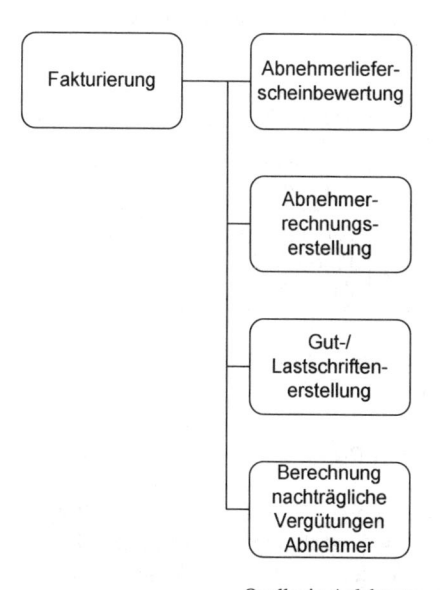

```
Fakturierung ─┬─ Abnehmerliefer-
              │   scheinbewertung
              │
              ├─ Abnehmer-
              │   rechnungs-
              │   erstellung
              │
              ├─ Gut-/
              │   Lastschriften-
              │   erstellung
              │
              └─ Berechnung
                  nachträgliche
                  Vergütungen
                  Abnehmer
```

Quelle: in Anlehnung an Becker, Schütte (2004), S. 483.

Abb. 5.18: Aufgaben der Fakturierung

Abnehmerlieferscheinbewertung

Bei der Abnehmerlieferscheinbewertung erfolgt die Auswertung der ausgelieferten Artikelpositionen entsprechend den mit dem Abnehmer vereinbarten Konditionen. Bei der Bewertung muss auf die Einhaltung der Zusagen unter zeitlichen und mengenmäßigen Gesichtspunkten geachtet werden. Aus zeitlicher Sicht muss entschieden werden, ob die Konditionen zum Zeitpunkt des Lieferauftrags bzw. der Fakturierung herangezogen werden. Bei mengenmä-

Bewertung

ßigen Entscheidungen muss zwischen der Bewertung nach Lieferschein- oder Auftragsmenge unterschieden werden. Dabei dürfen Minderlieferungen auf Grund von beispielsweise Out-of-Stock-Situationen o. ä. nicht zu Lasten des Kunden gehen.

Leergut und MTVs

Bei der Berechnung von Leergut und beim Verkauf von MTVs sind diese gesondert zu betrachten. Getränkekisten werden häufig als Stücklistenartikel in der Zusammensetzung leere Getränkekiste, 24 leere Flaschen, Inhalt der Flaschen aufgefasst. Bei der Rückgabe wird dann in die Leergutartikel „leerer Kasten" und „24 leere Flaschen" unterteilt. Der negative Umsatz durch die Leergutrücknahme wird in der jeweiligen Warengruppe des Vollgutes erfasst. Da dieses jedoch die Spanne der Warengruppe beeinflusst, ist eine Trennung von Leer- und Vollgut durch eine gesonderte Leergut-Warengruppentaste sinnvoll, um Auswertungen zu Spanne und Umsatz nicht zu verfälschen.[551]

Kennzahlen	Formeln
Anzahl Lieferscheinbewertungen pro Periode	Anzahl Lieferscheinbewertungen / Periode
Differenz von bewerteter Lieferschein- und bewerteter Auftragsmenge	Anzahl Artikel Lieferschein * Preis / Anzahl Artikel Auftragsmenge * Preis

Tab. 5.36: Ausgewählte Kennzahlen im Bereich Lieferscheinbewertung

Abnehmerrechnungserstellung

Zeitpunkt der Rechnungsstellung

Im Regelfall wird die Rechnung erst zeitversetzt nach der Warenlieferung angestoßen. Nur bei Barzahlungen erfolgt die Rechnungsstellung bei Zahlung. Mit der Fakturierung findet somit der Geschäftsvorfall aus Sicht des Vertriebs seinen Abschluss.

Zuordnung von Rechnung und Lieferung

Für jede Lieferung kann es entweder eine oder mehrere Rechnungen geben, oder es werden mehrere Lieferungen von einem oder mehreren Aufträgen werden zu einer Rechnung zusammengefasst. Zudem kann die Erstellung von Rechnungslisten sinnvoll sein, wenn unterschiedliche Auftraggeber wie etwa bei Einkaufsgenossenschaften denselben Regulierer haben.

Bei der Einzelrechnung werden detaillierte Informationen wie Datum, Gesamtbetrag als Summe, Einzelbeträge und Mehrwertsteuersätze für die Artikelnummern und -werte ausgewiesen. Bei Sammelrechnungen werden die Einzelpositionen in der Regel nicht aufgeführt, sondern nur die Rechnungssummen der Einzel-

---

[551] Vgl. ausführlich Becker, Schütte (2004), S. 483 ff.

rechnungen. Die Übermittlung der Rechnung erfolgt elektronisch, postalisch, per Fax oder durch die Abnehmerselbstabholung. Tab. 5.37 zeigt ausgewählte Kennzahlen der Rechnungserstellung.

Kennzahlen	Formeln
Rechnungsanzahl	Anzahl Rechnungen pro Periode
Rechnungspostenanzahl	Anzahl Rechnungsposten pro Periode
Rechnungsfehlerquote	Anzahl fehlerhafter Rechnungen / Gesamtanzahl Rechnungen
Versendungswegquote	Anzahl [per Email, Fax, elektronisch, selbst abgeholter] Rechnungen / Gesamtanzahl Rechnungen

Tab. 5.37: Ausgewählte Kennzahlen im Bereich Rechnungserstellung

Gut- / Lastschriftenerstellung

Eine Korrektur von Fakturen kann durch eine Storno-Buchung erfolgen. Hierbei werden Buchungen, die durch eine Rechnung verursacht wurden, durch entsprechende Gegenbuchungen wieder aufgehoben. Gut- und Lastschriften ergeben sich im Regelfall durch Abnehmerreklamationen oder -retouren, bei denen nur Teile einer Rechnung korrigiert werden müssen. Dadurch hat der Abnehmer eine Forderung gegenüber dem Unternehmen (kreditorischer Debitor). Es ist auch möglich, dass Gut- und Lastschriften ohne vorangegangene Vertriebsaktivitäten zustande kommen. Im Gegensatz dazu wird die Rückgabe von MTV und Leergut meist direkt mit offenen Positionen verrechnet. Die Lastschriftenerstellung beinhaltet die Buchung der durch Warenwirtschaftsvorgänge begründeten offenen Posten auf den Debitoren- und Umsatzkonten.

Korrektur von Rechnungen

Kennzahlen	Formeln
Gutschriftenanzahl	Anzahl Gutschriften pro Periode
Gutschriftenwert	Wert der Gutschriften pro Periode
Lastschriftenanzahl	Anzahl Lastschriften pro Periode
Lastschriftenwert	Wert der Lastschriften pro Periode
Forderungen des Kunden	Wert der Last- und Gutschriften pro Kunde

Tab. 5.38: Ausgewählte Kennzahlen im Bereich Gut- / Lastschriftenerstellung

Berechnung nachträglicher Vergütungen an die Abnehmer

Gründe für nachträgliche Vergütungen

In Abhängigkeit von den ausgehandelten Konditionen kann es im Betrachtungszeitraum zu nachträglichen Vergütungen kommen, die gewährt werden müssen. Dies kann beispielsweise der Fall sein, wenn vereinbarte Abnahmewerte überschritten werden oder Steigerungen gegenüber früheren Abnahmeperioden zu verzeichnen sind. Daher müssen neben der Bewertung einzelner Transaktionen und Betrachtungszeiträume zusätzlich Informationen über die Entwicklung der Abnahmen im Zeitablauf ermittelt und ausgewertet werden. Die sich ergebenden nachträglichen Vergütungen werden den Abnehmern entweder als Gutschrift ausgezahlt oder mit zukünftigen Abrechnungen vergütet. Tab. 5.39 zeigt ausgewählte Kennzahlen im Bereich nachträglicher Vergütungen. Insbesondere die Entwicklung im Zeitverlauf und die Betrachtung einzelner Kunden gibt Aufschluss über die Entwicklung der Handelsbeziehungen.

Kennzahlen	Formeln
Wert nachträglicher Vergütungen	Summe nachträglicher Vergütungen
Anteil nachträglicher Vergütungen	Anzahl nachträglicher Vergütungen / Gesamtanzahl Rechnungen
Wertmäßiger Anteil nachträglicher Vergütungen	Summe wertmäßiger nachträglicher Vergütungen / Gesamtwert Rechnungen
Anteil Gutschriften an nachträglichen Vergütungen	Anzahl Gutschriften / Gesamtanzahl nachträglicher Vergütungen
Wertmäßiger Anteil nachträglicher Vergütungen	Summe wertmäßiger nachträglicher Gutschriften / Gesamtwert nachträglicher Vergütungen

Tab. 5.39: Ausgewählte Kennzahlen im Bereich nachträgliche Vergütungen

5.5 Handelscontrolling in der Debitorenbuchhaltung

Die Debitorenbuchhaltung beschäftigt sich analog zu der mit den Zahlungsausgängen befassten Kreditorenbuchhaltung mit allen Aufgaben, die zur Durchführung und Überwachung der Abnehmerzahlungen notwendig sind. Sie weist eine hohe Branchenneutralität auf.

Aufgaben

Zentrales Objekt ist die Abnehmerzahlung. Diese ergibt sich mengenmäßig auf Grund der erfassten Lieferungen an den Abnehmer und den daraus fakturierten Leistungen. Die Aufgaben der Debitorenbuchhaltung unterteilen sich in Debitorenstammdatenpflege, Buchung und Zahlung von Rechnungen, Gutschriften und nachträglichen Abrechnungen sowie Einzug und Abbuchung der Forderungen, Überwachung der Zahlungseingänge, Mahnungen, Kreditmanagement und Verzinsung der offenen Forderungen (vgl. Abb. 5.19).

Zentrales Objekt Abnehmerzahlung

Auf Grund der hohen Anzahl an routinemäßig durchzuführenden täglichen Tätigkeiten im Bereich der Debitorenbuchhaltung ist eine effiziente IT-Unterstützung erstrebenswert. Die größtmögliche Automatisierung birgt ein hohes Rationalisierungspotenzial. So machen beispielsweise die ca. 5.500 täglichen Kundenrechnungen beim Lebensmittelgroßhändler Edeka Minden-Hannover den EDV-Einsatz unverzichtbar.[552]

Bedeutung der IT-Unterstützung

---

[552] Vgl. Vering (2002), S. 104.

```
Debitoren-
buchhaltung
├── Debitoren-
│   stammdaten-
│   pflege
├── Buchung
├── Einzug und
│   Abbuchung/
│   Zahlung
└── Kreditmanage-
    ment
```

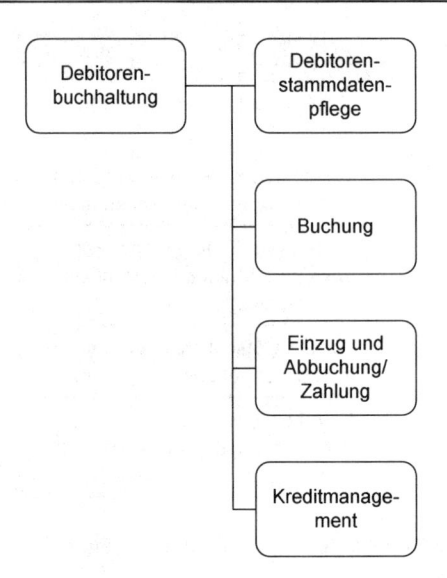

Quelle: in Anlehnung an Becker, Schütte (2004), S. 493.

Abb. 5.19: Aufgaben der Debitorenbuchhaltung

Debitorenstammdatenpflege

Attribute der Debitorenstammdatenpflege

Datensätze für die Pflege von Geschäftspartnerstammdaten werden im Regelfall im Marketing erfasst. Bei den dort betrachteten Informationen liegt das Augenmerk auf Attributen zur Unterstützung der logistischen Abläufe und der Erstellung von Abnehmerprofilen. Eine Erfassung der Zahlungsbeziehungen erfolgt zu diesem Zeitpunkt jedoch noch nicht zwingend. Somit müssen im Rahmen der Debitorenstammdatenpflege weitere Attribute gepflegt werden. Attribute wie Zahlungsbedingungen, Wechsel- und allgemeine Kreditlimite, Verzinsungskennzeichen, Zuordnung zum Sachbearbeiter der Buchhaltung, Korrespondenzhinweise usw. müssen erfasst werden. Auch die Klassifizierung zu Kunden- und Risikogruppen, das Datum der nächsten Kreditprüfung usw. sind zur Stammdatenpflege zu zählen. Als Kennzahlen lassen sich hierbei vor allem Werte und Kundengruppen in Bezug zu den zu pflegenden Attributen bilden. Zur Leistungsbeurteilung bei der Stammdatenpflege können Erfassungsgeschwindigkeit und Fehlerquote der Stammdaten mit Bezug zum einzelnen Sachbearbeiter herangezogen werden.

Kennzahlen	Formeln
Durchschnittliche Erfassungsgeschwindigkeit pro Datensatz	Benötigte Zeit / erfasste Datensätze
Fehlerquote	Anzahl fehlerhafter Datensätze / Gesamtanzahl Datensätze
Anteil Kunden des Sachbearbeiters	Anzahl Kunden pro Sachbearbeiter / Gesamtanzahl Kunden
Durchschnittliches eingeräumtes Kreditlimit	Summe der Kreditlimite / Anzahl Kunden
Quote Kunden pro Risikogruppe	Anzahl Kunden in Risikogruppe / Gesamtanzahl Kunden

Tab. 5.40: Ausgewählte Kennzahlen im Bereich Debitorenstammdatenpflege

Buchung

Rechnungen, die nicht auf warenwirtschaftlichen Prozessen beruhen, werden in der Debitorenbuchhaltung gebucht. Rechnungen und Gutschriften mit warenwirtschaftlicher Bewegung werden bereits in der Fakturierung erfasst. Insbesondere Dauer- und Intervallbuchungen für Mieten, Strom usw. sind Aufgaben der Debitorenbuchhaltung. Darüber hinaus werden alle Buchungen durchgeführt, die im Zusammenhang mit dem Zahlungsausgleich für das warenwirtschaftliche und nicht-warenwirtschaftliche Geschäft stehen.

Buchung nicht warenwirtschaftlicher Rechnungen

Bei Kunden mit Lastschrifteinzugs- oder Abbuchungsermächtigung erfolgt die Abbuchung der Rechnungsbeträge – zumeist angestoßen durch eine Freigabe innerhalb des Warenwirtschaftssystems – automatisch. Allerdings ist auf Grund der möglicher Rücklastschriften und Betrugsversuche eine genaue Beobachtung der Zahlungsströme notwendig (vgl. Tab. 5.41). Auch bei Abnehmern, die ihre Offenen Posten per Scheck oder Überweisung ausgleichen, sollte die Buchhaltung den Zahlungseingang überwachen. Bei planmäßigem Zahlungseingang wird die Zahlung entsprechend verrechnet und der Posten als ausgeglichen gekennzeichnet.

Die Ausführungen zu den Buchungen und Kennzahlen gelten spiegelbildlich zu den Ausführungen zum Thema Kreditorenbuchhaltung.

Einzug und Abbuchung / Zahlung

Unterscheidung der Verfahren

Es kann unterschieden werden nach Verfahren, in denen das Unternehmen eine aktive Rolle einnimmt (Einzug und Abbuchung) und nach Verfahren mit passiver Rolle (Zahlung durch den Kunden), wobei verschiedene Verfahren wie Barzahlung und Kreditkartenzahlung zu unterscheiden sind.

Aufgaben

Die Aufgaben innerhalb des Funktionsblocks umfassen sowohl Tätigkeiten der Zahlungsregulierung von Verbindlichkeiten gegenüber Debitoren als auch die Regulierung von Forderungen gegenüber Debitoren. Während beim Lastschriftverfahren auf Grund erteilter Einzugsermächtigung theoretisch (und auch allzu häufig praktisch) die Möglichkeit besteht, dass der Kunde bis zu sechs Wochen den belasteten Betrag zurückzieht, ist dies beim Verfahren der Lastschrift auf Grund eines Abbuchungsauftrags ausgeschlossen. Für das Handelsunternehmen bietet das Lastschriftverfahren auf Grund eines Abbuchungsauftrags daher eine größere Sicherheit, allerdings hat das Einzugsermächtigungsverfahren auf Grund seiner Eignung im Massenverkehr (d. h. bei einer großen Zahl von Forderungen in verhältnismäßig geringer Höhe) die größere Bedeutung. Das für den kostenlose Einzugslastschriftverfahren spart den Händlern am POS zwar 0,3 Prozent des Kartenumsatzes an die Banken, doch fallen dafür Kosten für Rücklastschriften, Verwaltungs-, Ablage- und Rechercheaufwand sowie Forderungsausfälle an. Vor allem die deutschen Discounter setzen daher zunehmen auf EC-Cash-Verfahren, bei denen die PIN-Nummer am POS eingegeben werden muss, die mittels online-Prüfung verifiziert wird. Darüber hinaus ist die Zahlung bis zu einem bestimmten Limit für den Handel garantiert. Prinzipiell gilt, dass das Ausfallsrisiko besonders in Lauflagen sehr hoch ist. Insbesondere Drogerien und Parfümerien tragen hier das höchste Ausfallrisiko.

Besonderheit Aktionsgeschäft

Insbesondere im Aktionsgeschäft mit höherpreisigen Artikeln wird auch weiterhin trotz steigender Akzeptanz der EC-Karten Bargeld gefordert sein, da die Karten in Abhängigkeit von dem Kunden zumeist nur eine Summe bis maximal 2000 Euro zulassen. Die Kreditkarte, die auch die Bezahlung größerer Beträge ermöglicht, kommt im stationären Handel mit rund 5 Prozent kaum zum Tragen, während sie im Internet-Handel in nahezu der Hälfte der Fälle verwendet wird. Eine Untersuchung der Zahlvorgänge im Distanzhandel kommt zu dem Ergebnis, dass es bei 40.000 Kreditkartentransaktionen nur in 18 Fällen zu einer Rückbuchung durch Zahlungsausfall kam.[553] Auch hier hat der Händler eine Zahlungsgarantie, da das Risiko von der Bank getragen wird.

---

[553] Vgl. Kapell (2004b).

Bei der Abnehmerregulierung durch einen Zahllauf kann der Forderungseinzug inkl. der Zahlungsträgerformular- und der Datenträgererstellung automatisch erfolgen. Wenn dies nicht möglich ist, erfordert die Zahlungsregulierung durch manuellen Eingriff die individuelle Identifikation der abzubuchenden Posten, die individuelle Erstellung der Formulare sowie die individuelle Übertragung der Formulare an die Bank.

Zahllauf

Insbesondere Kennzahlen zu Forderungsausfällen und Rücklastschriften sind vor dem Hintergrund der im Handel generell wachsenden Zunahme an Rücklastschriften und Betrugsversuchen wichtige Informationsquellen im Debitorenmanagement (vgl. Tab. 5.41).

Kennzahlen	Formeln
Quote Rücklastschriften	Anzahl Rücklastschriften / Anzahl Lastschriften
Quote Forderungsausfälle	Wert Forderungsausfälle / Gesamtwert Lastschriften
Anteil Lastschriften mit Einzugsermächtigung	Anzahl Lastschriften mit Einzugsermächtigung / Gesamtanzahl Lastschriften

Tab. 5.41: Ausgewählte Kennzahlen im Bereich Einzug und Abbuchung

Kreditmanagement

Vielfach vergeben Handelsunternehmen Kredite an ihre Kunden. Das Kreditmanagement ist vergleichbar mit den Aufgaben des Kreditmanagements in Kreditinstituten. Grundvoraussetzung für die Vergabe von Krediten oder Kreditlimiten sollte die Bonitätsprüfung der Kunden sein. In Bezug zu einem Debitorenkonto werden ggf. unternehmensübergreifend Kreditlimite und deren Ausschöpfung gepflegt. Im Laufe der Geschäftsvorfälle werden die in Anspruch genommenen Kreditrahmen ermittelt. Bei Überschreitungen werden Warnmeldungen an den Sachbearbeiter ausgegeben. Entsprechend sind Kennzahlen zur Auswertung des Zahlungsverhaltens zur Verfügung zu stellen (vgl. Tab. 5.42). Neben der laufenden Überprüfung der eingeräumten Kreditlinien und Kreditauflagen sind auch das Ausstellen und Überwachen von Mahnungen sowie das Verzinsen der in Anspruch genommenen Kredite wichtige Aufgaben des Kreditmanagements.

Vergleich zu Kreditinstituten

Kennzahlen	Formeln
Wert gewährter Kredite	Gesamtwert der Kreditlinien
Wert in Anspruch genommener Kredite	Gesamtwert der tatsächlichen Kredite
Durchschn. Ausschöpfungsgrad des Kreditlimits	Gesamtwert der tatsächlichen Kredite / Gesamtwert der Kreditlinien
Wert der Kreditüberziehungen	Gesamtwert überzogener Kredite - Wert der entsprechenden Kreditlinien
Quote Kreditausfall	Wert Kreditausfälle / Wert aller Kredite
Quote fällige Forderungen	Wert aller fälligen Forderungen / Wert aller Kredite
Wertmäßige Quote Mahnungen	Wert angemahnte Beträge / Wert gewährte Kredite
Quote Inanspruchnahme unberechtigte Skonti	Wert unberechtigte Skonti / Wert berechtigte Skonti

Tab. 5.42: Ausgewählte Kennzahlen im Bereich Kreditmanagement

6 Handelscontrolling im Lager

Die wesentlichen Aufgaben der Lagerlogistik sind das Ein-, Aus- und Umlagern. Zentrales Objekt des Unternehmensbereiches sind die verwalteten Lagereinheiten, die im Lager gelagert werden. Das Einlagern erfolgt im Funktionsbereich Wareneingang, das Auslagern im Funktionsbereich Warenausgang. Die verbleibenden Funktionen reichen von der Anlage und Verwaltung der Lagerstrukturen über die Umlagerung und Inventurdurchführung bis zur Lagersteuerung (vgl. Abb. 6.1).

Aufgaben

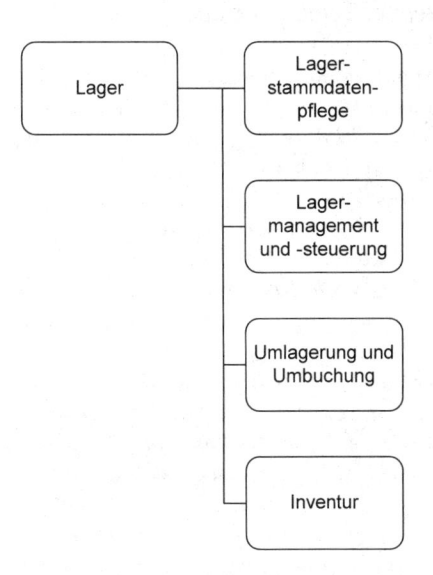

```
Lager ─┬─ Lagerstammdatenpflege
       ├─ Lagermanagement und -steuerung
       ├─ Umlagerung und Umbuchung
       └─ Inventur
```

Quelle: in Anlehnung an Becker, Schütte (2004), S. 504.

Abb. 6.1: Aufgaben des Lagers

Forschungsergebnisse zeigen, dass rund 40 % des im Unternehmen eingesetzten Kapitals im Einzelhandel im Warenbestand gebunden ist. Der Wareneinsatz im Lebensmitteleinzelhandel macht dabei rund 80 % des Umsatzes aus.[554] Die Kennzahlen Rohertrag und

Höhe des Warenbestands

---

[554] Vgl. Daum (1998), S. 1019.

Umsatz als alleinige Größen der Sortimentssteuerung können daher zu extremen Fehlentscheidungen führen, da die Sortimentsentscheidung von vielen weiteren Faktoren abhängt, die für Entscheidungsträger häufig nicht transparent sind. Der Rohertrag muss daher immer im Zusammenhang mit der Umschlaghäufigkeit gesehen werden. Bei unflexiblen Lieferanten, die hohe Artikelmengenabnahmen verlangen, so dass unverhältnismäßig hohe Lagerbestände entstehen, können die Finanzierungskosten für den Bestand schnell einen hohen Artikelrohertrag vernichten.

Bedeutung der Logistik

Rund 87 % des Handels sieht die Logistik als „strategische Waffe" im Wettbewerb. Vor allem das klassische Problem der zu hohen Bestände ist nach Ansicht von Experten noch nicht zufrieden stellend gelöst. Eine Studie im Auftrag der Deutschen Post kommt zu dem Schluss, dass rund zwei Drittel der Unternehmen ihre eigene Wertschöpfungstiefe auf weniger als 60 % reduziert haben, 34 % sogar auf unter 40 %.[555]

Beispiel Tchibo

Beispiel: Bunte Warenwelt bei Tchibo Logistics [556]

Auch wenn es der Kunde kaum merkt – weil alles so reibungslos funktioniert – ist Tchibo ein wahrer Meister der Logistik. 52 Mal im Jahr wechselt in den rund 1.200 eigenen Filialen und 54.000 von Tchibo belieferten Outlets des Lebensmittel- und Facheinzelhandels das Non-Food-Angebot. Während sich die Angebote von Tchibo immer mehr durchsetzen – statistisch trägt jede zweite Frau einen BH der Tchibo-Marke TCM und jedes Baby zwei Tchibo-Strampelhosen – sind die Logistik-Kosten innerhalb von vier Jahren reduziert worden, während sich der Umsatz allein in 2003 um acht Prozent auf 3,3 Milliarden erhöhte. Die Liefertermintreue liegt hierbei bei 98,9 Prozent und die -genauigkeit bei 99,98 Prozent. In Bremen betreibt Tchibo das größte europäische Logistiklager und schlägt pro Tag rund 6.000 Paletten um und führt bis zu 300 tägliche Transporte durch. Tchibo setzt anders als das durchschnittliche Handelsunternehmen auf externe Partner. Rund 70 Prozent der logistischen Wertschöpfung werden von Externen erbracht, was Flexibilität bei Marktveränderungen und im Saisongeschäft bietet. Im Durchschnitt vergibt der Handel nur etwa 30-40 Prozent der logistischen Leistungen an externe Partner wie DHL, Fiege, Uhlhorst oder UPS. Mit der Einführung der Maut und den durch Steuern immer höheren Benzinkosten geht Tchibo wie auch andere Händler zunehmend von der Zentrallager- zur Regionallagerstrategie über.

---

[555] Vgl. Kapell (2004a).
[556] Zum Thema Tchibo-Logistik vgl. Loderhose (2005).

Die Non-Food-Artikel von Tchibo kommen überwiegend aus Asien. Von Bremerhafen oder Hamburg werden sie mit Binnenschiffen zum Neustädter Hafen geschifft und von dort mit LKWs in das Bremer BLG-Lager gebracht, wo jeder Transportbehälter eine RFID-Kennung erhält. Im Lager werden die rund 20-30 wöchentlichen Artikel verteilfertig zusammengeführt und zwischengelagert. Die gesamte Lieferkette mit all ihren Arbeitsprozessen ist exakt organisiert und durchgeplant. Bereits bei der Ouvertüre, nämlich der Beschaffung der Ware in Übersee, spielen die Logistiker und Controller mit ihren Anforderungen an Transportschutz, Palettierbarkeit und Stapelbarkeit eine wichtige Rolle. Lange im Voraus werden Mengen, Gewichte und Volumina exakt festgelegt und in die Planung einbezogen.

Lagerstammdatenpflege

Im Rahmen der Lagerstammdatenpflege werden die unterschiedlichen Lagerbereiche und Lagerplätze angelegt und gepflegt. Mit dem Abbilden einer Lagerstruktur können Lagerplätze eindeutig identifiziert werden.[557] Lagerstammdaten sind die Grundlage für die Zuordnung von Artikeln zu Lagerplätzen sowie Lagerplätzen zu Lagerbereichen wie Frische-, Tiefkühl-, Wert- oder Trockenlager. Die Zuteilung ermöglicht eine effiziente Kommissionierung und ist Grundlage für Auslastungsanalysen im Controlling. Auslastungsanalysen sind möglich, wenn sowohl für den Lagerplatz als auch für die zugeordneten Artikel und Verpackungseinheiten Größen- und/oder Volumenangaben gepflegt werden.[558] Die Lagerstruktur setzt sich aus der Untergliederung in Lagerbereiche mit Gang, Haus, Ebene zusammen (vgl. Abb. 6.2).

Aufgaben

Bereits bei der Lagerorganisation und bei der Lagerstammdatenpflege sollte darauf geachtet werden, dass die Kommissionierung mit möglichst hoher Qualität erfolgen kann. So werden i. d. R. Lagerplätze links in einem Gang ungerade nummeriert und rechts gerade. Auch werden gleiche Textilien in verschiedenen Größen nicht nebeneinander gelagert, um eine Verwechslung bei der Konfektionierung zu vermeiden.

---

[557] Einen Überblick über mögliche Lagerorganisationen bietet Schulte (1999a). Vgl. ebenso Schulte (1999b), S. 181 ff. und Lerchenmüller (1998), S. 421 f.
[558] Vgl. Ribbert (2005), S. 183 f.

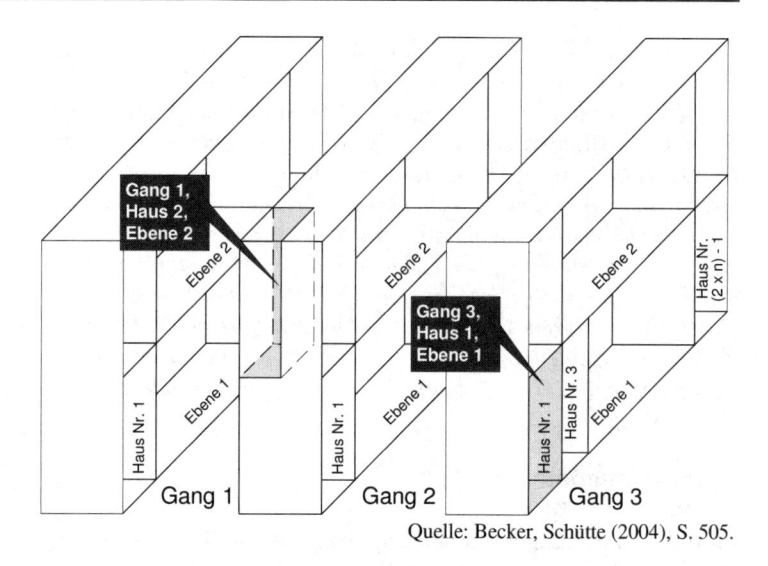

Abb. 6.2: Exemplarische Struktur eines Lagers

Lagermanagement und -steuerung

Aufgaben

Die zunehmende Automatisierung der Ein-, Aus- und Umlagerungsprozesse erfordert ein effizientes Lagermanagement mittels Lagersteuerungssystemen mit speziellen Ein- als auch Auslagerungsstrategien, ggf. auf der Basis von Optimierungsaufgaben, die beispielsweise Transportwege minimieren oder MHD beachten. Teilweise ist die Lagersteuerungsfunktionalität Bestandteil der auf dem Markt befindlichen Systeme, häufig setzen die Unternehmen jedoch eine eigenständige Software ein. Einen Sonderweg geht das Drogerieunternehmen Müller, das mit der Open-Source-Lösung myMWS (www.myMWS.de) eine günstige Grundlage für eine Eigenentwicklung gefunden hat.[559]

Kosten im Lager

Kosten im Lager sind durch eine Vielzahl von Faktoren bestimmt, die es bei Optimierungsstrategien zusätzlich zu den Waren-, Zins- und Opportunitätskosten zu berücksichtigen gilt. Neben den Systemkosten, z. B. für die Lagerüberprüfung und den Dispositions- und Einlagerungskosten, kommen Beschaffungs- und Fehlmengenkosten durch Einzelnach- oder Eilbestellungen hinzu. Auch Verräumungs-, Miet-, Vernichtungs- und Versicherungskosten sind zu berücksichtigen. Diesen Kosten stehen der Servicegrad, Just-in-Time-Belieferungen und Bündelungseffekte im Regelfall entgegen.[560] Erfahrungen aus der Beratung ergeben, dass Handels-

---

[559] Vgl. Loderhose (2004c).
[560] Vgl. Tietz (1993), S. 1064.

unternehmen zwar in der Regel ihre direkten Bestandskosten aber nicht die indirekten Kosten kennen. Diese machen je nach Handelsunternehmen noch einmal ca. 15 % - 30 %, in Ausnahmefällen sogar bis über 55 % des Lagerwerts aus (vgl. Tab. 6.1).[561]

Kostenart	Kosten in Prozent des Warenwerts
Verzinsung	6 – 12 %
Steuern	2 – 6 %
Versicherung	1 – 3 %
Ausgaben für das Lager	2 – 5 %
Warenbewegung	2 – 5 %
Administration und Lagerüberwachung	3 – 6 %
Warenüberalterung	6 – 12 %
Diebstahl, Bruch und Verderb	3 – 6 %
Summe	**25 – 55 %**

Quelle: in Anlehnung an Richardson (1995).

Tab. 6.1: Übersicht über indirekte Lagerkosten

Kennzahlen

Wichtige Kennzahl bei der Minimierung der Kosten und Optimierung der Warenbereitstellung ist die Lagerumschlagshäufigkeit. Eine Erhöhung der Kennzahl führt zu einer geringeren durchschnittlichen Lagerdauer und damit zu niedrigeren Lagerkosten. Die große Bedeutung des Lagerumschlags wird besonders bei Betrachtung des Risikos der Nachfrageeinbrüche sichtbar. Insbesondere in den letzten Jahren musste der Handel in unterschiedlichen Bereichen (der LEH im Bereich Non-Food, die Automobilbranche in allen Absatzsegmenten usw.) feststellen, dass die Kaufzurückhaltung und die politischen und wirtschaftliche Verunsicherung der deutschen Bevölkerung zu hohen Nachfrageschwankungen führte. Einige Händler haben daher als zusätzliche Kennzahl den Cash Conversion Cycle eingeführt, mit dem sie die Zeitspanne von Lieferantenzahlung bis Abverkauf an den Kunden messen. Ziel ist generell eine Senkung des gebundenen Kapitals durch einen optimalen Lagerbestand und eine niedrige Lagerdauer. Bei Unternehmen, die mit stark schwankenden Marktpreisen im Einkauf zu tun haben (Kaffee, Tabak, Öl usw.) wird das Ziel nicht ein möglichst

---

[561] Vgl. Bornemann (1986), S. 11, Aljian (1958), S. 9-28, Johnson, Wood (1986), S. 253 sowie Stock, Lambert (1987) und die dort angegebene Literatur.

geringer Lagerbestand, sondern ein in Bezug auf die jeweilige Marktlage optimaler Einkaufspreis sein. Bei niedrigen Einkaufspreisen wird daher deutlich mehr Ware eingekauft als bei hohen Preisen, so dass die eigenen Lagerbestände stark schwanken. Generell ist die Definition von Höchstbeständen ebenso sinnvoll wie die Festlegung von Meldebeständen für einzelne Artikel und Warengruppen. Bei der wertmäßigen Lagerbestandsbewertung gibt es verschiedene Möglichkeiten: In der Regel werden Lagerbestände zum Einstandspreis bzw. Herstellpreis bewertet. Schwankt der Bestand und der Einstands- bzw. Herstellpreis nur geringfügig, so ist eine Bewertung zu Standardpreisen möglich. Häufig ist dieses jedoch nicht der Fall, so dass der Wert des Bestandes aus Alt- und Neubestand errechnet werden muss. Durchschnittspreise werden entweder gewichtet oder gewogen ermittelt. Während sich der gewogene Durchschnittspreis als Jahresanfangswert nebst der über das Jahr verteilten Zugangswert geteilt durch die kumulierte Menge errechnet, wird der gleitende Durchschnitt durch den Restbestandswert nebst des aktuellen Zugangswert geteilt durch die aktuelle Lagermenge ermittelt. Häufig wird der gewichtete Durchschnittspreis herangezogen, so dass einige größere Warenwirtschaftssysteme die Anforderungen des gewogenen Durchschnittspreises nicht berücksichtigen.

Der Ausweis der Warenbestandszinsen in Bezug auf einzelne Artikel oder Warengruppen hilft, die indirekten Warenkosten zu vergegenwärtigen und zu optimieren. Auch eine Auswertung der Lagerbestandsstruktur hilft bei der Optimierung der gelagerten Ware. Je geringer der Lagerbestand einzelner Waren ist, desto geringer ist das Risiko, diese Waren zu überlagern bzw. das MHD zu überschreiten. Die Logistikkosten am Umsatz geben ebenso wie die durchschnittliche Anzahl an Kommissionierauftragspositionen Aufschluss über die Effizienz der Logistik, die Entwicklung des Lagerschwunds über die Effektivität, wobei eine nähere Untersuchung der Ursachen des Lagerschwunds (Diebstahl, Bruch, Verderb usw.) notwendig ist (vgl. Tab. 6.2).

Kennzahlen	Formeln
Umschlaghäufigkeit	Wareneinsatz / durchschn. Lagerbestand
Cash Conversion Cycle	Dauer Lieferantenzahlung bis Abverkauf
Meldebestand	(Mindestbestand + täglicher Verbrauch) * Lieferzeit (Tage)
Durchschn. Lagerbestand	(Anfangsbestand+Endbestand) / 2
Durchschn. Lagerdauer	360 Tage / Umschlaghäufigkeit
Lagerfüllgrad	Genutzter Anteil des Lagerraumes / insgesamt verfügbarer Lagerraum
Gewogener Durchschnittspreis	(Wert Jahresanfangsbestand + Wert aller Zugänge) / Jahresgesamtmenge
Gleitender Durchschnittspreis	(Wert Altbestände + Wert der letzten Lieferung) / Gesamtlagermenge
Zinsen Warenbestand	Bewerteter durchschn. Warenbestand * Zinsfuß / 360
Lagerbestandsstruktur	Lagerbestand nach [Alter, Warengruppe, Mode usw.] / Gesamtlagerbestand
Logistikkosten am Umsatz	Logistikkosten / Umsatz
Durchschn. Anzahl Kommissionierauftragspositionen	Kommissionierauftragspositionen / Mitarbeiterstunden
Lagerschwund	Istbestand des Lagers / Soll-Bestand des Lagers

Tab. 6.2: Ausgewählte Kennzahlen im Bereich Lagermanagement und -steuerung

Beispiel: Bestandseinsparung und Verbesserung der Lieferbereitschaft bei Anita Dr. Helbig GmbH [562]

Die Anita Dr. Helbig GmbH produziert und vertreibt mit rund 1.100 Mitarbeitern und einem Jahresumsatz von 70 Millionen Euro Mieder- und Bademoden in großen Cups und Größen für die Zielgruppen werdende und stillende Mütter sowie brustoperierte

Beispiel Lageroptimierung

---

[562] Vgl. Heid-Davignon, Jürgens (2004). Siehe auch http://www.anita.de/.

Frauen. Aus verschiedenen Gründen war der eigene Lagerbestand durch Variantenzunahme und Verkürzung der Abverkaufszyklen deutlich angewachsen. Eine konservative Bestandsanalyse ergab ein Bestandsreduzierungspotenzial von 19 %.

Zur Optimierung von Beständen und Lieferbereitschaften wurden zunächst die Artikelsortimente nach Umsatzanteilen (ABC-Analyse) und nach Prognostizierbarkeit des Bedarfs (XYZ-Analyse) strukturiert. Auch Trends und Saisonalitäten wurden betrachtet. Als Stellschrauben für eine Optimierung konnten die Prognoseverfahren, der Lieferbereitschaftsgrad, die Losgröße, die Eindeckzeit und die Wiederbeschaffungszeit identifiziert werden.

Da bisher kein Optimierungstool für die Disposition eingesetzt wurde, wurde der Einfluss auf die Bestände abgeschätzt. Da das Unternehmen einen hohen Grad an AX-Artikel aufweist (also wichtige Umsatzträger, deren Bevorratung einfach zu prognostizieren ist), erweist sich eine automatische Disposition als sinnvoll. Der vom Unternehmen festgelegte und von den Kunden geforderte Soll-Lieferbereitschaftsgrad ist hierbei wesentlicher bestimmender Faktor. Daher wurde errechnet, dass ein Soll-Lieferbereitschaftsgrad von 99 % in bestimmten Bereichen durch die Senkung des Lieferbereitschaftsgrades auf 90 % in Bereichen mit einem sporadischen Z-Verbrauchsverhalten mehrfach wieder hereingeholt werden kann. Auch die Eindeckzeit bei AX-Artikeln ließ sich verkürzen und führte bei einer Senkung der Eindeckzeit um 10 Tage zu ca. 90.000 Euro reduziertem Durchschnittsbestand bei den AX-Artikeln.

Insgesamt ließ sich mit den angestrebten Verbesserungen im Lagermanagement in den verschiedenen Produktgruppen die Lieferbereitschaft auf 94 % bzw. 99 % steigern. Eine Bestandssenkung von 26,4 % bei dispositiv beeinflussbaren Artikeln konnte erreicht werden, die bei gleich bleibendem Lieferbereitschaftsgrad sogar auf 49,8 % hätte gesteigert werden können.

Technologische Neuerungen

Häufig finden auf Grund der kostenmäßigen Bedeutung technologische Neuerungen im Lager schnell ihre Anwendung. EAN128 und RFID-Technologien werden beispielsweise routinemäßig bereits lange vor dem Einsatz in der Filiale in der Lagerlogistik verwendet. Auch Pick-by-Voice hat als moderne, beleglose Kommissioniertechnologie, bei der der Kommissionierer seine Arbeitsaufträge direkt über Kopfhörer vom Lagersystem erhält, schnell flächendeckende Akzeptanz erreicht. Ziel der neuen Technologie aus Controllingsicht ist eine Steigerung der Qualität in Bezug auf Fehlmengen und Pick- und Packfehler sowie eine Steigerung der Produktivität in Bezug auf den Kommissionierablauf und die Administration desselbigen. Darüber hinaus sollen Inventurdifferenzen gemindert werden. Die zu erwartenden Leistungssteigerungen bei derartigen Projekten liegt etwa zwischen 20 % und 30 %.[563] Die Firma Globus Logistik berichtet nach einer Reihe von Verbesserungsmaßnahmen in der Kommissionierung, zu denen u. a. auch die Einführung von Pick-by-Voice gehört, dass die Fehlerquote von 0,34 % auf 0,06 % gesenkt werden könnte. Dabei konnte die Anzahl an Produktverwechslungen, die vor Einführung der neuen Technik noch mit 78,41 % zu den Kommissionierfehlern beitrug, vollständig eliminiert werden.[564]

Beispiel: Pick-by-Voice-Nutzung im Handel[565]

Die Verbrauchermarktkette Bells betreibt ein eigenes Distributionszentrum in England mit rund 50 Filialen im Umland. Jede Woche gelangen über die Zentrale mehr als 68.000 Artikel in die Filialen, täglich werden bis zu 12.000 Produkte kommissioniert. Durch das starke Wachstum der Gruppe drängte das Controlling darauf, die Distribution entweder zu erweitern oder durch neue Technologien zu optimieren, um einen Engpass bei den Lagerkapazitäten bei gleichzeitig stark steigenden Overheadkosten zu vermeiden.

Bell Stores entschied sich daher in der Kommissionierung für eine Pick-by-Voice-Lösung. Nach einem kurzem „Kulturschock" der Mitarbeiter genoss die neue Lösung hohe Akzeptanz. Der Durchlauf im Lager erhöhte sich dadurch um 21 %, während die Zahl der Mitarbeiter um 27 % sank. Außerdem führte die Effizienzsteigerung dazu, dass die Ladenflächen um 10 % vergrößert werden konnten, ohne neue Lagerkapazitäten schaffen zu müssen. Die Anzahl der Filialen kann ohne zusätzliche Lagererweiterungen problemlos erhöht werden. Ein weiterer positiver Nebeneffekt bei Bells ist der Rückgang der bei der Inventur aufgedeckten Verluste. Bei einer Quartalsinventur wurden nach der Bearbeitung von fast 68.000 Aufträgen gerade einmal 76 Euro Differenz festgestellt. Bells überlegt daher, die Komplettinventur abzuschaffen.

Ähnliche Erfolge kann auch Lekkerland-Tobaccoland vorweisen. Seit 1999 hat das Unternehmen seine Logistik-Strategie neu ausgerichtet und nutzt seit 2001 ein Sprachsystem zur beleglosen Kommissionierung. Die durch zusätzliche Maßnahmen schon geringe Packfehlerquote konnte noch einmal um 30 % reduziert werden, der Produktivitätszuwachs lag bei 20 %.

Beispiel Pick-by-Voice

Im Rahmen der Prozessoptimierung finden vermehrt auch Konzepte Verwendung, bei denen das Lager und die dortige Kommissio-

Konzepte zur Prozessoptimierung

---

[563] Vgl. Wenzel (2003).
[564] Vgl. Schillo (2004).
[565] Vgl. Biewendt (2004), S. 62 sowie Schiebur (2004), S. 60.

nierung nicht in vollem Ausmaß in Anspruch genommen werden. Die Ware wird entweder direkt vom Warenein- zum Warenausgang durchgereicht (Cross-Docking), also nicht umgepackt oder aufgeteilt, oder direkt im Wareneingang bzw. in einer Umpackzone kommissioniert und dann an den Warenausgang weitergereicht (Flow-Through). Auch Strecken- oder direkte Filialbelieferungen werden vermehrt eingesetzt, bei denen der Lieferant im Auftrag des Händlers direkt an die Endkunden oder Filialen liefert.[566]

Cross-Docking

Beim Cross-Docking kommissioniert der Absender bereits endempfängerbezogen vor, so dass im Lager die Ware lediglich entsprechend den Empfängeranforderungen zusammengestellt werden muss. Eine Einlagerung als „Sicherheitspuffer" erfolgt nicht, was Cross-Docking zu einer zeitkritischen Logistikvariante macht. Entsprechend sind die Auswahl der Partner und die Zuverlässigkeit der Informationen entscheidende Erfolgsfaktoren.[567] Durch Cross-Docking können Ziele wie die Bestandsreduktion, die effiziente Wareneingangsabwicklung durch Minimierung der Rampenkontakte sowie eine höhere Durchlaufgeschwindigkeit erreicht werden.

Flow-Through

Beim Flow-Through wird die Ware nach dem Wareneingang in eine Umpackzone transportiert und dort umgepackt. Eine Einlagerung findet auch bei diesem Verfahren nicht statt, die Ware wird direkt zum Warenausgang gebracht.[568]

Umlagerung und Umbuchung

Umlagerung

Bei der Verlagerung von Ware von einem Lagerort zum anderen wird von Umlagerung gesprochen. Die Lagerorte können zum selben oder zu unterschiedlichen Betrieben gehören, wie dies bei Umlagerungen zwischen Verteilzentren und Filialen der Fall sein kann. Auch Umlagerungen zwischen Filialen, um (Aktions-)Ware besser abzusetzen oder Kundenwünsche zu erfüllen, sind üblich. In Fällen, in denen Ware innerhalb des Unternehmens umgelagert werden soll, wird von innerbetrieblichen Transportaufträgen gesprochen. Bei einer Umlagerung zwischen Betrieben mit unterschiedlichen Buchungskreisen wird von einem Verkauf mit entsprechenden Buchungen im Rechnungswesen gesprochen. Liegt der Verrechnungspreis für diesen Verkauf über dem Bestands- bzw. Einkaufspreis handelt es sich um einen erfolgswirksamen Vorgang. Die Festlegung von geeigneten Verrechnungspreisen gewinnt als klassisches Problem der Koordination mit zunehmender

---

[566] Zu den Geschäfts- und Belieferungsarten vgl. ausführlich Becker, Schütte (2004), S. 637-654.
[567] Vgl. Behrens, Sarx (2000), S. 288.
[568] Vgl. Hertel (1999), S. 54 f.

Unabhängigkeit der Filialen sowie Dezentralisierung der Entscheidungskompetenz an Bedeutung.

Umbuchungen sind demgegenüber rein wertmäßige Vorgänge, die zu einer Korrektur des Bestandswerts führen. Häufiger Hintergrund für Abschriften im Lager ist die Nicht-Erfüllung der Abverkaufsprognose, so dass Ware längerfristig im Lager verbleibt. Mögliche Abschreibemuster sind beispielsweise 10 % des Warenwerts nach dem ersten Jahr, 75 % nach dem zweiten Jahr und die Komplettabschreibung nach dem dritten Jahr. Die Abschriften sind stark von der Ware abhängig. Während Textilien zu großen Teilen nach einer Saison abgeschrieben werden, da sie dann nicht mehr modisch sind, werden Schmuckwaren beispielsweise nur mit 1-10 % im Jahr abgeschrieben. Ein weiterer Grund ist die Verkaufspreiskorrektur, da zur wareneingangsbezogenen Spannenermittlung sowohl Ein- als auch Verkaufspreise gepflegt werden. Somit sind insbesondere bei Aktionen die reservierten Artikel mit den Aktionspreisen zu bewerten, was eine Umbuchung der Artikel bedeutet, wenn sie vorher regulär geführt wurden.[569] Tab. 6.3 zeigt ausgewählte Kennzahlen im Bereich der Umlagerung und Umbuchung.

Umbuchung

Kennzahlen	Formeln
Wert der Umlagerungen	Gesamtwert der Umlagerungen von … nach …
Durchschn. Preisaufschlag bei Umlagerung	Summe der Verkaufspreise / Summe der Einkaufspreise
Abschreibungsquote	Anzahl der abzuschreibenden Artikel / Gesamtanzahl an Artikeln

Tab. 6.3: Ausgewählte Kennzahlen im Bereich Umlagerung und Umbuchungen

Inventur

Im Rahmen der Inventur erfolgt die körperliche Aufnahme der Bestände zu einem Stichtag in den Lägern und Filialen. Sie ist gesetzlich mindestens einmal im Jahr vorgeschrieben und dient der Aufdeckung bislang nicht erfasster Verluste. Inventurdifferenzen, d. h. Abweichungen zwischen Soll-Bestand und Ist-Bestand ergeben sich durch Eingabefehler, ungenügende Kontrolle der Belegscheine (Bestellschein, Lieferschein usw.), Diebstahl durch Kunden,

Aufgaben

---

[569] Vgl. Ribbert (2005), S. 185.

Lieferanten und Mitarbeiter, Warenverfall (z. B. Ablauf des MHD), kaputte Ware (z. B. durch Herunterfallen eines Tellers) sowie Fehler bei der Warenaufnahme oder Dokumentation der Inventur.

Stichtagsinventur

Bei der klassischen Stichtagsinventur erfolgt die Bestandserfassung durch Messen, Wiegen oder Zählen am Bilanzstichtag, im Regelfall am Anfang des Jahres liegt. Bei der permanenten Inventur ist es möglich, die Bestandsaufnahme über das Jahr zu verteilen. Dabei ist sicherzustellen, dass jeder Artikel mindestens einmal jährlich erfasst wird. Beide Verfahren gelten als Vollerhebungsverfahren, da der gesamte Warenbestand erfasst wird.

Stichprobeninventur

Alternativ stellt der Gesetzgeber mit der Stichprobeninventur ein Verfahren zur Verfügung, bei dem nur ein Teil der Warenbestände gezählt und daraus der Gesamtwarenwert hochgerechnet wird (§ 241 HGB). Allerdings sind die gesetzlichen Anforderungen so hoch, dass der Aufwand für die Stichprobeninventur dem einer Vollerhebung nahe kommt, weswegen nahezu alle Handelsunternehmen letztgenannten Weg gehen.

Inventurdurchführung

Während der Inventur sind die Bestände der zu inventarisierenden Artikel zu sperren. Im Einzelhandel ist dieses Vorgehen nur durch Stichtagsinventurdurchführung außerhalb der Geschäftszeiten oder durch Schließung des Geschäfts möglich, im Großhandels- und Lagerbereich werden die zu inventarisierenden Lagerbereiche temporär für Ein- und Umlagerungen sowie für Kommissioniertätigkeiten gesperrt.[570] Die erfassten Bestände werden mittels mobiler Endgeräte (MDE), aber auch teilweise noch mit Listen, in den Filialen und Lägern erfasst und elektronisch an das Zentral-WWS bzw. das Filial-WWS übermittelt.

Automatische Warenausgangserfassung

Die Warenausgangserfassung in der Filiale kann mittels Scannerkassen artikelgenau erfolgen, so dass eine Nachbestellung theoretisch automatisch erfolgen kann. Dies setzt jedoch voraus, dass es keine Verluste im Laden durch Diebstahl oder verdorbene Ware gibt und das Kassierpersonal tatsächlich artikelgenau scannt. Oft werden darüber hinaus aus Unwissenheit und Zeitmangel bei Problemen mit dem Einscannen bestimmter Artikel Pauschal-EANs anstelle der korrekten EAN des Artikels manuell in die Kasse eingegeben, was zu einer Verfälschung der Bestandsführung führt.

Notwendigkeit des Bestandscontrollings

Zusätzlich zur Wahrung der gesetzlichen Anforderungen erfüllt das Controlling der Bestände somit eine wichtige Funktion, um leere Regale zu vermeiden. Bei den Inventurdifferenzen sind erhebliche Unterschiede zwischen einzelnen Warengruppen zu verzeichnen, wobei der Hauptteil nach Untersuchungen des EHI auf Diebstahl durch Mitarbeiter, Kunden und Lieferanten zurückzu-

---

[570] Vgl. Becker, Uhr, Vering (2000), S. 75 ff. sowie Becker, Schütte (2004), S. 509 ff.

führt ist. Die Bandbreite der Inventurdifferenzen in Relation zum Bruttoumsatz bei Supermärkten ist relativ hoch und reicht von 0,4 % bis ca. 1,5 % und mehr, wobei Inventurdifferenzen unter 1 % vom Umsatz bereits als Erfolg bewertet werden.[571]

[Diagramm: Inventurdifferenzen 2000/2001 – Food: 0,88/0,87; Nonfood: 1,63/1,57; Textilien: 1,31/1,16]

Quelle: EHI zitiert in Becker, Schütte (2004), S. 510.

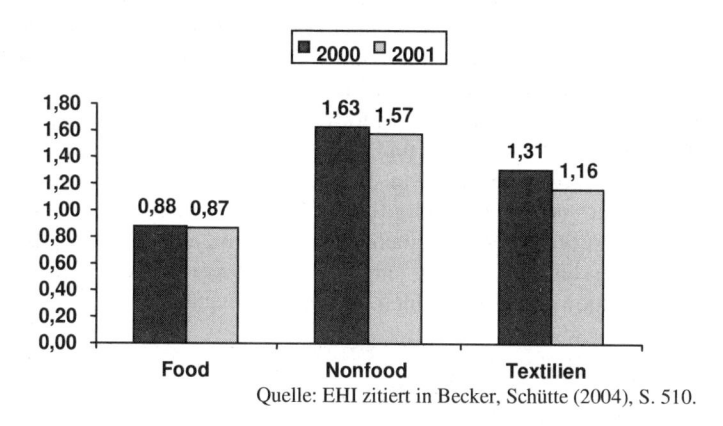

Abb. 6.3: Inventurdifferenzen von Warengruppen

Beispiel: Einführung der permanenten Inventur bei Tegut[572]

Die unterjährige Inventur ist für viele Handelsunternehmen eine interessante Alternative zu der jährlichen Stichtagsinventur, zumal die Einführung der automatischen Disposition eine genaue Kenntnis über den tatsächlichen (und nicht den im Filial-WWS vorhandenen, der sich durch Diebstahl, Schwund usw. unterscheiden kann) Warenbestand im Laden erfordert.

Bei Tegut ergibt sich dabei folgendes Vorgehen: Artikel mit geringer Abverkaufsquote und Inventurdifferenz müssen nur einmal im Jahr gezählt werden. Bei Produkten mit einer Inventurdifferenz größer zwei Prozent sind die Artikel alle 21 Tage zu zählen. Das Personal erhält hierzu automatisch generierte Zähllisten, die in frequenzschwachen Zeiten in der Filiale mittels mobiler Datenerfassungsgeräte abgearbeitet werden können. Tegut, die ihre Inventuren mittels MDEs in direkter Verbindung zum WWS durchführen, konnte zahlreiche positive Nebeneffekte aus der Einführung der permanenten Inventur verzeichnen. U. a. hat das Unternehmen auch unterjährig einen artikelgenauen Blick auf die Inventurdifferenzen. Als Resultat wurden Artikel mit hohem Schwund wie beispielsweise Rasierklingen neu platziert, um die Diebstahlquote zu verringern.

Beispiel Permanente Inventur

---

[571] Vgl. Becker, Schütte (2004), S. 509 ff.
[572] Vgl. Weber (2004b).

Ausweis von Inventur-differenzen

Üblicherweise werden Inventurdifferenzen zum Nettoumsatz ausgewiesen, um die Spannenreduzierung darstellen zu können. Somit führt eine Inventurdifferenz von 1 Mio. Euro bei 100 Mio. Euro Umsatz zu einer Spannenreduzierung von 1 %.[573] Für Zwecke der Bilanzerstellung ist die Inventurdifferenz jedoch auf Einkaufspreisbasis zu ermitteln. Nach dem Niederstwertprinzip ist zu prüfen, ob bei einzelnen Artikeln eine Abwertung für die Bewertung des Umlaufvermögens vorzunehmen ist. Dies ist z. B. auf Grund eines dauerhaft gefallenen Marktpreises notwendig, so dass die Bestände neu zu bewerten und in den Bestands- und Erfolgskonten entsprechend zu buchen sind. Bei der Neubewertung können Umschlaghäufigkeiten ein Indiz für die Verkaufbarkeit eines Artikels liefern. Ist ein Artikel in einem Jahr nicht verkauft worden, gilt er als unverkäuflich und ist entsprechend abzuschreiben. Tab. 6.4 stellt ausgewählte Kennzahlen im Bereich Inventur dar.

Kennzahlen	Formeln
Ist-Artikelanzahl	Gesamtanzahl Artikel [Warengruppe, Filiale, Lager]
Inventurdifferenz wertmäßig	Wert Soll-Bestand - Wert Ist-Bestand pro [Warengruppe, Artikel, Filiale]
Prozentuale Inventurdifferenz	Inventurdifferenz wertmäßig / Wert Soll-Bestand
Inventurdifferenz zum Umsatz	Inventurdifferenz wertmäßig / Umsatz
Dauer der Stichtagsinventur	Anzahl Stunden für Filial- oder Lagerinventur
Abschreibungsquote	Wert der abzuschreibenden Artikel / Gesamtwert der Artikel

Tab. 6.4: Ausgewählte Kennzahlen im Bereich Inventur

---

[573] Vgl. Becker, Schütte (2004), S. 513.

7 Handelscontrolling bei betriebswirtschaftlich-administrativen Aufgaben

Die betriebswirtschaftlich-administrativen Aufgaben sind trotz des im Handel propagierten integrativen Gedankens häufig von der Warenwirtschaft abgekoppelt, da sie sich primär mit finanz- und personalwirtschaftlichen Aspekten befassen, die von der eigentlichen Warenwirtschaft losgelöst sind. Dieses Vorgehen stellt das Controlling jedoch insbesondere bei der Preisgestaltung vor große Probleme, da die (Personal-)Kosten auf der einen Seite den Preis der Waren beeinflussen, und auf der anderen Seite der Warenpreis, als Regulativ der Nachfrage, die (Personal-) Kostensituation beeinflusst. Eine Separierung einzelner Unternehmensbereiche ist auch vor dem Hintergrund der alle Bereiche betreffenden Unternehmenswertsteigerung nicht sinnvoll (vgl. Abb. 7.1).

Problem fehlender Integration

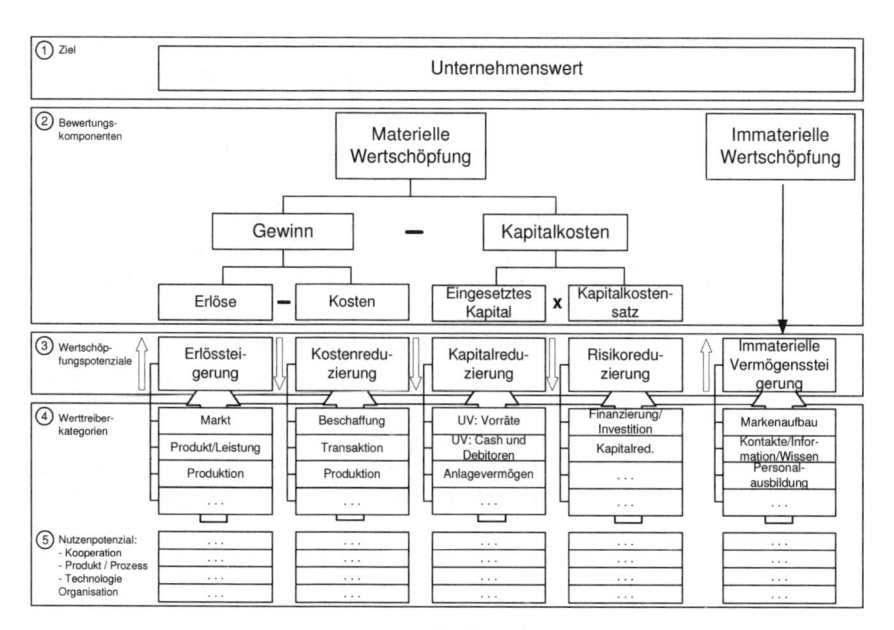

Quelle: Rolle, Schäfer (2004), S. 3.

Abb. 7.1: Entwicklung des Unternehmenswerts

Rechnungs-
wesen

Anlagen- und
Hauptbuch-
haltung

Kosten-
rechnung

Personal-
wesen

Das *Rechnungswesen* kann in ein internes und externes Rechnungswesen unterteilt werden. Das *externe* Rechnungswesen richtet sich überwiegend an externe Adressaten wie Gesetzgeber, Banken, Shareholder usw. Die Regeln für die *Anlagen- und Hauptbuchhaltung* sind in Gesetzen und Richtlinien niedergelegt. Strenge Reglementierungen sorgen dafür, dass die Rechnungslegung zwar einheitlich erfolgt, der Informationsgehalt jedoch nicht den tatsächlichen ökonomischen Zustand des Unternehmens widerspiegeln muss.[574] Im *internen* Rechnungswesen werden daher auf Grundlage eigener Entscheidungen die Kosten und Erlöse so abgebildet, dass sie für Steuerungszwecke des Unternehmens individuell geeignet sind. Zentrale Aufgabe der *Kostenrechnung* ist daher die Aufbereitung der Informationen zur Dokumentation, Planung, Steuerung und Kontrolle des Wertschöpfungsprozesses.[575] Vor allem das Objekt Konto prägt das Rechnungswesen, da alle operativen Vorgänge wertmäßig in Konten abgebildet werden.[576]

Das *Personalwesen* hat im Handel traditionell eine hohe Bedeutung, da zum Absatz der Produkte Personal notwendig ist. Anders als Ware sind Dienstleistungen nicht lagerbar, so dass eine für Dienstleistungen benötigte Personaleinsatzplanung möglichst flexibel und tagesaktuell sein sollte. Zentrales Objekt ist hierbei der Mitarbeiter.

7.1 Handelscontrolling in Haupt- und Anlagenbuchhaltung und Treasury

7.1.1 Haupt- und Anlagenbuchhaltung

Voraussetzung
zur doppelten
Buchführung

Das Hauptbuch ist zusammen mit den Nebenbüchern der Kreditoren-, Debitoren-, Waren-, Anlagen- und Personalbuchhaltung die Grundlage der doppelten Buchführung. Hier werden die Bestandsveränderungen und kreditorischen Offenen Posten wertmäßig abgebildet. Dabei erhält die Hauptbuchhaltung die Daten unmittelbar oder zeitversetzt aus den Nebenbüchern. Auf der anderen Seite stellt die Hauptbuchhaltung die Daten für die Finanzdisposition, -mittelrechnung, -planung und das interne Rechnungswesen[577] sowie die Anlagen- und Personalbuchhaltung zur Verfügung. Die Anlagenbuchhaltung soll das Anlagevermögen verwalten und kontrollieren. Aufgabe der Haupt- und Anlagenbuchhaltung ist neben den Sachkontenbuchungen insbesondere die Erstellung des Jahres-

---

[574] Vgl. Troßmann (1999), S. 347 sowie Becker, Schütte (2004), S. 526.
[575] Vgl. Schweitzer, Küpper (1998), S. 13 f.
[576] Vgl. Becker, Schütte (2004), S. 526.
[577] Vgl. Becker, Schütte (2004), S. 526 f.

abschlusses mit der Bilanz, der Gewinn- und Verlustrechnung (GuV), dem Anlagengitter und gegebenenfalls einem Anhang sowie einem Lagebericht (vgl. Abb. 7.2).

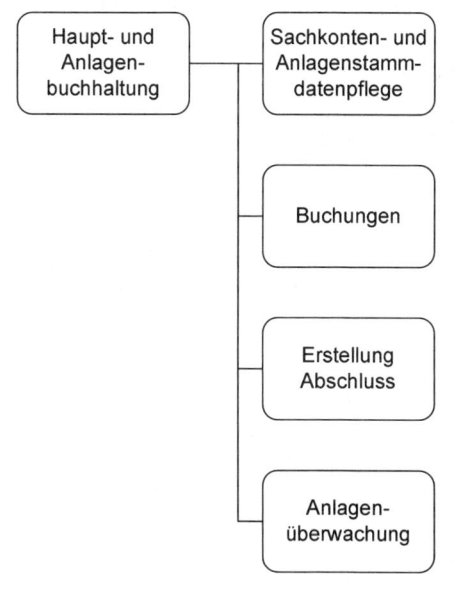

```
Haupt- und          ┌── Sachkonten- und
Anlagen-            │   Anlagenstamm-
buchhaltung         │   datenpflege
                    │
                    ├── Buchungen
                    │
                    ├── Erstellung
                    │   Abschluss
                    │
                    └── Anlagen-
                        überwachung
```

Quelle: in Anlehnung an Becker, Schütte (2004), S. 528 und S. 532.

Abb. 7.2: Aufgaben der Haupt- und Anlagenbuchhaltung

Sachkonten- und Anlagenstammdatenpflege

Die Sachkontenstammdatenpflege ist notwendig, um Vorgänge überhaupt wertmäßig auf Konten erfassen zu können. Sie umfasst die Anlage und Pflege der Konten entlang eines Kontenrahmens. Der Kontenrahmen dient als Vorlage für den Kontenplan. Er ordnet den Kontonummern Bezeichnungen und Funktionen zu.[578] Die Konten werden in finanzbuchhalterische und kostenrechnerische Konten getrennt, was der strengen Trennung von Finanz- und Betriebsabrechnung entspricht.[579] Branchenspezifische Kontenrahmen finden sich u. a. beim Hauptverband des Deutschen Einzelhandels e. V. (Einzelhandelskontenrahmen) sowie beim Bundesverband des Deutschen Groß- und Außenhandels e. V. (Kontenrahmen für Groß- und Außenhandel).[580] Die Anlage und Pflege der Stammda-

Bedeutung

Kontenunterscheidung

Kontenrahmen

---

[578] Zu einer ausführlichen Auseinandersetzung mit Kontenrahmen und Kontenplänen vgl. beispielsweise Schmolke, Deitermann, Rückwart (2004).
[579] Vgl. Wöhe (1997), S. 80 f.
[580] Vgl. Falk, Wolf (1992), S. 392 ff.

ten beinhaltet neben der Kontennummernvergabe, die Einrichtung der Sachkonten im IT-System und die Zuordnung der Konten zur jeweiligen Bilanz- bzw. GuV-Position.[581] Die Anlagenstammdatenpflege ist insbesondere bei Erwerb einer Anlage zwecks späterer Instandhaltung und zur Bewertung und Kontierung sowie Zuordnung zu Kostenstellen notwendig. Tab. 7.1 zeigt ausgewählte Kennzahlen für die Stammdatenpflege.

Kennzahlen	Formeln
Durchschnittliche Erfassungsgeschwindigkeit pro Datensatz	Benötigte Zeit für die Erfassung / Anzahl erfasster Datensätze
Fehlerquote	Anzahl fehlerhafter Datensätze / Gesamtanzahl Datensätze
Anzahl Konten	Summe der Konten
Buchungen pro Konto im Zeitvergleich	Anzahl Buchungen pro Konto in Betrachtungsperiode / Anzahl Buchungen pro Konto in Vergleichsperiode

Tab. 7.1: Ausgewählte Kennzahlen im Bereich Sachkontenstammdatenpflege

Buchungen

Zweck von Buchungen

Bei den Buchungen im Rahmen der Hauptbuchhaltung lassen sich die Buchungen der Sachkonten, Barvorgänge und der Abschlussvorbereitungen unterscheiden. Sie dienen dem wertmäßigen Festhalten der operativen Vorgänge auf den Konten. Das Buchen mit eindeutiger Belegnummer erfolgt häufig automatisiert, beispielsweise durch Mitbuchen aus der Kreditoren- und Debitorenbuchhaltung oder bei der Führung des Wareneingangsbuchs und des Kassenberichts als Aufzeichnung des täglichen Kassenverkehrs im Einzelhandel. Die Buchungen werden im Tagesjournal protokolliert, um so der Dokumentationspflicht nachzukommen. Darüber hinaus besteht nach § 257 HGB eine zehnjährige Aufbewahrungspflicht für Buchungsbelege.[582] Buchungen im Rahmen der Anlagenbuchhaltung werden notwendig, wenn Anlagen erworben, genutzt oder veräußert bzw. vernichtet werden.[583]

---

[581] Vgl. Becker, Schütte (2004), S. 527 f.
[582] Vgl. Becker, Schütte (2004), S. 529.
[583] Vgl. Becker, Schütte (2004), S. 533 ff.

Tab. 7.2 zeigt ausgewählte Kennzahlen im Bereich Buchungen, *Kennzahlen*
mit denen sich die Qualität und Performance der Buchungen
(stichprobenartig) messen lassen.

Kennzahlen	Formeln
Buchungen pro Konto im Zeitvergleich	Anzahl Buchungen pro Konto in Betrachtungsperiode / Anzahl Buchungen pro Konto in Vergleichsperiode
Fehlerquote	Anzahl fehlerhafter Datensätze / Gesamtanzahl Datensätze

Tab. 7.2: **Ausgewählte Kennzahlen im Bereich Buchungen**

Erstellung Abschluss

Zum Periodenende werden Bilanz, Gewinn- und Verlustrechnung *Abschluss*
und entsprechende Anhänge erstellt. Mit der Bewertung des Anlage- und Umlaufvermögens, der Forderungen und der Verbindlichkeiten, müssen dazu u. a. plan- und außerplanmäßige Abschreibungen und Wertberichtigungen, Abgrenzungsbuchungen und gebildete Rückstellungen gebucht werden. Die strengen gesetzlichen Vorgaben bilden beim Jahresabschluss ein starres Korsett, bieten jedoch auch Möglichkeiten zur Umgehung. So gelang es beispielsweise einigen Discountern – allen voran Lidl und Aldi – jahrelang u. a. durch Bildung von neuen Tochterunternehmen die Publizitätspflicht zu umgehen bzw. die Firmendaten nur in Teilen offen legen zu müssen.[584] Für das Berichtswesen werden insbesondere Tages- und Monatsjournale sowie Salden- und Einzelpostenlisten angefertigt.[585]

In Tab. 7.3 werden Kennzahlen im Zusammenhang mit dem *Kennzahlen*
Abschluss eines Unternehmens dargestellt. Die Umsatzrentabilität ist generell im Handel im Vergleich zu anderen Branchen eher gering. Im Mittel liegt sie beispielsweise im österreichischen Handel bei 1,5 %.[586] Deutsche Handelsunternehmen erzielen im Ländervergleich etwa nur halb so hohe Umsatzrenditen wie französische oder englische Händler. Im LEH ist jede Umsatzrentabilität über 1 % bereits beachtenswert.[587] Angaben zu Eigen- und Fremdkapital sagen grundsätzlich etwas über die Kreditwürdigkeit eines Unternehmens und seine Flexibilität in Bezug auf neue Investitionen

---

[584] Vgl. Queck (2002); Queck (2001).
[585] Vgl. Becker, Schütte (2004), S. 529 f.
[586] Vgl. o. V. (Österreich) (2004).
[587] Vgl. Barrenstein, Kliger (2002).

aus. Im Allgemeinen hat der Handel eine eher schwache Eigenkapitalquote, wobei tendenziell größere Unternehmen besser dastehen als mittelständische. Die Rückstellungsstruktur definiert den Anteil der Rückstellungen an der Bilanzsumme. Hohe Rückstellungen lassen tendenziell längerfristig auf hohe Zahlungsverpflichtungen schließen, was entsprechende Liquiditätsabflüsse bewirkt. Mit der Kennzahl Return on Investment (ROI) wird die Rendite des investierten Kapitals gemessen. Wird 100 durch den Renditesatz geteilt, so kann die Rückflussdauer gemessen werden. Bei einem Renditesatz von 5 % pro Jahr ergibt sich somit eine Rückflussdauer von 20 Jahren. Die Erlösschwelle kann über den Vergleich von Kosten (fixe und variable) und Erlösen ermittelt werden. Entspricht der kumulierte Erlös den kumulierten Kosten, so ist der Break-Even-Point erreicht.

Tendenz zu US-Kennzahlen

Die finanzwirtschaftlichen Kennzahlen sind vielfältig und international unterschiedlich ausgelegt, wobei im Handel eine Tendenz zu US-amerikanischen Kennzahldefinitionen auch im Mittelstand zu erkennen ist. Vor allem EBIT (Earnings before Interest and Taxes) bzw. EBITDA (Earnings before Interest, Taxes, Depreciation and Amortization) setzen sich als internationale Kenngrößen durch. EBIT bezeichnet den Jahresüberschuss vor Zinszahlungen und Steuern und definiert in den USA das Operating Income. Es lässt Rückschlüsse auf das operative Geschäft zu, da Verzerrungen durch steuerliche Einflüsse unterbleiben. Allerdings finden sich in der Kennzahl auch Einflüsse wieder, die nicht zum originären Geschäftsfeld führen (wie Mieteinkünfte, Dividenden usw.). EBITDA zieht gegenüber dem EBIT zusätzlich die Abschreibungen auf Sachanlagen und die Amortisation auf immaterielle Anlagen ab.

Kennzahlen	Formeln
Umsatzrentabilität	Gewinn / Umsatz
Eigenkapitalquote	Eigenkapital / Gesamtkapital
Eigenkapitalrentabilität (Return on Equity)	Jahresüberschuss / Eigenkapital
Fremdkapitalquote	Fremdkapital / Gesamtkapital
Verschuldungsgrad	Fremdkapital / Eigenkapital
Rückstellungsstruktur	Rückstellungen / Bilanzsumme
Return on Investment	Jahresüberschuss / Gesamtkapital
Break-even-Point	Kumulierte Erlöse = Kumulierte variable und fixe Kosten
EBIT (vereinfacht)	Ergebnis der gewöhnlichen Geschäftstätigkeit + Nettozinszahlungen + Steuern
EBITDA (vereinfacht)	Ergebnis der gewöhnlichen Geschäftstätigkeit+Nettozinszahlungen + Steuern + Abschreibungen

Tab. 7.3: Ausgewählte Kennzahlen im Bereich Jahresabschluss

Anlagenüberwachung

Das Management von Anlagen ist eine komplexe, bei größeren Unternehmen häufig in einer eigenen Abteilung betriebene Angelegenheit. Zu den Aufgaben zählen:[588]

Aufgaben

- die Pflege von Miet- und Leasingobjekten ohne Aktivierung, d. h. insbesondere die Einhaltung der Zahlungsverpflichtungen,
- die Berechnung der kalkulatorischen Abschreibungen und kalkulatorischen Zinsen für die Kostenrechnung,[589]
- die Ersatzzeitpunktbestimmung und optimale Laufdauer für die Investitionsrechnung,
- Beachtung von Investitionsförderungsmaßnahmen, die die Basiswerte der Abschreibungsberechnung beeinflussen können,[590]
- Buchen und Ausweisen der Reparatur- und Instandhaltungsaufwendungen,
- Simulation und Entwicklung des Anlagevermögens.

---

[588] Vgl. Becker, Schütte (2004), S. 534.
[589] Vgl. hierzu ausführlich beispielsweise Kilger (1987), S. 110-143.
[590] Vgl. Mertens (2000), S. 277.

Kennzahlen

In Tab. 7.4 werden ausgewählte Kennzahlen zum Anlagenmanagement dargestellt. Die Anlagenintensität ist das Verhältnis von Anlagevermögen und Gesamtvermögen und betrachtet das in Anlagen gebundene Kapital. Ein zu hoher Wert kann schlecht sein, da das Anlagevermögen bei Zahlungsschwierigkeiten nur schwer veräußert werden kann, zusätzlich bedeutet ein hoher Wert auch einen höheren Fixkostenblock, da sich die Abschreibungen und Instandhaltungskosten negativ auf die Bilanz auswirken. Zur Beurteilung der Investitionstätigkeit eines Unternehmens kann die Anlagevermögensveränderung herangezogen werden. Die Kennzahl gibt an, wie hoch der Anteil des Anlagevermögenzugangs an der Erhöhung der Bilanzsumme ist. Eine Aufteilung in Einzelpositionen (bebaute Grundstücke, Werke, Maschinen usw.) ist für eine hohe Aussagekraft sinnvoll. Ziel der Kennziffer Anlagendeckungsgrad ist es, eine Aussage über die Stabilität der Finanzierung des Unternehmens zu haben. Ein Wert von 80 % beim Anlagendeckungsgrad II bedeutet beispielsweise, dass nur 80 % des Anlagevermögens langfristig finanziert sind. Der Wert sollte allerdings mindestens 100 % betragen. Die Abschreibungsquote gibt die durchschnittliche Nutzungsdauer der Wirtschaftsgüter an, die Investitionsquote den Wertezuwachs bzw. -verzehr und der Anlagenabnutzungsgrad den Prozentsatz des schon abgenutzten Sachanlagevermögens.

Kennzahlen	Formeln
Anlagenintensität	Anlagevermögen / Gesamtvermögen
Anlagevermögensänderung	Zugang Anlagevermögen / Zugang Bilanzsumme
Anlagendeckungsgrad I	Eigenkapital / Anlagevermögen
Anlagendeckungsgrad II	Eigenkapital + langfr. Fremdkapital / Anlagevermögen
Abschreibungsquote	Abschreibungen / Bilanzsumme
Investitionsdeckung	Abschreibungen Sachanlagevermögen / Nettoinvestitionen Sachanlagevermögen
Anlagenabnutzungsgrad	Kumulierte planmäßige Abschreibungen / Sachanlagevermögen

Tab. 7.4: Ausgewählte Kennzahlen im Bereich Anlagenbuchhaltung

7.1.2 Treasury Management

Das Treasury Management kommt ursprünglich aus dem Bankenumfeld. Unter Treasury lässt sich ein Aufgabebereich im Unternehmen verstehen, der bestimmte Funktionen des Finanzmanagements übernimmt.[591] Das Treasury Management beobachtet und bewertet die Zahlungsströme, berechnet deren Barwert und versucht, Optimierungen aufzuspüren, die im Zeitablauf zu höherem Gewinn führen. In klein- und mittelständischen Unternehmen fallen diese Aufgaben häufig in die Zuständigkeit der Hauptbuchhaltung (meist werden hier nahezu alle buchhalterischen Aufgaben zusammengeführt). Auch kommt es vor, dass die Debitorenbuchhaltung eng mit dem Treasury Management verzahnt oder integriert ist. Das Treasury Management kümmert sich um das Liquiditätsmanagement, das Management des Marktrisikos und das Anlegen liquider Mittel (vgl. Abb. 7.3).

Aufgaben

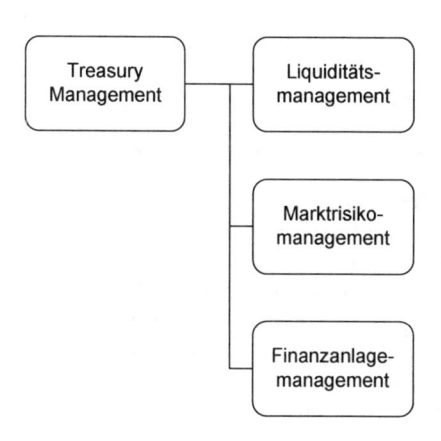

Abb. 7.3: Aufgaben des Treasury Managements

Liquiditätsmanagement

Das Liquiditätsmanagement stellt die Liquidität des Unternehmens sicher. Dabei wird unter Liquidität im Allgemeinen die „Fähigkeit der Unternehmen, die zu einem Zeitpunkt zwingend fälligen Zahlungsverpflichtungen uneingeschränkt erfüllen zu können"[592], verstanden. Es müssen die Einhaltung von Liquiditätssicherungsnormen gewährleistet und die Liquiditätsreserven gesteuert werden.[593]

Aufgaben

---

[591] Vgl. Ballwieser (1999), S. 1876.
[592] Vgl. Witte (1963), S. 15.
[593] Vgl. Schierenbeck (2001), S. 583.

Sowohl Über- als auch Unterliquiditäten sind zu vermeiden.[594] Aus Angst vor Forderungsausfällen nimmt das Interesse am Factoring zur Sicherung der Unternehmensliquidität seit einigen Jahren zu. Dabei werden die ausstehenden Forderungen an ein auf Zahlungseinforderung spezialisiertes Unternehmen verkauft, so dass für das Handelsunternehmen Planungssicherheit herrscht. Wichtigste Nutzer von Factoring waren 2003 u. a. die Branchen Textil, Lebensmittelhandel und Elektrogeräte.[595]

Liquiditätsstatus

Das Liquiditätsmanagement wird nach dem Kriterium des zeitlichen Horizonts häufig differenziert in das kurzfristige Cash Management und die mittel- bis langfristig orientierte Finanzplanung. Gegenstand des Cashmanagements ist der Tagesfinanzstatus (Liquiditätsstatus), welcher nachfolgende Bestands- und Strömungsgrößen enthält:[596]

```
  Anfangsbestand an liquiden Mitteln am Beginn des
  Planungstags
+ erwartete Einzahlungen des Planungstags
- erwartete Auszahlungen des Planungstags
= geplanter Endbestand an liquiden Mitteln am Ende des
  Planungstags
```

Finanzmittelbedarf

Hierbei fließen die Daten der Bankenbuchhaltung ein. Ergebnis des Liquiditätsstatus ist die Ermittlung eines Finanzmittelbedarfs bzw. -überschusses. Hingegen befasst sich die Finanzplanung mit der mittel- bis langfristigen Liquiditätsentwicklung. Zahlungsströme sind zu prognostizieren und nach den Kriterien der Rentabilität und Liquidität zu steuern. Zu den im Rahmen der Finanzplanung zu treffenden Entscheidungen gehören bspw. auch Kapitalstrukturentscheidungen oder Entscheidungen über Investition oder Desinvestition. Entscheidungen dieser Art führen zumeist zu sehr langfristiger Mittelbindung und beeinflussen damit die Liquiditätssituation des Unternehmens nachhaltig.[597]

Kennzahlen

Kennzahlen zum Liquiditätsmanagement finden sich in Tab. 7.5. Die Liquiditätskennzahl ist in drei Grade nach Fristigkeit der finanziellen Ressourcen unterteilt. Die flüssigen Mittel definieren sich als Gesamtheit an Bankguthaben, Kassenbeständen, Schecks und Wechsel. Das kurzfristige Fremdkapital besteht aus Verbindlichkeiten aus Lieferungen und Leistungen, Krediten und Darlehen mit einer kurzen Laufzeit von unter einem Jahr, kurzfristige Rück-

---

[594] Vgl. Ballwieser (1999), S. 1876.
[595] Vgl. o. V. (Factoring) (2004), S. 62.
[596] Vgl. Veit, Walz, Gramlich (1993), S. 257 ff. sowie Michel et al. (1994), S. 32.
[597] Vgl. Ballwieser (1999), S. 1876.

stellungen und sonstige kurzfristige Verbindlichkeiten. Eine Liquidität 1. Grades von 30 % bedeutet, dass nur 30 % der kurzfristigen Verbindlichkeiten mit flüssigen Mitteln beglichen werden können. Bei der Liquidität 2. Grades werden auch die ausstehenden Forderungen mit berücksichtigt. Bei der Liquidität des 3. Grades wird das gesamte Umlaufvermögen in Bezug zum kurz- und mittelfristigen Fremdkapital betrachtet. Das Umlaufvermögen sollte dabei stets höher als das kurz- und mittelfristige Fremdkapital sein (Kennzahl > 1), um zu vermeiden, dass ein Teil des Anlagevermögens über kurz- und mittelfristiges Fremdkapital finanziert wird. Tendenziell ist die zukünftige Liquiditätslage umso gesicherter, je höher das Net Working Capital ist. Liegt dieses unter 100 %, so müssen theoretisch Teile des Anlagevermögens veräußert werden, um kurzfristige Verbindlichkeiten begleichen zu können. Die kurzfristige Deckungsrelation betrachtet die Möglichkeit eines Unternehmens, die Verpflichtungen aus der kurzfristigen Fremdfinanzierung über das aktuelle Umlaufvermögen zu tilgen. Der Verschuldungsgrad gibt Auskunft über die Eigenfinanzierung des Unternehmens bzw. die Abhängigkeit von externen Gläubigern. Tendenziell gilt, dass die Eigenkapitalquote umso höher sein sollte, je größer das Ertragsrisiko ist. Allerdings führt eine Verringerung des Eigenkapitalanteils auch dazu, dass die Eigenkapitalrendite überproportional wächst, wenn die Gesamtrendite den Fremdkapitalzins übersteigt (Leverage-Effekt).

Kennzahlen	**Formeln**
Liquidität 1. Grades	Liquide Mittel / Kurzfristiges Fremdkapital
Liquidität 2. Grades	(Forderungen + liquide Mittel) / Kurzfristiges Fremdkapital
Liquidität 3. Grades	Umlaufvermögen (= Roh-, Hilfs- und Betriebsstoffe + Forderungen + liquide Mittel) / Kurz- und mittelfristiges Fremdkapital
Net Working Capital	Umlaufvermögen / Kurzfristige Verbindlichkeiten
Kurzfristige Deckungsrelation	Umlaufvermögen / Kurzfristiges Fremdkapital
Verschuldungsgrad	Fremdkapital / Eigenkapital

Tab. 7.5: Ausgewählte Kennzahlen im Bereich Liquiditätsmanagement

Marktrisikomanagement

Aufgaben

Im Rahmen des Marktrisikomanagements werden Methoden und Verfahren zur Beurteilung von Risikopositionen (Anlagen) bereitgestellt.[598] Besondere Berücksichtigung finden dabei Devisenkurs- und Zinsänderungsrisiken.[599]

Kennzahlen	Formeln
Währungsrisiko	Auslandgeschäfte in einer Währung / Devisentermingeschäfte in gleicher Währung
Bankenabhängigkeit	Bankenschulden / Eigenkapital
Renditespread	Rendite einer Anleihe einer bestimmten Bonitätsklasse - Rendite einer Bundesanleihe
Verhältnis Verbindlichkeiten zu Forderungen	Verbindlichkeiten aus Lieferungen und Leistungen sowie Wechselverbindlichkeiten / Forderungen aus Lieferungen und Leistungen
Dynamischer Verschuldungsgrad	Verschuldung / Cash Flow

Tab. 7.6: Ausgewählte Kennzahlen im Bereich Marktrisikomanagement

Kennzahlen

Tab. 7.6 gibt ausgewählte Kennzahlen im Bereich Marktrisikomanagement wieder. Häufig werden Auslandsgeschäfte über Devisentermingeschäfte abgesichert. Ein Termingeschäft sichert die Lieferung oder Abnahme einer bestimmten Ware in festgelegter Menge und zu einem festgelegten Termin in der Zukunft zu. Die Kennzahl Währungsrisiko gibt Auskunft darüber, wie gut die eigenen Auslandsaktivitäten durch Termingeschäfte abgesichert sind. Die Bankenabhängigkeit definiert den Abhängigkeitsgrad von allen Bankinstituten bzw. von individuellen Instituten. Unterschiedliche Anleihen bieten je nach Risiko höhere Renditen als Bundesanleihen. Ratings (z. B. von Moody's, Standard & Poor's) ermöglichen einen Vergleich unterschiedlicher Anleihen mit gleicher Bonitätsstruktur. Über das Verhältnis aus Verbindlichkeiten zu Forderungen kann ermittelt werden, inwieweit das Unternehmen die Lieferantenkredite an seine Kunden weitergegeben hat. Der dynamische Verschuldungsgrad beurteilt die Schuldentilgungsfähigkeit.

---

[598] Vgl. Krummow (1999), S. 908.
[599] Vgl. Hein (1993), S. 145.

Durch Bezug zum Cash Flow als zeitraumbezogenen Umsatz pro Periode hat er dynamischen Charakter und sagt aus, in wie vielen Jahren es einem Unternehmen unter sonst gleichen Bedingungen theoretisch möglich wäre, seine Schulden aus dem Cash Flow heraus zu tilgen.

Finanzanlagemanagement

Auf der Grundlage des ermittelten Liquiditätsbedarfs bzw. -überschusses und der Risikoanalysen der bestehenden bzw. möglichen Anlagen wird im Rahmen des Treasury Managements eine Entscheidung über die Tätigung einer Anlage (Gelddisposition) getroffen. Die Analyse und die Verwaltung von Finanzgeschäften und -beständen sollten umfassend unterstützt werden. Im Einzelnen besteht das Treasurymanagement aus Geld-, Wertpapier-, Devisenhandel und dem Einsatz derivativer Finanzinstrumente. *Aufgaben*

In Tab. 7.7 werden ausgewählte Kennzahlen aus dem Bereich Finanzanlagemanagement dargestellt. Der Realzins entspricht durch Berücksichtigung des Inflationsaspekts der tatsächlichen Verzinsung einer Finanzanlage. Das Kurs-Gewinn-Verhältnis ist Maßstab für die Geldanlage in Aktien. Es gibt an, in welchem Verhältnis der Gewinn zur aktuellen Börsenbewertung steht. Eine Bewertung ist sinnvoll mit Unternehmen der gleichen Branche oder dem Gesamtmarkt. Die Aktienperformance betrachtet die Wertentwicklung einer Aktie vom Kaufdatum bis zum Betrachtungszeitpunkt. Statt des Kaufdatums kann natürlich auch ein beliebiger anderer Wert gewählt werden, wie es beispielsweise bei Ein-Perioden-Vergleichen der Fall ist. Die Gesamtrendite des Anlageportfolios gibt Auskunft über die Verzinsung aller Anlagen. *Kennzahlen*

Kennzahlen	Formeln
Realzins	Rendite - Inflationsrate
Kurs-Gewinn-Verhältnis (KGV), auch Price-Earnings-Ratio (PER)	Aktienkurs * Anzahl Aktien / Gewinn
Aktienperformance	(Endwert - Anfangswert (zzgl. Kaufkosten) + Ausschüttung) / Anfangswert (zzgl. Kaufkosten)
Gesamtrendite (im Jahresbezug)	Summe Zinsen / Kapitaleinsatz

Tab. 7.7: Ausgewählte Kennzahlen im Bereich Finanzanlagemanagement

7.2 Handelscontrolling und Kostenrechnung

Aufgaben

Die Kosten- und Leistungsrechnung – nachfolgend zur Vereinfachung als Kostenrechnung bezeichnet – ist ein wichtiges Instrument der internen Rechnungslegung. Sie soll die Wirtschaftlichkeit des Instrumentaleinsatzes kontrollieren und bei betriebswirtschaftlichen Entscheidungsproblemen Informationen über entscheidungsrelevante Kosten und Erlöse bereitstellen.[600] Dabei bildet sie die informatorische Basis des Controllings, da sie die für die Bildung der Kennzahlen verwendeten Daten liefert. Daher stehen in diesem Kapitel eher Instrumente als Kennzahlen im Vordergrund.

Unterschied zur Finanzbuchhaltung

Die Kostenrechnung stellt eine kalkulatorische Rechnung dar, die sich primär an güterwirtschaftlichen Vorgängen und nicht an Zahlungen orientiert.[601] Sie erfasst daher den Einsatz von Ressourcen zur Leistungserstellung im Rahmen des Betriebs einer Unternehmung.[602] Die dabei entstehenden Kosten und Erlöse werden auf ihre Verursacher verrechnet.

Handel vs. Industrie

Anders als di Kostenrechnung von Industriebetrieben ist die Kostenrechnung im Handel bislang relativ wenig diskutiert worden.[603] Dies liegt nicht zuletzt an der historisch lange Zeit vorherrschenden klein- und mittelständischen Struktur als strukturelles und wirtschaftliches Hindernis für die Einführung einer ausgiebigen Kostenrechnung.[604] Anders als ein Industrieunternehmen, das für die bilanzielle Bewertung halbfertiger und fertiger Waren eine Kostenrechnung benötigt, kann der Handel sich relativ einfach für Bewertungszwecke am Einkaufspreis orientieren.[605] Mit zunehmendem Verdrängungswettbewerb wurde allerdings auch im Handel das Rechnungswesen ausgebaut, um von einer Umsatz- zu einer Erfolgsorientierung zu gelangen.[606]

Verwendete Bezugsobjekte

Die heute im Handel verwendeten Bezugsobjekte sind vielfältig. Neben den Wareneinsatzkosten, die sich auf Einzelartikel verrechnen lassen, ergeben sich noch zahlreiche andere Kosten, die auf Grund von Verbundbeziehungen zwischen Artikeln nicht auf einzelne Artikel bezogen werden können.[607] Eines der schwierigsten Probleme ist die Verrechnung der Gemeinkosten auf handels-

---

[600] Vgl. Becker, Schütte (2004), S. 545.
[601] Vgl. Grob, Bensberg (2005), S. 11.
[602] Vgl. Haberstock (2005), S. 26 ff.
[603] Vgl. Hecker (1968); Jacob (1978); Röhrenbacher (1988); Wesche (1991); Battenfeld (1997); Rokohl (1997); Feldbauer-Durstmüller (2001), S. 94-131; Becker, Schütte (2004), S. 454-569.
[604] Vgl. Nowak (1961), S. 625; Wesche (1991), S. 16.
[605] Vgl. Feldbauer-Durstmüller (2001), S. 94.
[606] Vgl. Hahn (1972), S. 1.
[607] Vgl. insbesondere die Ausführungen von Witt (1992), S. 96 ff.

betriebliche Leistungen.[608] Mit zunehmenden Gemeinkosten und der einhergehenden Intransparenz ist die traditionelle Vollkostenrechnung ebenso wie die einstufige Deckungsbeitragsrechnung zur Kosten- und Erlösverrechnung überfordert.[609] Handel und Industrie entwickelten aus diesem Grund die Direkte Produkt Rentabilitäts-Rechnung (DPR). Auch die Verrechnung auf Basis der relativen Einzelkostenrechnung nach RIEBEL bietet sich für Handelsunternehmen an.[610] Hierbei werden Kosten und Erlöse auf unterschiedliche Bezugsobjekte in beliebiger Kombination und Hierarchisierung bezogen.[611] Grundlage für derartige Verrechnungen sind die in Kapitel 3.1.2 angesprochenen Data Warehouse-Architekturen. Erst die Möglichkeit zur Verrechnung und Speicherung massenhafter Daten ermöglichte die relative Verrechnung in der betrieblichen Praxis.

Die Aufgaben der Kosten- und Erlösrechnung reichen von der Stammdatenverwaltung über die Kosten- und Erlösplanung bis hin zur Auswertung und Kontrolle der angestrebten monetären Ziele (vgl. Abb. 7.4).[612]

Aufgaben der Kosten- und Erlösrechnung

---

[608] Vgl. Falk, Wolf (1992), S. 405.
[609] Vgl. Kropfberger, Mussnig, Scheder (1997), S. 202.
[610] Vgl. u. a. Riebel (1979).
[611] Vgl. Becker, Schütte (2004), S. 545.
[612] Für eine Auseinandersetzung mit der Theorie der Kostenrechnung in Bezug auf ein WWS bzw. ERP-System vgl. Grob, Bensberg (2005).

```
Kosten- und Erlösrechnung
├── Stammdatenverwaltung
│   ├── Verwaltung der Zusatzkosten und -erlösarten
│   └── Verwaltung der Bezugsgrößen und Bezugsobjekte
├── Kosten- und Erlösplanung
└── Auswertung und Kontrolle
    ├── Deckungsbeitragsrechnung
    ├── Prozesskostenrechnung
    └── Abweichungsanalysen
```

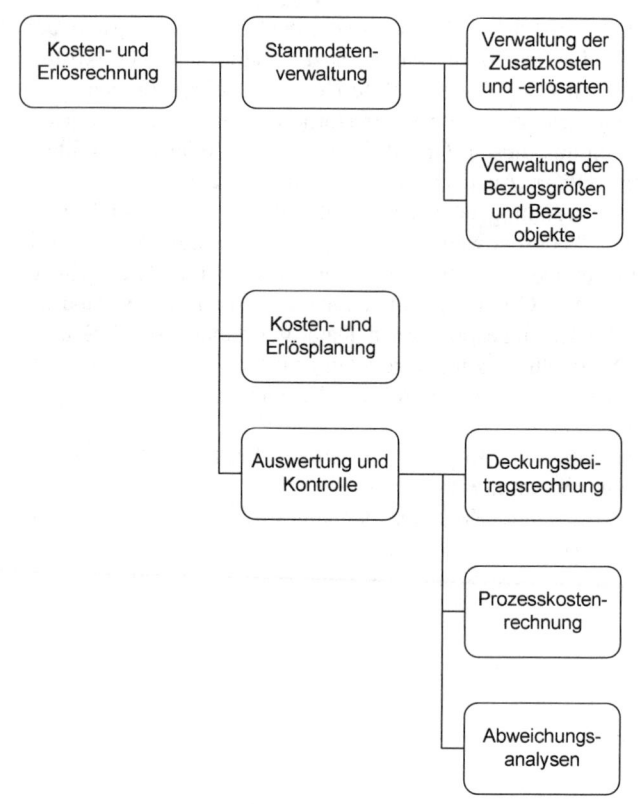

Quelle: in Anlehnung an Becker, Schütte (2004), S. 546.

Abb. 7.4: Aufgaben der Kostenrechnung

Stammdatenverwaltung

Verwaltung der Zusatzkosten- und -erlösarten

Aufgaben   Die Kostenartenrechnung ist Ausgangspunkt der Kostenrechnung.[613] Sie soll die angefallenen Kosten systematisch erfassen, bewerten und klassifizieren, um eine Auswertung danach, welche Kosten angefallen sind, vornehmen zu können.[614] Bei der Strukturierung nach der Art der verbrauchten bzw. eingesetzten Güter und Dienstleistungen stehen im Handel vor allem die Wareneinstandskosten und die Personalkosten im Vordergrund.[615]

---

[613] Vgl. Haberstock (2005), S. 9.
[614] Vgl. Grob, Bensberg (2005), S. 51.
[615] Vgl. Schweitzer, Küpper (1998), S. 93 ff.; Witt (1991), S. 288.

Da die Kostenarten weitgehend den Konten der Sachbuchhaltung entsprechen, müssen lediglich Konten für kalkulatorische Zusatzkosten neu angelegt werden.[616] Hierzu zählen beispielsweise kalkulatorische Mieten oder kalkulatorische Unternehmerlöhne. Auch bei den Erlösarten gilt entsprechendes. Die Detaillierung der Konten ist ausschlaggebend für den Detaillierungsgrad in der Auswertung.

Kalkulatorische Zusatzkosten

Verwaltung der Bezugsgrößen und Bezugsobjekte

Bezugsgrößen sind notwendig, um Kosten und Erlöse verrechnen zu können. Einflussgrößen im Handel sind neben der Artikelmenge Gewichte, Entfernungen, Volumina, Werte usw.[617] Die Beziehungen zueinander werden in einer Bezugsgrößenhierarchie abgebildet, um beispielsweise Umsätze nach Stadt, Region und Land betrachten zu können. Im Allgemeinen sind bei Handelsunternehmen Warengruppen(-hierarchien) grundsätzlich Bezugsobjekte, darüber Kundengruppen, Vertriebsgebiete, Aktionen, Prozesse, Organisationseinheiten oder Aufträge.[618] Bei der Kostenzurechnung muss innerhalb der Hierarchie auf eine möglichst tiefe Schlüsselung geachtet werden, da eine Aggregation entlang der Bezugsobjekthierarchien immer möglich ist, aber ein Herunterbrechen bei zu ungenauer Zuordnung nicht möglich ist.[619] Diealerweise werden die Kosten dem auf unterster Ebene stehenden Bezugsobjekt zugeordnet. Bei der Hierarchisierung muss zwischen statischen und dynamischen Bezugsobjekten unterschieden werden. Anders als statische müssen dynamische Bezugsobjekte individuell zum Zeitpunkt der Geschäftsvorfallsverbuchung innerhalb der Hierarchie zugeordnet werden. Eine Bezugsobjekthierarchie zeigt exemplarisch Abb. 7.5.[620]

Bedeutung

Bezugsgrößenhierarchie

Kostenzuordnung

---

[616] Vgl. Becker, Schütte (2004), S. 547.
[617] Vgl. Becker, Schütte (2004), S. 547.
[618] Vgl. Tietz (1993), S. 1108; Witt (1991), S. 288 ff.
[619] Vgl. Grob, Bensberg (2005), S. 191.
[620] Vgl. auch Fischer, Rogalski (1991), S. 42.

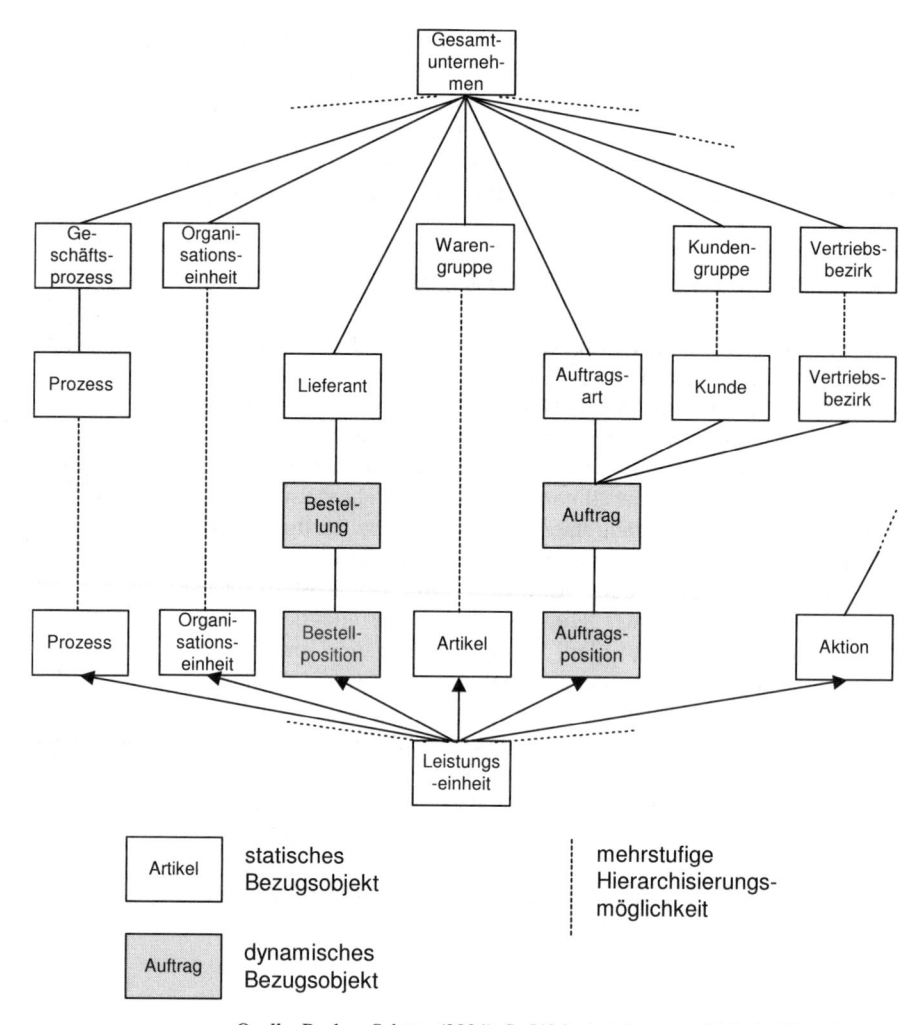

Abb. 7.5: Beispiel für Bezugsobjekthierarchien im Handel

Kosten- und Erlösplanung

Aufgaben

Im Rahmen der Kosten- und Erlösplanung werden Daten für den Planungsprozess sowie die Steuerung der Unternehmensprozesse ermittelt. Diese können den Ist-Daten gegenüber gestellt werden.[621] Im Handel erfolgen Planungen vor allem auf Basis des Umsat-

---

[621] Vgl. Troßmann (1999), S. 363 ff.; Schweitzer, Küpper (1998), S. 244.

zes.[622] Umsatzprognosen erfolgen intern auf Basis von Artikelgruppen, Angebotsflächen, Verkaufspotenzial (Umsatz pro Mitarbeiter) und Deckungsbeitragsgruppen. Aus externen Quellen werden vergangene Entwicklungen, saisonale Trends, Konkurrenzsituation und die Konjunkturentwicklung herangezogen.[623] Da einzelne Artikel häufig hohen Schwankungen unterworfen sind, erfolgt die Umsatzplanung häufig auf höheren Aggregationsstufen wie etwa der Warengruppe. Eine Auswertung einzelner Produktbereiche kann auf Basis einer ABC-Analyse erfolgen.[624] Demgegenüber werden Sortimentsentscheidungen im Regelfall artikelbezogen vorgenommen, wobei der Ausgangspunkt der Warengruppenerfolg sein kann. Ein weit verbreitetes Vorgehen zur Planung ist die Multiplikation der Vergangenheitswerte mit einem Veränderungsprozentsatz. Oft ist die Absatzprognose an zusätzliche Bezugsobjekte wie das jeweilige Verkaufsgebiet oder bestimmte Kunden gebunden.[625]

Die Absatzplanung, die auf den strategischen Unternehmenszielen und den Umsatzprognosen aufbaut, beinhaltet folgende Aufgaben:[626]

Absatzplanung

- Umsatzzielplanung für Teilperioden in Bezug auf verschiedene Bezugsobjekte (Filiale, Abteilung, Mitarbeiter usw.),
- Sonderaktionsplanung,
- Schaffung der Grundlage für die Einkaufsplanung,
- Flexibilisierung der Sortimentsplanung als Grundlage einer Anpassung an die schwankenden Marktverhältnisse,
- Frühindikation von Planabweichungen,
- Schaffung einer Grundlage für Kapazitätsplanungen sowie
- Koordination der Aktivitäten in unterschiedlichen Bereichen.

Auf Basis der Absatzplanung kann eine Planung der zu beschaffenden Ware erfolgen. Auch die Planleistungen der Organisationseinheiten für direkte Bereiche (Filiale, Lager, Transport usw.) und indirekte Bereiche (Buchhaltung, IT-Abteilung usw.) können im Anschluss ermittelt werden. Damit sind die Voraussetzungen für differenzierte Auswertungsrechnungen, die Ableitung von Budgetwerten und Plan-Verrechnungspreisen gegeben.[627] Dabei werden die Kosten der Leistung vom Erzeuger (Druckerei, IT-Abteilung, Design-Abteilung usw.) auf den Empfänger (Filiale, Marketing-Abteilung usw.) umgewälzt. Verrechnungspreise lassen sich je nach Anwendungsbedingung auf Grundlage von Voll- oder

Beschaffungsplanung

Verrechnungspreise

---

[622] Vgl. Witt (1991), S. 290 f.
[623] Vgl. Hofmeister, Stiegler (1990), S. 31 f.
[624] Vgl. Spohrer (1995), S. 41.
[625] Vgl. Becker, Schütte (2004), S. 550.
[626] Vgl. Tietz (1993), S. 992.
[627] Vgl. Schweitzer, Küpper (1998), S. 469 ff.

Teilkostenrechnung oder zu Marktpreisen verrechnen (vgl. Abb. 7.6).[628]

```
                    Verrechnungspreisbestimmung
                    ┌──────────────┬──────────────┐
              Marktorientiert              Kostenorientiert
                                    ┌──────────────┬──────────────┐
                              Vollkostenbasis              Teilkostenbasis
```

Marktorientiert

Vorteile
- Objektive Überprüfbarkeit
- Fehlende Manipulierbarkeit
- Erfüllung von Lenkungs- und Erfolgszuweisungsfunktionen

Vorraussetzung
- Markt für die angebotene Leistung
- Zugang für Anbieter und Nachfrager

Vollkostenbasis

Vorteile
- Erfolgszuweisungsfunktion gut erfüllt
- Hohe Motivation der Anbieter

Nachteile
- Lenkungsfunktion nicht erfüllt (Gemeinkostenproblematik)
- Transformation von fixen in variable Kosten aus Sicht der Nachfrager

Teilkostenbasis

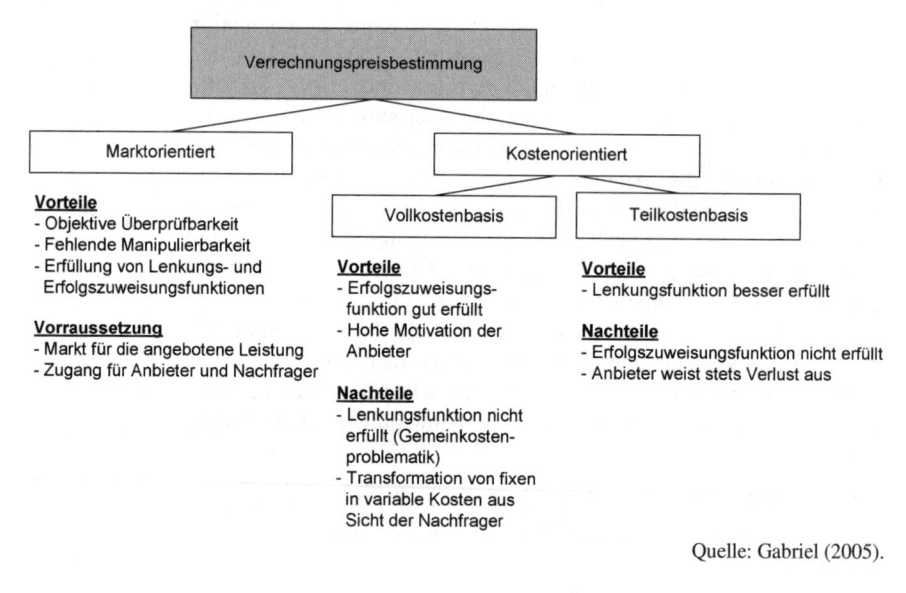

Vorteile
- Lenkungsfunktion besser erfüllt

Nachteile
- Erfolgszuweisungsfunktion nicht erfüllt
- Anbieter weist stets Verlust aus

Quelle: Gabriel (2005).

Abb. 7.6: Verrechnungspreisgestaltung

Problematik der Kostenzuordnung

Eine korrekte Zuordnung der Kosten auf die Determinanten ist auf Grund der Gemeinkostenproblematik nur begrenzt möglich. Daher werden in der Literatur verschiedene Prinzipien der Zuordnung diskutiert. Beim Verursachungsprinzip werden einem Bezugsobjekt nur Kosten zugeordnet, die direkt durch dieses ausgelöst wurden.[629] Dabei werden nur Kosten verrechnet, die bei Erstellung einer zusätzlichen Leistungseinheit zusätzlich anfallen.[630] Fixe Kosten treten bei dieser Betrachtung in den Hintergrund. Damit ist das Verursachungsprinzip nur als Instrument der kurzfristigen Planung geeignet. Ein weiteres Prinzip stellt daher das Durchschnittsprinzip dar. Dabei wird versucht, Kosten unabhängig von ihrer Verursachung unter Berücksichtigung plausibler Einflussgrößen zu proportionalisieren, was jedoch auf Grund fehlender theoretischer Fundierung nur subjektiv möglich ist.[631] Beim Kostentragfähigkeitsprinzip werden die Kosten entsprechend der vermeintlichen Zumutbarkeit auf die Bezugsobjekte verteilt. Dies impliziert bei-

Verursachungsprinzip

Durchschnittsprinzip

Kostentragfähigkeitsprinzip

---

[628] Vgl. Becker, Schütte (2004), S. 552; Gabriel (2005).
[629] Vgl. Kilger (1987), S. 75 f.; Fandel, Fey, Heuft (2004), S. 34 ff.
[630] Vgl. Grob, Bensberg (2005), S. 41.
[631] Vgl. Schweitzer, Küpper (1998), S. 58; Kilger (1987), S. 77; Grob, Bensberg (2005), S. 44.

spielsweise, dass Produkten mit hohem Deckungsbeitrag auch höhere (Fix-)Kosten zugewiesen werden. Dabei wird jedoch gegen das leistungsorientierte Verursachungsprinzip verstoßen.[632] Die Kosten werden im Handel oft kostenartenweise auf Grund inneroder zwischenbetrieblicher Vergleichswerte budgetiert. Die Budgetierung erfolgt dabei sowohl absolut als auch prozentual zu Umsatz je Warengruppe, je Abteilung, je Filiale usw.[633]

Auswertung und Kontrolle

Auswertungen im Rahmen der Kostenrechnung finden in vielfacher Hinsicht statt. Mit Bezug zu den Kosten seien an dieser Stelle die Deckungsbeitragsrechnung respektive die Ermittlung der Direkten Produkt-Rentabilität und die Prozesskostenrechnung erläutert. Im Rahmen der Kontrolle werden Soll- und Ist-Werte miteinander verglichen, um Abweichungen zu identifizieren und diesen bei Bedarf entgegen zu wirken

Deckungsbeitragsrechnung

Wegen der begrenzten Aussagefähigkeit der Vollkostenrechnung wurde die Deckungsbeitragsrechnung als Ausprägung der Teilkostenrechnung entwickelt, da sich mit der Vollkostenrechnung nur in begrenztem Umfang Aussagen zur Artikelelimination, Warengruppenzusammensetzung oder zur Rentabilität einzelner Filialen oder Vertriebsschienen machen ließen.[634] Problematisch an der Vollkostenrechnung ist vor allem die Verrechnung der Gemeinkosten wie Personal, Miete, Einrichtung oder Werbung proportional oder mittels einer Schlüsselung auf einzelne Kalkulationsobjekte.[635] Damit ergibt sich je Kalkulationsobjekt ein Gewinn oder Verlust, der summiert das Betriebsergebnis darstellt.[636] Im Unterschied hierzu werden bei der Teilkostenrechnung bestimmte fixe Kosten von der Pauschalverteilung ausgeschlossen, was dazu führt, dass statt eines Gewinns ein Deckungsbeitrag ausgewiesen wird.[637] Auf Grund der zunehmenden Gemeinkosten und deren Intransparenz müssen eine klassische Vollkostenrechnung und die (einstufige) Deckungsbeitragsrechnung jedoch versagen, weil die Kosten- und Ertragstrans-

Problem der Vollkostenrechnung

Teilkostenrechnung

---

[632] Vgl. Grob, Bensberg (2005), S. 44.
[633] Vgl. Falk, Wolf (1992), S. 504; Feldbauer-Durstmüller (2001), S. 209.
[634] Vgl. Krey (2002), S. 63.
[635] Vgl. Falk, Wolf (1992), S. 405.
[636] Vgl. Dyckerhoff (1995), S. 161; Tietz (1993), S. 1151 ff.; Schneider (1968), S. 48 ff.; Krey (2002), S. 63.
[637] Vgl. Chmielewicz (1988), S. 183; Gümbel, Brauer (1968), S. 25 ff.; Schmitz (1975), S. 19 f.

parenz nicht mehr gegeben ist.[638] Der Vollständigkeit halber wird an dieser Stelle daher nur kurz auf die klassischen Deckungsbeitragsrechnungen eingegangen, bevor mit der Direkten Produkt Profitabilität ein neueres, im Handel angewandtes Instrument der Kostenrechnung vorgestellt wird.

Ebenen und Hierarchien der Deckungsbeitragsrechnung

Bei der Deckungsbeitragsrechnung können verschiedenen Ebenen und Hierarchien innerhalb der Bezugsobjekte differenziert werden. Die Einzelkosten und Erlöse werden dabei in der jeweiligen Zurechnungsstufe in Ansatz gebracht. Die so entstehende Deckungsbeitragshierarchie kann beispielsweise als Basis für Sortimentsentscheidungen herangezogen werden.[639]

Warengruppendeckungsbeitragsrechnung

Gängigste Form der Deckungsbeitragsrechnung im Handel ist die Warengruppendeckungsbeitragsrechnung. Dabei werden die Artikelergebnisse und die den Artikeln und Warengruppen zurechenbaren Kosten direkt auf Warengruppenebene festgehalten. Dieses Vorgehen erlaubt Aussagen über die Vorteilhaftigkeit der Sortimente und den Erfolg von Organisationseinheiten.[640]

Abnehmerdeckungsbeitragsrechnung

Im Großhandel ist die Abnehmerdeckungsbeitragsrechnung weit verbreitet, da die Abnehmer im Regelfall bekannt sind. Die Erkenntnisse einer Verrechnung von Erfolgen auf Abnehmer- bzw. Abnehmergruppen können zu Marketingzwecken verwandt werden:[641]

```
   Erlöse zu Verkaufspreisen (bzw. zu Verrechnungspreisen bei internen OE)
 - Rechnungskonditionen
 = Nettoerlöse
 - Wareneinsatz
 = Deckungsbeitrag I (Rohertrag)
 - dem Abnehmer direkt zurechenbare Kosten (z. B. nachträgliche
   Vergütungen, Logistikkosten, Vertriebskosten des Außendienstes)
 = Deckungsbeitrag II
```

Lieferantendeckungsbeitragsrechnung

Die Lieferantendeckungsbeitragsrechnung hilft, den Beschaffungsprozess durch Selektion der wirtschaftlichen Lieferanten zu optimieren. Dabei ist auf der einen Seite zu beachten, dass sich einzelne Artikel nicht unbedingt nur einem Lieferanten zuordnen lassen, und auf der anderen Seite, dass auch Distributionskosten vom Lager an die Filiale berücksichtigt werden müssen:[642]

---

[638] Vgl. Kropfberger, Mussnig, Scheder (1997), S. 202.
[639] Vgl. Becker, Schütte (2004), S. 556 f.
[640] Vgl. Becker, Schütte (2004), S. 557.
[641] Becker, Schütte (2004), S. 557.
[642] Becker, Schütte (2004), S. 558; vgl. Zentes (1993).

7.2 Handelscontrolling und Kostenrechnung

```
   Erlöse der von einem Lieferanten bezogenen Artikel
 - Rechnungskonditionen
 = Nettoerlöse
 - Wareneinsatz zu Rechnungspreisen
 = Deckungsbeitrag I (Lieferanten-Rohertrag)
 + nachträglich vom Lieferanten gewährte Konditionen
 + Sonstige Leistungen des Lieferanten (z. B. Dispositionsunterstützung)
 = Deckungsbeitrag II
 - direkt zurechenbare Beschaffungskosten
 - direkt zurechenbare interne Distributionskosten des Handelsunternehmens
   (z. B. Transport- und Umschlagkosten bei einer über das Lager
   abgewickelten Aktion, bei der die Ware durchgeschleust wird)
 = Deckungsbeitrag III
```

Bereits 1970 hatte das EHI (damals DHI) über Versuche in den USA berichtet, den direkt Produkt-Gewinn zu ermitteln. Der Arbeitskreis „Direkte Produkt-Rentabilität (DPR)" im EHI gründete sich 1986.[643] Er sollte das amerikanische DPP-Modell (Direct Product Profitability-Modell) zu einem sachlich fundierten Instrument für die Anforderungen des deutschen Handels entwickeln (vgl. Abb. 7.7). Dabei ergeben sich folgende Kernprobleme:[644]

Historie der DPR

- Einbeziehung von Fixkosten: vor allem Bereitstellungskosten lassen sich nur schwer auf einzelne Verursacher verrechnen.
- Verrechnung von Prozess- auf Artikelkosten.
- Nutzkostenverrechnung: die Verrechnung von bereitgestelltem Leistungspotenzial (Hochregallager, Tiefkühltruhen usw.) lässt sich insbesondere nicht bei unzureichender Auslastung auf einzelne Artikel verrechnen. Daher wird in der DPR nur das tatsächlich in Anspruch genommene Leistungspotenzial verrechnet.
- Behandlung von Restkosten: ca. 25-30% der Kosten eines Handelsunternehmens fallen unter „Restkosten". Sie dürfen streng genommen nicht auf die Artikel des Sortiments verteilt werden, da es sich nicht um direkt zurechenbare Kosten handelt.

Kernprobleme beim DPR-Modell

---

[643] Vgl. Hallier (2001), S. 55.
[644] Vgl. Behrends (2001), S. 74 ff.

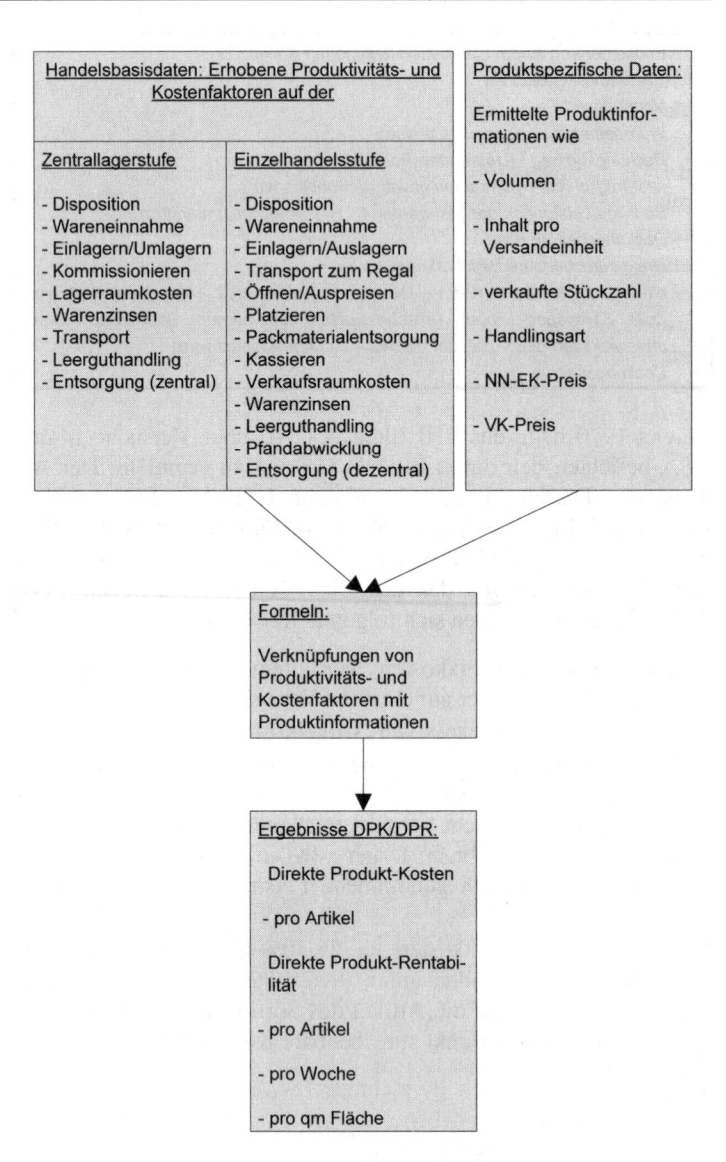

Handelsbasisdaten: Erhobene Produktivitäts- und Kostenfaktoren auf der		Produktspezifische Daten: Ermittelte Produktinformationen wie
Zentrallagerstufe	Einzelhandelsstufe	
- Disposition - Wareneinnahme - Einlagern/Umlagern - Kommissionieren - Lagerraumkosten - Warenzinsen - Transport - Leerguthandling - Entsorgung (zentral)	- Disposition - Wareneinnahme - Einlagern/Auslagern - Transport zum Regal - Öffnen/Auspreisen - Platzieren - Packmaterialentsorgung - Kassieren - Verkaufsraumkosten - Warenzinsen - Leerguthandling - Pfandabwicklung - Entsorgung (dezentral)	- Volumen - Inhalt pro Versandeinheit - verkaufte Stückzahl - Handlingsart - NN-EK-Preis - VK-Preis

Formeln:

Verknüpfungen von Produktivitäts- und Kostenfaktoren mit Produktinformationen

Ergebnisse DPK/DPR:

Direkte Produkt-Kosten

- pro Artikel

Direkte Produkt-Rentabilität

- pro Artikel

- pro Woche

- pro qm Fläche

Quelle: in Anlehnung an Hallier (2001), S. 55.

Abb. 7.7: Komponenten des DHI-DPR-Modells

Optionaler Einbezug von Restkosten

Es wird vorgeschlagen, die Restkosten als ergänzenden Bestandteil der DPR zu betrachten.[645] Durch diese Wahlmöglichkeit wird jedoch die DPR verschiedentlich, wenn auch differenziert, als Voll-

---

[645] Vgl. Behrends (2001), S. 77.

kostensystem betrachtet.[646] Doch die ergänzende Verteilung kann den Handelsunternehmen als praktisches Instrument der Kalkulationssteuerung und -kontrolle dienen, da damit die Senkung der Kosten auf dem gesamten Distributionsweg zusätzlich motiviert wird. Ob mittels der DPR die Ziele der Verbesserung der Kostenstruktur, der Sortimentssteuerung oder der Regalplatzoptimierung erreicht werden können, zweifeln einige Autoren an, da die kostentheoretische Fundierung für die Verteilung der Handlungskosten fehle.[647] Weder die DPR noch die nachfolgend erläuterte Prozesskostenrechnung dürfen als Selbstzweck angesehen werden, sondern sind Hilfsmittel für eine gezielte Optimierung der Prozesse und Leistungsangebote im Distributionsweg. Damit wird zugleich ein Grundgedanke des ECR (Efficient Consumer Response) erfüllt. Der Ressourcenverbrauch entlang der Prozesse soll ermittelt und den Produkten verursachungsgerecht zugerechnet werden.

Prozesskostenrechnung

Neben den klassischen Konzepten des Handelscontrollings erfordert die zunehmende Prozessorientierung in den Unternehmen eine Ausrichtung der Kostenrechnung an den geänderten Organisationsstrukturen, d. h. es bedarf einer Kostenbetrachtung entlang der gesamten Wertschöpfungskette.[648] Ein wesentliches Merkmal der traditionellen Kostenstellenrechnung ist die Unterscheidung in Haupt- und Nebenkostenstellen sowie der Zweck der Kostenstellen, Gemeinkosten zunächst auf andere Kostenstellen intern zu verrechnen und letztlich auf die Leistungseinheiten (Produkte) zu verteilen. Dieser grundsätzliche Zweck ist auf Grund immer höherer Gemeinkostenanteile in Frage zu stellen. Die Zuordnung von Kosten zu Verantwortungsbereichen ist weiterhin für Handelsunternehmen unabdingbar, so dass der klassische Zweck der Kostenstellenrechnung wichtig bleibt. Allerdings hat sich analog zu den Erkenntnissen in der Produktion herausgestellt, dass Kostenoptimierungsversuche häufig nur bei einer kostenstellenübergreifenden, prozessorientierten Betrachtung möglich sind, da Verbesserungen auf Kostenstellenebene zumeist lokaler Natur sind.[649]

Prozessorientierung

Die Prozesskostenrechnung[650] wurde in den 80er-Jahren im Rahmen des Cost Management Systems in den Vereinigten Staa-

Historie

---

[646] Vgl. Zentes, Exner, Braune-Krickau (1989); Zentes, Exner, Braune-Krickau (1989), S. 139.
[647] Vgl. Tietz (1993), S. 1177.
[648] Vgl. Fischer (1996).
[649] Vgl. Spannagel, Lang (2000), S. 483 f.
[650] Zu den Anwendungsmöglichkeiten der Prozesskostenrechnung im Handel vgl. u. a. Spannagel, Lang (2000); Barth (1999), S. 408 ff.; Marzinzik (1998), S. 99 ff.; Battenfeld (1997), S. 8 ff.; Schäffer (1996), S. 110 ff.;

ten entwickelt.[651] Hierbei handelt es sich um kein völlig neuartiges Konzept, sondern um ein auf die traditionelle Kostenarten- und Kostenstellenrechnung zurückgreifendes Vollkostenrechnungssystem. Wie auch bei der Direkten Produkt-Rentabilität (DPR) werden Kosten artikel- bzw. objektbezogen zugerechnet. Während sich die DPR-Methode auf die Berechnung artikelgenauer Maßgrößen konzentriert, identifiziert die Prozesskostenrechnung einzelne Geschäftsprozesse als Kostentreiber und stellt die Zuordnung nach dem Verursachungsprinzip dar.[652] In den Unternehmen werden Kostenstellenstrukturen jedoch sehr häufig an die Aufbauorganisation angelehnt, während im Zentrum der Prozesskostenrechnung die Ablauforganisation steht. Traditionelle Schlüssel der Kostenrechnung sind meist wertmäßige Schlüssel, während die Kostentreiber (Bezugsgrößen) der Prozesskostenrechnung weniger monetär ausgerichtet sind. Durch Analyse des Betriebsablaufs sollen Aktivitäten, Tätigkeiten und Haupt- oder Nebenprozesse bestimmt werden. Daraus werden anschließend Bezugsobjekte (Maßgrößen) mit dem Ziel abgeleitet, Gemeinkosten verursachungsgerechter auf Ergebnisträger zu übertragen (vgl. Abb. 7.8).[653] Während das Prinzip der Kostenstellenverrechnung über Schlüssel eine reine Kostenverteilung in den Mittelpunkt der Betrachtung hebt, verweist die Prozesskostenrechnung von den Leistungen bzw. Produkten auf die in Anspruch genommenen Teilprozesse und damit auf die benötigten Ressourcen.

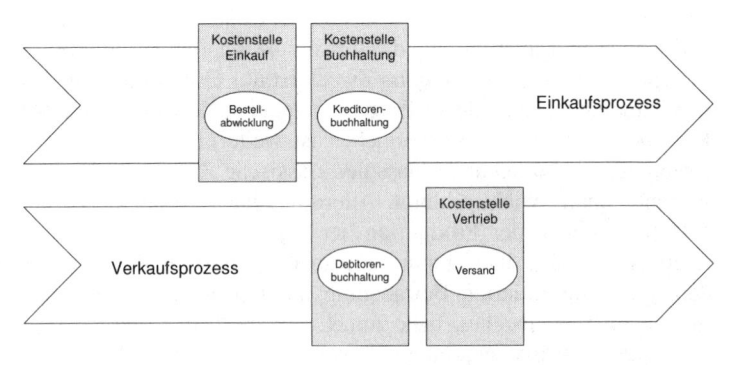

Quelle: Spannagel, Lang (2000), S. 484.

Abb. 7.8: Verhältnis Prozess- und Kostenstellensicht

Reckenfelderbäumer (1995); Dyckerhoff (1995), S. 241 ff.; Männel (1996); Krey (2002), S. 168 ff.
[651] Vgl. Berlin, Brimson (1988), S. 97 ff.; Brimson (1986).
[652] Vgl. Schröder (1997), S. 361.
[653] Vgl. Spannagel, Lang (2000), S. 482 ff.

Es wird zunehmend wichtiger, dass Leistungsbereiche aufeinander abgestimmt sind, um bestmögliche marktorientierte Gesamtleistung auch vor dem Hintergrund zunehmender vertikaler und horizontaler Kooperationen sowie Multi-Channel-Strategien im Handel zu erbringen. Neben Prozessorganisation, Business Process Reengineering und Prozessmanagement ist das prozessorientierte Controlling eine weitere Facette der integrierten Prozessorientierung. Eine eigene, wohldefinierte Prozessstruktur und die konsequente Anpassung der Controllinginstrumente sind Voraussetzung für eine erfolgreiche Prozesskostenrechnung.[654]

Abstimmung der Leistungsbereiche

Die prozessorientierte Sichtweise betrachtet die Kosten bezogen auf die Ablauforganisation. Ein Prozess wird mit sämtlichen durch ihn verursachten Ressourceninanspruchnahmen kostenmäßig belastet, da die Prozesse als Bezugsobjekte eingeführt werden (vgl. Abb. 7.9).[655] Optimierungsmaßnahmen lassen sich somit auch in indirekten Leistungsbereichen prüfen.[656]

Betrachtung der Ablauforganisation

Traditionelle Sicht der Kostenverteilung

Kostenarten —verteilen auf→ Kostenstellen —verteilen auf→ Leistungen
↑
Verrechnungsschlüssel

Kostenableitung in der Prozesskostenrechnung

Ressourcen ←verursachen— Aktivitäten ←verursachen— Leistungen
↑
Kostentreiber

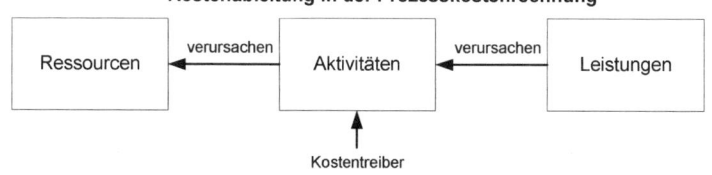

Abb. 7.9: Prinzip von Kostenverteilung und -ableitung

Parallel zur Prozesskostenrechnung haben KAPLAN und COOPER eine Kostenhierarchie entwickelt, die die Notwendigkeit differenzierter Kostenbetrachtung nahe legt. Stückabhängige Kosten entsprechen in etwa den traditionellen, variablen Kosten, losgrößen-

Kostenhierarchie

---

[654] Vgl. Horváth (1996), S. 937 ff.; Horváth (2003).
[655] Daher ist der Grundgedanke der Prozesskostenrechnung keinesfalls neu, da er in der Riebelschen Konzeption der relativen Einzelkosten- und Deckungsbeitragsrechnung enthalten ist.
[656] Vgl. Spannagel, Lang (2000), S. 484.

abhängige Kosten sind zu beziehen auf die Anzahl der Lose, z. B. Rüstkosten, Materialbewegungen. Produktunterstützende Kosten sind abhängig von der Anzahl der Sortimentsprodukte. Zu ihnen zählen beispielsweise Marketing- oder Ausbildungskosten. Infrastrukturunterstützende Kosten umfassen alle fixen Kosten wie Gebäude- oder Netzwerkkosten.

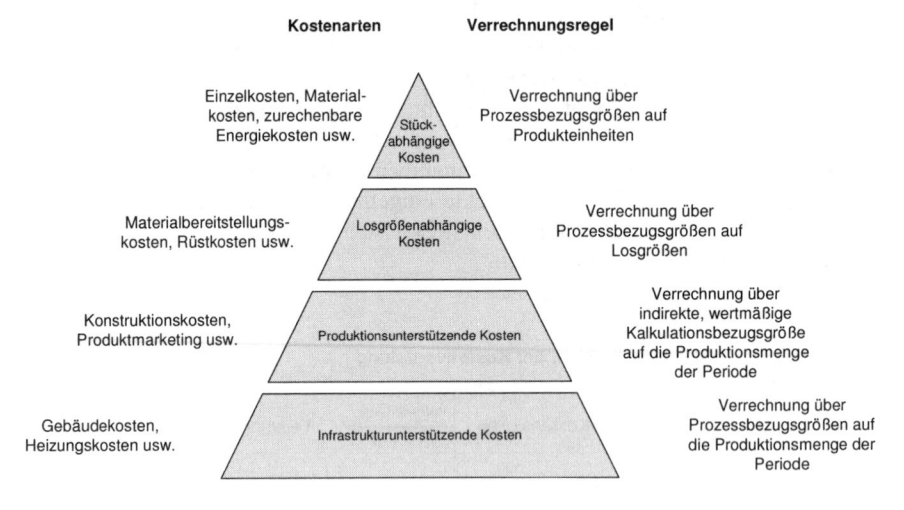

Kostenarten — **Verrechnungsregel**

- Einzelkosten, Materialkosten, zurechenbare Energiekosten usw. — *Stückabhängige Kosten* — Verrechnung über Prozessbezugsgrößen auf Produkteinheiten
- Materialbereitstellungskosten, Rüstkosten usw. — *Losgrößenabhängige Kosten* — Verrechnung über Prozessbezugsgrößen auf Losgrößen
- Konstruktionskosten, Produktmarketing usw. — *Produktionsunterstützende Kosten* — Verrechnung über indirekte, wertmäßige Kalkulationsbezugsgröße auf die Produktionsmenge der Periode
- Gebäudekosten, Heizungskosten usw. — *Infrastrukturunterstützende Kosten* — Verrechnung über Prozessbezugsgrößen auf die Produktionsmenge der Periode

Quelle: in Anlehnung an Kaplan, Cooper (1991), S. 130 ff.

Abb. 7.10: Kostenhierarchie von Kaplan und Cooper

Beispiel — Besonders deutlich wird die unterschiedliche Kostenverrechnung der traditionellen und der Prozesskostenrechnung an dem von MARCH und KAPLAN untersuchten Praxisfall (vgl. Tab. 7.8). Die Periodenkosten der traditionellen Rechnung fallen durch Quersubventionierung aus anderen Produktarten, die auf gleiche Ressourcen wie z. B. Personal oder Maschinen zugreifen und somit entsprechende Gemeinkostenanteile minimieren, mit $ 1826 deutlich niedriger aus als bei der prozessorientierten Kostenrechnung ($ 2625). Dies liegt vor allem daran, dass maschinenstundenabhängige Kosten pauschal auf die produzierte Artikelanzahl verrechnet und nicht differenziert im Sinne der Kostenhierarchie betrachtet wurden.[657]

---

[657] Vgl. Kaplan, March (1987), S. 578.

Trad. Kostenrechnung	$	Prozesskostenrechnung	$
		stückabhängige Kosten	
· Einzelmaterial/Stk.	7.07	· Einzelmaterial/Stk.	7.07
· Einzellohn/Stk.	2.36	· Einzellohn/Stk.	2.36
· lohnabhängige Gemeinkosten/Stk.	4.84	· lohnabhängige Gemeinkosten/Stk.	2.62
· maschinenstundenabhängige Gemeinkosten/Stk.	8.55	· maschinenstundenabhängige Gemeinkosten/Stk.	5.15
total	**22.82**	**total**	**17.20**
Produktionsvolumen in Stk.	80	Produktionsvolumen in Stk.	80
Produktkosten	**1826**	**Produktkosten**	**1376**
		losgrößenabhängige Kosten	
		· Einrichten (2x4,2 Std.x 33,76/ Std.)	284
		· Produktionsläufe (2x114,27/Lauf)	228
		· Materialbewegung (4x19,42/Beweg.)	78
		Summe	590
		produktunterstützende Kosten	
		1 Konstruktionsteil	487
		Infrastrukturunterst. Kosten	172
Gesamtkosten in Periode	**1826**	**Gesamtkosten in Periode**	**2625**

Tab. 7.8: Trad. vs. prozessorientierte Kostenrechnung

Die Prozesskostenrechnung verfolgt neben der Erhöhung der Kostentransparenz in den indirekten Leistungsbereichen das Ziel, Kosteninformationen für mittelfristige Produkt-, Programm-, Sortiments- und Betriebstypenplanung sowie für die Kontrolle der Wirtschaftlichkeit in den indirekten Leistungsbereichen bereit zu stellen.[658] Ausgangspunkt der Prozesskostenanalyse bildet zunächst die Definition des Untersuchungsbereichs. Dabei werden die Teilprozesse und Einsatzmittel jedes Teilprozesses, in diesem Fall prozentuale Anteile an den anfallenden Gesamtpersonalkosten, abgegrenzt. So lässt sich ein Versandprozess grob vereinfacht unterteilen in die Teilprozesse Kommissionieren des Auftrags, Verpacken der Ware, Etikettieren und Übergabe der verpackten Ware an den Logistikdienstleister. Anschließend werden die Teilprozesse gegliedert in leistungsmengenneutrale (lmn) Teilprozesse, die sich nicht auf Leistungsmengen herunterbrechen lassen, und leistungsmengeninduzierte (lmi) Teilprozesse, die sich auf ferner zu identifizierende Bezugsgrößen aufgliedern lassen. Während die Übergabe der verpackten Waren an den Versender in dem in Abb. 7.11 dargestellten Versandprozess-Beispiel unabhängig von dem Wa-

Ziele der Prozesskostenrechnung

---

[658] Vgl. zu den Zielen Horváth, Mayer (1989); Rokohl (1997), S. 129.

renvolumen immer die gleiche Zeit in Anspruch nehmen soll (der Logistiker lädt die Ware selbstständig ein, es erfolgt nur eine Übergabebestätigung), also leistungsmengenneutral ist, sind die Teilprozesse Kommissionieren, Verpacken und Etikettieren leistungsmengeninduziert. Die entstandenen Personalkosten pro Kommissionierung lassen sich durch die Division der in dem Teilprozess anfallenden Personalkosten durch die Anzahl der Artikel pro Zeiteinheit aufschlüsseln. Die für Verpacken und Etikettieren in Anspruch genommene Zeit ist für jede Bestellung identisch, womit die Anzahl an verarbeiteten Bestellungen pro Zeiteinheit als Bezugsgröße herangezogen werden kann.

Teilprozesse	Prozesskosten (Euro)	Prozessmenge	Prozesskostensatz (Euro / Prozessmengeneinheit) (lmi)	Umlagesatz (Euro) (lmn)	Gesamtprozesskostensatz (Euro / Prozess)
Kommissionieren (lmi)	100.000	153.000 Artikel	0,65	0,15	0,80
Verpacken (lmi)	20.000	32.000 Bestellungen	0,63	0,14	0,77
Etikettieren (lmi)	10.000	32.000 Bestellungen	0,31	0,07	0,38
Versenden (lmn)	30.000	-	--	-	--

Abb. 7.11: Ermittlung der Prozesskostensätze und Umlagen

Kostenverteilung

Analog zur traditionellen Kostenrechnung ist es möglich, die lmn-Kosten auf die lmi-Kosten des Hauptprozesses zu verteilen. Allerdings ergeben sich, wenn in der Prozesskostenkalkulation lmn-Kosten verrechnet werden, Kostenverzerrungen, die dem Relevanzprinzip widersprechen.[659] Bei einer Umlage der leistungsmengenneutralen Prozesskosten proportional zur Höhe der leistungsmengeninduzierten Prozesskostensätze ergibt sich der Umlagesatz als Prozesskosten (lmn) / Prozesskosten (lmi).[660] Auf jede Bestellung bzw. jeden Auftrag würden somit noch einmal 23,08 % der lmi-Kosten zur Verrechnung der lmn-Kosten aufgeschlagen:

---

[659] Vgl. Schweitzer, Küpper (1998), S. 331.
[660] Vgl. Horváth, Mayer (1989), S. 214 ff.

$$Umlagesatz = \frac{\Pr ozesskosten(lmn)}{\Pr ozesskosten(lmi)} * 100 = \frac{30.000}{130.000} * 100 = 23,08\%$$

Hierbei würden aber erneut kleine Auftragsmengen zu Gunsten von großen subventioniert, denn beim Kommissionieren würde jeder Artikel mit anteiligen lmn-Versandkosten belastet und nicht jeder Auftrag, so dass auf Aufträge mit vielen Artikeln entsprechend größere Kosten zukämen. Auch Make-or-Buy- bzw. Outsourcing-Entscheidungen würden, nach außen nicht sichtbar, verzerrt, da sich der Prozesskostensatz um anteilige lmn-Kosten erhöht hat. Angenommen, ein externer Dienstleister könnte die Ware für 0,70 Euro pro Artikel kommissionieren, so müsste die Entscheidung bei Betrachtung des Gesamtprozesskostensatzes (0,80 Euro pro Artikel) zu Gunsten des Outsourcings fallen, obwohl sich dies natürlich bei der Betrachtung des eigentlichen Prozesskostensatzes von 0,65 Euro als fatal herausstellt, da sich die anteiligen Fixkosten für das Versenden der Ware nicht mit auslagern lassen. Der Vorteil liegt vor allem in der leichten, wenn auch verzerrenden Anwendbarkeit, beispielsweise bei der Kalkulation der Mindestbestellmenge.

Um den Nachteilen der lmn-Umlagen zu begegnen, wird vielfach vorgeschlagen, die lmn-Kosten kostenstellenübergreifend in einer Sammelposition zu bündeln. Der Vorteil läge darin, dass prozessorientierte Kosten unverfälscht angezeigt würden (0,65 Euro statt 0,80 Euro), die lmn-Kosten würden dann in einem zweiten Schritt prozentual auf die produktspezifischen Einzel- und Prozesskosten verteilt werden, aber zunächst als Sammelblock ausgewiesen werden.[661]

Bündelung neutraler Kosten

Die Einführung einer konsequent auf Prozesse ausgerichteten Prozessstruktur ist trotz einer intensiven Diskussion in der Literatur erst in Teilbereichen vorzufinden.[662] Es werden derzeit noch bruchstückhaft in einzelnen Bereichen prozessorientierte Controlling-Instrumente angewandt. Es gilt, die Controllingaufgaben durch Implementierung eines systematischen Prozesscontrollings auch mit Blick auf unternehmensübergreifende Geschäftsprozesse neu auszurichten, um den Prozess in den Mittelpunkt zu stellen. Neben der Optimierung unternehmensinterner Prozesse können auch Veränderungen im externen Umfeld zu Kostenreduktionen führen.

---

[661] Zu einer detaillierten Auseinandersetzung mit unterschiedlichen Ansätzen und deren Vor- und Nachteilen innerhalb der Prozesskostenrechnung vgl. Schweitzer, Küpper (1998), S. 333-357 sowie Feldbauer-Durstmüller (2001), S. 110 f.
[662] Vgl. Gerboth (2000), S. 536.

*Prozess-
controlling*

Dabei sollte mit zunehmender Organisation entlang der Prozesse die Prozesskostenrechnung in den Vordergrund gestellt werden, ohne jedoch das ursprüngliche funktionale Controlling zu vernachlässigen.[663] Das Prozesscontrolling hat die Aufgabe, „die operative und strategische Ausgestaltung der Prozessabläufe nach festgelegten Prozesszielen [...] zu gewährleisten."[664] Es soll für analytische Transparenz in der Organisation sorgen, die als Grundlage für die Implementierung neuer Prozesse in Übereinstimmung mit Markt- und Kundenerfordernissen dient.[665] Darüber hinaus bewertet und überwacht es existierende betriebliche Prozesse. Insbesondere unternehmensweite Kern- und Hauptprozesse, also bereichsübergreifende Prozesse, müssen bei einem konsequenten Prozesscontrolling in den Vordergrund rücken. Prozesscontrolling ist damit ein Teilsystem des Controllings und Servicefunktion für das kontinuierliche Prozessmanagement.[666] Hauptaufgabe des kontinuierlichen Prozessmanagements ist neben der Begleitung der Prozessimplementierung die permanente Verbesserung der Ablauforganisation.[667] Das Prozesscontrolling koordiniert prozessbezogene Tätigkeiten und unterstützt damit das Prozessmanagement bei Planung und Kontrolle durch relevante Informationen.[668]

Abweichungsanalysen

Bedeutung

Die Abweichungsanalyse spielt vor allem bei der Planung und Kontrolle von Unternehmenszielen wesentliche Rolle. Unternehmensführung und Führungskräfte können mit diesem Instrument systematisch die Abweichungen analysieren und strategische und operative Gegenmaßnahmen bei Abweichungen einleiten (vgl. Abb. 7.12).

---

[663] Vgl. Gerboth (2000), S. 536.
[664] Schweier, Jehle (1999), S. 86.
[665] Vgl. Brede (1997), S. 155.
[666] Vgl. Gerboth (2000), S. 536.
[667] Vgl. Neumann, Probst, Wernsmann (2001), S. 297.
[668] Vgl. Gerboth (2000), S. 536.

7.2 Handelscontrolling und Kostenrechnung

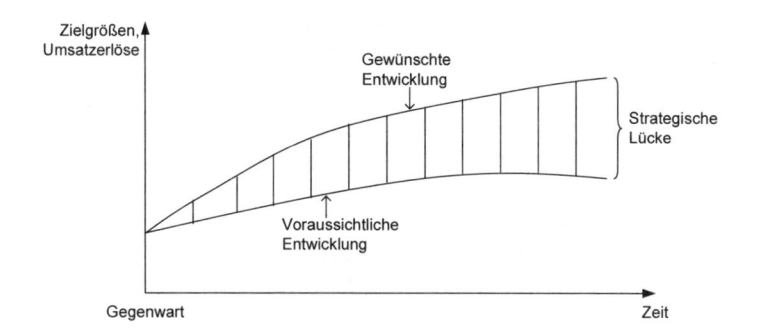

[Diagramm: Strategische Lücke – Zielgrößen/Umsatzerlöse über Zeit, mit "Gewünschte Entwicklung", "Voraussichtliche Entwicklung" und "Strategische Lücke"]

Abb. 7.12: Analyse von Abweichungen

Häufig werden Abweichungsanalysen in Bezug auf Umsatz oder Gewinn durchgeführt. Sie dienen der Ermittlung der Ursachen zwischen geplantem und erzieltem Ergebnis. Da sich der Gewinn aus Umsatz abzüglich Kosten ableitet, stellen auch Umsatz- und Kostenabweichungen Bestandteile der Gewinnabweichung dar. Die hauptsächlichen Ursachen, zum einen Preis- oder Mengenabweichungen, zum anderen Kostenabweichungen führen zu einer Vielzahl von Abweichungsanalysen (vgl. Abb. 7.13). Der linke Zweig betrachtet hierbei Abweichungen in Preis oder Menge, der rechte Kostenkomponenten.[669]

Analysebezug

Preis- und Mengenabweichung

[Baumdiagramm: Gewinnabweichung → Umsatzabweichung (Absatzabweichung, Absatzmengenabweichung → Absatzmixabweichung, Absatzvolumenabweichung) und Kostenabweichung (Variable Kostenabweichung → Einsatzpreisabweichung, Globale Verbrauchsabweichung → Mixabweichung, Intensitätsabweichung, Qualitätsabweichung, Restabweichung; Veränderung der variablen Kosten; Fixe Kostenabweichung → Fixkostenabweichung → Beschäftigungsabweichung in der Vollkostenrechnung; Auslastungsabweichung → Leer- und Nutzkosten in der Grenzplankostenrechnung)]

Quelle: Coenenberg (1997), S. 399.

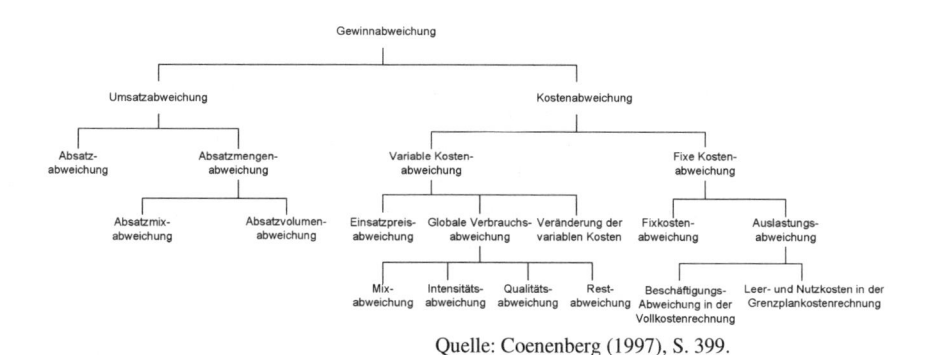

Abb. 7.13: Grundsystematik der Abweichungsanalyse

---

[669] Für eine ausführliche Auseinandersetzung mit Abweichungsanalysen vgl. u. a. Coenenberg (1997), S. 398-432.

7.3 Handelscontrolling in der Personalwirtschaft

Handel als Arbeitgeber

Im deutschen Handel arbeiten laut Statistischem Bundesamt 4,37 Millionen Arbeitnehmer.[670] Dabei werden 597,3 Mrd. Euro in der Handelsvermittlung und im Großhandel mit etwa 1,21 Mio. Beschäftigten erwirtschaftet, 327,8 Mrd. Euro mit 2,56 Mio. Beschäftigten im Einzelhandel und 140,6 Mrd. Euro mit rund 0,592 Mio. Beschäftigten im Tankstellenhandel sowie Kraftfahrzeugshandel. Mit knapp 59 % der Arbeitnehmer ist der Einzelhandel die aus Personalsicht dominierende Handelsform, obwohl dieser nur 31 % des Umsatzes erwirtschaftet (vgl. Abb. 7.14).

```
          Binnenhandel Deutschland
          Umsatz 1.065 Mrd. Euro
          Beschäftigte 4.366.333
        ┌──────────┼──────────┐
   Großhandel   Tankstellen    Einzelhandel
   Umsatz 597   und KfZ-Handel Umsatz 328
   Mrd. Euro    Umsatz 141     Mrd. Euro
   Beschäftigte Mrd. Euro      Beschäftigte
   1.209.756    Beschäftigte   2.564.487
                592.089
```

Quelle: Ribbert (2005), S. 116.

Abb. 7.14: Verteilung der Umsätze und Beschäftigten im deutschen Binnenhandel

Auswirkungen des Preisverfalls

Preisdruck und Absatzrückgang wirken sich mittlerweile in vielen Bereichen des Handels und der Industrie aus. So ist beispielsweise im Textilbereich trotz annähend gleicher Stückzahlen ein Umsatzrückgang als Folge des Preisverfalls festzustellen. Dies führt dazu, dass im Einzelhandel immer seltener qualifiziertes und vor allem motiviertes Personal eingesetzt wird. Das Einkommensniveau der Verkäufer sinkt teilweise durch ausbleibende Umsatz-Prämien erheblich. Derzeit liegt der Bruttomonatsverdienst im Handel bei ca. 2.767 Euro und damit deutlich unter dem der Industrie (2.990 Euro brutto).[671] Zusätzlich sank der Anteil der Beschäftigten im Textilhandel von 363.500 auf 309.500 bei einer Ausweitung der Textilverkaufsfläche von 1995 bis 2002 um 15 % auf 110 Millionen

---

[670] Vgl. Statistisches Bundesamt (2004).
[671] Stand April 2005. Angaben des Statistischen Bundesamtes, Wiesbaden.

qm.[672] Diese Daten stehen exemplarisch, aber nicht untypisch, für den Gesamtsektor Handel.

Bestehende sozial geschützte Arbeitsverhältnisse werden zunehmend durch geringfügige Beschäftigung ersetzt.[673] Personalabbau ist eine für das Handelsmanagement mögliche Maßnahme, um die Kostensituation im Handel zu entschärfen, da je nach Handelsbranche rund 20-40 % der Kosten Handlungskosten sind.[674] Für den Gesamthandel liegt der Personalaufwendungsanteil bezogen auf den Rohertrag bei 41 %.[675] Vor allem der Anteil der geringfügig Beschäftigten steigt im Handel überproportional, da der Handel mit diesen neben der Kostenreduktion flexibel auf Auslastungsschwankungen reagieren kann.[676] Mittlerweile ist jeder dritte Beschäftigte im Einzelhandel geringfügig beschäftigt, wobei der Anstieg parallel zum Rückgang der Vollzeit- und sozialversicherungspflichtigen Teilzeitbeschäftigten verläuft (vgl. Abb. 7.15). Dabei bestehen zwischen den einzelnen Wirtschaftszweigen deutliche Unterschiede. Insbesondere im Lebensmitteleinzelhandel ist mit 64,7 % die geringfügige Beschäftigung zur dominanten Beschäftigungsform geworden.[677] Die Zahl der Vollzeitbeschäftigten im Fachbereich Textil ging allein von 1995 bis 2002 um 27 % zurück.[678] Der größte Anteil der geringfügig Beschäftigten sind Schüler, Lehrlinge, junge Mütter und Studenten.[679] Die Tendenz zur Verjüngung der Belegschaft wird jedoch nicht von allen Händlern mitgetragen. Der Möbelhändler Segmüller stellt beispielsweise gezielt ältere Langzeitarbeitslose für den Verkauf ein, um die Glaubwürdigkeit gegenüber dem wichtigsten, mittelalten Kundensegment zu erhöhen. Nach einer Studie des IAT sind 15 % aller Unternehmen generell nicht bereit, ältere Mitarbeiter einzustellen. Fast ein Drittel der Unternehmen will ältere Arbeitnehmer über 50 nur mit staatlichen Beihilfen beschäftigen oder wenn es keine jüngeren Bewerber gibt.[680]

Personalstruktur und -abbau

---

[672] Vgl. Volkers (2004), S. 1.
[673] Vgl. o.V. (Einzelhandelssituation) (2004).
[674] Vgl. Spannagel, Lang (2000), S. 478.
[675] Vgl. Statistisches Bundesamt (2004).
[676] Vgl. Barth, Hartmann, Schröder (2002), S. 52.
[677] Vgl. Warich (2004), S. 6.
[678] Vgl. Volkers (2004), S. 1.
[679] Vgl. Warich (2004), S. 10.
[680] Vgl. Balzer (2005), S. 59.

```
-2.749 — 2.761 — 2.721 — 2.693
                              2.575 — 2.555 — 2.553 — 2.553

                   — Beschäftigte
                   ····· davon geringfügig Beschäftigte

          ·····540········544·········548·······554·······542········564
 ·400········460·
 1994    1995    1996    1997    1998    1999    2000    2001
```
Quelle: Warich (2004), S. 3.

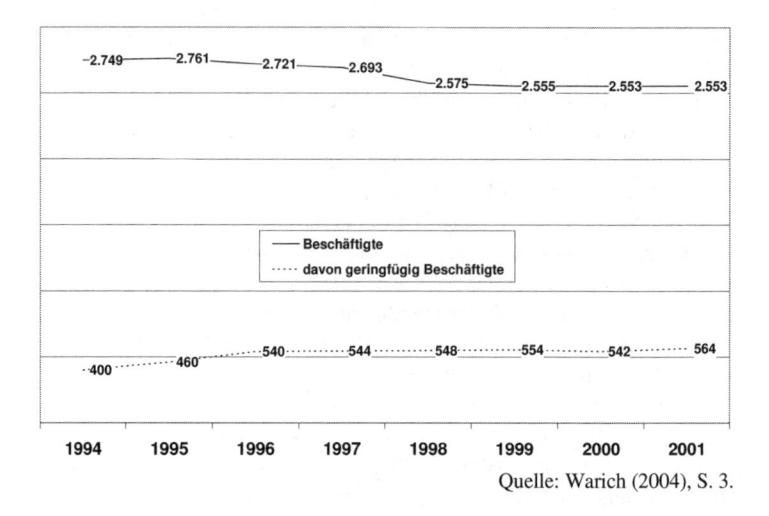

Abb. 7.15: Beschäftigungsentwicklung im Einzelhandel 1994 bis 2001 (Beschäftigte in Tsd.)

Komplexe Personalplanung

Die Personalplanung im Handel ist auf Grund der Nachfrageschwankungen im Tages- und Wochenablauf und dem saisonalen Geschäft vor allem in den Filialen eine komplexe Planung, die häufig durch IT-Personalplanungssysteme unterstützt wird. Die Systeme unterstützen häufig die Personalabrechnung (Lohn, Gehalt, Reisekosten), das Personalmanagement (Personalverwaltung, Personalkostenplanung, Personalbeschaffung und Personalentwicklung) sowie die Personaleinsatzplanung. Die Aufgaben der Personalwirtschaft legt Abb. 7.16 dar.

Bedeutung des Personal-Controllings

Für die Strategieentwicklung und Schwachstellenanalyse der Personalwirtschaft ist der Aufbau eines Personal-Controllings sinnvoll. Während laut einer Studie der Deutschen Gesellschaft für Personalführung e.V. (DGFP) rund die Hälfte der Unternehmen die Prozesse in den Bereichen Personalplanung (56 Prozent), Weiterbildung (55 Prozent), Personalentwicklung (49 Prozent) und Personaleinsatz (47 Prozent) eindeutig definiert haben, sind die Prozesse beim Personalcontrolling (29 Prozent) und beim Personalmarketing (21 Prozent) nur selten geregelt.[681]

---

[681] Vgl. Geighardt (2004) sowie o. V. (Personalstudie) (2004).

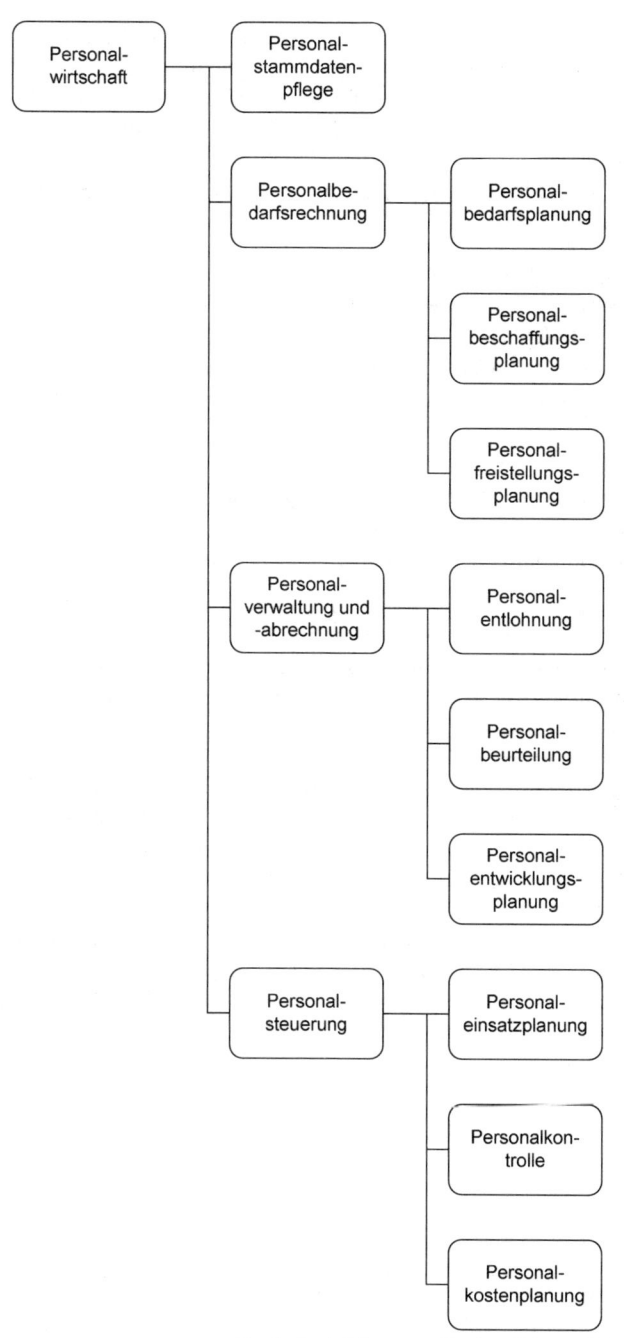

```
Personalwirtschaft
├── Personalstammdatenpflege
├── Personalbedarfsrechnung
│   ├── Personalbedarfsplanung
│   ├── Personalbeschaffungsplanung
│   └── Personalfreistellungsplanung
├── Personalverwaltung und -abrechnung
│   ├── Personalentlohnung
│   ├── Personalbeurteilung
│   └── Personalentwicklungsplanung
└── Personalsteuerung
    ├── Personaleinsatzplanung
    ├── Personalkontrolle
    └── Personalkostenplanung
```

Quelle: in Anlehnung an Becker, Schütte (2004), S. 570.

Abb. 7.16: Funktionen der Personalwirtschaft

Soll-Ist-Vergleich

Durch einen kontinuierlichen Vergleich von Soll und Ist wird mit dem Personal-Controlling ein Steuerungssystem geschaffen, mit dem quantitative und qualitative Personalengpässe und -überschüsse antizipiert werden können. Konzeptionelle Vorschläge wurden u. a. entwickelt von POTTHOFF und TRESCHER[682], WUNDERER und SAILER[683] sowie HOSS[684]. Ziele, die es bei Einführung des Personal-Controllings zu verwirklichen gilt, sind u. a.:[685]

- Zielvorgaben Personal-Soll-Bestand,
- Transparenz Personal-Ist-Bestand und Personalkosten,
- aktuelle Stellenbeschreibungs- und -besetzungspläne,
- Definition von Anforderungsprofilen,
- Mitarbeiterstamm-Analysen mit Bezug zu Qualifikation, Motivation usw.,
- Fluktuationsanalysen und Ersatzbedarfsplanung,
- Erkennen demographischer und qualitativer Engpassgebiete sowie
- Laufbahnplanungen und Management Development.

Studie zu Personalkosten

PAPMEHL kommt in einer domänenübergreifenden Studie zu dem Ergebnis, dass die Personalkosten um 6,42 % niedriger liegen, wenn das Personal-Controlling als eigenständige Unternehmensfunktion aufgefasst wird. Der je Mitarbeiter erzielte Umsatz soll dabei um 11,5 % höher liegen.[686] Ein effizientes HR-Management kann den Shareholder-Value um 10 bis 20 % erhöhen.[687] In der Unternehmenspraxis stehen beim Personal-Controlling vor allem das Analysieren von Budgets und das Entwickeln von Mitarbeiter bezogenen Kennzahlen im Vordergrund.[688] Zumindest in größeren Unternehmen ist ein Personal-Controlling mehrheitlich eingeführt.[689] POTTHOFF differenziert die Aufgaben des Personal-Controllings nach ihrer zeitlichen Dimension in kurz-, mittel- und langfristig (vgl. Abb. 7.17).

---

[682] Vgl. Potthoff, Trescher (1986).
[683] Vgl. Wunderer, Sailer (1987b) und Wunderer, Sailer (1987a).
[684] Vgl. Hoss (1985)
[685] Vgl. Papmehl (1990), S. 34 ff.
[686] Vgl. Papmehl (1990), S. 85-105.
[687] Vgl. Becker, Huselid (2003), S. 58.
[688] Vgl. Wunderer, Schlagenhaufer (1993), S. 280 ff.
[689] Vgl. Gutschelhofer, Sailer (1998).

Personal-Controlling-System

Kurzfristig		Mittelfristig		Langfristig	
Personal-kosten	Personal-planung	Personal-qualifikation	Personal-motivation	Human Resource Development	Szenario
- Fluktuation - Fehlzeit - Fortbildung - Löhne - Gehälter - ...	- Anzahl der MA - Ein-/Austritte - Alter der MA - gewerbliche MA - Angestellte - ...	- Schulbildung - Fortbildung - Sprachkenntnisse - Anforderungsprofile - Beurteilungen - ...	- Regelmäßige, systematische Mitarbeiterbefragung - Motivationsbarometer - ...	- Kosten-Nutzen personeller Maßnahmen - Personalentwicklung - Management Development - Motivationsförderung - Personal-Portfolios - HRA - Profit-Center	- Prognosen - Simulationen - Demographische Entwicklungen - Konjunkturelle Entwicklungen - Tarifabschlüsse - Gesetzesänderungen - ...

Quelle: Papmehl (1990), S. 119

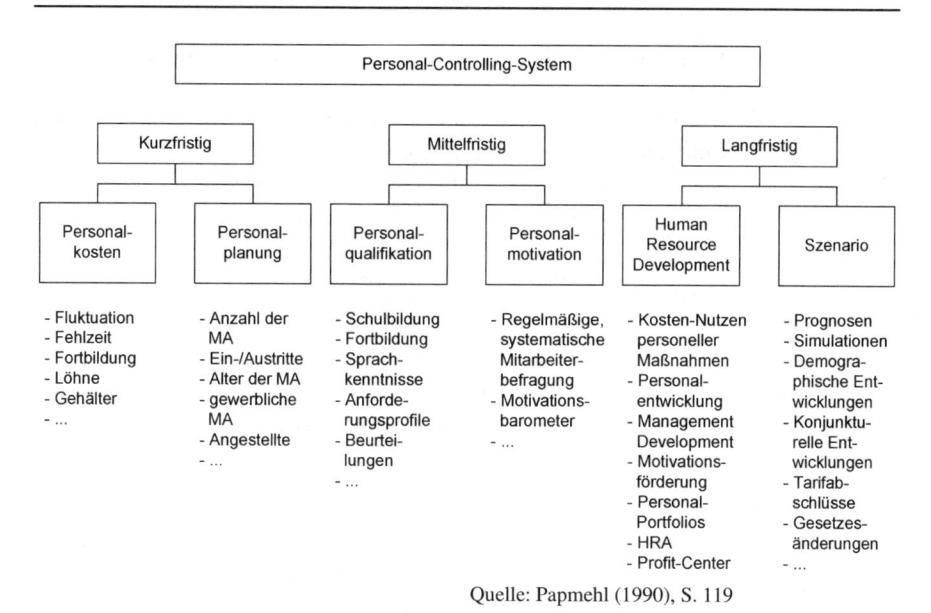

Abb. 7.17: Zeithorizont des Personal-Controllings

Personalstammdatenpflege

Im Rahmen der Personalstammdatenpflege werden Mitarbeiterstammdaten wie Anschrift, Arbeitszeitform, Tarifgruppe und Bankverbindung angelegt und aktualisiert. Ebenso erfolgt die Zuordnung von Mitarbeitern zu organisatorischen Einheiten (Filialen, Einkauf, Lager usw.). Auch der Status des Mitarbeiters als Vollzeit-, Teilzeitkraft oder geringfügig Beschäftigter wird festgehalten.[690]

Aufgaben der Personalstammdatenpflege

Um den Pflegeaufwand für personenbezogene Daten zu reduzieren, haben einige Handelsunternehmen interne Informationsportale eingerichtet, auf denen Mitarbeiter ihre eigenen Daten pflegen. Dieses Konzept des Employee Self Service eignet sich insbesondere für die Selbstverwaltung der Adress- und sonstigen persönlichen Daten. Auch Verwaltungsprozesse wie Urlaubsplanung, Seminarbelegung oder Reisekostenabrechnung können darüber abgewickelt werden. Auf diese Weise können Routineaufgaben von der Personalabteilung zu den Mitarbeitern verlagert und Medienbrüche

Employee Self Service

---

[690] Vgl. Becker, Schütte (2004), S. 571

durch Wegfall der papierbasierten Datenverarbeitung reduziert werden.[691]

Anspruchsgruppen der Personalabteilung

Da die Personalabteilung mit relativ vielen Anspruchsgruppen kommuniziert (vgl. Abb. 7.18), ist es denkbar, die erfassten Daten in jeweils geeigneter Form auch anderen Anspruchsgruppen zur Verfügung zu stellen.

Quelle: Mülder (2000b), S. 102

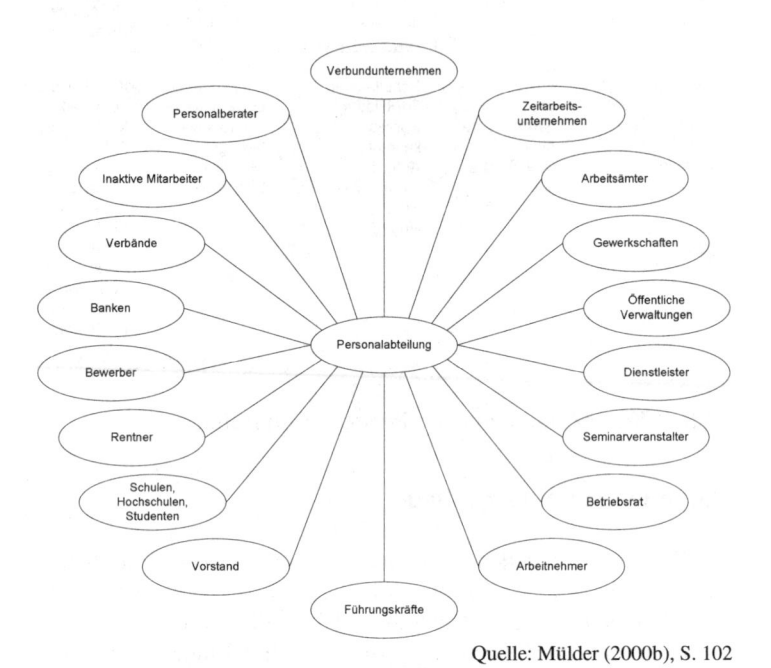

Abb. 7.18: Kommunikationspartner der Personalabteilung über Internet/Intranet

Beispiel Intranetnutzung

Beispiel: Intranetnutzung bei Karstadt[692]

Die KarstadtQuelle AG besteht aus zahlreichen Einzelunternehmen mit rund 93.000 Mitarbeitern (Stand Dezember 2004). Eine Informations-, Kommunikations-, Wissens- und Anwendungsplattform hilft, Prozesskosten zu reduzieren, indem das Intranet direkt mit der Warenwirtschaft, der Serviceabwicklung usw. verknüpft ist und Anträge direkt im Intranet gestellt werden können. Unter dem Kredo „Digital statt Papier" stehen den Mitarbeitern alle wichti-

---

[691] Vgl. zum Thema Employee Self Service Mülder (2000b), S. 104 f; Mülder (2000a); Perussina (2000); Becker, Uhr, Vering (2000), S. 185 f. und Becker, Schütte (2004), S. 571.
[692] Vgl. Niederhausen (2003).

gen Informationen, Schulungsmaterialien und ein Kommunikationssystem zur Einsichtnahme und zum Pflegen und Aktualisieren digital zur Verfügung. Im Newsbereich werden tagesaktuelle Informationen zu Produkten, Aktionen und wichtigen Veränderungen eingestellt. Darstellungen des persönlichen Bedarfs und Homepages für das betriebliche Vorschlagswesen sowie eine unternehmensinterne Stellenbörse ergänzen ebenso wie das Telefonbuch und aktuelle Pressemitteilungen den Nutzen für den einzelnen Mitarbeiter. Auch aktuelle Projekte stellen sich und ihren Status vor. Hier kommt es darauf an, die Informationen so darzustellen, dass sie den Mitarbeitern in den Filialen erläutern, welche Ziele und Wirkungen diese auf die Kunden haben.

Statische Seiten werden in dem Intranet mit einem Content Management System gepflegt, dynamische Seiten werden als PDF-Dokument eingestellt. Der Pflegeaufwand bei den rund 25.000 statischen Seiten wird auf rund 20-30 Stunden pro Tag geschätzt. Vorteile sind aus Managementsicht vor allem das Zur-Verfügungstellen von Anwendungen, die in herkömmlicher Programmierung unwirtschaftlich sind. Hierzu zählen Genehmigungen und Buchungen von Reisen, Bestellungen von Nicht-Verkaufs-Artikeln sowie die Bereitstellung von Vordrucken. Im Bereich des Handelscontrollings ermöglicht das Intranet die Bereitstellung von Statistiken und Auswertungen, die in den operativen Anwendungen nur mit großem Aufwand zu realisieren sind wie beispielsweise stündliche Umsätze der Filialen für die Verkaufsdirektoren.

Personalbedarfsrechnung

Vielfach findet im Handel keine systematische Planung des Personalbedarfs statt. Meist kommt es zu Neueinstellungen, wenn Mitarbeiter das Unternehmen verlassen oder es durch Ausweitung des Geschäftsvolumens erforderlich wird. Bei rückläufigem Geschäft wird meist kurzfristig – orientiert an Personalkostenzielen – Personal entlassen. Dabei kann jedoch keine optimale Personalstärke und -struktur geschaffen werden. Vor dem Hintergrund, dass sich ein Engpass bei hoch qualifiziertem Personal demografisch abzeichnet und dass die Anzahl der Berufstätigen von 42 auf 30 Millionen Menschen in Deutschland fallen wird,[693] ist eine strategisch ausgerichtete, zukunftsorientierte Personalbedarfsrechnung zu fordern, die durch die operative Personalsteuerung ergänzt wird.[694] Einen Weg in diese Richtung schlägt die Firma Lidl ein, die Ende 2004 mit dem von Verdi verlegten „Schwarz-Buch", in dem Missstände im Personalwesen angeprangert werden, in die Kritik gera-

Häufig keine systematische Personalbedarfsplanung

---

[693] Vgl. o. V. (High Potentials) (2004), S. 60
[694] Vgl. Lerchenmüller (1998), S. 383 ff.

ten war. Mit der Fernsehkampagne „Deutschland sucht den Superazubi" stieß die Firma mit rund 30.000 Bewerbungen auf eine sehr große positive Resonanz in der deutschen Bevölkerung.[695]

Personalbedarfsplanung

Aufgaben

Im Rahmen der Personalbedarfsplanung wird der strategische und taktische Bedarf an Mitarbeitern geplant. Dies ist vor allem in Unternehmen mit hoher Fluktuationsrate sinnvoll. Hierzu werden die für die Zielsetzung notwendigen Leistungsbeiträge in Bezug auf Zeit, Art und Menge berechnet.[696] Ausgehend vom Bruttobedarf werden durch Arbeitsanalysen und -beschreibungen Nettobedarfsmengen prognostiziert.[697] Bei der Auswahl des Prognoseverfahrens ist besonders zu beachten, ob der Personalbedarf direkt mit der Output-Größe korreliert (etwa beim Kommissionieren) oder ob der Zusammenhang vernachlässigbar ist.[698] Ausgewählte Kennzahlen im Bereich der Personalbedarfsrechnung zeigt Tab. 7.9. Der langfristige Personalbestand ist einigermaßen genau prognostizierbar. Verschiedene Organisationskonfigurationen können anhand der Kennziffern Leitungsspanne, Leitungstiefe und Leitungsintensität verglichen werden. Leitungsspanne bezeichnet die Anzahl der einer Leitungsstelle unterstellten Mitarbeiter. Die Leitungstiefe beziffert die Anzahl der hierarchischen Leitungsebenen. Die Leitungsintensität drückt das zahlenmäßige Verhältnis zwischen den Leitungsstellen und den Ausführungsstellen aus. Als Ausführungsstellen zählen hierbei alle Stellen auf den jeweils tiefsten Hierarchieebenen. Alle anderen Stellen, inklusive der Stabs- und Assistenzstellen, zählen zu den Leitungsstellen.

Prognoseverfahren

Durch Nachfrageschwankungen, Urlaub und Krankheit schwerer zu prognostizieren und zu vergleichen sind die die kurz- und mittelfristigen Personalbestände. Zum Abbauen von Fehlzeiten empfiehlt es sich, den Krankenstand nach Ursachen zu analysieren und Krankenbesuche, Mitarbeitergespräche und regelmäßige betriebsärztliche Gesundheitsprüfungen durchzuführen. Auch Prämien für geringe Fehlzeiten sowie eine Verbesserung des Arbeitsumfelds können zu einer besseren Fehlzeitenquote und Fluktuationsquote führen. Politisch gewollt ist vor allem die Ausbildungsquote eine heftig diskutierte Kennzahl. Die von der Bundesregierung an-

---

[695] Vgl. Schulz (2005) und o. V. (Superazubi) (2005).
[696] Vgl. Kupsch, Marr (1991), S. 778.
[697] Vgl. zu Methoden der Bedarfsplanung Domsch (1998) und Limbach (1987), der sich mit den für den Handel typischen Beschäftigungsschwankungen auseinandersetzt. Exemplarisch wird die Rosenkranz-Formel von Rosenkranz (1966) für den Handel erläutert bei Becker, Schütte (2004), S. 573.
[698] Vgl. Schulte-Zurhausen (1999), S. 157 f.

gestrebte Ausbildungsquote von 7 % wird im Handel vor allem bei den Discountern nicht erreicht. So hatte Lidl in 2004 eine Ausbildungsquote von nur 2,9 %. Die Metro hatte von 1996 bis 2004 ihre Ausbildungsquote von 5,3 % auf 7,6 % bzw. 8,1 % steigern können.[699] Das Dänische Bettenlager erreichte in 2004 sogar eine Ausbildungsquote von 22 %.[700] Auch Hellweg liegt mit 9 % über dem Branchenschnitt.[701]

Kennzahlen	Formeln
Leitungsspanne	Anzahl der einer Leitungsstelle unterstellten Mitarbeiter
Leitungstiefe	Anzahl der hierarchischen Leitungsebenen
Leitungsintensität	Anzahl Leitungsstellen / Anzahl Ausführungsstellen
Personalbestand in Periode x (ohne Urlaubs- und Fehlzeitenberücksichtigung)	Derzeitiger Bestand - Pensionierungen - Vorruhestände - Kündigungen - Versetzungen
Netto-Personalbedarf	Bedarf in Periode x
Behindertenquote	Anzahl Behinderte / Anzahl Mitarbeiter
Auslastungsquote	(Verfügbare Zeit - unproduktive Arbeitszeit) / Verfügbare Zeit
Überstundenquote	Tatsächliche Arbeitszeit / Vereinbarte Arbeitszeit
Fehlzeitenquote	Gefehlte Arbeitstage pro Jahr / Mögliche Arbeitstage pro Jahr
Durchschnittsdauer der Betriebszugehörigkeit	Summe Dauer der Betriebszugehörigkeit / Anzahl Mitarbeiter
Fluktuationsquote	Zahl der Austritte pro Jahr / durchschnittliche Zahl der Beschäftigten
Ausbildungs- [Frauen-]quote	Anzahl Auszubildende [Frauen] / Anzahl Mitarbeiter gesamt

Tab. 7.9: Ausgewählte Kennzahlen im Bereich Personalbedarfsplanung

---

[699] Vgl. Müller (2004b) und JUH (2004b).
[700] Vgl. JUH (2005).
[701] Vgl. JUH (2004a).

Personalbeschaffungsplanung

Personalmarketing

Problem der Lehrstellenbesetzung

Personalengpass durch negative Rahmenbedingungen

Der Handel weist in der Imagepflege gegenüber potenziellen Arbeitnehmern klare Defizite auf. Vor allem bei Akademikern wird der Handel häufig zu Gunsten der Markenindustrie oder anderen Domänen vernachlässigt. Zwar ist ein Einkäufer oder Category Manager, der aus dem Handel in die Industrie wechselt, dort stets willkommen, doch der Weg von der Industrie zum Handel wird selten eingeschlagen. Mangelnde inner- und außerbetriebliche Entwicklungschancen[702] spielen ebenso wie die hemdsärmelige Art des nun langsam in den Ruhestand gehenden Alt-Managements für das Ansehen eine negative Rolle. Allerdings erkennt der Handel langsam seine Defizite und versucht, diese abzubauen. So sendet Dohle beispielsweise seine Auszubildenden in die Schulen, um für eine Ausbildung im Lebensmittelhandel zu werben. Die Edeka bietet mit ihrem Junior-Programm jungen Talenten Aufstiegschancen bis in die Chefetage, und die Metro sucht intensiven Kontakt zu Hochschulabsolventen.[703] In Gesprächen mit potenziellen Bewerbern und internen Potenzialkräften spielen neben unattraktiven Arbeitszeiten, einem geringen Lohn- und Gehaltsniveau auch die hohen Mobilitätsanforderungen eine wichtige Rolle.[704] So berichtet beispielsweise Deutschlands zweitgrößtes Handelsunternehmen Rewe, dass in manchen Regionen Deutschlands gut 10 bis 20 % der Lehrstellen nicht besetzt werden können.[705]

Diese negativen Rahmenbedingungen erschweren die Personalbeschaffung und führen zu quantitativen und qualitativen Personalengpässen, die auch bei hoher Arbeitslosigkeit nicht verschwinden. Allein die Rewe muss mehr als die Hälfte der Ausbildungskanndidaten im ersten Bewerbungsschritt ablehnen, weil sie Mindestanforderungen nicht erfüllen – wie einen Hauptschulabschluss, vernünftige Deutschkenntnisse oder die Beherrschung der Grundrechenarten.[706] Als Folge daraus ergeben sich hohe Fluktuationsraten,[707] aber auch Fehlzeiten, die zu zusätzlichen Kosten bei der Personalsuche und -einarbeitung führen.[708]

Für das Controlling der Personalbeschaffung sind vor allem die Beschaffungswege (Inserate, Eigeninitiativen, Vermittlung usw.) und die Kosten der Personalbeschaffung von hohem Interesse.[709]

---

[702] Vgl. Buber (1997), S. 5; Pfeuffer, Kremer-Nehring (1992), S. 245 f.
[703] Vgl. Hillemeyer (2003).
[704] Vgl. Rudolph (1991), S. 25 f.; Berekoven (1995), S. 318.
[705] Vgl. Hillemeyer, Kahlen (2003).
[706] Vgl. Hillemeyer (2004).
[707] Vgl. hierzu Berekoven (1995), S. 318, der im Handel von jährlichen Fluktuationsraten von bis zu 25 % ausgeht.
[708] Vgl. Feldbauer-Durstmüller (2001), S. 241.
[709] Vgl. Wunderer, Schlagenhaufer (1994), S. 47.

Eine Auswahl an Kennzahlen im Rahmen der Personalbeschaffungsplanung zeigt Tab. 7.10

Kennzahlen	Formeln
Netto-Personalbedarf	Brutto-Personalbedarf - derzeitiger Personalbestand + Abgänge - feststehende Zugänge
Bewerber pro Ausbildungsplatz	Anzahl Bewerber / Anzahl Ausbildungsplätze
Bewerber pro Stelle	Anzahl Bewerber / Anzahl Stellen
Quote geeigneter Bewerber	Anzahl geeigneter Bewerber / Gesamtanzahl Bewerber
Bewerberstruktur	Anzahl Bewerber differenziert nach Alter, Geschlecht, Ausbildung usw.
Effizienz eines Beschaffungswegs	Anzahl der (qualifizierten) Bewerbungen des Beschaffungswegs / Gesamtanzahl (qualifizierte) Bewerbungen
Personalbeschaffungskosten je Eintritt	Kosten (Inserate, Auswahlgespräche, Schriftverkehr usw.) / Anzahl zu besetzende Stellen
Durchschnittliche Dauer der Dienstverhältnisse	Summe Dienstverhältnisdauern / Anzahl Dienstverhältnisse
Frühfluktuationsstruktur	Anzahl der Versetzungswünsche nach kurzer Dienstdauer
Personalbeschaffungsdauer	Dauer von Ausschreibung der Stelle bis Neubesetzung

Tab. 7.10: Ausgewählte Kennzahlen im Bereich Personalbeschaffungsplanung

Personalfreistellungsplanung

Bei überschüssigen Personalkapazitäten sind Maßnahmen zur Personalfreistellung bzw. zur Verringerung der bezahlten Leistungsstunden oder zu einer Senkung der Lohnkosten zu ergreifen. Dabei kann in eine interne Freistellung ohne Personalabbau (z. B. Abbau von Mehrarbeit, Kurzarbeit, Flexibilisierung der Arbeitszeit) und eine externe Freistellung mit Personalabbau unterschieden werden. Rund zwei Drittel (67 %) der deutschen Arbeitnehmer wären be-

Maßnahmen zur Freistellung

reit, ohne Lohnausgleich eine Stunde pro Woche länger zu arbeiten. Rund ein Drittel der Mitarbeiter arbeitet bereits heute über ichrem Stunden-Soll.[710]

Sorgfältige Begründung

Die ökonomische Notwendigkeit von Anpassungen des Personalbestands an Absatzschwankungen ist gegenüber den Betroffen, der Öffentlichkeit und dem Betriebsrat sorgfältig zu begründen, doch Freisetzungsmaßnahmen können sich insbesondere bei wieder anziehender Konjunktur als Fehlentscheidung erweisen, da je nach gewählter Maßnahme Abfindungen, Auflösungsvertragskosten und Lohnfortzahlungen entstehen, die zusätzlich zu den Einstell- und Einarbeitungskosten für neue Mitarbeiter anfallen. Es ist wichtig, Freistellungen nicht nur rückwirkend ökonomisch zu begründen, sondern auch vorausschauend zu kalkulieren. Daher will das Freisetzungscontrolling vorausschauend identifizieren, welche Entscheidungen aus ökonomischer Sicht voraussichtlich sinnvoll sind und nach der Umsetzung die Auswirkungen analysieren, um eine Anpassung für zukünftige Konjunkturschwankungen zu ermöglichen.[711]

Vorrausschauende Kalkulation

Lohnstückkosten

Im Rahmen der Entscheidungsfindung bietet die Kennzahl Lohnstückkosten den Vorteil, dass Personalkosten und Produktivität des einzelnen Mitarbeiters verknüpft werden. Sie geben die gesamten Lohnkosten einschließlich Sozialversicherungsbeiträgen oder Lohnfortzahlungen im Krankheitsfall in Relation zur Leistung wieder und werden im Regelfall für internationale Vergleiche herangezogen.[712] In Bezug zu den Personalfreisetzungen sind Kostenfaktoren wie Abfindungen, Outplacement, Signing-Bonus oder Trainingskosten mit einzuberechnen.[713] Über die Lohnstückkosten lassen sich anders als über die Lohnkosten pro Leistungsstunde auch Arbeitsbereiche messen, in denen sich die produktive Arbeitszeit kaum von der Anwesenheitszeit abgrenzen lässt, wie dies in vielen Bereichen des Handels der Fall ist. Darüber hinaus sollten jedoch auch indirekte Personalkosten wie Aufwendungen für Personalbeschaffungen oder administrative Aufwendungen berücksichtigt werden.[714]

Alternativen der Freistellung

Abb. 7.19 stellt die Überlegungen eines Unternehmens dar, dass auf Grund des Auftragsrückgangs mit dem Problem der Reduktion der Mitarbeiterkapazitäten konfrontiert wird. Dabei wird ab Periode 7 ein Anziehen der Konjunktur erwartet, die schließlich in Periode 8 zu einer Rückkehr zum alten Niveau führt. Bei der Beibehal-

---

[710] Vgl. o. V. (Monster.de) (2004), S. 60.
[711] Vgl. Brandl, Paltauf (2005), S. 40.
[712] Wichtige Konkurrenzländer der Bundesrepublik wie die USA, Japan, Frankreich, Italien und die Niederlande haben beispielsweise einen Stückkostenvorteil von bis zu 27 Prozent (vgl. Schröder (2004)).
[713] Vgl. Brandl, Paltauf (2005), S. 41.
[714] Brandl, Paltauf (2005), S. 42.

tung der Löhne und des Personalstands (do nothing) liegen die Lohnstückkosten bei Anziehen der Konjunktur auf Ausgangsniveau. Bei Kündigung und Wiedereinstellung sind zunächst eine Kündigungsfrist von 2 Perioden sowie eine Abfindungszahlung in Periode 3 und 4 zu beachten. Anschließend sinken die Kosten durch die Freisetzung, um durch die Überstunden auf Grund der Konjunkturbelebung in Periode 7 und 8 wieder zu steigen. Neue Mitarbeiter werden eingestellt und führen zunächst zu höheren Lohnstückkosten als in der Ausgangssituation. Eine dritte Alternative ist das Auflegen eines Sabbatical-Programms, bei dem sich eine genügende Anzahl an Mitarbeitern bereit erklärt, an einer Auszeit für 5 Perioden mit Beginn in Periode 2 oder 3 teilzunehmen. Zwar erhalten die Mitarbeiter weiterhin einen Teil ihres Gehaltes, wodurch die Lohnstückkosten leicht steigen, jedoch sind die Überstunden bei Rückkehr und Konjunkturbelebung geringer als im Falle der Neueinstellung. In Periode 8 liegen die Kosten wieder auf dem ursprünglichen Niveau.

Quelle: Brandl, Paltauf (2005), S. 42

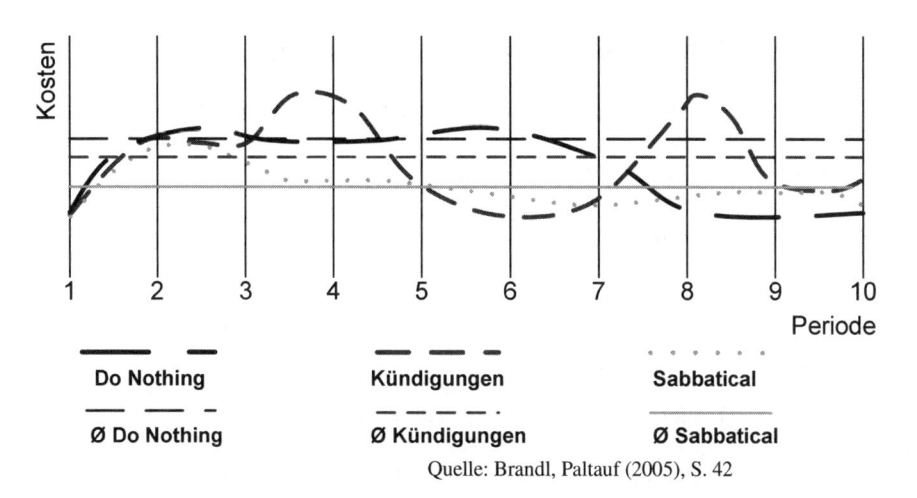

Abb. 7.19: Optionen und deren Kosten bei Auftragsrückgang

Wichtige Kennzahlen bei der Personalfreisetzung werden in Tab. 7.11 dargelegt.

Kennzahlen	Formeln
Lohnstückkosten	(Arbeitskosten + Abfindungen + Outplacementkosten + Signing-Bonus + Trainingskosten usw.) / Wertschöpfung
Sozialkosten pro Mitarbeiter	Summe der Sozialkosten / Anzahl der Mitarbeiter
Durchschnittlicher Abfindungsaufwand	Abfindungsaufwendungen / Anzahl der betroffenen Mitarbeiter
Sozialplankosten pro Mitarbeiter	Summe der Sozialplankosten / Anzahl der betroffenen Mitarbeiter

Tab. 7.11: Ausgewählte Kennzahlen im Bereich Personalfreistellungsplanung

Personalverwaltung und -abrechnung

Die Personalverwaltung und -abrechnung umfasst alle Aspekte, die für die Entlohnung, Beurteilung und Entwicklung der angestellten Mitarbeiter erforderlich sind.

Personalentlohnung

Aufgaben

Bei der Entlohnung werden die Brutto- und die Nettolöhne berechnet, ausgezahlt und die Sozialabgaben abgeführt. Die Bruttolohnabrechnung erfolgt entweder auf Basis von Festgehältern oder auf Zeit- oder Leistungslohnbasis, wobei die Zeitentlohnung die im Handel eindeutig dominierende Entlohnungsform ist.[715] Die Zeiterfassung erfolgt mittels Zeiterfassungssystemen, die im Falle der Positiv-Zeiterfassung auch die An- und Abwesenheitszeiten erfassen. Somit lassen sich die Anwesenheitszeiten in produktive und unproduktive Zeiten aufteilen. Das nachfolgende Beispiel einer kombinierten Zeit- und Prämienlohnberechnung wurde BECKER und SCHÜTTE entnommen.[716]

---

[715] Vgl. Lerchenmüller (1998), S. 399.
[716] Becker, Schütte (2004), S. 574 f.

> - 6 Stunden Produktiv- und 1,5 Stunden Neben- und Störzeit für den Kommissionierer
> - Leistungsdaten eines Auftrags betragen:
> - Gewicht des Auftrags 2000 kg,
> - Transporthilfsmittel 10 Paletten,
> - 200 Collis und
> - 100 Artikel.
>
> Hieraus errechnet sich unter Annahme von:
> | | | |
> |---|---|---|
> | Auftragsrüstzeit | 5 | Min./Auftrag |
> | Gewichtszeit | 0,005 | Min./kg |
> | THM-Rüstzeit | 2 | Min./Palette |
> | Colli Greifzeit | 0,5 | Min./Colli |
> | Wegezeit je Artikel | 0,2 | Min./Artikel |
>
> eine Sollzeit von 155 Minuten
>
> (1 Auftrag x 5 Min. pro Auftrag +2000 kg x 0,005 Min. pro kg zzgl. 10 Paletten x 2 Min. pro Palette + 200 Colli x 0,5 Min. pro Colli + 100 Artikel x 0,2 Min./Artikel).
>
> Bei 3 Aufträgen am Tag errechnet sich eine Sollzeit von 465 Minuten. Diese Sollzeit für den Lagermitarbeiter wird in Relation zur Produktivzeit (6 Std. = 360 Min.) gesetzt, um den Leistungsgrad zu ermitteln (465 Min./360 Min. = 139,17 %).
>
> Die Leistungsgrade der Kommissionierer entsprechen bestimmten Prämienlohnsätzen (z. B. 100-120 % = 4 Euro/Std., 121-140 % = 5 Euro/Std.).[717]
>
> Unter der Annahme, dass dieser tägliche Leistungsgrad dem monatlichen entspricht, wird der Prämienlohnsatz mit der produktiven Zeit des gesamten Monats multipliziert und ergibt die monatliche Prämie (20 Tage) für den Kommissionierer (20 Tage x 6 Std./Tag x 5 Euro/Std. = 600 Euro), die zusätzlich zum vereinbarten Stundenlohn (20 Tage x 7,5 Std./Tag x 10 Euro/Std. = 1.500 Euro pro Monat) gewährt werden.

Allgemeine Kriterien der Vergütung sind vor allem die Leistungsorientierung in Bezug zu vorher definierten Zielen, allgemeinen und stellenspezifischen Markttrends bei der Vergütung, internen Lohn- und Gehaltsstrukturen, Lebenshaltungskosten und den Branchen- und Unternehmensbedingungen.[718] Häufig werden Vergütun-

Kriterien der Vergütung

---

[717] In dem Beispiel werden Prämienzeitlöhne und keine Prämienstücklöhne unterstellt.
[718] Vgl. Tietz (1993), S. 650 f.

Anreizsysteme

gen durch Rahmenverträge bzw. Tarifverträge oder gesetzliche Bestimmungen wie im Falle der 400 Euro-Jobs festgelegt.

Anreizsysteme haben als Teil der Leistungsbeurteilung wesentliche Bedeutung für die Erhaltung, Gewinnung und Entfaltung qualifizierter Mitarbeiter.[719] Dabei wird die Vergütung in feste und variable Anteile unterteilt. Der variable Anteil ist an operative oder strategische Ziele gekoppelt, die es zu erreichen oder zu übertreffen gilt. Im operativen Bereich können diese Ziele wie Umsatzerhöhung um 10 % in 6 Monaten in der Filiale Münster Nord oder Personalkostenreduktion um 5 % in 2006 sein. Strategische Ziele können beispielsweise die Wertsteigerung des Gesamtunternehmens um 10 % innerhalb der nächsten 2 Jahre oder die Marktführerschaft in Region Münsterland innerhalb des nächsten Jahres sein. Darüber hinaus lassen sich nicht-monetäre Anreize für Einzelpersonen und Abteilungen schaffen (vgl. Abb. 7.20).

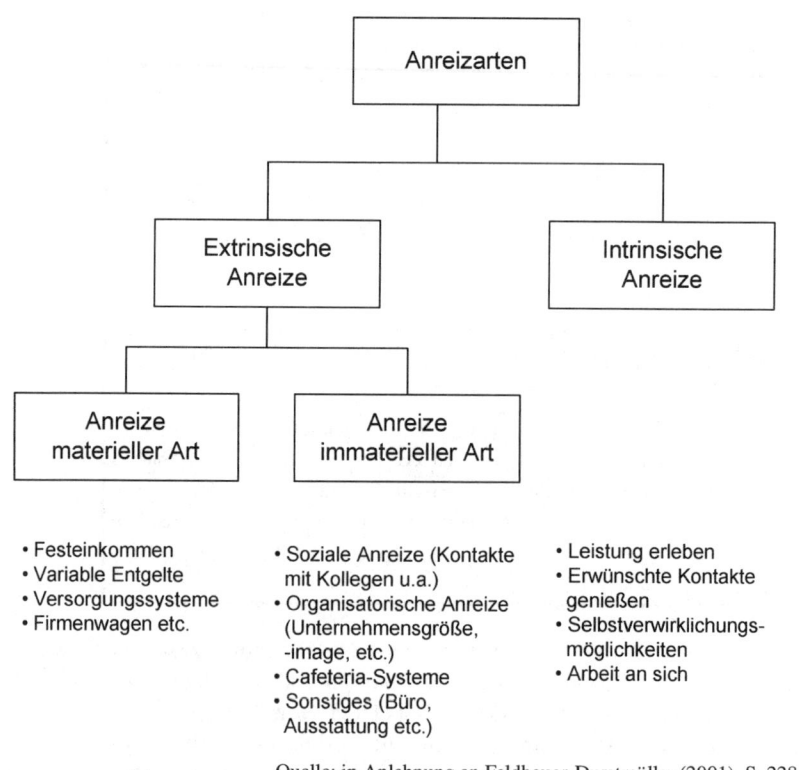

```
                        Anreizarten
                       /           \
           Extrinsische             Intrinsische
              Anreize                 Anreize
           /         \
    Anreize          Anreize
  materieller Art   immaterieller Art
```

Anreize materieller Art	Anreize immaterieller Art	Intrinsische Anreize
• Festeinkommen • Variable Entgelte • Versorgungssysteme • Firmenwagen etc.	• Soziale Anreize (Kontakte mit Kollegen u.a.) • Organisatorische Anreize (Unternehmensgröße, -image, etc.) • Cafeteria-Systeme • Sonstiges (Büro, Ausstattung etc.)	• Leistung erleben • Erwünschte Kontakte genießen • Selbstverwirklichungsmöglichkeiten • Arbeit an sich

Quelle: in Anlehnung an Feldbauer-Durstmüller (2001), S. 228.

Abb. 7.20: Differenzierung unterschiedlicher Anreize

---

[719] Vgl. Hahn, Willers (1999), S. 710 sowie Bleicher (1994), S. 291 ff.

Neben Prämien, die bei Erreichen eines bestimmten Zieles vergeben werden, findet die Provision im Handel nicht nur im Außendienst vielfach Anwendung. Allerdings hat dieses Anreizsystem in neben den unbestrittenen Vorteilen zahlreiche Nachteile. Vor allem bei Umsatzzielen verschleiern Konjunktur und allgemeine Preispolitik der Abteilung oder Filiale die individuellen Umsatzleistungen. Auch die Schwierigkeiten einer Produkt- und Warengruppensteuerung bei undifferenzierten Sätzen und die Probleme der optimalen Kundenbetreuung werden vernachlässigt.[720] Daher werden Provisionen häufig nach Kalkulationsgruppen differenziert, um zwischen Produkten mit unterdurchschnittlicher, normaler und überdurchschnittlicher Kalkulation zu unterscheiden. Die Provisionssätze erreichen hierbei Werte zwischen 0,5 % und 5,0 % vom Umsatz.[721] Dieses Verfahren findet vor allem bei langlebigen Konsumgütern wie Möbeln oder Elektrogroßgeräten seinen Einsatz.[722] Prämiensysteme bestehen aus folgenden Pfeilern:

Provisionen

- Zielvereinbarung mit den Mitarbeitern,
- Festlegen der Prämie (meist in Prozent der Zielerfüllung),
- Festlegen des Prämienmessbetrags und
- Festlegen Zielvereinbarungsgespräche sowie des Zielerreichungszeitraums.

Beispielhaft zeigt Tab. 7.12 ein Prämiensystem. Prämien können in der Gruppe oder individuell gewährt werden für Steigerungen oder Erreichen von Grenzen bei:

- Anwesenheit,
- Verwaltungsarbeiten,
- Kommissionierarbeiten,
- Transportleistungen und Lagerumschlag,
- Umsatz-, Rohertrags- oder Deckungsbeitragszuwächsen,
- Konditionenverbesserungen (im Einkauf),
- geringen Konditionenaufweichungen (im Verkauf),
- Verkaufsquoten,
- Inventurdifferenzverringerungen,
- neuen A- oder B-Kunden,
- Kundenbesuchen usw.

---

[720] Vgl. Issler (1966) sowie Tietz (1993), S. 655 f.
[721] Vgl. Tietz (1993), S. 656.
[722] Vgl. Kellenter (1974), S. 31 f.

Die Jahresprämie errechnet sich wie folgt:	
Prämie (1) Faktor Umsatz:	Für je 1% über Plan = 200,- € + 10% des rechnerischen Mehrrohertrages im Vergleich zu Rohertrag bei Plansumme und bei Vorjahresspanne
Prämie (2) Faktor Spanne:	Für je 0,1% über Plan = 100,- € + 10% des Mehrrohertrages im Vergleich zu Rohertrag bei Planumsatz und Planspanne
Prämie (3) Faktor Personalkosten:	Für je 0,1% unter Plan = 100,- € + 20% der rechnerischen Einsparung gegenüber Plan-Personalkosten, auf erzielten Umsatz bezogen
Prämie (4) Faktor Inventurdifferenz	Für je 0,1% unter Plan = 300,- € + 20% der Einsparung gegenüber Planinventurdifferenz, auf erzielten Umsatz bezogen
Jahresprämie:	Prämie (1) + Prämie (2) + Prämie (3) + Prämie (4) = Gesamtprämie

Quelle: in Anlehnung an Lerchenmüller (1998), S. 405.

Tab. 7.12: Beispiel eines Prämienlohnsystems

Kennzahlen

Bei der Personalentlohnung gibt es aus verschiedenen Perspektiven heraus zahlreiche relevante Kennzahlen. Die Kennzahl Lohnformenstruktur ist ebenso wie die Gehaltsentwicklung insbesondere im Branchenvergleich in Bezug auf Akkord-, Prämien- und Zeitlohn ein wichtiger Indikator. Die Personalkostenangaben bieten zum einen Vergleichsmöglichkeiten mit anderen Handelsunternehmen und helfen bei der Planung von Zusatzschichten und der Personalfreistellung oder -einstellung. Die Messung der Produktivität ist zur Verrechnung der variablen Vergütungsanteile notwendig (vgl. Tab. 7.13).

Nicht-monetäre Aspekte

Neben der monetären Entlohnung sind für Mitarbeiter auch nicht-monetäre Aspekte wichtig. Insbesondere die Mitarbeiterzufriedenheit ist für eine effektive und effiziente Unternehmung Grundvoraussetzung. Regelmäßige Mitarbeiterumfragen können bestehende Probleme aufzeigen und Anregungen für eine Verbesserung des Betriebsklimas geben. Dabei kann in Fragebögen mittels Schulnoten nach Zufriedenheit mit Gehalt, Aufstiegsmöglichkeiten, persönlicher Entfaltung, Kompetenz des Vorgesetzten, Betriebsklima, Zufriedenheit mit dem eigenen Arbeitsplatz, Sicherheitsstandards u.v.m. gefragt werden. Aufbauen auf einem Forschungsprojekt hat beispielsweise die Firma Dohle hierzu eine Zufriedenheits-Balanced-Scorecard entwickelt, um auf regelmäßiger Basis die Mitarbeiterzufriedenheit in unterschiedlichen Bereichen und Ebenen zu erfassen. Hinweise auf eine Verschlechterung der Mitarbeiterzufriedenheit können Personalabteilungen beispielsweise durch ein Ansteigen der Kündigungen auf Grund erhöhter Kündigungsquoten erhalten, wobei bei einer direkten Befragung häufig bessere Aufstiegsmöglichkeiten bei anderen Firmen oder persönliche Ambitionen angegeben werden. Auch die Anzahl der internen Versetzungsgesuche kann ein Indikator für schlechtes Betriebsklima in Teilbereichen des Unternehmens sein. Wollen mehr Mitarbeiter in einen bestimmten Bereich hineinwechseln als aus diesem heraus, so spricht dies u. a. für ein gutes Betriebsklima in diesem Bereich.

Kennzahlen	Formeln
Lohnformenstruktur	(Anzahl der MA in Lohngruppe y) / Gesamtanzahl Mitarbeiter
Entwicklung Gehalt	Gehalt Betrachtungsperiode / Gehalt Basisperiode
Personalkosten je Stunde	Personalkosten / Geleistete Arbeitsstunden
Personalkosten pro Mitarbeiter	Betriebliche Personalkosten / Anzahl Mitarbeiter
Durchschn. Personalkosten	Summe Personalkosten pro [Abteilung, Position usw.] / Anzahl Mitarbeiter [Abteilung, Position usw.]
Personalkostenintensität	Personalkosten / Umsatz
Erfüllungsgrad der vereinbarten Ziele	Resultat [z. B. in Euro] / Ziel [z. B. in Euro]
Versetzungsgesuchsquote	Anzahl der Versetzungsgesuche / Anzahl der Arbeitsplätze
Kündigungsquote durch Unzufriedenheit	Anzahl Kündigungen durch Unzufriedenheit / Anzahl Kündigungen

Tab. 7.13: Ausgewählte Kennzahlen im Bereich Personalentlohnung

Personalbeurteilung

Aufgaben

Die Personalbeurteilung wird mittels Leistungsstandards vorgenommen, mit denen das tatsächliche Ergebnis und das zu erreichende Ergebnis objektiv verglichen werden können. Die Personalbeurteilung geht häufig eng mit der Personalentlohnung einher. Ziel ist auf der einen Seite das Heranziehen der Beurteilung zur Gestaltung der Vergütung und auf der anderen Seite zur Gestaltung von Beförderungs- und Entwicklungsmöglichkeiten.[723] Die Produktivität als Schlüsselkennzahl zur Leistungsbeurteilung im operativen Geschäft zeigt, wie materielle und menschliche Ressourcen innerhalb des Handels eingesetzt werden. Bei mitarbeiterbezogenen Produktivitätskennzahlen wird der Mitarbeiteroutput in Beziehung zur Mitarbeiterzahl gesetzt. Der REFA Bundesverband e. V. setzt sich u. a. mit der leistungsgerechten Entlohnung auseinander und hierbei insbesondere mit der Ist-Zeitermittlung, da sie die Grundlage für Soll-Zeiten künftiger Arbeitsgänge bietet.[724] Die Vorgabezeit lässt sich in Grundzeit, Verteilzeit und Erholungszeit unterteilen. Die Grundzeit ist die Zeit, die zur direkten Erledigung der Aufgabe notwendig ist. Die Verteilzeit berücksichtigt Unterbrechungen durch beispielsweise Wartungsarbeiten, Kundenanfragen beim Regaleinräumen oder dienstliche Gespräche. Die Erholungszeit beinhaltet Ruhepausen auf Grund von Ermüdung und notwendiger Erholung (vgl. Tab. 7.14).[725]

---

[723] Vgl. Tietz (1993), S. 653.
[724] Vgl. u. a. Hinrichsen, Rösler (2004); Eyer (2004) und Kraus (2004).
[725] Vgl. Weber (2002e), S. 136 ff.

Kennzahlen	Formeln
Umsatz pro Mitarbeiter	Umsatz [Gesamt, Abteilung usw.] / Anzahl Mitarbeiter [Gesamt, Abteilung usw.]
Gewinn je Mitarbeiter	(Umsatz - Kosten) / Anzahl Mitarbeiter
Leistungsquote je Mitarbeiter	[gescannte, kommissionierte, gelieferte Artikel usw.] des Mitarbeiters / durchschnittliche Anzahl
Anteil der Grundzeit	Grundzeit / Gesamtzeit
Anteil der Verteilzeit	Verteilzeit / Gesamtzeit
Anteil der Erholungszeit	Erholungszeit / Gesamtzeit

Tab. 7.14: Ausgewählte Kennzahlen im Bereich mitarbeiterbezogene Produktivitätsbeurteilung

Personalentwicklungsplanung

Der Faktor Mitarbeiter ist beim Scheitern von Strategien und Projekten ein nicht zu vernachlässigender Faktor. Eine Ursache für das Scheitern ist das Versäumnis der Führungskräfte, die Fähigkeiten der Mitarbeiter durch Fort- und Weiterbildungen mit den Unternehmensstrategien weiterzuentwickeln. Ziel muss es sein, Human Resources[726] in die Strategieentwicklung einzubinden, um geeignete operative Personalentwicklungsmaßnahmen abzuleiten.[727]

Bedeutung des Faktors Mitarbeiter

Hierzu bieten sich Personal-Portfolio-Modelle an, die beispielsweise Leistung und Potenzial in Bezug auf die strategische Führung miteinander verknüpfen.[728] Sie dienen dazu, vorhandene und geplante Personalressourcen mit Hilfe strategisch entscheidender Kriterien in einer zweidimensionalen Matrix zu positionieren. Grundlage der Portfolio-Modelle ist die Theorie der Portfolio Selection.[729] Vor allem das BCG-Marktanteils-Marktwachstums-Portfolio hat zur Bekanntheit von Portfolios stark beigetragen.[730] Eine

Personal-Portfolio-Modelle

---

[726] Human Resources meint das latent vorhandene und bereits genutzte geistige und körperliche Potenzial der Mitarbeiter, vgl. Laukamm, Walsh (1986), S. 103 ff.
[727] Vgl. Feldbauer-Durstmüller (2001), S. 247.
[728] Eine breite Übersicht über Personal-Portfolio-Modelle bietet Papmehl (1990), S. 55-69, der hier als Grundlage diente. Vgl. ebenso Jacobs, Thiess, Söhnholz (1987).
[729] Vgl. Markowitz (1967), S. 11 ff.
[730] Vgl. Henderson (1974), S. 25 ff.

erste personalbezogene Portfolio-Darstellung entwickelt ODIORNE, der Potenzial und Leistung von Mitarbeitern in Bezug setzte und durch seine Einteilung die Mitarbeiter in unterschiedliche Entwicklungskategorien einteilte (vgl. Abb. 7.21).[731]

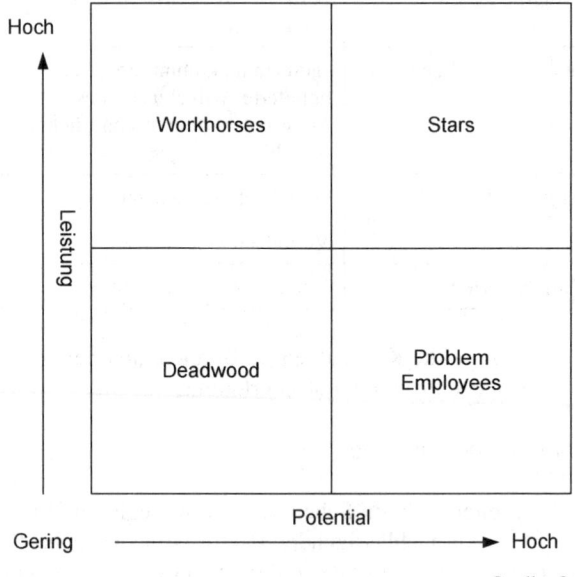

```
Hoch
 ▲
 |  Workhorses        Stars
 |
Leistung
 |
 |  Deadwood          Problem
 |                    Employees
 |
 +─────────────────────────▶ Hoch
Gering        Potential
```

Quelle: Odiorne (1984).

Abb. 7.21: Personal-Portfolio

Von dem Modell von ODIORNE ausgehend, erweiterten u. a. FOPP und WITT die Aussagefähigkeit.[732] Es ist beispielsweise möglich, Portfolios in Bezug auf Bindungsmöglichkeit und Entwicklungsfähigkeit der Mitarbeiter aufzustellen (vgl. Abb. 7.22) oder den internen Bestand an Fachkräften in Bezug zum Angebot darzustellen. Ebenso können Schulungskosten, Bindungsvorteile gegenüber der Konkurrenz oder Analysen in Bezug auf Qualifikation oder Motivation dargestellt werden. So lassen sich rechtzeitig Defizite in Potenzial und Leistungsbereitschaft der Stammbelegschaft erkennen und Engpässe bei der Personalbeschaffung aufzeigen.

---

[731] Vgl. Odiorne (1984), S. 10 ff.
[732] Vgl. Fopp (1982), S. 333 ff. und Witt (1986).

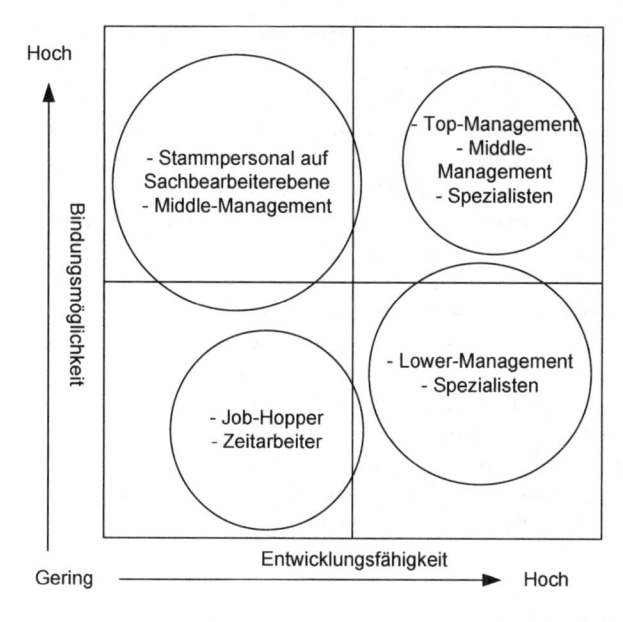

Abb. 7.22: Personal-Portfolio mit Bezug zu Bindungsmöglich- und Entwicklungsfähigkeit

Neue Schulungskonzepte

Neben zentral organisierten Schulungen und Weiterbildungen haben sich in den letzten Jahren vermehrt auch eLearning-Konzepte durchgesetzt, bei denen der Lerninhalt entweder selbstständig erarbeitet wird oder zumindest dezentral abgerufen werden kann. Beispielsweise schult und informiert die britische Wal-Mart-Tochter Asda ihre Mitarbeiter über ein satellitengestütztes Breitbandsystem. Das unter dem Namen „24/7 TV" eingeführte interaktive System soll einen Teil der Papier- und Email-Kommunikation im Unternehmen durch Videos ersetzen.[733] Ähnliche Wege geht auch die Lufthansa, wobei sich auf Grund der nicht in weltweit allen Ländern verfügbaren Breitbandinfrastruktur häufig noch DVDs mit Lerninhalten ausgeliefert werden.

---

[733] Vgl. Loderhose (2004a).

Beispiel Zufriedenheitsmonitoring

Beispiel: Controlling der Mitarbeiterzufriedenheit durch individuelle Weiterentwicklung [734]

Zahlreiche Firmen wie etwa Media Saturn Holding GmbH betreiben bei der Personalentwicklung ein intensives Personaltraining mittels Strength Coach. Dabei werden Stärken als Zusammensetzung von Talent (z. B. Kreativität), Fähigkeit (z. B. PowerPoint-Kenntnisse) und Wissen (z. B. Marketingwissen) aufgefasst und je nach Ausprägung und Neigung individuell gefördert. Ausgehend von der in vielen Studien niedergelegten Beobachtung, dass Mitarbeiter bei erfüllender Arbeit glücklicher sind als in der Freizeit, ist eine Beschäftigung mit dem Flow-Konzept von CZIKSZENTMIHALYI *sinnvoll.*[735] *Grundaspekt dieser Theorie ist der Gedanke, dass die Anforderung und die Weiterentwicklung der Mitarbeiter in dem Flow-Kanal zwischen Angst vor Überforderung und Unterforderung erfolgen muss, um die Motivation der Mitarbeiter zu erhalten und zu steigern (vgl. Abb. 7.23).*

Quelle: Czikszentmihalyi (1998), S. 107.

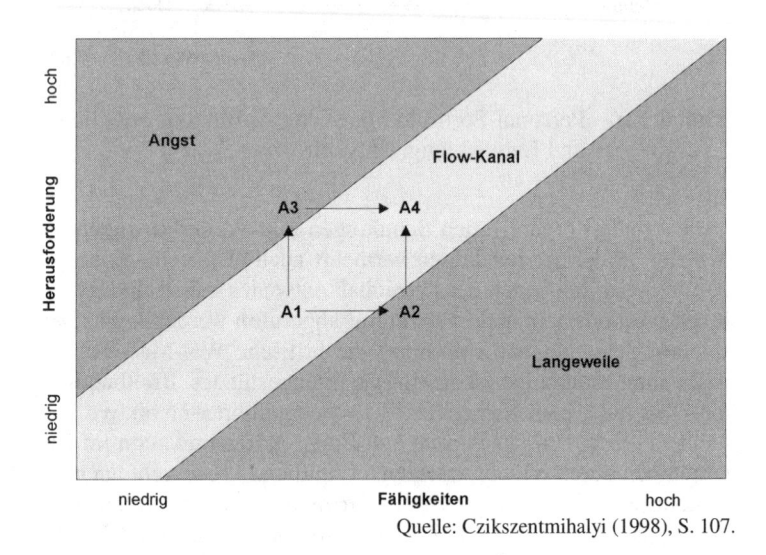

Abb. 7.23: Flow-Kanal

Wirtschaftlichkeits- und Erfolgskontrolle

Die Wirtschaftlichkeits- und Erfolgskontrolle ist zentraler Aspekt des Personalentwicklungscontrollings. Bildungsziele sollen mit minimalen Kosten (Wirtschaftlichkeit) und größtmöglichem Erfolg

---

[734] Vgl. Creusen (2004).
[735] Vgl. Czikszentmihalyi (1998).

erreicht werden.[736] Damit soll eine Ressourcen-Verschwendung verhindert und eine effiziente Durchführung der Maßnahmen erreicht werden.[737] Daten zur Kostenverrechnung können dem allgemeinen Betriebsabrechnungsbogen (BAB) sowie dem BAB für Personalentwicklung entnommen werden, der einen Vergleich nach Struktur, Art und Höhe der Personalentwicklungskosten zulässt.[738] Zur Bestimmung der optimalen Höhe der Fort- und Weiterbildungsinvestitionen ist der Kenntnisstand über Ziele und Qualifikationsniveau der Mitarbeiter notwendig.[739] Empirische Untersuchungen belegen, dass neben einer generell kooperativen Mitarbeiterführung und Weiterbildungsmaßnahmen vor allem Aspekte der leistungsabhängigen Entlohnung, Weiterbildungsmaßnahmen sowie flexiblere Arbeitszeiten als wichtig und motivierend eingeschätzt werden.[740] Grundsätzliches Problem von Qualifizierungsmaßnahmen ist die schwere Messbarkeit des Erfolges, da die kausalen Zusammenhänge schwer nachweisbar sind, weitere Einflussfaktoren wie das Verhalten des Vorgesetzten auf die Lernerfolge einwirken und die Umsetzung des erworbenen Wissens zeitversetzt erfolgt.[741] Daher ist der Einsatz von Kennzahlen nur bedingt sinnvoll und sollte eher durch umfassende Analysen – etwa mittels Portfolio-Technik – ergänzt oder ersetzt werden. Tab. 7.15 zeigt ausgewählte quantifizierbare Kennzahlen, die für das Personalentwicklungscontrolling herangezogen werden können. Zur qualitativen Erfolgsbeurteilung von Personalentwicklungsmaßnahmen sind insbesondere Beobachtungen, Interviews und Mitarbeiterbeurteilungen geeignet.[742] Grundsätzlich zeigen Firmen eine positive Einstellung gegenüber Mitarbeiterbefragungen. Allerdings führen nur 42 % der in einer Studie der TU Dresden befragten Unternehmen Mitarbeiterbefragungen regelmäßig durch. Über die Hälfte der Anwender geht beim Ableiten von Maßnahmen nicht systematisch vor, und nur 40 % messen deren Erfolg.[743]

---

[736] Vgl. Innreiter-Moser (1997), S. 176 ff. sowie Hoyer, Knoblauch (1989), S. 274.
[737] Vgl. Feldbauer-Durstmüller (1991), S. 110.
[738] Vgl. Feldbauer-Durstmüller (1991), S. 113 f. sowie Feldbauer-Durstmüller (2001), S. 249.
[739] Vgl. Bühner, Breitkopf, Stahl (1996), S. 144 f.
[740] Vgl. Zentes, Morschett (1998), S. 66.
[741] Vgl. Mentzel (1989), S. 249
[742] Vgl. Mentzel (1989), S. 255 ff.; Berthel (1989), S. 271 sowie Feldbauer-Durstmüller (2001), S. 251.
[743] Vgl. Hillemeyer (2005).

Kennzahlen	Formeln
Aufwendungen für Aus-, Fort- und Weiterbildung pro Mitarbeiter	Summe Bildungskosten / Anzahl Mitarbeiter
Anteil Bildungskosten an Gehalts- und Lohnsumme	Bildungskosten / Summe Lohn und Gehalt
Aufwendungen für die Einarbeitung neuer Mitarbeiter	Summe Einarbeitungsaufwendungen / Anzahl neuer Mitarbeiter
Übernahmequote Auszubildende	Anzahl der übernommenen Auszubildenden / Summe jährlicher Ausbildungsabschlüsse
Durchschn. jährliche Weiterbildungszeit	Summe jährlicher Weiterbildungszeiten / Anzahl Mitarbeiter

Tab. 7.15: Ausgewählte Kennzahlen im Bereich Personalentwicklungscontrolling

Personalsteuerung

Flexible Öffnungszeiten und veränderte Ansprüche der Kunden stellen den Handel vor die schwierige Aufgabe, den kurzfristigen Personalbedarf größtmöglich zu optimieren.[744] Mittels der Daten moderner Scannerkassen kann zumindest im Store die Kundenfrequenz als Grundlage für eine flexible Personaleinsatzplanung gemessen und prognostiziert werden.[745]

Personaleinsatzplanung

Aufgaben

Bei der Personaleinsatzplanung werden auf Stunden-, Tages- oder Wochenbasis die Einsätze der Mitarbeiter für ihren jeweiligen Tätigkeitsbereich geplant. Im Einzelhandel wird hierbei insbesondere der Einsatz des Verkaufs- und Einräumpersonals geplant, im Großhandel und im Lager vor allem der Einsatz der Kommissionierer. Während sich die Kapazitätsanforderung bei der Kommissionierung im Vorhinein durch Bestellungen ergibt, ist im Einzelhandel nur eine Prognose mittels Vergangenheitsdaten möglich. Das Problem liegt darin, dass sich zum einen die Kundennachfrage nicht exakt prognostizieren lässt und zum anderen darin, dass eine Maximalplanung zu Leerzeiten bei den Mitarbeitern führen kann und eine Minimalplanung zu Mitarbeiterengpässen und damit im Einzelhandel zu Warteschlangen an den Kassen. Eine europaweite

---

[744] Vgl. Graßhoff et al. (2000), S. 40.
[745] Vgl. Möhlenbruch, Meier (1998), S. 66.

Studie von MSM Germany kommt zu dem Ergebnis, dass insbesondere die deutschen Kunden beim Warten in Supermärkten, Modegeschäften, an Bahnschaltern oder in Fast-Food-Lokalen schnell ungeduldig werden. Ein Drittel der deutschen Kunden reagiert verärgert. Die mit 940 Personen europaweit durchgeführte, nicht repräsentative Studie kommt zu dem Ergebnis, dass deutsche Kunden etwa 6 Minuten an der Kasse warten müssen. In Finnland, Dänemark und Großbritannien sind dies nur durchschnittlich 3,5 Minuten.[746]

Beispiel: Zeitnahe Kasseneinsatzplanung bei Tesco [747]

Das britische Unternehmen Tesco ist mit 221.000 Mitarbeitern – darunter 75.000 KassiererInnen – und einem Umsatz von knapp 40 Mrd. Euro einer der weltweit 10 größten Lebensmittelhändler. Mit seinem Versprechen „One in Front", bei dem sofort eine Kasse geöffnet werden soll, sobald mehr als ein Kunde am Check-Out anstehen muss, setzt Tesco seine Store-Manager vor hohe Anforderungen, die sich mit einfachen Excel-Tabellen nicht zuverlässig lösen ließen. Das Verhaltensmuster der Kunden sollte erfasst und eine genaue Prognose kostenintensiver Prozesse am POS durchgeführt werden. Standortindividuelle Dinge waren ebenso zu berücksichtigen wie die Unterstützung der Serviceziele und spezifische Faktoren wie Abwesenheits- und Pausenzeiten, Krankheit, Urlaub und Überstunden.

Mit dem Softwarehaus Torex wurde daher eine Personalmanagementsoftware entwickelt. Heute verfügt der Store-Manager über eine Software, die es ihm ermöglicht, Spitzenzeiten vorherzusehen. Im 15-Minutentakt laufen die Daten der Kassenterminals mit Informationen zu Scans, Kundenbons und Umsätzen in das System, wo sie mit Prognosezahlen abgeglichen werden. Bei Abweichungen kann der Manager zeitnah reagieren.

Beispiel Zeitnahe Kasseneinsatzplanung

Die Planungsflexibilität im Einzelhandel muss sehr hoch sein, und es muss auf eine ausreichende Personalreserve geachtet werden, um Unzufriedenheit beim Kunden zu vermeiden.[748] Dies gilt insbesondere für die bedienungsintensiven Betriebsformen des Einzelhandels. Je nach Betriebstyp und Handelsstufe lassen sich auf Grundlage der Prozesse beliebige Kennzahlen auf Grundlage von Wartezeiten, Anzahl der abgefertigten oder zu erwartenden Kunden, Anzahl der gegebenen Auskünfte usw. bilden. Wichtig ist hierbei ein Abgleich mit den ermittelten Leistungswerten der Mit-

Hohe Planungsflexibilität

---

[746] Vgl. o. V. (Warteschlangen) (2005).
[747] Vgl. Lambertz (2004).
[748] Vgl. Stoffl (1996), S. 267 ff.

arbeiter, um Soll und Ist anzunähern, so dass es nicht zu einer Unter- oder Überforderung der Mitarbeiter kommt. Die Überziehung des tariflichen Arbeitszeitvolumens durch Überstunden und die Nicht-Inanspruchnahme oder Verkürzung von Pausen sind wichtige Indikatoren für eine ungenügende Planung des Personaleinsatzes (vgl. Tab. 7.16).

Kennzahlen	Formeln
Durchschn. Wartezeit an der Kasse	Summe der Wartezeiten Kasse / Anzahl der Wartenden
Durchschn. Wartezeit an Servicetheken	Summe der Wartezeiten Theke / Anzahl der Wartenden
Prozesseinheiten [Kunden, Bestellungen, Auskünfte usw.] pro Mitarbeiter	Summe [Kunden, Bestellungen, Auskünfte usw.] / Anzahl eingeplanter Mitarbeiter
Durchschn. Arbeitsmengeneffizienz	Arbeitsmenge [gescannte Artikel, kommissionierte Artikel, Anzahl Auskünfte usw.] / Anzahl arbeitender Mitarbeiter
Individueller Leistungsgrad	Ist-Leistung / Normalleistung
Auslastungsgrad	Benötigte Arbeitsstunden / verfügbare Arbeitsstunden
Beziehung von Soll- und Ist-Pausen	Ist-Pausen / Soll-Pausen

Tab. 7.16: Ausgewählte Kennzahlen im Bereich Personaleinsatzplanung

Personalkontrolle

Die Personalkontrolle erfolgt im Wesentlichen in den Bereichen Leistung, Anwesenheit und Verhalten. Auf die Beurteilung der Leistung wurde bereits im Rahmen der Personalbeurteilung eingegangen, so dass an dieser Stelle darauf verzichtet werden soll.

Anwesenheitskontrolle

Die Kontrolle der *Anwesenheit* wird im Handel häufig durch Zeiterfassungssysteme in Form von Stechkartensystemen oder elektronisches Erfassungsgeräten realisiert, kann aber auch insbesondere bei kleineren Unternehmen durch Blickkontrollen und schriftliche Anwesenheitslisten vollzogen werden. Moderne Systeme bieten dem Mitarbeiter die Möglichkeit, sich per Magnetkarte an- und abzumelden. Dabei ist entweder jedes Betreten und Verlassen zu vermerken, was dazu führt, dass jede (Raucher-)Pause individuell gemessen wird, oder es erfolgt eine Pauschalregelung, bei der die zustehenden Pausen von der Brutto-Arbeitszeit abgezogen werden, was u. U. auch zu einem Verfall bei Nicht-Inanspruchnahme führt.

Teilweise erfolgt im Handel die Arbeitszeiterfassung in Zentrale und Filialen unterschiedlich, was unnötigen Aufwand nach sich zieht. Aus diesem Grund führte beispielsweise die „Deutsche See" in 2004 ein Arbeitszeitmanagement-System ein, das für jeden Arbeitnehmer ein Jahresarbeitszeitkonto führt. So kommen je nach Standort und Bereich insgesamt 250 verschiedene Schicht- und Arbeitszeitmodelle zum Tragen.[749]

Das *Mitarbeiterverhalten* ist außerhalb der Leistung nur schwer zu kontrollieren und ist zumeist subjektiv. Daher muss bei Personalkontrollen – etwa Taschenkontrollen – aus psychologischen Gründen vor allem Wert auf eine gleichmäßige Kontrolle über alle Ebenen hinweg gelegt werden. Kontrollen, die den Eindruck der Willkürlichkeit hinterlassen, können das Betriebsklima im Unternehmen negativ beeinflussen.[750] Gründe für Personalkontrollen können hohe Diebstahls- und Betrugsquoten, Qualitätsdefizite oder ein schlechtes Betriebsklima sein. So reagierte Rewe in 2005 beispielsweise mit harten Kontrollen gegen die Vorwürfe, in den Filialen würden abgelaufene Fleischwaren umetikettiert und mit einem neuen Haltbarkeitsdatum ausgezeichnet.[751] Manchmal überreagieren die Unternehmen allerdings bei der Kontrolle des Mitarbeiterverhaltens. Im Februar 2005 drohte beispielsweise Wal-Mart mit seinen vorgelegten Ethik-Richtlinien Ärger von Seiten des Betriebsrats. In den Richtlinien wird ein Anschwärzen von Kollegen ebenso gefordert wie eine strenge Regelung des Liebeslebens in Bezug auf andere Wal-Mart-Mitarbeiter.[752] Allerdings urteilte das Wuppertaler Arbeitsgericht, dass Wal-Mart einen Teil seiner Ethik-Richtlinie nicht in Deutschland anwenden dürfe. Private Beziehungen dürften vom Arbeitgeber nicht reglementiert werden. Auch eine Telefon-Hotline, mit der Mitarbeiter Codex-Verstöße melden sollten, müsse abgeschaltet werden.[753] Im Verdacht der überaus strengen und subjektiv durchgeführten Kontrollen steht laut Dienstleistungsgewerkschaft Ver.di vor allem der Discounter Lidl, bei dem Spind-, Kittel- und Autokontrollen üblich seien.[754]

Kontrolle Mitarbeiterverhalten

Die Anzahl an Kennzahlen im Bereich Personalkontrolle ist vielfältig und je nach Intention der Kontrolle unterschiedlich. Kennzahlen mit Bezug zu Krankheit, Unfall und Ausfall helfen auf

Kennzahlen

---

[749] Vgl. o. V. (Deutsche See) (2005).
[750] Vgl. Lerchenmüller (1998), S. 410 f.
[751] Vgl. o. V. (Rewe) (2005).
[752] Vgl. Hofmann (2005).
[753] Vgl. o. V. (Wal-Mart-Urteil) (2005).
[754] Vgl. o. V. (Lidl-Verdi) (2004).

der einen Seite, unsichere Bereiche im Betrieb aufzudecken und Verbesserungen zu schaffen, und auf der anderen Seite, die Kosten durch gezielte Gegenmaßnahmen zu senken. Informationen über die Verbesserungsvorschläge gibt Aufschluss über die Zufriedenheit der Mitarbeit. Das Monitoring von Mitarbeiterdiebstählen ist vor allem in den Filialen, aber auch Lägern von wesentlicher Bedeutung, da Mitarbeiterdiebstähle zu einem erheblichen Anteil zu den Inventurdifferenzen beitragen (vgl. die Ausführungen auf S. 280). Tab. 7.17 listet geeignete Kennzahlen auf.

Kennzahlen	Formeln
Krankheitsquote	Fehltage durch Krankheit / Soll-Arbeitstage pro Jahr
Unfall-Auszeit	Fehltage durch Unfall / Soll-Arbeitstage pro Jahr
Unfallhäufigkeit	Anzahl Unfälle / Anzahl Mitarbeiter pro Jahr
Unfallschweregrad	Anzahl der durch Unfall bedingten Ausfallstunden / Anzahl der Unfallopfer
Verbesserungsvorschläge pro Mitarbeiter	Eingereichte Verbesserungsvorschläge pro Periode / Anzahl Mitarbeiter
Quote Mitarbeiterdiebstähle	Anzahl Diebstähle Mitarbeiter pro Jahr / Gesamtanzahl Diebstähle

Tab. 7.17: Ausgewählte Kennzahlen im Bereich Personalkontrolle

Personalkostenplanung

Bedeutung der Personalkosten

Die Personalkosten machen einen großen Teil der Gesamtkosten eines Handelsunternehmens aus. Während Vollsortimenter mit dem Anspruch der Leistungsführerschaft mit einem entsprechenden Personalstab planen müssen, setzen die Discounter bewusst auf geringe Personalkosten, um konzentrierte Kostenführerschaft bei ausgewählten Sortimentsbereichen zu erreichen. Es wird dadurch möglich, einen sehr hohen Umschlag bei einem sehr schmalen Sortiment zu niedrig kalkulierten Preisen anzubieten, auf Dienstleistung weitgehend zu verzichten und auf diese Weise deutlich niedrigere Personalkosten bei deutlich niedrigerem Flächenangebot zu kombinieren.

Im Allgemeinen ist die Personalkostenplanung eine top-down-orientierte Planung im Rahmen der Gesamtkostenplanung des Handelsunternehmens. Die Kosten verlaufen sprungfix zu den Umsatzerwartungen, da zusätzlicher Umsatz auch zusätzliche Leistungen des Handelsunternehmens gegenüber den Kunden erfordert. Viele Unternehmen haben mit ihren Mitarbeitern Jahresarbeitszeitverträge, so dass die Mitarbeiter zwar jeden Monat das gleiche Gehalt erhalten, aber in den Perioden unterschiedlich lang arbeiten. In Bezug auf Planung und Kontrolle der Personalkosten müssen diese Effekte berücksichtigt werden, um nicht Gehaltsbuchungen unverändert in der Kostenrechnung abzubilden.[755]

Mitarbeitervergütungen sind sowohl Instrumente der Kosten- als auch der Führungspolitik. Die Bemessung richtet sich daher im Regelfall nach der gegebenen Arbeitssituation (Unterauslastung, Überstunden usw.), der Arbeitsanforderung und dem erzielten Arbeitsergebnis.[756] Personalkosten- und -leistungsvergleiche sind dieal für Benchmarks geeignet. Vergleichsebene sind beispielsweise Konkurrenzdaten, Abteilungsvergleiche, Kosten externer Dienstleister uvm. Personalleistung kann beispielsweise durch die Anzahl der kommissionierten Einheiten, Kassiervorgängen u. ä. gemessen werden. Entsprechende Kennzahlen finden sich in Tab. 7.18. Obgleich es sich bei direkten Kosten um quantifizierbare, ökonomische Kosten handelt, führen sie dennoch zu pauschalen Aussagen. Insbesondere der Kausalzusammenhang zwischen Tätigkeit des Einzelnen und dem Gesamtergebnis lässt sich nur schwer errechnen. Die Zusammenhänge sind oft schwerer zu erfassen als beispielsweise bei Materialkosten. Sinnvoll wäre der Vergleich von direkten Personalkosten zwischen Unternehmen und eine entsprechende laufende Sammlung, Analyse und Interpretation dieser Daten. Insbesondere Daten über Lohnkosten, Fortbildungskosten, Fehlzeitenkosten usw. sind von besonderem Interesse.[757]

Mitarbeitervergütung

Benchmarking

---

[755] Vgl. Becker, Schütte (2004), S. 576. In Bezug auf die Periode Monat liegen Anderskosten vor, der Wertansatz ist in der Leistungs- und Kostenrechnung bei unveränderter Übernahme des Aufwands aus der Personalwirtschaft beispielsweise im Juli zu hoch und im Dezember zu gering.
[756] Vgl. Tietz (1993), S. 650.
[757] Vgl. Papmehl (1990), S. 42 f.

Kennzahlen	Formeln
Umsatz pro Mitarbeiter	Umsatz / Anzahl Mitarbeiter
Jahresüberschuss pro Mitarbeiter	Jahresüberschuss / Anzahl Mitarbeiter
Personalkostenquote	Personalkosten / Umsatz
Personalleistungsvergleich Zeit	Personalleistung diese Periode / Personalleistung letzte Periode
Personalleistungsvergleich Raum	Personalleistung Filiale 1 / Personalleistung Filiale n
Personaldirektkostenanteil (in % vom Abteilungsumsatz)	Summe Personalkosten Abteilung / Umsatz Abteilung
Vergleich Personaloutsourcing	Ist-Kosten eigenes Personal / Soll-Kosten externes Personal

Tab. 7.18: Ausgewählte Kennzahlen im Bereich Personalkostenplanung

Beispiel Personalkostenreduktion

Beispiel: Personalkostenreduktion durch Outsourcing bei Edeka [758]

Die Vergabe von Aufgaben an externe Personaldienstleister ist wegen höherer Flexibilität und geringeren Kosten in vielen größeren Handelsunternehmen gängige Praxis. Der selbstständige Edeka-Händler Wucherpfennig geht über diese Ansätze deutlich hinaus und hat zahlreiche Aufgabenbereiche, zu denen auch das Kassieren gehört, an einen externen Dienstleister übertragen. Die Branche schätzt, dass die damit eingesparten Kosten zwischen 1,5 und 3 % des Umsatzes liegen. Während nach Schätzungen die Personalkosten bei E-Centern im Schnitt bei 11-13 % liegen, erreicht der Händler durch das Outsourcing Kosten von unter 10 % vom Umsatz.[759] *Das „Wucherpfennig-Konzept" beinhaltet neben der Vergabe der Warenverräumung auch die Regalbestückung, die Reinigung und das Betreiben des Backshops und der Convenience-Küche. Einzig die komplette Warendisposition und die Betreuung des Frischebereichs liegen weiterhin in der Regie des Händlers. Der externe Dienstleister, der nicht an die Tarifverträge des Handels gebunden ist, zahlt seinen Mitarbeitern – in der Regel – einen niedrigeren Tariflohn. Hinzu kommen für den Händler Effizienzgewinne durch größere Personalflexibilität und besseres Personalmanagement.*

---

[758] Vgl. Konrad (2005d) und Konrad (2005e).
[759] Vgl. Konrad (2005c), S. 53.

8 IT-Controlling im Handel

Die Kosten für Informationstechnologien sind in vielen Unternehmen ein langsam, aber durch neue Projekte unter Beibehaltung der alten Infrastruktur stetig steigender Fixkostenblock. Die IT-Ausgaben im weltweiten Einzelhandel betragen nach Gartner Dataquest-Schätzungen 110 Milliarden Dollar mit einer Wachstumsrate 2002-2007 von 4 %.[760] Die Aussagen des Handels über das individuelle Budget für die IT reichen je nach rechnerischer Betrachtung von 0,3-0,4 % vom Umsatz bis hin zu 3-4 % des Umsatzes. Gern werden für Vergleiche die IT-Kosten in Bezug zum Umsatz gesetzt, da somit ein schneller und einfacher Gesamtüberblick über die Kostensituation möglich ist. Dabei darf jedoch nicht vergessen werden, dass der Handel einen hohen Umsatz bei geringer In-House-Wertschöpfung hat, so dass sich ein generell günstiges Verhältnis zwischen IT-Kosten und Umsatz ergibt, während bei Unternehmen mit einer hohen Wertschöpfungstiefe diese Zahl eher höher ausfällt. Unternehmen einer Branche haben häufig ähnliche Wertschöpfungstiefen und eignen sich somit zum Vergleich. Allerdings zeigen Studien, dass Unternehmen mit höheren IT-Kosten häufig effektiver und profitabler als sparsame Wettbewerber sind.[761] Laut einer Acadys-Studie waren jedoch 89 % der befragten Manager nicht in der Lage, den Einfluss der IT auf die Wertschöpfung des Unternehmens zu messen.[762] Kennzahlen der Leistungsfähigkeit der IT und bewertbare Ergebnisse sind allerdings eine Grundvoraussetzung für das Treffen sinnvoller Entscheidungen. GLOHR nennt exemplarisch einige Kennzahlen und Größen für den Einzel- und Großhandel (vgl. Abb. 8.1).

IT-Kosten steigen

IT-Budget im Handel

---

[760] Vgl. Arend-Fuchs (2004), S. 130.
[761] Vgl. Glohr (2003), S. 1.
[762] Vgl. o.V. (Acadys) (2003).

Beispiel 1: Handelsunternehmen - Einzelhandel	
IT-Kosten pro Umsatz	1,57 %
IT-Investitionen pro Umsatz	0,48 %
IT-Kosten pro Mitarbeiter	4.950 €
IT-Kosten pro IT-Mitarbeiter	171.000 €
IT-Kosten pro PC / Endgerät	13.000 €
IT-Kosten pro Endbenutzer	12.300 €
% der Mitarbeiter die Endbenutzer sind	41 %
% der Mitarbeiter die IT-Mitarbeiter sind	2,45 %
Anzahl Endbenutzer pro IT-Mitarbeiter	32,5
Anzahl Endgeräte pro IT-Mitarbeiter	28,7

Beispiel 2: Handelsunternehmen - Großhandel	
IT-Kosten pro Umsatz	1,38 %
IT-Investitionen pro Umsatz	0,61 %
IT-Kosten pro Mitarbeiter	10.400 €
IT-Kosten pro IT-Mitarbeiter	232.000 €
IT-Kosten pro PC / Endgerät	19.600 €
IT-Kosten pro Endbenutzer	20.400 €
% der Mitarbeiter die Endbenutzer sind	62 %
% der Mitarbeiter die IT-Mitarbeiter sind	4,2 %
Anzahl Endbenutzer pro IT-Mitarbeiter	37,1
Anzahl Endgeräte pro IT-Mitarbeiter	45,6

Quelle: Glohr (2002), S. 9.

Abb. 8.1: Allgemeine IT-Controlling-Kennzahlen im Handel

IT-Governance

Zunehmend werden in den IT-Abteilungen IT-Governance-Regelwerke aufgestellt. Darunter lassen sich Grundsätze, Verfahren und Maßnahmen zusammenfassen, die sicherstellen, dass mit Hilfe der IT die Geschäftsziele abgedeckt, Ressourcen verantwortungsvoll eingesetzt und Risiken angemessen überwacht werden.[763] Ausgehend von den Erwartungen und Zielen einzelner Anspruchsgruppen konzentriert sich die IT-Governance auf die strategische Ausrichtung der IT (IT Strategic Alignment), die Schaffung von Unternehmenswert (IT Value Delivery), das entsprechende Risikomanagement (IT Risk Management) und das Optimieren der IT-Infrastruktur (Resource Management). Stellvertretend für eine Vielzahl von Bestrebungen im IT-Governance-Umfeld sei an dieser Stelle das IT-Governance Institute genannt, dass sich seit 1998 um die Belange von Managern beim Einsatz von IT im Unternehmen kümmert.[764] Das Institut zählt zu den Zielen der IT-Governance die Ausrichtung der IT an den Bedürfnissen und Anforderungen des Unternehmens, die Steigerung des Unternehmenswertes sowie des durch IT realisierten Nutzens und ein verantwortungsvolles Management von Risiken, die durch den IT-Einsatz entstehen.[765]

WEILL hat insgesamt acht Faktoren für die Effektivität von IT-Governance identifiziert:[766]

- *Aktive Erstellung:* Die schleichende, passive Entwicklung von Grundsätzen limitiert Unternehmen in ihrer strategischen IT-Ausrichtung, daher ist die vollständige Erstellung der IT-Governance zu einem Zeitpunkt empfehlenswert.

---

[763] Vgl. Meyer, Zarnekow, Kolbe (2003), S. 445.
[764] Vgl. http://www.itgi.org/.
[765] Vgl. o.V. (ITGI) (2003), S. 11.
[766] Vgl. Weill (2004), S. 15.

- *Transparente Gestaltung:* Aufgestellte Regeln, Verfahren und Maßnahmen müssen für alle Beteiligten transparent sein.
- *Unregelmäßige Aktualisierung:* Eine Überprüfung und Aktualisierung sollte bei sich ändernden strategischen Unternehmenszielen vorgenommen werden.
- *Gezielte Wissensförderung:* Wenn Führungspersonen die Bedeutung von IT-Governance erfasst haben, steigt die Wahrscheinlichkeit zufrieden stellender Ergebnisse, so dass eine aktive Kommunikationspolitik angetrebt werden sollte.
- *Einfache Regeln:* Das IT-Governance-Regelwerk sollte einfach und zielgerichtet gestaltet sein.
- *Klare Ausnahmedefiniton:* Innovationen und neue Konzepte sind häufig nicht mit der existierenden IT-Governance vereinbar, so dass es zu Ausnahmen kommen muss, die aber klar definiert sein sollten.
- *Mehrschichtige Strukturen:* Da IT-Governance in größeren Konzernen auf verschiedenen Ebenen benötigt wird, ist es empfehlenswert, je nach Anforderungen verschiedene IT-Governance-Konzepte zu gestalten bzw. das existierende Regelwerk dem jeweiligen Zweck entsprechen anzupassen.
- *Abgestimmte Anreizsysteme:* Bonussysteme sollten auch die IT-Governance berücksichtigen, um einen Anreiz zur Einhaltung des Regelwerks zu bieten.

Die Standardisierung im Rahmen der IT-Governance ist eine wichtige und notwendige Aufgabe im Rahmen der IT-Strategiefestlegung, damit nicht durch ungeordnete Verhältnisse die Komplexität und somit die Kosten unnötig erhöht werden. Festlegungen bei der Hardware (Spezial-MDEs vs. Standard-PDAs, Einsatz von Standard-PCs einer bestimmten Marke usw.) sind ebenso zu regeln wie Software-Standards (Wahl der unternehmensweiten Groupware, Textverarbeitung, Beschränkungen bei der Benutzung von Excel usw.). Auf diese Weise kann ein reibungsloser Betrieb mit regelmäßigem und kompetentem User-Support gewährleistet werden. Darüber hinaus sind Sicherheits- und Benutzungsrichtlinien für die Datenspeicherung, Laptopverwendung, Passwortbenutzung usw. zu definieren. Im Bereich des Datenaustauschs können Standardisierungen zwischen Handelsunternehmen, Lieferanten und Kunden zu deutlichen Einsparpotenzialen führen (vgl. hierzu auch das Kapitel Standardisierung des elektronischen Datenaustauschs auf S. 134 ff.).

Standardisierung

Das IT-Controlling unterstützt die Entwicklung der IT-Strategie in vielfältiger Weise bei der Formulierung, Umsetzung und laufenden Überwachung der Ziele. Dies reicht von der Entwicklung von IT-Balanced Scorecards über die Kostenermittlung und Bereitstellung von Leistungskennzahlen bis hin zur Bewertung, Auswahl

IT-Controlling unterstützt IT-Strategie

und Koordination von Neu- oder Wartungsprojekten. Im weiteren Umfeld des IT-Controllings finden sich mehrere Verbände und Organisationen, die sich direkt oder indirekt mit Controlling im IT-Bereich beschäftigen. Zu nennen ist im deutschsprachigen Raum insbesondere die Arbeitsgruppe 5.7 „IT-Controlling" der Gesellschaft für Informatik und die BITKOM. Der Verband der Organisations- und Informationssysteme bietet ebenso Informationen wie der Bundesverband der Bilanzbuchhalter und Controller e. V. Im internationalen Umfeld sind insbesondere die Information Systems Audit and Control Association (ISACA) und die Association of Information Systems (AIS) als wichtige Institutionen zu nennen.

Frameworks

Mit Blick auf Frameworks im Umfeld von IT-Governance und IT-Controlling sind insbesondere das ITIL-Framework (Information Technology Infrastructure Library) und COBIT (Control Objectives for Information and related Technology) herauszuheben, zu denen sich zahlreiche Informationen und aktuelle Materialien frei zugänglich im Internet finden lassen. Die International Standard Organisation hat sich in ISO 17799 (Information Technology Code of Practice for Information Security Management) insbesondere mit Sicherheitsthemen in verschiedensten Bereichen auseinander gesetzt.[767]

Problem der Rechtfertigung von Kostenblöcken

Viele CIOs haben vor allem Probleme, ihren IT-Kostenblock transparent zu gestalten und die Leistungen und den Beitrag der IT zum Unternehmenswert der Unternehmensleitung plausibel darzulegen. Die verursachungsgerechte Leistungsverrechnung ist noch nicht bis zur Prozessebene vorgedrungen, d. h. die zur Verfügung gestellten IT-Ressourcen werden in vielen Fällen pauschal berechnet. Eine 2004 durchgeführte Studie unter 419 IT-Managern kommt zu dem Ergebnis, dass 60,4 % der Unternehmen die IT-Kosten nach Umlageschlüsseln oder Gemeinkostenanteilen weiterreichen.[768] Zwar argumentieren die Anhänger einer verursachungsgerechten Verrechnung, dass derjenige, der die Leistung nutzt, auch dafür zahlen solle, doch eine Pauschalisierung greift zu kurz. Insbesondere bei Warenwirtschaftssystemen sind wenige Leistungen variabel, da beispielsweise Lizenzgebühren und Serverkosten unabhängig vom Nutzungsgrad anfallen. Wird der Aufruf z. B. von Reports dann mit Kosten belegt, führt dies zu einem Rückgang der Abfragen und somit zu höheren Kosten pro Abfrage usw. Schaut der Anwender aus übertriebener Sparsamkeit nicht mehr in die Reports, so ist es möglich, dass aus der Leistungsverrechnung ein potenzieller Fehlentscheidungsmechanismus wird.

---

[767] Für einen ausführlichen Überblick über Internetquellen zum Thema IT-Controlling vgl. Becker, Winkelmann (2004b).
[768] Vgl. Paul-Zirvas, Bereszewski (2004).

Viele Unternehmen unterschätzen darüber hinaus die Anzahl und Art der Hard- und Software, die im eigenen Unternehmen im Einsatz ist. Beispielsweise konnte eine große, weltweit agierende Bank während eines Projektes zur Neuverteilung der PC-Software feststellen, dass nur halb so viele Mitarbeiter wie PCs im Unternehmen waren und dass die Computer mit teurer Software ausgestattet waren. Auch die durchschnittliche Auslastung in verteilten Client-Server-Umgebungen beträgt 15-25 % nur für Server und 25-35 % für Speicherhardware.[769]

Unterschätzung der eingesetzten IT-Systeme

Das IT-Controlling muss sich daher neben der Plausibilisierung der für die IT anfallenden Kosten vor allem auch um die Bereitstellung von Informationsgrundlagen für die Optimierung des IT-Infrastrukturmanagements kümmern. Dabei wird der Begriff „IT-Controlling" je nach Unternehmen sehr unterschiedlich ausgelegt. Entsprechend variieren auch die damit verbundenen Aufgaben. Nach neuerer Auffassung dient das IT-Controlling der Entscheidungsvorbereitung.[770] Hinzu kommen Überwachungs- und Steuerungsfunktionen. Es ist zuständig für die Beschaffung, Aufbereitung und Analyse von Daten zur Vorbereitung zielsetzungsgerechter Entscheidungen bei Anschaffung, Realisierung und Betrieb von Hard- und Software.[771] Bei einer Umfrage des Internationalen Controller Vereins beurteilten nur 25 % der Mitglieder das IT-Controlling im eigenen Unternehmen als professionell. Bei einer von KÖTHNER durchgeführten Befragung vergaben die Befragten im Durchschnitt nur ein „Befriedigend". Nur rund 9 % waren mit dem IT-Controlling sehr zufrieden, für 15 % war es „mangelhaft" oder „ungenügend".[772] Häufig wird ein IT-Controlling mit IT-Kostenkontrolle und -rechtfertigung gleichgesetzt. Allerdings ist das IT-Controlling über die Kosten hinaus auch für die Überprüfung der Abdeckung von Geschäftsanforderungen durch die IT zuständig, da die reine Kostenbetrachtung wenig über die Qualität und noch weniger über den Nutzen der IT für den Betrieb aussagt. Die Leistungsfähigkeit und der Servicegrad der IT kann als gut bezeichnet werden, wenn die Fachabteilungen in ihren Kernprozessen bei maßvollem IT-Budget sinnvoll unterstützt werden (vgl. Abb. 8.2).

Aufgaben des IT-Controllings

---

[769] Vgl. Hattwig (2005), S. 16 f.
[770] Vgl. Gadatsch (2005), S. 521.
[771] Vgl. Becker, Winkelmann (2004b), S. 214.
[772] Vgl. Köthner (2005b), S. 10.

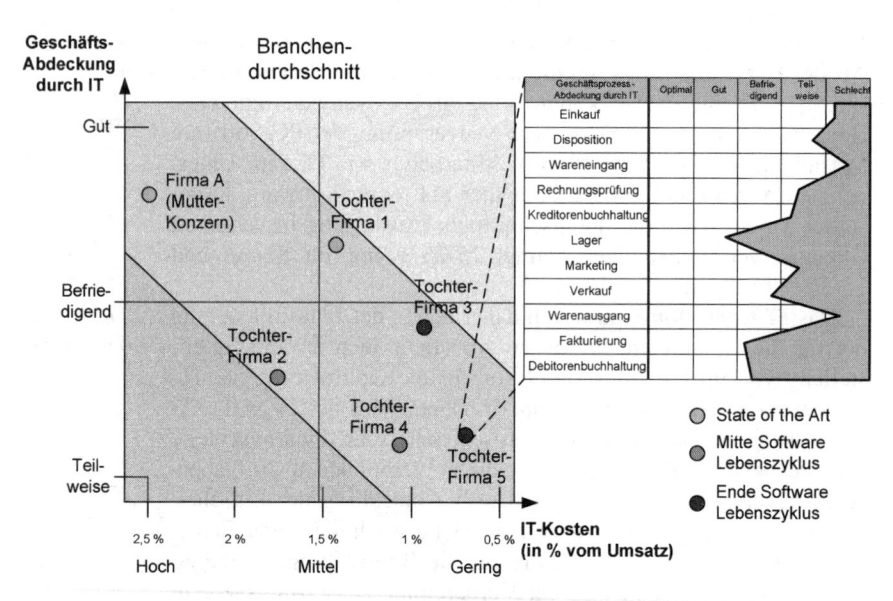

Abb. 8.2: Messung der Abdeckung von Geschäftsanforderungen durch IT

IT nicht Selbstzweck

Die IT im Handel sollte trotz gestiegener Bedeutung in den letzten Jahrzehnten nicht dem Selbstzweck dienen, auch wenn Handel ohne informationstechnische Unterstützung nicht mehr denkbar wäre. Eine Position, wie sie CARR bezieht, indem er IT zunehmend nur noch als austauschbares Massengut (Commodity) ohne strategische Bedeutung sieht, wird der heutigen Situation im Handel jedoch nicht gerecht (vgl. Abb. 8.3).[773]

---

[773] Vgl. Carr (2003).

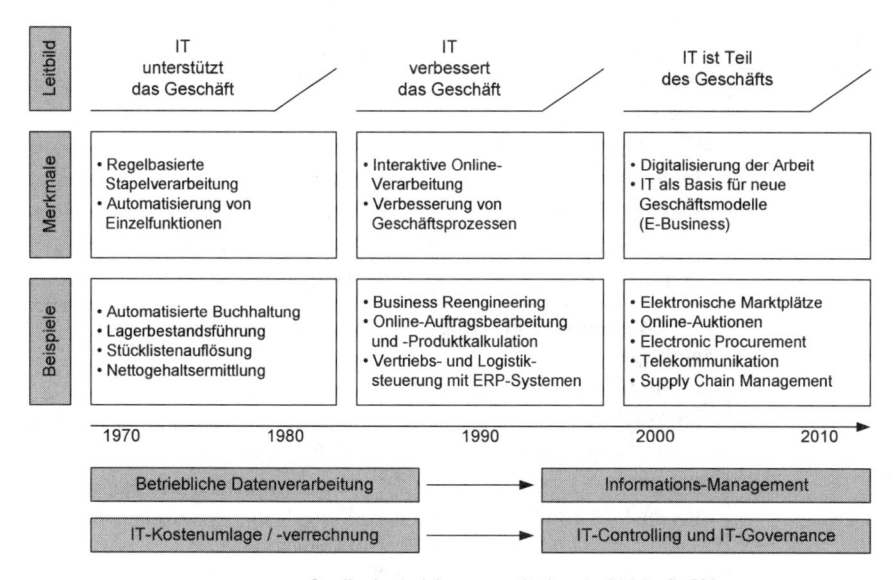

Entwicklung der IT von der Technik- zur Geschäftsprozessorientierung

	1970–1980	1990	2000–2010
Leitbild	IT unterstützt das Geschäft	IT verbessert das Geschäft	IT ist Teil des Geschäfts
Merkmale	• Regelbasierte Stapelverarbeitung • Automatisierung von Einzelfunktionen	• Interaktive Online-Verarbeitung • Verbesserung von Geschäftsprozessen	• Digitalisierung der Arbeit • IT als Basis für neue Geschäftsmodelle (E-Business)
Beispiele	• Automatisierte Buchhaltung • Lagerbestandsführung • Stücklistenauflösung • Nettogehaltsermittlung	• Business Reengineering • Online-Auftragsbearbeitung und -Produktkalkulation • Vertriebs- und Logistiksteuerung mit ERP-Systemen	• Elektronische Marktplätze • Online-Auktionen • Electronic Procurement • Telekommunikation • Supply Chain Management

Betriebliche Datenverarbeitung → Informations-Management

IT-Kostenumlage / -verrechnung → IT-Controlling und IT-Governance

Quelle: in Anlehnung an Gadatsch (2005), S. 520.

Abb. 8.3: Entwicklung der IT von der Technik- zur Geschäftsprozessorientierung

Analog zu den unterschiedlichen Verständnissen des Controllings herrscht im deutschen Sprachraum auch kein einheitliches Verständnis über die Tätigkeiten des IT-Controllings. Das Aufgabenspektrum des IT-Controllings reicht von einer einfachen Bereitstellung von Informationen über IT-Kosten- und Nutzenrechnungen bis hin zu einer komplexen Koordination des IT-Bereichs. Je nach Betrachtungsschwerpunkt werden in den Publikationen zum IT-Controlling unterschiedliche Vorschläge zur Systematisierung der Objekte gemacht. Sie spiegeln unterschiedliche Erkenntnisinteressen und Untersuchungsschwerpunkte der Verfasser wider (vgl. Tab. 8.1).[774]

Uneinheitliches Aufgabenverständnis

---

[774] Vgl. Gabriel, Beier (2003), S. 138.

IT-Controlling Objekte

Klassifikationsobjekte nach Heinrich[775]	Klassifikationsobjekte nach Krcmar[776]
- Institutionen der Informationswirtschaft - Informationssysteme - Betriebsmittel - IT-Projekte - IT-Prozesse	- Portfolio-Controlling (Ideen-Controlling) - Projekt-Controlling - Produkt-Controlling - IT-Infrastruktur-Controlling - IT-Riskmanagement
Klassifikationsobjekte nach Schwarze[777]	**Klassifikationsobjekte nach Kargl[778]**
- Controlling der technischen IT-Infrastruktur - Controlling der Anwendungssysteme - Personal-Controlling	- Strategische IuK-Planung - Planung und Durchführung von IT-Projekten - Wirtschaftlichkeitsrechnung und Verrechnung von Kosten und Leistung - Anwendungsbetrieb und DV-Infrastruktur - IT-Organisation - Outsourcing

Tab. 8.1: Ansätze zur Klassifikation von Objekten des IT-Controllings

Beteiligung an IT-Architekturgestaltung

Die unterschiedlichen Sichtweisen und genannten Klassifikationsobjekte der Autoren in Tab. 8.1 zeigen, wie vielfältig das Thema IT-Controlling in den Unternehmen sein kann. Das individuelle Controlling der IT sollte sich bei Aufgabenfestlegung an den Gegebenheiten des Unternehmens respektive der IT-Architektur orientieren. Entsprechend sind die IT-Controller an der Gestaltung der IT-Architektur zu beteiligen.[779] GADATSCH unterteilt dazu das IT-Controllingkonzept in die Prozessschritte IT-Strategie, IT-Entwicklung und IT-Betrieb.

---

[775] Vgl. Heinrich, Lehner (2005).
[776] Vgl. Krcmar (2005).
[777] Vgl. Schwarze (1998).
[778] Vgl. Kargl (2004).
[779] Vgl. Heinrich, Lehner (2005), S. 137.

Abb. 8.4: IT-Prozessmodell

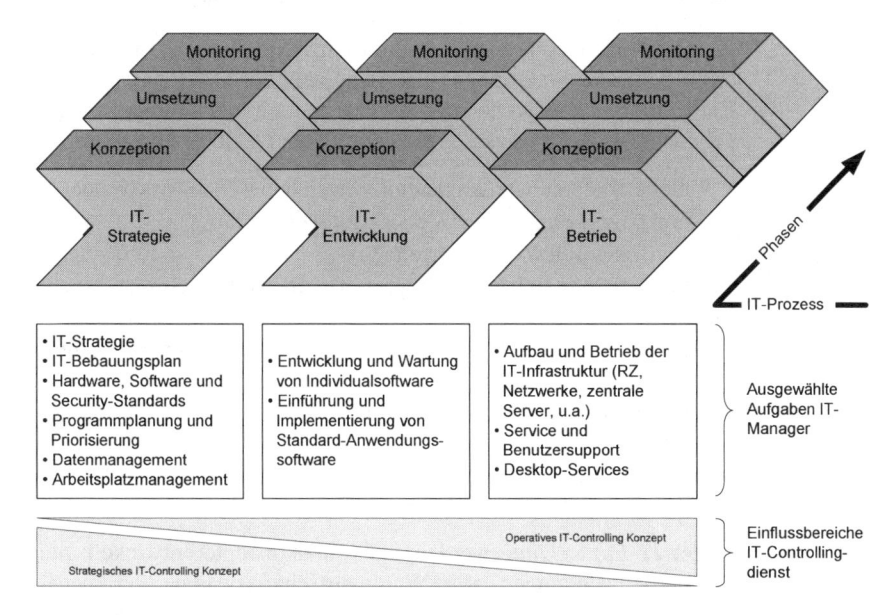

Quelle: Gadatsch (2005), S. 522.

Die *IT-Strategie*, an der sich das IT-Controlling ausrichtet, ist eng mit der Unternehmensstrategie verbunden. MÜLLER-LANKENAU u. a. untersuchen am Beispiel des europäischen Lebensmittelhandels, wie sehr sich Multi-Kanal-Strategie und IT-Strategie bedingen.[780] Während beispielsweise Tesco zu den innovativen Technologieanwendern gehört, die auch im Bereich RFID sehr aktiv sind, verfolgt Aldi eine klare Strategie des IT-Adoptors, was sich nicht zuletzt darin zeigt, dass Scannerkassen und bargeldloser Verkehr von dem Discounter erst in 2004 bzw. 2005 eingeführt wurden. Tesco will mit seinem breiten und ausdifferenzierten Sortiment und entsprechender Kommunikation die Kunden binden. Die IT spielt eine Schlüsselrolle, um einerseits die Komplexität der Lieferkette und des Bestandsmanagements zu managen und detaillierte Informationen über die Kunden zu sammeln und andererseits an den einzelnen Kassen darüber verfügen zu können. Dies verdeutlichen verschiedene an der Geschäftsstrategie und deren prozessorientierter Umsetzung ausgerichtete Formen des IT-Einsatzes.[781]

IT-Strategie

Wesentliche Inhalte der IT-Strategie sind die Frage nach dem Soll-Zustand, den zur Erreichung notwendigen Schritten und grundlegende Optionen sowie ein entsprechendes Festsetzen der

Aufgaben der IT-Strategie

---

[780] Vgl. Müller-Lankenau, Klein, Wehmeyer (2004).
[781] Vgl. Klein (2004), S. 95.

Ziele und Maßnahmen nebst organisatorischer Verantwortung und entsprechender Maßgrößen.[782] Kernelement der IT-Strategie ist die Entwicklung eines an den durch die Unternehmensstrategie vorgegebenen Geschäftsprozessen ausgerichteten IT-Bebauungsplans:[783]

- Welche Systeme werden derzeit in welcher Version verwendet?
- Wann ist mit einer neuen Version zu rechnen?
- Wer trägt wofür Verantwortung?
- Welche Schnittstellen verknüpfen welche Systeme im Unternehmen?
- Welche Abteilung ist für welche Daten zuständig (z. B. Stammdaten)?
- Wo wird welche Standardsoftware mit welchen Funktionen genutzt?
- Wo kann die eingesetzte Software noch eingesetzt werden, wo wird zusätzliche Software benötigt?

IT-Entwicklung

Problem des Projektscheiterns

In der *IT-Entwicklung* werden Individualkonzepte entwickelt und Standardanwendungen wie Warenwirtschaftssysteme parametrisiert und eingeführt. Ein permanentes IT- und Projektcontrolling ist insbesondere in dieser Phase sehr notwendig, da Studien zufolge rund 75 % aller Vorhaben weniger als die Hälfte der ursprünglich angedachten Wirkung erzielen.[784] Das Scheitern der Projekte lässt sich vor allem auf ungenaue Projektplanung und schlechte inhaltliche Vorbereitung sowie zu häufige Änderungen des Projektumfangs in späteren Phasen zurückführen.[785] Daher sollte bereits in der Vorschlagsphase ein transparenter Auswahlprozess gestaltet und neue IT-Projekte sorgsam – ggf. mit externer Hilfe (vgl. Beispiel Softwareauswahl bei DaimlerChrysler) – bewertet werden. Abb. 8.5 zeigt die gegenläufige Verteilung zwischen den Ursachen von Problemen und der Problemidentifikation im Rahmen der Softwareauswahl- und -einführung und verdeutlicht, dass eine fundierte und umfassende Anforderungsdefinition sowie ein methodischer und rationaler Auswahlprozess wesentlich zur Reduktion der Risiken beitragen können.[786] Eine Studie der Universität Oxford kommt zu dem Ergebnis, dass nur rund 16 % der untersuchten IT-Projekte als erfolgreich zu bewerten seien. Die Fehlschlags-

---

[782] Vgl. Gadatsch (2005), S. 522 ff.
[783] Vgl. Gadatsch (2005), S. 524.
[784] Vgl. Simon (2004), S. 571.
[785] Vgl. zum allgemeinen Risiko-Controlling und Risiko-Monitoring Grauer, Blasius, Berger (2004).
[786] Vgl. hierzu auch Schreiber (2000), S. 33, der als Nachteil von improvisierten oder Ad-hoc-Entscheidungen für ein bestimmtes Anwendungssystem die fehlende Abstützung der Entscheidung durch die unternehmensspezifischen Ziele und Anforderungen anführt und daraus ableitet, dass so in der Regel nicht die „optimale" Lösung gefunden wird.

kosten würden in den USA auf 150 Milliarden Dollar, in der EU auf 140 Milliarden im Jahr beziffert.[787] Einer Untersuchung der Standish-Group zufolge werden mehr als 30 % der Projekte noch vor ihrer Fertigstellung als Fehlinvestment beendet.[788] 53 % der untersuchten IT-Projekte überschreiten den Zeitplan.[789]

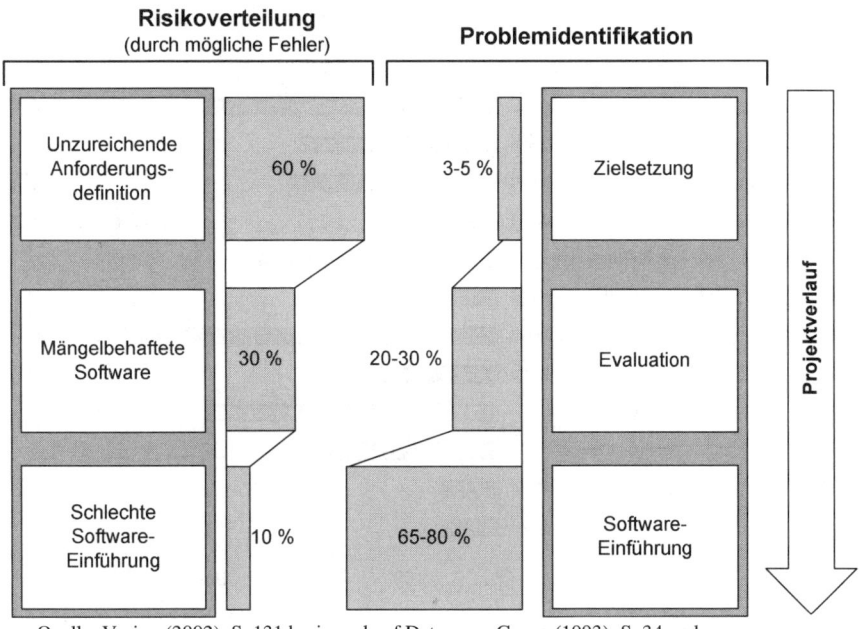

Risikoverteilung (durch mögliche Fehler)		Problemidentifikation	
Unzureichende Anforderungsdefinition	60 %	3-5 %	Zielsetzung
Mängelbehaftete Software	30 %	20-30 %	Evaluation
Schlechte Software-Einführung	10 %	65-80 %	Software-Einführung

Projektverlauf →

Quelle: Vering (2002), S. 131 basierend auf Daten von Grupp (1993), S. 34 und Kölle (1990), S. 51.

Abb. 8.5: Risikoverteilung und Problemidentifikation bei der Softwareauswahl

Bei der Softwareauswahl kommt es aus Unerfahrenheit der Unternehmen häufig zu gut gemeinten, aber chaotischen Verfahren. Es werden beispielsweise bis zu 20 auf Messen oder in Fachzeitschriften identifizierte Anbieter zum (unstrukturierten) Präsentieren eingeladen. Dass sich dabei jeder Hersteller im besten Licht darstellt und nicht die für das einführende Unternehmen relevanten sondern die besonders gut in der Software umgesetzten Prozesse präsentiert, liegt auf der Hand. Häufiges Resultat dieser Vorgehensweise ist, dass hinterher kein Mitarbeiter mehr weiß, welches

Softwareauswahl

---
[787] Vgl. Goltzsch (2004).
[788] Vgl. o. V. (Standish) (1994).
[789] Vgl. Wahl (2004), S. 517.

eine interessante Lösung für das Unternehmen sein kann. Zum Teil halten die Mitarbeiter an Funktionen fest, die ihnen bei einer Lösung besonders gut gefallen haben, auch wenn die Lösung für das Unternehmen insgesamt suboptimal ist. Nach einer Studie des EHI stehen im Handel in den nächsten drei Jahren insbesondere folgende Softwaresysteme vor einem Auswahl- und Einführungsprozess (vgl. Abb. 8.7).

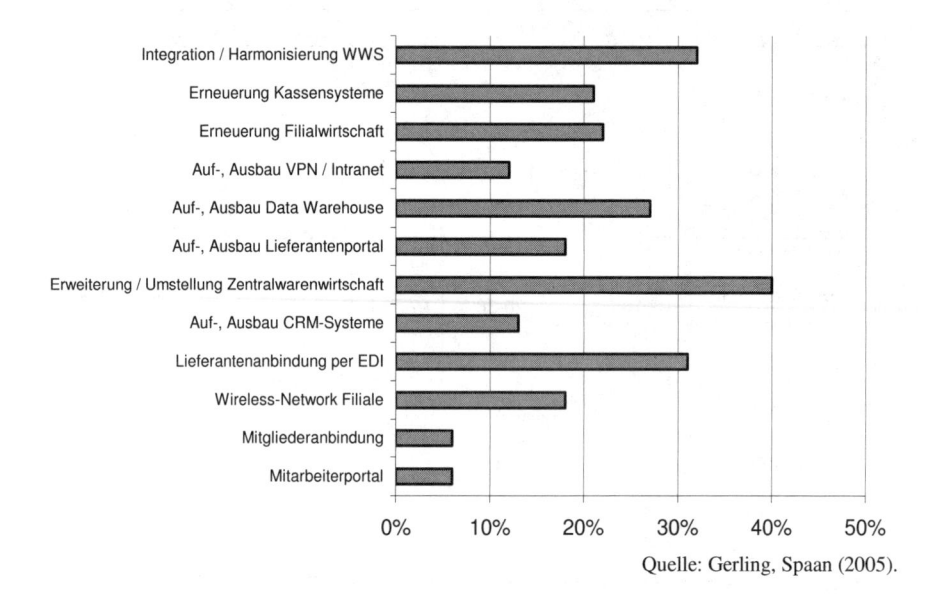

Quelle: Gerling, Spaan (2005).

Abb. 8.6: IT-Projektprognose aus Sicht von CEOs und CIOs

Beispiel Software- auswahl

Beispiel: Softwareauswahl am Beispiel der Star Distribution – a Company of the DailmerChrysler Group

Der Markt für deutschsprachige Warenwirtschaftssysteme ist mit rund 500 Anbietern (hierbei viele Klein- und Kleinstsysteme) sehr groß. Für ein mittelständisches Handels- und Distributionsunternehmen mit nur geringen spezifischen Anforderungen verbleiben in der Auswahlentscheidung noch etwa 30-70% dieser Systeme als geeignete Standardsysteme. Diese zu identifizieren und zu bewerten stellt eine der Hauptherausforderungen für das Projektteam und insbesondere das IT-Controlling bei der Softwareauswahl dar.

Vor dieser Auswahlproblematik stand im Herbst 2002 die Star Distribution, ein Unternehmen der DaimlerChrysler Group, die weltweit Service-Informationen, Kundenliteratur, Marketingmedien oder Zubehör für DaimlerChrysler und den VfB Stuttgart anbie-

tet. Bedingt durch externe Faktoren sollte schnellstmöglich eine Ablösung des selbstentwickelten Altsystems durch ein Standardsystem erfolgen. Mit Hilfe der Softwareauswahlplattform it-matchmaker entschied sich die Firma zu einer effizienten und standardisierten Auswahlentscheidung. Die it-matchmaker-Datenbank bietet im Kern eine umfangreiche Datensammlung über derzeit rund 1.500 Kriterien und über 100.000 Merkmalsausprägungen von knapp 100 Warenwirtschaftssystemen. Sie erlaubt dadurch eine gute Übersicht über den WWS-Markt und eine wesentliche Reduktion des Aufwands zur Identifikation und Vorselektion potenziell geeigneter Lösungen. Kombiniert mit einem systematischen Vorgehen bietet dies die Grundlage für eine schnelle und abgesicherte Auswahlentscheidung.

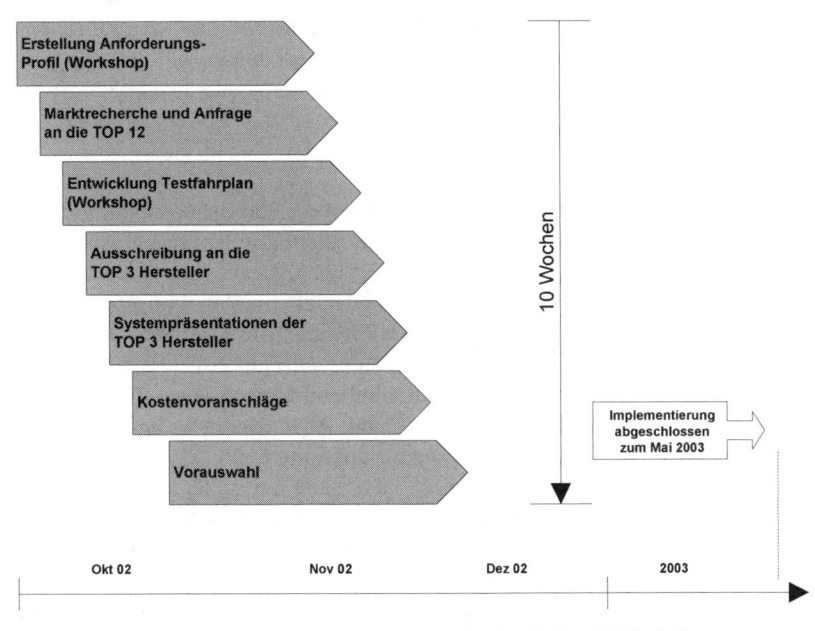

Quelle: Vering (2003), S. 2.

Abb. 8.7: Projektablauf Softwareauswahl bei der Star Distribution

In einem ersten Workshop wurde das Anforderungsprofil an die Warenwirtschaftssystemhersteller definiert und konkretisiert. Es wurden K.O.-Kriterien formuliert, und alle anderen Kriterien nach ihrer Wichtigkeit gewichtet. Hierdurch konnte im Internet auf der it-matchmaker-Plattform direkt eine Vorauswahl der potenziell ge-

eignet erscheinenden Systemalternativen vorgenommen werden. Eine anonymisierte Anfrage wurde an die 12 verbliebenen Anbieter versandt. Diese enthielt anonymisierte Angaben zu den Projekteckdaten, vor allem formulierte Kern- und Zusatzanforderungen mit der Bitte, diese herstellerseitig zu kommentieren. Von elf innerhalb einer Woche zurückkommenden Grob-Angeboten wurden entlang der inhaltlich-fachlichen Anforderung der Star Distribution drei Unternehmen zu einer Präsentation ihrer Software anhand eines im Rahmen eines Workshops erarbeiteten Testfahrplans gebeten. Dieser Testfahrplan orientierte sich an den Begebenheiten des Unternehmens, so dass sichergestellt wurde, dass die Unternehmen nicht nur „Marketing-Folien" präsentieren konnten. Alle drei Anbieter hatten im Vorfeld ihre Systeme an die geforderten Prozesse angepasst und mit Daten gefüllt. Dies führte zu drei gut vergleichbaren Softwarepräsentationen, die letztlich in nur rund drei Monaten von der Entscheidung zur Einführung einer neuen Lösung zur Entscheidung der SO:Business der Firma Godesys führte. Die im Vorhinein sichergestellte hohe Funktionsabdeckung war auch Basis für die zeitlich sehr ehrgeizige Einführungsdauer von nur drei Monaten.[790]

Software-Projekte in Deutschland

In 2003 waren in Deutschland etwa 7.300 größere Software-Projekte geplant, was bei einer konservativ geschätzten Vorbereitungszeit von 70 Manntagen für die Auswahl bereits hierfür intern 500 Millionen Euro im Jahr bedeutet. Im Regelfall erstreckt sich die Software-Auswahl bei halbwegs konsequentem Projekt-Management und -Controlling über einen Zeitraum von 5 bis 15 Monaten. Es gilt, den Ablauf des Projektes in allen Projektphasen konsequent zu überwachen und Abweichungen im Bereich der Kosten, Termine, Aufgaben, Funktionen und der Qualität so früh wie möglich zu erkennen.[791] Das kann bei schlecht laufenden Projekten mitunter auch zu einer Rückabwicklung des Projektes führen. Durch konsequentes Projektcontrolling schaffte es beispielsweise die schweizerische Loeb AG trotz eines rückabgewickelten Projektes mit einer im zweiten Schritt eingeführten Software insgesamt in dem für die WWS-Einführung geplanten Budget zu bleiben und ihr Ziel sowohl zeitlich und monetär als auch im Funktionsumfang zu erreichen.[792] Der Aufwand für die Einführung größerer IT-Systeme in mittelständischen Unternehmen liegt erfahrungsgemäß bei 0,75 bis 2,3 Personenjahren.[793] Bei großen Unternehmen wie etwa beim SAP-Projekt von KarstadtQuelle mit der

---

[790] Vgl. zu dem Fall ausführlich Becker, Vering, Winkelmann (2003c).
[791] Vgl. Wahl (2004), S. 517.
[792] Vgl. Jakob, Scherer (2005).
[793] Vgl. Sontow (2004), S. 1 f.

Bezeichnung „POWER" kann sich die Einführung auch unter Beteiligung ganzer Abteilungen und vieler externer Berater auf mehrere Jahre erstrecken.

Es empfiehlt sich, bei der Softwareauswahl und -einführung zusätzlich zu den eigenen Mitarbeitern einen unabhängigen Berater zu engagieren, der als „Schiedsrichter" seine Erfahrungen bei WWS-Einführungen sowohl in die Vertragsgestaltung als auch in die Einführung einfließen lässt und zwischen einführendem Unternehmen und Implementierer bzw. Softwarehaus beispielsweise bei unterschiedlicher Interpretation des Pflichtenhefts vermittelt. Je nach Verhandlungsstärke des Softwareanbieters, die bei derzeitiger Marktlage für die meisten Hersteller als eher schwach einzuschätzen ist, können die zusätzlichen Kosten auch auf das Softwareunternehmen abgewälzt werden.

Beim IT-Projektcontrolling stehen vier Dimensionen im Vordergrund. Es ist zu definieren, welche Arbeitspakete zu leisten sind, wer diese zu erledigen hat, (bis) wann diese zu erledigen sind und wie hoch die Kosten hierfür sind bzw. sein dürfen. Häufig wird in diesem Zusammenhang auch von Total Cost of Ownership (TCO), dem Erfassen aller direkt und indirekt mit der Informationstechnologie verbundenen Kosten während des Produktlebenszyklus, gesprochen.[794] Während sich die direkten Kosten etwa durch Lizenzkosten und Hardwareanschaffungen leicht quantifizieren lassen, sind indirekte Kosten wie Wartungs- und Supportkosten nur schwer zu quantifizieren.[795] Die in der Praxis angewandten TCO-Konzepte entscheiden sich sowohl in den berücksichtigten Kostengrößen als auch in der Verdichtung der Daten.[796] Ein standardisiertes Konzept zur TCO-Berechnung besteht nicht.[797] Aus diesem Grund stellen GROB und LAHME einen TCO-VOFI vor, der bisherige Abbildungs- und Bewertungsprobleme umgeht und in der Analyse auch Steuern und Zinseszins-Effekte der Auszahlungen berücksichtigt.[798]

Mit *IT-Betrieb* wird das operative Tagesgeschäft bezeichnet, also die Planung und den Aufbau der IT-Infrastruktur (Rechenzentrum, Unternehmensnetz, Bereithaltung der zentralen Server usw.). Ebenso sind der operative Betrieb, der regelmäßige Service und der User-Support zu betrachten. Die Frage, ob und in welchem

IT-Projektcontrolling

TCO

TCO-VOFI

IT-Betrieb

---

[794] Bereits 1987 erarbeitete die Gartner Group ihre erste Studie zur Bestimmung der Kosten eines PC-Arbeitsplatzes und weckte damit erhebliches Interesse, da sie die Anschaffungskosten nur als ein Fünftel der Gesamtkosten ansah. Vgl. Wolf, Holm (1998), S. 19.
[795] Vgl. Lubig (2004), der sich mit der Kostenermittlung bei der Einführung einer neuen Rechnungswesensoftware auseinander setzt.
[796] Vgl. Maurer (2002), S. 11-25.
[797] Vgl. Maanen, Berghout (2003).
[798] Vgl. Grob, Lahme (2004).

IT-Leistungs-
verrechnung

Umfang Leistungen der IT-Abteilung zu Marktpreisen oder kostenorientiert zu verrechnen sind oder ob eine Verrechnung zu falschen Anreizmechanismen führt, ist heftig diskutiert und hängt vom jeweiligen Anwendungszusammenhang ab. Die wesentlichen Gründe für die IT-Leistungsverrechnung im IT-Bereich sind die gestiegene Komplexität der IT-Infrastruktur, die zunehmende Forderung des Managements an die IT, den Wertbeitrag der IT für das Unternehmen nachzuweisen (Kosten/Nutzen-Verhältnis) sowie die verursachergerechte Leistungsverrechnung der Service-Nutzung (Profitcenter-Strukturen im Unternehmen). Für eine Verrechnung ist eine genaue Definition des Abrechnungsmodells in Abhängigkeit von Zielsetzung und Organisationsform abhängig. Dabei ist die Komplexität je nach Leistungsbereich unterschiedlich. Die Kosten können entweder nach technischen Bezugsgrößen (CPU-Zeit, Anzahl Zugriffe, Traffic usw.) oder Anwender-Bezugsgrößen (Anzahl Rechnungen, Anzahl Nutzer, Anzahl angelegte Stammdaten usw.) abgerechnet werden. Es lassen sich unterscheiden:[799]

- Kosten für den laufenden Betrieb,
- Kosten für die Bereitstellung von Netz- und Kommunikationsdienstleistungen,
- Kosten für Anwendungsentwicklung und -wartung sowie
- Kosten für die Benutzerberatung, -betreuung und -schulung.

Die unterschiedliche organisatorische Einbedingung des IT-Controllings in Bezug auf Investitions- und Evaluationsentscheidungen im Unternehmen hat jeweils unterschiedliche Vor- und Nachteile (vgl. Abb. 8.8).

---

[799] Vgl. Yurtkuran, Kollorz, Weber (2003), S. 14.

IT-Leiter sind für IT-Investition und Evaluation verantwortlich	
Vorteile	Nachteile
Aufgrund technischer Erfahrungen werden Innovationen nicht verschlafen; Effiziente, schnelle und verlässliche Systeme; Hoher Grad an Systemintegration	IT ist nicht an den Geschäftszielen ausgerichtet; Schulung ist zweitrangig und somit unzureichend; Zuviel Information für die Fachabteilung, Lösungen sind z. T. „over-engineered"; Zu wenig anwendungsfreundliche Systeme

Finanzabteilung für IT-Investition und Evaluation verantwortlich	
Vorteile	Nachteile
Volle Kostenkontrolle; Kosten für Schulung und Support sind inbegriffen; Verantwortung trägt damit das Top-Management, dem regelmäßig ein Finanzvorstand angehört; Damit ist sichergestellt, dass die IT nicht an den Unternehmenszielen vorbeiarbeitet	Strategische Nutzenzuwächse werden vernachlässigt; Kurzfristige Rückflüsse werden unterstellt; Technologische Sprünge werden verpasst; IT wir lediglich als Kostenfaktor gesehen

SGE (=Strategische Geschäftseinheit) ist für IT-Investition und Evaluation verantwortlich	
Vorteile	Nachteile
Ausrichtung der IT auf die Geschäftsprozesse; Benutzerfreundliche Systeme; Flexible Systeme (da Koordination mit den Fachabteilungen); Kürzere Berichtswege	Systeme sind unkoordiniert; Systeme sind inkompatibel; Datenmehrfacherfassung und -speicherung wird gefördert; Unnötige Kosten (da Lerneffekte nur organisatorisch begrenzt sind)

Geschäftsleitung ist für IT-Investition und Evaluation verantwortlich	
Vorteile	Nachteile
Strategische Ausrichtung der IT ist wahrscheinlicher; Weitreichender strategischer Nutzen kann erkannt werden; Sofortige und direkte Entscheidungsmacht ist gegeben; Mit der Investition notwendige Folge-investitionen können sofort entschieden werden	Oberflächliche Behandlung der IT; Fehlende fachliche Kompetenz; → Volles Potential bleibt unausgeschöpft → Falsche Alternative wird (aus Ungewissheit) gewählt

Quelle: Mertens (2005).

Abb. 8.8: Organisatorische Einbindung des IT-Controllings

In vielen Unternehmen wird die innerbetriebliche Kommunikation vor allem zwischen der IT und dem CFO vernachlässigt bzw. die für die Effizienz wichtige korrekte Einordnung der IT-Abteilung in die Unternehmensstruktur nicht berücksichtigt.[800] In der Literatur wird auf die ganzheitliche Betrachtung der IT-Controlling-Inhalte hingewiesen. Dabei sollte das IT-Controlling sowohl betriebswirtschaftliche als auch technische Kompetenz besitzen, wie das Beispiel einer fiktiven Budgetverhandlung zeigt:[801]

Kompetenzanforderung

„*CFO*: ‚Ihr Budgetantrag über 22,5 Mio. EUR zur Erweiterung der Netzanbindung unserer Filialen wird auf Grund der gesunkenen Kundenumsätze wahrscheinlich drastisch reduziert werden müssen.'

CIO: ‚Die 256 KBit-Leitungen reduzieren aber die Performance unserer neuen CRM-Applikationen. Die Erweiterung auf 2 MBit ist unbedingt notwendig, um die End-to-End-Responsetime zu senken. Die Filialleiter beschweren sich ständig bei mir.'

CFO: ‚Die Beschwerden sind mir auch bekannt, aber die Mittel werden pauschal gekürzt. Dabei ist jeder Bereich betroffen. Ich kann in Ihrem Bereich keine Ausnahme vornehmen.'

Der Ausgang dieser Verhandlung ist eigentlich abzusehen. Wie aber würde der CFO wohl bei folgender Argumentation reagieren:

Controller: ‚Wir können bei Erweiterung der Netzanbindung (Bandbreiten) das Projekt Renten-Rechner für die Filialen sofort starten. Das würde zur Reduzierung von 10 Mio. EUR der Kosten für den Geschäftsprozess Angebotsdruck führen, da wir externe IT-Serviceverträge für die Filialen vorzeitig kündigen können. Außerdem können wir unseren Kunden in den Filialen den neuen Service als erster am Markt präsentieren. Der Wettbewerbsvorteil lässt sich dabei mit einem Umsatzwachstum von 12 % planen. Nicht zuletzt werden unsere Filialleiter durch die neue Verantwortlichkeit motiviert, und das werden auch unsere Kunden positiv zu spüren bekommen, was sich zusätzlich positiv auf unser Image auswirkt. Damit nähern wir uns wieder ein Stück unserer gemeinsam abgestimmten Unternehmens-Vision.'"

ITIL

Ein gut funktionierendes IT-Controlling unterstützt die Arbeit des CIOs durch Abnahme vieler „artfremder" Leistungen und Prozesse. Dabei ist die Kenntnis der Information Technology Infrastructure Library (ITIL) unumgänglich. Der ITIL-Standard wurde in den 80er-Jahren im Auftrag der britischen Regierung entwickelt und hat sich zum de facto-Standard für das IT-Service Management entwickelt.[802]

Kennzahlen

Ebenso wie für die Leistungsverrechnung von IT-Kosten lässt sich theoretisch jede Leistung der IT durch Kennzahlen messen. Voraussetzung hierfür ist jedoch eine leistungsfähige Monitoring-Möglichkeit, um beispielsweise den verursachten Traffic einem

---

[800] Vgl. Yurtkuran, Kollorz, Weber (2003), S. 5.
[801] Dreher, Mahrenholz (2004), S. 83.
[802] Vgl. http://www.itil.org/.

Anwendungssystem respektive einer bestimmten Funktion oder Abteilung zuzuordnen. Unternehmen wie die Firma nicetec mit der netinsight Suite bieten hierbei technische Lösungen zur Leistungsmessung an. Tab. 8.2 zeigt eine Auswahl an betriebswirtschaftlichen und technischen Kennzahlen im Bereich IT-Controlling.

Kennzahlen	Formeln
Kennzahlen zur Software- und Systemarchitektur	
IT-Kostenanteil	Summe IT-Kosten / Umsatz
IT-Investitionen (Umsatz)	IT-Investitionen / Umsatz
Budgeteinhaltung	Summe ausgegebenes Budget / Summe Plan-Budget
Verfügbarkeit	Eff. Verfügbarkeit (mm, hh) / theoretisch mögl. Verfügbarkeit
Betreuungsgrad pro System	Systembetreuungskosten / Wert des Programmportefeuilles
Benutzerfreundlichkeit	Eingabe- und Einarbeitungszeit / Gesamtbearbeitungszeit
Systemintegrationsnutzen	Systembetreuungskosten / Wert des Programmportefeuilles
Re-Run-Quote pro System	Re-Run-Zeit / produktive Verarbeitungszeit
Systemauslastung (Anfragen)	Wartende Anfragen / Gesamtanzahl Anfragen
Systemauslastung (laufende Prozesse)	Anzahl laufende Prozesse / mögliche laufende Prozesse
Systemauslastung (Traffic)	Höhe Traffic / technisch möglicher Traffic
Ressourcenkosten	Summe Kosten Ressource [IT-Arbeitsplätze, Mitarbeiter, Server usw.] / Anzahl Ressourcen

Kennzahlen	Formeln
Anwenderbezogene Kennzahlen	
IT-Arbeitsplatzkosten	Summe IT-Kosten / Arbeitsplätze
IT-Mitarbeiterquote	Anzahl IT-Mitarbeiter / Anzahl Mitarbeiter
Anzahl Mitarbeiter pro IT-Betreuer	Anzahl betreute Mitarbeiter / Anzahl IT-Betreuer
IT-Mitarbeitervergleich	Anzahl IT-Mitarbeiter / durchschn. IT-Mitarbeiteranzahl Branche
Supportkosten pro Anwender	Kosten Support / Anzahl Anwender
Lizenzkosten pro Anwender	Kosten Lizenzen / Anzahl Anwender
IT-Leistungsgrad	Servicegrad der IT / IT-Mitarbeiterstunden zur Servicegraderzielung
Personaleinsatzquote pro System	Anzahl Mitarbeiterstunden für Systemwartung und Betreuung von System und Usern / Gesamtstundenzahl
Projektbezogene Kennzahlen	
Anzahl Projekte	Summe der laufenden Projekte
Zeitlicher Stand des Projekts	Zeitlicher Stand des Projekts
Kostenstand	Summe Kosten des Projekts
Anzahl Fehler nach Teststufen	Summe Fehler pro Teststufe
Anzahl Change-Requests des Projekts	Summe Change-Requests
Budgeteinhaltung	Ausgegebenes Budget in Bezug auf Projektstatus / veranschlagtes Budget in Bezug auf Projektstatus
Anzahl nachträgliche Forderungen	Summe Forderungen nach Projektabschluss
Projekt-/Entwicklungs-Kosten pro Anwender	Gesamtkosten Projekt bzw. Entwicklung / Anzahl Anwender
Projektkosten Hardware bzw. Software pro Anwender	Gesamtkosten Hardware bzw. Software / Anzahl Anwender
Personalkostenquote externes Personal	Kosten externes Personal / Personalkosten Gesamtprojekt

Tab. 8.2: Ausgewählte Kennzahlen im Bereich IT-Controlling

9 Interorganisationales Handelscontrolling und Benchmarking

9.1 Interorganisationales Handelscontrolling

Kennzahlenansätze im Handel müssen auch über die eigene Unternehmensgruppe hinausgehen. Beispielsweise erfordert die Sortimentssteuerung zwingend den laufenden Abgleich mit Daten von externen Marktforschungsunternehmen und – sofern möglich – der Konkurrenz. Auch Hersteller und Lieferanten können in die Steuerung über Kennzahlen einbezogen werden. So stellt beispielsweise Wal-Mart ca. 7.000 Lieferanten aktuelle Kennzahlen zu Bestand und Abverkauf zur Verfügung, damit diese die Dispositionsentscheidung unterstützen können. Dass der deutsche Handel diese Offenheit nur ansatzweise besitzt, zeigt Abb. 9.1.

Unternehmensübergreifender Austausch

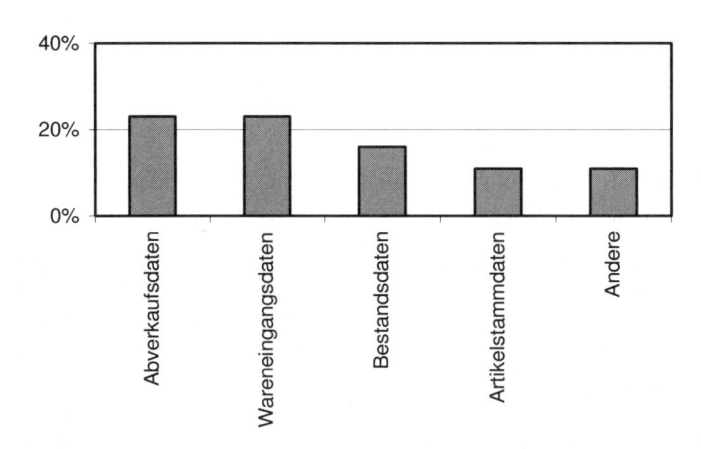

Quelle: Haug, Spaan (2003).

Abb. 9.1: Zugriff der Lieferanten auf das Handels-DWH

Beispiel Internet

Die enge Verzahnung innerhalb der Supply-Chain zwischen Kunde, Lieferanten, sonstigen Partnern und Handelsunternehmen zeigt sich besonders deutlich im Internet-Versandhandel (vgl. Abb. 9.2). Dabei ist zwischen Lieferanten und Handelsunternehmen neben der Lieferqualität besonders die Datenqualität ein wichtiger Vertragsbestandteil. Als Indikatoren werden hierzu die Abweichung vom Bereitstellungsdatum und die Fehler in den Bestandsdaten, die letztlich zur Stornoquote führen, herangezogen. Im Regelfall liefert der Hersteller neben den Waren auch zugleich die entsprechenden Artikelbeschreibungen und Artikelbilder. Diese werden auf Grund des großen Sortiments in größeren Online-Shops zumeist ohne Einzelprüfung der Richtigkeit online gestellt. Daher ist eine besondere Vertrauensbeziehung zwischen beiden Vertragspartnern neben einer entsprechend vereinbarten Qualitätsüberwachung notwendig.

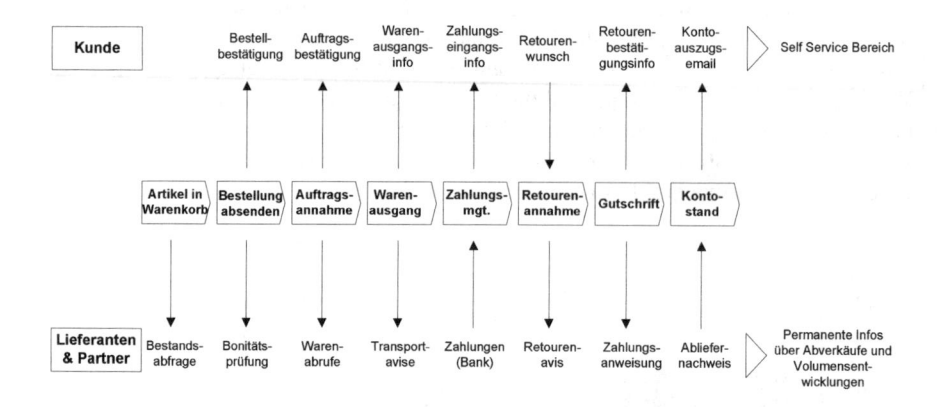

Abb. 9.2: Supply-Chain-Operations im Internethandel

Die zunehmende Verzahnung der Prozesse kann nach der Integrationsart (Verbindung oder Vereinigung) und nach dem Integrationsziel (Wegfall von Funktionen wie Stammdatenerfassung oder Realisierung von Degressionseffekten) unterschieden werden. Im Idealfall werden hierbei Kosten und Durchlaufzeiten bei beiden Partnerunternehmen reduziert.[803] Häufig kommt es auf Grund unterschiedlicher Zielsetzungen jedoch zu Zielkonflikten der Marktpartner (vgl. Tab. 9.1).

---

[803] Vgl. Becker, Schütte (2004), S. 680.

Zielkategorie	Hersteller	Handel
Produktpolitik	- Aufbau von Marken - Hohe Innovationsrate	- Aufbau eines Sortiments- und Einkaufsimages - Geringe Innovationskraft - Aufbau von Eigenmarken
Distributionspolitik	- Große Bestellmengen - Hohe Distributionsdichte - Gute Markenplatzierung - Sortimentspräsenz - Hohe Lieferbereitschaft - Sofern erforderlich hohe Beratungs- und Servicequalität durch Handel	- Schnelle Belieferung auch in kleineren Mengen - Gleichmäßige Platzierung verschiedener Marken
Kommunikationspolitik	- Aufbau von Markenbekanntheit und -treue - Schaffung von Markenpräsenz - Markenprofilierung	- Aufbau von Händlerbekanntheit und -treue - Profilierung der Handelskette und -niederlassungen - Sortimentsprofilierung (Förderung des Absatzes komplementärer Güter) - Aktuell aggressive Preismaßnahmen - Hohe Handelsspanne
Kontrahierungspolitik	- Einheitliche Endverbraucherpreise - Durchsetzung der Preisstrategie in Verbindung mit ‚angemessener' Handelsspanne	- Aktuell aggressive Preismaßnahmen - Hohe Handelsspanne

Quelle: Meyer (2000), S. 298.

Tab. 9.1: Potenzielle Zielkonflikte zwischen Handel und Industrie

Zielkonflikte

Eine Informationsflussanalyse entlang der Wertschöpfungskette zeigt, wo Rationalisierungspotenziale durch engere Zusammenarbeit erzielt werden können. Als wichtige Kooperationsfelder zwischen Industrie und Handel werden in den nächsten Jahren vor allem die Erhöhung der Warenverfügbarkeit und die Etablierung eines effizienten Bestandsmanagements sowie die Kostenreduktion in der Supply-Chain und Maßnahmen zur Kundenbindung genannt (vgl. Abb. 9.3).

Informationsflussanalyse

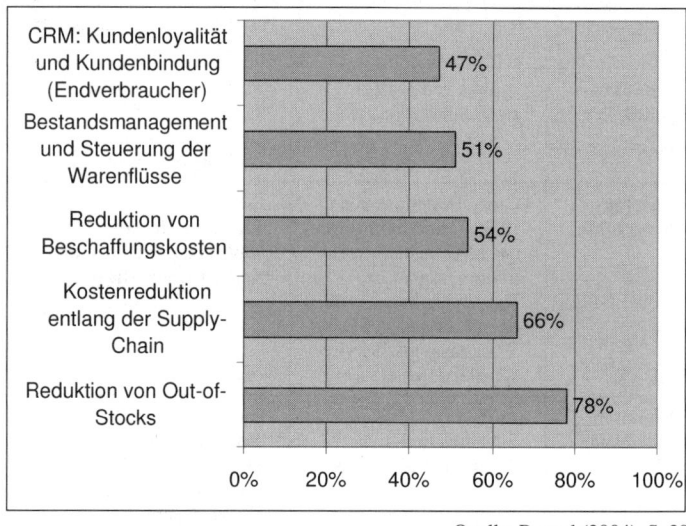

Abb. 9.3: Top-Kooperationsfelder zwischen Industrie und Handel der nächsten 3-5 Jahre

Quelle: Pretzel (2004), S. 28.

Kennzahlen   Die Kennzahlen in Tab. 9.2 geben eine Anregung, für die Identifizierung von interorganisationalen Entwicklungspotenzialen. Insbesondere beim Herstellermarketing und Handelseinkauf lassen sich viele Kooperationspotenziale finden. Dazu zählen die effiziente administrative Abstimmung, Produkteinführung und Promotiongestaltung. Auch der Stammdatenaustausch in Bezug auf Artikeldaten, (Werbe-)Texte und Artikelbilder gehören zu den Rationalisierungsmöglichkeiten durch moderne, vernetzte IT-Systeme. Eine zweite wesentliche Säule bietet sich im logistischen Bereich, um Prüf- und Kontrollaufgaben weitestgehend zu minimieren und Funktionen und Prozessobjekte (Kopien, Berichte usw.) gänzlich zu streichen und somit die Komplexität zu reduzieren.[804] So sollen durch eine zwischen Industrie- und Handelsunternehmen abgestimmte Nachschubsteuerung bis zu 0,5 % des Einzelhandelsumsatzes eingespart werden können.[805]

---

[804] Vgl. Becker, Schütte (2004), S. 685 ff.
[805] Vgl. Becker, Schütte (2004), S. 701.

Kennzahl	Formel
Elektronifizierung des Datenaustausches (Quote)	Anzahl elektronisch erhaltener Stammdaten / alle Stammdaten
Qualität gelieferter Stammdaten (Quote)	Fehlerhaft gelieferte Stammdaten / alle gelieferten Stammdaten
Warenabrufshäufigkeit	Warenabruf pro Lieferant und Periode
Lieferterminquote (Pünktlichkeit)	Anzahl Lieferungen mit Terminverzug / Gesamtanzahl Lieferungen
Prozessdauer Bestellung-Verkauf	Dauer des Prozesses von Filialbestellung bis Filialbelieferung
Mengenabweichung	Abweichung von Rechnungs- und Wareneingangsmenge

Tab. 9.2: Ausgewählte Kennzahlen zur Aufdeckung von Kooperationspotenzialen

Zur Optimierung der Sachgüterversorgung von Industrie zum Konsumenten haben Industrie und Handel die Konzepte des Efficient Consumer Response (ECR) und Collaborative Planning, Forecasting und Replenishment (CPFR) als nachfragegetriebene, kooperative Konzepte zur Verbesserung der Waren- und Informationsflüsse zwischen Industrie und Handel entwickelt. Angestrebt wird eine partnerschaftliche Zusammenarbeit aller Beteiligten entlang der Wertschöpfungskette, da nicht nur Unternehmen auf horizontaler und vertikaler Ebene miteinander konkurrieren, sondern zunehmen das Zusammenspiel der gesamten Wertschöpfungskette auf Grund der geringen Margen im Handel wichtige Konkurrenzvorteile sichern kann.

ECR

Unter ECR wird wörtlich die effiziente Antwort auf Konsumenten(bedürfnisse), also auf die Nachfrage, durch die Angebotsseite verstanden. Darunter werden Versuche subsumiert, die Zusammenarbeit in der gesamten logistischen Kette, d. h. von der Rohstoff- und Verpackungslieferung über die Herstellung, die Logistik, das Zentrallager und die Filiale, zu optimieren. Hierzu zählen auf der Supply Side die unter dem Begriff Efficient Replenishment zusammengefassten Konzepte wie Cross Docking, Vendor Managed Inventory oder Efficient Unit Loads, bei denen Handel und Hersteller gemeinsam an Problemen der Transport-, Lager-, Verpackungs- und Nachschuboptimierung arbeiten.[806] Auf der Demand Side finden sich im Rahmen von ECR Konzepte wie Effi-

---

[806] Vgl. Behrens, Sarx (2000).

cient Assortment, Efficient Promotion und Efficient Product Introduction. Zu den Konzepten vgl. Abb. 9.4.

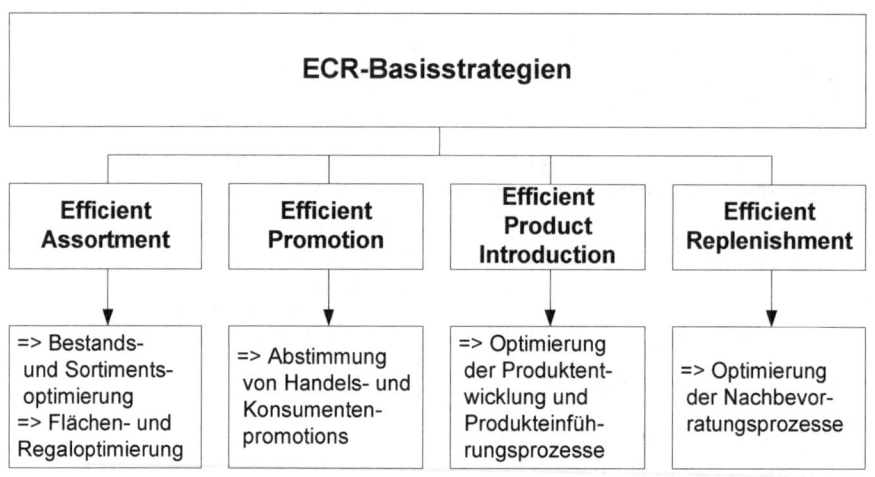

```
                        ECR-Basisstrategien
    ┌──────────────┬──────────────┬──────────────┬──────────────┐
     Efficient       Efficient       Efficient       Efficient
     Assortment      Promotion       Product         Replenishment
                                     Introduction

    => Bestands-    => Abstimmung   => Optimierung  => Optimierung
    und Sortiments- von Handels-    der Produktent- der Nachbevor-
    optimierung     und Konsumenten-wicklung und    ratungsprozesse
    => Flächen- und promotions      Produkteinfüh-
    Regaloptimierung                rungsprozesse
```

Quelle: Brettschneider (2000), S. 28.

Abb. 9.4: ECR-Basisstrategien im Überblick

Kritik an ECR

Die Kritik an den ECR-Bemühungen ist vielfältig. Insbesondere unterschiedliche Größen- und Machtverhältnisse zwischen Industrie und Handel haben dazu geführt, dass ECR-Konzepte in vielerlei Hinsicht nur widerwillig eingeführt wurden. Hinzu kommt, dass eine Quantifizierung der Einsparungspotenziale nur schwer möglich ist und Einsparungen bei einem Partner (insbesondere bei der Industrie) sofort Begehrlichkeiten bei dem anderen Partner (insbesondere dem Handel) wecken. Die operativen Organisations- und Informationstechnologieprobleme sind nicht unerheblich und führen insbesondere bei kleineren Herstellern und Händler schnell zu einem Ende ambitionierter ECR-Pläne.[807]

Category Management

Eng verbunden mit dem ECR-Konzept wird das Category Management. Bei diesem kooperativen Konzept steht nicht die Betrachtung einzelner Produkte, sondern das „Denken in Warengruppen" im Vordergrund.[808] Somit entsteht zu Gunsten der Kundenbedürfnisse eine Verantwortung auch über das eigene Produktportfolio hinaus.[809] Category Management versteht sich somit als handelsbezogenes Organisationskonzept mit Warengruppen als ge-

---

[807] Zu einer ausführlichen Auseinandersetzung mit den Nachteilen von ECR vgl. Becker, Schütte (2004), S. 713 ff. sowie Meyer (2000), S. 306 ff.
[808] Vgl. Brettschneider (2000), S. 35.
[809] Vgl. Hahne (1998), S. 14 ff., sowie die dort angegebene Literatur.

winnverantwortlichen, strategischen Geschäftseinheiten. Die Einkaufs-, Distributions- und Verkaufsaktivitäten für die jeweiligen Categories werden organisatorisch integriert und unter einheitliche Leitung eines so genannten Category Captains gestellt.[810]

Beispiel: Category Management in der Parfümerie-Abteilung von Karstadt

Über 90 Prozent der Konsumkosmetik wird bei Karstadt über Category Management-Konzepte gesteuert. Der Informationsaustausch innerhalb der Supply Chain hilft, der Drogeriemarktkonkurrenz stand zu halten und den Produktbereich zu optimieren, da sowohl Daten von Marketing und Controlling des Handels als auch von Seiten der Industrie eingesetzt werden können. Durch den Internet-gestützten Datenaustausch ergibt sich für beide Seiten eine effizientere Prozessgestaltung und bessere Datenqualität. Karstadt arbeitet mit insgesamt sieben Category Captains wie Beiersdorf (für Duschen, Bäder, Deos und Körperpflege), L'Oréal (für Gesichtspflege) oder Procter & Gamble (für Prestige-Düfte) in dieser Abteilung zusammen. Je nach Sortiment unterbreiten die Category Captains sechs bis zehn unterschiedliche Category-Vorschläge für die verschiedenen Filial-Typen. Der Datenaustausch findet über ein Extranet statt.[811]

Beispiel Category Management

Die Idee des effizienten Warenflusses verbunden mit einer synchronisierten Produktion greift das Collaborative Planning, Forecasting und Replenishment (CPFR) auf. Im Gegensatz zu Continuous Replenishment, bei dem der Warenfluss auf Zentrallagerbestandsbasis durch den Hersteller mittels Vendor Managed Inventory (VMI) gesteuert wird und die Teilkonzepte von Demand und Supply Side relativ autonom und unkoordiniert sind, erstellen Industrie und Handel in kollaborativen Prozessen Verkaufsprognosen für einen vereinbarten Zeitraum, auf dessen Basis dann der Warenfluss und die Produktionsplanung optimiert werden.[812] Ziel ist die Verkürzung des Warenflusses von der Produktion zum Endverbraucher auf wenige Tage und somit die Bestandssenkung in allen Bereichen der Supply Chain. Einher gehen damit Ziele der Produktverfügbarkeitserhöhung, der Planungsoptimierung und der Umsatzmaximierung (vgl. Abb. 9.5).

CPFR

VMI

---

[810] Vgl. Feld (1998), S. 43.
[811] Vgl. Rode (2005a). Für eine ausführliche Auseinandersetzung mit unterschiedlichen CM-Ansätzen von Herstellern vgl. für Schwarzkopf / Karstadt Rosik, Koopsingraven (2003). Für Milupa vgl. Dörfler, Weis (2003), für Bier Hoff (2003).
[812] Vgl. Behrens, Sarx (2000).

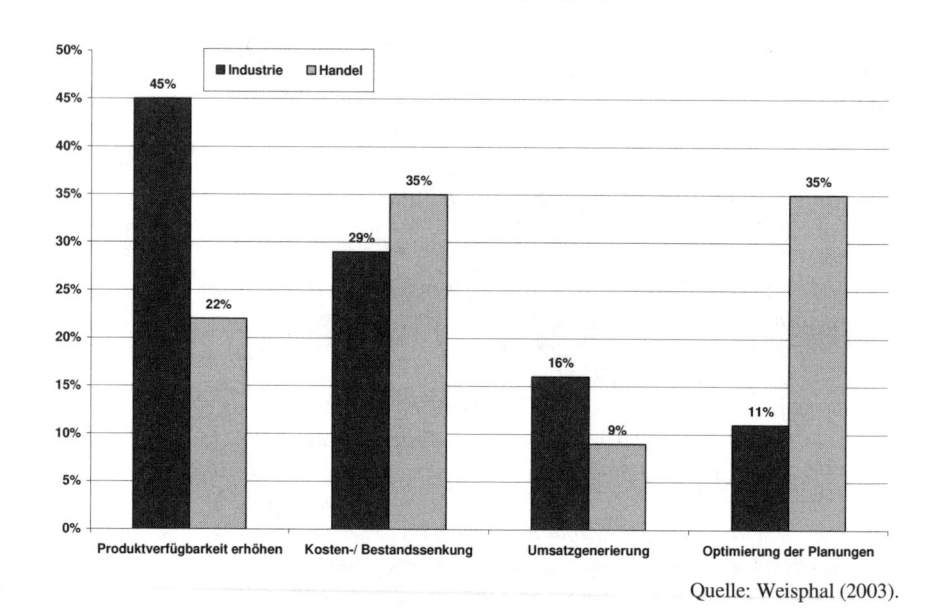

Abb. 9.5: Ziele von CPFR

Quelle: Weisphal (2003).

SCOR

Das Supply Chain Management soll dem Aufbau, Betrieb und der Anpassung eines aus Gesamtsicht optimierten Wertschöpfungsprozesses dienen, um die Kundenbedürfnisse unter ökonomischen Gesichtspunkten optimal bedienen zu können. Das Ziel einer Entwicklung und Etablierung eines branchenübergreifenden Prozessreferenzmodells (Supply Chain Reference Model, kurz SCOR-Modell) für diese Zwecke wird vom Supply Chain Council (SCC) verfolgt. Die Entwicklung und Mitarbeit am SCOR-Modell ist von allen Mitgliedern erbeten und soll einen internationalen Erfahrungsaustausch auf vergleichbarer Ebene ermöglichen. Das Modell soll mit Hilfe der Definition standardisierter Geschäftsprozesse den Aufbau von Supply Chains erleichtern. Darüber hinaus stellt es Kennzahlen zur Leistungsmessung zur Verfügung, bietet Best Practices für einzelne Prozesse und gibt Hinweise auf Möglichkeiten der Softwareunterstützung.[813]

ECR-Scorecard

Erfolgsmessungen entlang der Supply Chain sind nur sehr schwierig durchzuführen, da das Zurückführen eines Erfolges auf einzelne Aspekte problematisch ist.[814] Durch die ECR-Scorecard

---

[813] Für eine intensive Beschäftigung mit dem SCOR-Modell vgl. http://www.supply-chain.org/ sowie Becker, Schütte (2004), S. 705 ff. oder Kugeler (2003).

[814] Vgl. Becker, Schütte (2004), S. 708 ff.

soll dieser Mangel beseitigt oder gelindert werden.[815] Sie unterstützt in einzelnen Detaillierungsgraden einzelne Lieferantenbeziehungen, die sich in Anzahl und Intensität je nach Handelsunternehmen und Herstellern unterscheiden können. Mittels je nach Intensitätsgrad mehr oder weniger detaillierten Fragebögen können Kooperationen die einzelnen Aspekte ihrer Kooperation näher beleuchten. Abb. 9.6 zeigt die Untersuchungsbereiche der ECR-Scorecard in einem Ordnungsrahmen.

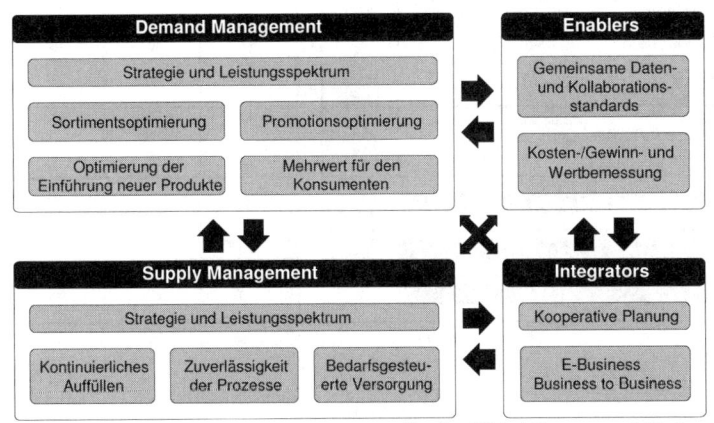

Quelle: Global Commerce Initiative.

Abb. 9.6: Ordnungsrahmen der ECR-Scorecard

Zur Beurteilung der Kooperationsbeziehung wird anhand der gewichteten Einzelkriterien eine Scorecard für die gemeinsamen ECR-Bestrebungen entwickelt. Durch das Multiplizieren der Bewertungspunktzahl des Teilaspekts (Abb. 9.7) mit einem Wert einer fünf-stufigen Skala (0=nicht geplant; 4=voll implementiert) und die anschließende Summierung über alle Teilkonzepte lassen sich die Einzelwerte zu einer Gesamtwertung aggregieren. Damit lässt sich sowohl die Plan- als auch die Ist-Situation im Unternehmen festlegen. BECKER und SCHÜTTE merken hierzu kritisch an, dass sich der Entwicklungsstand lediglich auf die in der Scorecard erfassten Sachverhalte bezieht und Kosten und Wirtschaftlichkeit zu Gunsten der Erlangung einer möglichst hohen Punktzahl in den Hintergrund treten könnten.[816]

---

[815] Vgl. http://www.globalscorecard.net/.
[816] Vgl. Becker, Schütte (2004), S. 712.

Schwerpunkt Konzept	Kern/ Erweitert	Gewichtungsfaktoren		
		Einzelhändler	Zulieferer	Gemeinsam
D. Demand Management (Nachfrageseitige Konzepte)		600	600	600
D1. Strategie & Leistungsspektrum		150	150	150
Strategischer Kurs - Geschäftsmodell Mehrwert für den Konsumenten	erw.	50	50	50
Strategischer Kurs - Category Management	Kern	40	40	40
Menschen & Organisation	Kern	30	30	30
Informationsmanagement	Kern	30	30	30
D2. Sortimentsoptimierung		100	100	100
Sortimentsplanung	Kern	40	40	40
Sortimentsausführung	Kern	30	30	30
Sortimentsbewertung	Kern	30	30	30
D3. Promotionsoptimierung		100	100	100
Promotionsplanung	Kern	40	40	40
Promotionsausführung	Kern	30	30	30
Promotionsbewertung	Kern	30	30	30
D4. Optimierung der Einführung Neuer Produkte (NPI)		100	100	100
NPI Planung	Kern	40	40	40
NPI Ausführung	Kern	30	30	30
NPI Bewertung	Kern	30	30	30
D5. Mehr wert für den Konsumenten		150	150	150
Wissen über den Verbraucher	erw.	50	50	50
Lösungen für den Konsumenten	erw.	50	50	50
Absatzwege zum Konsumenten	erw.	50	50	50
S. Supply Management (Angebotsseitige Konzepte)		550	550	550
...		...	...	...
E. Enablers		250	250	250
...		...	...	...
I. Integratoren		200	200	200
...		...	...	...
Gesamt		1.600	1.600	1.600

Quelle: Global Commerce Initiative.

Abb. 9.7: Verfeinerung und Gewichtung des Teilbereichs Demand Side

Global Commerce Initiative

Die Global Commerce Initiative gibt auf ihrer Webseite[817] neben zahlreichen frei verfügbaren Case Studies und Scorecard-Konzepten einen Überblick über die Key Performance Indicators zur Messung der Supply-Chain-Effizienz (vgl. Tab. 9.3). Dabei wird sowohl der Prozess zwischen Lieferant und Händler als auch zwischen Händler und Kunde verfolgt. Bei Streckengeschäften ist zusätzlich der Prozess vom Lieferanten zum Kunden zu messen. Beispielsweise ist der Grad der Lieferpünktlichkeit in Bezug auf die Lieferung vom Hersteller zum Zentrallager, zur Filiale oder zum Kunden zu messen, aber auch vom Zentrallager zur Filiale oder zum Kunden.

---

[817] Vgl. http://www.globalscorecard.net/.

Kennzahlen	Formeln
Marktanteilserreichungsquote	Marktanteil Ist [Category, Artikel] / Marktanteil Soll [Category, Artikel]
Mengenabweichung Bestellung - Lieferung	Liefermenge / Ordermenge
Grad der Lieferpünktlichkeit	Pünktlich gelieferte Aufträge / alle Aufträge
Bestandsreichweite [Lager, Filiale]	Wert der Fertigwaren / durchschnittlicher Umsatz eines Zeitraums
Out-of-Stock-Quote	Durchschnittlich nicht-verfügbare Artikelanzahl / Artikelgesamtanzahl
Lieferzeit	Anzahl der Stunden von Auftragserteilung bis Lieferung
Distributionskostenquote	Gesamtkosten der Lieferung (Lager, Angestellte, Ausstattung, Transport) / Umsatz
Anteil korrekter Stammdaten	Anzahl der korrekten Stammdatensätze / alle Stammdatensätze
Anteil korrekter Rechnungen	Anteil korrekter Rechnungen / alle Rechnungen
Anteil vollständiger Auftragserfüllung	Anzahl fehlerfreier und termingerechter Aufträge / Gesamtzahl Aufträge

Tab. 9.3: Ausgewählte Key Performance Indicators in der Supply Chain

Beispiel: Lieferantenbewertung mittels Metro-Scorecards

Über verschiedene Scorecards versucht die Metro Gruppe in ihren Vertriebslinien das Verhältnis zu den Konsumgüter-Lieferanten in Bezug auf Promotions, Abverkäufe, Liefertreue und ECR-Umsetzung zu erfassen. Die Metro will mit 60 Key Performance-Indikatoren bis zu 1.000 Lieferanten aus den Bereichen Cash+Carry, Real und Extra bewerten. Über die Extranet-Plattform Metro Link erhalten die Hersteller Zugriff auf verschiedene Scorecards, die im Sinne eines Benchmarkings die Performance des einzelnen Lieferanten widerspiegeln. Auch Marktforschungsdaten wie beispielsweise Scannerdaten können in diese Scorecards einfließen. Lieferanten können sich zusätzlich über Umsatzsteigerungen durch Promotions sowie über die Prognose-Genauigkeit informieren.[818]

Beispiel Lieferantenbewertung

---

[818] Vgl. Weber (2004c).

9.2 Betriebsvergleiche und Benchmarking

Aufgaben

Mit der Gegenüberstellung von Leistungen, Produkten, Prozessen und Praktiken zwischen Abteilungen, branchengleichen sowie branchenfremden Unternehmen sollen Bereiche des eigenen Unternehmens mit anderen verglichen werden, um Optimierungspotenziale aufzudecken und Prozesse und Leistungen zu verbessern. Benchmarking bietet Anregungen zur internen Innovation und Möglichkeiten, Vorgehen von Spitzenunternehmen in bestimmten Bereichen zu übernehmen (Best Practice).

Historie

Der Ursprung des Benchmarkings findet sich im Handel vor allem in den Betriebsvergleichen, die – zumeist auf dem betrieblichen Rechnungswesen basierend – ein traditionelles Instrument des Handels darstellen, um betriebliche Schwachstellen zu identifizieren, Führungsinformationen zu gewinnen und Ansatzpunkte für die Leistungssteigerung zu erhalten.[819] Der Betriebsvergleich wird und wurde von zahlreichen Trägern angeboten. Zu ihnen zählen beispielsweise das EHI, die ZGV, verschiedene Franchiseorganisationen, Banken usw.[820]

Voraussetzungen

Um einen hohen Aussagegehalt der Vergleichsdaten zu Planungs- und Kontrollzwecken zu erzielen, sind folgende Voraussetzungen zu erfüllen:[821]

- Vertrauensverhältnis von teilnehmenden Unternehmen und datenerhebendem Institut: Häufig befürchten Unternehmen durch Datenpreisgabe auch das Aufdecken von Betriebsgeheimnissen, so dass eine Anonymität der an Befragungen teilnehmenden Unternehmen gewährleistet sein muss.
- Branchenbezogene, wohl definierte Kennzahlen: Zur Akzeptanz des Betriebsvergleiches ist zum einen eine Nützlichkeit und Akzeptanz der Kennzahlen notwendig, zum anderen aber auch eine Gleichartigkeit des erfassten statistischen Datenmaterials. Hierzu ist es notwendig, genau zu spezifizieren, welche Daten in die Erhebung einer Kennzahl einzubeziehen sind. Beispielsweise ist die Kennzahl IT-Ausgaben in Prozent vom Umsatz ungenügend, da sie den erfassten Betrieben erheblichen Spielraum lässt in Bezug auf Hard- und Software, Personalkosten, Infrastrukturmaßnahmen (Verkabelung von Filialen, Neuanschaffung von Kassensystemen) usw.

---

[819] Eine Übersicht zum Thema Betriebsvergleich geben Müller-Hagedorn, Erdmann (1995), sowie Meyer, Meyer, Meyer (1997) und Klein-Blenkers (1983).
[820] Vgl. Müller-Hagedorn (1995), S. 333, sowie Feldbauer-Durstmüller (2001), S. 118.
[821] Vgl. Müller-Hagedorn, Bekker (1994), S. 232, Falk, Wolf (1992), S. 460 ff. und Feldbauer-Durstmüller (2001), S. 119.

- Strukturelle Betriebsvergleichbarkeit: Je nach Betrachtungsschwerpunkt müssen Aspekte wie gleiches Sortiment, gleiche Standortbedingungen, Betriebsgrößen und Faktorkombinationen usw. berücksichtigt werden.

Im Gegensatz zum Betriebsvergleich steht beim Benchmarking weniger das Kostenkalkül in Form von Umsatz-, Gewinn- und Kostenkennzahlen im Vordergrund, sondern der Vorgang an sich wird betrachtet. Nicht die gesamten Input-Output-Beziehungen des Unternehmens stehen im Vordergrund, sondern einzelne Arbeitsprozesse (z. B. Bestellabwicklungen oder logistische Prozesse).[822] Kriterien zur Bewertung von Prozessen können beispielsweise Zufriedenheit von Kunden oder Mitarbeitern, Fluktuationsrate, Durchlaufzeiten, Kapazitätsauslastungen oder Fehlerraten und die effiziente Beseitigung von Fehlern sein. Es stellen sich Fragen nach dem Vorgehen anderer Vergleichspartner oder dem Prozess-Besten innerhalb eines Konzerns, einer Branche oder auch Branchen übergreifend, da viele Prozesse, wie z. B. der Materialeinkauf, durchaus über Branchen hinaus vergleichbar sind. Während sich das „competitive Benchmarking" als Leistungsvergleich in etwa mit dem Betriebsvergleich deckt, werden beim „generischen" Benchmarking selbstständige Prozesse und Funktionsbereiche branchen-, größen- oder domänen-unabhängig untersucht, um Hinweise zur Optimierung des eigenen Unternehmens(bereichs) zu erhalten.[823] Eine Untersuchung von SCHRÖDER bei 125 Zentralen deutscher Filialsysteme und 105 kooperierenden Gruppen ergab Mitte der 90er-Jahre, dass nur ca. 10 % der befragten Unternehmen Benchmarking systematisch und kontinuierlich anwenden und rund 70 % ihre Problemlösungen selbstständig entwickeln.[824] Die Benchmarking-Methodik lässt sich grob strukturieren in:[825]

Betriebsvergleich vs. Benchmarking

Benchmarking-Methodik

- Definition und Analyse des Benchmarking-Objekts (Geschäftsprozess, Produktlinie, Dienstleistung usw.),
- Bestimmung der teilnehmenden Benchmarking-Partner,
- Spezifikation der benötigten Daten und Informationen,
- Entwicklung von Strategien zur Umsetzung der gewonnenen Erkenntnisse.

---

[822] Vgl. Feldbauer-Durstmüller (2001), S. 129.
[823] Vgl. Weber, Hamprecht, Goeldel (1995), S. 16; Krupp (2004), S. 179 sowie Hardt (1998), S. 94.
[824] Vgl. Schröder (1996), S. 94 ff.
[825] Vgl. Witt (2002), S. 37.

9.2.1 Innerbetriebliches Benchmarking

Aufgaben

Beim innerbetrieblichen Benchmarking werden betriebsinterne Kennzahlen zwischen Sparten, Abteilungen und Organisationseinheiten einer Organisation verglichen. Diese Benchmarkingform ist im Vergleich zum zwischenbetrieblichen Benchmarking einfach durchzuführen, da die Zahlen bereits im Unternehmen vorliegen und nicht mit anderen Unternehmen abgestimmt werden müssen. Innerbetriebliche Vergleiche lassen sich unterteilen in:[826]

- Sachliche Vergleiche zwischen Abteilungen oder Funktionsbereichen, z. B. Einkauf, Verkauf,
- zeitliche Vergleiche und
- Soll-Ist-Vergleiche, bei denen reale Zustände mit der angestrebten Entwicklung verglichen werden.

Ist-Ist-Vergleich

Beim Ist-Ist-Sachvergleich werden bestehende Zustände zwischen einzelnen Organisationseinheiten verglichen, um beispielsweise Aufschlüsse über die relativen Kapazitätsauslastungen einzelner Bereiche oder Hinweise auf unterschiedliche Kundenzufriedenheit zu erhalten. Beim Ist-Ist-Zeitvergleich werden bestehende Zustände miteinander vergleichen. So werden beispielsweise Jahres-, Quartals- oder Monatsbilanzen gegenübergestellt und analysiert. Auch Auftragsbestände, Lieferkonditionen oder Kostenstrukturen können im Zeitablauf verglichen werden. Der Soll-Ist-Vergleich dient dem Vergleich von geschätzten Planwertzahlen mit den realen Zuständen.

Soll-Ist-Vergleich

Beispiel Benchmarking bei Tankstellen

Beispiel: Benchmarking von Tankstellen bei Total

Die Tankstellen haben sich in den letzten Jahren von ihrer eigentlichen Funktion zu Convenience-Shops mit teilweise sehr breitem Artikelangebot weiterentwickelt. Rund 600 Artikel hat eine durchschnittliche Total-Station gelistet. Um eine optimale Produktplatzierung und ein optimales Sortiment zu erreichen, hilft der Mineralölkonzern Total seinen deutschen Tankstellen-Pächtern durch das Bereitstellen von Category Management- und Regaloptimierungssoftware sowie entsprechenden Artikelabverkaufsdaten bei der Sortimentsoptimierung. Bei Analysen zeigt sich, dass die Total-Shops je nach Standort unterschiedliche lokale Verbrauchergewohnheiten berücksichtigen müssen (vgl. Tab. 9.4).

Lokale Besonderheiten wie der hohe Abverkauf regionaler Produkte können über das regionale Benchmarking von jeweils fünf bis zehn Stationen gut identifiziert werden.[827]

---

[826] Vgl. Weber (2002e), S. 29.
[827] Vgl. Rode (2005b).

Cluster	Artikel mit hohem Umsatzanteil
Pendler-Shops	Kraftstoffe, insbesondere Benzin
Pausen-Shops	Kraftstoffe, insbesondere Diesel sowie alkoholfreie Getränke, Fast Food
Nahversorger-Shops	Kraftstoffe, insbesondere Benzin sowie Lebensmittel, Toilettenpapier, Katzenfutter usw.

Tab. 9.4: Unterschiedliche Anforderung an Total-Tankstellen

9.2.2 Zwischenbetriebliches Benchmarking

Für das Management liefern insbesondere externe Vergleiche neue Aspekte. Das zwischenbetriebliche Benchmarking lässt sich unterteilen in horizontales, vertikales und intersektorales Benchmarking. Dabei leisten sowohl Vergleiche innerhalb derselben Branche wie beispielsweise dem Lebensmitteleinzelhandel (horizontales Benchmarking), einer anderen Branche, z. B. der Vergleich eines Lebensmittelhändlers mit einem Versandhändler (vertikales Benchmarking) als auch Vergleiche mit Unternehmen anderer Ausrichtung (intersektorales Benchmarking) je nach Untersuchungsobjekt hohe Aufschlüsse. Bei der Partnerwahl ist zu berücksichtigen, dass der Partner zum einen ein vergleichbares Objekt oder eine vergleichbare Eigenschaft besitzen und sich zum anderen so positiv unterscheiden muss, dass ein Lerneffekt bei der Betrachtung der partnerischen Untersuchungsobjekte auftreten kann.

Externes Benchmarking

Problematisch ist das Benchmarking für den klein- und mittelständischen Fachhandel, da es für Unternehmen dieser Größenordnung zum einen schwierig ist, Unternehmen mit exzellenten Problemlösungen zu finden, andererseits genießt auf Grund des ohnehin vorhandenen personellen Engpasses und operativer Probleme das Benchmarking nur eine geringe Priorität.[828] Benchmarking erfordert entsprechend qualifiziertes Personal, das bei klein- und mittelständischen Handelsunternehmen häufig nicht vorhanden ist.[829]

Problem bei KMUs

Eine einfache und im Handel gern gewählte Form des „Vergleichs" ist der informale Austausch mit Kollegen auf Messen oder Fachtagungen. Bei formaleren Branchenvergleichen werden die im Unternehmen ermittelten Werte mit Durchschnittswerten der Branche bzw. den Branchenkennzahlen verglichen. Hilfsmittel beim Benchmarking sind beispielsweise Seminare und Workshops,

Informaler Austausch

---
[828] Vgl. Meyer (1997), S. 140 f.
[829] Vgl. Feldbauer-Durstmüller (2001), S. 129 ff.

Kriterien der Partnerwahl

Fragebögen, Erhebungsgespräche, Vergleiche des Berichtswesens und der Informationssysteme. Dabei lassen sich Stärken und Schwächen des Unternehmens im Vergleich zu anderen Unternehmen erkennen. Vor allem Banken ziehen bei der Beurteilung eines Unternehmens gern Branchenwerte als Gütekriterium heran.[830] Diese sind häufig beispielsweise über Handelsverbände, Banken oder das statistische Bundesamt öffentlich zugänglich und informieren über den Zustand der Branche. Ein Vergleich mit dem eigenen Unternehmen bietet die Chance, sich mit der Branche zu messen und entsprechend neu aufzustellen. Dabei sollte allerdings berücksichtigt werden, dass diese Werte häufig auch Daten von schwachen Betrieben enthalten, weswegen eigene Zielsetzungen, die sich an den Branchenwerten orientieren, entsprechend höher als der Durchschnitt liegen sollten.

Bei der Partnerwahl gilt es, sich an den Prozessführern, also Unternehmen, die in bestimmten Bereichen oder Prozessen besonders erfolgreich sind, zu orientieren. Dabei können dies für unterschiedliche Aufgaben durchaus unterschiedliche Unternehmen sein (vgl. Abb. 9.8). Insbesondere kleinere und mittelständische Unternehmen haben Probleme, geeignete Partner zu finden. Daher bieten sich als Möglichkeiten ein Kooperationsnetzwerk oder die Mitgliedschaft in einer Betriebsvergleichsinstitution an, bei dem ein qualifizierter Berater die Unternehmen qualifiziert durch den Benchmarking-Prozess führt.[831] Vorzugsweise sollte für kritische Erfolgsfaktoren ein externer Vergleichsmaßstab gefunden werden. Wird ein Handelslager beispielsweise auf Just-in-Time-Lieferungen umgestellt, so wird dieser Faktor zum kritischen Erfolgsfaktor, um den Kunden halten zu können bzw. damit die Filialen nicht in eine Out-of-Stock-Situation geraten. Zur Verbesserung der Zuverlässigkeit sind als Benchmarking-Partner beispielsweise Unternehmen aus dem Bereich Transportwesen oder Versandhandel sinnvoll.

---

[830] Vgl. Weber (2002e), S. 31.
[831] Vgl. Meyer, Meyer, Meyer (1997), S. 289 ff.

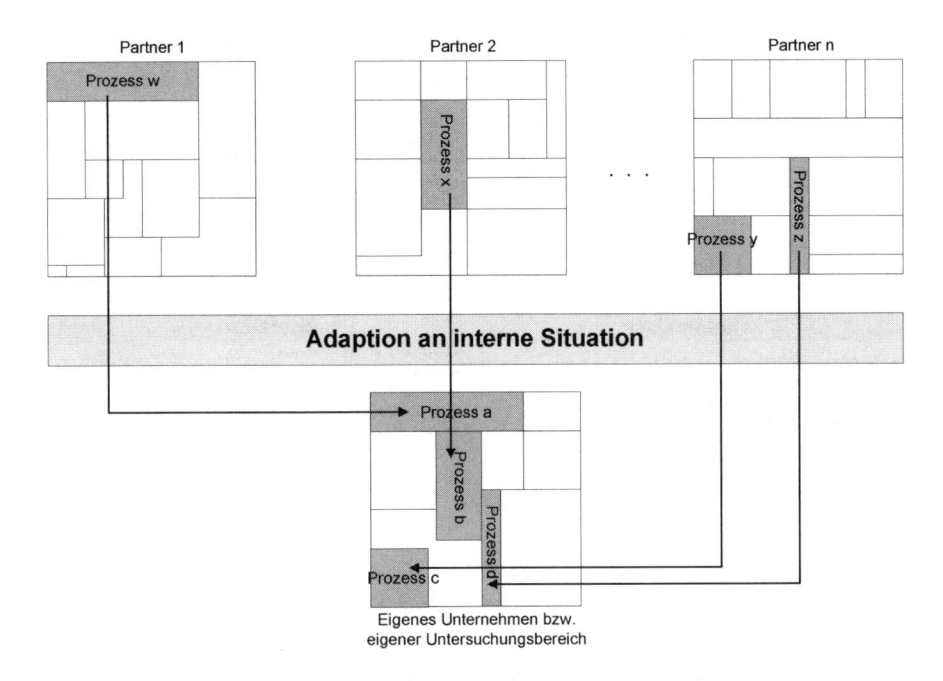

Abb. 9.8: Externes Benchmarking

Vergleiche mit anderen Unternehmen können dem Unternehmen wertvolle Anregungen geben. Dennoch ist die Aussagekraft durch unterschiedliche Bedingungen in Bezug auf regionale, historische, gesetzliche Unterschiede sowie verschiedenartig aufgebaute Rechnungswesen begrenzt. Zur besseren Vergleichbarkeit der Untersuchungsobjekte empfehlen sich daher relative Kennzahlen, um auch Unternehmen unterschiedlicher Größe vergleichbar zu machen. So lässt sich beispielsweise die prozentuale Rentabilität, der Verschuldungsgrad oder die Warenlagergröße in Relation zum Artikelbestand in den Vergleich zu Konkurrenten oder Benchmarking-Partnern setzen.[832] Abb. 9.9 zeigt ausgewählte Benchmark-Kennzahlen für die Bekleidungsindustrie und den Textilhandel.

---

[832] Vgl. Weber (2002e), S. 31.

Kostenkennzahlen	**Qualitäts- und Produktivitätskennzahlen**
• Anteil variabler Gesamt-, Produkt-, Prozesskosten • Anteil fixer Gesamt-, Produkt-, Prozesskosten • Entwicklungskosten der Kollektion in Prozent vom Umsatz • Verhältnis der einzelnen Kostenbestandteile an den Gesamtkosten • Gesamtkosten (Einzel- und Gemeinkosten) eines Musterteils • Fehlerkostenanteil • Umweltkostenanteil • Personalkostenanteil je Arbeiter • Höhe de Abschriften	• Anzahle fehlerhafter Teile pro Fertigware • Anzahl fehlerhafter Dokumente • Anzahl Ausschuss, Nacharbeiten • Anzahl Entwurfs- bzw. Kollektionsänderungen • Anzahl Reklamationen, Beschwerden, Stornos • Material-, Personal-, Exportintensität • Nähminute pro Bekleidungsteil • Anzahl der produzierten Bekleidungsteile pro Muster • Anzahl der transportierten Fertigteile pro Transportmittel (LKW, Flugzeug, Schiff) • Anzahl Retouren (Handel, ausl. Produktion, Lieferanten)
Zeitkennzahlen	**Mengenkennzahlen**
• Lieferzeit, Liefertreue • Durchlauf-, Liege-, Transportzeit • Hänge- bzw. Liegezeit der Bekleidungsware im Fertigwarenlager • Fehlerbedingte Wartezeit • Auf- und Nachbereitungszeit • Kollektionsentwicklungszeit ('time to market') • Zeit bis zur Abgabe eines Angebotes	• Umschlagshäufigkeiten • Anzahl der Roh-, Fertigwarenlager • Anzahl der (ausländischen) Produktionsstätten • Anzahl der Qualitätsprüfungen • Anzahl der Oberstofflieferanten • Anzahl der Gesamtkunden • Anzahl der Großkunden • Anzahl der Prozessschritte • Anzahl der an einem Prozess beteiligten Mitarbeiter

Quelle: Breitkopf (1997), S. 212.

Abb. 9.9: Benchmark-Kennzahlen in der Bekleidungsindustrie

Beispiel Benchmarking bei Leica

Beispiel: Benchmarking bei der Leica AG [833]

Da der Erwerb von Benchmark-Kennziffern von Beratungsunternehmen und Marktforschungsinstituten zumeist relativ teuer und die Datenherkunft mitunter ungewiss ist, suchte sich die Leica AG im regionalen Umfeld Firmen ähnlicher Größe, um Benchmarks im Bereich IT durchführen zu können. Die IT ist besonders für Benchmarks geeignet, da auf der einen Seite ein direkter Umsatzzusammenhang nur schwer nachzuweisen ist und der CIO auf der anderen Seite sehr häufig seine Budgets und Kosten rechtfertigen muss, was ohne Vergleich mit anderen Unternehmen häufig sehr schwer fällt. Tendenziell werden die Aufgaben von CIOs und IT-Leitern immer mehr dazu gedrängt, die Kosten aufzuschlüsseln, um eigene Lösungen und Leistungen sowie neue Investitionen monetär zu rechtfertigen.

Die Suche nach entsprechenden Benchmarking-Partnern gestaltete sich relativ einfach, und die CIOs tauschten Informationen über Umsatz, IT-Budgets, Ausgaben für externe Dienstleister, Anzahl und Aufgaben der IT-Mitarbeiter sowie Hard- und Software-Ausstattung aus. So stellte sich beispielsweise heraus, dass bei Leica statt der üblichen 60-80 Computer ein Mitarbeiter jeweils 121 PCs betreute.

---

[833] Vgl. Ilg (2005).

Größte Herausforderung beim Benchmarking von IT-Leistungen sind die einwandfreie Definition der Kennzahlen. So besitzt die Kennzahl Hardwareausgaben pro Filiale im Vergleich mehrerer Handelsunternehmen keine Bedeutung, da nicht deutlich wird, ob hierbei auch Investitionen für Waagen- oder Kassensysteme sowie Telefonanlagen usw. einzurechnen sind. Auch bei der Nutzung von Software ist eine klare Definition notwendig. Betreiben manche Firmen beispielsweise in dem Human Resource-Modul von SAP nur Lohn- und Gehaltsabrechnungen, wird es von anderen Unternehmen auch für die strategische Personalarbeit genutzt. Somit ist weder die Nutzungsintensität noch die Anzahl der mit dem Programm arbeitenden Mitarbeiter vergleichbar.

10 Organisation des Controllings

10.1 Effizienzkriterien für ein erfolgreiches Controlling

Analyse des Controllings

Zwar strebt das Controlling eine Erhöhung der Unternehmenseffizienz und -effektivität an, doch wird der Controllingbereich selbst selten einer tiefer gehenden Leistungsanalyse unterzogen. Während sich viele Controller zunehmend als Managementberater bei komplexen betriebswirtschaftlichen Problemen sehen, verwenden sie in der Praxis den weitaus größten Teil der Arbeitszeit auf Routinetätigkeiten wie Datenerfassung, Abstimmung der Ergebnisse aus Kosten- und Leistungsrechnung sowie der Identifizierung und Bereinigung von Fehlern.[834] Problematisch ist vor allem die vergleichsweise schwierige Leistungsverrechnung.[835] Hinzu kommen die unterschiedlichen Zielsetzungen des Controllings. Einerseits existieren direkte Controlling- oder Sachziele, die einen Mittel-Zweck-Charakter haben und Gegenstand des Führungsverhaltens sind. Andererseits leistet das Controlling einen indirekten Beitrag zu den Zielen der Unternehmensführung. Diese indirekten Ziele präzisieren die Controllingaufgaben inhaltlich.[836]

Probleme der Controllingprozesse

Controllingprozesse sind heterogene Prozesse, deren Einsatzfaktoren nicht immer eindeutig nach Anzahl und Preis oder Kosten zugeordnet werden können. Hinzu kommt der Zeitverzug bei vom Controlling angestoßenen Maßnahmen wie Kostensenkungsprogrammen, bei denen die Auswirkungen erst lange nach der Umsetzung sichtbar werden. Kriterien zur Qualitätsmessung lassen sich nur schwer ermitteln und schlagen sich am ehesten in der Messung der subjektiven Zufriedenheit des Managements in Bezug auf das Controlling nieder. Dabei ist die Leistung des Controllings stark durch menschliche Beziehungen geprägt.[837] Der Controller ist gezwungen, unterschiedlichste Anspruchsgruppen zu bedienen, die in Bezug auf Detaillierungsniveau, Inhalt und Informationsmedium durchaus konträre Anforderungen haben (vgl. Abb. 10.1). Aus

---

[834] Vgl. Hartung (2002), S. 502.
[835] Vgl. Weber, Hamprecht, Goeldel (1995), S. 15.
[836] Vgl. Exner-Merkelt, Keinz (2005), S. 18.
[837] Vgl. Breitkopf (1997), S. 106 ff.

Sicht des Berichtswesens ist eine Unterscheidung in temporäre und dauerhafte Anspruchsgruppen von Controlling-Leistungen zu unterscheiden, um eine ständige Ausweitung des Standardreportings zeitlich auch über den Wegfall der temporären Anforderungen hinweg zu vermeiden.

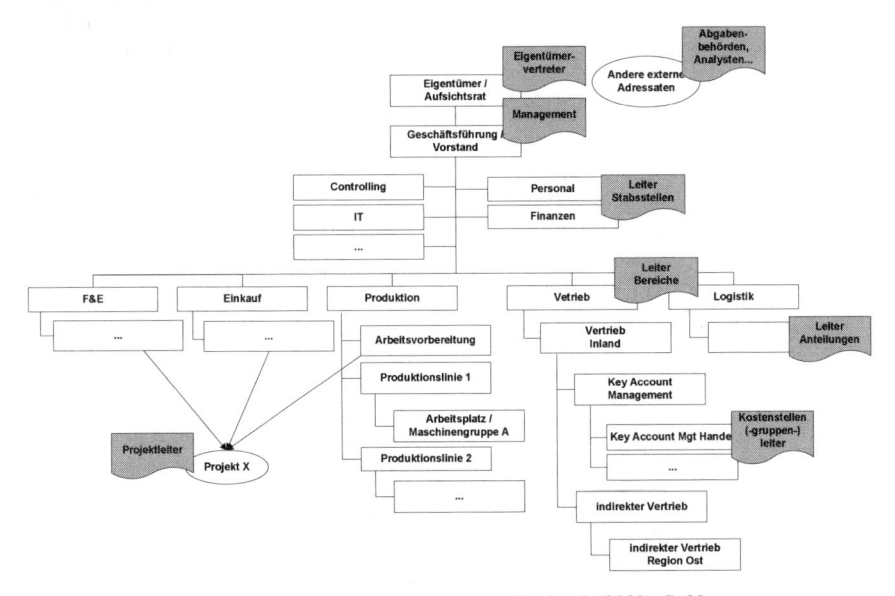

Quelle: in Anlehnung an Waniczek (2002), S. 32.

Abb. 10.1: Anspruchsgruppen des Controllings

Konzeptionelle Probleme im Bereich des Berichtswesens, die sich notwendigerweise auf die Controllingeffizienz negativ auswirken, zeigt Tab. 10.1.

Konzeptionelle Probleme

Konzeptionelle und organisatorische Schwachpunkte	Analytische Schwachpunkte	Sonstige Schwachpunkte
• Kennzahlen nicht eindeutig definiert, • Kosten- und Erlösaspekte nicht kombiniert, • Zuständigkeiten für Berichtswesen unklar, • zu viele Berichte, • neue Anforderungen führen zu ständig neuen Berichten, • unverständliche Zahlenkolonnen ohne Kommentierung, • fehlendes Aufzeigen von Ursache-Wirkungs-Zusammenhängen, • weiße Flecken in Form von Nichtbetrachtung von Unternehmensbereichen, • mangelhafte Dokumentation des Berichtswesens.	• Keine klare definitorische Abgrenzung der Daten und Kennzahlen, • Synonymproblematik, • Plan-Ist-Vergleich zu Gunsten von Ist-Ist-Analysen vernachlässigt, • nur Berücksichtigung historischer Daten, keine Prognosen, • keine Strategieempfehlungen und Ursachenforschung, • falsch gewählte Zeitintervalle, • lediglich Betrachtung monetärer Kennzahlen, • ungeeignete Bezugsobjekte.	• Synonym- und Sprachgemeinschaftenproblematik im Unternehmen nicht berücksichtigt oder geklärt, • ungenügende Datenbasis, • fehlerhafte und nicht bereinigte Daten, • verspätete Verfügbarkeit wichtiger operativer Daten, • zu lange Berichtsintervalle

Tab. 10.1: Ineffizienzen beim Reporting

Zahlenfriedhöfe

In vielen Unternehmen ist immer wieder eine Überforderung der Entscheider durch zu große Detaillierung der Berichte und eine zu große Berichtsfrequenz zu entdecken (vgl. Abb. 10.2). Die unkommentierten Zahlenfriedhöfe, die ein Manager wöchentlich vorliegen hat, erreichen schnell mehrere hundert Seiten. Häufig fällt eine Unterscheidung des Detaillierungsniveaus für unterschiedliche Anspruchsgruppen dem historischen Wildwuchs der Berichte zum Opfer. Trotz des Plädoyers für moderne, integrierte WWS sorgen gerade mächtige ERP-Systeme durch ihre Möglichkeit, eine Vielzahl an Hierarchien anzulegen, für ein weit ausferndes Berichtswesen.

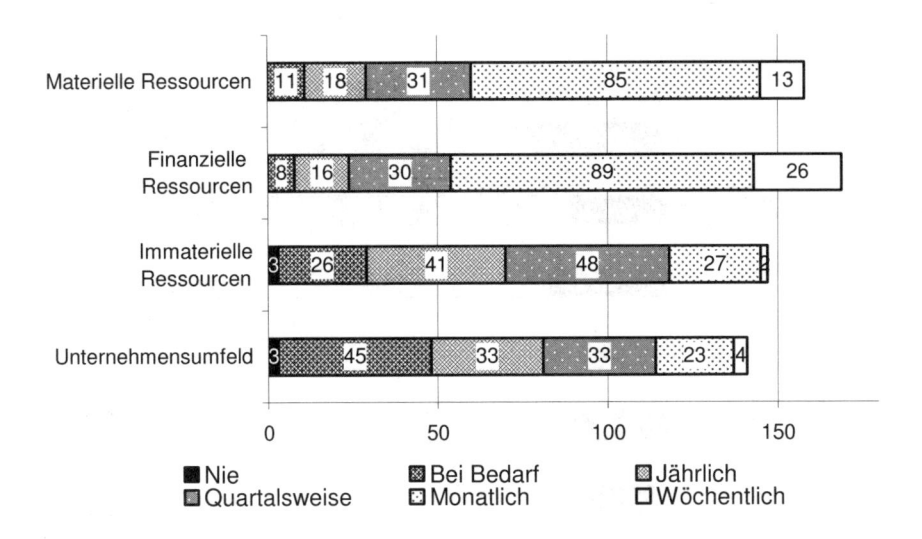

```
                      |  11 | 18 |  31 |        85        | 13 |
Materielle Ressourcen |
                      
Finanzielle           | 8 | 16 |  30  |        89        |   26  |
Ressourcen

Immaterielle          | 3 |  26 |  41  |   48   |   27  |
Ressourcen

Unternehmensumfeld    | 3 |  45  |  33  |  33  |  23  | 4 |

                      0         50        100       150
```

■ Nie   ▧ Bei Bedarf   ▩ Jährlich
▨ Quartalsweise ▦ Monatlich   □ Wöchentlich

Quelle: Günther, Grüning (2002), S. 11.

Abb. 10.2: Berichtshäufigkeit an die Unternehmensleitung

Da der Nutzenbeitrag des Controllings zur Gesamtperformance des Unternehmens erheblich sein kann, ist die Controllingperformance und -qualität im Unternehmen trotz aller Schwierigkeiten ebenso zu messen wie andere Leistungsbereiche, um z. B. Nicht-Zuständigkeiten bzw. Verantwortungsverschieben bei Planabweichungen aufzudecken, ein ineffizientes Berichtswesen zu verbessern oder das Ausbleiben von strategischen Empfehlungen zur Korrektur der Unternehmensstrategien seitens des Controllings anzumahnen.

Nutzenbeitrag des Controllings

Das Identifizieren und Eliminieren von strategischen Lücken, also das Unterbleiben strategischer Controllingaufgaben zu Gunsten operativer Tätigkeiten, ist wichtigste Aufgabe bei Controllingoptimierungen. Rund 71 % der Unternehmen prüfen lediglich die Einhaltung von Planzahlen, 49 % den Erfolg strategischer Projekte und 38 % strategierelevante Kennzahlen.[838] Dabei verwenden die Controller im Durchschnitt 59 % ihrer Zeit für operative Tätigkeiten und nur 10 % für strategische Aspekte. Eine Aufschlüsselung der strategischen und operativen Tätigkeiten bietet Abb. 10.3.

Erkennen strategischer Lücken

---

[838] Vgl. Exner-Merkelt, Keinz (2005), S. 16 f., die sich in einer domänenneutralen Studie mit der Controllingeffizienz von 2.200 befragten österreichischen Unternehmen auseinander setzen.

Strategische Aufgaben

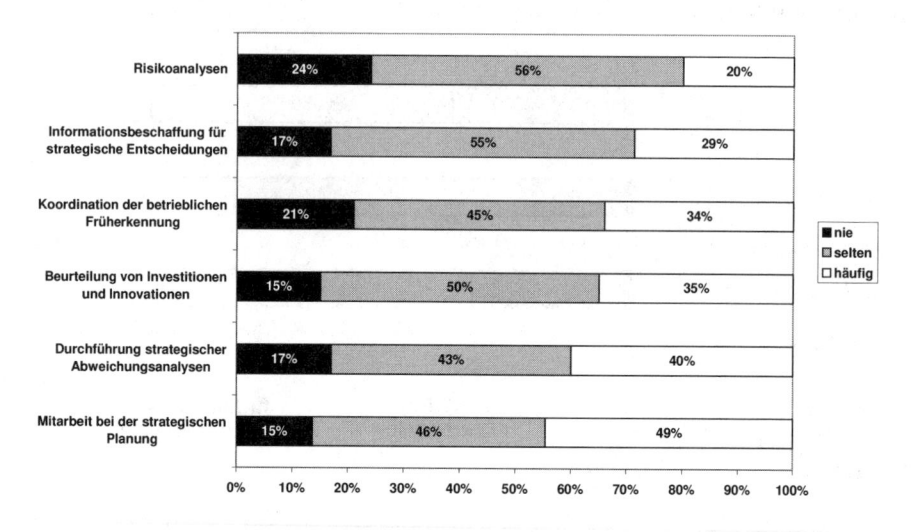

Aufgabe	nie	selten	häufig
Risikoanalysen	24%	56%	20%
Informationsbeschaffung für strategische Entscheidungen	17%	55%	29%
Koordination der betrieblichen Früherkennung	21%	45%	34%
Beurteilung von Investitionen und Innovationen	15%	50%	35%
Durchführung strategischer Abweichungsanalysen	17%	43%	40%
Mitarbeit bei der strategischen Planung	15%	46%	49%

Operative Aufgaben

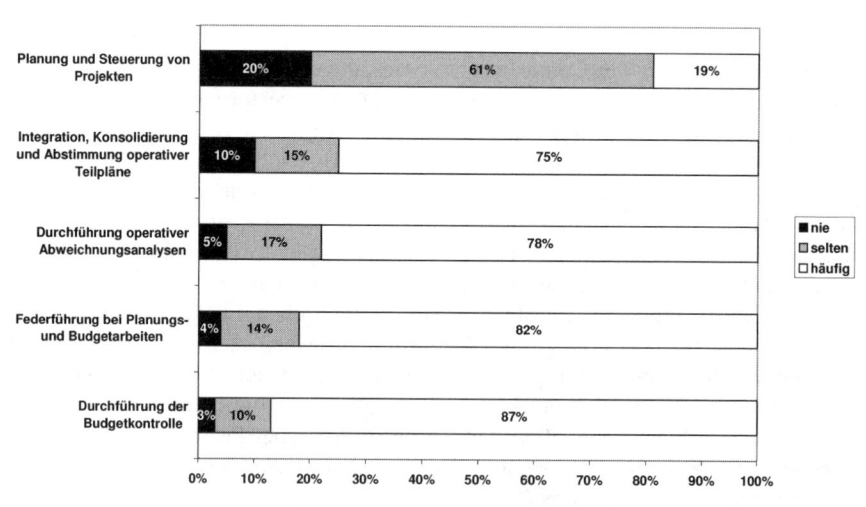

Aufgabe	nie	selten	häufig
Planung und Steuerung von Projekten	20%	61%	19%
Integration, Konsolidierung und Abstimmung operativer Teilpläne	10%	15%	75%
Durchführung operativer Abweichungsanalysen	5%	17%	78%
Federführung bei Planungs- und Budgetarbeiten	4%	14%	82%
Durchführung der Budgetkontrolle	3%	10%	87%

Quelle: Exner-Merkelt, Keinz (2005), S. 17.

Abb. 10.3: Anwendungsintensität strategischer und operativer Controllingaufgaben

Controlling-Audit

Bei einem Controlling-Audit werden insbesondere die Rahmenbedingungen des Controllings in Bezug auf Sach- und Personalmittel, Kompetenz und organisatorische Positionierung, die Controllerperformance und die Controllingqualität gemessen (vgl. Abb. 10.4). Häufig ist in der Praxis die Durchführung eines umfangreichen Audits die Aufgabe eines externen Beraters.

	Dimensionen	Teildimensionen	Beispiele
Effektivität – Ziel	Zufriedenheit des Empfängers von Controllingleistungen	Zufriedenheit bzgl. der Bedarfsadäquanz	• Zahl der Reklamationen wg. verspäteter Bereitstellung angeforderter Informationen
		Zufriedenheit bzgl. Interaktivität	• Zufriedenheit der Verantwortlichen hinsichtlich der Flexibilität des externen Controllers
		Zufriedenheit bzgl. Flexibilität	• Zahl der Gespräche p.a. über den Entwicklungsstand und -möglichkeiten des bestehenden Controlling
Effizienz – ergebnisbezogener Output	Erstellte Leistungen des Controllers	Beratungs- und Unterstützungsleistungen	• Zahl der angefertigten Beratungsberichte • Erreichter Konsistenzgrad von vorgelegten Plänen, Budgets etc.
		Informationsversorgungsleistungen	• Zahl der notwendigen Korrekturen innerhalb der Kostenstellenberichte p.a. • Zahl der notwendigen Änderungen in den zu liefernden Kennzahlen
		Abstimmungsleistungen	• Grad der Abstimmungsbereitschaft zwischen den Führungskräften unterschiedlicher Hierarchieebenen
prozessbezogener Output	Art und Weise der Leistungserstellung	Beratungs- und Unterstützungsprozesse	• Zahl der geleisteten Beratertage
		Informationsversorgungsprozesse	• Anteil der standardisierten, laufend bereitgestellten Informationen am gesamten Informationsbedarf des Unternehmens
		Abstimmungsprozesse	• Anteil der notwendigen Teamsitzungen
Input	Zur Leistungserstellung eingesetzte Produktionsfaktoren	Interne Manager bzw. Controller	• Zahl und zeitlicher Umfang der internen Mitarbeiter
		Externer Controller	• Zahl der externen Controller • Zahl der Manntage des externen Controllers • Honorare des externen Controllers
		Informationstechnik	• Zahl der CPU Stunden

Quelle: in Anlehnung an Breitkopf (1997), S. 115.

Abb. 10.4: Kriterien zur Messung der Controlling-Effizienz

Wesentliche Instrumente zur Bewertung der Controlling-Performance und somit der Stärken-/Schwächen-Profilbildung sind das Stärken- und Schwächen-Profil, das Controllingportfolio und grundsätzlich im Controlling eingesetzte Instrumente wie die Kostenkalkulation einzelner Controllingleistungen oder eine ABC-Analyse in Bezug auf die Controlling-Kunden.[839]

Instrumente zur Messung von Controlling-Effizienz

Als besondere Fragestellung wird häufig die Suche nach der richtigen Personalstärke und somit einem adäquaten Leistungsangebot des Controllings genannt. Pauschal lässt sich diese Frage nicht zuletzt wegen des zunehmenden Selbstcontrollinganteils und des unterschiedlichen Grads der Zentralisierung/Dezentralisierung mit einhergehend unterschiedlichen Controllinganforderungen nicht beantworten, auch wenn sich auf Basis einer empirischen

Personalstärke

---

[839] Vgl. Witt (2002), S. 111 ff.

Feldstudie folgende Formel für die Anzahl der im Controlling tätigen Mitarbeiter ergibt:[840]

Kennzahl	Formel
Anzahl der Controllingmitarbeiter (C)	C = 28,8 + 0,0094 P P = Personalstärke des Unternehmen

Damit entspricht die Formel in etwa der gängigen Ein-Promille-Regel, nach auf 1.000 Mitarbeiter ein Controller kommt.[841] Der Grad des Selbstcontrollings in einer Organisation kann damit allerdings nicht beantwortet werden. Er hängt vielmehr von der Effizienz des WWS und des damit verbunden Berichtswesens, den abteilungsspezifischen Besonderheiten sowie der Zugänglichkeit zu den Daten ab.

Budgetierung

Unternehmen, die als Best Practice-Unternehmen in Bezug auf ihrer Rechnungswesen- und Controlling-Abteilung gelten, zahlen häufig weniger als 0,5 % des Umsatzes für das Finanz- und Rechnungswesen, strategische Planung, Steuer- und Treasury-Abteilung sowie das Controlling. Mit 0,42 % wäre ein Unternehmen in der Spitzenklasse. Tendenziell sind globale Handelsunternehmen wegen geringerer Komplexität eher im Quartil 1-Bereich, also um die 0,5 % vom Umsatz, zu finden, während Global Player mit heterogenen Geschäftsbereichen etwa 1,5 bis 2 % des Umsatzes für den Rechnungswesen- und Controllingbereich aufwenden. Bei deutschen Unternehmen finden sich auch Ausgaben von bis zu 3,5 %.[842]

10.2 Organisatorischer Rahmen für das Controlling

10.2.1 Internes Controlling

Unterteilung des Controllings

Analog zum Handels- und Managementbegriff findet sich auch beim Controlling eine Unterteilung in funktionales und institutionales Controlling. Funktionales Controlling wird in der Regel durch eine separate Funktionseinheit ausgeführt, wobei Koordinationsfunktionen durchaus vom Linien-, aber auch vom Stabsma-

---

[840] Vgl. Sakurai, Keating, McCabe (1997), S. 153.
[841] Vgl. Witt (2002), S. 102.
[842] Vgl. Dressler, Hensen (2005), S. 72; o.V. (The Hackett Group) (2002), sowie Waniczek (2002), S. 39.

nagement übernommen werden.[843] Es wird dann vom „Selbstcontrolling" gesprochen.[844] In rund 60 % der von EXNER-MERKELT und KEINZ untersuchten Unternehmen gibt es eine auch als solche bezeichnete Controllingstelle oder -abteilung, wobei verbundene Unternehmen oder Großunternehmen häufiger über eine Controllingabteilung verfügen.[845]

Häufig finden sich im Unternehmen mehrere Reporting-Abteilungen oder Informationsschienen im Berichtswesen. Dadurch führt die Dezentralisierung zwar auf der einen Seite zu einer Entlastung zentraler Controlling-Instanzen, doch das dezentrale Erstellen von Berichten führt zu Überschneidungen und redundanten Informationen, die zusätzlich oft auf unterschiedlichen Datengrundlagen entstehen. Als Folge verlieren sowohl Berichte als auch Berichtersteller Akzeptanz beim Management.

Dezentralisierung

Institutionales Controlling schafft eine systematische Unterstützung des Managements durch eine gesonderte Institution. Diese kann als „Controlling"; „Controller" oder – manchmal auch – „interne Managementberatung" verstanden werden.[846] Auch eine externe Unterstützung durch Unternehmensberater ist in diesem Zusammenhang denkbar („externes Controlling"). In einigen Unternehmen haben Controller zusätzlich zu ihrer Aufgabe als Managementunterstützer noch Linienverantwortung für die Bereiche internes Rechnungswesen, Finanzen o. ä.

Institutionales Controlling

Controlling-Objekt	Vollständig	Weit gehend	Teilweise	Nicht
Prozess-Controlling		18,5%	63,0%	18,5%
Umfeld-Controlling	7,4%	25,9%	59,3%	7,4%
Marketing-Controlling	11,1%	37,0%	51,9%	
Funktionen-Controlling	25,9%	48,2%	25,9%	
Organisationseinheiten-Controlling	33,4%	40,7%	25,9%	
Einsatzfaktoren-Controlling	33,4%	44,4%	22,2%	

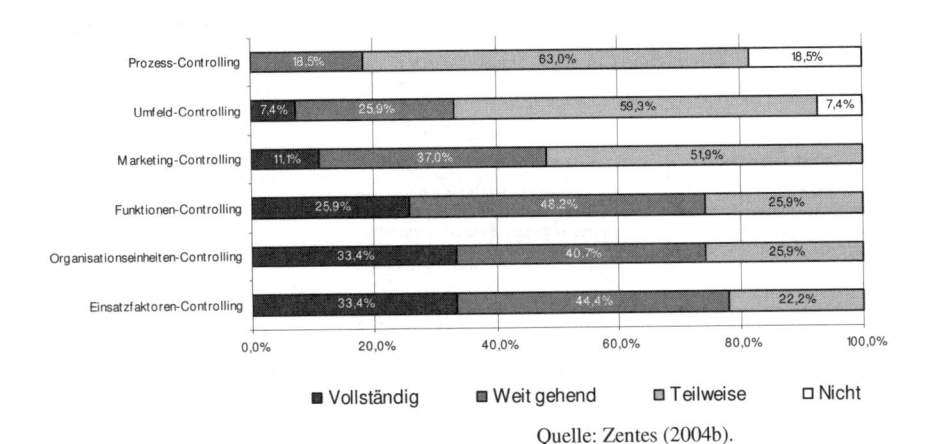

Quelle: Zentes (2004b).

Abb. 10.5: Anwendungsgrad von Controlling-Objekten

---

[843] Vgl. Amshoff (1996), S. 546 ff., der sich insbesondere mit der empirischen Auswertung von Organisationsplänen auseinander setzt.
[844] Vgl. Ahlert (1999), S. 41.
[845] Exner-Merkelt, Keinz (2005), S. 16.
[846] Vgl. Ahlert (1999), S. 41.

Selbst-controlling

Auf Grund des verstärkten und dezentral angesiedelten Selbstcontrollings, das sich nicht zuletzt im Filialcontrolling des Managers vor Ort widerspiegelt, kommt es aktuell zu einer deutlichen Aufweichung von Manager- und Controllingfunktion, so dass sich die Kompetenzen beider Berufsbilder in Teilbereichen annähern. Das Management fordert häufig einen guten Zugang zu den Rohdaten, um eigene Berechnungen durchführen zu können. Diese Tendenz, die durch flexible OLAP-Tools noch unterstützt werden, hat jedoch auch Nachteile. Zum einen wendet der Manager Zeit für Zubringer-Leistungen auf, die nicht mehr für das eigentliche Management zur Verfügung steht. Zum anderen schafft das Selbstcontrolling eine gewisse Eigenverantwortung, die jedoch durch die benötigte Fachkenntnis im Umgang mit den Auswertungssystemen nicht jeder Verantwortliche besitzt. Daraus resultiert bei gleichzeitiger Reduzierung des zentral organisierten Berichtswesens eine Reduzierung der dem Management zur Verfügung stehenden Informationen.

Abb. 10.6 verdeutlicht die begrifflichen Zusammenhänge der organisatorischen Zuordnung des Controllings.

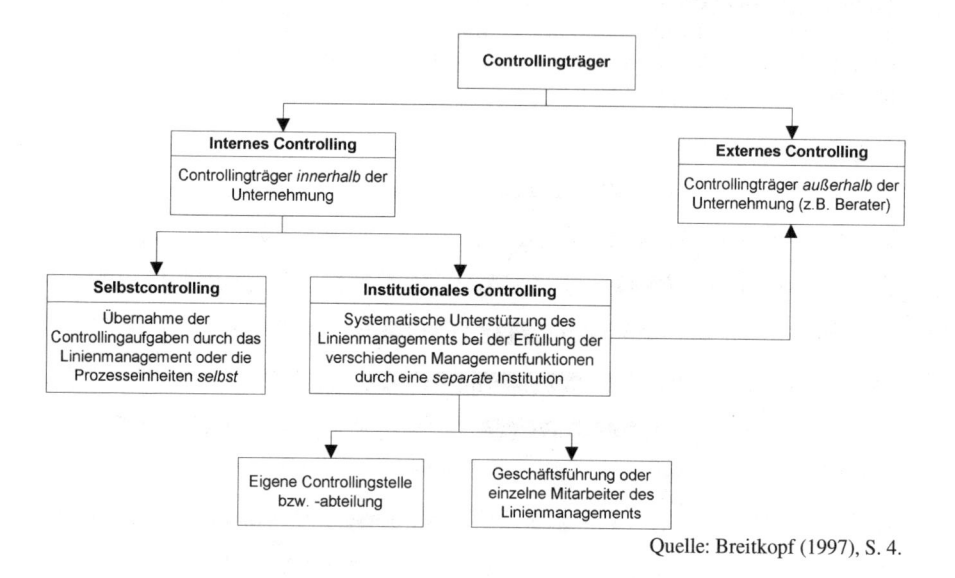

Quelle: Breitkopf (1997), S. 4.

Abb. 10.6: Begriffliche Zusammenhänge des Controllings

Klassische Kompetenzen des Controllers

Die klassischen Kompetenzen des Controllers sind stabsnah und liegen in den Bereichen Informationsgewinnung, dem Planungs-, Beratungs- und Kontrollrecht. Hierzu benötigt der Controller neben adäquaten IT-Kenntnissen branchenspezifische Erfahrungen und Linien-Berufserfahrung, um die vorgeschlagenen Beratungskonzepte auch aus der eigenen Erfahrung heraus hinterfragen zu können. Die Fähigkeit zum guten Kommunizieren und Präsentieren auch komplexer Sachverhalte sind ebenso selbstverständlich wie die im internationalen Handel zunehmend wichtiger werdenden englischen Sprachkenntnisse und eigene Auslandserfahrungen.

Für das Controlling üben interne Aspekte wie Unternehmensgröße, Organisationsstruktur oder Rechtsform und externe Bedingungen wie Umfelddynamik, Konkurrenzsituation usw. Einfluss auf die Controllingausgestaltung aus.[847] Auf Grund der Vielfalt unterschiedlicher Einflussfaktoren lassen sich allgemeingültigen Aussagen über die organisatorische Gestaltung des Controllings in Handelsunternehmen nicht treffen, so dass im Folgenden grundsätzliche Gestaltungsalternativen diskutiert werden.

Einfluss der Unternehmensgröße

Mit wachsender Unternehmensgröße ist nach dem Grad der Zentralisierung bzw. Dezentralisierung des Controllings zu fragen, da die Aufgabenverteilung bei dezentralisierten Handelsunternehmen stark von den zentral organisierten Handelsunternehmen abweicht. Abb. 10.7 gibt einen Einblick in die wesentlichen Unterschiede der Aufgabenverteilung von Zentrale und Filiale. Der Grad der Graufärbung lässt dabei auf die Aufgabentiefe im jeweiligen Funktionsbereich schließen.

---

[847] Vgl. Horváth (2003), S. 800 ff.

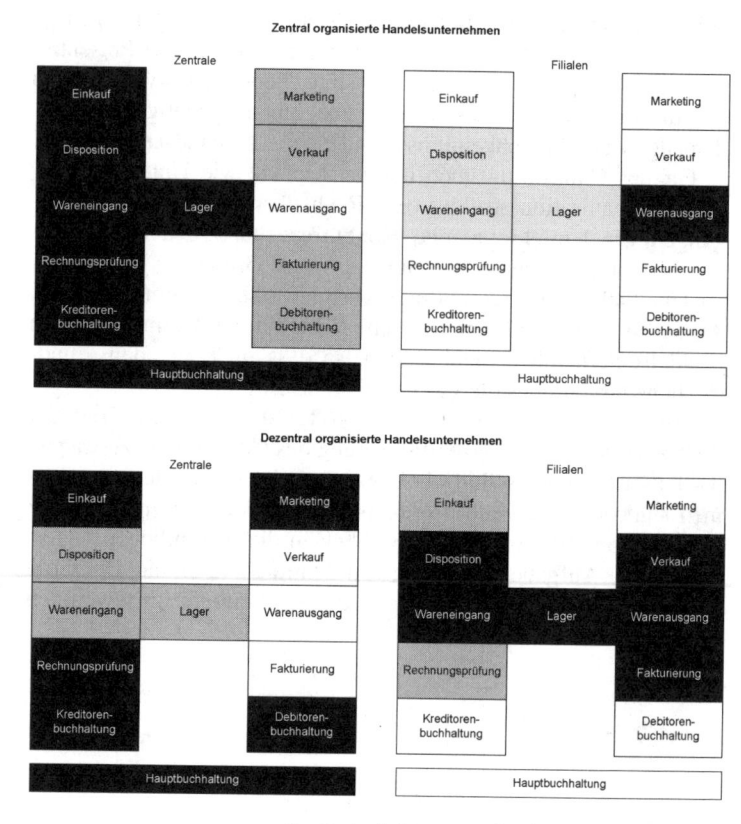

Quelle: in Anlehnung an Rotthowe (1998), S. 124 ff.

Abb. 10.7: Vergleich der Aufgabenverteilung bei zentralen und dezentralen Handelsunternehmen

Insbesondere bei divisional organisierten Handelsunternehmen wie beispielsweise der Metro (vgl. Abb. 10.8) oder filialisierenden Handelsunternehmen bieten sich auf Grund der heterogenen Geschäftsbereiche dezentrale Controllingstellen oder -fachbereiche an. Bei der Rewe wird beispielsweise zwischen zentralem Controlling, Niederlassungscontrolling und Vertriebsliniencontrolling unterschieden.[848]

---

[848] Vgl. Burg (1997), S. 262 ff.

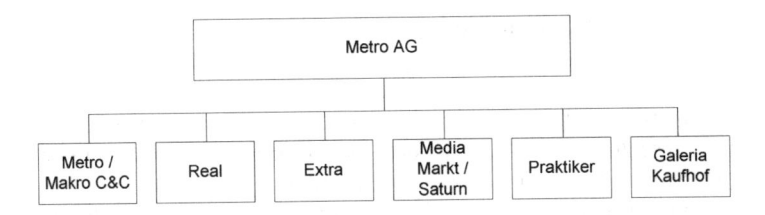

```
                          ┌─────────────┐
                          │  Metro AG   │
                          └──────┬──────┘
      ┌──────────┬──────────┬────┴────┬──────────┬──────────┐
┌─────┴────┐ ┌───┴──┐ ┌─────┴──┐ ┌────┴───┐ ┌────┴────┐ ┌───┴─────┐
│ Metro /  │ │ Real │ │ Extra  │ │ Media  │ │Praktiker│ │ Galeria │
│ Makro C&C│ │      │ │        │ │Markt / │ │         │ │ Kaufhof │
│          │ │      │ │        │ │ Saturn │ │         │ │         │
└──────────┘ └──────┘ └────────┘ └────────┘ └─────────┘ └─────────┘
```

Abb. 10.8: Organisationsstruktur der Metro Group

Vereinzelt werden in der Literatur organisatorische Gestaltungsmöglichkeiten des Handelscontrollings diskutiert.[849] Neben dem Zentralcontrolling werden häufig spezialisierte dezentrale Controlling-Stellen in Form von Funktionsbereichs-, Divisions-, Filial-, Regional- und Länder-Controller in die Organisationsstruktur eingebunden. Hinzu kommen Aufgaben des Projekt- und Beteiligungscontrollings. Dabei haben die einzelnen Controllingbereiche spezielle Aufgaben, während das Konzerncontrolling die konzernglobale Perspektive wahrnimmt und die Abstimmung zwischen den Konzerntöchtern in Bezug auf Finanzen bzw. Umsätze, Investitionen, Akquisitionen, Positionierungen und steuerlichen Aspekten sicherstellt. 79 % aller in einer domänenübergreifenden Untersuchung befragten Firmen gaben an, dass das Controlling direkt der ersten Führungsebene, also der Geschäftsführung oder dem Vorstand, untersteht.[850]

Organisatorische Gestaltungsmöglichkeiten

Bei einer funktionalen Organisation wird das Unternehmen auf zweiter Hierarchieebene nach Funktionsbereichen gegliedert, die sich in der Regel nach dem Auftragsablauf orientieren (Einkauf, Disposition, Marketing usw.). Somit lassen sich die Ziele und Maßnahmen der Funktionsbereiche aus den Vorgaben der Gesamtunternehmung ableiten. Allerdings ergeben sich für die Koordination Probleme wie das Erwachsen von Funktionsbereichsinteressen, die sich negativ auf andere Funktionsbereiche auswirken können. So hat beispielsweise der Einkauf ein hohes Interesse an günstigen Konditionen. Durch Erhöhung des Einkaufsvolumens ließe sich der EK-netto-netto zusätzlich drücken, doch gleichzeitig führt diese Praxis zu höheren Lagerkosten im Lager und ggf. niedrigeren Abverkaufspreisen im Verkauf. Auf diese Weise hat zwar der Einkauf sein eigenes Ziel erreicht, doch das gesamtunternehmerische Ergebnis verschlechtert sich durch diesen Bereichsegoismus.

Funktionale Organisation

---

[849] Vgl. beispielsweise Ahlert (1997), S. 61 ff.; Daum (1998), S. 1026 ff.; Witt (1992), S. 86 ff.
[850] Vgl. Exner-Merkelt, Keinz (2005), S. 16.

Zentrales Controlling

Das zentrale Controlling muss somit durch entsprechende Anreizmechanismen für ein Handeln der Funktionsbereich im Sinne der gesamtunternehmerischen Optimierung sorgen. Das Funktionsbereichscontrolling als unterstellte Einheit sorgt für die entsprechende Umsetzung, ist häufig jedoch gleichzeitig einem Fachbereich unterstellt. Aus dieser doppelten Unterstellung (so genanntes dotted-line-Prinzip) erwächst jedoch Konfliktpotenzial, da es gilt, sowohl die Interessen des Zentral-Controllings als auch des Fachbereichs zu wahren, um nicht das Verhältnis in eine Richtung zu gefährden. Eine vermittelnde Position des Bereichscontrollers kann allerdings auch schnell zu einer Nichtakzeptanz durch Zentral-Controlling und Fachbereich führen.[851]

Divisionale Organisation

Bei der divisionalen Organisation (auch Spartenorganisation) steht nicht mehr die funktionale Gliederung im Vordergrund, sondern vielmehr auf zweiter Hierarchieebene die Gliederung in weitgehend selbstständige Teilbereiche bzw. Sparten, die nach Produkten, Produktionstechnologien, Absatzgebieten oder Kundengruppen unterteilt sein können. Zusätzlich existieren häufig funktionale Zentralbereiche, die den Geschäftsbereichen übergeordnet sind. Problematisch ist auf der einen Seite die große Entscheidungsfreiheit der einzelnen Geschäftsbereiche, die auf der anderen Seite durch den zentralen Überbau zusammengehalten werden sollen. Die Koordinationsaufgabe des Controllings ist in dieser Organisationsform vor allem in der integrierenden Abstimmung der Divisionen in Form des Konzerncontrollings zu sehen. Sie bildet aus Sicht der Unternehmensführung das Hauptkoordinationsinstrument. Zusätzlich existieren das Divisions-Controlling und das Funktions-Controlling, die jeweils Zielsetzungen ihres Bereiches umsetzen.[852]

Matrix-Organisation

Bei einer Matrix-Organisation, die sich dadurch auszeichnet, dass zwei Leitungssysteme miteinander gekoppelt werden und deshalb Mitarbeiter in mehreren Weisungsbeziehungen stehen, wird das Controlling in der Regel den jeweiligen Führungskräften des Objekt- und Funktionalbereichs der Matrix-Organisation zugeordnet. Es bildet somit keinen eigenen Funktionsstrang.[853] Dabei ist zu beachten, dass das Planungssystem zweidimensional gestaltet sein muss, um die Objektdimension (Produkte, Produktgruppen, Regionen, Kunden usw.) und die Verrichtungsdimension (Einkauf, Marketing, Verkauf usw.) vollständig zu integrieren, damit Informationen aus beiden Dimensionssichten berücksichtigt werden. Weiterhin ist es notwendig, Erfolgs- und Misserfolgszuordnung genau abzugrenzen, um ein Weiterschieben der durch das Controlling angeregten Veränderungen und der Verantwortung zu vermeiden.

---

[851] Vgl. Ahlert (1999), S. 56 f.
[852] Vgl. Ahlert (1999), S. 62.
[853] Vgl. Ahlert (1999), S. 61 f.

10.2.2 Externes Controlling

Die gestiegene Umweltdynamik erfordert eine aktive Veränderung der gewohnten Führungsteilsysteme.[854] Das Controlling muss hierbei die Koordination der Veränderung im Führungsgesamtsystem leisten.[855] Die neue Struktur erfordert das Management veränderter Zielgrößen. Mengen-, Zeit- und Qualitätsdaten ergänzen zunehmend pagatorische und kalkulatorische Rechnungsgrößen. Neben Konzepten wie Teamorientierung und Profit-Center-Lösungen ergänzen zunehmend auch hybride oder virtuelle Unternehmensformen die Unternehmensumwelt. Das Controlling muss auch auf diese Organisationsanpassungen mit neuen Leistungen reagieren.[856]

Moderne Anforderungen an das Controlling

Bei der Weiterentwicklung und Anpassung des Controllings können selbst die Controllingaufgabenträger fachlich überfordert sein, wenn es zu einer tief greifenden Veränderung des funktionalen und institutionalen Controllings kommt.[857] Beispielsweise haben Controller neue Instrumente wie beispielsweise die Prozesskostenrechnung oder Verrechnungspreissysteme auszuwählen, anzupassen und einzuführen. Neue und notwendige Elemente wie die Früherkennung, das KonTraG-konforme Risikocontrolling oder das Performance Measuring im Konzern kommen als Aufgaben hinzu. Der Controller übernimmt während und nach dem Restrukturierungsprozess die Rolle eines Coaches[858] und entwickelt sich damit zum Prozesskoordinator und Berater des Prozessteams.[859] Insbesondere für kleinere Handelsunternehmen stellt sich somit die Frage, ob die durch Überforderung entstehende Controlling- und Kompetenzlücke extern zu schließen ist. Auf diese Weise werden Controllingaufgaben an externe Berater ausgelagert. Die externe Institutionalisierungsform wird in der Literatur im Speziellen für kleine und mittelständische Unternehmen in der Einführungs- und Implementierungsphase einer Controllingkonzeption als geeignete Alternative zum internen Controlling gesehen.[860] Allerdings lehnt die Praxis externe Controller zu einem Großteil ab, weil Tagessätze zum einen sehr hoch sind und somit die Kosten eines internen Mitarbeiters schnell übersteigen können,[861] und weil eine Abhängigkeit von externen Personen befürchtet wird.[862] Diese Bedenken

Zwang zur Weiterentwicklung der Konzeption

---

[854] Vgl. Weber, Schäffer (2000), S. 134.
[855] Vgl. Dörner, Bensch, S. 235 ff.; Reiß (1994), S. 17.
[856] Vgl. Mosiek (2002), S. 19.
[857] Vgl. Breitkopf (1997), S. 3.
[858] Vgl. Dörner, Bensch, S. 236 ff.
[859] Vgl. Gruber (1995), S. 87 ff.
[860] Vgl. Gushurst (1990), S. 182 ff.; Kalenberg (1993), S. 299 ff.; Kosmider (1993), S. 199 ff.
[861] Vgl. Klett, Pivernetz, Hauke (1996), S. 29.
[862] Vgl. Kalenberg (1993), S. 302; Breitkopf (1997), S. 81 f.

sind mit Blick auf die zumeist zeitlich begrenzten Aufgabenstellungen des externen Controllers einseitig ausgerichtet (vgl. Abb. 10.9). Ohne Analyse und genaue Prüfung der verschiedenen Kriterien, die für oder gegen eine externe Durchführung sprechen, kann nur ein unzureichendes Urteil gebildet werden.[863]

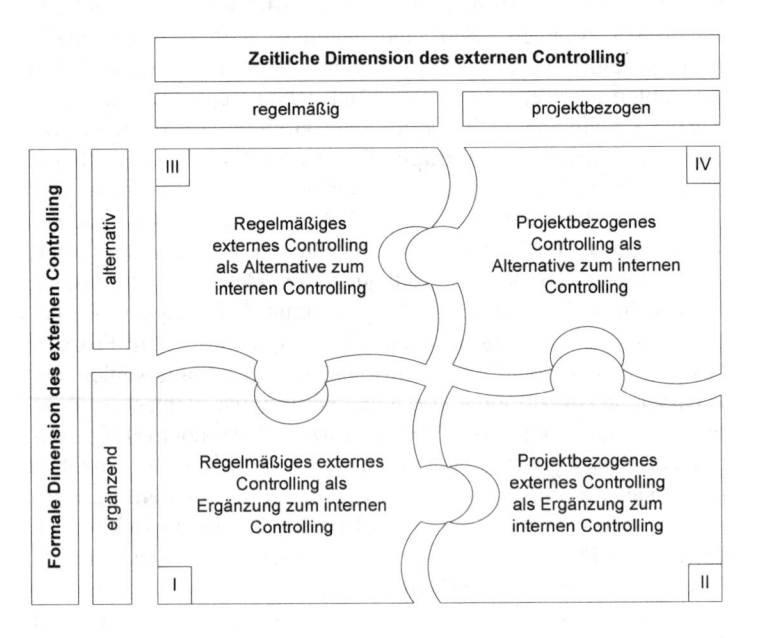

	Zeitliche Dimension des externen Controlling	
	regelmäßig	projektbezogen
alternativ	III Regelmäßiges externes Controlling als Alternative zum internen Controlling	IV Projektbezogenes Controlling als Alternative zum internen Controlling
ergänzend	I Regelmäßiges externes Controlling als Ergänzung zum internen Controlling	II Projektbezogenes externes Controlling als Ergänzung zum internen Controlling

Formale Dimension des externen Controlling

Quelle: Breitkopf (1997), S. 46.

Abb. 10.9: Grundformen des externen Controllings

Ziele des externen Controllings

Die Ziele des externen Controllings lassen sich aus den allgemeinen Controllingzielen ableiten, da das externe Controlling lediglich eine spezielle Institutionalisierungsform des Controllings darstellt. Mit den Zielen der Koordinations- und Adaptionssicherung wird eine Effektivitäts- und Effizienzsteigerung angestrebt. Die Wahl zwischen interner und externer Leistungsdurchführung bestimmt sich schließlich durch die Erfolgsmessung und -wahrscheinlichkeiten der Alternativen. Das externe Controlling kann insbesondere der Beratungsfunktion für Spezialaufgaben sowie den Aufgaben der Informationsversorgung nachkommen.

Beratungsfunktion

Die Beratungsfunktion unterstützt zum einen das interne Controlling und das Management bei der Festlegung von Zielpreisen, Budgets oder Verrechnungspreisen. Auch bei der Einführung neu-

---

[863] Vgl. Breitkopf (1997), S. 30.

er Verfahren oder der Implementierung von Software beispielsweise für eine Balanced Scorecard ist eine Beratungstätigkeit sinnvoll.

Informationsversorgungsfunktion

Im Rahmen der Informationsversorgungsstruktur hat der Berater im Gegensatz zu internen Mitarbeitern durch die Betreuung verschiedener Projekte innerhalb der Branche bessere Informationen über allgemeine Kostenstrukturen. Dabei sollte er die Zusammensetzung der einzelnen Kostenpositionen kennen, so dass er die Kostenstrukturen interpretieren und die nicht-relevanten Kostengrößen für Vergleiche vernachlässigen kann.

10.3 Projektcontrolling

Besonderheiten

Während sich bisherige Aussagen auf repetitive und damit routinebezogene Leistungserstellungsprozesse beziehen, verhält es sich mit Projekten, die sich durch Einmaligkeit, Aperiodizität sowie ein hohes Maß an Dynamik und Komplexität auszeichnen, anders, da sie sich nicht sinnvoll mit routinebezogenen Koordinationsmechanismen abbilden lassen.[864] Ein Projekt kann verstanden werden als nicht-routiniertes, nicht-repetitives, einmaliges Unterfangen, dessen Ziel in einer bestimmten Zeit mit bestimmten Kosten zu erreichen ist.[865] Zur Realisation ist wegen der finanziellen und zeitlichen Restriktionen die Linienorganisation i. d. R. ungeeignet, so dass es zumeist in einem spezifischen Projektmanagementsystem mit entsprechendem Projektmanagement durchgeführt wird.

Projekte im Handel

Projekte im Handel ergeben sich vor allem durch intern und extern bedingte Wandlungsprozesse. Handelsunternehmen sind globalen, gesamtwirtschaftlichen und branchenspezifischen Veränderungen unterworfen, die zu einer Restrukturierung führen. Neue Angebotsleistungen müssen daher für interne und externe Kunden effizient verwirklicht werden.[866] Hier kann ein effizientes Projektmanagement helfen, Schnittstellen zwischen Funktionsbereichen besser zu lösen, neue Marktleistungen marktgerechter zu entwickeln und kosteneffizient zu realisieren sowie integrierte Lösungskonzepte voranzutreiben.[867] Abb. 10.10 betrachtet verschiedene Projekttypen im Handel.[868] Bei Neuausrichtungsprojekten sollen neue Leistungsangebote in gegenwärtigen Märkten, bei Innovationsprojekten in zukünftigen Märkten erschlossen werden. Bei Optimierungsprojekten soll die Effizienz des bestehenden Leistungsangebots gestärkt werden. Expansionsprojekte wollen mit gegenwärtigem Leistungsangebot neue Märkte erschließen.

---

[864] Vgl. Römer (1990), S. 11.
[865] Vgl. Kharbanda, Stallworthy (1990), S. 13.
[866] Vgl. Krüger, Schmolke, Vaupel (1999), S. 2 ff.
[867] Vgl. Rudolph (1999), S. 223.
[868] Vgl. Vogel (2001), S. 60.

		Neuausrichtungsprojekte	**Innovationsprojekte**
	neu	- Bildung von Sortimentstypen - Kassensystemeinführung - Einführung Qualitätsmanagement - Einführung von Scannerkassen - Dauerniedrigpreis-Strategie - Neupositionierung einer Betriebsform - Sortimentsneupositionierung - Langzeitgarantie - Verbesserung des Warenflusses - Reorganisation der EDV	- Ersteinführung WWS - Betriebsformenneupositionierung - ECR-Sortimentsüberarbeitung - Entwicklung einer ökologischen Eigenmarke - Entwicklung eines neuen Angebotskonzepts - Erstellen einer Fachmarktstrategie - Etablierung eines EU-Öko-Audits - Entwicklung neuer Produkte
Leistungen		**Optimierungsprojekte**	**Expansionsprojekte**
	gegenwärtig	- Einführung eines neuen WWS - Einführung neuer Scanner-Kassen - Entwicklung eines (einheitlichen) Vertriebskonzeptes - Erweiterung der Verkaufsfläche - Aufgabe einzelner Läden - Geschäftsprozessoptimierung - ISO-Zertifizierung - Einführung von Pick-by-Voice	- Ausweitung der Veredelung im Metzgereibereich - Eröffnung neuer Standorte - Kauf einer Unternehmung - Marktexpansion - Neuordnung der Kundensegmente - Neuer Distributions-Typ - Produktneupositionierung

gegenwärtig **Märkte** *neu*

Quelle: in Anlehnung an Rudolph (1999), S. 232.

Abb. 10.10: Projekttypen im Handel

Koordinationsbedarf

Projektaktivitäten haben spezifischen Koordinationsbedarf, der sich wesentlich von denen operativer Handelsprozesse unterscheidet. Die bei der Projektabwicklung häufig auftretenden Fehler reichen von ungenügender Qualifizierung, sozialer Eignung und Motivation der Projektteilnehmer über mangelhafte Projektzieldefinitionen und Unterstützung seitens des Managements bis hin zu fehlender oder mangelhafter Durchführung notwendiger Projektmanagementaufgaben. Häufig werden keine Methoden und Tools des Projektsmanagements eingesetzt, oder der Einsatz erfolgt fehlerhaft.[869]

Bedeutung des Projektcontrollings

Es wird deutlich, dass dem Projektcontrolling eine bedeutende Rolle zukommt, um dem Projektmanagement eine effektive Steuerung aller Projektaktivitäten zu ermöglichen. Aufgaben liegen in der Ableitung und Festlegung von Planobjekten und Planmerkma-

---

[869] Vgl. Vogel (2001), S. 68, der gängige in der Literatur genannte Fehler des Projektmanagements aufzeigt. Eine Übersicht über Untersuchungen zu Erfolgsfaktoren im Projektmanagement findet sich auch bei Belassi, Tukel (1996), S. 143 sowie Rudolph (1999), S. 247.

len sowie der Definition der Projektziele. Das Projektcontrolling sollte hierfür geeignete Planungsmethoden und -instrumente zur Unterstützung bereithalten. Aus der Planung leiten sich die Kontrollobjekte, -merkmale und -intervalle ab. Ist-Größen sind zur Identifizierung von Abweichungen mittels einer Soll-Ist-Analyse zu analysieren. Wesentliche Instrumente des Projektcontrollings sind Prognosemethoden, Instrumente der Wirtschaftlichkeitsrechnung, Methoden der Projektstruktur-, -termin- und -ablaufplanung. Hinzu kommen Techniken der Projektberichterstattung, Budgetkontrollen und Abweichungsanalysen.[870]

Organisatorisch wird das Projektcontrolling meist den zentralen oder dezentralen Controlling-Fachbereichen durchgeführt. In sehr großen Projekten kann auch ein eigener Projektcontroller für das Projekt abgestellt sein.

---

[870] Vgl. Vogel (2001), S. 90.

Literaturverzeichnis

Adam, D.: Produktions-Management. 9. Aufl., Wiesbaden 1998.

Ahlert, D.: Warenwirtschaftsmanagement und Controlling in der Konsumgüterdistribution - Betriebswirtschaftliche Grundlegung und praktische Herausforderungen aus der Perspektive von Handel und Industrie. In: Integrierte Warenwirtschaftssysteme und Handelscontrolling. Hrsg.: D. Ahlert; R. Olbrich. 3. Aufl., Stuttgart 1997, S. 3-112.

Ahlert, D.: Grundlagen des Controlling. Band 4. In: Münsteraner Zeitschriften zur Distributions- und Handelsforschung. Hrsg.: D. Ahlert. Münster 1999.

Ahlert, D.: Gebührenordnungen und Verrechnungspreissysteme in Netzwerken der Systemkooperation und des Franchisings als Aufgabenfeld des Controllings. In: Trendberichte zum Controlling. Hrsg.: F. Bensberg; J. vom Brocke; M. B. Schultz. Stuttgart 2004, S. 237-265.

Ahlert, D.; Schröder, H.: Rechtliche Grundlagen des Marketing. 2. Aufl., Stuttgart u. a. 1999.

Aichele, C.: Kennzahlenbasierte Geschäftsprozessanalyse. Wiesbaden 1997.

Al-Laham, A.: Strategieprozesse in deutschen Unternehmungen: Verlauf, Struktur und Effizienz. Wiesbaden 1997.

Aljian, G. W.: Purchasing Handbook. New York 1958.

Amshoff, B.: Organisation des Controlling. In: Lexikon des Controlling. Hrsg.: C. Schult. München, Wien 1996, S. 564-555.

Ansoff, H. I.: Managing Surprise and Discontinuity - Strategic Response to Weak Signals. Die Bewältigung von Überraschungen - Strategische Reaktionen auf schwache Signale. In: ZfbF, 28 (1976) 1, S. 129-152.

Anthony, R. N.; Govindarajan, V.: Management Control Systems. 9. Aufl., Chicago 1998.

Appelhans, W.: Logistische Anforderungen an das TeleShopping. Vortrag 10 im Rahmen des EHI-Logistik-Kongress, Köln. 2004-12-30.

Applebaum, W. S.: The Profit „S-Curve". In: Guide to Store Location Research-With Emphasis on Super Markets. Hrsg.: C. Kornblau. Reading, Mass. 1968, S. 42-58.

Arend-Fuchs, C.: Entwicklungstendenzen moderner IT-gestützter Warenwirtschaftssysteme im Handel. In: Performance Leadership im Handel. Hrsg.: J. Zentes; H. Biesiada; H. Schramm-Klein. Frankfurt / Main 2004, S. 119-136.

Arnolds, H.; Heege, F.; Tussing, W.: Materialwirtschaft und Einkauf. 10. Aufl., Wiesbaden 2001.

Atkinson, A. A.; Waterhouse, J. H.; Wells, R. B.: A Stakeholder Approach to Strategic Performance Measurement. In: Sloan Management Review, 38 (1997) 3, S. 25-37.

Baetge, J.: Bilanzanalyse. Düsseldorf 1998.

Baetge, J.; Kirsch, H.-J.; Thiele, S.: Bilanzen. 7. Aufl., Düsseldorf 2004.

Ballwieser, W.: Treasury: Nicht-Banken. In: Enzyklopädisches Lexikon des Geld-, Banken- und Börsenwesens. Hrsg.: F. e. a. Theißen. Frankfurt/Main 1999.

Balzer, H.: Mit 50 plus neuer Start ins Berufsleben. In: Lebensmittel Zeitung, 56 (2005) 11, S. 59.

Balzert, H.: Lehrbuch der Softwaretechnik. Band 1: Software-Entwicklung. 2. Aufl., Berlin, Heidelberg 2001.

Bär, W.: Rechnungsprüfung auf Basis von Stichproben - Einsatz des Systems ACCOUNT bei der VW AG. In: Rechnungswesen und EDV: Rechnungswesen im Unternehmen der 90er Jahre. Hrsg.: A.-W. Scheer. Heidelberg 1989, S. 210-229.

Barrenstein, P.: Kritische Erfolgsfaktoren in Handel und Industrie. In: Informationssysteme für das Handelsmanagement. Konzepte und Nutzung für die Unternehmenspraxis. Hrsg.: D. Ahlert; J. Becker; R. Olbrich; R. Schütte. Berlin u. a. 1998, S. 109-121.

Barrenstein, P.; Kliger, M.: Blick über den Tellerrand. In: Der Handel, o. Jg. (2002) 2.

Barth, K.: Systematische Unternehmensführung in den Groß- und Mittelbetrieben des Einzelhandels. Göttingen 1976.

Barth, K.: Betriebswirtschaftslehre des Handels. 4. Aufl., Wiesbaden 1999.

Barth, K.; Hartmann, M.; Schröder, H.: Betriebswirtschaftslehre des Handels. 5. Aufl., Wiesbaden 2002.

Barth, K.; Stoffel, M.: Personalinformationssysteme im Handel. In: Jahrbuch Handelsforschung 1996. Hrsg.: V. Trommsdorff. Wiesbaden 1996, S. 137-152.

Barthélemy, F.; Willen, B.-U.: Umstellung auf IAS / IFRS. In: Controller Magazin, 29 (2004) 1, S. 86-89.

Battenfeld, D.: Kostenmanagement und prozeßorientierte Kostenrechnung im Handel: konzeptionelle Grundlagen einer internen Marktorientierung durch Verrechnungspreise. Frankfurt/Main 1997.

Becker, B.; Huselid, M.: Measuring HR? Benchmarking is not the answer. In: HR Magazin, o. Jg. (2003) 12, S. 56-61.

Becker, J.; Brelage, C.; Crisandt, J.; Dreiling, A.; Holten, R.; Ribbert, M.; Seidel, S.: Methodische und technische Integration von Daten- und Prozessmodellierungstechniken für Zwecke der Informationsbedarfsanalyse. In: Arbeitsbericht des Instituts für Wirtschaftsinformatik, Nr. 103. Münster 2003.

Becker, J.; Luczak, H.: Workflowmanagement in der Produktionsplanung und -steuerung.2003.

Becker, J.; Rosemann, M.: Logistik und CIM. Die effiziente Material- und Informationsgestaltung. Berlin et al. 1993.

Becker, J.; Schütte, R.: Handelsinformationssysteme. 2. Aufl., Frankfurt/Main 2004.

Becker, J.; Uhr, W.; Vering, O.: Integrierte Informationssysteme in Handelsunternehmen auf der Basis von SAP-Systemen. Berlin u. a. 2000.

Becker, J.; Vering, O.; Winkelmann, A.: Coupon-Clearing - Angrenzung von Clearing-Varianten. www.handelsstudien.de. Abrufdatum: 2005-05-02.

Becker, J.; Vering, O.; Winkelmann, A.: Couponing und Coupon-Clearing in Deutschland. www.handelsstudien.de. Abrufdatum: 2005-05-02.

Becker, J.; Vering, O.; Winkelmann, A.: Der Trend geht zur Lösung von der Stange. In: Lebensmittel Zeitung, o. Jg. (2003c) 25, S. 96-97.

Becker, J.; Winkelmann, A.: Handelscontrolling - Informationsgewinnung am Beispiel des Couponings. In: Trendberichte zum Controlling. Hrsg.: F. Bensberg; J. vom Brocke; M. B. Schultz. Heidelberg 2004a, S. 471-493.

Becker, J.; Winkelmann, A.: IV-Controlling. In: Wirtschaftsinformatik, 46 (2004b) 4, S. 213-221.

Becker, J.; Winkelmann, A.: Warenwirtschaft im 21. Jahrhundert - Bedeutung von IT im Handel. In: HMD 235: IT-Lösungen im Handel, o. Jg. (2004c) 235, S. 5-14.

Behrends, C.: An der Schnittstelle von Theorie und Praxis. In: Praxisorientierte Handelsforschung. Hrsg.: B. Hallier. Köln 2001, S. 72-77.

Behrens, R.; Sarx, R.: ECR - Supply Chain Management. In: Handelscontrolling. Hrsg.: J. Graßhoff. Hamburg 2000, S. 261-320.

Belassi, W.; Tukel, O. I.: A new framework for determining critical success/failure factors in projects. In: International Journal of Project Management, 14 (1996) 3, S. 141-151.

Bensberg, F.: Web Log Mining als Instrument der Marketingforschung. Wiesbaden 2001.

Berekoven, L.: Erfolgreiches Einzelhandelsmarketing: Grundlagen und Entscheidungshilfen. 2. Aufl., München 1995.

Berekoven, L.; Eckert, W.; Ellenrieder, P.: Marktforschung. 7. Aufl., Wiesbaden 1996.

Berens, R.; Sarx, R.: ECR – Supply Chain Management. In: Handelscontrolling. Hrsg.: J. Graßhoff. Hamburg 2000, S. 261-320.

Berens, W.; Bertelsmann, W.: Controlling. In: Handwörterbuch Unternehmensrechnung und Controlling. Hrsg.: H.-U. Küpper; A. Wagenhofer. Stuttgart 2002, S. 280-288.

Berens, W.; Hoffjan, A.: Controlling. In: Internationales Management: Betriebswirtschaftslehre der internationalen Unternehmung. Hrsg.: W. Breuer; M. Gürtler. Wiesbaden 2003, S. 205-245.

Berens, W.; Schmitting, W.: Controlling im E-Business = E-Controlling? In: Jahrbuch für Controlling und Rechnungswesen. Hrsg.: G. Seicht. Wien 2002, S. 129-170.

Berlin, C.; Brimson, J. A.: Cost Management for Today's Advanced Manufacturing. The CAM-I Conceptual Design. Boston 1988.

Berliner Initiativkreis German Code of Corporate Governance: Der German Code of Corporate Governance. In: German Code of Corporate Governance: Konzeption, Inhalt und Anwendung von Standards der Unternehmensführung. Hrsg.: A. Werder. 2. Aufl., Stuttgart 2001, S. 63-119.

Berndt, R.: Käuferverhalten, Marktforschung und Marketing-Prognosen. Berlin u. a. 1992.

Berthel, J.: Personal-Management, Grundzüge für Konzeptionen betrieblicher Personalarbeit. Stuttgart 1989.

Berthel, J.: Informationsbedarf. In: Handwörterbuch der Organisation. Hrsg.: E. Frese. Stuttgart 1992, S. 872-886.

Bichler, K.; Krohn, R.: Beschaffungs- und Lagerwirtschaft - Praxisorientierte Darstellung mit Aufgaben und Lösungen. 8. Aufl., Wiesbaden 2001.

Biehl, A.: Controlling im Handel: Ein Erfahrungsbericht. In: Controlling, 9 (1994) 2, S. 69-73.

Biesiada, H.; Neidhart, M.: Retail-Performance-Management - Konzeption eines modernen IT-Systems für die Planung, Steuerung und Kontrolle von Handelsprozessen. In: Performance Leadership im Handel. Hrsg.: J. Zentes; H. Biesiada; H. Schramm-Klein. Frankfurt / Main 2004.

Biester, S.; Konrad, J.: Teures Risiko. In: Lebensmittel Zeitung, 56 (2005) 4.

Biewendt, E.: Im Lager gilt das gesprochene Wort. In: Lebensmittel Zeitung, 55 (2004) 20, S. 62.

Bitz, H.: Abgrenzung des Risiko-Frühwarnsystems i. e. S. nach KonTraG zu einem umfassenden Risiko-Managementsystem im betriebswirtschaftlichen Sinne. In: Betriebswirtschaftliche Forschung und Praxis, 52 (2000a) 3, S. 231-241.

Bitz, H.: Risikomanagement nach KonTraG: Einrichtung von Frühwarnsystemen zur Effizienzsteigerung und zur Vermeidung persönlicher Haftung. Stuttgart 2000b.

Bleicher, K.: Strategische Anreizsysteme. In: Strategieentwicklung. Konzepte - Erfahrungen - Fallstudien. Hrsg.: H.-C. Riekhof. 2. Aufl., Stuttgart 1994.

Bode, J.: Der Informationsbegriff in der Betriebswirtschaftslehre. In: ZfbF, 49 (1997) 5, S. 449-468.

Bone, T.: Dezentrale Warenübergabesysteme zur Überwindung der letzten Meile - das Konzept Tower 24. Vortrag auf 10. EHI Logistik Jahreskongress, Köln. 2004.

Bookjans, H.: Erläuterung und Einordnung moderner, technischer Konzepte zur Entwicklung von Führungsinformationssystemen. Diplomarbeit. Münster 1997.

Bornemann, H.: Bestände-Controlling. Wiesbaden 1986.

Brakensiek, S.; Küting, K.: Special Purpose Entities in der US-amerikanischen Rechnungslegung - Können Bilanzierungsregeln Fälle wie die Enron-Insolvenz verhindern? In: Steuern und Bilanzen, 4 (2002) 5, S. 209-215.

Brandes, K.: Konsequent einfach. Frankfurt/Main 1998.

Brandl, J.; Paltauf, A.: Freisetzungscontrolling. In: Personalwirtschaft, o. Jg. (2005) 6, S. 40-42.

Brede, H.: Prozessorientiertes Controlling wandelbarer Strukturen. In: Controlling, 9 (1997) 5, S. 326-333.

Breitkopf, S. K.: Externes Controlling. In: Schriften zu Distribution und Handel. Hrsg.: D. Ahlert. Frankfurt am Main, u. a. 1997.

Breitkopf, S. K.: Externes Controlling. Frankfurt/Main u. a. 1999.

Brettschneider, G.: Beschaffung im Handel unter besonderer Berücksichtigung der Auswirkungen von Efficient Consumer Response. Frankfurt/Main 2000.

Brimson, J. A.: How Advanced Manufacturing Technologies Are Reshaping Cost Management. In: Marketing Science, 67 (1986) 9, S. 25-29.

Buber, R.: Personalmarketing im Handel: Fallstudie eines Möbelhauses. Wien 1997.

Bühner, R.; Breitkopf, D.; Stahl, P.: Qualitätsorientiertes Personal-Controlling mit Kennzahlen. In: Controlling im TQM: Methoden und Instrumente der Unternehmensqualität. Hrsg.: H. Wildemann. Berlin, Heidelberg, New York 1996, S. 139-170.

Burg, M.: Stand und Entwicklungsperspektive des Controlling in der Handelspraxis. In: Integrierte Warenwirtschaft und Handelscontrolling, Konzeptionelle Grundlagen und Umsetzung in der Handelspraxis. Hrsg.: D. Ahlert; R. Olbrich. Stuttgart 1994, S. 228-249.

Burg, M.: Der Einfluß des Dezentralisationsgrades auf die Ausgestaltung des Controlling. Frankfurt / Main u. a. 1995.

Burg, M.: Stand und Entwicklungsperspektiven des Controllings in der Handelspraxis - Ergebnisse einer empirischen Untersuchungsreihe. In: Integrierte Warenwirtschaftssysteme und Handelscontrolling. Hrsg.: D. Ahlert; R. Olbrich. 3. Aufl., Stuttgart 1997, S. 257-279.

Buschmann, W. F.: Risiko-Controlling: Anforderungen an die Steuerung von derivativen Finanzinstrumenten. In: Die Wirtschaftsprüfung, 45 (1992) 23, S. 720-729.

Busse von Colbe, W.: Bereitstellungsplanung: Einkaufs- und Lagerpolitik. In: Industriebetriebslehre. Hrsg.: H. Jacob. 4. Aufl., Wiesbaden 1990, S. 591-671.

Caduff, T.: Zielerreichungsorientierte Kennzahlennetze industrieller Unternehmungen - Bestimmungsmerkmale, Bildung, Einsatzmöglichkeiten. Thun u. a. 1982.

Carr, N. G.: It doesn't matter. In: Harvard Business Review, 5 (2003) 1, S. 41-58.

Chamoni, P.; Gluchowski, P.: Analytische Informationssysteme. Berlin u. a. 1999, S. 15-25.

Chmielewicz, K.: Rechnungswesen: Pagatorische und kalkulatorische Erfolgsrechnung. Band 2. Bochum 1988.

Codd, E. F.; Codd, S. B.; Salley, C. T.: Providing OLAP (Online Analytical Processing) to Useranalysts: An IT Mandate. Codd, E. F. and Associates.

Coenenberg, A. G.: Kostenrechnung und Kostenanalyse. 3. Aufl., Landsberg / Lech 1997.

Coenenberg, A. G.; Günther, T.: Der Stand des strategischen Controlling in der Bundesrepublik Deutschland: Ergebnisse einer empirischen Untersuchung. In: Die Betriebswirtschaft, 50 (1990) 4, S. 459-470.

Cory, S. N.: Quality and Quantity of Accounting Students and the Stereotypical Accountant: Is there a Relationship? In: Journal of Accounting Education, 10 (1992), S. 1-24.

COSO: Internal Controll - Integrated Framework. Jersey City 1994.

Creusen, U.: Menschen machen Marken: Messen - Stärken - Vision. Vortrag anlässlich des Jubiläumssymposium 30 Jahre Distribution und Handel in Münster am 20. Februar 2004, Münster.

Curtis, C. C.; Frech, J.; von Braun, C.-F.: A Balanced Scorecard to Track Best (and Worst) Practices for R&D/Innovation Management. A Comparative US/German Study. In: Performance Measurement - Theory and Practice. Paper from the First International Conference on Performance Measurement. Hrsg.: D. Neely; B. Waggoner. Cambridge 1998.

Czikszentmihalyi, M.: Flow - Das Geheimnis des Glücks. Stuttgart 1998.

Darkow, I.-L.: Logistik-Controlling in der Versorgung. Konzeption eines modularen Systems. Wiesbaden 2003.

Daum, A.: Controlling in Handelsbetrieben. In: Controlling: Kompendium für Controller/innen und ihre Ausbildung. Hrsg.: C. Steinle; H. Bruch. Stuttgart 1998, S. 1015-1035.

Daum, J.: Intangible Assets. Bonn 2002.

Davis, G. B.; Monroe, M. C.: The Problem of Information Requirements For Computer Applications. In: Accounting Horizons, 1 (1987) 4, S. 105-109.

Dengel, A.: Adaptive READ - Projektübersicht. http://www.adaptive-read.de/folien/Prof-Andreas-Dengel1.ppt. Abrufdatum: 2004-11-09.

Deutsches Institut für Interne Revision (IIR): Prüfung des Risikomanagement durch die Interne Revision. IIR Revisionsstandard Nr. 2. http://www.iir-ev.de/deutsch/download/Revisionsstandard_Nr._2.pdf. Abrufdatum: 2005-05-13.

Diller, H.: Preis- vs. Sympathieaktionen. Ein Vergleichstest. In: Thexis, 16 (1995a) 4, S. 25-31.

Diller, H.: Tiefpreispolitik: Aktuelle Entwicklungen und Erfolgsaussichten. Arbeitspapier Nr. 36 des Lehrstuhls für Marketing an der Universität Erlangen-Nürnberg. Nürnberg 1995b.

Domsch, M.: Personal. In: Vahlens Kompendium der Betriebswirtschaftslehre. Band 1. Hrsg.: M. Bitz; K. Dellmann; M. Domsch. 4. Aufl., München 1998.

Dörfler, S.; Weis, M.: Category Management im Segment Baby Nahrung. In: Category Management. Aus der Praxis für die Praxis. Hrsg.: H. Schröder. Frankfurt/Main 2003, S. 289-310.

Dörner, D.: Entwicklung der Corporate Governance in Deutschland unter Berücksichtigung der Auswirkungen des Sarbanes-Oxley Act. Stuttgart 2003.

Dörner, O.; Bensch, M. A. O.: Lean Management und Controlling in der Textilindustrie. In: Der Controlling-Berater, Gruppe 8, Stand September 1994, S. 235-256.

Dreher, F.; Mahrenholz, O.: IT-Controlling als Brücke zwischen CFO und CIO. In: Controller Magazin, 29 (2004) 1, S. 81-85.

Dressler, S.; Hensen, S.: Offshoring im Controlling - eine deutsche Lösung am Beispiel von SAP BW SEM. In: Zeitschrift für Controlling & Management, 49 (2005) 1, S. 72-77.

Drexel, G.: Ein Frühwarnsystem für die Praxis - dargestellt am Beispiel eines Einzelhandelsunternehmens. In: ZfB, 54 (1984) 1, S. 89-105.

Dreze, X.; Hoch, S. J.; Purk, M. E.: Shelf Management and Space Elasticity. In: Journal of Retailing, 70 (1994) 4, S. 295-300.

Düthmann, C.: Markante Strategien. In: Lebensmittel Spezial zum Thema Shopping Technology, 53 (2002) 4, S. 16-19.

Dyckerhoff, S.: Sortimentsgestaltung mit Deckungsbeiträgen im Einzelhandel. Aachen 1995.

Ebert, K.: Warenwirtschaftssysteme und Warenwirtschaftscontrolling. In: Schriften zu Distribution und Handel. Band 1. Hrsg.: D. Ahlert. Frankfurt / Main, Bern, New Yorker 1986.

Ebertz, P.; Heimann, T.: Verbundgruppenmitgliedschaft und Risiko: Die Auswirkungen der Verbundgruppenmitgliedschaft auf die Risikolage der Mitgliedsunternehmen. Münster, Berlin 2004.

Eggert, U.: Ihre Pluspunkte im Preiskampf. In: Handelsberater, o. Jg. (2003) 1, S. 12-16.

Eierhoff, K.: Die Logistikkette als Wertschöpfungselement des Handels. In: Management der Logistikkette: Kostensenkung - Leistungssteigerung – Erfolgspotential. Hrsg.: C. Pfohl. Berlin 1994a, S. 129-147.

Eierhoff, K.: Ein Logistikkonzept für Stapelartikel - dargestellt am Beispiel der Karstadt AG. In: ZfbF, 46 (1994b) 11, S. 968-978.

Eisele, W.: Technik des betrieblichen Rechnungswesens: Buchführung – Kostenrechnung - Sonderbilanzen. 5. Aufl., München 1993.

Emmerich, G.: Risikomanagement in Industrieunternehmen - gesetzliche Aufgaben und Umsetzung nach dem KonTraG. In: ZfBF, 51 (1999) 10, S. 1075-1088.

Erner, C.; Röder, C.: Beurteilung des Realoptionsansatzes aus Sicht des Investitionscontrolling. In: Trendberichte zum Controlling - Festschrift für Heinz-Lothar Grob. Hrsg.: F. Bensberg; J. von Brocke; M. B. Schultz. Heidelberg 2004, S. 129-146.

Ewing, M. T.; Pitt, L. F.; Murgolo-Poore, M. E.: Bean couture: Using photographs and publicity to re-position the accounting profession. In: Public Relations Quarterly, 46 (2001) 4, S. 23-29.

Exner-Merkelt, K.; Keinz, P.: Wie effektiv ist Controlling in der Praxis? In: Controlling, 17 (2005) 1, S. 15-21.

Eyer, E.: Leistungs- und erfolgsorientierte Vergütung - Beispiel aus dem Gesundheitssektor. In: REFA-Nachrichten, o. Jg. (2004) 1, S. 14-20.

Falk, B.; Wolf, J.: Handelsbetriebslehre. 11. Aufl., Landsberg/Lech 1992.

Fandel, G.; Fey, A.; Heuft, B.: Kostenrechnung. Berlin u. a. 2004.

Färber, N.; Wagner, T. M.: Adaption des internen Kontrollsystems an die Anforderungen des Sarbanes-Oxley Act. In: Controlling, 17 (2005) 3, S. 155-161.

Fayyad, U. M.; Piatetsky-Shapiro, G.; Smyth, P.: From Data Mining to Knowledge Discovery: An Overview. In: Advances in Knowledge Discovery and Data Mining. Hrsg.: U. M. Fayyad. London 1996a, S. 1-33.

Fayyad, U. M.; Piatetsky-Shapiro, G.; Smyth, P.: Knowledge Discovery and Data Mining: Towards a Unifying Framework. In: Proceedings of the 2nd international conference on KDD and Data Mining. Hrsg.: J. Simoudis; U. Han; U. M. Fayyad. Menlo Park/Calif. 1996b, S. 82-88.

Feddersen, D.; Hommelhoff, P.; Schneider, U. H.: Corporate Governance - eine Einführung. In: Corporate Governance: Optimierung der Unternehmensführung und der Unternehmenskontrolle im deutschen und amerikanischen Aktienrecht. Hrsg.: D. Feddersen; P. Hommelhoff; U. H. Schneider. Köln 1996, S. 1-8.

Feld, C.: Category Management. In: WiSt, 28 (1998) 1, S. 43-44.

Feldbauer-Durstmüller, B.: Controlling von Personalentwicklungsmaßnahmen. In: Personalentwicklung in der Wirtschaftspraxis. Hrsg.: M. Bayer; H. Stiegler. Linz 1991, S. 102-123.

Feldbauer-Durstmüller, B.: Handels-Controlling. Eine Controlling-Konzeption für den Einzelhandel. Linz 2001.

Ferstl, O. K.; Sinz, E. J.: Der Modellierungsansatz des Semantischen Objektmodells (SOM). In: Bamberger Beiträge zur Wirtschaftsinformatik, o. Jg. (1993) 18.

Fettke, P.; Loos, P.: Der Referenzmodellkatalog als Instrument des Wissensmanagements: Methodik und Anwendung. In: Wissensmanagement mit Referenzmodellen. Konzepte für die Anwendungssystem- und Organisationsgestaltung. Hrsg.: J. Becker; R. Knackstedt. Heidelberg 2002, S. 3-24.

Fettke, P.; Loos, P.: Referenzmodelle für den Handel. In: HMD 235: IT-Lösungen im Handel, o. Jg. (2004) 235, S. 15-25.

Fickel, F. W.: Optimale Standortwahl im Einzelhandel. Den Wettbewerb um den Kunden gewinnen. Wiesbaden 1997.

Fischer, J.: Prozessorientiertes Controlling - ein notwendiger Paradigmenwechsel? In: Controlling, 8 (1996) 4, S. 222-231.

Fischer, R.; Rogalski, M.: Datenbankgestütztes Kosten- und Erlöscontrolling. Wiesbaden 1991.

Fischer, T.: Computergestützte Warenkorbanalyse. Berlin 1993.

Fopp, L.: Mitarbeiter-Portfolio: Mehr als nur ein Gedankenspiel. In: Personal, o. Jg (1982) 8.

Franz, K.-P.: Strategieunterstützende Controllinginstrumente. In: Praxis des strategischen Managements: Konzepte - Erfahrungen - Perspektiven. Hrsg.: M. K. Welge; A. Al-Laham; P. Kajüter. Wiesbaden 2000, S. 317-330.

Friedman, A. L.; Lyne, S. R.: The Beancounter stereotype: Towards a General Model of Stereotype Generation. In: Critical Perspectives on Accounting, 12 (2001), S. 423-451.

Fröhling, O.: Integriertes Kennzahlensystem für das Kosten- und Erfolgscontrolling in Handelsunternehmen. In: Controller Magazin, 21 (1996) 2, S. 86-92.

Fröhling, O.: Controlling in der New Economy - Konzeption und Umsetzung von E-Intelligence. In: krp, 44 (2000) 4, S. 223-231.

Fröschle, H.-P.: CRM-Unterstützungspotenziale. In: Customer Relationship Management. HMD - Praxis der Wirtschaftsinformatik, o. Jg. (2001) 221, S. 5-12.

Fürst, R. A.; Heil, O. P.; Daniel, J. F.: Die Preis-Qualitäts-Relation von deutschen Konsumgütern im Vergleich eines Vierteljahrhunderts. In: DBW Die Betriebswirtschaft, o. Jg. (2004) 5, S. 538.

Gabriel, R.: Ziele des Informationsmanagements - Folien Vorlesung Informationsmanagement. http://www.winf.ruhr-uni-bochum.de/download/teil-b.pdf. Abrufdatum: 2005-06-17.

Gabriel, R.; Beier, D.: Informationsmanagement in Organisationen. Stuttgart 2003.

Gabriel, R.; Chamoni, P.; Gluchowski, P.: Data Warehouse und OLAP. Analytische Informationssysteme für das Management. In: ZfbF, 52 (2000) 2, S. 74-93.

Gabriel, R.; Gluchowski, P.: Grafische Notationen für die semantische Modellierung multidimensionaler Datenstrukturen in Management Support Systemen. In: Wirtschaftsinformatik, 40 (1998) 6, S. 493-502.

Gadatsch, A.: IT-Controlling. In: WiSu, o. Jg. (2005) 4, S. 520-529.

Gadiesh, O.: Ruhe ist wichtiger als Charisma. Interview. In: WirtschaftsWoche, o. Jg. (2004) 16, S. 74-75.

Gawenda, H.: Controllinganforderungen und -instrumente in Handelsunternehmen mit Filialnetz und Franchisesystemen im Vergleich. In: Handelscontrolling. Neue Ansätze aus Theorie und Praxis zu Steuerung von Handelsunternehmen. Hrsg.: A. Krey. 2. Aufl., Hamburg 2003, S. 531-583.

Geighardt, C.: Professionalisierung des Personalmanagements. Ergebnisse der PIX-Befragung 2004. Düsseldorf 2004.

Gerboth, T.: Prozesscontrolling. Der nächste Schritt zu einem prozessorientierten Controlling. In: Controlling, 12 (2000) 11, S. 535-542.

Gerling, M.; Spaan, U.: IT-Investitionen im Handel. Köln 2005.

Gleich, R.: Stichwort Performance Measurement. In: DBW, o. Jg. (1997) 1, S. 114-117.

Gleich, R.: Performance Measurement - Grundlagen, Konzepte und empirische Erkenntnisse. In: Controlling, 16 (2002) 8/9, S. 447-454.

Glohr, C.: IT-Kostenoptimierung / IT-Kennzahlen - Steigerung der Effizienz durch aktives IT-Kostenmanagement und Benchmarking. http://www.controlling-portal.org/file_upload/IT_Kostenmanagement-ppt.pdf.Abrufdatum: 2005-06-15.

Glohr, C.: IT-Kennzahlen. http://www.helbling.de/documents/pbl_36_105_1109766435.pdf. Abrufdatum: 2005-06-15.

Golfarelli, M.; Maio, D.; Rizzi, S.: Conceptual Design of Data Warehouses from E/R Schemes. Proceedings of the Hawaii International Conference on System Science. IEEE 1998, S. 17-43.

Goltzsch, P.: IT-Projekte scheitern an mangelnder Professionalität. http://www.cio.de/news/803431/index.html. Abrufdatum: 2005-01-17.

Göpfert, I.: Logistik - Führungskonzeption, Gegenstand, Aufgaben und Instrumente des Logistikmanagement und -controllings. München 2000.

Graßhoff, J.; Krey, A.; Marzinzik, C.; Niederhausen, P. S.: Stand und Perspektiven des Handelscontrolling. In: Handelscontrolling: neue Ansätze aus Theorie und Praxis zur Steuerung von Handelsunternehmen. Hrsg.: J. Graßhoff. Hamburg 2000, S. 1-53.

Grauer, M.; Blasius, I.; Berger, G.: Risiko-Controlling und Risiko-Monitoring in Softwareprojekten. In: Controller Magazin, 29 (2004) 1, S. 62-65.

Greipl, S.; Müller, S.: Preis- oder Imagewerbung? Optionen für den Handel. In: Zukunftsperspektiven für das Handelsmanagement. Hrsg.: T. Foscht; G. Jungwirth; P. Schnedlitz. Frankfurt/Main 2000, S. 445-462.

Gritzmann, K.: Kennzahlensysteme als entscheidungsorientierte Informationsinstrumente der Unternehmensführung in Einzelhandelsunternehmen. Göttingen 1991.

Grob, H.-L.; Bensberg, F.: Kosten- und Leistungsrechnung - Theorie und SAP-Praxis. München 2005.

Grob, H.-L.; Lahme, N.: Total-Cost of Ownership-Analyse mit vollständigen Finanzplänen. In: Controlling, 16 (2004) 3, S. 157-164.

Grob, H. L.: Einführung in die Investitionsrechnung. 4. Aufl., München 2001.

Grob, H. L.; Babiel, R.: Excel für Wiwis. Münster 1999.

Groll, K.-H.: Das Kennzahlensystem zur Bilanzanalyse. Ergebniskennzahlen, Aktienkennzahlen, Risikokennzahlen. München u. a. 2000.

Grotheer, M.: Quo-Vadis Controller? In: Controller Magazin, 21 (1996) 4, S. 237.

Gruber, H.: Controlling im Wandel. Der dornige Weg des Controllers vom Medizinmann zum Dienstleister. In: Controlling und Unternehmensführung. Aktuelle Entwicklungen in Theorie und Praxis. Hrsg.: A. Wagenhofer; A. Gutschelhofer. Wien 1995, S. 87-116.

Grupp, B.: EDV-Projekte in den Griff bekommen: Arbeitstechniken des Projektleiters. 4. Aufl., Köln 1993.

Gümbel, R.: Die Sortimentspolitik in den Betrieben des Wareneinzelhandels. Köln-Opladen 1963.

Gümbel, R.; Brauer, K. M.: Neue Methoden der Erfolgskontrolle und Planung in Lebensmittelfilialbetrieben: DB-Rechnung und mathematische Hilfsmittel. In: Unternehmensforschung im Handel. gdi-Schriftenreihe, Nr. 14. Hrsg.: R. e. a. Gümbel. Zürich 1968, S. 23-52.

Güntert, B. L.: Managementorientierte Informations- und Kennzahlensysteme für Krankenhäuser. Berlin u. a. 1990.

Günther, J.: Handelscontrolling: Allgemeine Grundlagen des Controllingbegriffs und die Funktionen des Controlling im Steuerungssystem des stationären Einzelhandels. Frankfurt/Main u. a. 1989.

Günther, T.; Grüning, M.: Performance Measurement-Systeme im praktischen Einsatz. In: Controlling, 16 (2002) 1, S. 5-13.

Gushurst, K.-P.: Implementierung von Controllingsystemen: Der Einsatz externer Träger unter besonderer Berücksichtigung mittelständischer Unternehmen. Freiburg 1990.

Gutschelhofer, A.; Sailer, M.: Erneute Bestandsaufnahme nach zehn Jahren. In: Personalwirtschaft, o. Jg. (1998) 4, S. 63-54.

Haas, T.: Reaktionsbeschleunigungen im Einkauf. Verbesserte Instrumente für das Einkaufsmanagement im textilen Facheinzelhandel. Paderborn 1993.

Haberstock, L.: Kostenrechnung I. Einführung mit Fragen, Aufgaben, einer Fallstudie und Lösungen. 12. Aufl., Berlin 2005.

Hahn, D.: Deckungsbeitragsrechnung in Großhandelsunternehmen. In: BfuP – Betriebswirtschaftliche Forschung und Praxis, 24 (1972) 1, S. 1-25.

Hahn, D.; Krystek, U.: Früherkennungssysteme und KonTraG. In: Praxis des Risikomanagements: Grundlagen, Kategorien, branchenspezifische und strukturelle Aspekte. Hrsg.: D. Dörner; P. Horváth; H. Kagermann. Stuttgart 2000, S. 73-97.

Hahn, D.; Lassmann, G.: Produktionswirtschaft - Controlling industrieller Produktion. 3. Aufl., Heidelberg 1993.

Hahn, D.; Willers, H. G.: Unternehmensplanung und Führungskräftevergütung. In: Strategische Unternehmensplanung - strategische Unternehmensführung: Stand und Entwicklungstendenzen. Hrsg.: D. Hahn; B. Taylor. 8. Aufl., Heidelberg 1999, S. 710-719.

Hahne, H.: Category Management aus Herstellersicht: Ein Konzept des Vertikalen Marketing und dessen organisatorische Implikationen. Lohmar, Köln 1998.

Hallier, B.: Praxisorientierte Handelsforschung. Köln 2001.

Hammer, M.; Champy, J.: Business Reengineering. Die Radikalkur für das Unternehmen. 6. Aufl., Frankfurt/Main 1996.

Hampe, J.: Reengineering - Potentiale für Raiffeisen-Verbund. In: Dynamik im Handel, 41 (1997) 9, S. 52-55.

Hampe, J.: Schritt für Schritt zum passenden POS-System. In: retail technology journal, o. Jg. (2005) 2, S. 30-32.

Hanke, G.: Sortimente 2004. Der Handel stärkt seine Einkaufsmacht. Einkauf: Die Stunde der Preisbrecher. Auszug aus Spezialreport September 2004. http://www.lz-net.de/specials/pages/show.prl?id=1387&backid=1385. Abrufdatum: 2005-01-10.

Hanke, G.: SB-Warenhäuser bluten. In: Lebensmittel Zeitung, 56 (2005) 22.

Hansen, H. R.; Marent, C.: Referenzmodellierung warenwirtschaftlicher Geschäftsprozesse in Handelssystemen. In: Handelsforschung 1997/98. Hrsg.: V. Trommsdorff. Wiesbaden 1997, S. 371-393.

Hansen, U.: Absatz- und Beschaffungsmarketing des Einzelhandels. 2. Aufl., Göttingen 1990.

Hardt, R.: Kostenmanagement. München 1998.

Hartung, W.: Leistungsmessung und Leistungssteigerung des Controlling. In: Controlling, 16 (2002) 8/9, S. 501-506.

Hattwig, J.: Erste Risse im IT-Aufwandsmonolithen. In: is report, 9 (2005) 1+2, S. 15-17.

Haug, M.; Spaan, U.: EHI-Studie: Data Warehouse. Vortrag auf den EHI-Technologietagen 2003. 2003-11-20.

Hecker, W.: Kurzfristige Erfolgsrechnung im Einzelhandel. Stuttgart 1968.

Heid-Davignon, F.; Jürgens, M.: 26 % Bestandseinsparung und nochmals verbesserte Lieferbereitschaft. http://www.ak-online.de/de/KnowledgeBase/ Archiv/2004/2/2. Abrufdatum: 2005-06-01.

Heil, O.; Helsen, K.: Toward an understanding of price wars: Their nature and how they erupt. In: International Journal of Research in Marketing, 18 (2001) 1/2, S. 83-98.

Heil, O.; Schunk, H.: Wettbewerber-Interaktion, Wettbewerber-Reputation und Preiskriege. In: Marketing- und Management-Transfer, Oktober. 2003. http://www.wiwi.uni-sb.de/him/material/TransferOktober2003.pdf. Abrufdatum: 2005-01-07.

Hein, M.: Einführung in die Bankbetriebslehre. 2. Aufl., München 1993.

Heinen, E.: Grundlagen betriebswirtschaftlicher Entscheidungen. 3. Aufl., Wiesbaden 1976.

Heinrich, L. J.; Lehner, F.: Informationsmanagement - Planung, Überwachung und Steuerung der Informationsinfrastruktur. 8. Aufl., München, Wien 2005.

Henderson, B. D.: Die Erfahrungskurve in der Unternehmensstrategie. Frankfurt / Main 1974.

Hertel, J.: Erfolgsfaktor Warenwirtschaftssysteme unter besonderer Berücksichtigung der zwischenbetrieblichen Integration. In: HMD - Theorie und Praxis der Wirtschaftsinformatik, 35 (1998), S. 75-90.

Hertel, J.: Warenwirtschaftssysteme. Grundlagen und Konzepte. 3. Aufl., Heidelberg 1999.

Hertel, J.: Category-Management-Werkzeuge. Vortrag im Rahmen der EHI-Technologietage 2004, Düsseldorf. 2004-11-16.

Hillemeyer, J.: Lehrstellen oder Leben. In: Lebensmittel Zeitung, 54 (2003) 44.

Hillemeyer, J.: Nachsitzen für die Ausbildung. In: Lebensmittel Zeitung, 55 (2004) 25.

Hillemeyer, J.: Befragung der Mitarbeiter. In: Lebensmittel Zeitung, 56 (2005) 4.

Hillemeyer, J.; Kahlen, C.: Der Einzelhandel will kräftig am Image als Ausbilder polieren. In: Lebensmittel Zeitung, 54 (2003) 44.

Hinrichsen, S.; Rösler, D.: Leistungssteigerung mit Methode: Erfolgreiche Gestaltung des variablen Entgeltsystems. In: REFA-Nachrichten, o. Jg. (2004) 1, S. 4-13.

Hippner, H.; Martin, S.; Wilde, K. D.: CRM-Systeme - Eine Marktübersicht. In: Customer Relationship Management. HMD - Praxis der Wirtschaftsinformatik, o. Jg. (2001) 221, S. 27-36.

Hoeren, T.: Internetrecht - Stand März 2005. http://www.uni-muenster.de/Jura.itm/hoeren/material/Skript/skript_maerz2005.pdf. Abrufdatum: 2005-04-18.

Hoff, S.: Category Management im Segment Bier - Anwendbarkeit und Umsetzung des Category-Management-Prozesses in unterschiedlichen Vertriebsschienen. In: Category Management. Aus der Praxis für die Praxis. Hrsg.: H. Schröder. Frankfurt/Main 2003, S. 311-327.

Hoffjan, A.: Das Rollenbild des Controllers in Werbeanzeigen. In: Zeitschrift für Betriebswirtschaftslehre, 73 (2002) 10, S. 1025-1050.

Hoffmann, W.: Die Aufgabenfelder im Überblick. In: Controlling. Hrsg.: R. Eschenbach. 2. Aufl., Stuttgart 1996, S. 177-180.

Hofmann, B.: Neue Vorschriften bei Wal-Mart. In: Lebensmittel Zeitung, 56 (2005) 11.

Hofmeister, R.: Rewe stellt Daten zur Verfügung. In: Lebensmittel Zeitung, 56 (2005) 11.

Hofmeister, R.; Stiegler, H.: Controlling: Gestaltung und Anwendung für Klein- und Mittelbetriebe. 3. Aufl., Linz 1990.

Holland, C. P.; Westwood, P.: Product-market and technology strategies in banking. In: Communications of the ACM, 44 (2001) 6, S. 53-57.

Holten, R.: Entwicklung von Führungsinformationssystemen. Ein methodenorientierter Ansatz. Wiesbaden 1999.

Holten, R.: The MetaMIS Approach for the Specification of Management Views on Business Processes. In: Arbeitsbericht des Instituts für Wirtschaftsinformatik, Nr. 84. Münster 2001.

Holten, R.: Integration von Informationssystemen. In: Wirtschaftsinformatik, 45 (2003a) 1, S. 41-52.

Holten, R.: Integration von Informationssystemen. Theorie und Anwendung im Supply Chain Management. Habilitation, Westfälische Wilhelms-Universität Münster. Münster 2003b.

Holten, R.; Dreiling, D.: Specification of Fact Calculation Expressions within the MetaMIS Approach. Arbeitsberichte des Instituts für Wirtschaftsinformatik Nr. 88. Münster 2002.

Holten, R.; Rotthowe, T.; Schütte, R.: Grundlagen, Einsatzbereiche, Modelle. In: Data Warehouse Management-Handbuch. Hrsg.: R. Schütte; T. Rotthowe; R. Holten. Berlin u. a. 2001.

Homburg, C.; Daum, D.: Die Kundenstruktur als Controlling-Herausforderung. In: Controlling, 9 (1997) 6, S. 394-405.

Homburg, C.; Rudolph, B.: Theoretische Perspektiven zur Kundenzufriedenheit. In: Kundenzufriedenheit. Konzepte - Methoden - Erfahrungen. Hrsg.: H. Simon; C. Homburg. 3. Aufl., Wiesbaden 1998, S. 33-55.

Hornung, K.: Risk Management auf der Basis von Risk-Reward-Ratios. In: Zukunftsfähiges Controlling: Konzeption, Umsetzung, Praxiserfahrungen -

Prof. Dr. Reichmann zum 60. Geburtstag. Hrsg.: L. Lachnit; C. Lange; M. Palloks. Stuttgart 1998, S. 275-293.

Horváth, P.: Erneuerung des Controlling. In: Neue Organisationsformen in Unternehmen. Ein Handbuch für das moderne Management. Hrsg.: H.-J. Bullinger; H. J. Warnecke. Berlin u. a. 1996.

Horváth, P.: Controlling. 9. Aufl., München 2003.

Horváth, P.; Arnaout, A.; Gleich, R.; Stoi, R.: Neue Instrumente in der deutschen Unternehmenspraxis. Bericht über die Stuttgarter Studie. In: Managementinstrumente und -konzepte. Hrsg.: A. Egger; O. Grün; R. Moser. Stuttgart 1999.

Horváth, P.; Mayer, P.: Prozesskostenrechnung - der neue Weg zu mehr Kostentransparenz und wirkungsvolleren Unternehmensstrategien. In: Controlling, 2 (1989) 1, S. 214-219.

Hoss, G.: Personalcontrolling im industriellen Unternehmen: Controlling auf der operativen und taktischen Problemebene des Personalsystems. Krefeld 1985.

Hoyer, J.; Knoblauch, R.: Personalcontrolling in industriellen Unternehmen: Controlling auf der operativen und taktischen Problemebene des Personalsystems. Krefeld 1989.

Huff, D. L.: Defining and Estimating a Trading Area. In: Journal of Marketing, 28 (1964) 1, S. 34-38.

Hukemann, A.: Controlling im Onlinehandel - ein kennzahlenorientierter Ansatz für Onlineshops. Dissertation. Münster 2003.

Ihde, G. B.: Transport Verkehr Logistik. München 1991.

Ilg, P.: Selbstgestricktes Benchmarking am Beispiel Leica AG. http://www.silicon.de/cpo/hgr-cio/detail.php?nr=20874. Abrufdatum: 2005-05-02.

Inmon, W. H.: Building the Data Warehouse. 2. Aufl., New York u. a. 1996.

Inmon, W. H.; Hackathorn, R. D.: Using The Data Warehouse. New York u. a. 1994.

Innreiter-Moser, C.: Controlling als Instrument der Personalentwicklung. In: Controlling-Instrumente für Klein- und Mittelbetriebe in Theorie und Praxis. Hrsg.: A. Mayr; H. Stiegler. Linz 1997, S. 165-185.

Issler, R.: Prämien kontra Umsatzprovisionen. In: IO, 43 (1966) 10, S. 462-464.

Jacob, H.: Spezialgebiete der Kostenrechnung: Kosten- und Leistungsrechnung im Handel - Standardsoftwaresysteme. Wiesbaden 1978.

Jacob, J.; Jost, T.: Marketingnutzung von Kundendaten und Datenschutz - ein Widerspruch? In: Datenschutz und Datensicherheit, 28 (2003) 10, S. 621-624.

Jacobs, S.; Thiess, M.; Söhnholz, D.: Human-Ressourcen-Portfolio – Instrument der strategischen Personalplanung. In: Die Unternehmung, o. Jg. (1987) 3, S. 205-218.

Jahn, D.: Prozessorientiertes Reorganisationscontrolling. Entwicklung eines Kennzahlensystems zur Führungsunterstützung. Wiesbaden 2001.

Jakob, B.; Scherer, E.: "Rundum zufrieden" - Erfahrungen bei der Einführung einer neuen Warenwirtschaft auf Basis von Navision bei der Loeb Warenhaus AG. Vortrag im Rahmen der Tagung Handelsinformationssysteme 2005, Münster. 2005-06-07.

Janiesch, C.; Ribbert, M.: MW-Kid: Die Methode. Fachtagung Management des Wissens über Kunden in Dienstleistungsunternehmen, Münster 2005.

Janz, M.: Erfolgsfaktoren der Beschaffung im Einzelhandel. In: Marketing- und Management-Transfer. 2004. http://www.wiwi.uni-sb.de/him/material/TransferApril2004.pdf. Abrufdatum: 2005-01-10.

Johnson, J. C.; Wood, D. F.: Contemporary Physical Distribution and Logistics. Tulsa 1986.

Jones, J. P.: Werbung schlägt Verkaufsförderung. In: Harvard Manager, 13 (1991) 2, S. 14-22.

JUH: Hellweg stellt Azubis ein. In: Lebensmittel Zeitung, 55 (2004a) 42.

JUH: Mehr Azubis bei Metro Group. In: Lebensmittel Zeitung, 55 (2004b) 41.

JUH: Rekrutierung im Internet. In: Lebensmittel Zeitung, 56 (2005) 5.

Jünemann, R.: Materialfluss und Logistik - Systemtechnische Grundlagen mit Praxisbeispielen. Berlin u. a. 1989.

Kahlen, C.: Sara Lee-Verkäufer frisierten Zahlungen an Ahold. In: Lebensmittel Zeitung, 54 (2003) 15.

Kajüter, P.: Die Regulierung des Risikomanagements im internationalen Vergleich. In: Zeitschrft für Controlling & Management, 48 (2004) Sonderheft 3, S. 12-25.

Kalenberg, F.: Controlling in Textilunternehmen. Eine theoretische und empirische Untersuchung. Bergisch-Gladbach, Köln 1993.

Kanitz, F.: Kennzahlenbasierte Fehleridentifizierung in der Beschaffungslogistik. Dissertation, Universität Hannover 2002.

Kapell, E.: Bestände nach wie vor ein Problem. In: Lebensmittel Zeitung, 55 (2004a) 46.

Kapell, E.: Risiko bei Kartenzahlung unterdurchschnittlich. In: Lebensmittel Zeitung, 55 (2004b) 8.

Kapell, E.: Automatische Sortieranlage im deutschen Distributionszentrum. In: Lebensmittel Zeitung, 56 (2005) 11.

Kaplan, R. S.; Cooper, R.: Profit Priorities from Activity Based Costing. In: Harvard Business Review, o. Jg. (1991) 3, S. 130-135.

Kaplan, R. S.; March, A.: John Deere Components Works (A). Boston 1987.

Kaplan, R. S.; Norton, D. P.: The Balanced Scorecard - Measures that Drive Business Performance. In: Harvard Business Review, 70 (1992) 1/2, S. 71-79.

Kaplan, R. S.; Norton, D. P.: Using the Balanced Scorecard as a Strategic Management System. 74 (1996) 1/2, S. 75-85.

Kaplan, R. S.; Norton, D. P.: Balanced Scorecard. Stuttgart 1997.

Kaplan, R. S.; Norton, D. P.: Transforming the Balanced Scorecard from Performance Measurement to Strategic Management: Part I. In: Accounting Horizons, 15 (2001) 1, S. 87-104.

Kargl, H.: DV-Controlling. 5. Aufl., München, Wien 2004.

Kaul, A.; Wittink, D. R.: Empirical Generalizations About the Impact of Advertising on Price Sensitivity and Price. In: Marketing Science, 14 (1995) 3, S. 151-160.

Kellenter, J.: Personaleinsatzplanung und Leistungsentlohnung - Zwei Möglichkeiten zur Steigerung der Arbeitsproduktivität und zur Stabilisierung der Personalkosten. In: BAG Nachrichten, o. Jg. (1974) 4, S. 29-33.

Kerl, E.: Basis fürs Controlling. In: möbel kultur, o. Jg. (2004) 10, S. 12-13.

Kharbanda, O. P.; Stallworthy, E. A.: Project Teams: The Human Factor. Manchester, Oxford 1990.

Kieliszek, K.: Computer Aided Selling. Unternehmenstypologische Marktanalyse. Wiesbaden 1994.

Kieser, A.; Kubiczek, H.: Organisation. 2. Aufl., Berlin 1983.

Kilger, W.: Einführung in die Kostenrechnung. 3. Aufl., Wiesbaden 1987.

Kimbal, R.: The Data Warehouse Toolkit. New York u. a. 1996.

Kirsch, H.-J.; Krause, C.: Strategische Frühaufklärung und Portfolio-Analyse. In: Zeitschrift für betriebswirtschaftliche Forschung, 49 (1979) 2, S. 47-69.

Klein-Blenkers, F.: Die Nutzung des Betriebsvergleichs für die Handelsforschung. In: Mitteilungen des Instituts für Handelsforschung an der Universität zu Köln. Hrsg.: E. Sundhoff; F. Klein-Blenkers. Köln 1983, S. 105-118.

Klein, S.: IT does matter! - Einige Überlegungen zum Produktivitätsparadoxon. In: European Research Center for Information Systems (ERCIS). Working Paper No. 1. Hrsg.: J. Becker; K. Backhaus; H. L. Grob; T. Hoeren; S. Klein; H. Kuchen; U. Müller-Funk; U. W. Thonemann; G. Vossen. Münster 2004, S. 91-96.

Klett, C.; Pivernetz, M.; Hauke, D.: Controlling- Praxis für kleine und mittlere Unternehmen. Auswertungen auf der Grundlage der eigenen Finanzbuchhaltung. Herne, Berlin 1996.

Klingebiel, N.: Integriertes Performance Measurement. Wiesbaden 2000.

Knackstedt, R.: Fachliche Konzeption von Führungsinformationssystemen. In: Perspektive Wirtschaftswissenschaften. Tag des wissenschaftlichen Nachwuchs. Hrsg.: J. Blank; S. Homöller. Münster 1999.

Köhler, R.: Informationen für die strategische Planung von Produktinnovationen. In: Distributionspolitik - Festgabe für E. Sundhoff zum 75. Geburtstag, Sonderheft 35 der Mitteilungen des Instituts für Handelsforschung. Hrsg.: F. Klein-Blenkers. Köln 1987, S. 79-103.

Kolbrück, O.: "Mutter aller Schnäppchen" geht fremd. In: Horizont News Marketing und Marken. 2003. http://www.horizont.net/ print.prl?which=%2Fmarketing%2Fnews%2Fpages%showmsgNL%2Eprl %3Fid%3D48208. Abrufdatum: 2003-12-15.

Kölle, J.: Projektmanagement bei der Einführung von Standardsoftware dargestellt am Beispiel der PPS. In: Integrierte Standardsoftware: Entscheidungshilfen für den Einsatz von Softwarepaketen, Band 2: Managemententscheidungen. Hrsg.: H. Österle. Hallbergmoos 1990, S. 45-54.

Konrad, J.: Bargeld für viele Kunden nur noch zweite Wahl. In: Lebensmittel Zeitung, 55 (2004a) 20, S. 50.

Konrad, J.: Goldene Zeiten für Geldeintreiber. In: Lebensmittel Zeitung, 55 (2004b) 20, S. 49.

Konrad, J.: Spiel mit falschen Karten. In: Lebensmittel Zeitung, 55 (2004c) 20, S. 2.

Konrad, J.: Fremde Augen sehen mehr als die eigenen. In: Lebensmittel Zeitung, 56 (2005a) 26, S. 33.

Konrad, J.: Mitteleinsatz nicht mit der Gießkanne. In: Lebensmittel Zeitung, 56 (2005b) 26, S. 33.

Konrad, J.: Teamwork Büttgen kann mehr als Regale füllen. In: Lebensmittel Zeitung, 56 (2005c) 11, S. 53.

Konrad, J.: Vorteil für Vollsortimenter. In: Lebensmittel Zeitung, 56 (2005d) 11.

Konrad, J.: Weniger Personalkosten. In: Lebensmittel Zeitung, 56 (2005e) 11.

Koreimann, D. S.: Methoden der Informationsbedarfsanalyse. Berlin 1976.

Kosmider, A.: Controlling im Mittelstand: Eine Untersuchung der Gestaltung und Anwendung des Controllings in mittelständischen Industrieunternehmen. 2. Aufl., Stuttgart 1993.

Köthner, D.: Effizientes Berichtswesen. In: is report, 8 (2004) 11, S. 30-33.

Köthner, D.: Compliance - was Unternehmen wirklich betrifft. In: is report, 9 (2005a) 3, S. 22-25.

Köthner, D.: IT-Controlling: Mehr als Cost-Cutting. In: is report, 9 (2005b) 1+2, S. 10-13.

Kraus, R.: Leistungsgerechtes Entlohnungsmodell motivierend und manipulationsfrei - mit Beispiel aus der Automobilzulieferindustrie. In: REFA-Nachrichten, o. Jg. (2004) 1, S. 21-23.

Krcmar, H.: Informationsmanagement. 4. Aufl., Berlin et al. 2005.

Krey, A.: Controlling filialisierter Handelsunternehmen. Hamburg 2002.

Krey, A.: Controllinginstrumente für die Sortimentssteuerung in filialisierten Handelsunternehmen. In: Handelscontrolling. Neue Ansätze aus Theorie und Praxis zur Steuerung von Handelsunternehmen. Hrsg.: A. Krey. 2. Aufl., Hamburg 2003, S. 55-85.

Kropfberger, D.; Mussnig, W.; Scheder, K.: Benchmarking in mittelständischen Handelsbetrieben. In: Controlling-Instrumente für Klein- und Mittelbetriebe in Theorie und Praxis. Hrsg.: A. Mayr; H. Stiegler. Linz 1997, S. 187-224.

Krüger, A.; Schmolke, G.; Vaupel, R.: Projektmanagement als kundenorientierte Führungskonzeption: Management mit Projekten und Management von Projekten. Stuttgart 1999.

Krummow, J.: Gabler-Bank-Lexikon. 12. Aufl., Wiesbaden 1999.

Krupp, A. D.: Benchmarking im Beteiligungscontrolling. In: ZfCM Controlling & Management, 48 (2004) 3, S. 178-185.

Krystek, U.: Controlling und Frühaufklärung - Stand und Entwicklungstendenzen von Systemen der Frühaufklärung. In: Controlling, 2 (1990) 2, S. 68-75.

Krystek, U.; Müller, M.: Frühaufklärungssysteme - Spezielle Informationssysteme zur Erfüllung der Risikokontrollpflicht nach KonTraG. In: Controlling, 11 (1999) 3, S. 177-183.

Kugeler, M.: Supply Chain Management und Customer Relationship Management - Prozessmodellierung für Extended Enterprises. In: Prozessmanagement. Hrsg.: J. Becker; M. Kugeler; M. Rosemann. Berlin et al. 2003, S. 469-505.

Kuipers, P.: Data in dire need of a spring-clean. In: Elsevier Food International, o. Jg. (2004) 3, S. 74-79.

Kümpel, T.; Deux, T.: Kennzahlen im Strategischen Einkaufscontrolling. In: Controller Magazin, 28 (2003) 3, S. 243-251.

Küng, P.; Wettstein, T.: Ganzheitliches Performance Measurement mittels Informationstechnologie. Berlin u. a. 2003.

Küpper, H.-U.: Controlling: Konzeption, Aufgaben und Instrumente. 3. Aufl., Stuttgart 2001.

Küpper, H.-U.; Weber, J.; Zünd, A.: Zum Verständnis und Selbstverständnis des Controlling - Thesen zur Konsensbildung. In: Zeitschrift für Betriebswirtschaftslehre, 60 (1990) 3, S. 281-293.

Kupsch, P. U.; Marr, R.: Personalwirtschaft. In: Industriebetriebslehre. Entscheidungen im Industriebetrieb. Hrsg.: E. Heinen. Wiesbaden 1991, S. 729-896.

Kurz, A.: Data Warehousing. Enabling Technology. Bonn 1999.

Küting, K.: Grundsatzfragen von Kennzahlen als Instrument der Unternehmensführung. In: Wirtschaftswissenschaftliches Studium, 12 (1983) 5, S. 237-241.

Kütz, M.: Kennzahlen in der IT. Heidelberg 2003.

Lachnit, L.: Controlling als Instrument der Unternehmensführung. In: Controllingsysteme für ein PC-gestütztes Erfolgs- und Finanzmanagement. Hrsg.: L. Lachnit. München 1992, S. 1-18.

Lambertz, W.: Zeitnahe Kasseneinsatzplanung. In: retail technology journal, o. Jg. (2004) 1, S. 40-41.

Lambracht, T.: MADAKOM. In: Praxisorientierte Handelsforschung. Hrsg.: B. Hallier. Köln 2001, S. 130.

Langenbeck, J.: Einrichtung eines Früherkennungssystems. In: Buchführung, Bilanz, Kostenrechnung, 44 (1998) 17, S. 881-886.

Laukamm, T.; Walsh, I.: Strategisches Management von Human-Ressourcen. Die Einbeziehung der Human Ressourcen in das strategische Management. In: Management im Zeitalter der strategischen Führung. Hrsg.: A. D. Little. Wiesbaden 1986.

Laurent, M.: Vertikale Kooperationen zwischen Industrie und Handel. Neue Typen und Strategien zur Effzienzsteigerung im Absatzkanal. Frankfurt/Main 1996.

Lehner, F.: Organisation und Controlling der Informationsverarbeitung. In: WISU, 29 (2000) 1, S. 95-103.

Lerchenmüller, M.: Handelsbetriebslehre. 3. Aufl., Ludwigshafen 1998.

Liebmann, H.-P.: Auf den Spuren des "Neuen Kunden". In: Trendbuch Handel. Hrsg.: J. Zentes; H.-P. Liebmann. Düsseldorf, München 1996, S. 37-53.

Liebmann, H.-P.; Liebmann, A.: Der Beitrag der Handelsmarktforschung zur Unternehmensentwicklung. In: Zukunftsperspektiven für das Handelsmanagement. Hrsg.: T. Foscht; G. Jungwirth; P. Schnedlitz. Frankfurt/Main 2000, S. 181-199.

Limbach, M.: Planung der Personalanpassung. Köln 1987.

Link, J.; Gerth, N.; Voßbeck, E.: Marketing-Controlling. München 2000.

Loderhose, B.: Asda schult Mitarbeiter per Satellitenfernsehen. In: Lebensmittel Zeitung, 55 (2004a) 34.

Loderhose, B.: Dacos kehrt zurück. Multi Agententechnik für komplexe Zusammenhänge. In: Lebensmittel Zeitung, 55 (2004b) 9.

Loderhose, B.: Drogerie Müller baut sich neue Logistiksoftware. In: Lebensmittel Zeitung, 55 (2004c) 39.

Loderhose, B.: Tchibo-Logistik für jede Woche. In: Lebensmittel Zeitung, 56 (2005) 1.

Lubig, C.: TCO: Was kostet es, Software zu besitzen? In: Controller Magazin, 29 (2004) 4, S. 301-304.

Lüdenbach, N.; Hoffmann, W.-D.: Enron und die Umkehrung der Kausalität bei der Rechnungslegung. In: Der Betrieb, 55 (2002) 23, S. 1169-1175.

Luxem, R.: Digital Commerce - Electronic Commerce mit digitalen Produkten. Eul, Lohmar, Köln 2000.

Maanen, H.; Berghout, B.: Cost Management of IT beyond Cost of Ownership Models. In: Evaluation and Program Planning (2003) 25, S. 167-173.

Männel, W.: Logistikkostenrechnung. In: krp, 39 (1996) 2, S. 113-114.

Manthey, V.: Balanced Scorecard. Vortrag im Rahmen der Vorlesung ET+EUS. 2003-07-10.

Marent, C.: Branchenspezifische Referenzmodelle für betriebswirtschaftliche IV-Anwendungsbereiche. In: Wirtschaftsinformatik, 37 (1995) 3, S. 303-313.

Markowitz, H.: Portfolio Selection. In: The Theory of Business Finance. Hrsg.: S. H. Archer; C. A. Ambrosio. New York 1967.

Marzinzik, C.: Leistungsverrechnung als Instrument eines kostenorientierten Informationscontrolling. Hamburg 1998.

Mason, J. B.; Burns, D. J.: Retailing. 6. Aufl., Houston 1998.

Matthes, J.: Das deutsche Corporate-Governance-System: Wandel von der Stakeholder-Orientierung zum Shareholder-Value-Denken. Köln 2000.

Mattmüller, R.: Der Handel und sein Image - Eine leidvolle Beziehung. In: Praxisorientierte Handelsforschung. Hrsg.: B. Hallier. Köln 2001, S. 278-280.

Maurer, O.: Total Cost of Ownership: Eine Annäherung aus lebenszyklusorientierter Sichtweise am Beispiel des Department für Betriebswirtschaft. München 2002.

Meffert, H.: Marketing. 9. Aufl., Wiesbaden 2000a.

Meffert, H.: Trends im Konsumentenverhalten. Implikationen für Efficient Consumer Response. In: Prozessmanagement im vertikalen Marketing. Efficient Consumer Response (ECR) in Konsumgüternetzwerken. Hrsg.: D. Ahlert; S. Borchert. Berlin, u. a. 2000b, S. 151-157.

Meffert, H.; Bruhn, M.: Dienstleistungsmarketing. Wiesbaden 2000.

Mela, C. F.; Gupta, S.; Lehmann, D. R.: The Long-Term Impact of Promotion and Advertising on Consumer Brand Choice. In: Journal of Marketing Research, 34 (1997) 5, S. 248-261.

Mentzel, W.: Unternehmenssicherung durch Personalentwicklung: Mitarbeiter motivieren, fördern und weiterbilden. Freiburg / Breisgau 1989.

Menzies, C.: Sarbanes-Oxley Act. Stuttgart 2004.

Mertens, P.: Integrierte Informationsverarbeitung 1. Administrations- und Dispositionssysteme in der Industrie. 12. Aufl., Wiesbaden 2000.

Mertens, P.: Evaluation als Aufgabe des IV-Controllings. http://www.bw.fh-deggendorf.de/kapitel1/kap6/6seite6.html. Abrufdatum: 2005-06-17.

Meyer, C.: Kundenbilanzanalyse der Kreditinstitute. Stuttgart 1989.

Meyer, C.: Betriebswirtschaftliche Kennzahlen und Kennzahlensysteme. 2. Aufl., Stuttgart 1994.

Meyer, G.: Benchmarking im mittelständischen Fachhandel - Kann der herkömmliche Betriebsvergleich hilfreich sein? In: Management im Mittelstand - erfolgsorientierte Ansätze und Perspektiven. Hrsg.: J. Bührens. Sternenfels 1997, S. 140-151.

Meyer, G.; Meyer, M.; Meyer, J.-A.: Vom traditionellen Betriebsvergleich zum Benchmarking - Chancen und Grenzen im mittelständischen Fachhandel. In: Handelsforschung 1997/98: Kundenorientierung im Handel. Hrsg.: V. Trommsdorff. Wiesbaden 1997, S. 275-293.

Meyer, M.: Efficient Consumer Response. Eine kritische Betrachtung. In: Verhalten im Handel und gegenüber dem Handel. Handelsforschung 1999/2000. Hrsg.: V. Trommsdorff. Wiesbaden 2000, S. 297-314.

Meyer, M.; Zarnekow, R.; Kolbe, L. M.: IT Governance: Begriff, Status Quo und Bedeutung. In: Wirtschaftsinformatik, 45 (2003) 4, S. 445-448.

Meyer, P.; Mattmüller, R.: Kundenbindung im Einzelhandel. In: Handelsforschung 1992. Hrsg.: V. Trommsdorff. Wiesbaden 1992, S. 88-101.

Michel, R.; Langguh, M.; Scheuermann, H. D.; Vorfelder, B.: Finanzplanung und -controlling. Rollierende Disposition der Liquidität. Renningen, Malsheim 1994.

Möhlenbruch, D.: Sortimentspolitik im Einzelhandel: Planung und Steuerung. Wiesbaden 1992.

Möhlenbruch, D.: Sortimentspolitik im Einzelhandel - Planung und Steuerung. Wiesbaden 1994.

Möhlenbruch, D.; Meier, C.: Ausgewählte Ergebnisse einer empirischen Untersuchung im Einzelhandel. In: Controlling, 9 (1997) 2, S. 318-325.

Möhlenbruch, D.; Meier, C.: Komponenten eines integrierten Controlling-Systems im Einzelhandel. In: Controlling, 10 (1998) 2, S. 64-71.

Möhlenbruch, D.; Wurm, T.: Die Leistungsfähigkeit der Balanced Scorecard im Einzelhandel. In: Der Handel im Informationszeitalter - Konzepte – Instrumente - Umsetzung. Hrsg.: D. Möhlenbruch; M. Hartmann. Wiesbaden 2002, S. 29-52.

Morschett, D.: Retail-Performance-Measurement - Konzepte und Perspektiven des Prozess-Controllings im Handel. In: Performance Leadership im Handel. Hrsg.: J. Zentes; H. Biesiada; H. Schramm-Klein. Frankfurt / Main 2004.

Morschett, D.; Neidhart, M.; Bartsch, A.: Retail Performance Management – Betriebswirtschaftliche Problemstellung und Konzeption. In: Marketing- und Management-Transfer. 2003. http://www.wiwi.uni-sb.de/him/material/TransferOktober2003.pdf. Abrufdatum: 2005-01-07.

Mosiek, T.: Interne Kundenorientierung des Controlling. In: Beiträge zum Controlling. Hrsg.: W. Berens. Frankfurt / Main 2002.

Mucksch, H.; Behme, W.: Das Data Warehouse-Konzept. Architektur – Datenmodelle – Anwendungen. 3. Aufl., Wiesbaden 1999.

Mülder, W.: Employee Self Service – Delegation von Personalarbeit an Mitarbeiter, Manager und Bewerber. In: Das flexible Unternehmen. Hrsg.: C. H. Antoni; E. Eyer. Düsseldorf 2000a.

Mülder, W.: Personalinformationssysteme - Entwicklungsstand, Funktionalität und Trends. In: Wirtschaftsinformatik, 42 (2000b) Sonderheft, S. 98-106.

Müller-Hagedorn, L.: Die Fortentwicklung des Betriebsvergleichs zum Controlling-Tool. Handelsforschung 1995/96: Informationsmanagement im Handel.

Müller-Hagedorn, L.: Der Handel. Stuttgart 1998.

Müller-Hagedorn, L.: Handelsmarketing. In: Reihe Kohlhammer-Edition Marketing. Hrsg.: R. Köhler; H. Meffert. 3. Aufl., Stuttgart u. a. 2002.

Müller-Hagedorn, L.; Bekker, T.: Der Betriebsvergleich als Controllinginstrument in Handelsbetrieben. In: WiSt, 23 (1994) 5, S. 231-236.

Müller-Hagedorn, L.; Büchel, D.: Zur Steuerung eines Handelsunternehmens mit der Balanced Scorecard - Benchmarking - Betriebsvergleich. In: Mitteilungen des Instituts für Handelsforschung an der Universität zu Köln, 51 (1999) 8, S. 157-168.

Müller-Hagedorn, L.; Erdmann, B.: Betriebsvergleich. In: Handwörterbuch des Marketing. Hrsg.: B. Tietz. 2. Aufl., Stuttgart 1995, Sp. 274-285.

Müller-Hagedorn, L.; Kaapke, A.: Das Institut für Handelsforschung an der Universität zu Köln. In: Praxisorientierte Handelsforschung. Hrsg.: B. Hallier. Köln 2001.

Müller-Hagedorn, L.; Schuckel, M.: Die Prognose des Umsatzes neuer Einkaufszentren mit Hilfe des Modells von Huff - Theorie und Fallbeispiel (I). In: das wirtschaftsstudium, 24 (1995a) 6, S. 514-518.

Müller-Hagedorn, L.; Schuckel, M.: Die Prognose des Umsatzes neuer Einkaufszentren mit Hilfe des Modells von Huff - Theorie und Fallbeispiel (II). In: das wirtschaftsstudium, 24 (1995b) 7, S. 597-604.

Müller-Lankenau, C.; Klein, S.; Wehmeyer, K.: Developing a Framework for Multi Channel Strategies – An Analysis of Cases from the Grocery Retail Industry. Proceedings of the 17th Bled Electronic Commerce Conference, Bled 2004.

Müller, A.: Insolvenzwelle erfasst den Handel. In: Lebensmittel Zeitung, 56 (2004a) 2.

Müller, A.; von Thienen, L.: e-Profit: Controlling-Instrumente für erfolgreiches Business. Freiburg 2001.

Müller, A. C.: Handel bildet mehr aus. In: Lebensmittel Zeitung, 55 (2004b) 34.

Müller, A. C.: Metro nimmt zum Geburtstag Geldgeschenke an. Lebensmittel Zeitung. 2004-01-23.

Neely, A. D.; Waggoner, D. B.: Performance Measurement. In: Performance Measurement - Theory and Practice. Paper from the First International Conference on Performance Measurement. Hrsg.: A. D. Neely; D. B. Waggoner. Cambridge 1998.

Neumann, S.; Probst, C.; Wernsmann, C.: Kontinuierliches Prozessmanagement. In: Prozessmanagement. Hrsg.: J. Becker; M. Kugeler; M. Rosemann. 3. Aufl., Berlin u. a. 2001.

Newell, R.; Wilson, G.: A Premium for Good Governance. In: The McKinsey Quarterly, o. Jg. (2002) 3, S. 20-27.

Niederhausen, P. S.: Warenwirtschaftssysteme als Instrument des Handelscontrolling. In: Handelscontrolling. Hrsg.: J. Graßhoff. Hamburg 2000, S. 211-258.

Niederhausen, P. S.: Intranet als Informationsplattform - Vortrag im Rahmen der EHI-Tagung Zentrale IT-Systeme im Handel, Düsseldorf. 19. und 20.11.2003.

Nonhoff, J.: Entwicklung eines Expertensystems für das DV-Controlling. Berlin u. a. 1989.

Nowak, P.: Zur Frage der Kostenrechnung im Handel. In: ZfhF - Zeitschrift für handelswissenschaftliche Forschung N. F., 13 (1961), S. 624-640.

o. V. (Automatische Rechnungserfassung): Automatische Rechnungserfassung. In: retail technology journal, o. Jg. (2004) 1, S. 6.

o. V. (CCG): Standardregelungen zur Abrechnungstechnik im Streckengeschäft und zum Bestellverfahren im Überweisungsgeschäft. 2. Aufl., Köln 1980.

o. V. (Coca-Cola): Coca-Cola wieder bei Lidl. www.lz-net.de.

o. V. (Deutsche See): Deutsche See optimiert Kostenblöcke. In: Lebensmittel Zeitung, 56 (2005) 4.

o. V. (Diebstahl): Kosten durch Ladendiebstahl in Europa. http://www.feilen.net/news.shtml. Abrufdatum: 2005-05-03.

o. V. (Dynamik): Mehr Ertrag auf gleicher Fläche. In: Dynamik im Handel, 40 (1996) 2, S. 44.

o. V. (Einzelhandel Münster): Einzelhandelskonzept Münster - Leitlinien der räumlichen Entwicklung. http://www.wfm-muenster.de/media/ einzelhandelskonzept_2004_freigabe.pdf. Abrufdatum: 2005-07-13.

o. V. (Factoring): Factoring entwickelt sich lebhaft. In: Lebensmittel Zeitung, 55 (2004) 16, S. 62.

o. V. (Fraud Detection): FDplus - The Solution for Fraud Detection. http://www.wincor-nixdorf.com/internet/com/Industries/Retail/Consulting/ FraudDetection/Main,version=7.html. Abrufdatum: 2005-05-03.

o. V. (High Potentials): Künftig weniger High Potentials. In: Lebensmittel Zeitung, 55 (2004) 16, S. 60.

o. V. (Ladendiebstahl): Teurer Ladendiebstahl - Handel verliert Milliarden. http://www.n-tv.de/544431.html. Abrufdatum: 2005-06-15.

o. V. (Lidl-Verdi): Das System Lidl: Arbeiten unter Angst und Druck. http://www.verdi.de/0x0ac80f2b_0x01a39524. Abrufdatum: 2005-05-13.

o. V. (LZ-Net): Die Deutschen wollen vor allem sparen. www.lz-net.de.

o. V. (LZ-Net): Internet-Handel in den USA wächst. In: LZ-Net (2005b).

o. V. (Monster.de): Mitarbeiter zeigen sich kooperativ. In: Lebensmittel Zeitung, 55 (2004) 16, S. 60.

o. V. (Österreich): Österreichs Handel auf Ertragsdiät? http://www.bohmann.at /templates/index.cfm/id/14170. Abrufdatum: 2005-06-13.

o. V. (Personalstudie): Personalabteilungen unter der Lupe. In: Lebensmittel Zeitung, 55 (2004) 32.

o. V. (Rewe): Fleischskandal sorgt weiter für Unruhe im Handel. In: Lebensmittel Zeitung, 56 (2005) 12.

o. V. (Standish): The Chaos-Report. http://www.standishgroup.com/ sample_ research/chaos_1994_1.php. Abrufdatum: 2005-06-17.

o. V. (Superazubi): Starke Resonanz auf Lidl-Kampagne. In: Lebensmittel Zeitung, 56 (2005) 6.

o. V. (Wal-Mart-Urteil): Private Liebe auch bei Wal-Mart. http://www.n-tv.de/ 545025.html. Abrufdatum: 2005-06-16.

o. V. (Warteschlangen): Deutsche mögen's schneller. 2005.

o. V. (Acadys): European Survey on the Economic Values of Information Technology - Edition 2002/2003. http://www.acadys.com/value/image_ files/fullscreen.htm. Abrufdatum: 2004-07-12.

o. V. (Edeka): Jahresbericht 2003. Edeka Zentrale AG & Co. KG. 2004. http://www.edeka.de/EDEKA/Content/DE/AboutUS/Presse/Pressearchiv/P resse2004/Dokumente/EDEKA_JB_2003.pdf. Abrufdatum: 2005-01-10.

o. V. (EG): Verordnung 178/2002 des Europäischen Parlaments und des Rats zur Festlegung der allgemeinen Grundsätze und Anforderungen des Lebensmittelrechts, zur Erreichung der Lebensmittelsicherheit und zur Festlegung von Verfahren zur Lebensmittelsicherheit.2002.

o. V. (EHI): Status Quo und Perspektive im deutschen Lebensmittelhandel. Eine Marktanalyse des EHI Köln. Köln 2001.

o. V. (Einzelhandelssituation): Die akt. Situation im Einzelhandel - ver.di-Positionspapier. http://www.verdi.de/0x0ac80f2b_0x00a92190. Abrufdatum: 2005-04-13.

o. V. (Gartner): Understanding Catalogs in the Commerce Stream. Gartner-Group 2000.

o. V. (IBM): IBM Deutschland (Planning Guide 1981) Business Systems Planning Guide (GE 20-052 7-3). In: Firmenschrift, o. Jg. (1981) 3.

o. V. (IBM): Data Mining Analysen im Handel – konkrete Einsatzmöglichkeiten und Erfolgspotentiale. http://www-5.ibm.com/de/distribution/Data_Mining.doc. Abrufdatum: 2005-04-13.

o. V. (ITGI): Board Briefing on IT Governance. http://www.itgi.org/template-Redirect.cfm?ContentID=10336. Abrufdatum: 2004-07-15.

o. V. (KPMG): Trends im Handel 2005. Ein Ausblick über die Branchen Food, Fashion und Footwear. http://www.kpmg.de/library/surveys/satellit/Trends_im_Handel4.pdf. Abrufdatum: 2003-12-03.

o. V. (Lebensmittelhandel): Lebensmittel-Einzelhandel 2003/2004. Bundesverband des Deutschen Lebensmittelhandels e.V. Berlin 2004.

o. V. (LZ): Conradi - Metros Lohn für perfekte Warenwirtschaft. In: Lebensmittel Zeitung, 41 (1989) 19, S. 4.

o. V. (LZ): Die marktbedeutenden Handelsunternehmen 2001. Frankfurt 2001.

o. V. (McKinsey): US Productivity Growth 1995-2000. Understanding the Contribution of Information Technology relative to other Factors. http://www.mckinsey.com/knowledge/mgi/productivity.Abrufdatum: 2005-01-18.

o. V. (n-tv): Media Markt abgemahnt - "Lass dich nicht verarschen". http://www.n-tv.de/5473032.html. Abrufdatum: 2005-01-06.

o. V. (PWC): Wegweiser Katalogmanagement. Wesentliche Erfolgsfaktoren für E-Procurement-Projekte. Frankfurt/Main 2002.

o. V. (QVC): Über uns. http://www.qvc.de/degasp/frameset.asp?nfs=/degasp/germany_nest.tpl&dd=/dehtml/ueber_uns/drill_down/drill_ueberuns.html&nest=/dehtml/ueber_uns/ueberuns_intro.html. Abrufdatum: 2005-01-10.

o. V. (Rewe): Geschäftsbericht 2003. http://www.rewe.de/downloads/presse/REWE_GB_2003.pdf. Abrufdatum: 2005-01-10.

o. V. (RGH): Das Streckengeschäft im Lebensmittelhandel. RGH (Rationalisierungsgemeinschaft des Handels). Köln 1974.

o. V. (The Hackett Group): Finance Book of Numbers -The Hackett Group. Atlanta 2002.

o. V. (Wal-Mart): Wal-Mart more than doubles the size of its NCR-based data warehouse. In: Dayton Business Journal. 1999. http://www.bizjournals.com/dayton/stories/1999/08/16/daily6.html?t=printable. Abrufdatum: 2004-01-18.

Odiorne, G. S.: Strategic Management of Human Resources. San Francisco 1984.

Oversohl, C.: Leistungsorientierte Gestaltung von Konditionensystemen in der Konsumgüterindustrie. Ergebnisse einer Expertenbefragung. Arbeitspapier Nr. 4. In: Arbeitspapiere des Lehrstuhls für Marketing und Handel an der Universität GH Essen. Hrsg.: H. Schröder. Essen 1999.

Papmehl, A.: Personal-Controlling. Heidelberg 1990.

Paul-Zirvas, J.; Bereszewski, P.: Gründlich verrechnet. In: Information Week, o. Jg. (2004) 5/6, S. 12-14.

Pausch, P.: Controlling im Einzelhandel. In: Controlling-Konzepte im Wandel: Ausgewählte Ansätze. Marburger Schriften zum Genossenschaftswesen. Band 80. Hrsg.: E. Dülfer; B. Jöstingmeier. Göttingen 1994, S. 201-223.

Perlitz, M.: Unternehmen durch "Performance Management" erfolgreich machen. Unternehmenssteuerung mit Balanced Scorecards. In: Gablers Magazin, o. Jg. (1999) 2, S. 6-9.

Perlitz, M.; Seger, F.: Erfordern neue Rahmenbedingungen ein neues Handels-Controlling? In: Zukunftsperspektiven für das Handelsmanagement. Konzepte - Instrumente - Trends. Hrsg.: T. Foscht; G. Jungwirth; P. Schnedlitz. Frankfurt/Main 2000, S. 219-237.

Perussina, R. D.: Employee Self Service Enables Employees to Leverage Benefits and Become Self-Sufficient. In: Employee Benefits Journal, 25 (2000) 1, S. 15-17.

Peters, R.-H.: Media-Markt/Saturn: Wir sind doch nicht blöd. In: Capital, o. Jg (2004) 03.

Petri, T. B.: Sind Scoringwerte rechtswidrig? In: Datenschutz und Datensicherheit, 27 (2003) 10, S. 631-6363.

Petri, T. B.; Kieper, M.: Datenbevorratungs- und Analysesysteme in der Privatwirtschaft. In: Datenschutz und Datensicherheit, 27 (2003) 10, S. 609-613.

Pfeuffer, E.; Kremer-Nehring, D.: Personalmarketing im Handel: Das Beispiel des Kaufhof-Konzerns. In: Strategien des Personalmarketing. Was erfolgreiche Unternehmen besser machen. Hrsg.: H. Strutz. Wiesbaden 1992, S. 245-260.

Pfohl, H.-C.: Logistiksysteme. Betriebswirtschaftliche Grundlagen. 6. Aufl., Berlin et al. 2000.

Picot, A.: Der Produktionsfaktor Information in der Unternehmensführung. In: Thexis, o. Jg. (1989) 4, S. 3-9.

Picot, A.; Neuburger, R.; Niggl, J.: Electronic Data Interchange und Lean Management. In: zfo, 62 (1993) 1, S. 20-25.

Picot, A.; Reichwald, R.; Wigand, R.: Die grenzenlose Unternehmung. Information, Organisation und Management. 4. Aufl., Wiesbaden 2001.

Potthoff, E.; Trescher, K.: Controlling in der Personalwirtschaft. Berlin, New York 1986.

Potucek, V.: Strukturelle Wandlungen im deutschen Lebensmitteleinzelhandel und ihre Auswirkungen auf den Wettbewerb. Berlin 1987.

Pretzel, J.: Nutzenpotenziale in der Logistik - Chancen für die Wertschöpfung. Vortrag im Rahmen des 10. EHI-Logistik-Kongresses, Köln. 2004-03-30.

Price Waterhouse Financial & Cost Management Team: CFO - Architect of the Corporation's Future. New York 1997.

Queck, M.: Aldi muss sich in die Karten schauen lassen. In: Lebensmittel Zeitung, 52 (2001) 46.

Queck, M.: Verdi hat die Tricks von Lidl satt. In: Lebensmittel Zeitung, 53 (2002) 8.

Rathé, A.: Management controls in business. In: Management Control Systems. Hrsg.: D. Malcolm. London 1963.

Recht, P.; Zeisel, S.: Warenkorbanalyse in Handelsunternehmen mit dem Conjoint-Profit-Modell. In: Controlling, 9 (1997) 2, S. 94-100.

Reckenfelderbäumer, M.: Marketing Accounting im Dienstleistungsbereich – Konzeption eines prozessgestützten Instrumentariums. Wiesbaden 1995.

Rehäuser, J.; Krcmar, H.: Wissensmanagement in Unternehmen. In: Wissensmanagement. Hrsg.: G. Schreyögg; P. Conrad. Berlin 1996.

Rehkugler, H.; Poddig, T.: Bilanzanalyse. 3. Aufl., München u. a. 1993.

Reichheld, F.; Sasser, W. E.: Zero-Migration: Dienstleister im Sog der Qualitätsrevolution. In: Harvard Business Manager, 13 (1991) 4, S. 108-116.

Reichmann, T.: Controlling-Konzeptionen in den 90er Jahren. In: Controllingkonzeption für die Zukunft: Trends und Visionen. Hrsg.: P. Horváth. Stuttgart 1991, S. 47-70.

Reichmann, T.: Controlling mit Kennzahlen und Managementberichten. Grundlagen einer systemgestützten Controlling-Konzeption. 6. Aufl., München 2001.

Reichwald, R.; Dietel, B.: Produktionswirtschaft. In: Industriebetriebslehre. Hrsg.: E. Heinen. 9. Aufl., Wiesbaden 1991, S. 395-622.

Reilly, W. J.: The Law Retail Gravitation. New York 1931.

Reiss, K. F.: Die Balanced Scorecard als Management System: Aspekte der Konzeption und Implementierung. Vortrag auf dem IV. Mannheimer Unternehmerforum, Mannheim. 1998-10-30.

Reiß, M.: Reengineering: radikale Revolution oder realistische Form? In: Kunden und Prozesse im Fokus. Controlling und Reengineering. Hrsg.: P. Horváth. Stuttgart 1994.

Ribbert, M.: Gestaltung eines IT-gestützten Kennzahlensystems für das Produktivitätscontrolling operativer Handelsprozesse. Dissertation, Westfälische Wilhelms-Universität Münster. Münster 2005.

Richardson, H.: Control your costs then cut them. In: Transportation and Distribution, 12 (1995), S. 94-96.

Riebel, P.: Gestaltungsprobleme einer zweckneutralen Grundrechnung. In: ZfbF, 31 (1979), S. 863-893.

Riebel, P.: Einzelkosten- und Deckungsbeitragsrechnung. 7. Aufl., Wiesbaden 1994.

Ring, N. G.: Die Funktion des Sortimentsgroßhandels unter besonderer Berücksichtigung eines Regaloptimierungssystems. In: ZfB, 44 (1992) 6, S. 566-585.

Robert, R.: The Accountant in Literature. In: The Journal of Accountancy, 103 (1957) 3, S. 64-66.

Rockart, J. F.: Topmanager sollen ihren Datenbedarf selbst definieren. In: HARVARDmanager, o. Jg. (1980) 2, S. 45-58.

Rode, J.: ECR-Studie 2004: Prozesseffizienz steht im Mittelpunkt. In: Lebensmittel Zeitung, 55 (2004a) 36.

Rode, J.: Lidl rationalisiert mit digitalem Verkehr. In: Lebensmittel Zeitung, 55 (2004b) 49, S. 6.

Rode, J.: Metro will endgültig EDI statt Papier. In: Lebensmittel Zeitung, 55 (2004c) 18.

Rode, J.: Netto beschleunigt den Einkauf per Internet. In: Lebensmittel Zeitung, 55 (2004d) 42.

Rode, J.: SAS hilft Karstadt bei Kunden-Briefen. In: Lebensmittel Zeitung, 55 (2004e) 49.

Rode, J.: Sortimente 2004: Der Handel stärkt seine Einkaufsmacht. Beschaffung: Kontrollierte Turbo-Deals. Auszug aus Spezialreport September 2004. http://www.lz-net.de/specials/pages/show.prl?id=1389&backid=1385. Abrufdatum: 2005-01-12.

Rode, J.: Regal-Layouts fließen per Extranet zu Karstadt. In: Lebensmittel Zeitung, 56 (2005a) 13.

Rode, J.: Software hilft beim Ausmisten der Regale. In: Lebensmittel Zeitung, 56 (2005b) 15.

Röhrenbacher, H.: Kennzahlen der Kosten- und Erfolgsrechnung im Handelsbetrieb. In: Jahrbuch für Controlling und Rechnungswesen '88. Hrsg.: G. Seicht. Wien 1988, S. 145-166.

Rokohl, C.: Prozeßorientiertes Kostenmanagement in Einzelhandelsbetrieben. Göttingen 1997.

Rolle, T.; Schäfer, A.: Wertorientiertes Supply Chain Management - Vendor Managed Inventory in der Praxis. Vortrag im Rahmen des 10. EHI-Logistik-Kongresses, Köln. 2004-03-30.

Römer, G.: Projektcontrolling: Ein Leitfaden zur Planung, Steuerung und Kontrolle von Projekten. Bielefeld 1990.

Rosenkranz, R.: Die notwendigen und die tatsächlichen Verteilzeit-Zuschlags-Faktoren. In: Das rationelle Büro, 17 (1966) 9, S. 11-17.

Rosik, U.; Koopsingraven, B.: Vom Projekt zum Prozess - Modernes, kooperatives Category Management von Karstadt und Schwarzkopf & Henkel. In: Category Management. Aus der Praxis für die Praxis. Hrsg.: H. Schröder. Frankfurt/Main 2003.

Rotthowe, T.: Schnittstellen-Management im Handel. Eine Analyse der Informationsflüsse zwischen Warenwirtschaft und Rechnungswesen. Wiesbaden 1998.

Rudolph, T.: Personalpolitik im Handel. In: thexis, o. Jg. (1991) 3, S. 24-30.

Rudolph, T.: Marktorientiertes Management komplexer Projekte im Handel. Stuttgart 1999.

Rudolph, T.: 50 Jahre EHI - Impulsgeber für den Wandel. In: Praxisorientierte Handelsforschung. Hrsg.: B. Hallier. Köln 2001, S. 180.

Rudolph, T.; Schmickler, M.: Integriertes Category Management. In: Zukunftsperspektiven für das Handelsmanagement. Hrsg.: T. Foscht; G. Jungwirth; P. Schnedlitz. Frankfurt/Main 2000.

Ruß, C.; Schwaiger, A.; Stahmer, B.: SimMarket - Grundkonzeption und Anwendungserfahrungen. In: Performance Leadership im Handel. Hrsg.: J. Zentes; H. Biesiada; H. Schramm-Klein. Frankfurt / Main 2004, S. 255-284.

Russell, K. A.; Siegel, G. H.; Kulesza, C. S.: Counting More, Counting Less: Transformations in the Management Accounting Profession. In: Strategic Finance, 81 (1999) 9, S. 39-44.

Sakurai, M.; Keating, P.; McCabe, P.: Comparative Study of Financial Organization in the United States and Japan. In: Controlling, 9 (1997) 3, S. 148-155.

Schäffer, G.: Einführung der prozessorientierten Kostenrechnung bei einem Markenartikler. In: Controlling, 8 (1996) 2, S. 110-115.

Schäffer, U.; Weber, J.: Controller können von Consultants lernen. In: Harvard Business Manager, 21 (1999) 1, S. 21-28.

Scheer, A.-W.; Kraemer, W.; Nüttgens, M.; Zimmermann, V.: Kundenorientierung in Industrie, Dienstleistung und Verwaltung. 17. Saarbrücker Arbeitstagung, Saarbrücken 1996, S. 3-26.

Schelp, J.: Konzeptionelle Modellierung mehrdimensionaler Datenstrukturen. In: Analytische Informationssysteme. Hrsg.: P. Chamoni; P. Gluchowski. Berlin, Heidelberg 1998, S. 263-276.

Schenk, H.-O.: Handelsbetriebe. In: Handwörterbuch des Marketing. Hrsg.: B. Tietz. 2. Aufl., Stuttgart 1995, S. 851-863.

Schiebur, K.: Kommissionierung in Top-Form. In: Lebensmittel Zeitung, 55 (2004) 20, S. 60.

Schierenbeck, H.: Ertragsorientiertes Bankmanagement. Bank II. 7. Aufl., Wiesbaden 2001.

Schillo, N.: Innovative Technologien in der Logistik - GLOBUS Logistikzentrum Bingen. Vortrag im Rahmen des 10. EHI-Jahreslogistikkongress 2004, Düsseldorf.

Schmidt, A.: Das Controlling als Instrument zur Koordination der Unternehmensführung - Eine Analyse der Koordinationsfunktion des Controlling unter entscheidungsorientierten Gesichtspunkten. Frankfurt u. a. 1996.

Schmidt, A.; Wagner, S.; Ollesky, K.: Einkaufscontrolling. Blindflug vermeiden. In: Controlling, 12 (2000) 12, S. 595-600.

Schmidt, K.-J.: Logistik - Grundlagen, Konzepte, Realisierung. Wiesbaden 1993.

Schmitz, G.: Die Deckungsbeitragsrechnung als Instrument der Handelsbetriebsführung. In: Arbeitsgemeinschaft für Rationalisierung des Landes NRW. Düsseldorf 1975, S. 8-37.

Schmolke, S.; Deitermann, M.; Rückwart, W.-D.: Industriebuchführung mit Kosten- und Leistungsrechnung. Darmstadt 2004.

Schnedlitz, P.; Madlberger, M.: Multi-Channel-Retailing: Herausforderungen an die Logistik durch Hauszustellung. In: Jahrbuch Handelsmanagement. Hrsg.: D. Ahlert; R. Olbrich; H. Schröder. Frankfurt a. M. 2002, S. 317-334.

Schneider, D.: Versagen des Controlling durch eine überholte Kostenrechnung. In: Der Betrieb, 44 (1991) 15, S. 715-722.

Schneider, D.: Betriebswirtschaftslehre. Band 2: Rechnungswesen. 2. Aufl., München 1997.

Schneider, J.: Die Kostenrechnung im Einzelhandel. Freiburg/Breisgau 1968.

Schramm-Klein, H.; Knörr, E.: IT-Systeme im Handel: Stand des Einsatzes und Entwicklungstendenzen. In: Transfer (2003) Oktober, S. 24-31.

Schrank, R.: Neukonzeption des performance measurements. Der GOPE-Ansatz. Dissertation, Universität Mannheim. Mannheim 2002.

Schreiber, J.: Beschaffung von Informatikmitteln. 3. Aufl., Bern u. a. 2000.

Schröder, C.: Produktivität und Lohnstückkosten im internationalen Vergleich. http://www.iwkoeln.de/data/pdf/content/trends03-04-3.pdf. Abrufdatum: 2005-05-02.

Schröder, E. F.: Organisatorischer Wandel und Controlling. In: Handbuch Controlling. Hrsg.: E. Mayer; J. Weber. Stuttgart 1991, S. 983-997.

Schröder, H.: Benchmarking im Handel: Minimalprogramm. In: Absatzwirtschaft, o.Jg. (1996) 9, S. 94-99.

Schröder, H.: Neue Entwicklungen der Kosten- und Leistungsrechnung im Handel und ihre Bedeutung für ein integriertes Warenwirtschafts-Controlling. In: Integrierte Warenwirtschaftssysteme und Handelscontrolling. Hrsg.: D. Ahlert; R. Olbrich. 3. Aufl., Stuttgart 1997, S. 301-338.

Schröder, H.: Handelscontrolling - Anforderungen, konzeptionelle Grundlagen und Status Quo. In: Handbuch Marketingcontrolling. Hrsg.: S. Reineke; T. Tomczak; G. Geis. St. Gallen, Wien 2001, S. 774-795.

Schröder, H.; Feller, M.: Wieviel Consumer Insight hat der Handel? In: Dynamik im Handel, 11 (1999), S. 46-48.

Schröder, H.; Feller, M.: Kundenorientierte Sortimentsgestaltung als Herausforderung für das Controlling im Einzelhandel mit Lebensmitteln. In: Handelscontrolling - Neue Ansätze aus Theorie und Praxis zur Steuerung von Handelsunternehmen. Hrsg.: J. Graßhoff. Hamburg 2000, S. 161-180.

Schröder, H.; Schettgen, G.: Kundencontrolling im Bekleidungs-Einzelhandel. Eine empirische Analyse im stationären Einzelhandel und im Versandhandel. In: Arbeitspapier Nr. 11. Arbeitspapiere des Lehrstuhls für Marketing und Handel an der Universität Essen. Essen 2002.

Schuckel, M.: Bedienungsqualität im Einzelhandel. Stuttgart 1999.

Schulte-Zurhausen, M.: Organisation. 2. Aufl., München 1999.

Schulte, C.: Lexikon der Logistik. München, Berlin 1999a.

Schulte, C.: Logistik. Wege zur Optimierung des Material- und Informationsflusses. 3. Aufl., München 1999b.

Schulte, G.: Material- und Logistikmanagement. München 1996.

Schulz, H.-J.: Lidl startet Azubi-Casting mit Fernseh-Spots. In: Lebensmittel Zeitung, 56 (2005) 5.

Schütte, R.; Vering, O.: Erfolgreiche Geschäftsprozesse durch standardisierte Warenwirtschaftssysteme. Berlin 2004.

Schwaiger, A.; Stahmer, B.: SimMarket - Agentenbasierte Kundensimulation zur Entscheidungsunterstützung im Sortimentsmanagement. Research Report RR-01-03. DFKI. Kaiserslautern, Saarbrücken 2003.

Schwanitz, J.: Entwicklung einer Controlling-adäquaten IT-Organisation. In: Handbuch Bankcontrolling. Hrsg.: H. Schierenbeck; B. Rolfes; S. Schüller. Wiesbaden 2001.

Schwarze, J.: Informationsmanagement - Planung, Steuerung, Koordination und Kontrolle der Informationsversorgung im Unternehmen. Herne, Berlin 1998.

Schweier, H.; Jehle, E.: Controlling logistischer Netzwerke - Konzeptionelle Anforderungen und Ansätze zur instrumentellen Ausgestaltung. In: Industriemanagement, 15 (1999) 5, S. 83-87.

Schweitzer, M.; Küpper, H. U.: Systeme der Kosten- und Erlösrechnung. 7. Aufl., München 1998.

Sedran, T.: Wettbewerbsvorteile durch EDI? In: IM, 6 (1991) 2, S. 16-21.

Serfling, K.; Schultze, R.: Benchmarking als Tool der Unternehmensführung und des Kostenmanagements. In: Kostenrechnungspraxis, 41 (1997) 4, S. 193-202.

Siegwart, G.: Kennzahlen für die Unternehmensführung. 5. Aufl., Wien 1998.

Simon, A.: Basic Scorecard kann IT-Projekte vor Misserfolgen schützen. In: Controller Magazin, 29 (2004) 6, S. 570-574.

Simon, H.: Preismanagement. 2. Aufl., Wiesbaden 1992.

Simons, R.: Levers of Control - How Managers Use Innovative Control Systems to Drive Strategic Renewal. Boston 1995.

Sontow, K.: Software-Auswahl - Millionengrab für die Deutsche Wirtschaft. http://www.it-matchmaker.com/public/downloads/ software_auswahl_sontow.pdf. Abrufdatum: 2004-01-10.

Spannagel, J.; Lang, H.: Prozesskostenmanagement im Handel. In: Handelscontrolling. Hrsg.: J. Graßhoff. Hamburg 2000, S. 473-504.

Spohrer, H.: Controlling in Einkauf und Logistik: Die Materialwirtschaft auf dem Prüfstand. Gernsbach 1995.

Spremann, K.; Herbeck, T.: Zur Metallgesellschaft und ihrer Risikomanagement-Strategie. Bewertung und Einsatz von Finanzderivaten. In: Zeitschrift für betriebswirtschaftliche Forschung, 49 (1997) Sonderheft 38, S. 155-189.

Stacey, N. A.: The Accountant in Literature. In: The Accounting Review, 23 (1958), S. 102-105.

Staehle, W.: Kennzahlensysteme als Instrument der Unternehmensführung. In: Wirtschaftswissenschaftliches Studium, 2 (1973) 5, S. 222-228.

Statistisches Bundesamt: Handel, Gastgewerbe,Tourismus - Beschäftigte, Umsatz, Aufwendungen, Lagerbestände, Investitionen und Warensortiment im Handel 2001. In: Fachserie 6 / Reihe 4. Hrsg.: Destatis. Wiesbaden 2004.

Stauss, B.; Seidel, W.: Beschwerdemanagement. München 1998.

Stecher, P.: Building Business Application Systems with Retail Application Architecture. IBM Systems Journal. 32 (1993) 2, S. 278-306.

Steffenhagen, H.: Konditionengestaltung zwischen Industrie und Handel: leistungsbezogen, systematisch, professionell. Wien 1995.

Stein, B.: Konzeption eines mehrdimensionalen Kennzahlensystems als Instrument der Erfolgssteuerung in der öffentlichen Verwaltung - dargestellt am Beispiel der Hochschulen. Dissertation, Technische Universität Hamburg-Harburg 2003.

Steinle, C.; Bruch, H.: Controlling - Kompendium für Controller/innen und der Ausbildung. 2. Aufl., Suttgart 1999.

Steinmüller, P. H.: Die neue Schule des Controllers, Bd. 3, Spezielles Controlling. Berichtswesen und Controlling einschließlich angewandter Datenverarbeitung. Stuttgart 2000.

Sternberg, H.: SINFOS schließt die Lücke in der Datenkommunikation. In: Coorganisation, o. Jg. (1988) 4, S. 16-17.

Stiegler, H.; Wolf, T.: Ein Kennzahlenset für marktorientierte Klein- und Mittelbetriebe. In: Controllinginstrumente für Klein- und Mittelbetriebe in Theorie und Praxis. Hrsg.: A. Mayr; H. Stiegler. Linz 1997, S. 421-462.

Stigler, G.: The Economics of Information. In: Journal of Political Economy, 69 (1961) 1, S. 213-225.

Stock, J. R.; Lambert, D. M.: Strategic Logistics Management. 2. Aufl., Irwin, Homewood, Illinois 1987.

Stoffl, M.: Personalmanagement in Großbetrieben des Einzelhandels. Wiesbaden 1996.

Stölzle, W.; Placzek, T. S.: Gähnende Leere statt der Ware. In: Lebensmittel Zeitung, 56 (2004) 36, S. 68.

Ströhl, M.; Michels, E.: Retouren und Kundenverhalten im Versandhandel. In: EHI, Enzyklopädie des Handels, Data Warehouse, Bestandsaufnahme und Perspektiven (1998).

Szyperski, N.: Informationsbedarf. In: Handwörterbuch der Organisation. Hrsg.: E. Grochla. Stuttgart 1980, S. 904-913.

Teubner, A.; Rentmeister, J.; Klein, S.: IT-Fitness für das 21. Jahrhundert – Konzeption eines Evaluationsinstruments. In: Evaluation und Evaluationsforschung in der Wirtschaftsinformatik. Hrsg.: L. J. Heinrich; I. Häntschel. München, Oldenburg 2000, S. 75-92.

Theisen, M. R.: Interne Revision, Controller und Abschlussprüfer - Gehilfen des Aufsichtsrats und Beirats? In: Controlling & Finance: Aufgaben, Kompetenzen und Tools effektiv koordinieren. Hrsg.: P. Horváth. Stuttgart 1999, S. 49-63.

Tietz, B.: Der Handelsbetrieb. 2. Aufl., München 1993.

Trenz, T.: Online-Handel heizt Wettbewerb weiter an. In: Lebensmittel Zeitung, 56 (2005a) 26, S. 25-27.

Trenz, T.: "Sportlichkeit in den Markt bringen". In: Lebensmittel Zeitung, 56 (2005b) 26, S. 27.

Troßmann, E.: Internes Rechnungswesen. In: Betriebswirtschaftslehre. Hrsg.: H. Corsten; M. Reiß. München, Wien 1999.

Tyran, M.: Handbook of Business and Financial Ratios. New Jersey 1986.

van Kerkom, K.: Logistisches Handelscontrolling. Wiesbaden 1998.

Veit, T.; Walz, H.; Gramlich, D.: Investitions- und Finanzplanung. 4. Aufl., Heidelberg 1993.

Vering, O.: Methodische Softwareauswahl im Handel. Ein Referenz-Vorgehensmodell zur Auswahl standardisierter Warenwirtschaftssysteme. Berlin 2002.

Vering, O.: Methodische Auswahl von Warenwirtschaftssystemen am Beispiel der Star Distribution - a company of the DaimlerChrysler Group. http://www.trovarit.de/public/downloads/wws_star_distr.pdf. Abrufdatum: 2005-01-10.

Vitasek, K.: Council of Logistics Management Glossary. http://www.clml.org.

Vogel, S.: Projektcontrolling für innovative Angebotskonzepte. Das Beispiel Shop-Konzepte im Handel. Frankfurt/Main u. a. 2001.

Volkers, M.: Teilbranchenbericht Einzelhandel Textil. Berlin 2004.

Vollmuth, H. J.: Controlling-Instrumente von A-Z. München 1992.

vom Brocke, J.: Referenzmodellierung: Gestaltung und Verteilung von Konstruktionsprozessen. Dissertation, Westfälische Wilhelms-Universität Münster. Münster 2002.

Voßschulte, A.; Baumgärtner, J.: Controlling im Handel. In: Controlling, 3 (1991) 5, S. 252-261.

Wahl, M.: IT-Controlling. In: Controller Magazin, 29 (2004) 6, S. 516-518.

Waldersee, G. G.; Ranzinger, C.: Gestaltung und Bewertung des Internen Kontrollsystems. In: Deutscher Corporate Governance-Kodex. Ein Handbuch für Entscheidungsträger. Hrsg.: N. Pfitzer; P. Oser. Stuttgart 2003, S. 473-489.

Walters, R. G.; Rinne, H. J.: An Empirical Investigation into the Impact of Price Promotions on Retail Store Performance. In: Journal of Retailing, 62 (1986) 3, S. 237-267.

Waniczek, M.: Berichtswesen optimieren. Frankfurt, Wien 2002.

Warich, B.: Minijobs im Einzelhandel. Berlin 2004.

Weber, B.: Folgenschwere Entscheidung. In: LZ Spezial, o. Jg. (2002a) 4, S. 26.

Weber, B.: Metro digitalisiert Rechnungsprüfung. In: Lebensmittel Zeitung, 53 (2002b) 10.

Weber, B.: BVE sieht Nachholbedarf. In: Lebensmittel Zeitung, 55 (2004a) 42.

Weber, B.: Handel will die permanente Inventur. In: Lebensmittel Zeitung, 55 (2004b) 40.

Weber, B.: Agenten-Technologie reizt dm. In: Lebensmittel Zeitung, 56 (2005a) 27.

Weber, B.: Amazon gibt alles. In: Lebensmittel Zeitung, 56 (2005b) 26, S. 28-29.

Weber, B.: Homeshopping bahnt sich neue Wege zum Kunden. In: Lebensmittel Zeitung, 56 (2005c) 11.

Weber, B.: Rewe sucht neue Lieferanten im Netz. In: Lebensmittel Zeitung, 56 (2005d) 4.

Weber, J.: Praxis des Logistik-Controlling. Stuttgart 1993.

Weber, J.: Einführung in das Controlling. 9. Aufl., Stuttgart 2002c.

Weber, J.: Logistik und Supply Chain Controlling. Stuttgart 2002d.

Weber, J.: Metro baut Lieferanten-Bewertung im Netz aus. In: Lebensmittel Zeitung, 55 (2004c) 30.

Weber, J.; Hamprecht, M.; Goeldel, H.: Benchmarking des Controlling: Ein Ansatz zur Effizienzsteigerung betrieblicher Controllingbereiche. In: krp, 39 (1995) 1, S. 15-19.

Weber, J.; Schäffer, U.: Auf dem Weg zu einem aktiven Kennzahlenmanagement. Arbeitspapier. In: WHU-Forschungspapier. Valendar 1999.

Weber, J.; Schäffer, U.: Controlling als Koordinationsfunktion? In: krp Kostenrechnungspraxis - Zeitschrift für Controlling, Accounting & Systemanwendungen, 44 (2000) 2, S. 109-118.

Weber, M.: Kennzahlen: Unternehmen mit Erfolg führen. Freiburg 2002e.

Wedde, P.: Die wirksame Einwilligung im Arbeitnehmerdatenschutzrecht. In: Datenschutz und Datensicherheit, 28 (2004) 3, S. 169-174.

Weill, P.: Don't just lead, govern: how top-performing firms fovern IT. In: MIS Quarterly Executive, 3 (2004) 1, S. 1-17.

Weisphal, N.: Expert-Talks - Studie zu CPFR-Pilotprojekten in Europa. Saarbrücken 2003.

Wenzel, M.: Voice Picking als Optimierungstool in der Supply Chain. Vortrag im Rahmen der EHI-Technologietage 2003, Köln. 19.-20. 11. 2003.

Wesche, M.: Entscheidungsorientierte Kosten- und Leistungsrechnung in Handelsbetrieben. Göttingen 1991.

Wesp, R.: Sortimente 2004. Der Handel stärkt seine Einkaufsmacht. Europakonditionen: Der Handel macht Ernst. Auszug aus Spezialreport September 2004. http://www.lz-net.de/specials/pages/show.prl?id=1388&backid=1385. Abrufdatum: 2005-01-10.

Wicht, J.: Entwicklung eines strategischen Kennzahlensystems für die Logistik eines internationalen Handelsunternehmens. Dissertation, Universität Wuppertal. Lohmar 2001.

Wieland, H.-J.: Reengineering im Supermarkt. Potentiale bei Bestellung und Wareneingang. Dynamik im Handel. 39 (1995) 4, S. 28-30.

Wiese, J.: Implementierung der Balanced Scorecard. Wiesbaden 2000.

Wigand, J.: Rabatt. In: ADAC spezial - Autotest.2005, S. 34-36.

Wigand, R. T.; Picot, A.; Reichwald, R.: Information, Organization and Management - Expanding Markets and Corporate Boundaries. Chicester 1997.

Wilke, K.: Warenwirtschaftssysteme im Textileinzelhandel. Konzeptionelle Ansätze zur Gestaltung warenwirtschaftlicher Informationssysteme unter besonderer Berücksichtigung der Einkaufsplanung. Münster 1989.

Wilke, K.: Controlling im E-Commerce - Die Balanced Scorecard zur Steuerung des E-Commerce. In: Handel im Fokus - Mitteilungen des IfH, 54 (2002a) 4, S. 274-294.

Wilke, K.: Controlling: im E-Commerce - Ein Kennzahlensystem für die Erfolgskontrolle auf Basis der Balanced Scorecard. In: Jahrbuch der Absatz- und Verbrauchsforschung der GfK, o. Jg. (2003) 2, S. 160-184.

Wilke, M.: Data-Mining - eine neue Dimension der Verarbeitung von Arbeitnehmerdaten. Absolute und kontinuierliche Analyse von personenbezogenen Daten im Handel. In: RDV, o. Jg. (2002b) 05, S. 225-230.

Wimmer, B.: Leistungsfähigkeiten von Warenwirtschaftssystemen für das Handels-Controlling. In: Controlling-Report, o. Jg. (2000) 2, S. 8-12.

Witt, F.-J.: Deckungsbeitragsmanagement. München 1991.

Witt, F.-J.: Handelscontrolling. München 1992.

Witt, F.-J.: Controlling in New-Economy-Unternehmen. In: controller magazine, 26 (2001) 2, S. 112-125.

Witt, F.-J.: Controlling-Lexikon. München 2002.

Witt, F. J.: Controlling im Personalbereich. In: Controller Magazin, 11 (1986) 5.

Witte, E.: Die Liquiditätspolitik der Unternehmen. Tübingen 1963.

Wöhe, G.: Bilanzierung und Bilanzpolitik. 9. Aufl., München 1997.

Wöhrle, T.: Effizienz für Infusionen. In: Logistik Heute, o. Jg. (2001) 5, S. 32.

Wolf, K.: Risikomanagement im Kontext der wertorientierten Unternehmensführung. Wiesbaden 2003.

Wolf, K.; Holm, C.: Total Cost of Ownership: Kennzahl oder Konzept? In: Information Management, 13 (1998) 2, S. 19-23.

Wolfskeil, J.: Die Entwicklung der Branche im Spiegel der Lebensmittel Zeitung. In: Meilensteine im deutschen Handel. Hrsg.: E. Dichtl; M. Lingenfelder. Frankfurt / Main 1999, S. 309-329.

Wolfskeil, J.: Ahold droht Zerschlagung. In: Lebensmittel Zeitung, 54 (2003a) 9, S. 12.

Wolfskeil, J.: Tiefer Sturz von Ahold - Kommentar. In: Lebensmittel Zeitung, 55 (2003b) 9, S. 12.

Wolfskeil, J.: Wie Penny auf eine gute Idee kam. In: Lebensmittel Zeitung, 56 (2005) 25.

Wulfetange, J.: Corporate Governance - neue Herausforderungen für die Industrie? In: Corporate Governance: Herausforderungen und Lösungsansätze. Hrsg.: M. Nippa; K. Petzold; W. Kürsten. Heidelberg 2002, S. 83-103.

Wunderer, R.; Sailer, M.: Instrumente und Verfahren des Personal-Controlling: Ergebnisse einer Umfrage. In: Controller Magazin, 12 (1987a) 6, S. 287-292.

Wunderer, R.; Sailer, M.: Personal-Controlling - eine vernachlässigte Aufgabe des Unternehmens-Controlling. In: Personalwirtschaft, o. Jg. (1987b) 8, S. 321-327.

Wunderer, R.; Schlagenhaufer, P.: Die Personalabteilung als Wertschöpfungscenter - Ergebnisse einer Umfrage. In: Personal, o. Jg. (1993) 6, S. 280-283.

Wunderer, R.; Schlagenhaufer, P.: Personal-Controlling. Funktionen - Instrumente - Praxisbeispiele. Stuttgart 1994.

Yurtkuran, S.; Kollorz, E.; Weber, M.: Whitepaper zur IT Leistungsverrechnung. http://www.nicetec.de/download/de/nicetec-it-leistungsverrechnung.pdf. Abrufdatum: 2005-06-17.

Zencke, P.: Die New-Economy - Lösungen für Handel und Konsumgüterindustrie. In: SAP Forum 2000 für Konsumgüterindustrie (2000).

Zentes, J.: Kundenbezogene Deckungsbeitragsrechnung im Handel. In: Vahlens Großes Controlling Lexikon. Hrsg.: P. Horvárth; T. Reichmann. München 1993, S. 389-390.

Zentes, J.: Performance-Leadership im Handel - Stoßrichtungen und neuere Konzepte. In: Performance Leadership im Handel. Hrsg.: J. Zentes; H. Biesiada; H. Schramm-Klein. Frankfurt / Main 2004a, S. 13-30.

Zentes, J.: Retail Performance Management. Ein handelsorientierter Ansatz des Prozess-Controlling. Vortrag auf der ZGV-T-Systems-Tagung, Stuttgart. 2004-02.

Zentes, J.; Biesiada, H.: Supply Chain Performance Measurement - Ein innovativer Ansatz des Prozesscontrolling. In: Coorganisation, 22 (2003) 3, S. 38-39.

Zentes, J.; Exner, R.; Braune-Krickau, M.: Studie Warenwirtschaftssysteme im Handel - über den Stand und die weitere Entwicklung von Warenwirtschaftssystemen im Einzelhandel mit Konsumgütern des täglichen Bedarfs. Rüschlikon 1989.

Zentes, J.; Morschett, D.: Daten & Fakten. HandelsMonitor 1998, Band 2. Frankfurt/Main 1998.

Zerres, M.: Handbuch Marketing-Controlling. 2. Aufl., Berlin u. a. 2000.

Zimmer, W.: Spurensicherung an der Kasse. In: retail technology journal, o. Jg. (2004) 1, S. 34-35.

ZVEI (Hrsg.): ZVEI-Kennzahlensystem. 4. Aufl.,1989.

Stichwortverzeichnis

A

ABC-Analyse 218, 226, 339
Abnehmer
   Lieferscheinbewertung....297
   Rechnungserstellung.......298
Abnehmerrückgabebearbeitung
  295
Abrechnungsschema 166
Absatzplanung....................223
   Organisation....................224
   Ziele.................................223
Absatzwegepolitik...............238
Abverkaufsverhalten 174
Abweichung
   Mengen-..........................205
   Preis-...............................205
Abweichungsanalysen.........352
AC Nielsen..........................131
Adhoc-Berichte 128
Ahold 43
Air Berlin 28
Aldi 18, 26, 203, 234, 239
Amazon.................................26
Angebotsbearbeitung...........263
Angebotsverfolgung............264
Anita Dr. Helbig..................313
Anlagenbuchhaltung 322
Anlagenmanagement...........327
Anlagenüberwachung..........327
Anreizsysteme 370, 371
Anwesenheitskontrolle 382
Aral 240
Arbeitszeiterfassung............383
Artikelabverkaufserfolg 272
Artikelbewertung 199
Artikellistung 222
Artikelstammdatenbank 139
Artikelverwaltung 154

Asda 377
Assoziationsanalyse 126
Aufbewahrungspflicht.........324
Aufschlagsmarge.................225
Aufteilung 185
Auftragsbearbeitung............264
Auktionen...........................147
Außendienst 283
Außendienstcontrolling.......284
Auto-Disposition.........180, 183
AVA....................................104
Avisierung...........................192

B

Bäko 204
Balanced Scorecard...............78
   Handelsausprägung..........80
   Perspektiven.....................79
bauMax 127
Baur......................................17
Baur Versand......................126
BDGA.................................323
Bedarfsrechnung 172
   Abverkaufsverhalten.......174
   Bestellmengenberechnung
  176
   optimale Bestellmenge
     (Modell).......................177
   Prognoseverfahren 172
   programmgebunden 172
   verbrauchsgesteuert 172
Beiersdorf............................413
Belegaufkommen 200
Bells Stores 315
Benchmarking.....................418
   innerbetrieblich...............420
   Partnerwahl.....................421
   zwischenbetrieblich 421
Bericht...................................89

Berichtswesen ... 51
  Adhoc-Berichte ... 128
  Berichtshäufigkeit ... 429
  konzeptionelle Probleme 427
  Standardberichte ... 128
  Systeme ... 129
Berichtswesenkonstrukte
  Bericht ... 89
  Bezugsobjekte ... 87
  Dimensionen ... 87
  Fakt ... 89
  Informationsobjekt ... 89
  Kennzahlen ... 63
  Kennzahlenbibliotheken ... 86
  Kennzahlensysteme ... 69
Berichtswesenmodellierung .. 59
  H2 ... 61
  Konstrukte ... 63
Beschaffung ... 145
Beschwerde-Controlling ... 261
Beschwerdemanagement ... 260
Bestandführung ... 199
Bestandsaufnahme ... 184
Bestandsbuchung ... 292
Bestandscontrolling ... 318
Bestandshöhenkontrolle ... 173
Bestandskosten ... 311
Bestellmenge ... 176
Bestellmengenrechnung ... 179
Bestellparameter ... 181
Bestellübermittlung ... 186
Bestellüberwachung ... 186
Betreiberkonzepte ... 21, 28
Betriebsabrechnungsbogen . 379
Betriebstypeninnovation ... 241
Betriebsvergleich ... 418
Bevölkerung, relevante ... 243
Bezugsgrößen ... 337
Bezugsobjekte ... 87, 337
BMW ... 234
Bondaten ... 121
Bonitätsprüfung ... 267, 305
  Anbieterübersicht ... 268
BP ... 240
Bruttorentabilität ... 226, 227
Buchung ... 303, 324
Budgetierung ... 230
Budnikowsky ... 164
Business Intelligence ... 121

C

Carrefour ... 19
Carry-Over-Effekt ... 232
Cash Conversion Cycle ... 311
Cash Management ... 330
Category Management ... 412
CCG ... 138
Coca-Cola ... 14
Compliance ... 41
Conjoint-Profit ... 278
Controller ... 5
  Aufgabenfeld ... 7
  Image ... 7
Controlling ... 1
  Aufgaben ... 5, 214, 430
  Definition ... 4
  Effizienzmessung ... 426, 431
  extern ... 439
  Historie ... 1
  Informationsversorgungsfunktion ... 96
  intern ... 432
  Organisation ... 433, 437
  Personalstärke ... 431
  Projekt ... 441
  Selbstcontrolling ... 10
  Stammdaten ... 155
  strategische Lücken ... 429
  zukünftige Aufgaben ... 9
Controlling-Audit ... 430
Convenience ... 25
COOP Dänemark ... 17
Coop Schleswig-Holstein ... 104
Coppenrath & Wiese ... 196
Corporate Governance ... 44
Corporate Governance Kodex ... 42
Corrupt Practices Act ... 41
COSO ... 41
Couponing ... 272
CPFR ... 413
CRM ... 110, 256
Cross-Docking ... 193, 198, 316

D

DaimlerChrysler ... 398

Dänisches Bettenlager.........363
Data Mining........................275
　Assoziationsanalyse.........126
　Definition........................124
　Methoden.........................125
　Warenkorbanalyse..125, 161
Data Warehouse...31, 115, 277, 335
　Anwendungsmöglichkeiten 120
　Architektur......................117
　Beständigkeit..................116
　Datenintegration.............116
　Definition........................115
　ETL..................................117
　Historie...........................115
　Probleme.........................123
　Systeme...........................124
　Themenorientierung........116
　Zeitliche Varianz.............116
Datenaustausch............186, 407
　Beispiel...........................138
　elektronisch....................135
　Formate...........................136
　POS..................................275
　POS-Upload-Performance 277
　Probleme.........................276
　Standardisierung.............136
Datenquellen........................96
　extern..............................130
　intern...............................97
Datenschutz.................40, 140
　Kundenbindungsprogramme 142
　Personaldaten..................144
　Scoringwerte...................142
　Transborder Data Flow...143
Datenschutzgesetz.......141, 143
Datensicherheit...................141
Datenvolumen.............113, 277
DEA....................................240
Debitorenbuchhaltung 207, 213, 301
Deckungsbeitrag.................226
Deckungsbeitragsrechnung 218, 341
　Abnehmer-.....................342
　Lieferanten-...................342
　Warengruppen................342
Dell.....................................121

DESADV............................192
Deutsche Bahn.....................28
Diebstahlprävention...........279
Dimensionen........................87
Dimensionsausschnitt...........89
Dimensionsausschnittskombination.....................................89
Dimensionsgruppen..............88
Direkte Produkt Profitabilitätsrechnung....335
Direkte Produkt-Rentabilität
　Defizite...........................343
　Historie...........................343
　Komponenten.................344
Discounter............................20
Displays..............................270
Disposition.................145, 168
　Aufgaben........................170
Dispositionssysteme............111
Distributionspolitik.............238
Distributionsprozess............213
Dohle..................................364
DPP.............................335, 342
DuPont-Schema...................74
Durchschnitt
　Mehrjahres-....................225
Durchschnitt, gleitender......199

E

EAN128..............................314
EAN-Code..........................105
Ebay.....................................21
EBIT...................................326
EBITDA.............................326
EC-Cash.....................268, 304
EC-Karte....................268, 304
E-Commerce........................21
ECR............................345, 411
ECR-Konzepte....................412
ECR-Scorecard...................414
Edeka......17, 44, 156, 164, 364, 386
Edeka Minden-Hannover....147
EDI...........................135, 203
EDIFACT...........................138
Eduscho................................17
EHI......................................131
Einkauf.......................145, 146

Aufgaben 146
Auktionen 147
Bedeutung 146
E-Procurement 147
Fehler 148
Einkaufscontrolling 148
Einkaufsverbund 164
Einzelkostenrechnung nach
   Riebel 335
Einzugsermächtigung 303
EK-netto-netto 235
E-Procurement 147
Erlöscontrolling 231
ETL-Tools 118
EU 178/2002 .... 195, 296
EU 1935/2004 .... 196, 296

F

Fakt 89
Fakturierung 213, 297
Filialmanagement 269
Finanzanlagenmanagement. 333
Finanzbuchhaltung 109
Finanzplanung 330
Flächenproduktivität 112
Flow-Through 316
Ford 234
Fraud Detection 280
Fresenius Kabi 290

G

GDSN 140
Gemeinkostenverrechnung . 334
Gemeinkostenzurechnungsprinzip 340
GfK 131
GLD 199
Global Commerce Initiative 416
Globus Logistik 315
GNX 147
Grüner Punkt 207
GSI 138
Gustav Schickedanz 17
Gutschrift 282
Gutschriftenerstellung 299

H

Handel
   Aufgabe 28
   Besonderheiten 15, 28
   Datenvolumen 113
   externe Partner 135
   funktional 13
   Historie 17
   Image 13
   Informationsbedarf 31
   institutionell 13
   Internationalisierung 27
   Kontroll- und
      Frühwarnsysteme 43
   Lokalisierung 27
   Risiken 44
   Slogans 25
   volkswirtschaftliche
      Bedeutung 13
Handelscontrolling
   Defizite 32
   Imageanalyse 33
   Instrumente 36
   Instrumenteeinsatz 38
   Kennzahlendefizite 34
   Unterscheidung strategisch
      vs. operativ 38
   Ziele 16
Handels-H 91
   Anwendungen 94
   Geschäftsarten 93
   Strukturdimensionen 92
   Teilsysteme 91
Handelsinformationssystem 101
Handelstagungen 134
HappyDigits 257
Hauptbuchhaltung 322
HDE 43, 323
Hellweg 363
HL 242

I

IHK 131
IKEA 191, 242
Informationsbedarf 31, 32
Informationsbedarfsanalyse. 50, 52

Anforderungen an
  Modellierungsmethode.59
 deduktive Methoden 55
 H2 60
 induktive Methoden 54
 methodische Unterstützung
    59
 Nachteile semi-formaler
    Notationsverfahren 59
 Vorgehen 53
Informationsbegriff 48
Informationsobjekt 89
Informationsstrategie..... 50, 102
 Vorgehen 50
Inventur 317
 Differenzen 317, 319, 320
 permanent 318
 Stichtags- 318
Inventure
 Stichproben-.................... 318
IT-Betrieb 401
IT-Budget 100, 387
IT-Controlling 8, 391
 Aufgaben 393
 Kennzahlen 388
 Klassifikationsobjekte..... 394
 Organisation.................... 403
IT-Entwicklung 396
IT-Frameworks.................... 390
IT-Governance 388
IT-Investitionen 99
IT-Leistungsverrechnung ... 390,
  402
IT-Projektcontrolling .. 396, 400,
  401
IT-Prozessmodell 395
IT-Strategie 395

K

Karstadt 239, 289, 413
KarstadtQuelle 19, 103, 221,
  247, 257, 360
Käufermarkt 172
Kaufkraft 243
Kennzahlen 63
 Anforderungen 69
 Datenherkunft 96
 Defizite 67

 externe 96
 Funktionen 64
 interne 96
 Plausibilität 67
 Systematisierung 64
Kennzahlenbibliotheken 86
Kennzahlensysteme 69
 Balanced Scorecard 78
 DuPont-Schema 74
 EFQM 73
 GOAP 73
 Performance Measurement72
 RAVE 73
 Retail Performance
    Management 83
 RL-System 75
 SimMarket 85
 Tableau de Bord 76
 Zusammenhänge 70
 ZVEI 75
Klingel 17
Kloppenburg 164
Kommissionierplatz 198
Kommissionierung 287, 289
Kommunikationspolitik 248
Konditionen
 Abrechnungsschema 166
 Konditionsvielfalt 162
 nachträgliche 165
 netto-netto 165
 Preiskalkulation 165
 Rechnungs- 165
 Verwaltung 162
Konditionenverhandlungen .153
Konditionenvielfalt 201
Kondratieff-Zyklen 18
Kontenplan 323
Kontenrahmen 323
KonTraG 42, 44, 45
Kontrakte 167
Kostenrechnung 322, 334
Kreditkarte 304
Kreditmanagement 305
Kreditorenbuchhaltung 145,
  207, 210
Kreditorenstammdatenpflege
   209
Kundenbindung 256
Kundenbindungsprogramme
 rechtliche Probleme 142
Kundencontrolling 255

Kundendaten 258
Kundendiebstahl 279
Kundenerfolgsrechnung 254
Kundenkarte 256, 275
Kundenkomplexität 29
Kundenmanagement 252
Kundenportfolio 255
Kundenstruktur 252
Kundenwert 255
Kundenzufriedenheitsmessung
.... 259

L

Lagergeschäft 264
Lagerkosten 310
Lagerlogistik 307
Lagermanagement 310
Lagerplatzbestimmung 198
Lagersteuerung 310
Lagersteuerungssysteme 112
Lagerstruktur 310
Lagerumschlagshäufigkeit .. 311
Lastschriftenerstellung 299
Lastschriftverfahren 268, 304
Laufbewegung 271
Lebensmitteleinzelhandel 20
Dominanz 20
Lebenszyklusanalyse 241
Leergut 197, 298
Leica 424
Leistungsbeurteilung 369
Leistungsrechnung 334
Lekkerland-Tobaccoland 315
Leverage Effekt 331
Lidl .. 26, 28, 203, 361, 363, 383
Lieferantenauswahl 150
Lieferantendiebstahl 280
Lieferantenrolle 149
Lieferantenrückgabe 197
Lieferantenstammdatenpflege
.... 149
Lieferantenverwaltung 149
Liefermengenrechnung 179
Lieferschein 204, 291
Abweichungen 292
Lieferscheinbewertung 199, 297
Limitrechnung 170
Liquiditätsmanagement 329

Loeb 400
Logistik 307
Aufgaben 189
Definition 188
Logistikkette 189
Phasen der Entwicklung . 191
Logistik-Controlling 189
Instrumente 190
Ziele 190
Logistikstrategie 288
Lohnstückkosten 366
L'Oréal 413

M

Mahnung 212
Makromarkt 28
Marketing 213, 214
Marktforschung 131
Marktkommunikation 248
Marktrisikomangement 332
Media-Markt 23, 245
Metro 27, 147, 162, 166, 203,
    363, 364, 417, 437
Miles & More 257
Minimal 242
Mitarbeiterdiebstahl 280
Mitarbeitervergütungen 385
Mitarbeiterverhaltenskontrolle
.... 383
MTV 197
Müller 310
Multi-Channel . 20, 26, 230, 239
Kosten 22
Multihybridität 29
MyToys.de 26

N

Neckermann 222
Nestlé 159
Netto 147, 203
Norma 203

O

OLAP 113, 275

Dicing 120
Drill-Down........................120
Konzepte 120
Pivot..................................120
Roll-Up.............................120
Vergleich zu OLTP........114
OLTP......................................97
   IT-Systeme........................97
   Vergleich zu OLAP........114
optimale Bestellmenge
   (Modell)...........................177
   Kritik................................179
Ordnungsrahmen...................90
   ARTS.................................90
   Handels-H.........................91
   Marent...............................90
   RAA...................................90
Organisation
   divisional 438
   funktional.......................437
   Matrix-............................438
Otto Versand 253
Otto-Versand Microsoft......158
Out-of-Stock.......................181

P

Payback................................257
Penny..............................28, 203
Personal...............................354
Personalabrechnung............368
Personalbedarfsplanung......362
Personalbedarfsrechnung....361
Personalbeschaffungsplanung
  364
Personalbestand...................366
Personalbeurteilung.............374
Personalbuchhaltung...........109
Personalcontrolling 356
Personaleinsatzplanung.......380
Personalentlohnung.............368
Personal-Entwicklungs-
   Controlling.....................378
Personalentwicklungsplanung
  375
Personalfreistellungsplanung
  365
Personalkontrolle 382
Personalkostenplanung........384

Personaloutsourcing............386
Personalplanung..................356
Personal-Portfolio-Modelle.375
Personalsteuerung 380
Personalverwaltung.............368
Personalwesen.....................322
Pick-by-Light......................290
Pick-by-Voice..............290, 314
PKN Orlen 240
Plus......................................203
PMI......................................132
POS-Optimierung................272
POS-Technologie................105
POS-Upload................105, 122
Praktiker..............................236
Prämie.................................371
Prämien...............................370
Prämienlohnsysteme 372
Preisauskunft......................263
Preiscontrolling..................231
Preisdifferenzierung...........235
Preisdifferenzkonten 200
Preiselastizität............232, 237
Preiserosion.......................233
Preiserwartung 233
Preisgestaltung ...227, 228, 234,
   321
Preisgewöhnung.................233
Preiskenntnis.....................233
Preisklumpung..................234
Preiskodierung..................233
Preiskrieg..........................236
Preisnachlassquote 153
Preis-Qualitäts-Relation......236
Preissensitivität...........24, 231
Preistreue..........................233
Preiswahrnehmung............232
Procter & Gamble 413
Produktivitätsparadoxon......98
Produktpolitik...................216
Prognoseverfahren.......172, 230
Projektcontrolling..............441
   Organisation...................443
Projekttypen.....................442
Provisionen.......................371
Prozess 58
Prozesscontrolling.............352
Prozesskostenrechnung.......345
   Hierarchie 347
   Kostensätze 350
   Umlagesatz 350

Q

Quelle 222
QVC 156

R

Rampenbelegungsplanung.. 192
Rechnungsaufkommen 200
Rechnungsbegleichung 211
Rechnungsbuchung............. 202
Rechnungserfassung 202
Rechnungskontrolle 204
Rechnungsnachbearbeitung 206
Rechnungsprüfung 145, 200
Rechnungswesen
    Besonderheiten............... 208
    extern.............................. 322
    intern 322
Regaloptimierung 112
Regalplanung...................... 270
Regulierung 211
Reklamationsbearbeitung ... 282
Renault 234
Renner-Penner-Listen......... 230
Retail Performance
    Management..................... 83
Retouren 295
Retourenquote 294
Rewe 19, 147, 239, 364
Rewe Dortmund.................. 104
RFID 205, 273, 274, 290
Risikocontrolling 44
Risikomanagement 45
RL-System............................ 75
Rohertrag 307
Rohertragsanalyse............... 225
ROI 326
Rückruf 295

S

Sabbatical 366
SAP 10
Sara Lee 159
Saturn 23, 245
Scanner 105
    Anwendungsbeispiele..... 107
    Hybridscanner 106
    Self-Scanning 108
    Voraussetzung Stammdaten
        139
    Vorteile 106
Schnäppchenjagdmentalität 232
Schwarz-Buch.................... 361
SCOR-Modell.................... 414
SEC..................................... 42
Service-Controlling 261
Shell................................... 240
Sicherheitsbestand 176
SimMarket 85
SINFOS 139
Softwareauswahl................ 397
Soll-Ist-Vergleich 225
Sortimentsbildung.............. 217
Sortimentsbreite........... 31, 220
Sortimentsplanung 216, 217
Sortimentspolitik 216
Sortimentsprüfung 153
Sortimentstiefe................... 220
SOX 42
Space Management............ 271
Space-Management 112
Spieltheorie......................... 23
Stammdaten
    Abnehmer- 214, 216
    Anlegereihenfolge 159
    Artikel- 154
    Bedeutung für das
        Controlling................ 155
    Bezugsgrößen 337
    Datenbahnen.................. 159
    Datenqualität 158
    Debitoren....................... 302
    Lager- 309
    Lieferanten 149
    Massendatenpflege 155
    Personal-........................ 359
    Sachkosten 323
    Zusatzkosten und -erlösarten
        336
Standortanalyse.................. 244
Standortbewertung............. 245
    Gravitationsmodelle 246
    Isochronenmethode 246
    Zeit-Distanz-Methode 246
Standortpolitik 242
Star Distribution 398

Starbucks 247
Store Erosion 240
Store Management 269
Storeplanung 270
Streckengeschäft 264
Supply-Chain 408
   Zielkonflikte 409

T

Tabak 230
Tabellenkalkulation 128
Tableau de Bord 76
Tchibo 104, 147, 308
TCO 401
TCO-VOFI 401
Tegut 319
Teilkostenrechnung 341
Termingeschäft 332
Tesco 381
Tit-for-Tat-Strategie 23
TMS 132
Toleranzbereich ... 196, 201, 204
Torex 381
Total 420
Tourenplanung 286
Tracing 296
Tracking 296
Transshipment 193
Treadway Commission 42
Treasury Management 329
TUI 57

U

Umbuchung 317
Umlagerung 316
Umsatzrentabilität 325
US-GAAP 43

V

Vendor Managed Inventory
   (VDI) 178
Verbundbeziehungen 160
Verbundgruppen 20
Verdi 361

Verfügbarkeitsprüfung 266
Vergütungen
   nachträgliche 206
Vergütungen, nachträgliche. 300
Vergütungskriterien 369
Verkauf 213, 262
Verkäufermarkt 172
Verrechnungspreise 339, 340
Versandabwicklung 293
Verschuldungsgrad 331
Vertriebslinien 20
Verzinsung 212
VMI 138
VOFI 401
Vollkostenrechnung 341
VW 234

W

Wal-Mart .. 21, 23, 31, 121, 191,
   288, 377, 383, 407
Warenannahme 194
Warenausgang 213, 285
Warenausgangserfassung ... 291,
   318
Wareneingang 145, 187
   Aufgaben 188
   Klassifikation 187
   Toleranzbereich 201
Wareneingangserfassung 195,
   198
Wareneingangsplanung 192
Wareneinlagerung 198
Wareneinräumung 270
Wareneinsatz 307
Warenkontrolle 195
   Fehllieferung 196
   Toleranzbereich 196, 204
Warenkorbanalyse 125, 161,
   278
Warenwirtschaftssystem 97
   Aufgabe 100
   Filial-WWS 104
   Flexibilität 101
   Make or Buy 102
   Vorteil
      Individualentwicklung 102
   Vorteil Standardsoftware 102
   Zentral-WWS 100

Wenz 17
Werbecontrolling 250
Werbeerfolgskontrolle 250
Werbeplanung 250
World Wide Retail Exchange
.... 147
WWRE 140

X

XML 136, 277

Z

Zahlung 304
Zahlungssperrvermerk 204
Zeiterfassung 368
ZGV 20, 131
ZVEI-System 75